Horst H. Geerken

Der Ruf des Geckos

Horst H. Geerken

Der Ruf des Geckos

18 erlebnisreiche Jahre in Indonesien

A BukitCinta Book

Bibliografische Information der Deutschen Bibliothek:
Die Deutsche Bibliothek verzeichnet diese Publikation in der
Deutschen Nationalbibliografie; detaillierte bibliografische
Daten sind im Internet über http://dnb.ddb.de abrufbar.

3., korrigierte Auflage 2015
Neuausgabe 2025
Alle Rechte vorbehalten. A BukitCinta Book.
© 2009 bei Horst H. Geerken, 53177 Bonn.

Umschlaggestaltung: Idee und Bildvorlage von Horst H. Geerken,
Umsetzung von Dr. Anton J. Kuchelmeister. Das Bild stammt von
einer in Indonesien erworbenen Tonplastik eines Geckos.
Layout und Design: Dr. Anton J. Kuchelmeister.
Gesetzt in Adobe Garamond Pro.

Verlag: BoD · Books on Demand GmbH, Überseering 33,
22297 Hamburg, bod@bod.de
Druck: Libri Plureos GmbH, Friedensallee 273, 22763 Hamburg
Printed in Germany.
ISBN: 978-3-8192-6550-1

Für Annette

Inhalt

Dank

Die Recherchen zu diesem Buch wären ohne die Unterstützung von Frau Annette Bräker nicht möglich gewesen. Sie hat mich immer wieder dazu ermutigt, meine Erlebnisse der achtzehn Jahre in Indonesien aufzuzeichnen und hat auch an der Entstehung dieses Buches, mit vielen geduldigen Ratschlägen über Aufbau und Stil, intensiven Anteil genommen. Als Tochter eines Orientalisten, die selbst Malaiologie, Vergleichende Religionswissenschaft und Orientalische Kunstgeschichte studiert hat, hat sie mich nicht nur zum Schreiben dieses Buches angeregt, sondern mir auch als Lektorin mit ihren scharfsinnigen und humorvollen Kommentaren große Dienste geleistet. Meine besondere Zuneigung und mein besonderer und tief empfundener Dank gilt ihr.

Mein Dank gilt auch Herrn Fried Strässer, den ich schon in den 1960er Jahren in Indonesien kennen- und schätzengelernt habe. Mit dem liebenswerten Ehepaar Strässer, das einige während ihres Aufenthaltes in Bandung selbst erlebte Begebenheiten beigesteuert hat, bin ich bis heute freundschaftlich verbunden und wir genießen manchen humorvollen Abend, an dem wir alte Geschichten aus unserer „Pionierzeit" auffrischen.

Mein Dank gilt auch Herrn Wilfried Spöhring, Frau Susi Möller und Frau Linde May, die mit Anekdoten zu diesem Buch beigetragen haben, sowie Frau Ilse Bräker, die mir viele hilfreiche Ratschläge gegeben hat. Dank sage ich auch zahlreichen Menschen in Indonesien, die mir ihre Geschichten erzählt haben. Deren Namen kann ich allerdings nicht alle aufführen, oft habe ich diese nie erfahren. Hervorheben möchte ich hier allerdings Herrn Ir. Pandu Purwohardono, mein früherer Kollege und damals Direktor für Telekommunikation bei der PT. Guna Elektro in Jakarta, der mir bei Rückfragen nach Namen oder neuer Schreibweise indonesischer Wörter immer umgehend geholfen hat und der mich bis heute auch laufend über neue Entwicklungen in diesem Lande informiert.

Herrn Horst Jordt, der Präsident der Walter Spies-Gesellschaft Deutschland, hat mir mit vielen Hinweisen und produktiven Vorschlägen beim Kapitel über Walter Spies sehr weitergeholfen. Ihm gilt mein besonderer Dank.

Horst H. Geerken
Im Frühjahr 2009

Vorbemerkung

Wenn man seine berufliche Tätigkeit in einem fremden Land ausübt, verbringt man oft nur einige Jahre in diesem Land. Auch bei mir sollten es nur drei bis maximal vier Jahre sein, die ich beruflich in Indonesien bleiben wollte, schließlich wurden es aber achtzehn Jahre – von 1963 bis 1981 –, die ich in diesem wunderschönen Archipel verbrachte. Durch häufige geschäftliche und private Reisen lernte ich Indonesien und seine Menschen durch viele persönliche Kontakte, die sich oft auch aus den geschäftlichen entwickelt hatten, ganz besonders schätzen. Ich möchte hier meine persönlichen Erlebnisse in diesem Land zu einer Zeit der politischen Wirren und des wirtschaftlichen Aufbaus darlegen sowie auch Erzählungen von Einheimischen, die mir historisch interessant und wichtig zum Verständnis des Landes und seiner Menschen erscheinen.

Es sind schon viele Bücher über Indonesien, besonders über Bali geschrieben worden. Aber die Schönheit seiner Landschaft und den Liebreiz seiner Menschen kann man nicht in Worte fassen. Man muss es erlebt haben. Diese Aufzeichnungen sollen eine Mischung aus Unterhaltung, aber auch aus Informationen sein, die ich zum größten Teil damals, aber auch noch in neuerer Zeit, über den letzten Unabhängigkeitskampf der Indonesier gegen die Kolonialmacht Niederlande, sammeln konnte. Dieser Unabhängigkeitskampf, der letztendlich zum Erfolg führte, dauerte fast fünf Jahre lang, von 1945 bis Ende 1949. Natürlich haben die Unabhängigkeitsbestrebungen durch die Organisationen Budi Utomo, Muhamadia oder Sarekat Islam schon in früheren Jahren begonnen. Hans Bräker beschreibt diese ausführlich in seinem Buch „Kommunismus und Weltreligionen Asiens". Da ich jedoch Anfang der 1960er Jahre noch tagtäglich mit Erzählungen aus diesem schrecklichen Krieg konfrontiert wurde, kann ich über diese letzten fünf Jahre des Unabhängigkeitskampfes bis Ende 1949 authentisch berichtet. Über diesen Themenkomplex habe ich viele glaubwürdige Zeitzeugen, die zum großen Teil noch selbst am Unabhängigkeitskampf teilgenommen hatten und die aus allen Schichten der Bevölkerung kamen, befragt. Zu meiner Zeit in Indonesien gab es noch über eine halbe Million ehemaliger Freiheitskämpfer, die sich in verschiedenen Veteranenverbänden zusammengeschlossen hatten. Es gab also noch genügend Gesprächspartner, die Zeitzeugen waren und durch die ich von dem nicht mehr einzudämmenden und zu eliminierenden Freiheitswillen der Indonesier erfuhr. Da dieses Buch nicht den Anspruch erheben will, ein historisches Werk zu sein, habe ich den fast fünfjährigen Unabhängigkeitskampf der Indonesier nur in groben Zügen dargestellt, basierend auf den Informationen der Zeitzeugen. Ausführlich bis in alle Einzelheiten wurden diese Ereignisse von Louis Fischer in seinem Werk „Indonesien" erläutert.

Das Ausmaß der durch die Kolonialmacht begangenen Gräueltaten, von denen dieser Unabhängigkeitskampf begleitet wurde, ist bei uns kaum bekannt geworden. Hier möchte ich einige historische Begebenheiten aus Sicht der Indonesier darstellen, die aus diesem Blickwinkel natürlich eine ganz andere Färbung erhalten, als sie von der ehemaligen niederländischen Kolonialmacht in ihrer Vergangenheitsbewältigung bis heute dargestellt werden. Mir gegenüber haben die Indonesier die Gräueltaten ungeschönt und ohne die ihnen angeborene höfliche Zurückhaltung erzählt, wie sie es gegenüber einem Holländer in dieser Deutlichkeit nie tun würden. Die indonesische Sichtweise ist somit eine völlig andere als die holländische und je mehr man mit indonesischen Zeitzeugen redet, je tiefer das Vertrauensverhältnis ist, desto klarer wird, dass es für die Indonesier während der fast 350jährigen Kolonialzeit wenig Gutes und viel Schlechtes gab. Keine Frage, alle Kolonialmächte haben Schuld auf sich geladen, aber in den Nachwehen des Zweiten Weltkrieges sind viele Gräueltaten unter den Teppich gekehrt worden, die während der holländischen Herrschaft in Indonesien und beim Versuch der Fortsetzung ihrer Herrschaft begangen worden sind. Aber im Gegensatz zu den Engländern haben die Holländer den Erhalt ihrer Herrschaft gegen alle weltpolitischen Vereinbarungen durchzusetzen versucht und dabei weiteres unerhörtes Leid unter der einheimischen Bevölkerung verbreitet.

Meine Erlebnisse fallen besonders in den ersten Jahren in eine Zeit, in der man noch fast wie ein Einheimischer leben musste. Für unser Leben und Überleben und damit für das Nachgehen der täglichen Pflichten bestanden ganz andere Prioritäten, die aus heutiger Sicht manchen Lesern sicher bedeutungslos erscheinen. Aber mir hinterließen sie einen tiefen und bleibenden Eindruck. Zum Beispiel löste ein kleines Stückchen Schwarzbrot oder eine schon halb verdorbene Dose Rollmöpse aus der Heimat bereits große Glücksgefühle aus. Was ich berichte entspricht der damaligen Wirklichkeit.

Um den Bericht nicht allzu technisch und langatmig werden zu lassen, habe ich aus der Vielzahl von Projekten, die während meiner Tätigkeit als Resident Engineer für AEG-TELEFUNKEN in Indonesien abgewickelt wurden, nur einige besonders interessante herausgegriffen.

Die Hintergründe des Putsches vom 30. September 1965 sind bis heute nie ganz aufgeklärt worden. Aber es gibt viele Theorien. Ich schließe mich keiner an und berichte nur meine eigenen Erlebnisse. Dies soll also kein historisches Dokument sein. Allerdings wurde durch die im Laufe der vergangenen Jahre veröffentlichen Dokumente über den Putsch immer klarer, dass der Einfluss der kommunistische Partei PKI doch erheblich geringer gewesen ist, der Einfluss des amerikanischen Geheimdienstes CIA dagegen erheblich größer, als ursprünglich angenommen.

Reisen, die man in jungen Jahren gemacht hat, erscheinen in der Erinnerung immer etwas verändert. Aber ich versuche, mich so gut wie möglich, an die tatsächlichen und erlebten Ereignisse zu halten. Ich habe die Briefe meiner Frau und mir aus diesen Jahren an unsere Eltern in Deutschland, mit unseren aktuellen Eindrücken und Erlebnissen, nochmals gelesen. Diese Briefe haben viele Umzüge mitgemacht, aber sie wurden bis heute in Ehren gehalten und gut aufbewahrt. Neben meinem Gedächtnis waren diese Briefe, sowie auch dienstliche Berichte an mein Stammhaus, eine gute Stütze, um mich an die *Tempo Dulu*, die gute alte Zeit und mein Leben in Indonesien zurück zu erinnern.

Die Provinzen Nord- und Südholland sind ein Teil des Königreichs der Niederlande, in denen sich die großen Städte wie Den Haag, Rotterdam und Amsterdam befinden. Holland war schon immer der kulturelle, politische und gesellschaftliche Schwerpunkt der Niederlande. Daher wird im umgangssprachlichen Gebrauch, seit dem 16. Jahrhundert bis heute, der Begriff „Holland" für den ganzen Staat der Niederlande verallgemeinert, wie zum Beispiel beim Fußball, bei dem immer gegen Holland und nicht gegen die Niederlande gespielt wird. Ebenso in Indonesien wird auf Bahasa Indonesia der Begriff *Negri Belanda* (= holländisches Land) für die Niederlande verwendet. Der Einfachheit halber bleibe auch ich, wenn ich die Kolonialherrschaft der Niederländer und den Unabhängigkeitskampf der Indonesier beschreibe – wenn möglich – bei der Bezeichnung Holland.

Das heutige Indonesien wurde während der holländischen Kolonialzeit als „Niederländisch-Indien", „Ostindien", auch „Holländisch-Indien" und auf Englisch „Dutch-East-Indies" bezeichnet. Ende des 19. Jahrhunderts prägte der deutsche Arzt, Zoologe, Biologe, Philosoph und Maler Ernst Haeckel anlässlich seiner Reisen auf Java und Sumatra den Begriff „Insulinde". In allen seinen Büchern benutzt er dieses schöne Wort für den indonesischen Archipel. Leider hat sich dieser Begriff international nicht durchsetzen können. Die Holländer selbst nannten ihr Kolonialreich, in der damaligen Literatur und umgangssprachlich bis heute meist nur „Indien", was oft zu Verwechslungen mit dem indischen Subkontinent, damals „Britisch-Indien" genannt, führte. Ich bleibe, wenn ich Begebenheiten aus der Kolonialzeit beschreibe, bei dem während der Kolonialzeit von den Holländern verbotenen Begriff „Indonesien". Dieser Begriff wurde ursprünglich von Adolf Bastian (einem Deutschen) kreiert, auf den ich an späterer Stelle zurück kommen werde.

Der erste Präsident Indonesiens, Sukarno, wird in westlichen Medien oft mit dem Namen Ahmed Sukarno bezeichnet, manchmal auch mit Ahmad. Beide Vornamen sind falsch! Er hatte, wie viele Javaner, nur einen Namen, nämlich Sukarno. Eine amerikanische Redaktion hatte, trotz des Widerstandes ihres Korrespondenten in Jakarta, diesen im islamischen Indonesien geläufigen Vornamen „Achmed" einfach erfunden, da nach den Regeln dieser Agentur ein Name prinzipiell nur mit Vornamen gedruckt werden durfte. Bis heute hat sich dieser Fehler in der westlichen Presse gehalten. In Indonesien ist der Vorname Achmed in Verbindung mit Sukarno allerdings vollkommen unbekannt. Ich bleibe also bei der korrekten Schreibweise und dem einen Namen Sukarno.

Im Zuge einer großen Rechtschreibreform der *Bahasa Indonesia*, der indonesischen Sprache, in den 1960er Jahren, wurde das „oe" der alten Schreibweise in „u" umgewandelt. Aus Gründen der Tradition blieben aber viele Indonesier, wie auch Sukarno und Suharto, beim „oe", wenn sie ihren Namen schrieben. Ich blieb, wo es ging, bei der neuen Schreibweise, bei der auch zum Beispiel „dj" zu „j" oder „tj" zu „c" wurden.

Mit dem Titel für dieses Buch „Der Ruf des Geckos" hat es folgende Bewandtnis: Der große Mauergecko, Tokek genannt, ist für Indonesier ein Glücksbringer. Wenn sein „Toké" durch die Nacht hallt, wird in der Stadt wie auch auf dem Dorf gezählt, wie oft er ruft. Davon hängt ab, wie glückverheißend sein Ruf ist. Nur eine ungerade Zahl ist glückverheißend: sieben Rufe bedeuten schon viel, aber der neunmalige Ruf des Tokeks verheißt den Gipfel an Erfolg und Glück. Sowohl in unserem Haus in Jakarta wie auch in unserem Wochenendhaus in Carita hatten wir Tokeks. Oft hörten wir den 9-maligen Ruf und die Verheißung erfüllte sich. Uns hat Indonesien Glück gebracht.

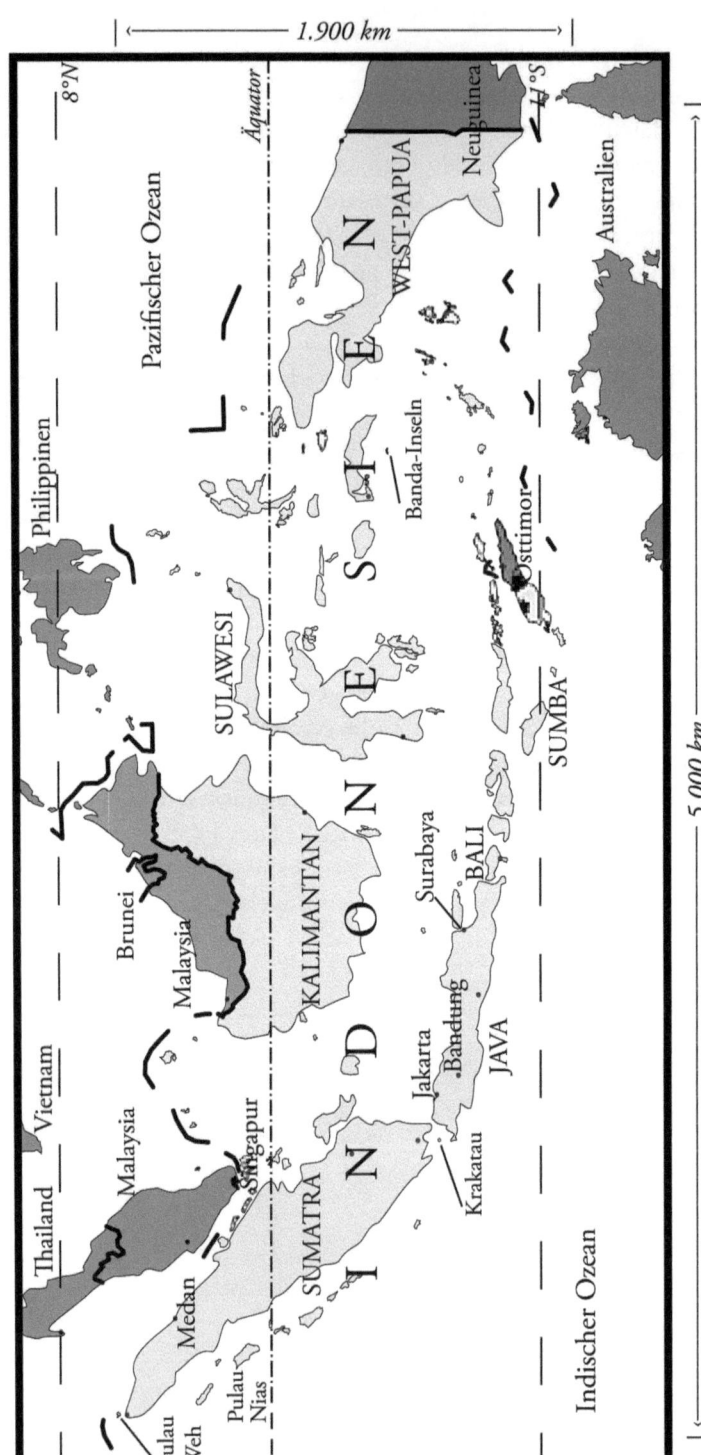

Übersichtskarte Indonesien
Die Niederlande im Größenvergleich:
(keine detailgetreue und nicht streng maßstäbliche Zeichnung)

Entscheidung für Indonesien

Schon kurz nach dem Abschluss meines Studiums zum Ingenieur der Kommunikations- und Nachrichtentechnik in Deutschland, hatte ich mich entschlossen, zunächst Erfahrungen in den Vereinigten Staaten zu sammeln. Der Drang in die Ferne wurde mir schon durch meine reiselustigen Eltern in die Wiege gelegt. Einmal im Jahr machten sie eine große Reise und im hohen Alter von 90 Jahren sagten sie: „Jetzt fehlt uns nur noch der Mond". Es ist also kein Wunder, dass schon in jungen Jahren mein Ideal war, Arbeit mit Reisen und Abenteuer zu verbinden. Ein Leben wie aus den Kolonialromanen, in denen die Kolonialzeit verherrlicht wurde und die unter der Jugend meiner Zeit Hochkonjunktur hatten, schwebte mir vor. Die Realität sah natürlich anders aus. Während meines Studiums hatte ich schon durch den „Deutschen Akademischen Austauschdienst" einige Monate in der Zentral-Türkei verbracht und dort einen Hauch von Asien mitbekommen. Durch meine Eltern hatte ich immer die volle Unterstützung für jede Reise ins Ausland, denn beide waren in ihrer Jugend bereits weit gereist. Meine Mutter war zum Beispiel schon vor ihrem 20. Lebensjahr jeweils für 1 Jahr in Holland, in Frankreich und in der Schweiz gewesen, was Anfang des letzten Jahrhunderts für ein junges Mädchen eine ganz ungewöhnliche Leistung war.

Den Studienzweig Kommunikations- und Nachrichtentechnik hatte ich gewählt, weil ich mich schon seit frühester Jugend für die Nachrichtentechnik interessierte. Eigentlich war Archäologie meine erste Wahl für ein Studium, aber da ich wusste, dass nach dem Abschluss dieses Studienzweiges die Berufsaussichten nicht sehr gut waren, entschied ich mich für die Telekommunikation. Dies war ein relativ neues, sich schnell entwickelndes Fachgebiet und die Absolventen dieses Studienzweiges waren sehr gesucht. Ich machte schon als Junge Versuche mit Kristalldetektor-Empfängern und freute mich immer riesig, wenn ich einen neuen und weit entfernten Radiosender in meinen Kopfhörern empfangen konnte. Durch meinen Nachbarn Hans in Tübingen, der im 2. Weltkrieg Bordfunker bei der Luftwaffe gewesen war und der sich in seiner Freizeit mit dem Bau von Sendern beschäftigte, wurde mir ein neues Interessenfeld eröffnet. Er war einer der ersten, der nach dem Krieg eine offizielle Amateurfunk-Lizenz erwerben konnte, und ich nutzte jede freie Minute, um mich mit Hans' Hilfe mit dieser Technik vertraut zu machen. Schnell erlernte ich die Morsezeichen und bereits mit 16 Jahren baute ich meine erste eigene einfache Sendeanlage. Geld dafür beschaffte ich mir durch den Verkauf von Rundfunkempfängern.

In Tübingen hatten die Himmelwerke kurz nach dem Ende des 2. Weltkrieges, branchenfremd neben ihrer Motorenfertigung, ein Werk für Rundfunkempfänger aufgebaut. Hier wurde die „Zauberflöte" gebaut, ein modernes Rundfunkgerät in einem großen repräsentativen Gehäuse. Da sich diese neue Sparte des Himmelwerks nicht lohnte, wurde dieser Fertigungszweig schon bald aufgegeben und die Berge polierter hölzerner Radiogehäuse, Chassis, Lautsprecher und Bauteile, die auf dem Müll landeten, waren meine Chance. Zum großen Schrecken meiner Eltern schleppte ich Leiterwagen um Leiterwagen dieser Einzelteile an und füllte damit unseren Speicher. Nun begann meine Serienfertigung! In die großen Gehäuse baute ich ganz einfache Rundfunkempfänger und verkaufte sie mit gutem Gewinn. Es war ein großer Erfolg.

Offiziell durfte ich mit meiner ersten Sendestation noch nicht funken, aber wenn mein Freund Hans bei mir war, testeten wir meine Anlage ausgiebig. Sobald ich alt genug war – soweit ich mich erinnere, musste man damals dafür 21 Jahre alt sein – legte ich die Amateurfunkprüfung ab und bastelte immer wieder neue und leistungsstärkere Sender. Nun konnte ich mit der ganzen Welt Verbindung aufnehmen. Da war die Wahl meines Studiengangs nur eine natürliche Folge meiner bereits früh entwickelten technischen Interessen.

Nach Abschluss des Studiums wurde in mir wieder die Reiselust geweckt. Ich arbeitete nur einige Monate in Deutschland, um mir das Geld für eine Überfahrt nach den USA zusammenzusparen. Mit der fünften „TS BREMEN", dem Flaggschiff des Norddeutschen Lloyd, kam ich in New York an. Es war ein großer, eleganter und schneller Luxusliner, der am 9. Juli 1959 seine Jungfernreise über den Atlantik antrat. Ein schwimmendes 5-Sterne-Hotel, mit dem weltweit bekannten Markenzeichen des Norddeutschen Lloyd, der blauweißen Flagge mit Anker und Bremer Schlüssel auf den Toppen! Ich hatte das große Glück dabei zu sein. 1970, als HAPAG und Norddeutscher Lloyd zur HAPAG-Lloyd AG fusionierten, wurde dieser Liniendienst zwischen Bremerhaven und New York leider eingestellt und die „TS BREMEN" wurde nach Griechenland verkauft.

Von Anfang an war ich bei einer großen amerikanischen Firma beschäftigt und nach einer sogenannten „Clearance" und einer Vereidigung, bei der ich beschwören musste, dass ich noch nie ein Kommunist war und auch in Zukunft keiner werden würde, wurde mir die Leitung des Aufbaues der zu dieser Zeit mit 50 Mega-Watt Impulsleistung stärksten Radarstation der Welt anvertraut. Diese Radarstation in der Nähe von Buffalo sollte das erste Glied in der amerikanischen DEW-Line, dem „Defence Early Warning-System" werden. Im Endausbau erstreckten sich diese Frühwarn-Radarstationen von

Alaska bis Grönland, um mögliche Angriffe der Sowjets mit Bombern oder Raketen von Norden her gegen die Vereinigten Staaten und Kanada möglichst frühzeitig zu erkennen. Die Arbeit machte mir großen Spaß, aber nach erfolgreichem Abschluss streckte ich meine Fühler wieder nach anderen Regionen aus. Ich wollte noch mehr von der Welt sehen. Aus der Karibik, den Virgin Islands, hatte ich schon ein Angebot als Toningenieur bei einer Schallplattenfirma. Ein neues Aufgabengebiet, das aber nur am Rande zu meiner Ausbildung passte. Aber da ich Calypso, Salsa, Samba, Merengue – eigentlich jede karibische Musikrichtung – liebte, interessierte mich diese Arbeit sehr und auch die Karibik als Umfeld hätte mir gut gefallen.

Ich hatte auch einen losen Kontakt zur Außenstelle der Firma TELEFUNKEN in New York. Damals war TELEFUNKEN noch eine Tochterfirma der AEG, später fusionierten die beiden Firmen zu AEG-TELEFUNKEN. Ganz überraschend bekam ich von dort im Sommer 1961, also nach gut zwei Jahren in den USA, das Angebot, für TELEFUNKEN in Indonesien als „Resident Engineer" eine Außenstelle aufzubauen. Das war natürlich noch viel interessanter, da dies für mich eine gänzlich unbekannte Region und eine neue Herausforderung war.

Der Titel „Resident" stammt aus der Zeit, als sich die Holländer bei den damals noch regierenden Fürsten durch einen Residenten vertreten ließen. Als die Fürstentümer keinerlei politische Rolle mehr spielten und die Fürsten mit wenigen Ausnahmen zu bezahlten Marionetten der Kolonialregierung geworden waren, sind die Residenten praktisch Provinzialgouverneure geworden und vertraten die holländische Oberhoheit gegenüber der einheimischen Bevölkerung und waren somit die eigentliche Autorität. Eine Residentschaft konnte ein Gebiet mit einigen 100.000 Menschen umfassen und ein Resident hatte in seinem Gebiet fast uneingeschränkte Macht. Unter einem Residenten arbeitete eine ganze Reihe von holländischen Beamten, wie zum Beispiel der Residentassistent, Kontrolleure, Aufseher, Steuereintreiber usw. Später hatten auch die Engländer in ihren Kolonien die Bezeichnung „Resident" für ihre Vertreter der Krone in einigen Region eingeführt. Das Aufgabengebiet eines Residenten hatte sich natürlich inzwischen verändert. Heutzutage findet dieser Titel kaum noch Verwendung. Man verwendet inzwischen eher die Bezeichnung „Area Manager" oder „Chief Representative". AEG-TELEFUNKEN hatte, während ich in Indonesien war, noch weitere Residenten in der Region in Thailand, Indien, Pakistan, dem Iran und später auch in China stationiert.

Mein Aufgabengebiet umfasste zunächst den gesamten indonesischen Archipel für TELEFUNKEN. Die AEG hatte anfangs einen eigenen Resident Engineer in Jakarta stationiert. Als ich dann einige Jahre später für den gesamten Konzern AEG-TELEFUNKEN zuständig wurde, kamen auch noch die Länder Singapur, Malaysia, das Sultanat Brunei und die Philippinen zu meinem Aufgabengebiet hinzu. Als Resident Engineer sollte ich Kontakte zu allen wichtigen Bedarfsträgern knüpfen und möglichst früh von Ausschreibungen Kenntnis erhalten, um auf diese nach Möglichkeit im Sinne des Stammhauses Einfluss zu nehmen. Darüber hinaus mussten Angebote erstellt, Aufträge gesichert, Verträge ausgearbeitet und abgeschlossen werden und so weiter. So wie ein Botschafter sein Land vertritt, muss ein Resident sein Stammhaus vertreten. Ein wichtiges Aufgabengebiet war die Bedarfsweckung. Man musste schon frühzeitig erkennen, wo etwas verbessert oder neu aufgebaut werden sollte. Dies wurde der entsprechenden Regierungsstelle mit Vorschlägen erläutert und wenn es dann eventuell zu einer Ausschreibung kam, waren wir der Konkurrenz gegenüber weit im Vorteil. Neben den Fachkenntnissen kam es in Indonesien besonders darauf an, flexibel zu sein, um sich der Mentalität der Indonesier anpassen zu können und die Verknüpfungen der einheimischen Geschäftswelt zu erkennen und zu verstehen. Obwohl im Laufe der Jahre mein Aufgabengebiet – wie bereits erwähnt – auf weitere Länder in Südost-Asien erweitert wurde, blieb Jakarta mein Hauptsitz, da Indonesien der größte Markt für AEG-TELEFUNKEN in dieser Region war.

Schon die Namen Indonesien und Insulinde, oder die Insel Java, früher „die Königin der Tropen" oder während der Kolonialzeit „Juwel in der Krone Hollands" genannt, oder auch Borneo, heute Kalimantan, „Land der Flüsse, des Goldes und der Diamanten" (*Kali* = Fluss, *Mas* = Gold, I*ntan* = Diamant) und Celebes, heute Sulawesi genannt, erweckten meine Träume! Zudem wollte ich ohnehin von den USA weg, da ich – obwohl ich kein US-Bürger war, sondern nur eine sogenannte „Green Card" besaß – zum Militärdienst eingezogen werden sollte. Das wollte ich natürlich unter allen Umständen vermeiden, zumal ich als Kriegskind in Deutschland zu den sogenannten „weißen Jahrgängen" zählte, also zu den Jahrgängen, die vom Militärdienst verschont geblieben waren. Das betraf die Jahrgänge, die als Kinder und Jugendliche die Grausamkeiten des Kriegsgeschehens für die Zivilbevölkerung in seiner vollen Härte durchlebt hatten. Darüber hinaus wurde ich auch in der Zeit erwachsen, als Nachkriegsdeutschland noch keine eigene Armee haben durfte.

Ich wurde zum Beispiel durch die sogenannte Evakuierung aus der durch Bombenangriffen der Alliierten gefährdeten Stadt Stuttgart im Alter von sechs Jahre von meiner Mutter und den Geschwistern getrennt. Durch die fast täglichen Bombenangriffe war ein geregelter Schulbetrieb nicht mehr möglich. Oft musste ich auf dem Schulweg im Straßengraben oder hinter

Bäumen vor Bombensplittern oder Tieffliegern, die auf alles schossen was sich bewegte, Schutz suchen. Aber als Kind beobachtete ich fasziniert die Luftkämpfe der Luftwaffe mit den alliierten Flugzeugen und sammelte anschließend die Bomben- und Granatsplitter von Straßen und Wiesen auf. Wir Jungs sammelten und tauschten Bombensplitter, wie später Briefmarken. Als die Bombenangriffe auf Stuttgart immer weiter zunahmen, wurde die ganze erste Klasse meiner Schule, der Prag-Volksschule, mitsamt dem Lehrer in sicherere landwirtschaftliche Gebiete evakuiert.

Die ganzen vier Jahre der Grundschulzeit und einen Teil des 1. Jahres im Gymnasium musste ich bei verschiedenen Pflegeeltern in Böttingen, in Gundelsheim und in Marbach am Neckar verbringen. Dies war nicht immer leicht, da man als Kind einfach irgendwo zwangsweise einquartiert wurde. Da noch ein extra Mund zu stopfen war, war man bei den Pflegeeltern meist nicht sehr willkommen. In einem streng katholischen Haushalt wurde mir als Kind immer wieder der Vorwurf gemacht, ich – als Evangelischer – hätte großes Unglück über die Familie gebracht. Auch der tödliche Autounfall des Sohnes dieser Familie wurde mir in die Schuhe geschoben. Als Kind konnte ich das alles nicht verstehen und unter dem Heimweh nach meiner Familie, besonders nach meiner Mutter (denn mein Vater war ja während des Krieges auch nicht zu Hause), litt ich enorm. Wie oft habe ich vor Hunger und Heimweh in meinem Bett geweint. Ich habe mich dann bei Nacht aus dem Haus geschlichen, um auf einem nahen Feld eine für Tierfutter oder für die Herstellung von synthetischem Benzin gedachte Zuckerrübe zu stehlen und zu verspeisen. Während der Kriegsjahre wurden auf jedem freien Plätzchen Zuckerrüben angepflanzt, weil daraus auch das für die Kriegsmaschinerie so dringend benötigte synthetische Benzin hergestellt wurde. Ich kann mich noch gut erinnern, wie mich eines Abends der Förster und Jäger des Dorfes Böttingen am Neckar bei meinem Diebstahl erwischte. Als ich ihm meine Geschichte erzählte, nahm er mich mit nach Hause. Er hatte einen Raben geschossen und es gab eine leckere Rabensuppe. Im Traum geht mir bis heute diese Zeit der Trennung von der Mutter und den Geschwistern und diese Zeit des Hungers noch nach. Die erste Zeit im Gymnasium verbrachte ich in Marbach. Inzwischen war ich nun fast elf Jahre alt geworden und war immer noch getrennt von meiner Familie.

Als ich spürte und erfuhr, dass das Kriegsende nahe war, flüchtete ich aus der Schule und schlug mich mit meinem kleinen Koffer aus Korbgeflecht mit Eisenbahn und per Anhalter, natürlich ohne einen Pfennig in der Tasche, nach Schwäbisch Gmünd durch, wohin es meine Mutter mit meinem jüngeren Bruder verschlagen hatte, weil die Wohnung meiner Eltern in Stuttgart bei einem Luftangriff total zerstört worden war. Meine Mutter und mein

jüngerer Bruder überlebten zum Glück diesen Angriff in einem nahegelegenen Bunker und wurden von meiner Mutters Bruder, meinem Onkel
Karl, in Schwäbisch Gmünd aufgenommen. Nach Kriegsende ging ich dann
in Schwäbisch Gmünd weiter auf das Gymnasium, bis dann fünf Jahre später die ganze Familie nach Tübingen umzog, wo mein Vater eine interessante
Arbeit gefunden hatte. Es ist nur zu verständlich, dass für mich nach diesen Erlebnissen schon der Gedanke am Wehrdienst teilzunehmen und dazu
noch in den USA, unvorstellbar war.

Der Vertrag mit TELEFUNKEN war zunächst für drei Jahre vorgese-
hen und so entschied ich mich für den neuen Wirkungskreis Indonesien.
Ich war erst 28 Jahre alt und sagte mir, in die Karibik kann ich nach drei
Jahren in Indonesien immer noch gehen. Aber ich entdeckte meine Liebe zu
Indonesien und blieb 18 Jahre!

Auf der Reise in die USA an Bord der „TS BREMEN" hatte ich das schöne
Leben bei einer Atlantiküberquerung kennen gelernt. So war es nur natürlich, dass ich zurück nach Europa wieder an Bord eines Schiffes reisen wollte.
Ich schiffte mich auf der „SS CONSTITUTION" ein, dem Schiff, auf dem
einige Jahre vor mir Grace Kelly mit ihrem Gefolge und 300 Journalisten
zur Hochzeit mit Fürst Rainier III nach Monaco reiste. Zurück kam ich, als
gerade die Mauer, die Deutschland teilte, errichtet wurde.

Vorbereitung

In Deutschland begann eine fast zweijährige Informationszeit und Vorbereitung auf meine neue Aufgabe in Indonesien. Ich war viel unterwegs, in Ulm an der Donau, in Backnang, Essen, München, Hamburg und auch sechs Monate in Berlin, um die gesamte Produktpalette der Telekommunikation von TELEFUNKEN kennen zu lernen. Es wurde alles gebaut, von einem Kleinstsender in Form einer Medikamentenkapsel, der „Heidelberger Kapsel", die man zur Untersuchung des Magen-Darmtraktes verschluckte, von Kleinfunkgeräten für Polizei, Militär und private Anwender angefangen, über Richtfunkgeräte, Nachrichtensender in allen Leistungsstärken, kommerzielle Empfangsanlagen, Radaranlagen, Fernsehsender bis zu Rundfunk Großsendeanlagen. TELEFUNKEN produzierte damals die gesamte Bandbreite der drahtlosen Kommunikation. Mit der sogenannten „Braunen Ware", d. h. Rundfunk-, Fernseh-, Tonbandgeräten etc. hatte ich nichts zu tun. Intern nannten wir das etwas herablassend unsere „Spielzeugabteilung"!

Der Markenname TELEFUNKEN war allerdings vor meiner Ankunft in Indonesien schon weithin bekannt. In Semarang, auf der Insel Java, war schon vor meiner Zeit eine Radiofabrik, die TELEFUNKEN-Rundfunkgeräte assemblierte und auch herstellte. Diese Geräte waren in ganz Indonesien weit verbreitet und galten als die Nummer Eins. Gesprochen hießen die Geräte allerdings „TELEPUNKEN" und die Fabrik in Semarang „Pabrik Telepunken", da die Indonesier kein „F" aussprechen können. Daher gibt es auch nur ganz wenige Wörter, die in der *Bahasa Indonesia* ein F enthalten. Diese wenigen Wörter sind alles Fremdwörter, meist aus dem Arabischen oder aus dem medizinischen Bereich. Jeder Indonesier kannte in den 1960er Jahren die Marke „TELEPUNKEN" für Rundfunkempfänger, so wie auch deutsche Messer und Scheren aus Solingen mit der Marke „Tjap Mata", mit einem Auge als Markenzeichen, als deutsche Qualitätsprodukte bekannt waren. Leider ist heute nichts mehr davon übriggeblieben. Japanische und chinesische Produkte beherrschen den Markt.

Auch schon während der holländischen Kolonialzeit waren AEG und TELEFUNKEN sehr aktiv in Indonesien. Um 1900 lieferte die AEG über ihre Niederlassung auf Java, die „Algemeene Nederlandsch Indische Electriciteits-Maatschappij", die erste elektrische Straßenbahn für Batavia, dem heutigen Jakarta. Auf alten Postkarten von Batavia ist diese Straßenbahn als Attraktion der damaligen Zeit noch sehr oft abgebildet. 1905 installierte TELEFUNKEN Knallfunken- und Hochfrequenzmaschinen-

Sender für die ersten drahtlosen Telegrafie-Verbindungen innerhalb des Archipels. 1910 baute AEG Trafostationen und die Energieverteilung für die Städte Surabaya, Malang und Semarang auf. TELEFUNKEN hatte 1912 mit der „Deutsch-Niederländischen Telegraphen-Gesellschaft" die „Deutsche Südseegesellschaft für drahtlose Telegraphie" gegründet, die ein sogenanntes Südseenetz aufbaute. Hauptziel war, drahtlose Telegrafie-Verbindungen zwischen den deutschen Südseebesitzungen von Samoa bis Neuguinea zu ermöglichen. Die Gesellschaft war auch in Niederländisch-Indien aktiv und hatte hier bis 1913 schon 7 Landstationen aufgebaut (TELEFUNKEN-Zeitung Nr. 12 vom Juni 1913). Zwischen 1917 und 1922 wurde die Sende-Großstation Malabar auf Java, in der Nähe von Bandung, mit einem 400 Kilowatt-TELEFUNKEN-Hochfrequenz-Maschinen-Sender aufgebaut. Über diesen Sender wurde die erste drahtlose Funkverbindung zwischen Ostasien und Europa hergestellt. Diese Station wurde erst im letzten Weltkrieg von den Japanern zerstört. Viele holländische Handels- und Passagierschiffe, die zwischen ihrem Heimatland an der Nordsee und ihrer Kolonie in Südost-Asien verkehrten, waren schon damals mit TELEFUNKEN Schiffs-Sende- und Empfangsanlagen ausgestattet. Um 1920 lieferte die AEG die ersten elektrischen Lokomotiven nach Indonesien für die Bahnverbindung von Batavia nach Buitenzorg, Städte, die nach der Kolonialzeit Jakarta und Bogor heissen. Ich hatte also schon eine gute Basis, auf die ich aufbauen konnte.

Ich beschäftigte mich nun täglich mit Literatur über Indonesien. Dabei stellte ich fest, dass Indonesien viel größer und bedeutender war, als ich zunächst angenommen hatte. Indonesien ist nicht nur das größte islamische Land der Welt, es hat auch weltweit nach China, Indien und den USA die viertgrößte Bevölkerung und ist das volkswirtschaftlich, flächen- und bevölkerungsmäßig größte Land Südost-Asiens. Nach Indien und den USA ist Indonesien die drittgrößte Demokratie der Welt. Alle diese Fakten waren mir zuvor nicht bekannt.

Zwischendurch musste ich in Deutschland immer wieder Kunden aus dem zivilen und militärischen Sektor, die aus Indonesien angereist waren, betreuen. Dabei konnte ich mich schon recht gut in die Mentalität und das Geschäftsgebaren der Indonesier einleben. Da die Betreuung oft über das Wochenende ging, ich mit den Gästen Ausflüge zu Sehenswürdigkeiten unternahm und sie mit orientalischer Opulenz bewirtete, war das nicht immer ganz billig. Einmal habe ich es vermutlich doch zu weit getrieben, denn als die Geschäftsleitung meine Abrechnung sah, wurde ich vorgeladen und recht rüde gefragt, ob ich den Indonesiern „die Langusten in den Hintern geblasen" hätte!

Auf Einladung von TELEFUNKEN waren zwei junge Offiziere der indonesischen Marine/ALRI für einige Monate zum Deutschkurs im Goethe-Institut in Blaubeuren. Auch sie habe ich immer wieder betreut. Zum Beispiel gingen diese beiden jungen Offiziere (wie auch viele andere Indonesier) bei meinen Eltern, die in Tübingen immer ein offenes Haus für ausländische Besucher hatten, ein und aus. Einige von ihnen erlangten später ganz wichtige Positionen bei der Armee, der Marine und in Ministerien. Diese intensive und auch kostspielige Betreuung hatte sich wirklich gelohnt, denn mit fast allen hatte ich später einen sehr guten Kontakt.

Die beiden jungen Offiziere der indonesischen Marine hatten meine Eltern besonders ins Herz geschlossen, da es für beide der erste Aufenthalt außerhalb Indonesiens war. Meine Eltern wollten ihnen daher so viel wie möglich vom Leben einer deutschen Familie zeigen und nahmen sie an Wochenenden überallhin mit. Das führte zu manchen lustigen Schlussfolgerungen der jungen Offiziere:

Meine Eltern waren sehr naturverbunden und gingen auch gerne mit den indonesischen Gästen zum Pilze suchen in den Wald, aus dem sie auch ab und zu einige Stücke Holz für den Kachelofen mitbrachten. Ein Freund meines Vaters, der Jäger war, nahm die beiden auch mit zur Jagd, bei der manchmal ein Reh erlegt wurde, wovon meine Eltern dann immer ein schönes Stück abbekamen. Die beiden jungen Indonesier waren begeistert und fasziniert.

Viele Jahre später in Indonesien, als ich schon mit den Eltern des einen Offiziers gut befreundet war, nahm mich der Vater zur Seite und sagte belustigt, nun müsse er mir aber zeigen, was sein Sohn damals aus Tübingen berichtet hat. Er zeigte mir den Brief seines Sohnes, in dem dieser damals nach Indonesien geschrieben hatte: „Die Eltern und Geschwister von Herrn Geerken sind alle sehr gastfreundlich und höflich. Für den Winter holt die Familie Holz im Wald, der Vater sucht Pilze und Beeren, ein Freund der Familie schießt im Wald Rehe und bringt Fleisch. Aber einen elektrischen Herd und einen Fernseher haben sie schon!"

Im Jahre 1963 war es dann soweit. Kurz vor meiner Abreise nach Indonesien heiratete ich noch meine Freundin Hannelore, die ebenfalls bei AEG-TELEFUNKEN beschäftigt war. Da es zur damaligen Zeit für gefährlich gehalten wurde, Junggesellen nach Indonesien zu entsenden – das galt vermutlich genauso für jedes andere exotische Land –, wurde mein Entschluss von der Geschäftsleitung sehr wohlwollend registriert, zumal meine Frau als Sekretärin des Leiters der Exportabteilung sich in der Firma auch sehr gut auskannte. Mit ihren Fremdsprachenkenntnissen, ihrer Lust zu Reisen und vielen gleichen Interessen, waren wir ein gutes Team für den Auslandseinsatz.

Zur holländischen Kolonialzeit waren die Bedingungen allerdings anders, man wollte sparen und Ehepaare waren nicht erwünscht. Besonders für untergeordnete Positionen in den Plantagen wurden ausschließlich Junggesellen entsandt, die sich in ihren Kontrakten sogar verpflichten mussten, mindestens fünf Jahre unverheiratet zu bleiben. Es herrschte die Meinung, als Alleinstehende würden sie sich schneller in ihre neue Arbeit einarbeiten. Mit Hilfe ihrer einheimischen „Haushälterin" lernten sie auch automatisch die malaiische Sprache schneller.

Nach der Hochzeit liefen die Vorbereitungen für die Ausreise auf Hochtouren. Ich hatte bei der Geschäftsleitung durchsetzen können, dass wir auf dem Seewege nach Jakarta reisen durften. Das war ein wunderschöner Ersatz für eine Hochzeitsreise! Da ich in Jakarta bei Null anfangen musste, kam ungeheuer viel Gepäck für eine Büroausstattung und den persönlichen Bedarf zusammen. Das war für mich ein gutes Argument, eine Reise mit dem Schiff machen zu dürfen. Wie mir immer wieder gesagt wurde, war dies das erste und einzige Mal, dass bei AEG-TELEFUNKEN eine Dienstreise per Schiff genehmigt wurde. Auch mit den Propellermaschinen wären wir damals, mit Übernachtungen in Kairo, Karachi und Bangkok, mindestens vier Tage unterwegs gewesen. Bei einer späteren Gelegenheit habe ich diese Strecke noch mit der legendären Super Constellation und der DC-6 zurückgelegt und auch noch in dem berühmt und aufgrund der kleinen Holzverschläge als Zimmer und gleichzeitig für Schmutz und Lärm berüchtigten „Midway Hotel" übernachtet, das direkt neben der Start- und Landebahn des Flughafens von Karachi lag. Wenn eines der damals noch wenigen Flugzeuge bis in die Abendstunden verspätet war, wurde die Landebahn mit Petroleumlampen beleuchtet. Karachi war eine wichtige Zwischenstation auf dem Flug nach Fernost. Da die Fluggesellschaften auf dieser Strecke noch keine Nachtflüge hatten, wurden die Fluggäste abends in diese primitive Herberge gebracht, und beim ersten Morgengrauen ging es schon wieder weiter. Die Flüge dauerten lange, waren aber abwechslungsreich und spannend. Da die langsamen Propellermaschinen nur selten höher als 2.000 m flogen, sahen die Passagiere die Landschaft mit Dörfern, Feldern, Verkehrswegen etc. unter sich wie eine Landkarte vorbeiziehen. Selbst Karawanen in der Wüste oder Bauern auf den Feldern konnte man erkennen.

Wenig später hat dann die BOAC mit dem ersten Passagierjet den Liniendienst nach Südost-Asien aufgenommen. Es war die COMET IV für 36 Passagiere der Firma „de Havilland". Es schien, als ob nun die Bedeutung des Midway Hotels am Karachi Flughafen nachlassen würde. Aber nachdem die COMET IV laufend technische Probleme und Abstürze in Ankara, Kairo, Karachi, Calcutta, Singapur und Bangkok hatte, ließ das Interesse an dieser schnellen Verbindung nach und die Langstreckenflüge mit diesem ersten Düsen-Verkehrsflugzeug wurden wieder eingestellt. Man konnte somit den „Luxus" des Midway Hotels noch bis Ende der 1960er Jahre genießen. Weltweit entwickelte sich der Luftverkehr rasant. Nur gut zehn Jahre später, 1972, waren auf der Fernost-Route schon die ersten Jumbo-Jets auf der Route über Bangkok in Einsatz.

In der Versandabteilung der Firma stapelten sich die Kisten, nicht nur die dienstlichen, auch die privaten, denn wir mussten einiges einkaufen: Möbel, Geschirr, Kühlschrank, Küchenausstattung, Klimaanlage, Waschmaschine, Wäschetrockner, Notstromaggregat und vieles mehr. Ein Auto als Privatwagen für meine Frau war auch dabei, denn ein Dienstwagen wurde mir in Jakarta zur Verfügung gestellt. In Jakarta erregte der Wäschetrockner zunächst größte Erheiterung bei der dort bereits ansässigen westlichen Gemeinschaft. Aber später, während der Regenzeit, wurden wir allgemein beneidet, weil unsere Wäsche bereits nach einer Stunde trocken war und die Wäsche anderer nach drei Tagen stinkend und muffig und immer noch feucht von der Leine genommen werden musste.

Um in den Tropen allzeit korrekt gekleidet zu sein, wollte ich beim Tropenausstatter in Hamburg noch einen Tropenhelm erstehen, wurde allerdings dort von einem Verkäufer, der zwar nie in den Tropen gewesen war, aber das gesamte Wissen der Tropengebräuche zu verkörpern schien, sehr herablassend darauf hingewiesen, dass ein Tropenhelm nicht nur ein sehr englisches Kleidungsstück sei (also seiner Meinung nach für Indonesien mit seiner holländischen Vergangenheit völlig unangebracht), sondern gleichzeitig mit dem Verlust der Kolonien völlig aus der Mode gekommen sei. Derart gemaßregelt, nahm ich natürlich schweren Herzens Abstand vom Kauf dieser exotischen Kopfbedeckung.

Auf dem Speicher bei meinen Eltern stand schon seit Jahrzehnten ein schwarzer großer, damals sogenannter Überseekoffer von meinem reisefreudigen Großvater mütterlicherseits. Dieses überdimensionale Gebilde, auch „Steamers Trunk" genannt, war ein handgefertigter Koffer aus Eichenholzspanten und genarbtem Leder mit Messingbeschlägen. Es gab unzählige Staumöglichkeiten. Dieses im 19. und Anfang des 20. Jahrhunderts für Seereisen übliche Reisegepäckstück war ein schrankartiges Monstrum. Man klappte es, auf die Schmalseite gestellt, wie ein Buch auf. Auf der einen Seite waren Schubladen für Kleinigkeiten und Fächer für Wäsche, Schuhe und Ähnliches, die andere Seite war vorgesehen, um Hosen und Anzüge aufzuhängen. Selbst ein Fach für eine Flasche mit dem gewohnten Drink für unterwegs fehlte nicht. Mit den statusbildenden bunten Aufklebern aus Amerika und vielen Ländern Europas sah er richtig weltmännisch aus. Wenn alles gefüllt war, konnte er nur von zwei starken Männern transportiert werden. Dieser alte Überseekoffer hatte mich schon auf meiner Schiffsreise in die USA begleitet. Nun wurde er nochmals beladen für die noch viel weitere Seereise nach Indonesien. Es sollte seine letzte Reise werden. In dem feuchtwarmen Klima am Äquator ging er endgültig aus dem Leim und er fand dann seine letzte Ruhestätte – seinem Namen entsprechend – in „Übersee".

1963 war Indonesien für die Deutschen noch ein ziemlich unbeschriebenes Blatt. Wenn ich erzählte, dass ich für einige Jahre auf die Insel Java gehe, erhielt ich meistens die Antwort: „Ach Jaffa, das ist doch dort wo die Orangen herkommen!" Das junge Land Indonesien schien im Allgemeinwissen der Deutschen noch gar nicht zu existieren, obwohl es ein riesiges Inselreich ist, das sich von West nach Ost über eine Länge von fast 5.500 Kilometern erstreckt, einer Entfernung von Berlin bis in die östliche Mongolei. Aber auch ich hatte meine bestimmten Klischees: Vorstellungen aus Jugendbüchern und Abenteuerheftchen, in denen damals immer wieder die Tigerjagd im Dschungel von Sumatra verherrlicht wurde. Durch meinen netten und geistreichen Geographie-Lehrer im Parler-Gymnasium in Schwäbisch Gmünd, Herrn Dr. Schurr, wusste ich aber doch schon einiges über den Indonesischen Archipel. In seinen spannenden Unterrichtsstunden kam er immer wieder auf die Insel Celebes, heute Sulawesi, zu sprechen. Die Insel Celebes schiebt in Form einer Orchidee ihre vier Arme weit ins Meer hinaus nach Osten. Auch von der Plantagenwirtschaft auf Sumatra und den von ihm so geliebten Sumatra-Zigarren mit dem weltbekannten Sumatra-Deckblatt erzählte er uns. Er schien auf den indonesischen Archipel fixiert gewesen zu sein und erweckte schon damals mein Interesse für diese Region der Erde. Während meines ersten Urlaubs in Deutschland wollte ich ihn – mit einem Kistchen Sumatra-Zigarren in der Tasche – besuchen, um herauszufinden, wie sein besonderes Interesse für diesen Archipel zustande kam. Vielleicht war er sogar selbst einmal dort. Leider war er in der Zwischenzeit verstorben und ich konnte das Rätsel nicht mehr lösen. Aber bis heute erinnere ich mich ganz klar und deutlich an seinen, für mich wirklich spannenden Geographie-Unterricht.

Obwohl die deutsch-indonesischen Beziehungen viele Jahrhunderte zurückgehen, war dieses Land Anfang der 1960er Jahre nur wenigen bekannt. Bereits im 16. Jahrhundert kamen die ersten deutschen Forscher nach Niederländisch-Indien. Im 17. Jahrhundert traten viele tausende abenteuerlustige deutschsprachige junge Männer die Reise nach Niederländisch-Indien an, um als Matrosen, Handwerker, Kaufleute oder Beamte für die Holländer tätig zu werden. Ende des 18. Jahrhunderts sandte der Herzog Carl Eugen von Württemberg für 300.000 Gulden ein Söldnerheer mit 2.000 Soldaten und

Offizieren zur Unterstützung der „Vereinigten Niederländisch Ostindischen Compagnie" in die niederländische Kolonie. Vertragsgemäß wurden laufend Ersatzmannschaften nachgeschickt. Die meisten dieser Söldner haben sich mit Javanerinnen verheiratet und blieben dort. Selbst seine eigenen Söhne verschacherte der Herzog von Württemberg an die Holländer, allerdings als Offiziere. Keiner kam zurück. Ob sie bei einem Kampf auf Java gefallen sind, oder ob sie es sich – wie die meisten der einfachen Soldaten – mit einer hübschen Javanerin häuslich niedergelassen haben, haben die Chronisten nicht vermerkt. Es gibt Historiker, die behaupten, dass durch die privaten Aktivitäten dieser Söldner mindestens fünf Prozent aller Indonesier württembergisches Blut in den Adern hätten. Das wären heute immerhin 12 Millionen! Der Gewinn für den Herzog von Württemberg war auf jeden Fall gewaltig: durch den Verkauf der Söldner, durch das Kopfgeld für die Gefallenen und durch die Einsparung der Rente für diese.

Es war sogar ein Deutscher, der Schiffsarzt und Wissenschaftler Adolf Bastian – unter anderem hat er auch das 5-bändige Werk „Indonesien oder die Inseln des malaysischen Archipels" verfasst –, der Ende des 19. Jahrhunderts den Namen „Indonesia" oder auf Deutsch „Indonesien" geprägt und durchgesetzt hat. Wegen der Nähe zu Indien, hat er dem Archipel den Namen „Inseln bei Indien" gegeben. Zusammen mit dem lateinischen Worten *indus* für Indien und dem griechischen Wort *nessos* für Inseln wurden aus *Indonesos* dann Indonesia. Diese Bezeichnung, die den gesamten Archipel umfasste, wurde von der indonesischen Unabhängigkeitsbewegung aufgegriffen. Das Wort Indonesien war allerdings während der holländischen Kolonialzeit strengstens verboten und durfte öffentlich nicht ausgesprochen werden, da die Holländer darin einen Angriff auf ihren Machtanspruch sahen. Jede Bestrebung für eine Vereinigung der Einwohner des Archipels, über die Grenzen von Stammeszugehörigkeit, Rasse, Religion und Sprache hinweg, wurde von der Kolonialregierung mit allen Machtmitteln verhindert. Für sie war „teilen und herrschen" wichtig für den Machterhalt. Im Gegensatz zu Malaya, der ein gebräuchlicher völkerkundlicher Begriff für den gesamten Raum ist und die Menschen darin als Malaien bezeichnet, ist Indonesien ein nationaler kulturpolitischer Begriff. Das Wort Indonesien stärkte somit das Nationalbewusstsein.

Selbst eine ganze Reihe von deutschen Schriftstellern und Dichtern wie zum Beispiel Johann Wolfgang von Goethe, Friedrich Schiller, Adalbert von Chamisso, Friedrich Gerstäcker, Theodor Fontane, Ernst Haeckel, Heinrich von Kleist, Christian F. D. Schubart (der u. a. ein wunderschönes und trauriges Gedicht anlässlich der Entsendung der 2.000 Söldner durch Herzog Karl Eugen von Württemberg nach Java schrieb), Karl Helbig, Vicki Baum und viele andere mehr, haben über das Inselreich und seine Jahrtausende Jahre alte Kultur berichtet. Besonders hervorzuheben ist dabei Walter Spies, der 1923 nach Java kam und sich 1927 auf Bali niederließ. Er gründete eine Vereinigung von Malern und scharte damit eine Kolonie von einheimischen Künstlern und zivilisationsmüden europäischen Bohemiens um sich. Daher ist es verwunderlich, dass Anfang der 1960er Jahre über Indonesien in Deutschland noch relativ wenig bekannt war. Verantwortlich ist hierfür auch, dass die Indonesier dazu neigen, ihre Geschichte erst nach dem blutigen Kampf gegen die Niederlande und nach der Erklärung der Unabhängigkeit im Jahre 1945 beginnen zu lassen und ihre Geschichte vor der Unabhängigkeit auszuklammern.

Über deutsche Spuren in Indonesien und die frühen deutsch-indonesischen Beziehungen hat der ehemalige Deutsche Botschafter in Indonesien, Heinrich Seemann, ein hervorragender Kenner Indonesiens, ein sehr empfehlenswertes Werk mit dem Titel „Von Goethe bis Emil Nolde, Indonesien in der deutschen Geisteswelt" geschrieben.

Ausreise mit der MS VICTORIA

Nachdem alle Vorbereitungen für unsere Ausreise getroffen waren und Listen für das Umzugsgut, für die Transportversicherung und für den indonesischen Zoll erstellt worden waren, als die polizeilichen Führungszeugnisse und Visa vorlagen, die Tropentauglichkeits-Untersuchungen in Tübingen erfolgreich abgeschlossen waren und wir alle Impfungen erhalten hatten, wurde ein Güterwagen bei der Bahn bestellt, der bis unters Dach voll beladen wurde. Im Schlafwagen ging es nach Genua, hinten am Zug war angekoppelt unser Güterwagen und auf einem zweiten Wagen unser Auto. Im Oktober 1963 schifften wir uns in Genua auf der „MS VICTORIA" der Lloyd Triestino nach Jakarta ein. Die Schiffssirenen dröhnten und die Leinen wurden losgemacht. Vier Wochen Meer und unbekannte Länder lagen vor uns. Ein neues großes Abenteuer begann!

Es wurde eine herrliche Seereise! Die MS VICTORIA war noch ein echtes Linienschiff mit 11.700 Tonnen und drei Klassen, das regelmäßig auf der Route von Genua bis Hongkong und zurück fuhr. Dank AEG-TELEFUNKEN reisten wir in der 1. Klasse und waren dort nur eine kleine Gemeinschaft von 60 Personen mit eigenem Deck, eigenem Pool und eigener Fünf-Mann-Kapelle. Wir fühlten uns richtig privilegiert und genossen jeden Tag. Zudem war es ja auch unsere verspätete Hochzeitsreise. Gleich hatte sich eine kleine Clique gebildet mit einem australischen und einem deutschen Diplomaten-Ehepaar, einigen Franzosen und Italienern und noch einem deutschen Ehepaar aus Offenbach, das jedes Jahr diese Reise machte, um deutsche Lederwaren in Asien zu verkaufen. Vor jedem Hafen wurden die Muster in der Lounge aufgebaut und die Kunden kamen an Bord, um zu bestellen. Einige Monate später machten sie nochmals dieselbe Route und lieferten dann die bestellte Ware aus. Ein beneidenswerter Job und auch wir hatten etwas davon: denn wenn das Lederwarengeschäft gut lief, gab es Freibier an der Bar.

Unsere Reise ging zunächst nach Neapel, vorbei an dem aktiven Vulkan Stromboli. Als wir bei strahlendem Sonnenlicht die Straße von Messina passierten, kam der mit Schnee bedeckte Ätna in Sicht. Es war der letzte Schnee, den wir für viele Jahre sahen. Weiter ging es durch das spiegelglatte Mittelmeer nach Port Said.

Gleich in den ersten Tagen auf See fielen uns zwei Männer auf, die sich an einem Zweiertisch gegenüber saßen und außer der Begrüßung nie ein Wort miteinander redeten. Der ältere Herr war Franzose und der andere ein Deutscher namens Ackermann. Beide sprachen nur ihre Muttersprache. Die morgendliche Begrüßung beim Frühstück war immer dieselbe. Der Franzose kam an den Tisch und begrüßte Herrn Ackermann mit „Bonjour", Herr Ackermann erhob sich vom Stuhl und stellte sich mit „Ackermann" und einem Kopfnicken vor. Diese Prozedur wiederholte sich die nächsten paar Tage beim Frühstück, beim Mittag- und beim Abendessen, bis wir Herrn Ackermann bei einer günstigen Gelegenheit aufklärten, dass Bonjour „Guten Tag" heißt und keine Vorstellung sei. Herr Ackermann bedankte sich für den guten Rat und zog stolz von dannen. Am nächsten Morgen warteten wir schon gespannt, wie die Begrüßung der beiden Herren diesmal vonstatten gehen würde. Der Franzose war zuerst am Tisch. Herr Ackermann kam etwas später und verkündete mit Hilfe seiner neu dazu gewonnenen Sprachkenntnisse stolz „Bonjour". Der Franzose erhob sich vom Tisch, verneigte sich und erwiderte „Ackermann". Nun war es mit dem Ernst vorbei. Wir und die anderen unserer kleinen Gruppe platzten vor Heiterkeit.

Weiter ging es durch den Suezkanal und die Bitterseen nach Suez. Suez war in der Frage der Abendgarderobe ein Wendepunkt. In Deutschland hatten wir uns schon entsprechend darauf vorbereitet und ich hatte einen schwarzen Gesellschaftsanzug, sowie ein weißes Dinnerjacket dabei, und meine Frau hatte eine schöne Auswahl Abendgarderobe. Es ist bis heute eine alte britische Tradition aus der Kolonialzeit, dass in Suez die Tropen beginnen und „East of Suez" nur noch Weiß getragen werden darf. Die gesamte Mannschaft bis hoch zum Kapitän, die bis hierher schwarze Uniformen trug, kleidete sich ab hier nur noch weiß. Auch die männlichen Passagiere trugen von hier an abends nur noch weiße Dinnerjackets. Auf den Linienschiffen herrschten noch strenge Regeln! Nur ein paar ehemalige, sehr konservative und sehr britische Kolonialbeamte trugen von Suez an auch das sogenannte „Red-Sea-Rig", eine Kombination aus Smokinghose mit Smokinghemd, roter Fliege und rotem Kummerbund. Es sah etwas gewöhnungsbedürftig aus, aber die Briten fühlten sich wohl darin. Dieses Kleidungsstück für Herren wurde um 1800 von der British Royal Navy für offizielle Anlässe in den Tropen eingeführt. Später übernahmen es die Amerikaner als „Gulf-Rig", allerdings mit schwarzer Fliege und schwarzem Kummerbund. Heutzutage, im Zeitalter der Klimatisierung, sieht man diese Kombination kaum noch.

Aus der Linienschifffahrt während der Kolonialzeit kommt auch noch das englische Wort „posh", was soviel wie „chic" oder „fesch" bedeutet. Wenn man mit den P&O-Linienschiffen der „Peninsular and Oriental Steamship Company" in die Kolonie nach Indien fuhr, oder von dort zurück in die Heimat, war man privilegiert, wenn man aufgrund der kühlenden Brise und der Schattenseite die Kabine während des heißesten Teils der Reise durch das Rote Meer und den Suezkanal auf der richtigen Seite des Schiffes buchen konnte. Damals gab es ja noch keine Klimaanlagen. Also reiste man POSH, *Portside Outward* (also nach Britisch-Indien) und *Starboard Home* (zurück nach Hause). Dies waren die besten und teuersten Kabinen, die für die „Upper Class" reserviert waren. Es wurde erzählt, dass diese Tickets mit einem Stempel „POSH" versehen wurden, um den höheren Status anzuzeigen. Heutzutage, mit den vollklimatisierten Schiffen, muss man darauf nicht mehr achten, aber das Wort „posh" hat sich bis heute in der englischen Sprache erhalten.

Auf der MS VICTORIA genossen wir das Bordleben, das tagtäglich seinen gewohnten Gang ging: Tage und Nächte, Schlemmen und Trinken, Tanzen und Spiele, Sonne und Seeligkeit. Die Sonne und der Mond stiegen aus dem Meer auf und gingen darin wieder unter. Fremde Landschaften glitten beruhigend langsam vorüber.

Durch das Rote Meer ging es geruhsam weiter nach Aden. Hier hatten wir einen halben Tag Aufenthalt, den ich nutzen wollte, um mir zollfrei eine Filmkamera zu kaufen. Damals war noch die Normal-8mm-Filmkamera der Hit, Super 8 war noch in weiter Ferne. In einem der Geschäfte suchte ich mir eine gute Kamera aus, bezahlte und ließ mir die verpackte Kamera aushändigen. Irgendwie schöpften meine Frau und ich Verdacht und wir packten die Kamera nochmals im Laden aus. Und wir taten gut daran, denn der Händler wollte uns eine einfache und viel billigere Kamera unterschieben. Schnell hatten wir uns geeinigt und wir zogen mit der richtigen Kamera ab. Abends, kurz vor dem Auslaufen der MS VICTORIA, wurden die Waren angeliefert, die einige Passagiere eingekauft hatten und sich aus Gründen der Bequemlichkeit auf das Schiff bringen ließen. Und siehe da: viele wurden betrogen. Es waren teilweise nur wertlose Sachen oder sogar Steine in den Paketen.

Weiter ging die Reise nach Karachi, wo wir den AEG-Vertreter für Pakistan kennen lernten. In Bombay hatten wir zwei Tage Aufenthalt, genügend Zeit für ein paar Ausflüge in die nähere Umgebung. Dann nahm die MS VICTORIA wieder Kurs nach Süden, entlang der Pfefferküste, wie die Westküste Indiens früher genannt wurde. Auch in Colombo auf Ceylon hatten wir genügend Zeit, um in den berühmten Hotels aus der Kolonialzeit „Mount Lavinia" und „Galle Face" einen Cocktail zu trinken.

Durch das hervorragende italienische Essen auf der MS VICTORIA mit fünf Mahlzeiten am Tag hatten fast alle Passagiere gewaltig an Gewicht zugelegt. Nur ein österreichischer Diplomat auf dem Weg zu seiner neuen Dienststelle in Singapur aß immer nur allerkleinste Portionen und blieb rank und schlank. Als wir ihn darauf ansprachen, sagte er: „Schauen Sie sich doch im Speisesaal um. Sie alle begehen Selbstmord mit Messer und Gabel!"

Auf unserem Weg nach Jakarta hatten wir nun tropische Gewässer erreicht. Es war eine Wonne, im Schiffspool zu baden, der jeden Morgen mit dem warmen Meereswasser gefüllt wurde. Als der Neumond im Meer versank und nur noch die Sterne am Himmel strahlten, konnte man die phosphoreszierende Spur des aufgewühlten Planktons noch viele Kilometer hinter dem Schiff im dunklen Meer verfolgen. Wie hypnotisiert habe ich dieses Naturwunder, das ich hier zum ersten Mal erleben durfte, stundenlang verfolgt.

Vor Jakarta überquerten wir den Äquator. Jeder der Passagiere, der zum ersten Mal den Äquator überquerte, musste an dem Ritual einer Äquatortaufe teilnehmen. So natürlich auch wir. Neptun zerschlug mir ein Hühnerei auf dem Kopf, beschmierte mich mit Tomatenketchup, Mehlbrei und Spaghettis und tauchte mich im Schwimmbecken unter. Dann durfte ich mit meinem neu angetauften Namen „Marconi" die Reise fortsetzen. Marconi (1909 Physik-Nobelpreisträger und Funktechniker) deshalb, weil ich mich mit dem Funkoffizier des Schiffes angefreundet hatte und als Funkamateur ab und zu auch die Funkanlage benutzen durfte.

Am 22. November 1963, dem Tag des tödlichen Attentats auf Präsident John F. Kennedy, passierten wir am frühen Morgen in der Sundastraße den mächtigen, noch aktiven und gefährlich aussehenden Vulkan Krakatau. An Steuerbord kamen an der Nordküste Javas im fernen Dunst Palmenhaine und Mangrovenwälder in Sicht. Die Reise neigte sich dem Ende zu, viel zu schnell! Wir hatten uns an die angenehmen Seiten einer Seefahrt gewöhnt.

Um die Mittagszeit erreichten wir Jakarta und wir meldeten uns mit unseren laut heulenden Schiffssirenen im Hafen Tanjung Priok an, jedoch mussten wir noch stundenlang auf Reede liegen bleiben und der Dinge harren, die kommen sollten. Die Immigrationsbeamten und die Gesundheitsbehörde kamen an Bord und prüften zuerst die Pässe mit Visa und die Impfzeugnisse. Obwohl nur wenige Passagiere in Jakarta aussteigen wollten, dauerte es Stunden, bis das Schiff endlich freigegeben war und anlegen durfte. Die Zeit wurde uns vertrieben durch viele Fischer und Händler, die auf ihren kleinen schmalen Ruderbooten rund um das Schiff fuhren und lautstark ihre Waren feilboten. Es gab alles: Schnitzereien, Lederarbeiten, Obst. Ein Javaner mit zwei Papageien und ein kleiner Junge mit tropischen Früchten schafften es bis auf das Promenadedeck. Kinder in den Booten schauten erwartungsvoll zu uns Passagieren an der Reling hinauf und warteten, bis wir in weitem Bogen eine Münze in das ölige Hafenwasser warfen. Mit ruhiger Sicherheit tauchten sie nach dem Stück und zeigten dann lachend ihre Beute. Bunt bemalte Lastensegler, *Bugis*-Schoner, trieben langsam mit schlaffen Segeln durch die ölige See an uns vorbei. Es war eine andere, exotische Welt die mich empfing. Ich kam mir vor wie ein zweiter Humboldt, und es war genau so, wie ich es mir in meinen kühnen Jugendträumen vorgestellt hatte. Mit einem Gefühl von Wehmut ging ich von Bord.

Erste Eindrücke und erste Bekanntschaften

Inzwischen hatte schon die Dämmerung eingesetzt. Die glühende tropische Luft Jakartas empfing uns, als wenn man ein feuchtes, heißes Tuch um uns geschlungen habe. Wir wurden von zwei Herren der PT. Guna Elektro, der Vertretung von AEG und TELEFUNKEN, abgeholt. Während meiner gesamten Zeit in Indonesien habe ich mit dieser Firma immer gut zusammengearbeitet. Zum Glück wussten die beiden einheimischen Herren, wie die Prozedur beim Zoll war, denn unser Gepäck, das wir mit in der Kabine hatten, wurde ziemlich schnell freigegeben. Auf der Pier und im Hafengelände drängten sich Einheimische in bunten Sarongs und Europäer in weißer Kleidung. Schon hier fiel mir ein schwerer süßlich-würziger Duft auf, der typisch für ganz Indonesien ist. Es war der Geruch der *Kretek*-Zigaretten, eine bei Indonesiern beliebte Spezialität, die es nur in diesem Lande gibt. Der Tabak der *Kretek*-Zigaretten wird mit Gewürznelken vermischt, und da Indonesier starke Raucher sind, liegt dieser süßliche Duft von verbrannten Nelken über jeder Ansammlung von Menschen. Dieser für Indonesien typische Geruch bleibt bis heute in meiner Erinnerung haften.

Bei Dunkelheit ging es durch die Straßen von Jakarta, entlang der Kanäle. Es sah zauberhaft aus. Der große Mond mit einem gelben Schimmer schwamm fast waagrecht, wie ein Boot, am dunklen Himmel. Frauen saßen am Straßenrand und verkauften in den offenen Läden Obst, Getränke, Süßigkeiten und Töpferwaren. Die vielen kleinen Essstände mit ihren mobilen Kochstellen, die fahrenden Händler mit ihren Rufen und das alles beleuchtet vom flackernden Licht unzähliger kleiner Petroleumlämpchen. Mit schweren Lasten bepackte, bis zum Gürtel nackte und vom Schweiß glänzende Kulis liefen durch das Gewirr. Bunte Pferdedroschken bahnten sich mit Rufen, die neben den klappernden Huftritten der kleinen Pferdchen und dem Gebimmel der an den Droschken hängenden Glöckchen fast untergingen, ihren Weg entlang der Straße durch den Verkehr. Halbnackte Kinder rannten vorbei, Bettler baten um ein Almosen. Händler tänzelten leichtfüßig mit ihren wippenden *Pikuls*, je ein Korb mit ihren Waren vorne und hinten an einer Bambus-Tragestange über der Schulter, vor unserem Auto über die Straße. Ich fühlte mich wie in einem wimmelnden Ameisenhaufen.

Schwaden der für indonesische Städte typischen Duftmischung aus *Kretek*-Zigaretten, in Kokosöl Gebratenem, von scharfen Gewürzen, Knoblauch und Trockenfisch, drangen auf einer Woge feuchter Schwüle durch die offenen Fenster ins Auto. Es war eine aufregende Mischung von Gerüchen, die aus einem früheren Jahrhundert zu kommen schien. Auch viele ungewohnte Geräusche drangen an mein Ohr. Ein *Gamelan*-Orchester spielte in der Ferne, der *Muezzin* rief zum Gebet, Händler und Köche priesen mit lauten Rufen ihre Waren an, Holzkarren krächzten, *Becaks*, die typischen Fahrradrikschas, und Fahrräder klingelten warnend, Autos hupten aufdringlich. Es lag aber auch eine Glocke von die Lungen reizendem Rauch über Jakarta. Überall am Straßenrand wurde Müll verbrannt, dessen Gestank immer wieder die Wohlgerüche übertönte. Trotzdem war der erste Eindruck märchenhaft: wie 1001 Nacht!

Wir passierten auf der neuen sechsspurigen Autobahn das erst teilweise fertig gestellte Kaufhaus Sarinah. Die Indonesier waren stolz auf das erste Kaufhaus Indonesiens, aber das Angebot war begrenzt: Batikstoffe und indonesisches Kunsthandwerk. Die Fahrbahnmarkierungen auf der Autobahn schienen reine Zierde zu sein, da sich keiner der Fahrer an die vorgeschriebene Spur hielt. Neben dem Welcome-Monument inmitten eines großen runden Teiches steht das Hotel Indonesia, dem damals neuen und einzigen Luxushotel Jakartas. Es wurde erst wenige Monate zuvor eröffnet und war eines der besten in Südost-Asien. Ein einfacher Bürger musste dort für ein einziges Mahl ein ganzes Monatsgehalt ausgeben. Wie man mir gleich erzählte, klappte aber dort noch nicht alles. Bei der Installation wurden heißes und kaltes Wasser vertauscht, so dass zum Beispiel die Toiletten mit heißem Wasser gespült wurden. Es waren ganz moderne Toiletten mit integriertem Bidet, das heißt mit einem zusätzlichen Wasserstrahl von unten. Nur waren die Druckknöpfe für die Bedienung vertauscht. Ein neuer Gast, der mit den Gegebenheiten noch nicht vertraut war, bediente nach abgeschlossenem Geschäft den – wie er dachte – Knopf für die Toilettenspülung, bekam aber dann den vollen Strahl des Bidets ins Gesicht. Mancher Besucher musste anschließend unter die Dusche.

Weiter ging die Fahrt zum Vorort Kebayoran, vorbei am neuen Senayan-Sport-Komplex mit dem Paradestück der sowjetischen Entwicklungshilfe an Indonesien, einem ringsum überdachten Stadion für über hunderttausend Menschen. Entlang der Straßen war alles wunderbar beflaggt. So sehr es uns geehrt hätte, dachten wir gleich, dass dies nichts mit unserer Ankunft in Indonesien zu tun haben könne. Die IV. Asiatischen Spiele und die GANEFO-Spiele gingen gerade zu Ende. Die „Games of the New Emerging Forces" sollten die in indonesischen Augen wegen der Kommerzialisierung und Politisierung dekadenten Olympischen Spiele ablösen. 51 Entwicklungsländer nahmen daran teil. Sportler die hier mitmachten, wurden vom Olympischen Komitee (IOC) von der Teilnahme an der darauf folgenden Olympiade ausgeschlossen. Weiter ging es direkt zu dem Kollegen der AEG in Kebayoran Baru, wo eine Willkommens-Party für uns gerade begonnen hatte. Wir hatten nicht einmal Zeit uns umzuziehen, bevor wir uns in die Partyrunde begaben und vielen neuen Gesichtern begegneten. Das war unser erster Auftritt in Jakarta.

Hier lernte ich unter anderem Herrn Dr. Westrick kennen, den ich einige Tage später bei einem Essen im Hause des Kollegen wieder treffen sollte. Er war der Sohn eines Staatssekretärs unter Ludwig Erhard. In dieser Familie war der Spross in Jakarta das „schwarze Schaf", das merkte man auch sehr schnell an seinen undurchsichtigen Geschäften. Keiner wusste, was er wirklich tat, aber er hatte immer viel Geld, Berge von Rupiahs. Bei ihm konnte man immer Deutsche Mark zu einem guten Schwarzkurs in Indonesische Rupiahs umtauschen. Sein kleines Haus war einfach eingerichtet, aber alles war aus dem neu eröffneten Hotel Indonesia gestohlen: Bettwäsche, Handtücher, Teller, Tassen, Gläser, das Besteck und sogar die hübschen kleinen Tischlampen mit Zinnfuß und konischem roten Glasschirm, die ein romantisches Kerzenlicht verströmten. Er brüstete sich regelmäßig, wie einfach es sei, gefüllte Taschen an den Boys und den Sicherheitsbeamten des Hotels vorbeizuschleppen und ins Auto zu tragen. Es war damals noch die von den Holländern den Indonesiern über Jahrhunderte eingebläute Mischung aus Unterwürfigkeit und Angst, die sie hinderte, den „weißen Mann" zu kontrollieren. Darüberhinaus durfte während der Kolonialzeit ein Holländer nicht von einem Indonesier angesprochen werden. Er durfte nur Antwort geben! Nur eine Badewanne fehlte noch in Dr. Westricks Hause, aber das war ihm dann doch zu aufwändig, diese im Hotel Indonesia auszubauen.

Aber eines musste man bei Herr Dr. Westrick anerkennen. Er war ein Kenner der betörenden Düfte. Er behauptete, jedes Parfüm an den anwesenden Damen bestimmen zu können. Wir waren gespannt und nach dem Essen in größerem Kreise reihten sich die Damen, zehn an der Zahl, auf und er war auch sehr erfolgreich. Alles stimmte – Vent Vert, Chanel No. 5, Dior, Hermes usw. – bis die Hausfrau an die Reihe kam. Er schnüffelte, zögerte, schnüffelte nochmals und sagte dann ganz laut und bestimmt: „Kernseife". Das war das Ende der Party! Er wurde dort auch nie mehr eingeladen! Nicht, dass es noch viel Gelegenheit gegeben hätte, ihn einzuladen, denn kurz darauf musste er ohnehin fluchtartig das Land verlassen. Wie erzählt wurde, hat er bei Geldgeschäften einen hohen indonesischen Beamten betrogen und sollte am nächsten Tag verhaftet werden. Genaues hat damals niemand erfahren. Er wurde noch am Flughafen Kemayoran mit nur zwei Köfferchen Handgepäck gesehen, als er nach Bangkok ausreiste. Seine Beute aus dem Hotel Indonesia blieb zurück, wie auch seine vielen Antiquitäten. Er hatte, wie auch einige andere unverantwortliche Ausländer, seltene Stücke aus dem staatlichen Museum bei dubiosen Händlern bestellt, die diese dann aus dem

Museum Jakartas entwenden ließen und an ihn verkauften. Später wurde erzählt, dass Dr. Westrick seinen Wirkungskreis nach Mittelamerika verlagert hatte. Jahre später wurde er dort erstochen aufgefunden. Vermutlich hat er dort seine unlauteren Geschäfte weitergeführt.

Gleich am ersten Morgen, es war ein Sonntag, wurden wir von deutschen Industrievertretern, die schon längere Zeit in Jakarta arbeiteten, zu einem chinesischen Frühstück in den bis heute besten „Bakmi-Schuppen" Gajah Mada 77 mitgenommen, ein einfaches Restaurant, in dem als Spezialität verschiedene Nudelsuppen serviert werden. Auf dem Weg ins „Nudelrestaurant" kamen wir wieder durch die Straßen wie in der Nacht zuvor, entlang des Kanals, in dem nun in dem brackigen, schmutzig-trüben Wasser glänzend braune Menschen die Wäsche wuschen, die Notdurft verrichteten, badeten, Geschirr spülten und die Zähne putzten. Männer hockten in Reih und Glied am Rand des Kanals entlang und erledigten bei angeregtem Gespräch ihre „Geschäfte", während sich die Frauen nur ein paar Meter weiter abwärts, bis zur Hüfte im Wasser stehend, sich mit dem Waschen von Kleidung oder von Haut und Haar beschäftigten. Es waren die Ärmsten Jakartas, die auf dieses stinkende Kanalwasser angewiesen waren. Abseits der Hauptstraße, in den Slums, gab es damals keine Kanalisation, kein sauberes Wasser, keinen Strom – aber Überschwemmungen in der Regenzeit. Die Menschen aus den Slums standen in der sozialen Leiter nur noch über denen, die direkt am Rande der Kanäle schliefen, den Obdachlosen. Ich wunderte mich, dass hier nicht noch öfter schlimme Krankheiten ausbrachen.

Die flimmernde Äquatorsonne stach mit einer ungewohnten schmerzenden Helle vom Himmel. Bei Tageslicht sah nun alles etwas weniger schön und märchenhaft aus. Die Romantik der Nacht war entzaubert! Auf dem grasbewachsenen Mittelstreifen der Stadtautobahn Jalan Thamrin grasten einige Wasserbüffel. Zu dieser Zeit gab es in Jakarta nur eine einzige Verkehrsampel und nur eine einzige einheimische Frau, die selbst ein Auto steuerte. Ganz in der Nähe des Nudelrestaurants, etwas weiter nördlich mitten im Chinesenviertel, fiel mir ein großer abweisender Häuserblock auf, der von hohen Mauern mit großen eisernen Gittertoren umgeben war. Es war die Botschaft der Volksrepublik China.

Das Restaurant Gadja Mada 77, in dem das chinesische Frühstück stattfand, lag einige Stufen tiefer als die Straße. Es machte zunächst keinen vertrauenswürdigen Eindruck. Das Gedränge der vielen Chinesen, der Lärm und die fast unerträgliche Hitze durch die dampfenden Kochstellen mitten im Restaurant waren gewöhnungsbedürftig. Aber die Nudelsuppen und die *Pangsit*-Gerichte, eine chinesische Art von Maultaschen, schmeckten hervorragend. Ich wurde Stammgast. Selbst wenn ich heute – über 4 Jahrzehnte später – nach Jakarta komme, lasse ich mir einen Besuch im Gadja Mada 77, oder einer der nun vielen neuen und moderneren Filialen, nicht entgehen. Nachdem wir noch mein zukünftiges Büro und unsere Wohnung besichtigt hatten, war ein erster Arbeitstag in Indonesien zu Ende. In der Wohnung waren die Malerarbeiten noch nicht abgeschlossen, so traf es sich gut, dass unser Umzugsgut immer noch im Hafen zur Verzollung lag.

Um gleich einige prominente Vertreter der deutschen und indonesischen Industrie kennen zu lernen, wurde ich schon am zweiten Tag nach meiner Ankunft von der AEG-TELEFUNKEN-Vertretung zu einem großen Essen in ein damals sehr beliebtes Restaurant auf dem Senayan-Platz eingeladen. Es war ein chinesisches Restaurant, verbunden mit einem staatlichen Laden für indonesische Handwerkskunst von den Außeninseln. Schon im Restaurant Gadja Mada 77 ist mir aufgefallen, dass jeder Europäer, sobald er sich an den Tisch setzte, seine Serviette nahm und das Besteck, den Teller und das Trinkglas abrieb. Diese ungewöhnliche Sitte war für die Oldtimer ganz normal, aber mir kam das sehr seltsam vor. Es war einfach üblich, erst einmal die Essutensilien zu säubern. Aber niemand konnte mir als neu Eingereistem erklären, wer diese Sitte eingeführt hat. Noch etwas ist mir gleich in den ersten Tagen aufgefallen. Der Ober nimmt nicht die Bestellung entgegen, sondern er legt nur den Bestellblock mit einem Kugelschreiber und der Speisekarte auf den Tisch. Man musste, wenn man ein Gericht aus der langen Speisekarte ausgesucht hatte, seine Bestellung selbst niederschreiben. So wurde jedes Missverständnis und jede Diskussion über die Speisefolge vermieden. Das Essen dort war immer ganz vorzüglich und es gab die ausgefallensten Spezialitäten. Die Attraktion war aber, dass man für wenige Rupiahs einen *Bung*, einen Diener, anheuern konnte, der hinter einem stand und während des Essens mit einem Handtuch kühle Luft zufächerte. Relikte alter Kolonialherrlichkeit, die heute unvorstellbar sind, so wie die Anrede *Bung* heutzutage als Beleidigung empfunden wird! Klimaanlagen waren damals noch nicht üblich. Leider musste dieses Restaurant bald größeren Baumaßnahmen in dieser Gegend für das CONEFO-Projekt weichen, der „Conference of New Emerging Forces". Über dieses Projekt werde ich noch an späterer Stelle berichten.

Die ersten Tage war ich mit Visa-Angelegenheiten und der Erlangung meiner Aufenthalts- und Arbeitsgenehmigung beschäftigt. Es ging von Büro zu Büro. Nochmals hier eine Unterschrift, nochmals dort Fingerabdrücke und noch mehr Passfotos. Alle Behördengänge brauchten erheblich mehr Zeit, als in Deutschland üblich.

Das *Kantor Immigrasi* (die Immigrationsbehörde) war in einem verwinkelten, stickig heißen Gebäude. In einem großen Saal saßen viele Beamte hinter ihren Schreibtischen. Schon am Eingang war eine große Tafel aufgestellt, auf der in verschiedenen Sprachen die einzuhaltende Reihefolge für die Visumserteilung genannt wurde. 15 verschiedene Beamte mussten kontaktiert werden: für ein Formular, für eine Stempelmarke, für einen Stempel, für eine Unterschrift ... etc. Hier drängten sich Menschen aller Nationalitäten. Selbst Babys mussten persönlich erscheinen. Die Menschenschlangen waren lang. Leider hatten die Indonesier das starre bürokratische System der Holländer beibehalten und genossen nun ihre neugewonnene Autorität. Wollte man den langwierigen Weg bis zur Visumserteilung beschleunigen, musste man bei jedem der 15 Beamten einen Geldschein in den Pass legen. Tat man das nicht, wurde man unter irgendeinem Vorwand wieder an den ersten Beamten zurückverwiesen. Wenn man sich allerdings die Gehälter der Beamten vor Augen hält, die damit niemals ihre Familien ernähren konnten, bekommt man Verständnis für diese Praxis.

Zum Glück hatte ich einen gewieften Chinesen an meiner Seite, der mit etwas Schmiergeld an der richtigen Stelle die langwierige Prozedur beschleunigen konnte. Bei diesen Fahrten von Behörde zu Behörde lernte ich die Stadt und den Verkehr kennen. Dann folgten Antrittsbesuche in allen für unsere Geschäfte infrage kommenden Ministerien und Kunden. Von höhergestellten Indonesiern wurde erwartet, dass der ausländische Vertreter einer Firma offiziell gekleidet war, das hieß auch in den Tropen Anzug mit Krawatte. Immer hatte ich ein zweites Jackett im Auto, um das durchgeschwitzte auszuwechseln. Im Laufe der Jahre, als man die Kunden schon besser kannte, konnte diese Regel gelockert werden und es wurde auch nur Hemd mit langen Ärmeln und Krawatte akzeptiert. Anfangs jedoch war dies in der tropisch feuchten Hitze Jakartas eine harte Prüfung.

Da meine Büroausrüstung und alle meine Akten noch beim Zoll lagerten, musste ich mich vorerst mit einer Kabeltrommel als Tisch und Kisten als Stuhl zufrieden geben. Der Bürobetrieb lief aber schon auf vollen Touren. Eine Sekretärin wurde in das neue Metier eingeführt, Karteien wurden angelegt und eine Aktenordnung festgelegt. Es war ein wunderbares Gefühl, ohne Zwänge und Vorschriften, ganz nach eigenen Vorstellungen, ein neues Büro eröffnen zu können.

Im Zentrum der Stadt, am südlichen Ende der Jalan Hayam Wuruk, kam ich immer wieder an der „Harmonie" vorbei, einem monumentalen weißen Gebäude mit dicken Säulen an der Vorderfront. Die Harmonie war seit 1810 der ehemalige holländische Herrenklub und strahlte, obwohl nicht mehr benutzt und unbewohnt, immer noch große Vornehmheit aus. In den prachtvollen Räumlichkeiten mit den Marmorböden traf sich während der Kolonialzeit die feine weiße Gesellschaft. Der Klub war 130 Jahre lang das Zentrum des holländischen sozialen Lebens im damaligen Batavia. Das Betreten des Klubs war Indonesiern natürlich strengstens untersagt. Die Holländer als herrschende Klasse zeigten deutlich, dass sie die Menschen verachteten, bei denen und durch die sie ihre Reichtümer anhäuften. Damen der Gesellschaft hatten nur zu Bällen und zu Sonntagskonzerten Zutritt.

Heute ist von der kolonialen Pracht nichts mehr zu sehen. Später in den 1960er Jahren wurde dieses Gebäude abgerissen, um nicht mehr an die weißen Kolonialherren zu erinnern. In der Bevölkerung hat sich allerdings der Name Harmonie bis heute als Bezeichnung des Platzes vor dem ehemaligen Gebäude bei Bus- und Taxifahrern gehalten. An diesem Platz stand lange Zeit die erste und einzige Verkehrsampel der Millionenstadt, sozusagen als Demonstrationsmuster. Aber die Autofahrer ignorierten sie. Als dann im Laufe der Jahre überall Verkehrsampeln installiert waren, wollte mein Fahrer Sudjono bei seiner alten Fahrweise bleiben. Als ich ihm verbot, bei Rot über eine Kreuzung zu fahren, versuchte er jede Ampel zu umgehen. Als ich ihn fragte, warum er wieder diesen langen Umweg mache, bekam ich zur Antwort: *Disini tidak ada lampu merah* (Hier gibt es keine rote Ampeln)!

In der Jalan Antara, ganz in der Nähe vom Pasar Baru, stand der etwas klobig aussehende Antara-Uhrenturm. Hier war das Büro der staatlichen indonesischen Nachrichtenagentur ANTARA. 1963 gab es in Jakarta noch keine Straßenbeleuchtung. Die erste Laterne für eine geplante Straßenbeleuchtung Jakartas stand an dieser Stelle. Es war ein Muster und Geschenk der AEG. Später gab es dann einige Aufträge, um die Hauptstraßen Jakartas zu illuminieren. Nur einen Steinwurf entfernt steht heute noch die im Jahre 1900 errichtete katholische Kathedrale mit den filigranen Turmspitzen aus Teakholz und Stahl und die 1961 noch unter Präsident Sukarno fertig gestellte Istiqlal Moschee, die größte Moschee Indonesiens. Der Pasar Baru nebenan war damals der größte Markt Jakartas. Hier gab es Obst und Gemüse, indonesische Batikstoffe und Kunsthandwerk. Nur die Läden, die normalerweise importierte Waren führten, waren leer. Die Menschen erzählten, dass sich hier Präsident Sukarno des öfteren inkognito unter das abendliche Gewühl mischte, um die Meinungen und Stimmungen des Volkes zu erfahren. Er wollte aus erster Hand wissen, was die Menschen bewegt.

Am Platz der Freiheit, dem Medan Merdeka, war in der Mitte der riesige Obelisk noch im Bau. Dieses Tugu Nasional, das Nationalmonument, sollte später eine große Flamme aus purem Golde krönen. Es wurde später als Sukarnos Fruchtbarkeitssymbol bezeichnet. Bereits jetzt wurde das Gerücht in den Bazaren verbreitet, dass auch Sukarno's Penis eine goldene Spitze hätte. An der Westseite des Platzes liegt das interessante Staatsmuseum und an der

Nordseite, an der Jalan Medan Merdeka Utara, ein hübsches Kolonialgebäude mit weißen Säulen. Es ist der ehemalige holländische Gouverneurspalast aus dem neunzehnten Jahrhundert, der heutige Präsidentenpalast.

Schräg gegenüber der Harmonie stand noch das alte „Hotel des Indes" im typischen Kolonialstil: ein wunderschönes altes Hotel mit offenen Veranden, umgeben von mächtigen schattenspendenden Waringin-Bäumen mit den bis auf den Boden herabhängenden Luftwurzelgeflechten. Das Gebäude wurde 1858 als Stadt-Residenz von Baron van Brien, einem reichen Plantagenbesitzer, erstellt und war seit 1881 ein Hotel. Die riesigen Deckenventilatoren an dem weißen Gebälk drehten sich schon nicht mehr, denn leider begannen gerade die Abrissarbeiten an diesem traditionsreichen Hotel. Nichts sollte mehr an die Kolonialzeit erinnern.

In der riesigen Halle wurden noch bis zum Beginn des 2. Weltkrieges die großen Feste der Holländer gefeiert, bei denen kein Stuhl mehr frei blieb. Die indonesische Reistafel im Hotel des Indes war weltberühmt. Dreißig barfüssige Kellner mussten sich in einer Reihe aufstellen, in jeder Hand eine Schüssel und dann im Gänsemarsch von Tisch zu Tisch marschieren, wo sich jeder nehmen durfte, was und wie viel er wollte. Violet Sweet Haven schreibt in ihrem Buch „Gentlemen of Japan" über die indonesische Reistafel im Hotel des Indes: „Indonesien ist kein Land um abzunehmen. Es grenzt an ein Wunder, dass die Holländer das gute und viele Essen in den Tropen überhaupt überstehen!"

Dass die Reistafel im Hotel des Indes, von der die Holländer so begeistert waren, im Jahre 1938 nicht mehr landestypisch, sondern schon europäisiert war, beschreibt Hans Liniger in seinem Buch „Saja, Tuan", wie folgt:

> „Das bekannteste Hotel Niederländisch-Indiens ist das Des Indes in Weltevreden (niederländisch für ‚Wohlzufrieden', heute Menteng, ein Stadtteil von Jakarta, Anm. d. Verf.), wenn ich nicht irre auch beschrieben im Roman der berühmten Spionin Mata Hari. Ich sitze im offenen Speisesaal, dessen Fliesen rot sind wie der Tropenboden, und lausche dem Gesumm der Gäste aus allen möglichen Ländern, dem Lachen der Damen, dem dröhnenden Bass des dicken Pflanzers. Fasziniert äuge ich den flinken javanischen Bedienten [Bediensteten] nach, die Bestellungen entgegennehmen, und im Augenblick habe ich erfasst, dass man nicht bar bezahlt, sondern für alles Bestellte nur einen Bon gibt, der auf die Rechnung gesetzt wird. Will ich etwas, so habe ich nur diskret oder laut zu klatschen und zu rufen: ‚*Djongos, minta bon*', dann hat es sicher der allgegenwärtige Oberkellner, ein in eine schneeweiße, oben geschlossene Jacke (genannt *Tutop*) gekleideter, würdevoller Chinese schon gehört, und dieser allgegenwärtige Zauberer dirigiert mit

leichten, herrischen Gebärden die Diener wie Marionetten. Eine Rasse beherrscht die andere, und über den beiden steht der Weiße. Wie lange noch?

Der wohlbeleibte Pflanzer sitzt in der Nähe und wird eben mit indischer Reistafel bedient, während ich – beobachtend – einen kalten Drink schlürfe. Die Tür aus der Küche öffnet sich, und am ewig schweißwischenden *Mandur* (Oberkellner) vorbei wandeln ihrer dreißig Bediente [Bedienstete] zum Gast, der wie ein Fürst winkt. Erst wird Reis in größeren Mengen auf einen Teller geschöpft. Dann präsentiert jeder der Boys immer neue Gerichte aus anderen Schüsseln, so dass auf dem Hauptteller ein kleines Gebirge emporwächst, das schließlich vom Löffel zu einem bunten Lavastrom vermischt wird, der jedem Liebhaber französischer Küche ein Gräuel wäre. Fleisch alleine kommt auf ein Nebentellerchen. Später erfuhr ich, dass dies nicht die echte Reistafel ist, sondern eine degenerierte, europäisierte Kopie der indischen Mahlzeit, wo nicht mehr der Reis die Hauptsache ist, sondern eben jene verblüffende Menge Zu- und Nachspeisen, die dem Weltreisenden als Sensation der Hotels vorgestellt wird, auf europäische Weise aufgetakelt und zubereitet: da erscheinen neben dem obligaten Huhn auch Sardinchen mit Mayonnaise, neben Gurken auch gebackene Bananen, neben dem roten Pfefferplättchen auch Beefsteak mit Salaten, neben Crevetten Spiegeleier" (S. 15/16).

Auch Willy Seidel beschreibt in seinem Roman „Schattenpuppen" auf vielen Seiten ein abendliches Gelage im Hotel des Indes (S. 55 ff.). Anfang des 20. Jahrhunderts war das Hotel des Indes neben dem Raffles-Hotel das bekannteste und beliebteste Hotel in Südost-Asien. Das zweite Kolonialhotel in Jakarta, das Hotel Duta Indonesia, war noch viele Jahre später geöffnet. Es war ziemlich heruntergekommen, aber die Bar war zu meiner Anfangszeit immer noch gut bestückt und ein beliebter Treffpunkt der Ausländer.

Glücklicherweise hat Indonesien nach der Kolonialzeit wieder zu seiner ursprünglichen Esskultur zurückgefunden. Im ganzen Lande gibt es heute unzählige Restaurants, die wieder eine wirkliche indonesische Reistafel zubereiten können, die für jeden Feinschmecker ein echter Genuss ist. Für mich war eine Reistafel im Restaurant „Oasis" in Jakarta immer der Höhepunkt. Hier wurde immer noch bedient wie früher im Hotel des Indes. Jeder der 24 Speisegänge wurde separat von 24 hübschen Javanerinnen in einheimischer Tracht aufgetragen.

Unmengen von *Becaks*, den dreirädrigen Fahrradrikschas, prägten das Straßenbild. Es war ein unbeschreibliches Durcheinander von Rufen und Geklingel, mit denen die muskulösen Fahrer neue Kunden gewinnen wollten. Die Becaks waren farbenprächtige Fahrzeuge mit Namen wie *Jakarta*, *Gunung Api* (Vulkan), *Merdeka* (Freiheit) oder *Kasih* (Liebe), deren Seiten und Rückwand mit bunten Bildern von Vulkanen, Tigern und vollbusigen Schönheiten bemalt waren. Die *Becak*fahrer mussten manchmal für drei Gäste, die sich auf der schmalen gepolsterten Sitzbank drängten, kräftig in die Pedale treten.

Der Autoverkehr in Jakarta hat im Laufe der Jahre ziemlich schnell zugenommen. Die Zahl der Fahrzeuge erhöhte sich pro Jahr um über zehn Prozent, die Zunahme der neu gebauten Straßen lag aber nur bei drei Prozent. Das Verkehrschaos war für Mitte der 1970er Jahre vorprogrammiert.

Um mit einem Bus oder einem Taxi mitgenommen zu werden, musste man sich nur an die Straße stellen und winken. Selbst die öffentlichen Stadtbusse hielten jederzeit und überall. Jugendliche hingen außen an der Tür und versuchten lauthals, Passagiere anzuwerben. Wollte man mitfahren, gab man mit der Hand ein Zeichen und der Bus hielt, am Straßenrand oder mitten auf der Straße und der Verkehr dahinter kam zum Erliegen. Becaks, die Fahrradrikschas, wurden langsam durch „*Bemos*" (eine Abkürzung für *Be*cak-*Mo*tor, eine *Becak* mit Motor), in der der Fahrer im Gegensatz zur Fahrradrikscha vorne saß, ersetzt.

Kein Gouverneur von Jakarta konnte die Autofahrer davon überzeugen, dass man bei einer Verkehrsampel, die auf Rot steht, halten muss. Trotz des schlimmen Verkehrs waren schwere Unfälle relativ selten. Jeder Einzelne passte auf und niemand pochte auf sein Recht der Vorfahrt. Ich habe nie gesehen, dass sich Fahrer gegenseitig verbal oder in der Zeichensprache beschimpften, wie es im sogenannten zivilisierten Westen an der Tagesordnung ist. Riskante Überhol- und Ausweichmanöver sowie quietschende Bremsen und ein Fast-Zusammenstoß werden von den Fahrern mit einem Lächeln kommentiert.

In Indonesien ist Linksverkehr, aber niemand beherzigt Verkehrsregeln. Es wird links oder rechts überholt oder auch Slalom gefahren. Dass in Indonesien bis heute immer noch Linksverkehr herrscht, obwohl bei den Kolonialherren in Holland niemals Linksverkehr praktiziert wurde, ist ein Kuriosum. Während der Napoleonischen Kriege und der Besetzung der Niederlande durch die Briten kam auch ihre Kolonie Niederländisch-Indien im Jahre 1811 unter britische Verwaltung. Sir Stamford Raffles wurde Gouverneur von Java. Dieser hat entsprechend dem englischen Vorbild nicht nur den Linksverkehr eingeführt, er versuchte auch die Verwaltung Indonesiens nach englischem Muster zu gestalten. Als nach dem Wiener Kongress die Kolonie im Jahre 1816 wieder an die Niederlande zurückgegeben wurde, haben es die Holländer beim Linksverkehr belassen.

Jedes vierte Auto kam aus Deutschland, darunter viele Veteranen. Die Kraftfahrzeuge der Marke Borgward waren besonders häufig vertreten. Borgward hatte in Surabaya eine Fabrik, in der Borgwards assembliert und teilweise auch gebaut wurden. Es war die erste Fahrzeugfabrik in Indonesien überhaupt. Nach dem Konkurs der Firma Borgward in Deutschland wurde auch diese Fabrik geschlossen, aber noch viele Jahre wurden hier Ersatzteile für alte Borgward-Oldtimer hergestellt und nach Deutschland geliefert. Auch Fahrzeuge der Firma Opel prägten das Straßenbild, sogenannte *Opelettes*. Dies waren alte deutsche Opelautos, die zu Kleinbussen für 6 Personen umgebaut wurden. Heute sind diese durch japanische Fahrzeuge ersetzt, aber der Name *Opelett* ist geblieben. Auch bei den Motorrädern waren alle europäische Marken vertreten: DKW, BMW, Maico, Puch usw. Aber schon kurze Zeit später hatten die Japaner auch den Motorradmarkt fest in der Hand.

An seinen Prestigeprojekten hielt Sukarno trotz aller wirtschaftlichen und finanziellen Schwierigkeiten eisern fest. Ein riesengroßes Kongresszentrum wurde auf dem Senayan-Platz in Jakarta gebaut. Hier sollte die CONEFO, die „Conference of New Emerging Forces", stattfinden. Es sollte ein Konkurrenzunternehmen zu den Vereinigten Nationen werden, bei dem aber alle jungen aus der Kolonialzeit entlassenen Staaten das Sagen haben sollten. Sukarno war damals die Leitfigur für viele Führer in der Dritten Welt und im asiatischen Raum hatte er eine Schlüsselstellung inne. Zum Beispiel übernahm Präsident Bhutto von Pakistan Sukarnos leicht einprägsame Wahlsprüche, um auch dort die romantisch verblendeten Massen hinter sich zu scharen. Für dieses CONEFO-Projekt wurden 1964 nochmals gewaltige finanzielle Mittel freigestellt; auch meine Firma profitierte kräftig davon. An den Luxushotels auf Bali, in Yogyakarta und am Hotel Samudra Indonesia in Pelabuhan Ratu, an der Südküste Javas, an denen die AEG mit der Lieferung von Elektromaterial beteiligt war, wurde tüchtig weiter gearbeitet.

Ein besonderes Kapitel sind aber die überdimensionalen Monumente, für die Sukarno eine besondere Vorliebe hatte. Bei einer Fahrt durch Jakarta fielen jedem Besucher sofort die monumentalen „Kunstwerke" auf. Mit ihnen wollte er das Volk begeistern und sie sollten beruhigen und ablenken vom fehlenden wirtschaftlichen Fortschritt. Sukarno hat eine ganze Reihe, zum Teil auch geschmacklose Monumente hinterlassen.

An erster Stelle ist das Nationalmonument *MONAS* (*Mo*numen *Nasi*onal) zu nennen, das inmitten des Medan Merdeka, des Freiheitsplatzes, steht. Es ist ein 132 Meter hoher Obelisk aus italienischem Marmor mit einer Flamme an der Spitze, die mit 35 Kilogramm Gold vergoldet wurde. Die Arbeiten an diesem, einem Phallus-Symbol ähnlichen Bauwerk, wurden bereits 1961 begonnen, aber erst 1975 erfolgte die Einweihung durch Präsident Suharto, dem Nachfolger Sukarnos. Der Phallus soll die Fruchtbarkeit, die goldene Flamme die Hoffnung symbolisieren. Im Sockel des Nationalmonuments befindet sich das Museum für Nationale Geschichte. Hier wird der Kampf der Indonesier gegen die Niederländer bis zur Erreichung der Unabhängigkeit dargestellt. Die humorvollen Indonesier haben jedem Monument einen Spitznamen zugeordnet. In Anspielung auf die Ähnlichkeit mit einem Phallus und die Sukarno nachgesagten übernatürlichen sexuellen Kräfte, wird dieses Monument bis heute „Sukarnos Last Erection" genannt.

Am Ende der Jalan Jenderal Sudirman in Kebayoran Baru steht ein Monument, das den Helden des realen russischen Sozialismus nachempfunden wurde. Es heißt *Semangat Pemuda*: „Geist der Jugend". Es ist ein überdimensionaler junger Muskelprotz mit verzerrtem Gesicht, der eine Schale mit Feuer über seinen Kopf hält. Die Einwohner von Jakarta sind um eine Antwort nie verlegen und so wurde dieses Monument im Volksmund *Aduh Panas,* „Meine Güte, ist das heiß", getauft. Bei den Ausländern heißt es ganz einfach „Pizza Man".

An der Jalan Thamrin, inmitten des Kreisverkehrs am Hotel Indonesia, erhebt sich aus einem runden Teich das *Selamat Datang*-Monument, das Willkommen-Monument. Es wurde anlässlich der Asiatischen Spiele errichtet. Auf zwei Pfeilern stehen ein Junge und ein Mädchen, die sich an der Hand halten und die ankommenden Sportler freudig begrüßen. Dieses Monument heißt im Volksmund, frei nach den Gebrüdern Grimm, „Hänsel und Gretel." In der Regenzeit brach auf vielen Straßen die dünne Asphaltdecke auf und verursachte große Schlaglöcher. Besonders zerstört war immer das Pflaster des großen Kreisverkehrs rund um den Teich mit dem Monument. Durch die tiefen Löcher, die bei der dort üblichen Überschwemmung nicht gesehen werden konnten, gingen die Kühlerhauben der Autos hoch und nieder und erinnerten an Schiffe bei hohem Seegang. Als krasser Kontrast dazu stand im Hintergrund das schicke neue Luxushotel, das Hotel Indonesia.

An der Jalan Jenderal Gatot Subroto ist das AURI-Monument, das Monument der indonesischen Luftwaffe. Es soll den zum Himmel fliegenden *Hanuman* darstellen. *Hanuman*, der siegreiche Affengott aus der Ramayana-Geschichte, steht auf einem Pfeiler, der wie eine Sieben geschwungen ist, weshalb das Monument nur „Seven Up" genannt wird.

In der Nähe des später erstellten Hotels Borubudur am Banteng Platz steht ein Monument mit einem überdimensionalen Mann mit dicken Muskeln, der um seine Handgelenke gelegte Ketten sprengt. Es wurde anlässlich der Rückgabe West-Irians von Holland an die Republik und der Eingliederung in das indonesische Inselreich erstellt. Direkt hinter dem Monument stand das Finanzministerium, weshalb im Volksmund dieses Monument mit dem halbnackten Mann *Tidak ada uang*, „Kein Geld", genannt wurde.

Auf das Konto von Sukarno gehen noch viele weitere Monumente, wie z. B. ein weiteres Nationalmonument am Nordende des Merdeka Platzes, das den Freiheitskämpfer Diponegoro auf seinem Pferd darstellt. In Jakarta und überall im Lande hat Präsident Sukarno seine Spuren hinterlassen. Bis heute werden er und seine Monumente geschätzt und hochverehrt.

Ein bekanntes Lokal, zu dem ich schon während meiner ersten Tage in Jakarta von einem chinesischen Geschäftspartner eingeladen wurde, war das „Rumah Makan Trio" in der Jalan Gondangdia Lama im Stadtteil Cikini. Es war eines der vielen chinesischen Restaurants in Jakarta, aber es ist eines der ältesten und wie mir gesagt wurde, sollte es eines der besten sein. Von außen ist es ein schäbiges hölzernes Haus, in nicht der besten Gegend, direkt neben der Eisenbahnlinie. Vertrauenerweckend war dieses Lokal nicht, aber ich wusste ja, dass ich mich auf die Wahl eines chinesischen Feinschmeckers verlassen konnte. Ich wurde nicht enttäuscht. Das Essen war einmalig gut! Immer wenn ich nach Jakarta komme, ist ein Besuch im „Trio" – auch aus sentimentalen Gründen – obligatorisch. Das Restaurant sieht immer noch so schäbig aus wie früher, hat auch heutzutage keine Klimaanlage, aber das Essen ist immer noch so gut wie eh und je. Wie früher läuft zu diesem vorzüglichen Essen als Hintergrundmusik *Kroncong*, die leichte indonesische Volksmusik aus den 1950er Jahren mit portugiesischen Wurzeln, die man auch genießen kann, wenn nicht gerade neben dem Restaurant ein langer Zug vorbeirattert. Iwan Tirta und andere indonesische Künstler habe ich bei meinem letzten Besuch dort entdeckt und erfahren, dass diese hier Stammgäste sind. Das „Trio" scheint also immer noch „in" zu sein.

1945 hatte Jakarta 600.000 Einwohner. Als ich 1963 ankam, waren es schon über vier Millionen, und es gab noch keine Hochhäuser. Im Jahre 2000 waren es über 15 Millionen. Jakarta explodiert und jedes Mal, wenn ich nach ein paar Jahren wiederkomme, sind die Stadt und der Autoverkehr mit seinen täglichen Verkehrsproblemen, trotz zehnspuriger Autostraßen und den vielen Hochhäusern nicht mehr wiederzuerkennen.

Gleich in den ersten Tagen nach meiner Einreise musste ich, um einen Verbindungsmann zu treffen, der die Entzollung meines Umzugguts beschleunigen wollte, den großen Fischmarkt Pasar Ikan und Sunda Kelapa, den alten Hafen aus dem 17. Jahrhundert, im Norden Jakartas aufsuchen. Hier lagen etwa hundert wunderschöne große Lastensegler, *Prahu Pinisi* oder *Bugis Pinisi*, die bis heute den kommerziellen Frachtverkehr für Holz, *Kopra* und *Rattan* zwischen den Inseln aufrechterhalten. Hier roch es nach Tang und Teer, nach Fisch und Modder. Viele der meist einmastigen *Bugis*

Schoner, mit einem elegant nach oben gezogenem Bug und einem hohen Heck mit den Kabinen der Mannschaft, sind bunt bemalt mit großen runden Augen und gefährlich aufgerissenen Mäulern am Bug, um die bösen Geister auf dem Meer zu vertreiben. Schon seit hunderten von Jahren werden diese Schiffe von durchschnittlich 8 Meter Breite und 35 bis 40 Meter Länge hauptsächlich in Süd-Sulawesi gebaut. Der Kiel besteht meist aus Eisenholz aus Irian Jaya (West-Papua) und die Planken aus 8 bis 10 Zentimeter dickem Teakholz. Auf der Javasee bin ich später diesen Großseglern mit ihren drei- und viereckigen zusammengeflickten Segeln oft begegnet und ich war immer beeindruckt, mit welcher Eleganz sie durch das Meer pflügen. Navigiert werden sie meist von *Buginesen* oder *Makassaresen*. Wie Ameisen liefen hunderte kräftiger *Kulis* mit schweren Lasten auf den Schultern barfuss und mit schweißnassem Oberkörper über die glitschigen Planken, um die Schiffe zu be- oder entladen. Dieses Schauspiel ist nur noch hier zu beobachten, denn Indonesien besitzt bis heute die größte kommerzielle Segelflotte der Welt.

Das beliebteste und bekannteste Seafood-Restaurant zu der Zeit war „Jun Njan" im Hafen von Tanjung Priok. Es war ein ganz einfaches Lokal. Gekocht wurde mitten unter den Gästen. Es gab hier mit einer einzigen Ausnahme alles zu essen, was aus dem Meer kam. Die Ausnahme waren Froschschenkel. Zur Straße hin war das Lokal offen, man sah die Schiffe an den Kaimauern liegen und solange man aß, wurden einem Gemälde mit Motiven von meist leicht oder gar nicht bekleideten exotischen Schönheiten angeboten, auch Haschisch und andere Drogen wurden verkauft, und leichte Mädchen strichen um die Tische, um ihre Dienste, oder wenigstens eine Schultermassage am Tisch anzubieten. Es war immer sehr unterhaltsam. Trotz des lauten Zischens der starken Gaskocher im Lokal hörte man immer wieder, wie irgendwo auf Metall gehämmert wurde, man hörte die Ladebäume und Winden der Schiffe rasseln und unter den tonnenschweren Lasten ächzen, dazwischen die lauten Schreie der mit schweren Lasten bepackten *Kulis* und die schrillen Bootsmannspfeifen, mit denen das Laden und Löschen der Güter dirigiert wurde. Eine laute und schmutzige Umgebung mit einer typischen Hafenatmosphäre, aber ein Fischessen, das man vielleicht auf der ganzen Welt nicht besser bekommen konnte! Alles war ganz frisch, man musste die Anzahl der Gäste und die Speisefolge immer einen Tag zuvor anmelden. Dann erst wurde am nächsten Morgen entsprechend der Bestellung direkt bei den Fischern eingekauft. Es gab Tiefseekrabben, Langusten in Butter und Knoblauch gebraten, Muscheln, Tintenfische mit Maiskölbchen, Riesenkrebse in Sauce, *Ikan Grapu*, eine Seekarpfenart und vieles andere mehr. Es war immer ein Fest und es sah nach dem Essen rund um den Tisch und auch auf dem Tisch wie nach einer Schlacht aus. Alles war mit den Schalen der Krustentiere übersät. Der Besitzer war ein ganz kleines schmächtiges Männchen, ein Chinese, der selbst überall mit anpackte und mitarbeitete wie ein Kuli. Das Geschäft lief so gut, dass er nach einiger Zeit in das Stadtzentrum umziehen konnte. Er ist Millionär geworden und lässt sich im Restaurant kaum noch sehen. In seinem Hauptrestaurant in einer Seitenstraße der Jalan Hayam Wuruk hat er anfangs seinen ersten Mercedes als Statussymbol mitten im Lokal geparkt. Heute gibt es noch mehrere Ableger seines Restaurants in Jakarta. Nach der neuen Schreibweise heißt es heute Nyun Yan.

Wenn ich durch Jakarta fuhr, aber auch in allen anderen Städten Indonesiens, begegnete mir als Straßennahme und auf Plätzen immer wieder der Name Raden Saleh. Als ich dann im Krankenhaus des Stadtteils Cikini von Jakarta ein interessantes Gebäude entdeckte und erfuhr, dass dies das Haus von Raden Saleh war, das er nach Vorlagen von Schloss Callenberg in Coburg errichten ließ, war mein Interesse geweckt. In Deutschland hatte ich noch nie von ihm gehört, obwohl er ganz eng mit Deutschland verbunden war.

Raden Saleh war ein javanischer Prinz, der im Jahre 1811 in Semarang auf Java geboren wurde. Er entstammt einer prominenten Fürsten- und Regentenfamilie, die dafür bekannt war, dass sie schon frühe Unabhängigkeitsbemühungen des Fürsten Diponegoro heroisch unterstützte. Dafür mussten viele Mitglieder der Familie Demütigungen und sogar Deportation durch die Holländer erleiden. Durch eine glückliche Fügung durfte er eine Ausbildung zum Maler in Europa absolvieren. Sein Weg führte ihn von Den Haag über die Düsseldorfer Kunstakademie und Frankfurt nach Dresden, wo er die meiste Zeit (von 1840 bis 1849) seines 20jährigen Aufenthaltes in Europa verbrachte. Hier fand er die Lehrer, die seinen Stil als javanisch-orientalischen Maler prägten, obwohl er nachhaltig von der europäischen Kultur beeinflusst wurde. Er wird heute als „Vater der modernen indonesischen Malerei" bezeichnet.

Schon bald sprach er fließend mehrere europäische Sprachen und war ein gelehrter und geschätzter exotischer Gesellschafter mit den besten Manieren. Er trat nur in seiner traditionellen Landeskleidung auf. Als schillernde Künstlerpersönlichkeit malte er auf vielen fürstlichen Adelssitzen in Europa, besonders jedoch in Dresden und Coburg. In Coburg und Gotha speiste die englische Königin Victoria mit ihm, der französische König Louis Philipp und der holländische König Willem II. empfingen ihn. Er genoss all diese Aufmerksamkeiten sehr.

Das begüterte Ehepaar Serres, das im Schloss Maxen bei Dresden residierte, ließ für Raden Saleh im Jahre 1848 eine kleine Moschee erbauen. Viele namhafte Künstler dieser Zeit, wie Robert und Clara Schumann, oder

Hans Christian Andersen waren damals – neben Raden Saleh – regelmäßig Gäste bei den Serres. Die sogenannte „Blaue Moschee" in Maxen wurde restauriert und kann heute wieder besichtigt werden.

Die Werte der europäischen Kultur haben ihn derart geprägt, dass er sich, zurück auf Java, entwurzelt fühlte und 1880 hier vereinsamt starb. Seine Portraits hängen heute in fast allen europäischen Königshäusern und erzielen Höchstpreise auf den internationalen Kunstmärkten.

Als dann endlich unser großes Gepäck aus dem Zoll kam, zogen wir in unsere Wohnung ein. Bis dahin hatten wir meist im Hotel Indonesia gewohnt. Nun konnte ich auch mein Büro komplett einrichten. Büro und Wohnung lagen ziemlich nahe zusammen in Kebayoran Baru: das Büro am Blok M und unsere Wohnung an der Jalan Sultan Hassanuddin. Die Wohnung war in einem langgestreckten Gebäude mit mehreren Wohnungen, jeweils eine Wohnung unten mit einem kleinen Vorgarten und eine Wohnung darüber mit drei Zimmern, Bad und Küche, sowie einem Balkon. Jeder neue Gast hatte beim ersten Besuch große Schwierigkeiten, uns zu finden. Wir hatten Hausnummer 116B, wobei B erstes Geschoss bedeutet, nebenan lag Nummer 52 und gegenüber Nummer 80 und das Durcheinander ging die ganze Straße entlang so weiter. Die verwirrende Ordnung der Hausnummern entstand dadurch, dass die Hausnummern in der Reihenfolge vergeben wurden, wie die Häuser gebaut worden waren. Obwohl diese Wohnung nur vorübergehend war – später sollten wir in ein Haus umziehen –, fühlten wir uns gleich wohl, denn es war ja unsere erste gemeinsame Wohnung nach der Hochzeit. Wir hatten einen herrlichen Blick von unserem Balkon über den Platz, auf dem regelmäßig Militärparaden stattfanden und zur großen Moschee, der Mesjid Agung Kebayoran, auf die eigenartigerweise viele Jahre ein Schild mit der Aufschrift „POLIKLINIK" hinwies. Heute ist die Moschee ein Teil des Universitäts-Komplexes und heißt Mesjid Al Azhar.

Noch benötigte Möbel, die wir nicht mitgebracht hatten, bestellten wir im „*Toko* ABC" in der Jalan Segara, damals dem einzigen guten Möbelschreiner, der auch Sachen nach westlichem Geschmack, alles aus massivem Teakholz, herstellte. In der Werkstatt arbeiteten fleißige chinesische Handwerker, die nicht einmal aufschauten, wenn ich den Fortschritt der Arbeit an unseren Möbeln kontrollierte. Nur zwei Häuser weiter vom „*Toko* ABC", an der Ecke, an der immer ein bekannter *Sate*-Verkäufer seinen bunten Stand hatte, befand sich auch der Deutsche Club. Die in Jakarta ansässigen Deutschen kamen immer gerne dorthin, da es außer Kohlrouladen und dem immer vorhandenen Fassbier auch donnerstags deutsche Filme gab. Neben dem Fassbier der Brauereien „Anker" oder „Bintang", waren damals der *Pahit* und der *Gimlet* im Deutschen Club sehr beliebte alkoholische Getränke. Der *Pahit* war ein

Cocktail aus Gin und Angostura Bitter, also ein bitterer Gin, der noch aus der Kolonialzeit stammte und nur von den Holländern in Indonesien und den Briten in Malaya getrunken wurde. Außer in dieser Region war dieser Cocktail nirgendwo in der Welt bekannt. In den Novellen von Somerset Maugham wird er immer wieder erwähnt. (z. B. „The Narrow Corner" S. 109) Heute kennt diesen Cocktail auch in den Bars und Clubs von Indonesien kaum noch jemand. Der *Gimlet* war ein Dry Gin mit Lime Juice, gerührt und ohne Eiswürfel. Die Kellner des deutschen Clubs hatten wir des öfteren für dienstliche Einladungen zu Hause angeworben. Dann lieferten sie auch das indonesische Fassbier an. Die Kellner kannten die ganze deutsche Gesellschaft und wussten was jeder gerne trank. Sie waren sehr zuverlässig.

Wilfried Spöhring war damals im Vorstand des Deutschen Clubs unter anderem für die Filmabende verantwortlich. Als Präsident Sukarno seinerzeit alle ausländischen Filme verbieten ließ, konnte Herr Spöhring seinen wöchentlichen Gästen monatelang immer nur die zwei in Jakarta verbliebenen Filme zur Auswahl anbieten: „Der brave Soldat Schwejk" und einen Revue-Film mit Marika Röck. Die Deutschen kamen trotzdem in Scharen. Es gab ja sonst so gut wie keine Vergnügungen in Jakarta. Als dann wenige Jahre später unter Präsident Suharto wieder ausländische Filme gezeigt werden durften, wurde als erster Film im Hotel Indonesia „Der brave Soldat Schwejk" aufgeführt. Die Deutschen kamen wieder in Scharen, obwohl sie diesen Film schon bis zum Überdruss gesehen hatten.

Der Deutsche Club wurde viel von deutschen Junggesellen mit ihren indonesischen Damen frequentiert. Oft endeten solche Verbindungen in einer Heirat. Es gab aber auch Männer, die sich für weit über den einheimischen Frauen stehend hielten und verkündeten, ‚eingeborene Frauen seien nur als Zeitvertreib für die Jahre des Auslandsaufenthaltes zu gebrauchen'. Die halbblütigen Kinder aus diesen Verbindungen hatten es damals meist nicht leicht. Sie waren zerrissen zwischen den Kulturen, von den Weißen häufig mit Geringschätzung und hochmütiger Herablassung bestraft und von den Eingeborenen mit neidischem Hass betrachtet. Die nicht selten ausgesprochen hübschen und attraktiven Eurasierinnen und Eurasier mussten oft Demütigungen von beiden Seiten ertragen. Das hat sich heute – zum Glück – weitgehend geändert.

Während der holländischen Kolonialzeit hatte so gut wie jeder Weiße ein Verhältnis mit einer Einheimischen, Nyai genannt (eine balinesische Bezeichnung für Frauen der niedrigsten Klasse – bei den Holländern eine Bezeichnung für Mätresse). Aus dieser Verbindung erwuchs dann der sogenannte „indische Zweig" des Stammbaumes. Dessen Abkömmlinge verschwanden in der Regel nach zwei oder drei Generationen wieder namenlos (also ohne den holländischen Namen weiterzuführen) in der indonesischen Gesellschaft.

Wir hatten gleich in den ersten Tagen bei einer Auktion von Milly Gandanegara, der holländischen Eigentümerin des Banuwati Artshops, ein paar Gemälde eines damals sehr bekannten holländischen Künstlers aus Bali, Han Snel, ersteigert. Damals befand sich die Galerie noch in einem Gebäude auf jenem Gelände, auf dem später das Hotel Kartika Plaza stehen sollte. Langsam wurde es nun in unserem Heim sehr gemütlich.

Allerdings war in unserem Badezimmer von Anfang an ein muffiger Geruch, der – wie wir annahmen – aus dem Wasserabflussloch kam. Das wollten wir desinfizieren und schütteten einen ganzen Kanister Densol hinein. Aber, oh Schreck, das ganze Badezimmer wurde lebendig. Tausende von Kakerlaken quollen aus dem Loch hervor und rasten ziellos kreuz und quer im Badezimmer herum. Es war wie in einem Gruselfilm. Fluchtartig verließen wir die Wohnung. Nach einiger Zeit kehrten wir zurück, in der Hoffnung, dass unsere unerwünschten Mitbewohner das Zeitliche gesegnet hatten. Tatsächlich hatte das Desinfektionsmittel Densol gewirkt und wir hatten nun für einige Zeit Ruhe vor diesen ekligen Tieren. Es gab aber auch Menschen, die etwas Schönes an diesen braunen Insekten fanden. Zum Beispiel Walter Spies, der Künstler und Maler, der von allen Wundern der Tropen begeistert war, schrieb aus Bali an seine in Berlin lebende Mutter, dass diese sympathischen rotbraunen Tierchen ihn an große Maikäfer erinnern würden.

Die Badezimmer waren damals natürlich noch ohne Badewanne, ohne Dusche, ohne warmes Wasser. Das *Mandi*, wie es auf *Bahasa Indonesia* heißt, bestand aus einem Wasserbecken mit einem *Gayung*, einer Schöpfkelle, mit der man Wasser aus dem Becken schöpfte und über den Körper goss. Diese „Elefantendusche" war zunächst sehr ungewohnt, aber schon bald genoss ich die Erfrischung. Ein *Mandi* war für die Tropen ideal. Allerdings gab dies bei Neuankömmlingen immer wieder Anlass zu grotesken Verwechslungen. Hierzu möchte ich das Erlebnis von Wilfried Spöhring, der einige Jahre vor mir für ein deutsches Handelshaus nach Jakarta kam, aus seiner Festschrift anlässlich des 40jährigen Jubiläums des deutschen Fußballclubs in Indonesien, wiedergeben:

> „Ich wohnte die ersten sechs Monate bei meinem Chef, mit seiner Frau und einem Kind. Er hatte ein Haus (sprich Hütte) in Kebayoran anmieten können. Größe 40 qm (3 Zimmer à 10 qm und Küche und Bad), die Innenwände waren nicht aus Stein, sondern aus Bambus. Jedes Wort und jedes Geräusch war durch die dünnen Wände zu verstehen. Es gab kaum Wasser, wenig Strom, natürlich keine Klimaanlage, aber

mit Glück einen Ventilator. Das Bad war zwei qm groß, bestand aus einer Toilette und einem Wasserbecken *Mandi*, in welches vom Hahn das Wasser (gesäubert mit einem Auffangtuch) tröpfelte. Da mir keiner die indonesischen Gepflogenheiten erklärt hatte, mittels Wassereimer das kalte Wasser aus dem *Mandi* über den Körper zu schütten, bin ich natürlich an meinem Ankunftstag in Jakarta nach der Aufforderung, ‚mich etwas frisch zu machen', – nachdem ich mich vorher kritisch gefragt hatte, wie die korpulente Frau L. es wohl schaffte, in das Becken zu krabbeln (aber nach dem Motto meines Vaters: ‚Was andere können, kannst Du schon lange ...'), – in das Becken gestiegen und habe damit zum Entsetzen meines Chefs und seiner Frau das Wasser für die ganze Woche verschmutzt, so dass wir mit Eimern bewaffnet bei Nachbarn Wasser aufkaufen mussten".

Wir stellten die ersten *Babus* ein, die *Koki* Saamin, unsere Köchin, und die *Babu Cuci* Kaintan, unsere Wäscherin. Meine Frau war schwanger und so stellten wir kurz darauf auch noch das Kindermädchen Sadiah ein, um sie jetzt schon auf ihre Aufgabe vorzubereiten. Schon beim Vorstellungsgespräch, bei dem jede einen Packen vergilbter und zerknitterter Zeugnisse aus dem *Slendang*, dem bunten Hüfttuch auspackte, spürten wir, dass wir gut miteinander auskommen würden. Die ältesten Zeugnisse waren sogar noch aus der Kolonialzeit, wo sie im Alter zwischen zehn und fünfzehn Jahren bei Holländern gearbeitet hatten. Alle drei, die irgendwie miteinander verwandt waren, sollten die ganzen 18 Jahre unseres Aufenthaltes in Indonesien bei uns bleiben. Täglich trugen sie ihre traditionelle Kleidung, auch bei der Arbeit. Das Kindermädchen Sadiah, eine Sundanesin, hat unsere Tochter Regina bereits im *Slendang*, dem Hüfttuch, getragen, sie hat sie gebadet, gefüttert, laufen gelehrt und wenn wir Eltern abends ausgingen, hat sie zur Sicherheit in ihrem Zimmer geschlafen. Als Regina größer wurde, hat sie sie zur Schule begleitet, ihr Zimmer aufgeräumt, ihre Kleider in Ordnung gehalten. Sie war immer da. Unsere Dienstboten waren treue Seelen! Hingegen wurden die Angestellten in einem anderen deutschen Haushalt fast monatlich gewechselt. Doch das war eher die Ausnahme.

Unter den Diplomaten gab es viele erwähnenswerte Persönlichkeiten, im positiven, wie im negativen Sinne. In meinen 18 Jahren in Indonesien habe ich alleine acht deutsche Botschafter erlebt, über die ich zum Teil an späterer Stelle berichten werde. Hierzu mein erstes Erlebnis:

Vier Tage nach unserer Ankunft in Jakarta wurden meine Frau und ich von Bekannten zu einer Veranstaltung des Goethe-Instituts mitgenommen. „Da können Sie viele Leute aus der deutschen Kolonie kennen lernen", wurde uns gesagt. Diese Gelegenheit ließ ich mir natürlich nicht entgehen! Der

Fahrer setzte uns am Parkplatz ab und die letzten 50 Meter mussten wir noch zu Fuß gehen. Kurz vor uns ging ein anderes deutsches Ehepaar und plötzlich war die Frau bis zur Hüfte verschwunden. Die Straßen waren in diesen Jahren noch nicht beleuchtet und so konnte die arme Frau nicht sehen, dass ein Kanaldeckel fehlte. Wir halfen ihr, aus der Kloake heraus zu kommen. Zum Glück war ihr nichts passiert, aber an die Veranstaltung konnte dieses Ehepaar nicht mehr denken. Wir waren nun gewarnt! In den Jahren danach hörten wir immer wieder von Menschen, die in der Kloake versanken. Es war sehr gefährlich, bei Nacht auf den Bürgersteigen unterwegs zu sein.

Im Goethe-Institut waren die eingeladenen Gäste, mit einem Drink versehen, schon in angeregte Gespräche verwickelt. Die alteingesessenen Damen und Herren waren neugierig auf die Neuankömmlinge und ihre Vorstellung. Dazu die folgende lustige Begebenheit:

Die Firmen Hoechst und Bayer der Chemie- und Pharmaindustrie hatten Anfang der 1960er Jahre im Stadtteil Cikini von Jakarta ein gemeinsames Haus für ihre Mitarbeiter. Dort wohnten etwa 20 Personen, darunter ein Herr Fick und ein Herr Vogler. Wenn man die beiden Herren gemeinsam bei Cocktails oder anderen gesellschaftlichen Veranstaltungen traf und sie Neuankömmlingen vorstellen wollte, musste man sich sehr zusammennehmen, um beim Anblick der verlegenen Gesichter der neu Angekommenen ernst zu bleiben. Wie ich dann erfuhr, wartete die deutsche Gemeinschaft schon darauf, den Neuankömmlingen die beiden Herren vorzustellen. Die betretenen Gesichter der Neuen erfreuten immer wieder die etwas gelangweilte Gesellschaft der Alt-Eingesessenen. Die beiden Herren machten den Spaß ganz entspannt und gerne mit.

In der entferntesten Ecke des Saales beobachtete ich einen Herrn, der schon längere Zeit ganz einsam und verloren dastand. Ich sagte mir, um den kümmerst du dich mal! Er ist hier vermutlich auch neu und kennt niemanden! Ich stellte mich vor und versuchte nach dem Muster: „Ich bin gerade vor vier Tagen angekommen, wie lange sind Sie schon hier …" mit ihm in ein Gespräch zu kommen. Als ich ihm meine Position und Aufgabe von TELEFUNKEN in Indonesien dargelegt hatte, fragte ich: „Und für welche Firma sind Sie hier?" Die Antwort: „Ich bin der Botschafter der Bundesrepublik Deutschland", hat mich dann doch einigermaßen überrascht! Wie ich dann im Verlauf des Abends erfuhr, war dieser Herr Dr. Weiz ein seltsamer Individualist. Da ihm anscheinend das Klima in Jakarta nicht angenehm war, lebte er wie ein Einsiedler in den Bergen am Puncak-Pass, natürlich mit gehisster deutscher Fahne vor seinem Bungalow und kam nur ein- oder zweimal pro Woche nach Jakarta, um in wenigen Stunden die Amtsgeschäfte wahrzunehmen. So konnte er auch keinen Kontakt zu

Indonesiern und den deutschen Industrievertretern herstellen. Lange war er ohnehin nicht mehr in Jakarta. Er wurde schon im September 1964 wieder nach Bonn zurückgerufen.

Der spätere Bundestagspräsident Hans Klein war damals Presseattaché an der Deutschen Botschaft. Er und seine sehr sympathische Frau hatten uns bereits zum Neujahrsempfang 1964 in ihrem Hause eingeladen. Hans Klein, in Jakarta wurde er allgemein „Hänschen Klein" genannt, war ein glänzender Unterhalter. Er trank keinen Alkohol, dafür aber bei jeder Party 10 bis 20 Flaschen Coca Cola. Darauf musste man sich einrichten, wenn man ihn zu sich nach Hause einlud. 1963, als ich nach Indonesien kam, war Fräulein Müller noch die Vertreterin von Hans Klein. Nach der Versetzung von Hans Klein wurde sie die Leiterin dieser Abteilung und blieb viele Jahre in Indonesien. Ich sagte bewusst „Fräulein" Müller, denn zum Ärger aller Feministinnen an der Botschaft bestand sie auf dieser Anrede als Zeichen dafür, dass sie nicht verheiratet war. Anfangs korrigierte sie jeden, der aus Unkenntnis oder aus Taktgefühl sie mit Frau Müller ansprach. In späteren Jahren wurde sie allerdings etwas flexibler. Sie wurde 1971 nach Colombo auf Sri Lanka versetzt, aber schon wenige Jahre später kam sie nach Jakarta zurück, wo sie bis zu ihrer Pensionierung auf dem Chef-Posten der Presseabteilung blieb. Indonesien war ihre große Liebe. Aber auch die Indonesier liebten sie. Durch ihren Charme und ihre Fähigkeit, auf die indonesische Mentalität einzugehen, hatte sie ausgezeichnete Kontakte bis in die höchsten Regierungskreise.

Bei diesem ersten Neujahrsempfang im Hause von Hans Klein lernte ich unter anderen auch den Chef von TVRI, des indonesischen Fernsehens, Herrn Arief, kennen. Wir verstanden uns gleich so gut, dass wir gemeinsam, zusammen mit Hans Klein, zur Freude – oder zum Entsetzen – der Gäste, zur Musik der Band diverse Lieder sangen. Die Freundschaft zu Herrn Arief hatte langen Bestand und war auch für meine geschäftlichen Beziehungen zum indonesischen Fernsehen und besonders zum Informationsministerium von großer Wichtigkeit.

Durch diese Verbindung wurde nicht nur in Indonesien das TELEFUNKEN-PAL Farbfernsehsystem eingeführt. Weltweit konkurrierten ja Frankreich mit seinem SECAM-System, die USA mit ihrem NTSC-System und wir mit unserem PAL-System. Als junger Ingenieur im Ausland hatte ich den Ehrgeiz, für Deutschland die Weichen zu stellen und so ist es mir gelungen, mit viel Engagement in ganz Südost-Asien mit Ausnahme der Philippinen, die sich auf Grund ihrer geschichtlichen Verbindung für das amerikanische System entschieden haben, das von dem Fernsehpionier Dr. Bruch entwickelte TELEFUNKEN-PAL-System als Standard für das Farbfernsehen einzuführen. Dies war nicht nur wichtig, weil wir die beste Technik hatten – ein Argument, das eigentlich jeder der Konkurrenten für sein System in Anspruch nahm –, sondern weil auch durch jeden in diesen Ländern verkauften Fernseher Lizenzgebühren nach Deutschland flossen. Interessant war, dass das reiche Sultanat Brunei das einzige Land der Welt war, das ohne die Vorstufe des Schwarz-Weiß-Fernsehens direkt mit Farbfernsehsendungen begann. Mit dem Kronprinzen des Sultanats habe ich mich Mitte der 1960er Jahre mehrmals in Bandar Seri Begawan getroffen. Aufgrund historischer Beziehungen wurden die Fernseh-Sendeanlagen leider nicht bei AEG-TELEFUNKEN, sondern in Großbritannien geordert. Aber das System war deutsch. Die Gespräche mit dem Kronprinzen, dem heute vielleicht reichsten Mann der Welt, waren immer sehr locker und freundschaftlich. Er zeigte mir seinen Fahrzeugpark von unzähligen Jaguar und Rolls Royce Autos. Ich durfte einmal sogar zusammen mit ihm eine Probefahrt in einem seiner 12-Zylinder Jaguars entlang der Küste unternehmen.

Oft musste ich Hans Klein in seinem Büro besuchen, besonders als ich schon nach wenigen Monaten in Indonesien den Auftrag für das Großsenderprojekt Cimanggis erhielt. Hierüber werde ich in einem späteren Kapitel ausführlich berichten. Dieses Projekt sollte als Prestigeprojekt der Bundesrepublik Deutschland groß in der indonesischen Presse erörtert werden. Ich musste ihn laufend über den Fortschritt der Arbeiten informieren und ihm neues Material für seine Berichte liefern. Bei meinen vielen Besuchen bei Hans Klein erstaunte mich sehr, dass Hans Klein bei jedem Telefonanruf des deutschen Botschafters (nun bereits Herr Dr. Werz) hinter seinem Schreibtisch aufstand, mit gewichtiger Miene seine Jacke zuknöpfte und kerzengerade mit dem Hörer am Ohr Haltung annahm, um seinem Vorgesetzten Achtung zu erweisen. Hoffentlich brachten ihm die Abgeordneten im Deutschen Bundestag auch so viel Achtung entgegen, als er von 1990 bis 1996 Bundestagspräsident war. Leider ist der von mir sehr geschätzte Hans Klein schon viele Jahre tot.

Ursula Müller war – wie bereits erwähnt – die Vertreterin von Hans Klein im Pressereferat und wurde eine wichtige Bezugsperson für mich. Gleich nach meiner Ankunft in Jakarta hat sie mich unter ihre Fittiche genommen und mit wichtigen indonesischen Persönlichkeiten bekannt gemacht. Sie hatte ausgezeichnete Beziehungen. Von gemeinsamen Freunden aus Deutschland wurde ich ihr als „junger, erfolgversprechender Diplom-Ingenieur" avisiert. Sie wurde nach der Versetzung von Hans Klein Pressechefin in Jakarta. Bis zu ihrem Tode vor einigen Jahren waren wir eng befreundet. Es gab so viele gemeinsame Erlebnisse und Geschichten mit und über Ursula Müller, sodass ich noch öfter auf sie zu sprechen komme.

Kontakte und Manieren

Indonesien hat viel mehr zu bieten als wunderschöne Inseln, Sandstrände und Palmen: Es sind auch vor allem die Menschen gewesen, die mich begeisterten. Indonesier haben eine angeborene Höflichkeit, ein Lächeln, dem man nicht widerstehen kann, viel Humor und eine hohe Achtung vor dem Alter, das bis heute eine große Wertschätzung erfährt. Überall in dem großen Archipel, in den Städten wie auf dem Lande, trifft man auf freundliche Menschen, die immer einen Grund zum Lachen finden. Es ist schwierig, einen humorlosen Indonesier zu entdecken, obwohl wir manchmal den Sinn seines Witzes nicht verstehen. Aber ein Lächeln kann auch die Not und das Elend des täglichen Lebens überdecken. Hinter einem Lächeln werden oft Gefühle versteckt, die man nicht zeigen möchte. Man darf aber nicht den Fehler machen, hinter der Fröhlichkeit leichtlebige und einfache Menschen zu vermuten. Indonesier sind sehr fleißig und nehmen ihr Leben und auch ihre Arbeit sehr ernst. Oft sind sie hinter einer freundlichen Maske harte Verhandlungspartner, die selbstverständlich als Geschäftsleute auch auf ihren eigenen Vorteil aus sind.

Es gibt allerdings nicht den typischen „Homo Indonesiensis". Wenn man durch das Land reist, trifft man zwischen Nord-Sumatra im Westen und West-Irian im Osten des Landes viele verschiedene Rassen, ethnische Gruppen und Stämme, die sich nicht nur im Aussehen und in der Hautfarbe, sondern besonders in ihrer Kultur und Religionszugehörigkeit völlig unterscheiden. Jede Gruppe hat ihre eigenen Gewohnheiten, eine eigene Art sich zu kleiden, eigene Tänze, ja sogar ihre eigene Sprache. Jedoch für alle Bevölkerungsgruppen ist die höchste Tugend, in allen Lebenslagen Ruhe und Haltung zu bewahren. Unruhe und Hast gelten als ungehörig. Auch Sanftmut und Ehrerbietung gegenüber Älteren ist für alle Indonesier oberstes Gebot.

Eine völlig andere Gruppe sind die Chinesen, oder genauer gesagt die Nachfahren der ehemaligen Einwanderer aus China, die schon seit mehreren Generationen im Lande leben, die sogenannten *Peranakan*. Der weitere aber weitaus kleinere Teil dieser Bevölkerungsgruppe sind sogenannte *Totoks*, neu aus dem Mutterland zugezogene Chinesen. Bereits 1623 schrieb der 1. Gouverneur der „Vereinigten Niederländisch Ostindischen Compagnie", J. P. Coen: „Kein Volk der Welt dient uns besser als die Chinesen. Wir können nicht genug von ihnen nach Batavia bringen". Von diesem Zeitpunkt an wurden die Chinesen als Händler und Geldverleiher zum entscheidenden Werkzeug der Kolonialregierung in dem Archipel. Mit ihrer ungeheuren

Schaffenskraft, ihrem Fleiß, ihrer zähen Beharrlichkeit und ihrer Sparsamkeit leisteten sie und leisten noch immer einen entscheidenden Beitrag zum indonesischen Volksvermögen. Für uns Europäer sind sie allerdings rätselhaft und kaum durchschaubar. Es ist nicht möglich die Gedanken hinter einer lächelnden chinesischen Maske zu erraten. Wir werden den Osten nie ganz verstehen, genauso wenig, wie der Osten uns versteht.

Der Anteil der Chinesen an der Gesamtbevölkerung lag nie über drei Prozent. Ihr prozentualer Anteil in der nationalen Wirtschaft ist jedoch durch ihre Geschäftstüchtigkeit wesentlich höher. Zwischen dem chinesischen und dem indonesischen Bevölkerungsteil besteht eine weitgehende gesellschaftliche Trennung. Die Ressentiments besonders von indonesischer Seite gegen die erfolgreichen Chinesen münden immer wieder in Ausschreitungen gegenüber dieser Minderheit. Bei diesen Ausschreitungen spielt sicher auch Neid eine große Rolle. Selbst die Regierung beobachtete die Chinesen argwöhnisch. Sie werden für jedes soziale oder wirtschaftliche Problem verantwortlich gemacht. Kurz vor meinem Eintreffen in Indonesien im Jahre 1963 wurde die chinesische Presse ohne Ausnahme verboten und Chinesen mussten indonesische Namen annehmen.

In Indonesien leben mehr Muslime als in irgendeinem anderen Lande auf der Welt. Aber Indonesien ist kein islamischer Staat, der auf den Gesetzen des Korans basiert. Das Grundgesetz, die fünf Säulen der *Pancasila*, garantieren religiöse Freiheit mit dem Glauben an einen Gott. Selbst die neun Prozent indonesischer Christen nennen ihren Gott Allah. Die hinduistische Vergangenheit Javas hat auch im Islam Spuren hinterlassen. So huldigen zum Beispiel javanische Reisbauern bis heute der hinduistischen Gottheit *Dewi Sri*, der Göttin der Reispflanzen. Selbst der Sultan von Yogyakarta opfert einmal jährlich mit einer großen Prozession seine das ganze Jahr über abgeschnittenen Haare, Fuß- und Fingernägel der Meeresgöttin des südlichen Meeres. Die Religiosität eines Indonesiers ist geprägt von der alten javanischen, balinesischen und sumatranischen Sozialkultur, sowie von vielen Subkulturen und vom Koran mit seiner Vermischung von Hinduismus, heidnischem Animismus und dem *Adat*, den alten Sitten und Gebräuchen der verschiedenen Stämme. Es herrscht eine Glaubensvielfalt.

Christen leben hauptsächlich im Westen Sumatras, im Süden von Zentral-Java (rund um Yogyakarta), auf den Molukken (den Gewürzinseln) und auf den Inseln im Osten des Riesenreiches. Aber auch im Christentum kommt es zu Vermischungen mit den Urreligionen.

1,8 Prozent der Bevölkerung Indonesiens sind Hindus. Zum überwiegenden Teil leben diese auf der Insel Bali. Auf kleineren Inseln und in abgelegenen Regionen herrscht der Animismus vor.

Sukarno hat es geschafft, alle diese verschiedenen Gesellschaften und Gruppen zusammenzubinden und eine starke nationale Identität zu schaffen. Nicht zuletzt ist ihm dies gelungen, weil alle Gruppierungen einen gemeinsamen Feind hatten: die Kolonialmacht Holland. Sein Motto war, wie bis heute auch im Staatswappen geschrieben steht, *Bhineka Tunggal Ika*, – Einigkeit in der Vielfalt. *Bhineka Tunggal Ika* ist die Gleichschaltung der vielen Völker und Stämme des Archipels zu einem zentralisierten Einheitsstaat.

Aber allen diesen verschiedenen Gruppen ist das Lächeln, die Freundlichkeit und die Kontaktfreude – auch gegenüber Fremden – gemeinsam. Unter diesen Voraussetzungen war es für mich relativ einfach, Kontakte zu knüpfen. Die Vertretung von AEG-TELEFUNKEN, war ja schon einige Jahre auf dem Starkstromsektor für die AEG tätig und dadurch hatte sie auch schon Verbindung mit vielen für mich relevanten Kunden. Die PT. Guna Elektro hat mich immer voll unterstützt und mit ihrer Hilfe habe ich schon in den ersten Wochen viele wichtige Kontakte zu Bedarfsträgern wie zum Beispiel dem staatlichen Rundfunk, der Post-, Telefon- und Telekommunikationsbehörde, dem Fernsehen, der staatlichen Eisenbahn und zu allen Einheiten des Militärs aufbauen können. TELEFUNKEN hatte schon kurz nach dem zweiten Weltkrieg Verbindung zum Dasaad-Musin-Konzern geknüpft, aber da das Telekommunikations-Geschäft für diesen Konzern Neuland war, konnte man damals keine großen Geschäfte erwarten. Herr Dasaad Musin wurde unter Sukarno eine sehr einflussreiche Persönlichkeit. Sukarno und seine Unabhängigkeitsbewegung hat er immer unterstützt. Wurde Sukarno mal wieder aus holländischer Haft entlassen, stand immer ein ihm unbekannter Herr vor dem Gefängnistor, der ihm einen größeren Geldbetrag zusteckte. Erst später hat Sukarno erfahren, dass es sich dabei um Dasaad Musin handelte. Die Unterstützung Sukarnos hat sich für Dasaad Musin gelohnt. Er wurde ein wichtiger Berater des Präsidenten und er durfte die ersten modernen Flugzeuge der Firma Boeing für die an Stelle der holländischen Fluglinie KNILM (Koninklijk Nederlands-Indische Luchtvaart Maatschappij) neu gegründete nationale indonesische Fluglinie GARUDA importieren. Dasaad Musin wurde einer der reichsten Männer Indonesiens. Aber ich hatte keine geschäftlichen Verbindungen zu ihm und seinem Konzern.

In Indonesien war vieles anders als zu Hause in Deutschland. Ich musste noch viel lernen, um mich so gut wie möglich anzupassen. Da war es schon eine gute Voraussetzung, wenn die Eltern auf eine gute Erziehung achteten. Eine gute Erziehung zu meiner Zeit beinhaltete auch immer eine Rücksichtnahme und respektvolle Behandlung gegenüber anderen. Daraus resultierte auch eine Sensibilisierung gegenüber den anderen Sitten, die ich in Indonesien vorfand und ohne darauf einzugehen, wären gute freundschaftliche Kontakte und Geschäfte kaum möglich gewesen. Vielleicht bin ich – trotz aller Bemühungen – für die Indonesier immer noch der grobe europäische Klotz geblieben, aber zumindest haben sie meine Bemühungen gesehen und anerkannt. Und wenn mir mal ein Fehler unterlief, kann ich im Nachhinein über die Toleranz, mit der ich in Indonesien behandelt wurde, nur staunen. Auch der regelmäßige Hinweis meiner Eltern in meiner Jugend, alle Pflichten und Aufgaben „so gut wie möglich und so schnell wie möglich" zu erfüllen, sollte ein Motto für mein ganzes Leben sein.

Dass man in einem asiatischen Land, wenn man eine Wohnung oder ein Haus betrat, die Schuhe ausziehen musste; dass man mit der linken Hand nichts Essbares oder einen Menschen anfassen durfte; dass man in Indonesien wenn man Löffel und Gabel erhält, nur mit dem Löffel in der rechten Hand isst und die Gabel nur als Hilfsmittel gebraucht; dass es in Anwesenheit eines fastenden Muslims während der Fastenzeit Ramadan angebracht ist, auch selbst nicht zu essen, zu trinken oder zu rauchen und dass man auf keinen Fall ein Messer verschenken durfte, gehörte zu den schon bekannten Selbstverständlichkeiten. Aber es gab noch viele weitere Vorschriften, die die guten indonesischen Manieren ausmachen. Zum Beispiel gilt ein klares „Ja" oder „Nein" als sehr unhöflich. Es gehört zum guten Ton, besonders ein klares „Nein" zu umgehen. Anstelle dieser klaren Aussagen tritt ein *Mungkin* oder *Barangkali*, ein „vielleicht" oder viel öfter ein *Belum*, das wörtlich übersetzt „noch nicht" bedeutet. Beides sind diplomatische Wörter, die alle Vermutungen offen lassen. Ein Indonesier trifft ungern endgültige Entscheidungen.

Der Grund, weshalb ein direktes „Nein" als taktlos gilt ist, denn man müsste ja zugeben, dass man die Antwort nicht kennt. Daher wird ein Indonesier stets „Ja" sagen, auch um dem anderen keinen Schmerz zuzufügen. Die Vermeidung dieses „Nein" führt immer wieder zu grotesken Situationen. Wenn man in Jakarta eine Straße oder auf dem Lande einen bestimmten Ort sucht, wird man von einem Passanten, den man fragt, ob dies der richtige Weg zur Straße X oder zum Ort Y sei, immer ein „Ja" als Antwort erhalten. Würde man in der entgegengesetzten Richtung fahren und denselben Passanten wieder fragen, wäre es mit Sicherheit wieder dieselbe Antwort. Kein Indonesier würde sich erlauben, einen Ausländer zu korrigieren, oder wollen, dass er sein Gesicht verliert, wenn er zugäbe, den Weg nicht zu kennen. Besser ist es zu fragen: „Welche Straße führt zum Ort Y". Aber auch hier muss man das Gesicht und die Mimik des Gefragten beobachten, um abschätzen zu können, ob die Antwort wohl korrekt ist. Man sollte nie eine direkte Frage stellen und auch nie eine direkte Antwort erwarten. Eine Umschreibung der Frage ist wichtig! Zum Glück hatte ich gleich vom ersten Tag an einen zuverlässigen Fahrer, der mich in meinem Dienstwagen immer sicher an mein Ziel brachte.

Schon anfangs meiner Tätigkeit hatte ich ein nettes Erlebnis, das zeigt, wie schwierig es für einen Indonesier ist, „Nein" zu sagen. Bei einem Cocktailempfang in der Deutschen Botschaft unterhielt ich mich mit einer netten indonesischen Dame über Nichtigkeiten. Im Laufe des Gesprächs fragte ich sie, ob sie Kinder hätte. Dies ist bei Gesprächen mit Frauen kein ungewöhnliches Gesprächsthema. Sie antwortete *Belum*, noch nicht! Diese Antwort wäre eigentlich richtig, es kann ja noch werden. Aber in diesem Fall war die Dame schon fast 70 Jahre alt!

Bereits der europäische kräftige Händedruck zur Begrüßung wurde nicht gewünscht und galt als grob. Bei einem indonesischen *Salam* berührten sich nur leicht die ausgestreckten Hände und seine rechte Hand führte man danach zu seinem Herzen. Diese Geste sollte sozusagen heißen: „Ich grüße Dich von meinem Herzen". Mit verschränkten Armen oder mit den Händen in der Hosentasche vor einem gebildeten Indonesier zu stehen, galt – aber dies nicht nur in Indonesien – als unhöflich und schlechtes Benehmen. Begrüßten sich zwei Indonesier, wurde der höhergestellte mit der inländischen Ehrenbezeugung, dem *Sembah*, begrüßt. Dies ist eine Verbeugung, wobei die Mittelfinger der zusammengelegten Hände die Stirn berühren. Während der Kolonialzeit haben die Holländer, die sich in diesem Lande als Halbgötter fühlten, auf dieser Huldigung bestanden. Kein Indonesier hätte es gewagt, sich anders als in gebückter Haltung einem Europäer zu nähern.

Zu den Grundregeln, niemals laut zu werden oder Ärger zu zeigen und nicht mit den Händen zu gestikulieren, gehörte auch „nicht mit der Türe ins Haus zu fallen". Demonstrative Direktheit und Offenheit der stets zur Hast neigenden Europäer gilt als unhöflich und ungesittet. Dies bedeutete, dass ich mich bei geschäftlichen Besprechungen, selbst bis zu den höchsten Staatsbeamten, zum Beispiel zunächst nach der Familie, der Gesundheit oder der letzten Auslandsreise erkundigte. Erst in den letzten Minuten der Besprechung brachte ich meine Wünsche oder meine Vorschläge an, wegen derer ich eigentlich gekommen war. Zeit spielte noch keine große Rolle, und die indonesischen Gesprächspartner hassten die für sie maßlose Geradlinigkeit. Im Laufe der Jahre hatte ich eine Kartei über den AEG-TELEFUNKEN-Kundenkreis, in der alle privaten und wichtigen Daten jeder für mich wichtigen Person aufgelistet waren. Diese Kartei hätte einem Geheimdienstagenten jede Ehre gemacht, aber sie war für mich außerordentlich hilfreich, da ich vor jedem Termin noch einen kurzen Blick auf die Daten und persönlichen Lebensumstände der jeweiligen Person werfen konnte.

Schwierig war es, sich an die indonesische *Jam karet*, die Gummizeit, anzupassen. Schon von jüngster Kindheit an wurde ich von meinen Eltern zur Tugend der Pünktlichkeit erzogen. In ihren Augen war Unpünktlichkeit ein Diebstahl von Lebenszeit an dem Wartenden, ein Diebstahl des wertvollsten Gutes, das wir besitzen. Unpünktlichkeit ist in meinen Augen eine große Rücksichtslosigkeit und daher konnte ich anfangs nur schwer Verständnis für diese indonesische Eigenheit aufbringen. Auf Indonesier traf der deutsche Spruch genau zu: „Komm' ich heute nicht, komm' ich morgen!" Und dann standen sie plötzlich vor der Türe und brachten meinen ganzen Terminplan durcheinander. Anfang der 1960er Jahre ging unter den Europäern in Jakarta der Spruch um: „Die Uhren in Jakarta hinken eine Stunde hinter der Normalzeit hinterher und auf dem Lande sind es sogar zwei!"

Das Leben eines Indonesiers ist zeitlos, anderen Werten verbunden. In Südost-Asien wird anders gedacht. Während in der westlichen Welt die Quantität der Zeit höher eingestuft wird, ist es dort eher die Qualität. Im Grunde genommen gibt es in Südost-Asien ein anderes Verhältnis zur Zeit und zum Ego. Ein Ego, in dem Sinne wie bei uns, existiert nicht. Man ist immer ein Teil einer Familien- oder Dorfgemeinschaft, in der man seine Existenzberechtigung durch eine bestimmte Funktion hat.

Selbst von Präsident Sukarno wurde erzählt, dass er ausnahmsweise einen hohen Staatsgast über Gebühren warten ließ, um sich zunächst geduldig die Sorgen eines alten Mütterchens anzuhören. Normalerweise bestand Präsident Sukarno aber auf Pünktlichkeit, auf die Sekunde! Aber in vielen anderen Dingen war er eher lässig, immer lächelnd, so, als ob er keine Sorgen hätte. Von sich selbst sagte er: „Als Ingenieur bestehe ich auf exakten Werten, als Künstler liebe ich das Unbestimmbare".

Trotz *Jam karet* blieb aber Pünktlichkeit nicht in allen Bereichen unbeachtet, wie zum Beispiel bei religiösen Gebräuchen. Der Beginn des *Ramadan*, der Fastenzeit, wurde durch die islamischen Gelehrten, die tagelang mit Fernrohren bewaffnet den Lauf des Mondes beobachteten, auf die Minute genau festgelegt und alle Muslime hielten sich exakt daran.

Von uns Europäern wurde allerdings immer Pünktlichkeit erwartet. Aber für Indonesier war die *Jam karet* ein Lebensideal, genau genommen ein Zeichen von Improvisation. Für sie war Zeit wie ein riesiger See, in dem man schwamm und irgendwann mal ein Ufer erreichte. Aber für uns Europäer wurden dadurch viele Aufgaben erheblich zeitaufwendiger als im Heimatland. Positiv war allerdings, dass durch diese flexible „Gummi-Zeit" auch viele Aufgaben besser gelöst werden konnten als in anderen Ländern. Die *Jam karet* hatte aber nichts mit mangelnder nationaler Effektivität zu tun; die Probleme wurden eben anders gelöst. Die *Jam karet* war ein Teil der indonesischen Kultur. Indonesier hatten eben einen anderen Begriff von Zeit. Ich denke, dass sie sich nun in neuerer Zeit auch an die Sklaverei der Uhr haben gewöhnen müssen. Vielleicht trugen hierzu auch die vielen Kuckucksuhren aus dem Schwarzwald bei, die sich immer wieder indonesische Freunde und Kunden wünschten und von denen am Ende eines jeden Heimaturlaubes einige in meinen Koffern waren. Die begehrtesten Gastgeschenke, die ich damals für die Frauen meiner indonesischen Kunden aus Deutschland mitbringen durfte, waren Seidenstrümpfe und Büstenhalter. Heutzutage herrscht in Indonesien kein Mangel mehr an diesen Dingen. Oft wünschten sich meine indonesischen Geschäftsfreunde auch eine Flasche schönen deutschen Weins – obwohl sie bekennende Muslime waren!

Wurde man von Indonesiern eingeladen, so fanden anfangs diese Zusammentreffen immer außerhalb des Hauses in einem Restaurant statt. Kannte man sich aber besser und hatte sich ein Vertrauensverhältnis aufgebaut, durfte man auch in ihren für Fremde der Familie schwer zugänglichen privaten Bereich eindringen. Aber auch hier waren Grenzen gesetzt. Man wurde nur zum offiziellen Empfangsraum, oft auch gleichzeitig Wohnzimmer der Familie, vorgelassen. Die in Deutschland weitverbreitete Sitte, Gäste durch das ganze Haus, bis in die Schlafzimmer zu führen, ist in Indonesien undenkbar. Das Empfangs- oder Wohnzimmer ist meist ein größerer Raum, der mit vielen Sesseln, Sofas und Beistelltischen vor allem zum Empfang von Gästen eingerichtet ist. Hier werden meist die Trophäen, Pokale, Familienfotos und Reiseandenken zur Schau gestellt. Die Gäste sollen sehen, was man schon alles geleistet hat und wohin man schon überall gereist war!

Handelte es sich um eine Essenseinladung bei indonesischen Gastgebern, hat sich die Mittel- und Oberschicht trotz eines angeblichen Verlustes des Aromas der Speisen angewöhnt, entsprechend westlicher Sitten mit geschlossenem Mund zu essen. Bei den einfachen Indonesiern ist dies nicht üblich. Sie sagen, das Essen würde schmatzend einfach besser schmecken. Aus diesem Grunde wird auch, wenn die Indonesier unter sich sind, mit den Fingern der rechten Hand gegessen.

Wenn die Unterhaltung bei uns im Westen ins Stocken gerät und ein betretenes Schweigen folgt, ist das für alle Gäste und den Gastgeber peinlich. Schweigen wird als bedrückend empfunden, als hätten wir uns nichts zu sagen. Nicht so in Indonesien! Hier können alle minutenlang schweigen und ihren eigenen Gedanken nachgehen, ohne dass jemand auf die Idee käme, dass dies peinlich wäre. Das Schweigen wird nur ungern unterbrochen und sollte dem Gastgeber überlassen werden. Hier ist das Zusammensein das Wichtigste. Man hat sich auch durch Schweigen etwas mitzuteilen.

Dieses schweigende Beisammensein wurde sogar schon wissenschaftlich untersucht. Zum Beispiel berichtet Dr. W. M. Pfeiffer von der Universitäts-Nervenklinik Erlangen-Nürnberg im Sonderdruck aus „Der Nervenarzt" vom Januar 1966 in „Versenkungs- und Trancezustände bei indonesischen Volksstämmen":

> „... Schon Kinder sind gewohnt, lange Zeit unbeweglich dazuhocken, ohne die Aufmerksamkeit einem bestimmten Ziel zuzuwenden. Ebenso gehört es zu den selbstverständlichen Verhaltensweisen der Erwachsenen, schweigend beisammenzusitzen, und oft geschieht es mitten im Gespräch, dass sich der Partner in einen Zustand geistiger Abwesenheit zurückzieht. Diese Abwesenheit mag von wachträumenden Vorstellungen erfüllt sein ... Weit häufiger handelt es sich aber um ein inhaltloses Versunkensein, ähnlich wie wir es in Entspannungsübungen mühsam erlernen ..." (S. 7-18).

Bei einer Einladung durch Indonesier, war es anfangs oft schwer herauszufinden, wann man nun kommen sollte. War die Einladung zum Beispiel für *Malam Minggu* (wörtlich übersetzt: Abend Sonntag), bedeutete dies, dass man schon am Samstagabend, also dem Abend vor dem Sonntag, erscheinen solle. Hieß es auf der Einladung aber *Minggu Malam*, also die Wortfolge umgekehrt, war das Erscheinen am wirklichen Sonntagabend erwünscht. Missverständnisse waren also vorprogrammiert. War man dann am richtigen Tag pünktlich zum Dinner gekommen, konnte es allerdings noch Stunden dauern, bis das Essen endlich aufgetragen wurde. Es war also ratsam, zu Hause erst noch einen kleinen Imbiss zu sich zu nehmen. Die eingeladenen indonesischen Gäste wussten natürlich von diesen Verzögerungen. Im Gegensatz zu uns Ausländern konnten sie sich aber erlauben, auch mit stundenlanger Verspätung – ohne Groll zu erzeugen – bei den Gastgebern zu erscheinen.

Bei jeder Party mit Indonesiern oder bei Indonesiern war es üblich, dass Männer und Frauen getrennt saßen. Komischerweise hatte sich die Mode des getrennten Sitzens auch bei den Deutschen eingebürgert, auch wenn eine Party ohne Indonesier stattfand. Die Männer saßen in einer Ecke, die Frauen in einer anderen. Die Männer redeten über Wirtschaft und Politik. Die Frauen hatten ihre eigenen Themen mit Schwerpunkt Einkaufsmöglichkeiten, neuestem Klatsch, Mode, Schmuck, Kinder und Probleme mit der „unbotmäßigen" Dienerschaft. Das in den Tropen nicht zu umgehende Thema „Verdauung" war für beide Gruppen gleich interessant. Wie meine Frau mir erzählte, waren Indonesierinnen besonders am Thema Empfängnisverhütung interessiert.

Die gehobene indonesische Gesellschaft legt großen Wert auf ein gepflegtes Ambiente. Bei vielen Indonesiern kommt dann die in der Tiefe schlummernde künstlerische Ader zum Vorschein. Ganz besonders war dies bei dem Künstler und Galleristen Hendra Hadiprana und seiner Ehefrau Jenewati zu beobachten. Als ich 1963 nach Jakarta kam, hatte er kurz zuvor seine Galerie beim Blok M im Stadtteil Kebayoran Baru eröffnet. Da mein erstes Büro ganz in der Nähe lag, habe ich ihn nach Arbeitsschluss des öfteren besucht und immer wieder fand ich besonders schöne und ausgefallene Bilder oder Schnitzereien bei ihm. Ab und zu arrangierten seine Frau und er für Freunde und gute Kunden ein großes Dinner, immer für 24 Personen. Dann war die große Tafel voll besetzt. Bei diesen Einladungen gaben sich die Hadipranas immer die allergrößte Mühe. Die Tafel war jedes Mal sehr kunstvoll dekoriert, mit Orchideen und kleinen Antiquitäten. Alles stimmte bis ins letzte Detail.

Eine nette Geschichte erzählten mir auch Michael Schützendorf, der damals General Manager des Hilton-Hotels in Jakarta war, und seine Frau Traudel über eine Dinnereinladung bei Hendra und Jenewati. Wie immer, war alles perfekt vorbereitet, die Tafel festlich gedeckt. Allerdings sagten im allerletzten Moment zwei indonesische Gäste ab. Die Tischordnung konnte natürlich nicht mehr gestört oder nochmals geändert werden. No Problem, sagte Herr Hadiprana, ging in seine Galerie und kam mit einer fast mannsgroßen Holzschnitzerei eines sitzenden indonesischen Adeligen zurück und setzte sie auf den leer gebliebenen Stuhl neben Traudel Schützendorf. Nun hatte sie einen hölzernen Tischherrn! Nochmals ging Hendra in die Galerie und kam mit einer geschnitzten Dame, dem Pendant, zurück und setzte sie als Tischdame von Michael Schützendorf auf den leeren Stuhl neben ihm. Die Unterhaltung mit diesen beiden Holzfiguren war sicher etwas beschwerlich, aber nun war die Sitzordnung wieder hergestellt. Hendra und Jenewati waren zufrieden und das Dinner konnte beginnen.

Auch an die indonesischen Namen musste ich mich zunächst gewöhnen, nicht nur wegen der teilweise komplizierten Aussprache und Schreibweise, wie zum Beispiel Moengoensoro Moeljodiardjo, Soetjipto Dirdjosoeprapto, Sastroamidjojo oder Soerjopranoto. Indonesier haben keinen Familiennamen und Vornamen im westlichen Sinne. Meist haben sie nur einen einzigen Namen, der ihnen bei Geburt gegeben wurde, aber oft nach einem wichtigen Ereignis, wie eine Hochzeit oder einem abgeschlossenen Studium wieder geändert wird. Ab und zu wird dem einen Namen, der bei Geburt gegeben wird, noch ein zweiter mit dem Namen des Vaters oder der Mutter hinzugefügt. In Teilen Sumatras haben alle Mitglieder eines Stammesverbandes denselben Namen. Bei mehr als 200 ethnischen Gruppen gibt es natürlich keine festen Regeln. Bei Muslimen sind islamische Namen, bei Christen Namen aus der Bibel vorherrschend. Aber auch Namen aus dem Sanskrit sind sehr beliebt. In neuerer Zeit wurde in Anlehnung an den Westen oft ein zweiter Phantasiename hinzugefügt. Besonders bei den hollandfreundlichen Ambonesen, die als einzige Volksgruppe während des Unabhängigkeitskampfes auf Seiten der Kolonialmacht standen und den Mischlingen, die sich schon immer mehr als Holländer betrachteten, waren holländische Zweitnamen wie Mieke, Wimpie, Merenke oder Mientje sehr beliebt. Dem wurde allerdings durch eine Regierungsverordnung vom Juli 1964 ein Ende gesetzt, in der alle Namen holländischen Ursprungs verboten wurden. Der Phantasie waren ansonsten allerdings keine Grenzen gesetzt. Ein guter indonesischer Freund von mir, Publizist und Journalist, unter anderem war er auch Professor an der Universität in Yogyakarta und Staatssekretär im Informationsministerium, hatte zum Beispiel den Namen Umar Kayam, in Anlehnung an den berühmten persischen Mathematiker, Astronom und Poeten Omar Khayyam aus dem 11. Jahrhundert, den er sehr verehrte. Wie der echte Omar Khayyam hatte sich auch mein Freund der Schriftstellerei gewidmet. Sein bekanntestes Werk „Ein Hauch von Macht" ist auch in Deutschland erschienen. Leider konnte er einen geplanten zweiten Band dieser hochinteressanten und lesenswerten javanischen Familiengeschichte vor seinem viel zu frühen Tode nicht mehr fertig stellen.

Beim indonesischen Adel werden die Namen teilweise unendlich lang. Je höher der Adelsrang, desto länger der Name. Die adeligen Nachkommen werden immer mit neuen zusätzlichen erlesenen Namen behängt. So war zu meiner Zeit der komplette Name der hochangesehenen Persönlichkeit des Sultans von Yogyakarta: „Yang Mulia (Seine Hoheit oder Seine Exzellenz) Ingkang Susuhunan Kandjeng Sultan Hamengku Buwono Senapati ing Ngalaga Abdulrachman Sajidin Panatagama Chalifatullah". Aber von solch einem Namensprunk wird nur selten Gebrauch gemacht.

Erhielt man von einem Indonesier eine Visitenkarte auf der zwei oder mehrere Namen verzeichnet waren, musste man zunächst bei indonesischen Freunden nachfragen, welcher Name der korrekte war, mit der man diese Person ansprechen durfte. Gegenüber älteren Damen war *Embak*, was „ältere Schwester" bedeutet, sehr höflich. Bei einem höhergestellten oder älteren Mann, war das respektvolle *Bapak*, oder kurz *Pak* für Vater und bei der dazugehörenden Frau *Ibu*, oder kurz *Bu* für Mutter nie falsch. Für einen Gleichgestellten oder jüngeren Gesprächspartner kann man auch *Mas* oder *Saudara* für Bruder verwenden. Höflichkeit wurde und wird bei Indonesiern immer als ein Zeichen von Würde gepflegt.

Auch das Hinzufügen von akademischen Titeln war sehr beliebt und wurde gerne vorgenommen. Anfangs uferte dies in einer bürgerlichen Titelwut aus. Besonders beliebt waren *Tuan Insinyur* für Herr Ingenieur oder dem aus dem Holländisch stammenden Titel „Doktorandus", der einem Staatsexamen ohne Doktortitel entsprach, entsprechend einem Magister. Der Doktorandus wurde allerdings bald durch den indonesischen Titel *Sarjana Muda* ersetzt. Aber viele blieben bei dem Dokorandus und liebten es besonders, wenn man bei der Anrede den „andus" vergaß.

Niemals durfte man sein Gesicht verlieren oder sein Gegenüber so behandeln, dass er sein Gesicht verlor. Für den Indoneser ist dies das Schlimmste, die größte Schmach, die ihn treffen kann. Ist es doch einmal passiert, weil diese Menschen von Hause aus sehr empfindsam und empfindlich sind, zum Beispiel weil eine sarkastische Bemerkung im westlichen Sinne nicht verstanden wird, dann reagiert der Gegenüber mit versteinertem Gesicht und zusammengepressten Lippen, ohne ein weiteres Wort zu sagen. Man hat ihn *malu* gemacht, wobei man *malu* in diesem Zusammenhang kaum übersetzen kann. Am nächsten kommt noch: man hat ihn beschämt, oder man hat seine Selbstachtung verletzt. Tage, Wochen oder sogar Jahre später bekommt man diese Unhöflichkeit mit Sicherheit zurückbezahlt. Eine Beleidigung wird nie vergessen!

Ich kenne den Fall des Vertreters eines großen deutschen Handelshauses, der einmal einen relativ unwichtigen Ministerialbeamten beleidigte. Viele Jahre später wurde dieser Beamte Staatssekretär und dann Minister in dem für den Vertreter wichtigsten Ministerium. Der Minister forderte von ihm immer sehr freundlich neue technische Ausarbeitungen und Angebote, aber die Aufträge erhielt grundsätzlich die Konkurrenz. Der Vertreter wurde durch einen neuen Mann ersetzt, aber auch dieser hatte keinen Erfolg. Der damalige Gesichtsverlust eines kleinen Beamten, wirkte sich über viele Jahre hinweg, auch auf das Stammhaus des Vertreters aus. Wird in Ostasien ein Hass gepflanzt, wird er dort meist erst später vergolten.

Durch die seit Jahrhunderten bestehende Unterdrückung durch die Kolonialherren hatte sich bei den Indonesiern ein Minderwertigkeitskomplex entwickelt, der sie in den ersten Jahrzehnten nach der Unabhängigkeit besonders empfindlich machte. Sie fühlten sich immer noch gesellschaftlich zurückgesetzt. Im Laufe der Jahre meines Aufenthaltes in diesem Lande hat sich dieser Minderwertigkeitskomplex aber schnell abgebaut. Eine gewisse Eitelkeit, wenn der Indoneser zu Reichtum gelangt, ist jedoch geblieben, wie vielleicht bei jedem Neureichen überall auf der Welt. So wie der Dienstbote, der zum Herrn geworden ist.

Hierzu passt die Geschichte eines indonesischen Geschäftsmannes, der Ende der 1960er Jahre durch ein großes Geschäft schnell reich geworden ist. Ich begleitete ihn während einer Deutschlandreise durch einige Großstädte. Überall kaufte er kopflos teuere Geschenke ein, mit denen er seinen Freunden in Jakarta imponieren wollte. Den Gipfel erlebte ich in einem Schuhgeschäft in München. Selbst Ende der 1960er Jahre waren Schuhe aus Deutschland noch eine Besonderheit in Jakarta. Er wollte ursprünglich nur für sich selbst ein Paar Schuhe kaufen, aber im Geschäft hatte er plötzlich die Idee: Das ist etwas für meine Freunde! Er suchte nicht einzelne Paare aus, nein, er kaufte „dieses Regal" mit allen Schuhen, „jenes Regal" und dann auch noch ein drittes Regal. Die Größe war ihm egal: Irgendjemandem werden sie schon passen! Er hinterließ seine Jakarta-Anschrift, bat um Verschiffung und bezahlte mit großen Scheinen inklusive Verpackung und Fracht. Höchst befriedigt verließ er den Laden und freute sich schon auf die Ankunft von knapp einhundert Paar Schuhen und der Freude, die er mit diesem Geschenk bei seinen Freunden auslösen würde.

Jahre später traf ich ihn wieder in Jakarta. Sein ganzes großes Vermögen war verprasst. Nun hatte er einen kleinen Kiosk an einer Hauptstraße in Jakarta und verkaufte *Sates*, die leckeren indonesischen Fleischspießchen mit Erdnusssoße. Er war glücklich wie eh und je und lachte und plauderte den ganzen Tag mit seinen Kunden. Ohne Wehmut, ohne Reue, ohne Bitterkeit sagte er mir: „War das nicht eine tolle Zeit, damals in Deutschland?" Schon Multatuli alias Dekker schrieb Mitte des 19. Jahrhunderts in seinem Buch „Max Havelaar", mit welch kindlicher Lässigkeit Indonesier mit Geld umgingen: „... die sozusagen fürstliche Gleichgültigkeit, mit der sie ihre Einkünfte verschleudern, ihre Nachlässigkeit bei der Bewachung ihrer Untergebenen, ihre krankhafte Kauflust ..." (S. 57).

Wie man an dem obigen Beispiel sehen kann, hatte sich daran, weit mehr als 100 Jahre später, nichts geändert.

Indonesier hatten eine Vorliebe für Abkürzungen, zu denen täglich neue hinzukamen. Die Reden Sukarnos waren gespickt mit Kürzeln wie NEKOLIM, OLDEFOS, PANCASILA, CONEFO und GANEFO, ADRI und ALRI oder DWIKORA. Für diese Kürzel gab es ein eigenes Lexikon und ich werde darauf später ausführlicher eingehen. Wenn man aber bei einem Empfang mit einer indonesischen Dame über die wirtschaftliche Situation sprach und dabei fiel immer wieder das Wort „KISS", so war dies kein plumper Annäherungsversuch, sondern KISS war ganz einfach ein Schlagwort von Präsident Sukarno, die Abkürzung für *Koordinasi, Integrasi, Sinkronisasi* und *Simplifikasi* (Koordination, Integration, Synchronisation und Vereinfachung). Auch ein „HIPPI" war kein ausgeflippter Jugendlicher, sondern HIPPI war der Name für die Vereinigung indonesischer Geschäftsleute indigener Herkunft. Und wenn sich zwei Frauen über „Topless" unterhielten, so war dies nichts Unanständiges. Es war nur ein typisches Hausfrauengespräch, denn „Topless" sind ganz normale Marmeladegläser mit Schraubverschluss.

Mit der Zeit bekam ich einen großen Bekanntenkreis, deutsch, aber besonders indonesisch und international. Die Abende waren meist besetzt durch Verpflichtungen, aber zwischendurch natürlich auch mit einer Kombination von Dienst und Vergnügen. Während meiner 18 Jahre in Indonesien habe ich an tausenden offiziellen Veranstaltungen, Cocktails, Dinner und Empfängen teilgenommen. Diese waren nicht nur zum Vergnügen, bei diesen Anlässen erhielt man immer wieder neue und hilfreiche Informationen. Kontakte wurden geknüpft und oft wurde dadurch ein neues Geschäft angebahnt.

Von Anfang an ist mir aufgefallen, dass die indonesischen Frauen voll integriert am offiziellen Leben teilnehmen. Mit ihrer traditionellen farbenträchtigen Kleidung, dem *Kain* oder *Sarong*, einem um die Hüfte geschlungenen, meist von Hand hergestellten, Batiktuch, einem meterlangen um die Taille gewickelten einfarbigen Band, einer Bluse mit Blumenmuster aus Seide und dem *Slendang*, hier wie eine über die Schulter liegende Stola getragen, waren sie mit ihrer angeborenen Grazie, den langen schwarzen Haaren, dem blitzenden Schmuck und den meist zierlichen Figuren immer eine Augenweide. Bei gesellschaftlichen Anlässen ist der *Slendang* ein Schmuckstück. Dieser *Slendang* wird aber im täglichen Leben auf mannigfache Art verwendet. Die Kinder werden darin wie in einem Sack auf dem Rücken oder auf der Hüfte getragen, oder – wenn man vom Markt kommt – werden darin die Einkäufe nach Hause gebracht. Seit Jahrhunderten hat sich die Kleidung der indonesischen Frau nicht geändert. Ob Bäuerin oder die Frau des Präsidenten, alle tragen diese anmutige Umhüllung. Der Standesunterschied wird nur durch die Qualität und Farbe der Stoffe und den Schmuck zum Ausdruck gebracht.

Gut situierte Indonesierinnen wirkten trotz zahlreicher Kinder bis ins hohe Alter mädchenhaft und sehr gepflegt. Hier war von der Zurücksetzung der Frau in der islamischen Gesellschaft nichts zu spüren. Im Gegenteil: oft gab die geschäftstüchtige und selbstbewusste indonesische Lady den Ton an. Neben diesen farbenfrohen und anmutigen, oft bezaubernd schönen indonesischen Frauen, hatten es die Ehefrauen der entsandten Diplomaten und Geschäftsleute nicht immer leicht, sich optisch zu behaupten. Die indonesischen Männer sahen neben ihren Frauen mit westlichem Make-up eher bescheiden aus. Eine dunkle Hose mit einem Hemd aus teurem handgebatiktem Stoff war bei diesen Anlässen die offizielle Kleidung für sie. Zum Glück wurde diese in den Tropen praktische Kleidung auch bei den Ausländern akzeptiert.

Die indonesische Frau ist selbstbewusst und kann, auch wenn sie dem Islam zugehörig ist, nicht gezwungen werden, die Ehe fortzuführen. Wenn der Mann sich weigert in die Scheidung einzuwilligen, kann die Frau nach islamischem Recht durch einen sogenannten „Freikauf" geschieden werden. Allerdings muss die Frau dann einen Großteil ihrer Eigentumsansprüche aufgeben. Im Allgemeinen hat die indonesische Frau alle Rechte, in der Stadt und auf dem Lande.

Auf der hinduistischen Insel Bali ist die Scheidung, die von der Frau eingeleitet wird, besonders einfach. Allerdings haben es die geschiedenen Frauen auf Bali schwer: sie müssen ohne ihre Kinder weiterleben. Bei einer Scheidung bleiben die Kinder grundsätzlich beim Mann. Stirbt jedoch der Ehemann, bleiben die Kinder natürlich bei der Witwe. Eine neue Ehe kann diese Witwe aber nur ohne ihre Kinder eingehen. Diese müssen dann bei den Großeltern oder den Verwandten untergebracht werden. Für die Mutter ein schweres Los, das sie nur selten wählt. Lieber ist ihr, das Leben als „alleinerziehende Mutter" weiter zu gestalten, was allerdings häufig sehr harte Arbeit bedeutet, um ein ausreichendes Einkommen zu erzielen. In Indonesien gibt es keine finanzielle Unterstützung vom Staat. Schule und Ausbildung der Kinder müssen privat bezahlt werden und diese kosten sehr viel Geld. Aber balinesische Frauen sind seit Generationen daran gewöhnt, hart zu arbeiten und sich nicht zu beklagen. Sie stillen und versorgen nicht nur ihre Kinder, sie müssen mit ihrer Arbeit auch oft ihre Männer und die ganze Großfamilie ernähren. Die Männer sitzen dafür gerne im *Warung Kopi*, dem Kaffeehaus, und reden mit ihren Dorfgenossen oder sie massieren ihre Kampfhähne, um diese für den nächsten Kampf und somit die nächste Wette fit zu machen.

Die Vorreiterin der Emanzipation der Frauen in Indonesien war Raden Ajeng Kartini. Bereits im Jahre 1900, im zarten Alter von 11 Jahren, wehrte sie sich gegen die von den Eltern arrangierte Zwangsheirat und schrieb: „Ein Mädchen muss heiraten, muss einem Mann gehören, aber nicht ohne sie zu fragen wenn, wen und wie". Kartini hat sich aktiv mit Sukarno am Kampf für die Unabhängigkeit Indonesiens beteiligt und wurde von Sukarno sehr verehrt. Seit der Unabhängigkeit genießen Indonesiens Frauen die gleichen Rechte wie Männer. Schon 1945 hat Sukarno z. B. das Frauenwahlrecht, gleichen Lohn für gleiche Arbeit bei Männern und Frauen, zwei Monate Mutterschutzurlaub nach jeder Geburt und vieles mehr eingeführt. Die indonesische Frau hat mehr Rechte als ihre Schwestern in manchen anderen islamischen Ländern. Der Geburtstag von Raden Ajeng Kartini wird jährlich mit einem nationalen Feiertag, dem „Kartini- oder Frauentag", gefeiert.

Der Mittelpunkt einer solchen Veranstaltung war immer das Mikrophon, dessen Verstärker durch lautes Pfeifen und Knattern die anwesenden Gäste zunächst zum Verstummen brachte. Indonesier haben eine Vorliebe für Ansprachen entwickelt. Bei jeder offiziellen Aktion, ob Einweihung oder Verabschiedung, ergriffen nacheinander mehrere dieser redefreudigen und auch redegewandten Menschen ohne Scheu und ohne Manuskript das Wort, nicht ohne vorher mit lässigem Griff die Höhe des Mikrophons mehrmals zu verstellen und mit geübten Fingern dieses zur Überprüfung der Funktionsfähigkeit zu beklopfen. Der Redefluss war unbegrenzt. Ohne Hemmung wurde geredet und auch gelacht, unter Ausschöpfung aller rhetorischen Mittel. Als Vorbild diente ihnen Präsident Sukarno, der für seine Auftritte eine absolute Meisterschaft in der freien Rede entwickelt hatte. Er hat die freie Rede zur Kunst entwickelt und schon Kinder im zarten Alter bemühten sich ihm nachzueifern.

Im Laufe meiner 18 Jahre in Indonesien wurden viele Projekte abgewickelt. Die wichtigsten Kunden waren die indonesische Post- und Telekommunikationsbehörde, die Staatseisenbahn, das Informationsministerium mit Rundfunk und Fernsehen, die Marine und das Heer, die staatliche Energieversorgung, das Verkehrsministerium mit der Luftfahrtbehörde Civil Aviation, die staatliche Ölgesellschaft PERTAMINA, das Stahlwerk Krakatau Steel, die Stadtverwaltungen, die Regionalbehörden und viele mehr. Die Vertragsverhandlungen mussten immer sehr vorsichtig und einfühlsam geführt werden, um Missstimmungen und Missverständnisse auszuschließen. Auch auf die internen Intrigen und Machtkämpfe der indonesischen Entscheidungsträger musste Rücksicht genommen werden. Ein falscher Kontakt, eine falsche Bemerkung konnte den Verlust eines Projektes bedeuten.

Zuvor hatte ich bereits erwähnt, dass es in der Bahasa Indonesia kein klares „Ja" und „Nein" gibt. Dies machte die Verhandlungen besonders schwierig. Nickte ein Vertragspartner mit dem Kopf, oder sagte sogar „Ja", bedeutete dies nicht, dass er mit einem gerade besprochenen Punkt eines Vertrages einverstanden war. Das „Ja" bedeutete nur: Ich habe verstanden, ich kann Sie hören oder ja, ich werde Ihr Angebot in Betracht ziehen. Ein „Ja" bedeutet nicht: ich bin einverstanden, es kann sogar ein „Nein" bedeuten. Aber mit Hilfe der Partner bei der PT. Guna Elektro haben wir die auftauchenden Probleme immer gemeistert.

Korupsi ist in der Bahasa Indonesia ein genauso schreckliches Wort wie Korruption auf Deutsch. In Indonesien war es ein „Geben und Nehmen", was ja auch schon das Wort *Terima Kasih* für „Danke" ausdrückt. Für kleinere beamtete Staatsdiener war ein „Trinkgeld" normal, da sie mit ihrem kleinen Gehalt ihre Familie kaum ernähren konnten. Dies waren nur kleine Aufmerksamkeiten. In Indonesien war eine wesentlich größere Zahl von Menschen in diese Machenschaften involviert, als bei unserem geschlossenen System in Deutschland. In Indonesien wurde geteilt. Anders sah es aus, wenn man in der Hierarchie weiter nach oben kam, insbesondere in der Ära des 2. Präsidenten Suharto. Hier war diese „Schmierung" leider ab und zu unerlässlich, um die ineffiziente Bürokratie zu beschleunigen oder überhaupt in Bewegung zu setzen. Es waren aber nicht nur deutsche Firmen, die gezwungen wurden, mit den Wölfen zu heulen. Es war leider international üblich, wobei die deutschen Firmen mit Abstand am wenigsten schmierten. Im Laufe meiner Jahre musste ich leider – in ganz Südost-Asien – eine Tendenz zur Verschlechterung hin feststellen. Jeder schien etwas verkaufen zu wollen, auch seine guten Beziehungen. Diese Schmiergeldpraxis bekam zum Teil die absurdesten Auswüchse: So wurde sogar für die Entgegennahme von Entwicklungshilfe Provision bzw. Schmiergeld verlangt. Darauf ließ sich Deutschland aber glücklicherweise dann doch nicht ein.

Der Indonesier hat eine enorme Anpassungsfähigkeit und eine Begabung für Sprachen, die häufig über das Normale hinausgehen. Ich habe viele junge Indonesier zur Schulung nach Deutschland in die verschiedenen Werke von AEG-TELEFUNKEN geschickt, damit sie später die von uns gelieferten Anlagen bedienen und betreuen konnten. Vor Beginn dieser Schulung war immer ein mindestens dreimonatiger Sprachkurs in einem Goethe-Institut in Deutschland vorgesehen. Ich habe oft einfache Menschen, die neben ihrer lokalen Muttersprache nur noch die neue Einheitssprache Bahasa Indonesia beherrschten, verabschiedet. Nach 8 oder 12 Monaten kamen weltgewandte und großstadtsichere Experten zurück, die nicht nur ihr technisches Gebiet beherrschten, sondern mit denen ich mich auch fließend auf Deutsch unterhalten konnte. Ich war immer wieder überrascht, wenn ich sah, dass oft einfache Leute drei oder vier indonesische Sprachen beherrschten, ohne die Fremdsprachen, die allen gebildeten Indonesiern noch zusätzlich geläufig sind.

Anfangszeit und erste Dienstreise

Bereits in der ersten Woche in Indonesien wurde ein wichtiger Besucher von AEG-TELEFUNKEN aus Deutschland angekündigt. In der Hauptverwaltung von Post und Telekommunikation, im sogenannten *Gedung Sate* in Bandung, sollte eine Besprechung wegen eines Kabelprojekts stattfinden. Das Gebäude wurde im Volksmund *Gedung Sate* genannt, weil auf der obersten Spitze des Daches ein Spieß nach oben ragte – ich denke es war ein Blitzableiter –, an dem kleine Dächer zur Verzierung angebracht waren. Von der Ferne sah er aus wie ein nach oben ragender *Sate*-Spieß, einer Nationalspeise Indonesiens, Fleischspießchen mit Erdnusssauce.

Einen Tag vor Ankunft des Besuchers machten sich der Leiter unserer Vertretung und ich mit dem Wagen auf den Weg nach Bandung, um dort die Vorgespräche zu führen. Auch der Besuchsablauf und Termine sollten festgelegt werden. Schon morgens um 4.30 Uhr sind wir losgefahren, um die größte Hitze des Tages zu vermeiden und um unseren 9.00 Uhr-Termin gut einhalten zu können. Es war wunderschön in der Morgendämmerung zu fahren, durch Palmenhaine und Dörfer mit strohgedeckten Häusern. Schon kurz hinter Jakarta, nach der flachen Küstenebene, sah man bei guter Sicht die Berge Gunung Salak und Pangrango. Nun kamen wir in die grünen Hügel von Bogor vor dem Puncak-Pass. Vorbei ging es an dem botanischen Garten von Bogor, der um 1813 während der nur kurzen Besatzung Javas durch die Engländer von Sir Stamford Raffles gegründet wurde. Hier steht immer noch der überdimensionale Palast des holländischen Gouverneurs, der aber nun von Präsident Sukarno als Sommerpalast genutzt wurde. Nach Bogor ging es bergauf. Links und rechts der Straße lagen herrliche Villen in den Feldern, in denen die Europäer während der Kolonialzeit ihre Wochenenden im kühleren Klima verbrachten. Heute haben sich dort viele ausländische Geschäftsleute und Diplomaten für die Wochenenden eingemietet. Die Reisterrassen wurden weniger und nun ging es in vielen Kehren durch Teeplantagen in Richtung Puncak-Pass. Der Geruch der blühenden Bäume und Sträucher wurde immer intensiver. War unten, vor Bogor, der Verkehr noch ziemlich stark, so hatte man hier oben auf der kurvenreichen Straße freie Fahrt. Nur ab und zu begegnete man einem Militärfahrzeug. Bauern und Teepflückerinnen in bunten *Sarongs* und großen kegligen Strohhüten waren schon unterwegs, um die Tagesarbeit zu beginnen. Indonesier sind Frühaufsteher. Schon bald, mit dem ersten Licht, pflücken die Frauen mit feinem Fingerspitzengefühl die äußersten vier Blätter ganz bestimmter junger Triebe von den kugelförmigen Teebüschen. Sie tragen einen langen schmalen Korb auf dem Rücken, in den sie zielsicher eine Handvoll Triebe nach der anderen über die Schulter hineinwerfen. Die jüngsten drei Blättchen ergeben den besten Tee. Das vierte Blatt wird später in der Fabrik abgezupft und ergibt, zusammen mit dem Stängel eine minderwertige Qualität.

Hier oben, mitten in den Teeplantagen, hatte Präsident Sukarno sein sogenanntes „Teehaus" bauen lassen, das er immer gerne mit ausländischen Staatsgästen besuchte. Von hier hatte man einen überwältigenden Ausblick über die grünen Teeplantagen und die wasserbedeckten Reisfelder im Tal. Allerdings musste man in dieser Höhe immer mit einem Regenguss rechnen. Die Teepflückerinnen und die Bauern hängten dann einfach ein riesiges Bananenblatt als Regendach über den Kopf.

Wenn man 1963 über das Land fuhr, haben sich immer wieder Bauern an der Straße und auf den Feldern vor dem „weißen Mann" tief verneigt. Die von den Holländern eingehämmerte Geste der Unterwürfigkeit saß tief! Oben im Hotel auf dem Puncak-Pass, zwischen Cemara-Bäumen mit ihrer üppigen Nadelpracht und Tamarisken, gab es immer eine Teepause. Hier gedeihen Sonnenblumen und Dahlien: eine Stimmung wie in einem europäischen Garten! Es war morgens in dieser Höhe sehr frisch. Die Sonne stand noch ganz flach am Himmel. Der Blick nach Osten über die Reisterrassen und Kokospalmenhaine des Preangerlandes, des hügeligen Geländes mit der kleinen Moschee im Frühnebel, war traumhaft schön. Riesige Bambusbüsche, mit ihren sich nach oben hin verjüngenden armdicken Trieben, wirkten aus der Ferne wie zarte zerbrechliche Kunstwerke. Der Wind trieb grüne Wellen durch das Meer der terrassenförmig angelegten Reisfelder. Noch glasklar ragten die Vulkane Gunung Gede und Gunung Salak in den blauen Himmel. Deutlich erkennt man dann die Spuren, die einst die über den Kraterrand strömende Lava bis tief hinab ins Tal hinterlassen hat. Nur ein oder zwei Stunden später verschwindet der Gipfel dann für den Rest des Tages in dunklen Wolken. Ich sollte noch hunderte Male diese Route befahren und jedes Mal machte ich hier Rast. Immer wieder stand ich oben an diesem Aussichtspunkt in der Morgendämmerung still und wurde von der Schönheit dieses Panoramas und der zarten Atmosphäre des frühen tropischen Morgens überwältigt.

Nun ging die Reise weiter, in engen Kurven nach unten in flacheres Land. Es fällt auf, dass die Namen vieler Dörfer mit *Ci* beginnen, dem sundanesischen Wort für Wasser oder Fluss. Kein Wunder, denn hier gibt es viel Wasser. Alle Dörfer liegen an einem Fluss oder größeren Bach.

Es war Reisernte. Hunderte von Frauen und Männern in langen Reihen mit den großen schattenspendenden konischen Strohhüten standen in den Reisfeldern, um die Ähren zu ernten. Die Reisernte ist immer ein buntes und fröhliches Fest. Dabei werden auf ganz Java viele Millionen Hektar Ähre um Ähre einzeln geerntet, mit einem kleinen Messerchen, das in der Hand nach innen gehalten wird, unsichtbar für die Reisähre, damit diese bei dem Anblick des scharfen Werkzeuges nicht „erschrickt". Denn in jeder Reisähre lebt für die Indonesier die Göttin des Reises: *Dewi Sri*. Somit hat jede Reisähre eine Seele, wie jeder Mensch und jedes Wesen, und diese Seele würde beim Anblick einer Sichel oder Sense erschrecken. *Dewi Sri* wacht aber nicht nur über das Gedeihen des Reises, sie ist auch für die Fruchtbarkeit der Frauen zuständig. Die Ähren werden dann zu großen Büscheln gebunden, wie Blumensträuße. Mit diesen Reisgarben auf den Häuptern gehen die Frauen am Abend kerzengerade in rhythmischem Schritt zu ihren Dörfern zurück. Nur die Augen schweifen umher, um die Welt zu beobachten. Die Männer binden die Garben an die Enden der *Pikul,* einer biegsamen Bambusstange, die sie auf der Schulter tragen. Die Lasten sind schwer und müssen im Gleichgewicht gehalten werden, indem die Träger mit einem Arm kräftig schwingen und mit dem anderen die Bambusstange auf ihrer Schulter festhalten. Dies führt zu dem typisch schnellen Schritt mit einem tänzelnden Gang. Wenn man über die Insel Java fährt, kann man die Reisernte immer wieder, auch zu den verschiedensten Jahreszeiten erleben. Die vulkanischen Böden Javas gehören zu den fruchtbarsten der Welt. Immer kann man zweimal, oft sogar dreimal im Jahr den Nassreis ernten. Die enorme Fruchtbarkeit der Böden, auf denen schon seit Jahrtausenden intensiv Reis angebaut wird, zeugt von der Fertigkeit der Kultivierung, der Kunst und dem Fleiß der Reisbauern. Urkräfte der Natur, wie die regelmäßigen Vulkanausbrüche, Erdbeben, Überschwemmungen oder Dürreperioden haben sie immer gemeistert.

Plötzlich rannte eine schwarze Katze kurz vor dem Auto über die Straße und der indonesische Fahrer konnte nur durch eine Vollbremsung das Tier retten. Wir stiegen aus dem Auto aus. Nichts passiert! Aber mein chinesischer Begleiter sagte: „Nun müssen wir wieder zurück. Das war ein ganz schlechtes Omen". Und was passiert mit unseren Terminen, wandte ich ein? Es half kein Argument. Wir fuhren wieder zurück nach Jakarta und das Besuchsprogramm für den Gast aus Deutschland wurde so gut es ging telefonisch vorbereitet.

Am übernächsten Morgen ging die Reise nach Bandung mit dem Besucher aus Deutschland von neuem los. Diesmal kamen wir ohne Probleme und ohne schwarze Katze nach Bandung. Wir kamen sehr zeitig an und nutzten die Zeit, bei dem Leiter der Siemens-Niederlassung in Bandung in der Jalan Tjilamaya, der sein Haus direkt gegenüber vom *Gedung Sate* hatte, noch einen Besuch abzustatten. Bei einer Tasse Kaffee auf der gemütlichen Terrasse haben wir uns angeregt unterhalten und diese Besuche bei dem liebenswerten und gastfreundlichen Ehepaar Strässer sollten eine ständige Einrichtung werden, bis sie leider 1965 Indonesien wegen höherer Aufgaben wieder verlassen mussten.

Nach unseren Kundengesprächen traten wir am späten Nachmittag die Rückreise an, da am nächsten Tage schon wieder Termine in Jakarta auf dem Programm standen. Auf einer der vielen Brücken auf dem Wege zurück zum Puncak-Pass merkte ich, wie unser Fahrzeug immer weiter auf ein Brückengeländer zusteuerte. Beherzt griff ich ins Lenkrad und riss den Wagen im letzten Moment vom Abgrund weg. Der Fahrer war eingeschlafen. Der Tag war zu lange für ihn. Der linke Kotflügel war leicht lädiert, das Brückengeländer etwas verbogen: Das war knapp! War es immer noch der Fluch der schwarzen Katze? Mit Unwägbarkeiten begann und endete meine erste Dienstreise in Indonesien.

Kurz danach musste ich in Begleitung eines indonesischen Kunden mit der *Kereta Api* (wörtlich übersetzt: Feuerwagen), der Eisenbahn, nach Bandung fahren. Java hatte schon damals ein hervorragend ausgebautes Eisenbahnnetz. Aber besonders die Strecke zwischen Jakarta und Bandung, durch die wunderschöne Bergwelt, war atemberaubend. Brücken über senkrechte Schluchten glichen teilweise einem technischen Wunder. Wir saßen im Expresszug nach Bandung im Waggon der ersten Klasse. Natürlich gab es Anfang der 1960er Jahre noch keinen klimatisierten Zug, aber der Waggon der ersten Klasse wurde durch Eisstangen, die vorne unter dem Wagendach in der Zugluft lagen und immer wieder erneuert wurden, angenehm kühl gehalten. Doch schon bald wurde dieses einfache, aber praktische Kühlsystem durch eine moderne Klimaanlage ersetzt.

Schon kurz nach meiner Ankunft bemühte ich mich intensiv, die Einheitssprache *Bahasa Indonesia* zu erlernen. Es werden ja über 300 verschiedene Sprachen in Indonesien gesprochen; es herrscht ein vielsprachiges Leben! Sofort nach dem unrühmlichen endgültigen Abzug der holländischen Kolonialmacht musste auf Anordnung von Präsident Sukarno in jedem Dorf eine Schule gebaut werden. Von den Kindern bis zu den Alten musste jeder in den Unterricht. Es wurde nur in der Einheitssprache *Bahasa Indonesia* unterrichtet. Zeitungen und Rundfunksendungen wurden umgehend auf die Einheitssprache umgestellt. Das Volk war gezwungen, *Bahasa Indonesia* zu erlernen. Ein Experiment, das nur in Indonesien voll gelungen ist.

In Indien betonte Gandhi schon in seinen ersten öffentlichen Reden nach Erlangung der Unabhängigkeit, er schäme sich, englisch sprechen zu müssen, um von allen seinen indischen Zuhörern verstanden zu werden. Aber in Indonesien kann man sich heute im kleinsten Dorf, auf der abgelegensten Insel, mit *Bahasa Indonesia* verständlich machen. Heute werden die Kinder in den Grundschulen in den ersten Jahren noch teilweise in ihrer lokalen Sprache unterrichtet. Nach und nach wird immer mehr in *Bahasa Indonesia* unterrichtet, bis dann diese nach kurzer Zeit die alleinige Unterrichtssprache ist.

Im Gegensatz zum Javanischen oder Balinesischen, wird die *Bahasa Indonesia* in lateinischen Buchstaben geschrieben, was das Erlernen dieser Sprache für Ausländer natürlich einfacher gestaltet. Schon in Deutschland machte ich einen zweiwöchigen Intensiv-Kurs im Haus Rissen in Hamburg, was aber nicht viel erbrachte. Viel effektiver war dann in Jakarta das tägliche ausgedehnte Frühstück mit einem indonesischen Deutschlehrer des Goethe-Instituts. Jeden Tag, außer sonntags, kam er um 7 Uhr mit einem alten deutschen Motorrad, einem Vorkriegsmodell der Marke DKW, lautstark vorgefahren. Die intensive Unterrichtsstunde, verschönert mit Kaffee, Brot, Marmelade und Spiegelei, verging jedes Mal wie im Fluge. Nach einem knappen Jahr war ich so weit, dass ich mich gut unterhalten konnte und mein indonesischer Sprachlehrer hatte in der Zwischenzeit durch meine Besorgung vieler Ersatzteile aus Deutschland wieder ein „fast" neues Motorrad.

Ein hervorragender Lehrer zur Verbesserung meiner indonesischen Sprachkenntnisse war der redegewandte Präsident Sukarno. Fast täglich hielt er eine mindestens einstündige Ansprache über das staatliche Fernsehen TVRI an das indonesische Volk. Obwohl ich anfangs noch wenig verstand, war ich doch jedes Mal von seinem Auftreten und seiner Ausstrahlung fasziniert und verfolgte fast jede seiner Reden. Er war Wortkünstler und Schauspieler zugleich. Die Sätze waren kurz und prägnant, durch fortwährende Wiederholungen wurden die Parolen in das Gehirn der einfachen Leute eingeprägt. Seine Reden waren gespickt mit Würde und Volkstümlichkeit, sowie mit Ernst und Humor. *Bung Karno*, Bruder Karno, wie ihn das Volk nannte, konnte die Massen verzaubern. Die Menschen liebten ihn, den Gründer der Einheit von mehr als 14.000 Inseln, und hingen an seinen Lippen. So auch ich! Sukarnos Reden waren voller Schlagworte und Abkürzungen. Zum Beispiel waren „NEKOLIMS" neokoloniale Imperialisten, „NEFOS" waren die New Emerging Forces, „OLDEFOS" waren Old Established Forces, „KONFRONTASI" war das neu geprägte indonesische Wort für Konfrontation, „BERDIKARI" war die Abkürzung für *Berdiri di Kaki sendiri*, was „auf den eigenen Füßen stehen" hieß, „MANIPOL" war ein politisches Manifest, und so weiter. Für die drei erlaubten weltanschaulichen Blöcke im Staat, den Parteien der *Nationalisten*, den Parteien der Religionsgemeinschaften (*Agama* ist Religion) und der *Kommunisten*, prägte er die Silbenzusammenfassung „NASAKOM". In seiner Rede zum Unabhängigkeitstag vom 17. August 1960 hat Sukarno die Revolution von

1945 neu belebt. Von da an hörte man das Schlagwort „USDEK" täglich in seinen Reden. USDEK wurde Regierungsprogramm und Staatsideologie. Das U stand für die Rückkehr zur Verfassung von 1945, das S für Sozialismus, das D für gelenkte Demokratie, das E für gelenkte Wirtschaft und das K für indonesischen Nationalismus. Nach einem Jahrzehnt relativ liberaler Regierungsgewalt war es im Grunde die Rückkehr zu einem ziemlich autoritären System. Fast täglich kamen neue Schlagwörter hinzu.

Seine mitreißenden Reden waren mit Fremdwörtern gespickt. Auf Deutsch kamen unter anderen immer wieder die Worte „Weltanschauung", „Nation", „Schicksalsgemeinschaft", „historisch notwendig" und „Charaktergemeinschaft" vor. Sukarno konnte über alles reden, über Laotse, über Jesus, Marx oder Lenin. Selbst der Trainer der damaligen deutschen Fußball-Nationalmannschaft, Sepp Herberger oder der Afrikakämpfer aus dem 2. Weltkrieg, General Erwin Rommel, kamen in seinen Reden vor. Immer wieder verurteilte er die Ausbeutung des Menschen durch den Menschen. Dabei sprach er besonders die *Becak*-Fahrer und die einfachsten Menschen an. Dann sprach er nur auf Französisch von „l'exploitation des hommes par l'homme". Wohl keiner dieser einfachen Menschen verstand, was er meinte. Er würdigte auch immer wieder die Fahrer, die auf ihren *Becaks* Schwerstarbeit leisteten, mit den Worten: „Männer auf den *Becaks*, ihr seid meine Brüder". Wenn er von seinem Reich, dem Archipel von seiner nordwestlichsten bis zu seiner südöstlichsten Außengrenze sprach, beschrieb er diesen Raum als sein „Indonesien von Sabang bis Merauke", den Städten an den jeweiligen Enden des Archipels. Wenn allerdings in seinem unerschöpflichen Redefluss versehentlich ein holländisches Wort einfloss, entschuldigte er sich sofort dafür, dass er ein Wort aus der Sprache der kolonialen Fremdherrscher – einer Sprache, die er natürlich aufgrund seiner akademischen Ausbildung wie seine Muttersprache beherrschte – versehentlich benutzt hatte und korrigierte sich. Wenn früher, noch während der Kolonialzeit, bei seinen öffentlichen Parteiveranstaltungen, die immer von der holländischen Geheimpolizei überwacht wurden, ihm versehentlich das Wort „Indonesien" über die Lippen kam, wurde die Versammlung sofort aufgelöst und Sukarno verhaftet. Für Sukarno stand das Wort Indonesien für eine Zusammenführung aller Inseln des Archipels in ein einziges Reich. Die Holländer wollten teilen und herrschen und sahen in dem Wort einen Angriff auf ihre Autorität.

Sukarno war aber nicht nur ein herausragender und begnadeter Rhetoriker, er war auch besonders sprachbegabt. Er konnte sich in neun Sprachen fließend unterhalten und er verblüffte nicht nur den deutschen Bundespräsidenten Lübke, als er bei dessen Staatsbesuch in Indonesien bei einem Bankett deutsche Volkslieder vorsang. Eines seiner Lieblingslieder

– allerdings kein Volkslied – war das Horst-Wessel-Lied. Er konnte alle Verse in fehlerlosem Deutsch wiedergeben. Als er jedoch bei dieser Gelegenheit dieses Lied anstimmte, wurde er vorsichtig darauf aufmerksam gemacht, dass dies nicht gerade passend war. Aber die erste Strophe sang er noch bis zum Ende.

Viele internationale Preise und zwei Dutzend Ehrendoktorwürden wurden ihm verliehen. Sukarno besuchte auf Einladung von Bundespräsident Heuss im Juni 1956 Deutschland. In Berlin verlieh ihm die Technische Universität die Ehrendoktorwürde.

„Seine Reise war der erste Staatsbesuch, bei dem ein Besuch in Berlin eingeplant war, was ihr zusätzliche Symbolkraft verlieh: Sukarno als populärer Vorkämpfer antikolonialer Freiheit besuchte die Frontstadt des Kalten Krieges, in der täglich die Freiheit des Westens gegen die Bedrohung des Kommunismus verteidigt wurde" (Günther S. 95).

Als Sukarno einige Tage später, am 18. Juni 1956, auch von der Ruprecht-Karl-Universität in Heidelberg die Ehrendoktorwürde verliehen bekam, „stieß er mit seiner Ansprache auf weite Resonanz, da er erstmals von seiner zurückhaltenden Haltung in der Frage der Wiedervereinigung abrückte". Er sagte unter anderem in seiner in perfektem Deutsch gehaltenen Rede:

„Nichts ist stärker als eine wirklich geeinte Nation, und nichts ist schwächer als ein geteiltes Volk ... Möge auch Ihnen, meine deutschen Freunde, in ihrem Ringen um die nationale Einheit Erfüllung zur Seite stehen" (Günther, s. o.).

Mit überschwänglichen Worten wurde diese Heidelberger Ansprache weltweit in den Medien kommentiert (z. B. FAZ vom 18.06.1956 und Die Welt vom 19.06.1956).

Er war „The Great Leader of the Revolution", der große Führer der Revolution, ein Titel, der ihm vom Parlament verliehen wurde. Gleichzeitig war er der Oberkommandierende der Streitkräfte. Wenn er für eine Rede angekündigt wurde, hieß es hochoffiziell: *Yang Mulia, Bapak Presiden*, „Seine Exzellenz, der Vater Präsident" und dann wurden alle seine Titel aufgeführt. Das konnte sich einige Minuten in die Länge ziehen. Aber vom Volk wurde er liebevoll nur *Bapak*, Vater, genannt. In Wirklichkeit war er jedoch *Bung Karno*, der ältere Bruder. So wollte er auch vom einfachen Volk angesprochen werden, wenn er zum Beispiel unverhofft mit seinem weißen Hubschrauber in einem Dorf einschwebte, um die Bauern nach ihren Sorgen auszufragen. Sukarno hatte ein natürliches Verständnis für die Probleme der einfachen Bauern und der mittellosen Masse. Im Gegensatz zum Marxismus hat Sukarno ein von ihm *Marhaenismus* genanntes Konzept eingeführt. Jeder Bauer sollte sein eigenes Stück Land bewirtschaften, ganz egal wie groß oder klein. Aber es musste sein Eigentum sein. Daher liebten ihn die Bauern über kulturelle, religiöse und sprachliche Grenzen hinweg. Die Bauern unterstützten ihn ohne Vorbehalt. Das war einer der Gründe, die das Land der vielen tausend Inseln einigte.

Ungewohnte Lebensumstände

Die Anfangzeit war nicht einfach. Das Wasser aus der Leitung oder dem Tiefbrunnen war natürlich nicht trinkbar. Es musste zunächst mindestens 20 Minuten auf dem Petroleumkocher abgekocht werden, um alle Keime abzutöten. In der Küche dampften die Wasserkessel den ganzen Tag. Mineral- oder Quellwasser in Flaschen wie heutzutage gab es noch nicht. Auch Gemüse, Obst, selbst Eier wurden zuerst in abgekochtem, mit Kaliumpermanganat versetztem Wasser gewaschen, bevor die Sachen in den Kühlschrank kamen. Das rot-violette Wasser sollte angeblich der Desinfektion dienen und wurde der Farbe wegen von den Indonesiern *obat merah*, rote Medizin, genannt. Ein deutscher Arzt, der Anfang der 1960er Jahre in Jakarta lebte, sagte, das wäre alles Humbug und er wollte seine fünf Kinder gegen die tropischen Bakterien immunisieren. Jeden Morgen mussten sie ein Schnapsgläschen ungereinigtes Wasser aus der Leitung oder dem Kanal trinken. Zwei seiner Kinder starben. Schnaps wäre sicherlich ungefährlicher gewesen!

Die ersten drei Jahre haben wir ziemlich steril gelebt: kein rohes Gemüse, keinen Salat und Obst nur geschält. Die bewährte Methode der Engländer: „Cook it, peel it, or leave it!" wurde auch von uns strikt eingehalten. Und trotz dieser Vorsichtsmaßnahmen wurden bei mir bei der ersten Nachuntersuchung im Tropeninstitut in Tübingen Amöben festgestellt. Trotz all dieser Einschränkungen Amöben? Von da an habe ich täglich, natürlich gründlich gewaschenen, Salat gegessen und verblüffender Weise wurden danach nie mehr Amöben festgestellt.

Meiner Frau und mir ging es die ersten Monate ziemlich schlecht. Wir waren schlapp, kraftlos und abgeschlagen. Der chinesische Arzt in unserer Nähe, ein Dr. Koo, genannt „Spritzen-Koo", weil er einem die Spritzen wie bei einem Dart-Spiel ins Hinterteil schoss, wollte uns mit Vitamin-Cocktails wieder aufpäppeln. Das half leider nicht viel, bis wir in einem kleinen Merkblatt, das wir vom Tropeninstitut in Tübingen mitbekommen hatten, lasen: „Wenn Sie bei Schlappheit glauben, Sie hätten bereits die erste Tropenkrankheit, dann ist es meist nur Salzmangel". Wir lösten einen Teelöffel Kochsalz in Wasser auf und schon wenige Stunden nach diesem Drink waren wir wieder fit. Die Diagnose und die Heilung waren perfekt! Der gute „Spritzen-Koo" gab uns aber einen anderen wertvollen Tipp: „Tragen Sie, wenn Sie unter einem Ventilator schlafen, immer eine Bauchbinde". Obwohl eine Bauchbinde optisch nicht gerade ein erotisches Highlight ist, hat diese sich in den vielen Tropenjahren doch bestens bewährt. Sie schützt vor Unterkühlung des Bauches und der Nieren.

Regelmäßig alle 6 Monate mussten wir zu Dr. Koo, um die damals vorgeschriebene Tetravakzine-Impfung gegen Typhus, Paratyphus und Cholera verabreicht zu bekommen. Das war eine unangenehme Geschichte! Das Tetravakzine wurde damals, auch bei Männern, in die Brust gespritzt. Tagelang war die Brust stark angeschwollen und schmerzte höllisch. Nach der Spritze war Alkohol für fünf Tage tabu! Auf den obligatorischen „Sun-Downer" nach Feierabend, einen Whisky Soda, musste man dann so lange verzichten.

Viele Dinge, die man in Deutschland in jedem Supermarkt kaufen konnte, waren in Jakarta entweder gar nicht, oder nur sehr zeitaufwändig bei Fahrten kreuz und quer durch die ganze Stadt zu beschaffen. Bei jedem Zusammentreffen mit anderen Nicht-Indonesiern hieß es: „Wo kann ich dieses oder jenes finden?" Denn es gab wohl alle indonesischen Grundnahrungsmittel zu kaufen, aber an importierte Waren war zunächst nicht zu denken. Im Pasar Baru waren die Schaufenster bis auf wenige lokale Waren leer. In den für Europäer gebauten Wohnungen und Häuser gab es wohl normale Kloschüsseln, aber keine Klobrillen. Die Holländer glaubten, dass Toiletten ohne Toilettensitze hygienischer seien und die Indonesier haben diesen Unsinn noch viele Jahre weitergeführt. Als wir eines Tages auf dem Markt eine Klobrille entdeckten, stürzten wir in den Marktstand und wollten die Klobrille haben. Koste es was es wolle! Leider wurden wir enttäuscht. Die Klobrille wurde nur mit Schüssel, Papierabroller, Waschbecken und Badezimmerschränkchen abgegeben. Aber wir trösteten uns, es ging ja auch bisher ohne Brille. Zum Glück gab es immer „Sabun Mandi LUX", Seife der Marke LUX, die immer und überall auf Plakaten mit dem Schlagwort Werbung machten: *Sembilan dari sepuluh Bintang Film memakai Sabun Mandi LUX* (Neun von zehn Filmstars benützen zum Baden die Seife LUX)!

Für Brot, natürlich nur Weißbrot, musste der Fahrer ins 40 km entfernte Bogor fahren, zu Tan Ek Tjoan, dem einzigen Bäcker in weitem Umkreis, der noch irgendwoher importiertes Mehl auftreiben konnte. Aber hygienisch rein war das Brot keineswegs. Vor dem Verzehr musste jede Scheibe gegen das Licht gehalten werden, um die vielen darin eingebackenen kleinen Tierchen der verschiedensten Gattungen zu entdecken und diese, so gut es ging, aus jeder Scheibe herauszupicken. Aber wir waren froh, überhaupt Brot zu bekommen. Auch bei westlich orientierten Indonesiern und besonders Chinesen war das Weißbrot von Tan Ek Tjoan sehr beliebt. Zum Beispiel konnte man dort immer wieder Generalmajor Mantiri treffen, der eine wichtige Position im indonesischen Heer innehatte. Es wurde erzählt, dass er das Brot so sehr liebte, bis er schließlich sogar die Tochter des Bäckers ehelichte. Was er mehr liebte, das nunmehr kostenlose Brot oder die Tochter wurde nie bekannt! Als dann später ab und zu Weizenmehl auf den Märkten in Jakarta zu bekommen war, backten wir natürlich unser eigenes Brot. Mit Trockenhefe und Pumpernickel aus Deutschland und dem, wegen der kostenlos mitgelieferten kleinen Käfer, vielfach gesiebten Mehl zauberten meine Frau und unsere Köchin ein wohlschmeckendes Graubrot, das selbst bei Besuchern aus Deutschland größten Anklang fand.

Zu dieser Zeit war Butter in ganz Indonesien nicht zu erhalten. Eine Ausnahme bildeten die Nonnen im 200 km entfernten Kloster von Lembang, die diese zur Finanzierung ihres Unterhalts herstellten. Der Ersatz für Butter war „Blueband", eine fürchterlich schmeckende Margarine, die – da sie nur ungekühlt aufbewahrt wurde – immer ranzig schmeckte. Selbst in allen Hotels, vom einfachen Losmen angefangen bis zum Luxushotel, gab es nur diese Blueband-Margarine. Bis heute existiert die ungekühlte Blueband in den Supermärkten; da es allerdings überall auch Butter gibt, wollte ich einen vergleichenden Geschmackstest nicht mehr wagen.

Um an die Butter aus Lembang zu gelangen, wurde man ja erfinderisch. Die deutsche Gemeinschaft war damals noch sehr klein. Es lebten nur etwa 30 Vertreter der deutschen Industrie und von Handelshäusern mit ihren Familien in Jakarta. So richteten wir unter Freunden einen Butter-Fahrdienst ein. Jede Woche musste eine andere Familie ihren Fahrer, beladen mit vielen Kühltaschen, nach Lembang schicken, um von dort den Wochenvorrat abzuholen. Aber bald schon besserte sich die Versorgungslage durch den „Bandung-Mann". Er – natürlich ein geschäftstüchtiger Chinese – hatte die Marktlücke entdeckt und kam nun wöchentlich mit seinem Lieferwagen nach Jakarta gefahren. Er brachte dann nicht nur Butter mit sondern auch Obst und Gemüse aus den Bergen, später auch Fleisch. Besonders das Gemüse aus Lembang war sehr beliebt, da dort wegen der höheren Lage als Jakarta und dem dadurch kühleren Klima auch europäische Gemüsesorten wie Blumenkohl, Rettiche, Spargel, Kohlrabi und auch Obstsorten wie Erdbeeren und Maulbeeren wuchsen.

Eine weitere Persönlichkeit in Bandung, die für unser leibliches Wohl Bedeutung hatte, beschreibt Herr Strässer, der dort Resident Engineer der Firma Siemens war, in seinen Erinnerungen:

„Ein anderer wichtiger Mann in Bandung war Herr Förster, auch ‚Pickle Förster' oder auch ‚Marmeladenförster' genannt. Er war Österreicher, sah sehr gut aus, hatte schneeweißes Haar und war auch schon vor dem Krieg in Indonesien ansässig. Herr Förster hatte eine Marmeladenfabrik und produzierte Konserven mit eingelegten Gurken und Zwiebeln. In Indonesien ein gutes Geschäft. Was er während des 2. Weltkrieges gemacht hat, weiß ich leider nicht. Seine Produkte wurden überallhin in Indonesien verkauft. Er vertrat eine kleine österreichische Gemeinde. Die österreichische Regierung machte ihn zum Wahlkonsul. Eines Tages beschloss Herr Förster zu heiraten. Er gab also in Wien eine Anzeige auf, dass er Willens war zu heiraten und eine Frau suche. Hierauf meldete sich eine Witwe. Anlässlich eines Besuches in Wien beäugten sie sich und er lernte dabei auch die Tochter dieser Witwe kennen, die 30 Jahre jünger war als er selbst. Nun sagte er sich, lieber eine, die 30 Jahre jünger ist als ich und mich nicht mit einem früheren Ehemann vergleichen kann. Sie heirateten. Helga war in jeder Beziehung tüchtig. Wie ich später hörte, begann sie zu malen und wurde mit der Zeit eine gefragte Künstlerin. Herr Förster sah bis ins hohe Alter sehr gut aus. Offensichtlich hat seine junge Frau auch ihn verjüngt."

Während der 18 Jahre in Indonesien blieb der „Bandung-Mann" trotz der später eröffneten neuen Supermärkte Gelael und Kem Cik, mit stetig wachsendem Angebot eine permanente Einrichtung in unserem Leben.

Ganz wichtig für unsere Versorgung waren die Frachtschiffe der HAPAG, die alle vier bis fünf Wochen Tanjung Priok, den Hafen von Jakarta, anliefen. Die leitenden Herren der HAPAG hatten sich freundlicherweise bereiterklärt, dass unsere Angehörigen in Deutschland mit jedem Schiff ein Paket mit 20 kg Esswaren, die in Indonesien nicht verfügbar waren, bis Jakarta mitgeben konnten. Unsere Pakete mussten wir persönlich von Bord abholen und im Hafen entzollen. Kurz vor Jakarta, bevor das Schiff anlegte, wurde vom Bordbäcker noch jede Menge großer deutscher Schwarzbrote gebacken. Jürgen Möller, genannt Molly, bis 1966 Leiter der HAPAG in der Agentur in Jakarta, arbeitete, wenn ein Schiff ankam, den ganzen Tag im Hafen und abends durfte er noch mit seiner reizenden Frau Susi das viele Brot an die Kunden der HAPAG verteilen, natürlich damals noch im nicht klimatisierten Automobil. Es musste schnell gehen, denn in der feuchten Hitze schimmelte das Brot schon nach zwei Tagen. Oft blieb für die Möllers nicht einmal Zeit für einen kühlenden Drink. Das war eine große Aufopferung der beiden, aber auch eine ganz große Hilfe für uns, für die wir heute noch dankbar sind. Für die damals noch kleine deutsche Gemeinschaft wurde an Bord der HAPAG-Schiffe oft ein Essen veranstaltet. Auf die lange entbehrten Spezialitäten aus Deutschland stürzten sich die geladenen Gäste wie halb verhungert. Manchmal war es richtig peinlich. Bei Rollmops, Hering und frischem Schwarzbrot war es vorbei mit Zurückhaltung und Contenance.

Besonders in der Anfangszeit ließen wir uns noch zusätzlich Pakete der Eltern aus Deutschland schicken. Esswaren, die es hier nicht gab, brauchte man immer, aber auch Küchengeräte, Ersatzteile, Bücher und so weiter. Oft mussten wir lange auf die Zustellung warten, dann kamen die Weihnachts-geschenke zu Ostern und an Weihnachten konnte man die Osterhasen un-ter den Tannenbaum stellen, und die Esswaren waren vergammelt. Wenn wir annahmen, dass ein Paket nun eingetroffen sein müsste, gingen wir zur Hauptpost in Jakarta, am Medan Merdeka. In einem großen Raum lager-ten tausende Pakete, die alle noch ihrer Registrierung harrten. Hier muss-te man wühlen und war glücklich, wenn man sein Paket gefunden hatte. Wurde man hier nicht fündig, dann hatte man eine weitere Chance in den Nebenräumen. Dort gab es einen Raum, in dem Pakete, bei denen schon etwas ausgelaufen war oder die beschädigt waren, aufbewahrt wurden. Dann gab es ein Käsezimmer mit Paketen, die zumeist aus Holland kamen, und in dem es fürchterlich stank. Ein Zimmer war gefüllt mit Paketen von Quelle, die fast alle für die Russische Botschaft oder die Botschaften anderer Ostblockländer bestimmt waren. Mit etwas Glück konnte man immer sein Paket finden, besonders wenn die Familien in Deutschland die Pakete rund-um auffällig markierten.

Nach einiger Zeit gab es sogar Delikatessen in Jakarta. In der Jalan Blora, in der Nähe der heutigen Deutschen Botschaft hatte ein geschäftstüchtiger Chinese einen kleinen, ganz unscheinbaren Laden, in dem hauptsächlich Schwarzmarktwaren angeboten wurden. Die Rupiah-Währung sank von Tag zu Tag in ihrem Wert und der Schwarzhandel blühte. Durch einen Schwarzmarktkurs der indonesischen Rupiah, der in der Spitze bis zu 30mal besser war als der offizielle Bankkurs, wurde das Leben Mitte der 1960er Jahre für geschmuggelte ausländische Produkte erschwinglich. Zum offizi-ellen Bankkurs hätte man diese Sachen ohnehin nicht kaufen können. Eine Rolle Klopapier hätte nämlich dann über DM 30.- gekostet. Wir Deut-schen hatten kein Problem Geld zu tauschen, denn der US-Dollar und die Deutsche Mark waren überall beliebt und auf dem Schwarzmarkt ge-fragt. Aber was machten die Angestellten der osteuropäischen Botschaften und deren Geschäftsleute? Kein Indonesier wollte russische Rubel oder die Währung der ehemaligen DDR haben. So blieb den Russen und anderen ost-europäischen Ländern nur die Möglichkeit, über den Tauschhandel an harte Währungen zu gelangen. Also importierten die osteuropäischen Diplomaten Waren in großen Mengen, die sie natürlich zollfrei ins Land bringen konn-ten und verkauften sie an den chinesischen Händler. Unser Händler in der Jalan Blora lieferte auf Bestellung alles: echten russischen Beluga-Kaviar, russischen Krimsekt in allen Variationen, Frühstücksspeck in Dosen, Weine aus Ungarn und Rumänien, importierte Biere und Spirituosen. Wir kamen uns bei dieser galoppierenden Inflation plötzlich vor wie im Schlaraffenland. Der einzige Nachteil war, dass das Angebot auf den Partys in der deutschen

Kolonie zu dieser Zeit ziemlich eintönig war: immer wieder Beluga-Kaviar und Krimsekt, bis zum Überdruss wiederkehrende Leckerbissen! Aber nicht nur wir aus dem Westen hatten dadurch einen Vorteil. Durch diesen Handel mit Naturalien konnten die Kollegen aus dem Ostblock in Indonesien besser leben, als es wegen der Mangelwirtschaft hinter dem Eisernen Vorhang möglich gewesen wäre.

Manche trieben es sogar so weit, dass sie Kaviar nach Deutschland mitnahmen. Einer von diesen war Herr Grudinski, ein Journalist und Südost-Asien-Korrespondent für verschiedene deutschsprachige Zeitungen. Er liebte Kaviar über alles und fand noch Platz für einige Döschen in seinem Reisegepäck. Seine erste Station in Deutschland war das Tropeninstitut in Tübingen. Eigentlich hätte er am Abend vor der Untersuchung nüchtern bleiben sollen, aber er konnte es nicht lassen und aß abends noch ein Döschen Kaviar. Morgens nach der Amöben-Stuhluntersuchung war das ganze Ärzte- und Laborteam in heller Aufregung. Bei der abschließenden Besprechung wurde Herrn Grudinski eröffnet, alles sei ok bis auf unbekannte Wurm-Eier, die dringend behandelt werden müssten. Ich bin sicher, die verordnete Wurmkur hat Herr Grudinski nicht angetreten.

Durch die gescheiterte Wirtschaftspolitik Sukarnos und die dadurch verursachte Mangelwirtschaft war die Inflation zunächst noch moderat, wurde dann aber galoppierend und war nicht mehr zu bremsen. Abends war alles doppelt so teuer wie morgens. Dadurch gab es immer wieder Schnäppchen, da die Geschäfte, hauptsächlich staatliche Geschäfte, ihre Preise gar nicht so schnell umstellen und neu auszeichnen konnten. In der deutschen Kolonie wurde über die „Buschtrommel" mitgeteilt, hier gibt es gerade dies, dort gerade jenes zu einem günstigen Preis. Die Encyclopaedia Britannica war der Renner. Täglich wurde sie in harter Währung billiger. Unter den Deutschen war es wie ein Wettstreit, wer sie wohl am billigsten ergattern würde. Es gab sogar welche, die immer wieder nachkauften, um den „Verlust" zu verringern. Ich hatte Glück und kaufte erst, als der Preis am unteren Ende war, für die neueste 24-bändige Ausgabe etwa DM 300,-. Ein echtes Schnäppchen! Uns Ausländern war es ein Rätsel, wie der Buchladen Gunung Agung zu diesen niedrigen Preisen immer wieder Nachschub beibrachte.

In unserer Garage stapelten sich Außenbordmotore, Klimageräte für VW-Käfer und große 10-Liter Kanister mit amerikanischem Speiseöl, das eigentlich als Hilfe der USA für die notleidende Bevölkerung gedacht war, aber auf dem Schwarzmarkt günstig verkauft wurde. Dass es eine Hilfe der USA war, konnte man nicht übersehen. Auf den Kanistern war ein Aufdruck, wie sich über einer US-Flagge zwei Hände in Freundschaft begrüßten. Hilfsgüter aller Länder, besonders viele Medikamente, waren auf dem *Pasar Gelap*, dem schwarzen Markt, zu finden. Man konnte die unmöglichsten Sachen, die man eigentlich gar nicht benötigte, zu wirklichen Schnäppchenpreisen einkaufen. Und man kaufte und kaufte, um den Verfall der Rupiah durch Sachwerte zu retten. Als die ersten Passagiermaschinen nach Bali flogen, konnte man, wenn man Glück hatte, einen Flugschein unter dem Tisch für 2 US$ ergattern. Ein Taxi auf Bali kostete für einen ganzen Tag 1 US$. Für eine Tankfüllung Benzin musste man nur Pfennigbeträge bezahlen. Von dem Schwarzmarkterlös einer einzigen Schachtel Marlboro konnte eine große indonesische Familie eine ganze Woche leben. Fred, unser amerikanischer Freund, erzählte mir, dass man am Friedhof in Kebayoran eine Prostituierte für nur 15 US Cents für die ganze Nacht haben konnte. Die Kapazität der Staatsdruckerei in Kebayoran reichte nicht mehr aus, um genügend wertlose Rupiahs in Umlauf zu bringen. Es war eine aufregende und interessante, aber auch für Indonesien eine ungesunde und schwierige Zeit.

Aber trotz aller Unruhen und Schwierigkeiten gab es in Jakarta immer eine große Auswahl von guten und auch ausgefallenen Restaurants. Besonders in Glodok, dem Chinesenviertel, das während der Kolonialzeit das Stadtzentrum Kota war, gab es die besten und ausgefallensten chinesischen Restaurants der Welt, wenn auch ab und zu Katzen schon zutrauliche Ratten unter den Tischen jagten. Hier konnten sich die chinesischen Köche noch die ausgefallensten Zutaten leisten.

Von chinesischen Freunden wurde ich eines Tages in den „Prinzenpark" eingeladen. Alleine hatte ich mich nie dorthin getraut, denn über die Speisefolgen dieses Lokals wurden in der ausländischen Kolonie wahre Schauermärchen erzählt. Wie ich hörte, sollte es dort die ausgefallensten chinesischen Spezialitäten von gegrillten Schlangen, Suppe aus gekochten Gänsefüßen, über Krokodilfleisch, bis zu gebratenen Hammelhoden alles geben, was man sich vorstellen oder auch nicht vorstellen kann. Meine chinesischen Freunde sagten: „Das musst Du unbedingt erlebt haben!" Also ging ich mit ihnen dorthin, ins alte Chinesenviertel im Norden Jakartas. Nachdem meine Freunde eine Froschsuppe als besonders köstlich empfohlen hatten, bestellten wir für uns eine Terrine. Der Topf kam, der Deckel wurde gelüftet und oh Schreck, obenauf, sozusagen als Dekoration, schwamm ein ganzer gekochter Frosch, der alle vier Beine weit, bis zum Rand der Schüssel, von sich streckte. Mein Appetit hatte sich direkt in Luft aufgelöst und mein Hunger wich einem zunehmenden Ekelgefühl. Wenn ich die Froschsuppe nicht mochte, dann sollte ich doch wenigstens eine Entensuppe essen, die sei wirklich lecker. Ich wollte kein Spielverderber und willigte ein. Die Suppe kam, der Deckel wurde gelüftet und wieder wurde ich grausam überrascht!

Mitten aus dem dampfenden Suppentopf ragte der Entenhals mit Kopf hervor wie das Ungeheuer von Loch Ness und schaute mich bösartig an. Zur Stabilisierung musste der Entenhals unten am Topfboden fixiert worden sein. Ich war bei diesem Anblick wirklich erschrocken. Als dann gleichzeitig am Nebentisch Hammelhoden, Schlangensteaks und als Höhepunkt und besonderer Leckerbissen ein noch lebendwarmes zuckendes Affengehirn aufgetischt wurde, musste ich fluchtartig dieses Lokal verlassen. Obwohl ich noch mehrere Einladungen dorthin erhielt, bin ich nie mehr in den Prinzenpark gegangen. Dieser eine Besuch hatte mir genügt.

In der Jalan Surabaya war der Diebesmarkt. Man konnte dort fast alles wieder finden, was einem vorher gestohlen worden war. Gleich im ersten Jahr wartete ich vergeblich auf eine Kiste mit übergroßen Bildkalendern für das Jahr 1964, auf denen wunderschöne deutsche Landschaften abgebildet waren. Ich wollte sie unter potentiellen Kunden verteilen. Aber leider blieben die Kalender verschwunden. Bei einem Gang über den Diebesmarkt sah ich zufällig bei einem Händler zwei dieser großen Wandkalender, die ich natürlich sofort erstand und fragte, ob er mir noch mehr davon besorgen könnte. Ich würde ihm so viele wie möglich abkaufen. Der Händler vertröstete mich auf den nächsten Tag und da war meine Überraschung groß. Von den 150 versandten Kalendern waren 140 wieder aufgetaucht. Ein Preis wurde ausgehandelt und der war günstiger als der Zoll für die Einfuhr verlangt hätte. Das war ein gutes Geschäft und in den nächsten Jahren traf ich mit dem Händler immer wieder die Vereinbarung, meine Kalender und Werbegeschenke aus dem Hafen zu „organisieren" und sie mir dann wieder günstig zu verkaufen. So kam ich vor dem Jahreswechsel immer pünktlich und günstig, ohne Bürokratie und Schmiergelder, an meine Kundengeschenke.

Als wir 1963 in Jakarta ankamen, machte uns unsere Klimaanlage zum beliebten Treffpunkt in der deutschen Kolonie. Klimaanlagen hatte ich während meiner Jahre in den Vereinigten Staaten kennen gelernt und wollte unbedingt eine solche nach Indonesien mitnehmen. Da eine Klimaanlage zu dieser Zeit in Deutschland noch nicht zu bekommen war, musste ich sie aus den USA kommen lassen, um sie mit meinem Umzugsgut mitschicken zu können. Zunächst wurde sie in unserer Wohnung in der Jalan Sultan Hassanuddin installiert. Die zur Verfügung stehende elektrische Energie reichte aber für den Betrieb einer Klimaanlage bei Weitem nicht aus. Wollte man die Kaffeemaschine einschalten, musste man zuerst den Kühlschrank aus der Steckdose ziehen. Damals waren in den Wohnungen und Häusern noch sogenannte Limazori eingebaut, die den Verbrauch auf 300 Watt pro Haushalt beschränkten. Schon bald wurde im Garten der Wohnung ein kleines schallgedämpftes Haus für den mitgebrachten Stromgenerator gebaut. Nun gab es kein Halten mehr: die „Alaska Bar" wurde eingeweiht! Es war 1963 eine der ersten Klimaanlagen in der deutschen Kolonie und unsere Bar wurde entsprechend frequentiert. Der Raum war ziemlich klein und konnte daher eiskalt gemacht werden. Die Klimaanlage machte zwar noch einen Lärm wie ein startendes Düsenflugzeug, aber Hauptsache sie funktionierte! Die Attraktion war, dass wir mit Freunden in dicken Pullovern feiern konnten – und das nur wenige Kilometer südlich des Äquators. Im Schlafzimmer hatten wir in den ersten Monaten – wie auch die anderen Deutschen – keine Klimaanlage und schwitzten fürchterlich. Mitten in der Nacht mussten oft die nassgeschwitzten Bettlaken gewechselt werden. Das Klima in Jakarta ist bekanntermaßen ungesund und heiß. Kein Wunder, dass man in den ersten Jahren ohne Klimaanlage viel unter dem „Roten Hund" oder „Prickly Heat" genannten Hautausschlag leiden musste. Diese kleinen roten, heftig juckenden Pickel entstanden am ganzen Körper, wenn der Schweiß wegen der hohen Luftfeuchtigkeit nicht mehr aus der Haut austreten und verdunsten konnte.

Für damalige Verhältnisse waren wir wirklich fortschrittlich ausgerüstet mit Klimagerät, Generator, automatischem Spannungsregler, elektrischem Kühlschrank und nicht zu vergessen, dem bereits erwähnten Wäschetrockner. Ein Kühlschrank war noch ausgesprochener Luxus. Die übliche Ausstattung war eine Kühlbox, die jeden Morgen von einem Händler mit Eisstangen aufgefüllt werden musste. Man war noch genügsam. Aber trotz unserer guten elektrischen Versorgung durch den eigenen Stromgenerator musste noch vieles in altbewährter Weise gemacht werden. So musste zum Beispiel unser Boy mehrmals täglich von Hand das Wasser aus einem Tiefbrunnen in die Fässer auf einem Wasserturm pumpen, damit unsere Wasserversorgung sichergestellt war. Selbst für ein elektrisches Bügeleisen reichte der Strom nicht aus. Unsere Wäscherin Kaintan hatte so etwas auch noch nie gesehen. Sie hätte es daher sowieso immer vorgezogen, wie unsere Großmütter in altbewährter Weise mit einem Bügeleisen, das mit glühender Holzkohle gefüllt war, zu bügeln. Dass sie durch den Ruß nie schwarze Flecken auf meine weißen Hemden brachte, war für mich ein Wunder.

Auch der Spannungsregler war eine Attraktion in der deutschen Kolonie, den ich nun, nachdem ich – natürlich verbotenerweise – den strombegrenzenden Limazori überbrückt hatte, anschließen konnte. Er regelte die Spannung von den angelieferten 110 Volt auf 220 Volt hoch und je mehr elektrische Energie wir verbrauchten, desto mehr Strom zog er aus der Leitung, was zur Folge hatte, dass die Lampen in der Nachbarschaft immer dunkler wurden. Nur bei uns blieben die Lampen hell!

Ein gutes Jahr später zogen wir in unser inzwischen fertig gestelltes und klimatisiertes Haus in der Jalan Wijaya Timur ein. Das Haus lag schräg gegenüber der renommierten katholischen Schule Tarankanita. Die „Alaska Bar" zog natürlich mit um und die Tradition mit den Pullovern wurde weiter fortgesetzt. Eigentlich bin ich kein Freund von Klimaanlagen. Das dauernde Dröhnen und die künstliche Kälte lassen den Blumenduft, die Vogelstimmen und die typischen Geräusche Asiens wie die Erkennungszeichen der Straßenhändler, draußen in der Natur und zudem wird Erkältungskrankheiten Vorschub geleistet. Natürlich konnte man in dem feuchtheißen Klima Jakartas nicht dauerhaft auf eine Klimaanlage verzichten, wenn man morgens um 8 Uhr ausgeruht im Büro sein musste.

Im Laufe der Zeit hatte ich mich an das damals noch laut ratternde Geräusch einer Klimaanlage so sehr gewöhnt, dass mir dieses, wenn ich auf einer Dienstreise oder zu Besuch in Deutschland war, wirklich fehlte. Ohne das beruhigende Summen konnte ich in den ersten Nächten nicht einschlafen. Als Hilfsmittel nahm ich dann meinen elektrischen Rasierapparat, den ich dann die ganze Nacht durchlaufen ließ, und alles war wieder in bester Ordnung.

Java und Bali

Reise durch Java

Schon im Januar 1964, musste ich eine längere Dienstreise nach Bali antreten. Dort sollte der erste zivile internationale Flughafen gebaut werden. Damals hießen das Projekt und der Flughafen „Bandara Tuban". Der Flughafen hatte bisher nur eine einfache holprige Graspiste und wurde nur selten von kleinen Maschinen angeflogen. Sukarno wollte diesen Flughafen internationalen Bestimmungen anpassen, um Bali für den Tourismus zu öffnen. Wir als TELEFUNKEN hatten natürlich größtes Interesse alles zu liefern, was an Nachrichtentechnik gebraucht wurde, die AEG an Stromerzeugung und Stromverteilung, aber auch die Firma Siemens war ebenso an diesem Projekt beteiligt und sollte viele andere, besonders drahtgebundene Anlagen beisteuern. Die Firma Grün & Bilfinger, die 1975 nach einer Fusion in Bilfinger Berger umfirmiert wurde, war für die Bauarbeiten und die Infrastruktur zuständig. Wir waren ein gutes Konsortium und da Präsident Sukarno sehr deutschfreundlich war, konnten wir gemeinsam den Auftrag für uns sichern. Unser indonesischer Gesprächspartner für die Technik war Ir. Gunung Marpaung, der leitende Mann bei Civil Aviation in Jakarta. Er kam aus dem Batakerland. Menschen aus dieser Region Sumatras, waren bekanntermaßen gute Geschäftsleute. Gleich bei einem meiner ersten Besuche bei ihm gab er mir den Rat: „Arbeiten Sie nicht zuviel, Herr Geerken. Besser ist es auf dem Sofa zu sitzen und nachzudenken!" Wie viele Indonesier sprach er fließend Deutsch. Er hatte ein Praktikum bei Siemens in München absolviert und war ein ausgezeichneter Ingenieur und Kenner seines Faches. Offensichtlich hatte er auch schon viel „nachgedacht", denn er war – für Indonesier eher ungewöhnlich – sehr füllig. Eine seiner Bemerkungen, dass auch deutsches Blut in seinen Adern fließen würde, überraschte mich sehr, denn Herr Marpaung war ziemlich dunkelhäutig. Nach seiner Erklärung: „Mein Großvater hat noch einen deutschen Missionar aufgefressen", war alles klar!

Tatsächlich waren die Bataker bis vor etwa 100 Jahren Kannibalen. Nach alten Reiseberichten wurde noch 1907 öffentlich Menschenfleisch verkauft und viele europäische Missionare sind aus dem Batakerland nicht zurückgekommen. Ein solches Ende soll aber nur fremden Eindringlingen, Kriegsgefangenen, Ehebrechern und Dieben widerfahren sein. Herr Marpaung konnte also mit seiner Bemerkung durchaus Recht haben. Wie sein Großvater ihm erzählt hatte, sollen die Handballen der weißen

Missionare die größte Delikatesse gewesen sein. Dies bestätigt auch Louis Couperus in seinem Buch „Unter Javas Tropensonne" von 1925:

„… von den Batakern, einem Volk, das fabelhafte Architektur, Weber, Schnitzer, Silberschmiede unter sich hat, ein Volk von so hoher Moral, dass nicht nur auf Ehebruch Todesstrafe steht … Die aber andererseits nicht nur Kannibalen waren, sondern diesen Kannibalismus noch mit den unerhörtesten Grausamkeiten würzten. Schnitt doch der Bataker das von ihm gekaufte Fleisch vom lebenden Menschen; der Unglückliche wurde häufig richtiggehend versteigert, das heißt stückweise, und der glückliche Käufer schnitt dann das betreffende Stück, und zwar gewöhnlich die Handflächen und die Wangen, ab, um sie an einem nahen Feuer sofort zuzubereiten …" (S. 10 f.)

Könnten die wohlschmeckenden Missionare der Grund für sie gewesen sein, zum christlichen Glauben überzutreten?

Touristen müssen heutzutage keine Angst mehr haben, aufgefressen zu werden, aber Hunde leben dort bis heute nicht sicher. Im Reich der Bataker wird nämlich Hundefleisch als große Delikatesse geschätzt. In Jakarta hatte ich einen Bataker als Nachbarn. Er wollte mich immer wieder überzeugen, wie lecker Hundefleisch schmecken würde. Ich habe aber alle Einladungen zu einem Mahl dankend abgelehnt und auf unsere Hunde Aldi und Blacky immer ein besonders wachsames Auge gehabt.

In Bandung gab es ein Lokal für Bataker, das sich auf Hundefleisch spezialisiert hatte. Die Hunde lebten noch und man konnte sich – wie bei uns in Europa bei Forellen – einen Hund, den man verspeisen wollte, aussuchen. Das ausgewählte Opfer durfte dann nochmals trinken und 25 Minuten später kam es gebraten auf den Tisch. Der *Orang Utan*, übersetzt: Waldmensch, der noch wild auf Sumatra und Borneo lebt, wird von den Batakern dagegen als Mensch betrachtet. Sie sagen, nur weil er nicht arbeiten wolle, würde er auch nicht sprechen. Leider ist der friedliebende Orang Utan heutzutage durch Raubbau am Primär- und Sekundärurwald höchst gefährdet.

Für die Energieversorgung dieses ersten internationalen Zivil-Flughafens auf Bali lieferte AEG-TELEFUNKEN alle Kurzwellen- und Ultrakurzwellen Sendeanlagen mit den dazugehörigen Antennen, sowie die Dieselgeneratoren und die Stromverteilungsanlagen. Etwas abseits vom Flughafengelände, mitten in einem Reisfeld, wurde eine Empfangsanlage mit über 40 kommerziellen Kurzwellenempfängern und den dazugehörigen Antennen aufgebaut. Damals wurde der Flugfunk noch über Kurzwelle abgewickelt. Bei späteren Reisen nach Bali, 35 Jahre später, konnte ich das Gebäude mit den Empfangsanlagen nicht mehr finden. Alles war zugebaut.

Während der Kolonialzeit gab es südlich von Kuta einen kleinen 1931 erbauten Militärflughafen der holländischen Luftwaffe, der nur aus einer Graspiste mit ein paar Hütten bestand. Während der Besetzung durch die Japaner wurde der Flughafen zwar weiter ausgebaut, aber kaum militärisch genutzt. Als er später nach der Unabhängigkeit von der indonesischen Luftwaffe übernommen wurde, verfiel er wegen fehlender Flugzeuge immer mehr. Nur ab und zu landete eine kleine Passagiermaschine der GARUDA oder MERPATI mit Touristen. Das sollte nun anders werden. Ein moderner ziviler Flughafen sollte entstehen. Außer einer holprigen Piste und einer Holzhütte für die Abfertigung war Anfang der 1960er Jahre nichts vorhanden. Flüge nach Bali waren für Privatpersonen so gut wie unmöglich.

Also musste ich die beschwerliche Reise mit dem Auto unternehmen. Bevor ich damals diese lange Reise antrat, musste ich mich ausrüsten wie für eine Expedition. Der Kofferraum wurde gefüllt mit Ersatzkanistern für Benzin, einem Kanister mit Süßwasser, Bettwäsche, einem kleinen Campingkocher, um in Notfällen Trinkwasser und Wasser zum Zähneputzen abkochen zu können, Kaliumpermanganat zum Waschen und Desinfizieren von Obst, eine Hausapotheke, eine Flitspritze gegen Moskitos, Ameisengift, DDT gegen Wanzen und Flöhe, eine Taschenlampe, Wachskerzen und Streichhölzer, eine Petroleumlampe, da es unterwegs meist keine Elektrizität gab, Besteck, Tee, Zucker, Marmelade, Zwieback, Toilettenpapier, Nähzeug, Hand- und Geschirrtücher und so weiter. Der Kofferraum war voll! So blieb für mich außer meinem Aktenköfferchen, das ich aber vorne mit im Fond hatte, um – wenn es nicht zu sehr schwankte – zu lesen und zu arbeiten, nur Platz für eine Reisetasche.

Mein Fahrer Sudjono war sehr zuverlässig. Er fuhr, wenn es die Straßen zuließen, flott und sicher. Die Überlandstraßen waren teilweise in einem miserablen Zustand, von riesigen Schlaglöchern übersät, so dass ich trotzdem nur langsam vorwärts kam. Ein Federn- oder Achsenbruch war keine Seltenheit. Schon kurz hinter Bandung gab es bei uns die erste Panne. Mit einem lauten Schlag setzte der Opel Admiral 2,8S hart auf einem Stein auf. Der Tank war angeschlagen und das Benzin lief in dünnem Strahl auf die Straße. Mein Fahrer Sudjono sagte: *Tidak apa apa* (Macht nichts)! Er gab mir ein Stück Bananenblatt in die Hand, um das Loch am Tank zuzuhalten. Nun pflückte er eine unreife grüne Banane von den überall neben der Straße wachsenden Bananenstauden und knetete die unreife Frucht so lange zusammen mit einem Stückchen Seife, bis eine kaugummiartige Masse entstanden war. Mit dieser Masse verschloss er das Leck. Und der Tank war nicht nur bis zur nächsten Werkstatt dicht, nein: bis nach Bali und zurück nach Jakarta! Noch 3000 Kilometer sind wir mit diesem Provisorium ohne Problem gefahren.

Indonesier sind Improvisationsgenies! Ich war immer wieder erstaunt über ihre Geschicklichkeit und ihre Fähigkeit, sich auch unter den schwierigsten Verhältnissen mit den einfachsten Mitteln zu behelfen.

Mein Fahrer wollte immer ganz früh abfahren, vor allem wegen der morgendlichen Frische. Ich hatte natürlich noch keine Klimaanlage im Auto. Jeden Morgen stand Sudjono wie aus dem Ei gepellt da, mit weißer Uniform und dem schwarzen Käppchen, dem *Topi*, auf dem Haupt. Das Auto war stets frisch gewaschen. Spätestens um 5 Uhr fuhren wir los und so konnte ich jeden Tag einen neuen Sonnenaufgang erleben, bei dem ich jedes Mal den Eindruck hatte, noch nie einen schöneren gesehen zu haben. Schon um diese frühe Stunde waren die Hühner sehr aktiv, die immer kurz vor unserem Auto flatternd und gackernd noch die Straße überqueren wollten. Ab und zu blieb ein Huhn, von fliegenden Federn und einem Verlegenheitslachen meines Fahrers begleitet, auf der Strecke! Aber die meisten Hühner schafften es doch, im letzten Moment den sicheren Straßenrand zu erreichen. Die Hühner waren durch die viele Rennerei sehr muskulös und fettarm. Im Volksmund hießen sie *Ajam karet* (Gummihühner). Bei den Ausländern hießen sie „Java Road Runners". Aber eines muss man diesen *Ajam Kampung*, diesen Dorfhühnern lassen: als *Sate Ajam* mit Erdnusssauce schmecken sie wirklich ganz vorzüglich.

Keinen dieser Sonnenaufgänge auf Java möchte ich missen. Jeder einzelne war wie ein tägliches Wunder. Es ist wunderschön, wenn der Morgennebel noch über der lieblichen Landschaft mit den Reisterrassen und den gewaltigen Bambusbüschen mit den zartgrünen Blättern hängt und die frühe Sonne den Tau auf den Palmen zum Glänzen bringt: diese üppigen Farben, dieses warme Morgenlicht! Ein glücklicher Friede des frühen Morgens umhüllt zu dieser Zeit die Landschaft. Schon am frühen Morgen wölbt sich der Himmel wie ein blauer Baldachin über dem intensiven Grün, geschmückt mit kleinen dahinsegelnden weißen Wolken. Besonders in der Regenzeit mit ihrer feuchten Wärme war es – nach den reinigenden Regenfällen der Nacht – besonders schön und ich fühlte mich glücklich, dies alles erleben zu dürfen. Die auf Java schon üppige Vegetation explodierte durch das regelmäßige Zusammenspiel von kräftigen Regenfällen und heißem Sonnenschein förmlich und ich hatte das Gefühl, durch eine neugeborene Welt zu fahren.

Schon die ersten Sonnenstrahlen stechen und im leichten Morgenwind spürt man bereits die Hitze des Tages. In der kurzen Zeit der Dämmerung werden durch die aufgehende Sonne die üppigen Farben zum Leben erweckt. Fleißige Bauern waren schon auf den Reisfeldern, die die Sonne in glänzende Spiegel verwandelte. Sicher gingen sie barfuss entlang der schmalen und glitschigen Erddämme, die die einzelnen nassen Reisfelder voneinander trennen.

Fruchtbare Asche, immer wieder von den Vulkanen ausgespuckt, wird als natürlicher Dünger mit dem Wasser, das auf den Reisfeldern von Terrasse zu Terrasse fließt, verteilt. Auf dieser fruchtbaren Vulkanerde gedeiht eine üppige Vegetation und es sind bis zu drei Reisernten pro Jahr möglich. Daher kann man Reisfelder in allen Stadien des Wachstums sehen.

In den Gräben zwischen den Reisfeldern lagen in dem zäh haftenden Schlamm noch träge die plumpen Wasserbüffel mit den furchterregenden Hörnern, auf deren breiten Rücken weiße Reiher posierten, bevor die Arbeit vor dem Pflug begann. Eifrig waren die großen Vögel dabei, Insekten aus dem dunkelgrauen Fell der Büffel zu picken. Das vom Morgentau noch nasse Gras glitzerte wie tausend Kristalle. In der Ferne sah man die in der Morgenhitze zitternden Berge. Etwas später gingen die Bauern hinter ihren schwarzen Wasserbüffeln, die die hölzernen Pflüge langsam durch den schweren, nassen Boden zogen. In den Dörfern entlang der Straße, gesäumt von blühenden Hibiskussträuchern, Trompetenbäumen mit leuchtend gelben Blüten und Massen von farbenprächtigen Bougainvillas, hing ein Schleier vom Rauch der Holzfeuer über den Häusern. Das Frühstück, meist *Nasi Goreng*, gebratener Reis und *Kopi Tubruk*, ein starker, gesüßter Brühkaffee, wurde zubereitet. Später am Tag schwängerte der Geruch von Gewürzen und zum Trocknen ausgelegte Kokosschalen die Luft. In jedem Dorf lagen Berge dieser getrockneten inneren Kokosnüsse für den Export bereit. Im Westen werden daraus Kokosfett, Seifen und Cremes hergestellt.

Die sauberen Häuser aus Palm- und Bambusmatten liegen versteckt zwischen Bananenstauden und Papayabäumen mit ihren kräftigen gelben Früchten unter dem mageren Schatten der Kokospalmen, oft umgeben von dunkelroten Cannas, die hier wie Unkraut wachsen. Dazwischen standen mächtige Flamboyants, deren flache Laubkronen vor lauter Blüten weithin glutrot leuchteten. Die Dächer der Häuser sind gedeckt mit getrocknetem Alang-Alang Gras. Hühner liefen umher und pickten hastig nach Futter. Das erste Sonnenlicht brach sich im glänzenden Gefieder der bunten Vögel, die von Palme zu Palme flogen. In Käfigen, die an langen Bambusstangen schaukelten, jubilierten fröhlich Singvögel. Dort oben, zwischen den Palmen, sollten sie so nah wie möglich in der Natur bei ihren Artgenossen sein, um so zum Singen angeregt zu werden. Die Haltung von Singvögeln ist eine beliebte Freizeitbeschäftigung der Indonesier, und ein guter Singvogel, der auch noch Glück bringen soll, wechselt oft für ein halbes Vermögen den Besitzer.

Obstbäume, übervoll mit *Manggas, Rambutan, Belimbings, Jambus* und anderen tropischen Früchten, standen zwischen den Häusern. Die Dörfer sind von Wassergräben und kleinen Brücken durchzogen, voller Leben mit

Scharen von Hausgetier und lachenden Kindern. Mädchen kamen vom Brunnen mit einem Krug voll Wasser auf dem Kopf: eine liebliche Idylle. Unter den offenen Türen standen viele Frauen und stillten ihre Babys oder trugen ihre Kinder in ihrem *Slendang* auf den Hüften oder dem Rücken. Nur die kleinen Köpfchen mit den neugierigen schwarzen Augen waren zu sehen. Den ganzen Tag werden die Kleinen von der Mutter oder der älteren Schwester herumgetragen, da sie, solange sie noch nicht selbst laufen können, den Boden nicht berühren dürfen. Die Kinder gehören bis zu zwei Jahren zur Götterwelt und dürfen daher nicht wie Tiere herumkrabbeln. Da die kleinen Kinder dadurch den ganzen Tag einen sehr engen Kontakt zur Mutter haben, bekommen sie Sicherheit und Geborgenheit und durch die Hausarbeit der Mutter eine dauernde Ablenkung. Daher hört man nur äußerst selten ein weinendes Kind. Schon von frühester Jugend an lernen die Kinder auf andere Rücksicht zu nehmen. Sollte es doch einmal vorkommen, dass ein Kind quengelt, bekommt es keine Ermahnung oder Rüge, sondern die Brust der Mutter, oft bis zum vierten Lebensjahr. Die schon älteren Kinder tollten wild im Dorf herum. Obwohl die Kindersterblichkeit sehr hoch war, gab es sehr viele Kinder, da Kinderreichtum religiös bedingt und zudem als Altersversorgung sehr wichtig war – und immer noch ist. Genauso überwältigend wie die Fruchtbarkeit der Natur scheint die der Menschen zu sein. Trotz ihrer Armut hatten die Mütter immer ein Lächeln auf den Lippen und strahlten eine kindliche Fröhlichkeit aus. Bei den älteren *Betel* kauenden Frauen mit rot verfärbtem Mund und einer Zunge so blau wie Pflaumen sah dieses Lächeln allerdings weniger anziehend aus. In der Nähe eines jeden Dorfes gab es einen muslimischen Friedhof, der immer mit rot- oder weiß- blühenden Kambodscha-Bäumen bepflanzt war. Auf der Fahrt nach Osten erschienen die fernen Vulkane durch die noch niedrig stehende rotgoldene Sonne wie in violette Farbe getaucht.

Während der Reifezeit der *Durian*-Früchte, einer bis zu mehreren Kilo- gramm schweren Frucht, die auf einem über 40 Meter hohen Baum wuchs, hing ein unangenehmer süßlicher Geruch über der Landschaft, der mich an Aas erinnerte. Die braune Baumfrucht, wie eine Melone mit Stacheln, fällt vom Baum wenn sie genau den richtigen Reifegrad erreicht hat. Die Stacheln wirken dabei wie Stoßdämpfer. Die Füllung ist eine cremeartige gelbe Masse. Als Königin der Früchte, wie sie in Südost-Asien genannt wird, gilt sie als Delikatesse: süß, fein verführerisch. Für westliche Gaumen schmeckt sie meist faulig und vergoren und die meisten Weißen nehmen Reißaus vor dem Geruch. Mich erinnerte der Geschmack an einen Pudding aus Erdbeeren, Limburger Käse und rohe Zwiebeln. Aber die Indonesier aller Schichten las- sen keine Gelegenheit aus, diese Frucht zu genießen. Indonesier sind echte

Durian-Liebhaber, je mehr sie für unsere Nasen stinkt, desto besser der Geschmack. Wie bei manchem Käse (wobei stinkender Käse vermutlich bei Indonesiern genau die gleichen Reaktionen auslöst wie bei uns die Durian)! Die Durian, deren Name von dem Wort *Duri* für Stachel kommt, hat auch ihre positiven Seiten: Sie ist reich an Proteinen und es wird ihr nachgesagt, ein starkes Aphrodisiakum zu sein. Auf Java wird gesagt: „Wenn die Durian-Früchte vom Baum fallen, ist es die Zeit der Liebe!"

Der Schweizer Hans Liniger beschrieb 1938 in seinem Buch „Saja, Tuan" den Geruch der Durian-Frucht wie folgt:

> „An einem der nächsten Nachmittage blieben die Kulis, mit denen ich einen Arbeitsplatz aufsuchte, mitten im Walde stehen, schauten sich erwartungsvoll an und äugten in die Äste der Umgebung: *Ada Durian!* [Hier gibt es Durian!]. Sie eilten seitwärts in die Büsche, und bald standen wir unter einem großen Baum, unter dem einige Riesenfrüchte am Boden lagen. Aber welcher Gestank ging von diesem Baum oder von den Früchten aus! Er erinnerte mich an ungewaschene Windeln, an die schmutzigsten Gäßlein im Hafenviertel von Marseille, wo Fische und Gemüse verfaulen. Aber schon hockten die Männer auf dem Boden, auf ihren Fersen, und spalteten mit den Messern die stachlig-grüne Schale der kopfgroßen Durianfrucht auf, schnitzten am weißen Kern herum und langten endlich in die Öffnung hinein, nachdem sie das Weiße verspeist hatten. Mit den Fingern schöpften sie eine Art Rahm heraus, schmatzten im höchsten Wohlbehagen und leckten die Finger wie die Appenzeller, wenn sie einen feinen, räßen Käse vor sich haben. Noch zwei Früchte mussten dran glauben, und einige andere wurden eingepackt fürs Abendessen. Um keinen Preis der Welt hätte ich aus diesen entsetzlich riechenden Schalen zu essen vermocht." (S. 45 f.)

In der Morgendämmerung beginnt schon die Feldarbeit. Denkt man an Java, fallen einem zuerst neben Palmen die malerischen Reisfelder ein. Der javanische Reisbauer wächst inmitten seiner Reisfelder auf und der Reisanbau begleitet ihn von frühester Jugend an bis zu seinem Tod. Während der Kolonialzeit zwangen ihn die Holländer, mit Monokulturen – vielfach Zuckerrohr – andere Produkte, die in Europa einen höheren Profit brachten, anzubauen. Heute hat er zu seiner alten Tradition zurückgefunden.

Unzählige *Grobaks*, javanische Ochsenkarren, die von bengalischen Rindern gezogen wurden, zogen in langen Reihen mit ihrem Dach aus Palmenblättern wie langsam daherrollende Häuschen träge die Straße entlang. Meist fuhren sie auf der falschen Straßenseite und reagierten auch auf lautes Hupen nicht. Die Fuhrleute lagen schlafend auf den Wagen, die Zügel, mit denen sie ihre Rinder lenkten, schlaff in ihren Händen. Die Rinder ließen sich nicht aus der Ruhe bringen und stapften mit weit vorgestrecktem Hals verträumt wiederkäuend gemächlich hintereinander her. Es war ein Wunder, dass nur selten ein Unglück geschah. Diese weißen oder hellbraunen Höckerrinder aus Bengalen scheinen sich ihrer Schönheit bewusst zu sein. Sie ziehen die *Grobaks* mit einem Stolz und voller Würde, ohne sich zu übereilen. Der Kopf ist beinahe hochmütig zurückgelegt und die schönen braunen und gutmütig sanften Augen schauten gelassen in die Ferne.

Oft musste ich diese Strecke auch während der Monsunzeit befahren. Es regnete selten den ganzen Tag. Auf einen Sturzregen folgte immer wieder Sonnenschein, der die Straße zum Dampfen und die Natur zum Glänzen brachte. Die frische Luft war dann gefüllt mit einem Duft nach neuem Wachstum. Dies war die Zeit der Wasserbüffel, die jedes Schlammbad suchten, um sich darin zu suhlen und mit dem Schwanz träge nach den auf ihrem Rücken sitzenden Fliegen schlugen. Die Tiere haben massige Körper, sie sind aber erstaunlich gutmütig. Kleine Jungen, splitternackt bis auf den obligatorischen Hut, die kaum auf den eigenen Füßen stehen können, treiben die schlammverkrusteten mehrere hundert Kilogramm schweren Kolosse vor sich her. Vor den riesigen, schwarz bis rosafarbenen Wasserbüffeln hatten sie keine Angst, aber nach mir drehten sie sich immer wieder beunruhigt um. Kindheit ist in Indonesien eine kurze Lebensphase. Die kleinen Jungen kümmern sich bereits um die Tiere oder helfen bei der Feldarbeit. Kleine Mädchen, kaum der Brust entwöhnt, hüten bereits die noch jüngeren Geschwister und helfen bei der Hausarbeit.

Wenn man durch Java fuhr, fand man in jedem Dorf an irgendeinem Haus ein auffälliges rotes Schild mit Hammer und Sichel. Die PKI, die kommunistische Partei Indonesiens, war sehr gut organisiert und hatte das ganze Land mit ihren Büros überzogen. Hier wurden neue Mitglieder angeworben, die meist gar nicht wussten, worum es ging. Nur um der Geschenke oder des Geldes willen wurden sie Parteimitglieder. Zudem versprach der Führer der kommunistischen Partei, Aidit, dass es keine Reisknappheit mehr gebe, wenn er gewählt würde. Nur daher war die große Mitgliederzahl der PKI, der mitgliederstärksten kommunistischen Partei der Welt, zu erklären.

In jedem Dorf gab es unübersehbare Reklame-Schilder mit überdimensionalen Zähnen oder einem gefährlich aussehenden Gebiss, das fast an ein Haifischmaul erinnerte. Es waren die Praxen der *Dokter Gigi* oder *Tukang Gigi*, die Zahnheilkundler. Meist hatten sie nur Bohrer, die wie bei einem Fahrrad über Pedale mit den Füßen über eine Kette angetrieben wurden. Aber Bohren oder Reparatur eines Zahnes war ohnehin ein seltener Wunsch. Der Javaner und die Javanerin liebten viel mehr einen Zahn oder besser noch ein ganzes Gebiss – je nach Finanzlage – aus Gold oder Silber. Der Schatz im

Mund war eine Investition für schlechte Zeiten oder für die nachfolgende Generation und gleichzeitig ein Statussymbol.

Obwohl mein Fahrer täglich mindestens acht bis zehn Stunden fuhr, kamen wir am ersten Tag meiner Reise nach Bali nur bis Cirebon, das an der Nordküste Javas liegt. Die Straßen waren in einem sehr schlechten Zustand. Teilweise war es nur nackter, steiniger Boden mit wassergefüllten Rinnen, über die der Wagen holperte. Löcher, so groß wie Badewannen, mussten umfahren werden. Durch die erzwungene Slalomfahrt kamen wir nur langsam voran. Besonders bei Regen waren die Straßen gefährlich, da die großen Schlaglöcher kaum zu erkennen waren.

Ich stieg im Grand Hotel ab und da Cirebon *Kota Udang* genannt wird, die Stadt der Langusten, freute ich mich schon auf einen großen Teller mit Meeresfrüchten. Als ich die ehemals sicher prächtige Auffahrt des Hotels hochfuhr, stürmten gleich sieben Kofferträger in der Hoffnung auf ein Trinkgeld aus dem Hotel und balgten sich um mein Aktenköfferchen und meine Reisetasche. Ein toller Service, dachte ich! Voller Erwartung auf die erträumten Meeresfrüchte ging ich in den Speisesaal des Hotels. Ich war der einzige Gast. An einem Ende befanden sich ein verstaubter antiker Schanktisch und eine lange Bar mit einer hellen Marmorplatte. Flaschen für einen entspannenden Drink entdeckte ich leider nirgends. Freudig wurde ich von zehn Kellnern und einem Oberkellner begrüßt und an einen Tisch geleitet. Die altmodischen Stühle hatten schon Generationen holländischer Verwaltungsbeamter durchgesessen. Ein altersschwacher Ventilator kreiste quietschend über meinem Kopf und quirlte die schwüle Luft. Die abgegriffene und befleckte Speisekarte war bestimmt noch aus der Kolonialzeit und zeigte ein reichhaltiges Angebot. Ich war zunächst glücklich! Aber die Enttäuschung kam schnell, denn auf jeden Wunsch hörte ich von dem freundlichen Oberkellner in seiner fleckigen weißen Uniform mit verschwitztem Kragen: *Tidak ada* (Gibt es nicht). Fehlanzeige: es gab gar nichts für den hungrigen Magen! Wie der Kellner erklärte, waren die letzten vier Wochen keine Gäste mehr da, der Koch wäre nach Hause gegangen und auf dem Markt würde es am Abend ohnehin nichts mehr geben. Für den nächsten Abend könnte ich etwas bestellen. Aber da wollte ich ja schon wieder viel weiter in Richtung Bali sein. Nach dieser Enttäuschung setzte ich mich auf die Hotelterrasse in einen der wackeligen Rattan-Stühle und betrachtete die Landschaft durch einen Vorhang aus warmem Regen. Ich aß noch ein paar Kekse aus meinem Notproviant, trank dazu ein warmes Bier, die einzige Flasche, die ich im Hotel ergattern konnte und freute mich auf eine ruhige und erholsame Nacht.

Aber mit dem Schlaf war es auch nicht besser. Mein Zimmer war riesengroß, aber sehr spärlich möbliert und alles war total verstaubt. Hier musste erst mal geputzt werden! Aber von den vielen Kofferträgern und Kellnern fühlte sich keiner zuständig. Als ich mit meiner Forderung nicht nachgab, nahm der „Geschäftsführer" persönlich einen Staubwedel in die Hand und wirbelte den Staub gleichmäßig im Zimmer herum. Ein übergroßes Doppelbett war in der Mitte des Raumes, und an der Wand standen zwei altersschwache Stühle. Fliegende Käfer umkreisten die nackte Glühbirne, die an einem Kabel von der Decke hing und ein schwaches schummriges Licht verströmte. Da ich der einzige Gast im Hotel war, freute ich mich auf eine Nacht ohne die Geräusche der Gäste in den Zimmern neben mir. Die Häuser und Hotels in Indonesien waren nämlich äußerst hellhörig. Die Wände waren dünn, oben mit Durchbrüchen für den Luftdurchzug, die Fußböden waren aus Stein und es gab keine Deckenverkleidung. Jedes Räuspern, Stöhnen und Seufzen aus den Nebenräumen war dadurch deutlich zu hören.

Auf Reisen hatte man damals immer seine eigene Bettwäsche dabei, aber hier, in dem großen Bett, mit übergroßen Löchern im Moskitonetz, half dies auch nichts. Die Flöhe und Wanzen waren äußerst aggressiv. Nun hieß es, das Bett mit dem mitgebrachtem DDT-Puder zu bestäuben und sich dann darauf zulegen. Damals war man noch nicht so umwelt- und gesundheitsbewusst wie heute. Jahrelang war diese Methode unter Ausländern allgemein üblich und ich wundere mich heute noch, dass wir keine dauerhaften Schäden von diesem starken Gift davongetragen haben.

Wie überall in Indonesien durfte natürlich auch hier im Bett ein *Guling* nicht fehlen. Indonesien ist sicher das einzige Land der Welt, das in allen Betten, zusätzlich zu einem Kopfkissen, noch eine spezielle komfortable Bettrolle hat. Diese holländische Erfindung ist eine runde lange und hart gestopfte Rolle, fast ein Meter lang und zwanzig bis dreißig Zentimeter im Durchmesser. Im Volksmund wird dieser *Guling* auch „Holländische Jungfrau", oder auf Englisch „Dutch Wife" genannt. Man nimmt die „Holländische Jungfrau" bei Nacht in den Arm, legt ein Bein darauf und es ist herrlich bequem und kühl. Ich hatte mich in Indonesien so sehr daran gewöhnt, dass ich noch heute, auch in Deutschland, einen *Guling* im Bett habe. Es war, wie die Holländer sagten, für die Nacht gedacht, um die Luft besser zirkulieren zu lassen und um den Schweiß von den Beinen zu absorbieren. In Jakarta kursierten allerdings viele Witze über dieses gute Stück, denn viele glaubten, dass es für ganz andere Zwecke, die dem sexuellen Vergnügen dienen sollten, vorgesehen war.

Weiter ging's nach Semarang, entlang der smaragdgrünen Javasee, die draußen, wo das Meer mit dem blauen Himmel verschmolz, tiefblau wurde. In der Nähe des Meeres waren immer Plantagen mit kerzengeraden Kokospalmen, deren Kronen mit den im Wind zitternden Palmblättern weit auseinanderstrebten. Hier über den Fischerdörfern lag der typische Geruch aus einer Mischung von Trockenfisch und ranzigem Kokosfett, den auch die salzige Brise von der See nicht vertreiben konnte. In einzelnen Dörfern an der Küste roch es noch intensiver und zwar dort wo *Trassi*, eine schwarze Krabbenpaste, die in Indonesien als Gewürz Verwendung findet, hergestellt wurde. Die Landschaft war wunderschön, aber die Armut in den Dörfern deprimierend. Eine Rattenplage hatte 1963 die gesamte Reisernte vernichtet und die Menschen dort quälte der Hunger. Entlang der Straße in den Dörfern standen hunderte Frauen und Kinder und bettelten um etwas Reis oder Geld.

Am Strand lagen *Prahus*, die einfachen Fischerboote, und die Fischernetze waren zum Trocknen aufgespannt. Weiter von der Küste entfernt befanden sich abwechselnd dichte Wälder von Teakholzbäumen mit ihren riesenhaften ovalen Blättern und große Kautschukplantagen. Aus einem schrägen Rindenschnitt an den Gummibäumen, tropfte langsam der Saft in an die Bäume gebundene Blechbehälter. Morgens kamen die Arbeiter, um den Saft einzusammeln, der in der Fabrik zu Rohgummi weiter verarbeitet wurde. An den Straßenrändern tummelten sich unzählige Affen, die auf einen Leckerbissen warteten. Immer wieder rannten sie dicht vor unserem Auto über die Straße.

Mein Fahrer und ich mussten die Route so festlegen, dass wir an den damals noch wenigen Tankstellen, die man auf Java an einer Hand abzählen konnte, vorbeikamen. Mindestens zwei Ersatzkanister hatten wir immer dabei. Notfalls erhielt man auch noch Benzin in den Dörfern. In kleinen Kiosken entlang der Straße gab es Benzin vom Schwarzmarkt. Dieses war in Literflaschen abgefüllt und stand aufgereiht wie bei uns Wein oder Schnaps in den Regalen. Dieser Treibstoff war – obgleich teurer als an Tankstellen –, trotzdem nicht zu empfehlen, da er meist mit Wasser gestreckt wurde.

Ein großes Problem ergab sich auf diesen langen Fahrten anfänglich, wenn sich ein dringendes menschliches Bedürfnis bei mir bemerkbar machte. Es gab natürlich keine öffentlichen Toiletten *(Kamar kecil* = kleines Zimmer), und sobald man glaubte ein ruhiges verstecktes Eckchen gefunden zu haben und sich erleichtern wollte, stellte man unverzüglich fest, dass man urplötzlich umringt war von vielen höchst interessierten Männern, Frauen und Kindern, die einen mit großen Augen andächtig bestaunten und für die man in seiner höchsten Not auch noch einen großen Unterhaltungswert besaß. Indonesier verrichten ihre Notdurft ohne Scheu überall: auf dem Feld, am oder im Fluss, im Palmenhain. Sie brauchen keine Privatsphäre, sie bezeichnen sich bei diesem Geschäft als für andere unsichtbar. Das gilt aber nur für sie selbst, Europäer sahen sie durchaus. Not macht zwar erfinderisch, aber nachdem ich eingesehen hatte, dass es bei der großen Menge der Einwohner Javas – 59%

der damals 130 Millionen Einwohner Indonesiens lebten auf Java, das nur 7 Prozent des gesamten Staatsgebietes ausmacht – es wohl kaum möglich sein würde, ein ruhiges Plätzchen für meine Notdurft zu finden, ergab ich mich meinem Schicksal und diente der interessierten Landbevölkerung fortan in solch einer Situation als ausländisches Belustigungs- und Studienobjekt.

Da die nördliche Straßenverbindung zwischen Semarang und Surabaya wegen vieler Erdrutsche Anfang der 1960er Jahre unbefahrbar war, mussten wir auf meiner Reise nach Bali nun nach Süden über Yogyakarta ausweichen. Verglichen mit Sumatra, Borneo und Celebes ist Java die kleinste der vier großen Sundainseln. Vom wirtschaftlichen und politischen Standpunkt aus war sie aber schon immer die wichtigste. Obwohl Jakarta die Hauptstadt des Archipels ist, liegt das Herz des kulturellen Indonesiens aber seit jeher in Mittel-Java, besonders in Yogyakarta und Surakarta.

Hier in Yogyakarta erlebte ich auch meine erste Aufführung einer *Wayang Kulit*-Aufführung, dem javanischen Schattenspiel mit flachen, fein durchbrochenen, wie aus wertvoller Spitze gearbeiteten Figuren aus Büffelleder, die Schatten wie Scherenschnitte auf eine Leinwand werfen. Die starren Figuren sind mit Handgriffen aus Büffelhorn für Körper und Arme versehen, um ihnen durch Bewegung Leben einzuhauchen. Der *Dalang*, der Puppenspieler, konnte gleichzeitig mehrere Figuren bewegen und er hatte die Fähigkeit, den Puppen Leben einzuhauchen. Besonders in der Trockenzeit, wird überall in den Dörfern Mittel-Javas *Wayang Kulit* gespielt. *Wayang* ist nicht nur ein Spiel zur Unterhaltung, sondern auch eine Lehrstunde für Moral und eine Hilfe für die tägliche Lebensführung. Für uns schwer zu verstehen sind die verschiedenen Intrigen, Komplotte und Streitigkeiten, die in diesen Stücken dargestellt werden. Wenn man ein Stück von Anfang bis Ende sehen will, muss man viel Zeit mitbringen. Die Vorführung beginnt mit der Abenddämmerung und endet im Morgengrauen. Erst dann kommen die Auflösung der Verstrickungen und das „Happy End". Ganze Dörfer bleiben wach, die jungen wie die alten Bewohner. Man nimmt sein Essen mit und seine Kinder, auch Babys. Es ist ein Erlebnis zu sehen, wie sich die Schatten und Silhouetten der Wayang-Puppen wie lebende Personen in schnellem Bewegungsablauf über die Leinwand bewegen, mal scharf, mal unscharf, je nach dem dramaturgischen Effekt. Auch bei diesem Spiel, das sich um die Geschichten des Ramayana und Mahabharata sowie die alten verlorenen Königreiche, wo alles im Einklang war, dreht, wird die hinduistische Vergangenheit Javas sichtbar. Aber wie in einem Kabarett der westlichen Welt dürfen aktuelle politische Ereignisse oder Neuigkeiten, die im Dorf passiert sind, einfließen. Ganz aktuell war damals das Thema Familienplanung und Geburtenkontrolle. Nicht nur beim Wayang-Spiel.

Mein Fahrer Sudjono hatte mehrere Frauen und schon sieben Kinder. Auch er wollte nicht noch mehr Kinder haben, das sei ihm zu teuer. Er fragte mich immer wieder, wie wir Europäer das machen würden, dass wir so wenige Kinder hätten. Ich erklärte ihm, dass es für diesen Fall doch die Anti-Baby-Pille geben würde. Noch kurz vor einer Reise kam er zu mir und erzählte, nun sei alles geregelt. Er hätte auf dem Markt eine Anti-Baby-Pille gekauft und schon geschluckt. Ich musste mich sehr zusammennehmen, um nicht laut aufzulachen, versprach ihm aber, ihn nach der Reise nochmals ausführlicher aufzuklären.

Von Seiten der Regierung gab es eine Offensive gegen den hohen Geburtenüberschuss mit der entsprechenden Aufklärung. Auf Plakaten, die eine Mutter mit einem Jungen und einem Mädchen an jeder Hand zeigten, und im Radio und Fernsehen hieß es überall *Dua Anak cukup!* (Zwei Kinder sind genug!). In abgelegenen Gegenden von Bali findet man heute noch ab und zu so ein Plakat am Straßenrand. Die Anti-Baby-Pille wurde probehalber kostenlos in den Dörfern verteilt. Aber anfangs gab es Probleme mit der Nachlieferung der Pillen und zudem auch große Missverständnisse in der einfachen dörflichen Bevölkerung. Es gab Frauen, die nahmen den gesamten Wochenbedarf auf einmal ein, andere nahmen die Pille nur nach oder vor dem Verkehr.

Selbst Anfang der 1990er Jahre war der richtige Gebrauch der Pille oft noch ein Problem bei der Landbevölkerung. So wurde eine Freundin bei dem Besuch eines Langhauses auf Kalimantan 1992 von der Frau des Hauses eingehend über die Wirksamkeit der Pille in Deutschland befragt. Die Pille in Indonesien sei nicht wirksam, denn obgleich sie sie nach jedem Geschlechtsverkehr einnehme, habe sie schon zehn Kinder!

Erst nachdem unter Sukarno die Regierung den Befehl erließ, dass der *Kepala Kampung*, der Dorfälteste, jeden Abend um 18 Uhr den *Kul Kul*, die Dorftrommel, in einem bestimmten Rhythmus schlagen müsse, als Zeichen, dass nun die verheirateten Frauen eine einzige Pille zu nehmen hätten, kam Klarheit und System in die Empfängnisverhütung. Da das Thema Empfängnisverhütung überall offen und ohne Tabus diskutiert wurde, waren schon bald auch erste Erfolge zu verzeichnen. Daran hatten die *Dalangs*, die einflussreichen Meister der Schatten- und Puppenspiele, einen ganz entscheidenden Anteil. Zur allgemeinen Erheiterung des dörflichen Publikums, wurde dieses Thema mit vielen intimen Einzelheiten immer wieder mehr oder weniger ausführlich erörtert.

In Indonesien gab es nie Zwangssterilisationen wie in Indien, um den Geburtenüberschuss in den Griff zu bekommen. Bei einer Bevölkerungszuwachsrate von etwa 2,5 Prozent pro Jahr war Familienplanung somit ein wichtiges Thema. Nach islamischem Gesetz dürfen Männer bis zu vier Frauen haben, so dass Familien mit zehn und mehr Kindern keine Seltenheit waren. So wurde neben der teuren importierten Pille auch nach anderen Mitteln und Wegen gesucht. Andere Techniken? Ein delikates Thema? Prüde Muslime? Im Gegenteil!

Vom islamischen Glauben her sind viele Kinder durchaus erwünscht, und da es keinen Sozialstaat gibt, sind viele Kinder die Garantie für ein gesichertes Alter, da ja auch die Kindersterblichkeit wie in allen Entwicklungsländern sehr hoch ist und man immer mit dem Tod des einen oder anderen Kindes rechnen muss. Daher geht es eher um das Gegenteil von prüde. Es geht darum, die traditionellen muslimischen Werte zu überwinden, wenn man Kinderbeschränkung durchsetzen will. Das Gleiche gilt für die Hindus auf Bali. Auch hier braucht man viele Kinder, um in den Himmel zu kommen, und ohne einen Sohn kann man nicht einmal entsprechend der Tradition nach seinem Tode verbrannt werden. Sukarno konnte mit seinen öffentlichen Erklärungen in allen seinen Reden die Menschen trotz aller Vorbehalte überzeugen, dass es für die Familie, für die Ausbildung der Kinder, für einen höheren Lebensstandard und für das ganze Land besser wäre, weniger Kinder zu haben. Daher wurde in Indonesien dieses Thema ganz offen zu Hause, bei Gesellschaften, im Rundfunk und in Zeitungen diskutiert. Ali Sadikin, der Gouverneur von Jakarta, setzte sich in aller Öffentlichkeit für eine Kondom-Fabrik in Jakarta ein. Diese sollte die größte in ganz Asien werden. Er sagte, weil die importierten Produkte den Wünschen der indonesischen Männlichkeit nicht entsprächen, sollten die lokal hergestellten Produkte in Größe und Farbe den Indonesiern angepasst werden. Ob diese dann größer oder kleiner ausfallen müssten, ließ er offen. Dies war in den 1960er Jahren ein Thema für viele Witze, das auch für lange Zeit bei Gesprächen auf Cocktail-Partys ganz oben stand.

Den größten Erfolg bei der Senkung der Geburtenrate hatte allerdings das Fernsehen. Von der Regierung wurden Fernseh-Gemeinschaftsanlagen gefördert und in allen Dörfern installiert. Die Menschen konnten gar nicht genug von diesen Bildern sehen, die für sie wie ein Wunder über den Äther kamen, und sie fielen bei Sendeschluss todmüde in einen tiefen Schlaf, das Vergnügen vergessend, dem sie sich zuvor, als es noch kein Fernseh-Vergnügen gab, hingaben.

Viele Details einer Geburtenkontrolle waren damals – wie schon erwähnt – die Hauptthemen auf den Schaubühnen der Schattenspiele. Besonders der demütige dicke, vom Publikum so geliebte Diener *Semar*, trieb in diesem Zusammenhang oft sehr obszöne Possen. Der Alleinunterhalter, der *Dalang*, ist ein intelligenter und hochangesehener Mann. Er hat über dieses Spiel einen ziemlich großen Einfluss auf die politische Stimmung im Volke. Auch Sukarno, der als „der große *Dalang*" bezeichnet wurde, hat über das *Wayang*-Spiel viele seiner politischen Ideen dem Volk nahe bringen lassen. Der *Dalang* ist nicht nur ein Künstler, er ist auch ein Meister der Improvisation. Er hockte alleine hinter einem großen Schirm aus Leinwand. Eine helle Petromax-Petroleumgaslampe hing hinter ihm an der Decke. Vor dem *Dalang* lag der Stamm einer frisch geschlagenen Bananenstaude, in der eine ganze Reihe der filigranen Lederpuppen steckten, unter vielen anderen natürlich immer der Held *Arjuna* und der Zwerg *Semar*, der das Publikum immer wieder zum Lachen brachte. Es war unglaublich, mit welcher Fingerfertigkeit ein *Dalang* mehrere Puppen gleichzeitig tanzen lassen konnte, wie sie miteinander kämpften und wie er sie groß und wieder klein werden lassen konnte.

Das Publikum saß auf beiden Seiten der Leinwand, wo auch kleine Stände mit Zigaretten, Süßigkeiten, Essen und Getränken aufgebaut waren. Auf der Seite des *Dalangs* konnte man diesen beobachten, wie er mit großer Fingerfertigkeit über Stiele aus Büffelhorn die spinnenfeinen Glieder der vielen Puppen bewegte, wie er gleichzeitig mit einem zwischen den Zehen des Flusses eingeklemmten hölzernen Schlegel den Takt gegen eine Holzkiste schlug und damit das *Gamelan*-Orchester dirigierte, wie er die Dialoge mit der jeder Figur eigenen Stimme sprach und wie er mit den Sängerinnen um die Wette sang. Es war ein wahres Feuerwerk der unterschiedlichen Stimmen, Geräuschen und Gesängen. Ein *Dalang* ist ein genialer Künstler. Eine *Wayang Kulit*-Aufführung war jedes Mal ein großes Fest. Leute lachten zusammen, Körbe mit Essen wurden ausgepackt, Kinder rollten sich auf den Matten ein und entschlummerten. Als es Mitternacht wurde, waren im Publikum nur noch wenige Zuschauer aufmerksam. Fast alle Kinder schliefen inzwischen fest, aber auch die von der Feldarbeit müden Erwachsenen machten hin und wieder ein kleines Schläfchen, um dann von einer Lachsalve des Publikums wieder hochzuschrecken.

Es ist ein ewiger Konflikt zwischen Gut und Böse, ein magisches Spiel, durch das das Volk immer wieder fasziniert und hingerissen ist. Die Schatten bekommen erst durch den *Dalang* eine Seele. Zum *Gamelan*-Orchester mit mehreren Sängerinnen sprach und sang der *Dalang* mit einer hohen, fast weiblichen, dann wieder mit einer gutturalen Stimme. Jede Figur hatte ihren eigenen Tonfall. Gegen Ende, beim Morgengrauen, ist dann nach vielen Verwirrungen immer ein Ausgleich zwischen Gut und Böse geschaffen.

Oft saß ich bei einem Spiel als einziger Zuschauer auf der Seite des *Dalangs*, um ihn bei seiner Kunst zu beobachten. Dies ist interessant, aber die magische Seite ist die Seite der Schatten. Verstehen konnte ich allerdings so gut wie nichts, denn der *Dalang* singt und spricht immer in einer altertümlichen javanischen Sprache. Auch vom Spiel selbst verstand ich wenig: Es ist eine andere Welt.

Die Reise ging weiter. Leider reichte bei dieser ersten Reise durch Java die Zeit nicht, den nur wenige Kilometer von Yogyakarta entfernten Borobudur, den größten buddhistischen Tempel der Welt zu besuchen. Konisch geformte Hügel, die früher Vulkankegel gewesen waren und hohe, noch aktive Vulkane reckten sich von der Ebene aus in die Höhe. Hier in Zentral- und Ost-Java gab es immer noch zwei Verkehrsschilder pro Richtung: eines für solche, die lesen konnten, und ein zweites für Analphabeten. Das zweite bestand aus farbigen Zeichen. Wenn ein Analphabet zum Beispiel nach Solo wollte, musste er in die Richtung mit zwei großen roten und einem kleinen blauen Kreis fahren.

Im übervölkerten Mittel-Java wurde jedes Fleckchen Erde landwirtschaftlich genutzt. Von Surakarta, heute Solo, nach Madiun nahm mein Fahrer die Bergstrecke über das kleine Bergdorf Sarangan. Steil ging es nach Sarangan hinauf, das 1.400 Meter hoch am Hang des Vulkans Gunung Lawu gelegen ist. Zum Glück hatte ich in den 1960er Jahre einen 6-Zylinder „Opel Admiral S" mit 2,8 Liter Hubraum als Dienstwagen, aber auch dieser schaffte die Steigungen mit Gepäck nur langsam im ersten Gang. Kleinere Autos konnten die Steigung meist nur im Rückwärtsgang bewältigen oder sie mussten das Gepäck ausladen und die schmale Pass-Straße durch dichten Urwald hoch tragen lassen und von den immer bereitstehenden *Kulis* Schubhilfe anfordern. Vor wenigen Jahren habe ich diese Pass-Straße nochmals befahren. Aber heute ist dies kein Problem mehr. Die Steigungen wurden entschärft.

In Sarangan übernachtete ich in der damals einzigen Unterkunft, dem Hotel Sarangan. Es war ein altes Hotel mit kolonialer Atmosphäre, herrlich gelegen an einem klaren und kühlen Kratersee, mit einer überwältigenden Aussicht. Die Einheimischen erzählten, dass dieses Hotel von zwei Deutschen gebaut wurde, die während des 1. Weltkrieges hier hängen geblieben sind. Abends konnte man Gruppen von Kulis beobachten, die schwere Körbe gefüllt mit großen Schwefelbrocken vom noch aktiven Vulkan Gunung Lawu herabschleppten, die sie dort oben inmitten giftiger Schwefeldämpfe aus dem Fels gebrochen hatten. Eine schrecklich schwere und ungesunde und dazu sehr schlecht bezahlte Arbeit.

Am Abend wurde im Zimmer gegen die Kälte und Feuchtigkeit ein Holzfeuer im Kamin angezündet. Fast alle Zimmer waren von Russen mit ihren Familien belegt. Entsprechend floss der Wodka. Präsident Sukarno hatte für die indonesische Luftwaffe Kampfflugzeuge in der Sowjetunion bestellt. Diese waren auf dem Luftwaffenstützpunkt in Madiun stationiert und die russischen Piloten bildeten nun Indonesier an den Flugzeugen aus. Da es den Russen in Madiun zu heiß und feucht war, pendelten sie jeden Tag und übernachteten im kühlen Sarangan bei ihren Frauen. Gerne wäre ich noch länger in dem schönen Sarangan mit der gesunden Höhenluft geblieben, aber die Pflicht rief.

Nächste Station war Surabaya. Wir übernachteten außerhalb von Surabaya, in Tretes, einem kleinen Ort, 800 Meter hoch am Fuße des Vulkans Arjuna gelegen. Hier war es herrlich kühl. Schon in Jakarta wurde mir das Schwimmbad „Dirgahayu" empfohlen. Während der Kolonialzeit war es ein Luxusbad, das die Holländer „Nimfenborg" nannten. Es war immer noch beeindruckend, riesengroß mit Sprungtürmen, Rutschen, Bächlein und Brücklein, aber die Nymphen aus Marmor rund um die Becken waren schon ziemlich verblasst, was die Abkühlung in dem frischen Gebirgswasser aber nicht beeinträchtigte.

Am Morgen ging ich in den großen Frühstücksraum. Die Diener wachten pflichtschuldig aus ihrem Nickerchen auf und stellten sich mit grenzenloser Gleichgültigkeit an der Wand entlang auf, in der Hoffnung, dass der Dienst noch nicht beginnen würde. Der Oberkellner saß mit einem Bein unter sich gezogen und mit dem anderen baumelnd, gelangweilt auf seinem Stuhl und ließ alle seine Finger in den Gelenken knacken, einen nach dem anderen. Danach kratzte er sich genüsslich am Kopf, bis ihn mein Ruf nach Frühstück aus seinem Halbschlaf aufschreckte. Dreimal musste ich nach meinem Frühstück fragen, bis es der Herr Oberkellner endlich mit verträumtem Blick und herausfordernder Langsamkeit servierte, als wolle er sagen: „Die Weißen haben es immer so eilig! Diese ewige Ungeduld!" Die Trägheit des Ostens war für mich immer noch unbegreiflich, besonders wenn man bedenkt, dass das damals überall übliche Frühstück aus einem kalten *Nasi Goreng* mit einem gummiartigen kalten Spiegelei darauf bestand. Der Reis und die Spiegeleier wurden schon am Abend zuvor vorbereitet und dann am nächsten Morgen kalt serviert. Das zu servieren hätte also keinerlei Aufwand bedeutet! Selbst das weiche Weißbrot gab es noch in keinem Hotel. Dazu gab es *Kopi Tubruk*, den starken indonesischen Brühkaffee mit viel Zucker. Man muss diesen Kaffee langsam trinken, denn ein dicker Kaffeesatz bleibt zurück. Ich wollte immer schon wissen, wer diese schreckliche Sitte eines kalten *Nasi Gorengs* zum Frühstück eingeführt hat. Waren es die Holländer? Denn die Indonesier essen zwar das gleiche zum Frühstück, aber immer warm und frisch zubereitet. Erst einige Zeit später entdeckte ich, dass es in den Hotels in Mittel- und Ost-Java ein indonesisches Rührei gab, das vermischt mit Tomate, Zwiebel, Knoblauch und *Sambal* immer frisch zubereitet wurde. Es schmeckt köstlich und man konnte dadurch die tägliche kleine Frustration mit dem kalten Reis-Frühstück schnell vergessen. Auch wurde das frugale Frühstück plötzlich unerheblich, wenn man draußen in der Natur die in der aufgehenden Sonne silbrig glänzenden taunassen Kronen der Kokospalmen und die überwältigende Landschaft sah. Mittags und am Abend war selbst im kleinsten chinesischen Restaurant, die es überall auf Java gab, alles frisch zubereitet und kam kochend heiß auf den Tisch. Bei den Chinesen war man relativ sicher, keine Magen- und Darmverstimmung zu bekommen.

Am nächsten Morgen ging es weiter in Richtung Banyuwangi, von wo die Fähre nach Bali abfuhr. Da die Straßen in Ost-Java besonders schlecht waren, wusste ich, dass wir bis zum Abend Banyuwangi kaum erreichen würden. Es gab viele Militärposten und Sperren entlang der Straßen. Wir wurden umgeleitet, durch viele wogende Zuckerrohrfelder. Mein Fahrer hielt an, um einen kleinen Vorrat der zuckersüß schmeckenden Stängelabschnitte ins Auto zu legen. Es war herrlich, während der Fahrt daran zu kauen und zu lutschen. Plötzlich wurde es Nacht und wir waren auf ganz kleinen Nebenstrecken. In den Dörfern gab es hin und wieder Straßenbeleuchtung: kleine handgefertigte Laternen mit einer brennenden Wachskerze. Immer wieder versperrten unbeleuchtete Ochsenkarren unseren Weg. Eine Fahrt bei Nacht war sehr unangenehm. Die Fahrer von Personen- und Lastkraftwagen hatten damals, aber auch noch ab und zu bis in die jüngste Zeit, eine dumme Angewohnheit: Sie gebrauchen nur Aufblendlicht oder gar kein Licht. Man sah auf der Landstraße ein Fahrzeug mit Fernlicht auf sich zukommen. Zwei- bis dreihundert Meter vor der Begegnung schalteten beide Fahrer ihr Licht ganz aus und man raste in völliger Dunkelheit aufeinander zu. Erst kurz vor der Begegnung wurde das Aufblendlicht wieder eingeschaltet, aber nun sah man erst recht nichts mehr. Was dies sollte, habe ich nie verstanden und auch mein Fahrer konnte mir keine einleuchtende Erklärung geben. Ein gefährliches Spiel, das besonders von Lastkraftwagen und den schnellen Überlandbussen gespielt wurde. Nicht nur deshalb wollten wir so schnell wie möglich eine größere Ortschaft erreichen, um dort ein einigermaßen zumutbares Bett zu finden. Mein Fahrer Sudjono kannte sich überall auf Java sehr gut aus, aber auf den kleinen Nebenwegen hatte er in der Nacht eine scharfe Kurve übersehen und wir landeten mit allen vier Rädern im Wasser eines matschigen Reisfeldes. Es war Neumond, eine stockdunkle Nacht. Was sollten wir tun? Im Auto die Nacht verbringen?

Kampungs, wie die Dörfer heißen, sind auf der dicht besiedelten Insel Java nie weit voneinander entfernt, aber es war absolut nichts zu sehen. Ich wollte meinen Fahrer zu Fuß losschicken, um Hilfe zu holen, denn alleine kamen wir nie mehr aus dem nassen schlammigen Reisfeld heraus. Der Wagen war bis zur Bodenwanne im Sumpf versunken. Doch plötzlich tauchen um uns herum kleine Lichter auf, wie Glühwürmchen, die von allen Seiten auf uns zukamen. Es sah gespenstisch aus. Es waren alles Männer aus den umliegenden *Kampungs* mit ihren hellen Petromax-Lampen, die uns ungerufen zu Hilfe kamen. Wer hatte sie wohl über die Buschtrommel informiert? Wenn nur eine Person unseren Unfall bemerkt hatte, dann wurde die Nachricht in einem raschen, fremdartigen Rhythmus über die geschlitzten Dorftrommeln, die *Tom Toms*, verbreitet. Etwa dreißig Mann stellten sich rund um den schweren Opel Admiral auf und ohne zuerst nach einer Entlohnung gefragt zu haben, hievten sie ihn mit Hau-Ruck Zentimeter um Zentimeter zurück auf die Straße. Dem Wagen war nichts passiert. Ich war sehr erleichtert. Mit dem Trinkgeld waren sie auch zufrieden. Der Besitzer des ziemlich zertrampelten Reisfeldes bekam einen extra großen Rupiah-Schein. Im nächsten größeren Dorf fanden wir ein *Losmen*, eine ziemlich einfache Herberge. Aber mir war jetzt alles egal: Hauptsache ein Bett!

Am nächsten Morgen stand der Opel Admiral unversehrt, frisch gewaschen und poliert wie immer vor der Herberge, als wenn nichts gewesen wäre. Mein Fahrer Sudjono muss stundenlang daran gearbeitet haben. Unterwegs nach Banyuwangi begegneten wir immer mehr Lastwagen vollgestapelt mit lebenden Schweinen, die einzeln in große weitmaschige Rattankörbe verpackt waren und sich darin so gut wie nicht bewegen konnten. Damals waren Schweine der Hauptexportartikel der Insel Bali, ein Leckerbissen für die vielen Chinesen in Singapur und auf dem schweinelosen islamischen Java.

Bali

Einige Schwierigkeiten bereitete die Überfahrt von dem kleinen ostjavanischen Hafen Banyuwangi mit seinen vielen *Prahus* und Fischerbooten nach Gilimanuk, dem balinesischen Hafen. Lange dauerte es, bis eine Motorfähre eintraf und unser Auto mit viel Geschrei verladen war. Schon kurz nach dem Ablegen lernten wir die Tücken dieser Meerenge kennen. Hier treffen zwei Meere zusammen. Die Javasee rollt von Norden ein und der Indische Ozean prallt von Süden dagegen. Immer wieder türmten sich hohe Wellen und Brecher auf. Nass bis auf die Haut trafen mein Fahrer und ich in Gilimanuk ein. Hier werden die Uhren um eine Stunde vorgestellt. Hier geht die Sonne früher auf als auf Java.

Schon nach den ersten Kilometern konnte man sehen, dass Bali anders ist als Java. Der Name der nahen Nachbarinsel Java, hier auf Bali *Jawi* genannt, bedeutet in Bali auch „fern" oder „fernes Land". Die Landschaft und die Reisterrassen sind hier lieblicher. Im Schatten der massiven heiligen Waringin-Bäume, deren Stamm oft zwanzig Männer nicht umfassen konnten, befindet sich in den Dörfern meist der Mittelpunkt des Lebens. Hier wird verkauft, gehandelt und geschwatzt; hier werden Haare geschnitten, Freundschaften geschlossen und Streitigkeiten geschlichtet. Frauen mit vollen Körben ihrer Ernte aus dem eigenen Garten auf dem Kopf gehen mit majestätischem Schritt zum Markt, um dort ein paar Rupiahs zu verdienen. Vor den Häusern standen grob geflochtene Körbe mit dem teuersten und liebsten Besitz eines Balinesen: seinen Kampfhähnen. Oft saß der Besitzer dabei und massierte und liebkoste sein Lieblingstier, um ihm für den nächsten Kampf Kraft zu geben. Überall entlang der Straße, vor den Tempeln, den Häusern, den heiligen Waringin-Bäumen lagen Opfergaben in kleinen mit in kunstvollen Mustern geflochtenen Bastkörbchen, gefüllt mit bunten Blüten, etwas Reis, Obst und duftenden Räucherstäbchen. Frauen in traditioneller Kleidung beteten und verteilten Weihwasser mit graziösen Handbewegungen. Die kunstvoll aus Stein gearbeitete Tempelwächter vor den Tempeln, den gespaltenen Toren und die heiligen Waringin-Bäume waren mit schwarzweiß karierten oder gelben Tüchern umschlungen, die die imaginären Schamteile verdecken sollten. Vor den Tempeln und Häusern stehen steinerne Tempelwächter, um diese vor bösen Dämonen zu schützen. Die Menschen auf Bali leben sehr intensiv mit ihren Dämonen, Geistern und nicht greifbaren Ungeheuern. Die Balinesen bekennen sich zum Hinduismus. In einigen Teilen der Insel gibt es aber bei den sogenannten *Bali-Aga*-Dörfern, z. B. Tenganan oder Trunyan, immer noch die vorhinduistischen, animistischen religiösen Sitten und Bräuche. Auch der Baustil der balinesischen Tempel wird von vorhinduistischen Überlieferungen geprägt. Die stets ungerade Anzahl der übereinander angeordneten Dächer zeigt die Macht des verehrten Gottes an.

Überall ist Bewegung, überall sieht man freundliche Gesichter mit einem Lächeln für den Fremden. Herden von quakenden Enten watscheln gehorsam im Gänsemarsch meist hinter einem Kind mit einer kleinen bunten Fahne her zu den immer nahen Tümpeln und Reisfeldern. Schon auf Java fiel mir auf, dass viele Hühner immer kurz vor unserem Auto noch die Straße überqueren wollten. Schon einige mussten auf dieser Reise ihren Leichtsinn mit dem Leben bezahlen. Hier auf Bali waren es die kleinen Ferkel, die diesem gefährlichen Sport nachgingen. Auf dem Weg nach dem Süden von Bali musste ich die Bergkette, die die Insel von West nach Ost durchzieht, überqueren. Hier war die tropischste aller Tropenlandschaften, die ich je gesehen hatte. Noch vor weniger als 100 Jahren wurden hier im Westen von Bali die letzten Tiger geschossen.

Man sah, dass es den Menschen hier gut ging. Sie waren gut gekleidet, waren gut genährt, sahen glücklich, friedlich und fröhlich aus und es gab nirgendwo Bettler. Nach Untersuchungen amerikanischer Institute gehörten die Balinesen in den 1930er Jahren zu den reichsten und glücklichsten Menschen dieser Welt. Bei drei Reisernten im Jahr und unter Beibehaltung ihres einfachen Lebensstils, mussten sie nur vier Monate im Jahr arbeiten, um das ganze Jahr leben zu können. Allerdings hat sich dieses Verhältnis, seit in den Städten der Bedarf für westliche Güter wie Motorräder, Autos, Fernseher, Kühlschränke oder Mikrowellen geweckt wurde, sehr zu ihrem Nachteil verschoben. In den Dörfern brauchen die Balinesen diese Dinge auch heute nicht. Sie haben alles, was sie zum Leben benötigen, in ihrer fruchtbaren Umgebung.

Was macht den Charme der Insel Bali aus? Seit Anfang des letzten Jahrhunderts wirkt die Insel wie ein Magnet auf Maler, Musiker, Filmemacher, Schriftsteller, Schauspieler und die oberen Zehntausend. Gregor Krause, ein Deutscher, der nach Abschluss seines Medizinstudiums eine Asienreise machte, trat hier in den Dienst der niederländischen Kolonialregierung ein und wirkte Jahrzehnte an verschiedenen Stellen des Archipels unter anderem auch auf Bali. Er machte Bali durch seine ab 1920 erschienenen Bücher bekannt. Aber besonders nach seinem 1926 mit vielen Illustrationen erschienenen Werk, „Bali. Volk, Land, Tänze, Feste, Tempel", war es die reiche Crème de la Crème der Gesellschaft Europas und der Vereinigten Staaten, die eine ganz exklusive Abwechslung von ihrem Alltag auf dieser Insel suchte. Den Charme der Insel machen nicht nur die Vulkane, die Berge, die langen Strände, die wunderschöne tropische Landschaft, die exotischen Rituale und vielen Tempelfeste, die in Indonesien einzigartige nur auf Bali zu findende Hindukultur – die sich durch die Mischung von hinduistischen, buddhistischen und lokalen Elementen sehr von der indischen unterscheidet – und das gemäßigte Klima aus, sondern auch die friedlichen, freundlichen und attraktiven Balinesen, deren ganzes Leben von Magie und der Religion durchdrungen ist. Es ist eine malerische Insel, die es geschafft hat, ihre einzigartige eigene Tradition über Jahrhunderte hinweg, auch gegen den heutigen Ansturm von unzähligen Touristen, zu wahren. Da die Balinesen einen großen Respekt vor dem Meer haben, sind sie bis heute keine Seefahrer und waren daher kaum Einflüssen von außen ausgesetzt. Balinesen verlassen nicht gerne ihre geliebte Insel, ihre Tempel und ihr Zuhause. Den Fischfang besorgen meist die Muslime, die sich entlang der Küste angesiedelt haben.

Einer christlichen Missionierung, die ihnen den „rechten Glauben" bringen wollte, haben sie sich ebenso erfolgreich widersetzt wie auch der Missionierung durch Muslime, die auf der Insel Java so erfolgreich waren. Der hinduistische Glaube der Balinesen ist mit ihrem täglichen Leben zu tief verwurzelt.

Auch die Holländer hatten große Schwierigkeiten, auf Bali Fuß zu fassen. Die Balinesen wehrten sich vehement gegen die weißen Eindringlinge, die immer wieder versuchten, mit tausenden Soldaten und vielen Kriegsschiffen von Norden her nach Bali einzudringen. Selbst mit ihren gegenüber den Holländern weit unterlegenen Waffen konnten die Balinesen diese 1846 und 1848 zurückschlagen. Die Holländer erlitten schwere Verluste. Erst 1849 gelang es ihnen, Teile von Bali im Norden und Osten der Insel zu erobern. Endgültig ist den Holländern die Unterwerfung Balis nach sieben erfolglosen militärischen Aktionen erst durch die Massaker von Badung im Jahre 1906 und in Klungkung von 1908 gelungen. Der eindrucksvolle Roman „Liebe und Tod auf Bali", den Vicki Baum im Haus von Walter Spies mit dessen fundiertem Rat schrieb, handelt von dem Massaker der Holländer in Badung. Dieser Roman beschreibt präzise das Leben der Einheimischen und ist bis heute aktuell.

Die Dörfer und Gehöfte sind hinter hohen dunkelroten Ziegelmauern versteckt. In das Innere eines Hauses oder eines Hofes kommt man nur durch sogenannte gespaltene Tore, hinter denen eine ca. 2,5 m hohe Mauer steht, die eine Einsicht in das Innere des Areals verhindert, da diese Mauer breiter als das Eingangtor ist. Die gespaltenen Tore sind aus Sand- oder Vulkangestein kunstvoll gemauert. Die beiden sich gegenüber liegenden Seiten, durch die man schreitet, sind immer rechteckig und glatt. Die Außenseiten dagegen, die in die Mauer übergehen, sind immer geschwungen und reich verziert mit Blumenmustern, Figuren von Drachen oder Dämonen. Diese Kunstwerke halten allerdings nie lange. Der Regen und die nachfolgenden heißen Sonnenstrahlen lassen das weiche Gestein schnell verwittern. Nach 20 oder 30 Jahren steht an dieser Stelle meist ein neues Kunstwerk. Daher gibt es auf Bali kaum einen Tempel der älter ist als 80 Jahre. Kunst ist auf Bali nichts Dauerhaftes. Jede Generation wird gefordert, Verfallenes neu zu gestalten. Kunst lebt auf Bali und ist Teil des täglichen Lebens.

Diese Eingangskonstruktion, einschließlich der erhöhten Türschwellen in allen balinesischen Häusern, soll den vielen Dämonen, mit denen die Balinesen leben, das Eindringen ins Haus unmöglich machen. Dämonen, die sich immer im Zustand der wütenden Raserei befinden, prallen von der Mauer, die hinter dem gespaltenen Tor steht, ab oder sie stolpern über die erhöhte Türschwelle und haben somit in ihrer Wut nicht die Möglichkeit, ins Haus zu gelangen. Da Dämonen auch nicht um Ecken herum kommen können, müssen sie somit Haus und Hof meiden.

Überall, bei jedem Haus, sieht man steinerne Tempel für einen der vielen Hindugötter. Für einen Außenstehenden ist Bali mit seinen Tempeln, den Farben, seinen Tänzen und der Musik wie ein Museum. Für die Balinesen ist dies alles lebendige Wirklichkeit. Von irgendwoher ertönte immer Musik. In jedem Dorf wurde und wird bis heute *Gamelanmusik* gespielt oder geübt. Mit kleinen Hämmern werden Gongs in allen Größen, die an bunten hölzernen Gestellen aufgehängt sind, sowie Metallplatten und Bambusstäbe angeschlagen. Kinder üben mit den Musikern. Väter halten während des Musizierens ihre Babys auf dem Schoß, die so schon vom Kindesalter an in diese komplizierte Musikform herangeführt werden. Jungen und Mädchen werden auf den Plätzen vor den Tempeln im Tanz ausgebildet. Die Bauern singen auf den Feldern; die Frauen, wenn sie in den Flüssen badeten. Immer wieder und überall hört man bis heute die dumpfen Töne der *Tom Toms*, der großen Gongs. Mein erster Eindruck war, dass hier Schönheit und Glück Realität sind.

Nach einer ganzen Woche anstrengender Fahrt durch Java und Bali war ich endlich an meinem Ziel angekommen. Die Bauarbeiten für den Flughafen hatten schon begonnen. Die Firma Grün & Bilfinger aus Deutschland hatte den Auftrag für den Bau der Start- und Landebahn und die Flughafen-Gebäude erhalten. Zusammen mit den indonesischen Ingenieuren führte ich die Planung für die Sende- und Empfangsanlagen durch. Es waren Feldversuche notwendig, um den Platz für die dafür vorgesehenen Gebäude und die großen Antennenanlagen auszusuchen und festzulegen. Es war viel Arbeit, die mich und meine indonesischen Partner die ganze Woche, auch samstags, voll beschäftigte. Aber an den wenigen freien Sonntagen machte ich immer Ausflüge, um Land und Leute kennenzulernen. Schon damals ist mir Bali mit seiner zauberhaften Landschaft und seinen liebenswerten Menschen ans Herz gewachsen.

In dem kleinen Fischerdorf Kuta, das heute voller Hotels und kleinen Herbergen ist, gab es damals noch keine Übernachtungsmöglichkeit. Grün & Bilfinger erstellte für das deutsches Personal direkt am Strand, in der Nähe des späteren Hotels „Natur Kuta Beach", eine Reihe von Bungalows und ein Gästehaus, die sich aber noch im Bau befanden. Erst bei den nächsten Reisen konnten ich und mein Fahrer dort unterkommen. Es gab nur das alte „Bali Hotel" in Denpasar, das die holländische Schifffahrtsgesellschaft KPM Ende der 1920er Jahre des letzten Jahrhunderts für die ersten Touristen erbauen ließ, sowie einige einfache, heruntergekommene Losmen. Nach einer Nacht im sehr unpersönlichen und sterilen „Bali Hotel" entschied ich mich aber für eine kleine Bungalowanlage in Sanur, das „Hotel Sindhu Beach". Hier war es ruhig und die Bungalows lagen direkt am Strand. Es gab zwar keinen Strom, nur eine trübe Petroleumlampe, aber ich war froh, endlich wieder ein sauberes Zimmer und ein Bad mit fließendem Wasser zu haben! Unterwegs war das meist nicht so. In Denpasar und auch in Sanur wunderte ich mich, dass die Zimmertüren keine Schlösser hatten: aber da es damals noch keine Kriminalität und keine Diebstähle auf Bali gab, waren verschließbare Türen überflüssig und unüblich.

In Denpasar gab es damals schon das kleine aber interessante Museum mit historischen Belegen über die Kolonialzeit. Der deutsche Architekt Curt Grundler entwarf 1910 dieses als ethnographisches Museum. Um sein Konzept in Form eines balinesischen Tempels zu verwirklichen, zog er balinesische Künstler als Berater hinzu. Schon 1917 wurde das Museum durch den Ausbruch des Vulkans Gunung Batur und die nachfolgenden Erdbeben zerstört. Durch die Initiative von Walter Spies wurde das Museum in seiner heutigen Gestaltung neu errichtet, dessen erster Kurator er war. Betritt man das Museum vom Alun-Alun aus, dem großen freien Platz vor dem Museum, gibt es auf der linken Seite bis heute die Statue eines weißgekalkten Geldsack tragenden Holländers mit Zylinderhut, der die Ausbeutung Indonesiens durch die Kolonialherren symbolisieren soll. In einem anschließenden Hof gibt es als Pendant dazu einen alkoholisierten Holländer mit Glas in der Hand, ebenfalls mit einem Zylinderhut geschmückt, dem man zudem ins weißgekalkte Gesicht eine rote Säufernase gemalt hat. Mir wurde in dem Museum erzählt, dass von Holländern bereits eine Menge Geld geboten worden sei, um diese Verunglimpfungen zu entfernen.

Anfang der 1960er Jahre stand auf der nördlichen Mauer, die den Kerta Gosa, den ehemaligen Königspalast in Klungkung umgibt, ebenfalls eine Steinstatue eines Geldsack tragenden Holländers. Diese Statue hat man nun im Museum aufgestellt. Auf dem gesamten Areal, befinden sich noch diverse Skulpturen, die ehemalige holländische Kolonialherren darstellen. Warum sie gerade dort gehäuft aufgestellt wurden, kann man nur mutmaßen. Ich nehme an, es steht im Zusammenhang mit dem größten *Puputan* der Insel, der hier 1908 stattgefunden hat. Hunderte Balinesen kamen dabei ums Leben.

Ein Kuriosum, das für den Humor der Balinesen spricht, sind Darstellungen – ebenfalls Steinskulpturen – auch von den japanischen Besatzern in Uniform mit Gewehr und Feldflasche als Tempelwächter vor einem Tempel in der Nähe von Ubud.

Für Herrn Schreiber, den Baustellenleiter von Grün & Bilfinger, wurde mir aus Jakarta ein Paket mitgegeben, das für ihn mit Seepost aus Deutschland angekommen war. Es war von seiner Familie, die ihm mit deutschen Spezialitäten eine riesige Freude machten. Darunter war auch eine große Dose Rollmöpse. Sie sah schon von außen nicht mehr besonders vertrauenerweckend aus, denn sie war ziemlich bauchig geworden. Schlimmer wurde es aber, als sie mit – durch lange Rollmops-Entbehrungen hervorgerufener – großer Ungeduld unverzüglich geöffnet wurde: Die Rollmöpse hatten sich durch die Wärme während der langen Schiffsreise und das Schütteln während der langen Autofahrt durch Java total aufgelöst. Auf einer eklig aussehenden Soße schwammen die kleinen Holzspießchen.

Normalerweise hätte man so etwas sofort weggeworfen, aber die Lust auf den schon so lange entbehrten Heringsgeschmack war größer. Herr Schreiber hatte die Idee, einen Kartoffelsalat zu machen und die Heringssoße darunter zu mischen. Das ganze Team war von der Köstlichkeit begeistert und merkwürdigerweise wurde auch keiner krank davon.

Präsident Sukarno hatte auf einer seiner Reisen den alten Flughafen Kai Tak in Hongkong mit seinem spektakuläre Landeanflug sowie dem ebenso beeindruckenden Abflug erlebt. Kai Tak hatte nur eine einzige Start- und Landebahn, die auf der Kowloonseite weit ins Meer hinausgebaut war. Trotz der großen Länge der Start- und Landebahn war Kai Tak nur schwer anzufliegen, da ringsum alles mit Hochhäusern zugebaut war. Auch die Winde durch die Häuserschluchten waren kaum berechenbar. Piloten aller Fluggesellschaften mussten, wenn sie Kai Tak anfliegen wollten, zunächst eine besondere Prüfung ablegen. Die Lufthansa hatte zum Beispiel eigens ausgebildete Piloten für diesen schwierigen Flughafen in Hongkong stationiert, die nur zwischen Hongkong und Flughäfen der Umgebung, wie Tokio oder Bangkok, pendelten. Es war schon beeindruckend, wenn man von der Meerseite her landete und das Gefühl hatte, im Meer aufzusetzen. Kam man von der Landseite her, schwebte man ganz niedrig über das dichte Häusermeer. Man konnte bis in die Wohnzimmer der Anwohner schauen und landete dann praktisch auf das Meer hinaus. Es war jedes Mal ein Erlebnis, das allerdings nun, nach dem Bau des neuen Flughafens in Hongkong, der Vergangenheit angehört. Eine Start- und Landebahn im Meer war damals in Hongkong aus Platzgründen zwingend. Auf der Insel Bali, die in der Größe mit Mallorca vergleichbar ist, gab es diesen Platzmangel nicht. Aber Präsident Sukarno war von der Idee besessen, auch in Bali eine spektakuläre Start- und Landebahn zu haben, die ebenso wie in Hongkong weit ins Meer hinausgebaut ist.

In Kolonnen rückten die Lastwagen an, um Millionen Kubikmeter Steine ins Meer zu kippen. Ein Lastwagen nach dem anderen, Tag und Nacht. Die Steine kamen von einem Steinbruch im Süden der Insel. Die schwerste Arbeit leisteten hier hunderte Frauen. Die Männer saßen in den Führerhäuschen der Bagger, um die anrollenden Lastwagen zu beladen. Wie mir ein deutscher Experte erzählte, konnten die Balinesen innerhalb von Stunden als perfekte Baggerführer ausgebildet werden, nicht von Monaten wie in Deutschland üblich. Allerdings bereite ihnen Probleme, die Maschinen bei Feierabend abzustellen. Sie gingen einfach nach Hause und ließen die Motoren laufen.

Wieder und wieder, wenn man dachte, dass es nun endlich geschafft sei, brachen die Hohlräume unter den Korallenbänken zusammen und die aufgeschüttete Landebahn sackte ab und verschwand wieder im Meer. Die Ingenieure von Grün & Bilfinger waren verzweifelt, gaben aber nicht auf. Erneut mussten die Lastwagen mit neuem Auffüllmaterial anrücken. Erst nachdem die Landebahn mehrmals abgesackt und wieder im Meer versunken war, hielt sie. Die unterste Schicht des Auffüllmaterials hatte festen Untergrund erreicht und die Start- und Landebahn konnte endgültig fertiggestellt werden.

In der Anfangszeit, als der – allerdings noch gemächliche – Flugverkehr schon begonnen hatte, lief noch ein Trampelpfad, der zu einem nahen hinduistischen Tempel führte, quer über das Rollfeld hinweg. Wenn gerade wieder eines der häufigen Tempelfeste war, lief die lange Prozession festlich geschmückter Menschen quer über den Flughafen. Sie hatten ein Wegerecht. Der Flughafenbetrieb wurde so lange eingestellt, bis alle Tempelbesucher zwischen den parkenden Flugzeugen hindurch zum Tempel gelangt waren. Selbst auf Nachzügler wurde trotz der dringenden Funksprüche ungeduldiger Piloten, die über dem Flugplatz kreisten, Rücksicht genommen. Die Götter hatten Vorfahrt!

Bisher war der Flughafen auf Bali nur für Flugzeuge indonesischer Fluggesellschaften zugelassen. Ab 1968 durften auch Maschinen internationaler Gesellschaften dort landen. Der Flugverkehr nach Bali, besonders der Touristen wegen, nahm zu und die Unterbrechungen aufgrund der vielen Feiertage und der damit verbundenen Prozessionen über das Flugfeld konnten nun nicht mehr hingenommen werden. Mit den anliegenden Bewohnern und den Tempelpriestern konnte eine Vereinbarung getroffen werden, und seit 1968 führt nun bis heute ein Weg außerhalb des Flughafens zum Tempel.

Bis heute gibt es aber auch noch ein anderes Ereignis, bei dem die Piloten auf Bali nicht landen können und die Flugzeuge auf andere Flughäfen umgeleitet werden. Es handelt sich um *Nyepi*, das jährliche Neujahrsfest der Balinesen, das nach dem hier gültigen Mondkalender ausgerichtet wird. Am ersten Tag werden mit viel Krach und furchterregenden Figuren, die in Umzügen durch jedes Dorf getragen werden, die bösen Geister und Dämonen von der Insel vertrieben. Danach folgt ein Tag völliger Ruhe. Man darf die Straße nicht betreten, es fährt kein Auto, auch keine Taxi, alle Restaurants bleiben geschlossen, man darf sich nur im Flüsterton unterhalten, und bei Nacht wird sogar die Elektrizität abgeschaltet. Innerhalb des Hauses und selbst in Hotels wird abends nur schwaches Kerzenlicht verwendet. Selbst Hunde und Hähne, die ja selbst noch nachts krähen und bellen, werden eingesperrt und ruhig gehalten. All dies damit die vertriebenen Geister und Dämonen nicht mehr den Weg auf die Insel Bali zurückfinden sollen. An diesem Tag wird selbst der internationale Flughafen für 24 Stunden geschlossen. Oft werden Touristen, die von ihrem Reisebüro nicht gewarnt wurden und vor Beginn der Ruhezeit nicht mehr vom Flughafen weggekommen sind, dort für die nächsten 24 Stunden festgehalten.

Bali war 1963/64 immer noch ursprünglich, noch einigermaßen verschont vom Tourismus. Die holländische Schifffahrtsgesellschaft KPM (Koninklijke Paketvaart Maatschappij, die Abkürzung KPM wurde aber scherzhaft von den Holländern auch als „Komt Pas Morgen", „Kommt erst morgen" gedeutet) hat auf ihren Frachtschiffen die ersten Touristen nach Bali gebracht. Im Jahre 1930 waren es 50 bis 100 pro Monat. Die begeisterten Berichte über diese Insel ließen diese Zahl im Jahre 1939 bereits auf über 200 pro Monat steigen. Aber schon Anfang der 1930er Jahre hat sich der Journalist Erwin Berghaus über den – seiner Ansicht nach – „Massentourismus" entsetzt. Er schrieb in seinem Buch „Propeller überm Paradies":

> „... doch dann kommt das schlimme Erlebnis. Im Hafen müssen ein paar Globetrotterkähne vor Anker gegangen sein. Eine Autoherde nach der anderen rast über die Berge ins Innere. Bis zum Mittelpunkt der Sehenswürdigkeiten sind es hundert Kilometer; abends zum Dinner muss man wieder an Bord sein. Und so saust man dahin, wo die Eingeborenen, wie man weiß, nicht viel anhaben. Pünktlich um zehn, wie die Prospekte es versicherten, wird die erste unverhüllte Mädchenbrust sichtbar. Dann stockt die Herde, mit Indianergeheul stürzen die Kameraträger sich auf die erschrockenen ‚Wilden'. ‚Ladies und Gentlemen', sagt der Manager, ‚hier haben Sie das unverfälschte Volkstum der Zauberinsel!' Und während die strahlenden Herren das Volkstum in die Arme kneifen, sehen wir ihre Gattinnen Lippenstifte verteilen. Man verstreut Geld, man ist vor Entzücken aus dem Häuschen, dass die braunen Bengel sich darum raufen. Es sind dieselben Leute, die bei den Tempelfesten ohne Scheu und Scham sich zwischen den Altären und den davor Knienden hindurchbewegen – was sonst nur den Kötern gestattet ist. *Binatang Tourist* nennen sie die Balinesen, auf deutsch Touristentiere". (S. 167-168)

Hat sich bis heute etwas geändert? Kaum! Nur die balinesische Damenwelt zeigt sich heute verhüllt, die westliche dafür immer offenherziger.

Schon Gregor Krause schwärmte in den 1920er Jahren in seinen Büchern von barbusigen balinesischen Schönheiten. Auch andere Autoren aus den 1920er und 1930er Jahren kommen alle auf dieses Thema zu sprechen. Die holländische Tourismusbehörde stellte in ihren Publikationen immer barbusige Schönheiten in den Mittelpunkt. Auf Postkarten dieser Zeit wurde für Bali als „The island of the bare breasts" geworben. Auch das Werbeplakat für Baron von Plessens Film „Insel der Dämonen" ging mit einer barbusigen

Balinesin um die Welt. Es war also kein Wunder, dass hier Erwartungen bei den männlichen Besuchern geweckt wurden.

Irgendwo, aber besonders bei Vollmond, war immer ein Tempelfest mit Tänzen in einem Dorf. Die ganze Nacht hörte man die entfernten Klänge eines Gamelan-Orchesters. Der junge Boy Ngurah der Familie Schreiber kam aus einer weitverzweigten balinesischen Familie mit guten Verbindungen zu seiner Verwandtschaft in den Dörfern. Ngurah organisierte alles, er war ein hervorragender und kenntnisreicher Begleiter. Er wusste immer genau, in welchem Dorfe gerade ein *Legong*-Tanz, ein *Kecak*, der balinesische „Affentanz" oder ein Hahnenkampf stattfand oder wo man einfach nur der *Gamelanmusik* lauschen konnte. Ich glaube es gibt keinen Platz auf der Welt, wo – im Vergleich zu der Größe der Insel – mehr getanzt wird als hier. Balinesische Tänze, an denen immer das ganze Dorf teilnimmt, drehen sich meist um die Legenden der hinduistischen Glaubenswelt und sie haben immer einen religiösen Hintergrund. Sie sind wie eine Opfergabe an die Götter. Die Schauspieler und Musikanten sind Mitglieder der Dorfgemeinschaft. Die Aufführungen sind bis heute Allgemeingut des Volkes. Das Gemeinschaftsleben hat Vorrang vor individueller Tätigkeit. Eingebundensein in eine Gruppe ist für sie Geborgenheit und Sicherheit. *Gotong Royong*, das gegenseitige Helfen, ist ein Lebensmotto. Daher auch die vielen gemeinsamen nächtelangen Feste, Tänze und Spiele.

Besonders der *Legong*-Tanz hatte es mir angetan. Es ist ein Tanz, der nur von jungen Mädchen vor der Pubertät getanzt werden darf. Die Mädchen – zumeist zwei – werden vor dem Tanz vom Priester in Trance versetzt und von ihren Müttern auf den Platz im Tempel gebracht, auf dem der Tanz stattfindet. Die Mädchen, in kostbare golddurchwirkte Gewänder gekleidet, tanzen mit einer Hingabe und Besessenheit stundenlang die schweren und immer wieder wechselnden Figuren völlig synchron zu einem mal sehr ruhigen und dann wieder einem sehr schnell aufpeitschenden Rhythmus der Musik des *Gamelan*-Orchesters. Für unsere Ohren klingt diese Musik erst einmal fremd. Aber wenn man sich „hineingehört" hat, hört man die Melodie, die in immer neuen Variationen wiederzuerkennen ist. Die Melodie und der Rhythmus sind lebendig und leidenschaftlich. *Gamelan* ist Präzision, eine wunderschöne Mathematik, wie das Muster eines orientalischen handgeknüpften Teppichs. Die Musiker sind Virtuosen, die ohne Dirigent wie ein einziger Klangkörper spielen. Teilweise steigerte sich das Tempo derart, dass die Gongs für die Melodie von zwei Musikern abwechselnd angeschlagen werden mussten, da sie zu schnell war, um von nur einem Musiker alleine gespielt werden zu können.

Der goldene Kopfschmuck der jungen Tänzerinnen hob den Glanz der dunkelschwarzen Haare besonders hervor. Ihre Hände schienen von den Armen gelöst. Ihr Kopf mit den Augen tanzte, ihre schmalen Finger tanzten. Ihre winzigen Füße zuckten mit angewinkelten Knien zu Boden, sie flatterten wie menschliche Schmetterlinge, die Füße nach außen gestellt und die Zehen nach oben gebogen. Ihre Miene blieb unverändert mit hochmütigem, starrem Blick und ihre Augen, mit den weit aufgerissenen Lidern, strahlten gleichzeitig ewige Jugend und tiefen Ernst aus. Obwohl ihre Füße auf dem Boden tanzten, schien es, als schwebten sie über der Erde. Jede Drehung, jede Wendung der vor Ungeduld vibrierenden Finger, jede Bewegung der Augen, des Mundes oder der angespannten Arme enthält eine Bedeutung, die wir selbst durch langes Studium kaum erkennen können. Die Gesten der Hände, der Finger und des Körpers ersetzen das gesprochene Wort. Es ist die Harmonie des Körpers mit der Musik, eine Sprache der Bewegungen mit tausend Variationen: lebende Präzision. Die jungen Mädchen sahen umwerfend schön aus. Am Ende des Tanzes sanken sie um und wurden von ihren Müttern, die am Rand der Tanzfläche bereitstanden, aufgefangen und behutsam zu Boden gelegt, um dann in den Armen ihrer Mütter vom Priester aus ihrer Trance zurückgeholt zu werden. Danach wurden sie völlig erschöpft von der Tanzfläche getragen.

Schon mit drei oder vier Jahren beginnt der Tanzunterricht, der täglich bis zu mehrere Stunden dauern kann. Obwohl die verschiedenen Tänze für unsere westlichen Augen ähnlich aussehen mögen, ist jeder anders. Für jeden der vielen Tänze, zum Beispiel den *Baris*, den *Kebyar*, den *Topeng* oder den *Legong*, ist ein eigener Tanzlehrer zuständig. Der Eigentümer des wunderschönen und überaus sehenswerten ARMA-Museums in Ubud, Agung Rai, setzt sich sehr für die Erhaltung der alten Tradition ein und hat schon seit Jahren einen kostenlosen Unterricht für die tanzbegeisterte Jugend in Bali eingeführt. Das gesamte Museumskonzept ist dem Erhalt und der Fortführung der balinesischen Traditionen und Künste gewidmet und umfasst nicht nur die Tanzkunst, sondern alle auf Bali ausgeübten Künste wie auch die bildenden Künste Malerei, Musik und Literatur. Die verschiedenen Tänze werden in dem noch heute aktuellen Standardwerk „Dance & Drama in Bali" von Walter Spies und Beryl de Zoete bis ins kleinste Detail beschrieben. Im Laufe der Jahre tanzen die Mädchen mit einer unglaublichen Körperbeherrschung und Präzision, die besonders bei synchronen Tänzen von zwei Mädchen sichtbar wird. Ihr Tanz ist die Sprache der Körper: Er ist Poesie. Genauso wie der Tanz bei religiösen Zeremonien, gehört das Zubereiten von Opfergaben zu den alltäglichen Aufgaben balinesischer Frauen. Daher haben sich diese Künste auch bis heute erhalten.

Ngurah machte uns den Hahnenkampf schmackhaft und er erzählte uns, wie man gute Kampfhähne erkennt und wie man Wetten abschließt und mit wem. Herr Schreiber und ich begleiteten ihn. Um einen viereckigen Kampfplatz herum saßen über hundert Männer mit rollenden Augen unter einer dichten Zigarettenwolke. Mit giererfüllten Blicken schauten sie auf die Geldscheine der Mitbieter und riefen wild gestikulierend durcheinander. Hier herrschte eine wüste Wettleidenschaft. Es war nicht ungewöhnlich, dass die Balinesen durch dieses Laster schon am ersten Abend nach dem *Hari Besar,* – dem „großen Tag", wie in Indonesien der Zahltag heißt – ihren ganzen Monatslohn oder sogar ihr ganzes Hab und Gut verspielten. Wie hier ordentliche Wetten zustande kommen konnten, war mir ein Rätsel. Bis kurz vor dem Kampf werden die Kampftiere gegen den Strich gestreichelt und es wird ihnen der Speichel ihres Herrn eingeflösst, um sie mit diesen Tricks für den Kampf wild, stark und angriffslustig zu machen. Kleine messerscharfe eiserne Messer, wie chirurgische Skalpelle, wurden den Hähnen an den rückwärtigen Klauen angebunden.

Nun standen sich die Hähne Brust an Brust gegenüber, voll von Kampfeslust. Der Kampf begann, die Federn flogen und bald war das blutige Schauspiel vorbei. Ein Hahn lag zu Tode verletzt in seinem Blute. Der Hahnenkampf selbst dauert nur eine oder zwei Minuten. Die maximale Kampfdauer wurde bei gleichstarken Hähnen durch eine Kokosnussschale mit einem Loch bestimmt, die in einen Eimer mit Wasser gelegt wurde. Versank die Schale, wurde der Kampf unentschieden beendet. Aber Federn fliegen immer! Flüchtete ein Hahn vor dem Gegner, wurde über beide Hähne ein großer Korb gestülpt, so dass auch der ängstlichere Hahn zum Kampf gezwungen wurde. Und schon bald begann ein neuer Kampf. Es war immer interessant zu beobachten, wie im Verlauf weniger Augenblicke große Summen verwettet und immer kühner größere Beträge gesetzt wurden. Nach dem Kampf ging es ganz friedlich zu, es gab – soweit ich beobachten konnte – keine Unstimmigkeiten oder Missverständnisse. Der Kampf selbst ist grausam und blutig. Dem unterlegenen Hahn wird kurzerhand die Kehle durchtrennt. Dem glücklichen Besitzer des Siegers werden die besten Stücke des besiegten Hahnes zugeteilt. Dessen Spezialist, der die Messerchen an die Beine der Kampfhähne bindet, bekommt als Lohn einen Hühnerschlegel. Der Besitzer des unterlegenen Hahns bekommt als Trost den kümmerlichen Rest!

Eines Tages unternahmen wir eine Fahrt in den Osten der Insel. Kurz zuvor hatte der über 3000 Meter hohe und perfekt kegelförmige Vulkan Gunung Agung eine gewaltige Eruption. Bei dieser verheerenden Naturkatastrophe haben mehr als 1.600 Menschen ihr Leben und über 300.000 Haus und Hof verloren. Wenn die Regierung nicht bereits Tage vor der großen Eruption einige zehntausend Familien vorsorglich evakuiert hätte, wäre die Zahl der Getöteten um ein vielfaches höher gewesen. Äcker waren auf Jahrzehnte unbebaubar geworden und Hungersnöte waren trotz weltweiter Hilfen die Folge. Ein Besuch der verschütteten Dörfer war nur unter großen Schwierigkeiten möglich. Östlich von Klungkung waren alle Brücken zerstört und hinter Karangasem alle Dörfer. Von den vielen Kokospalmen ragten nur noch die schwarzen verkohlten Stümpfe in die Höhe. Lange Fußmärsche mussten in Kauf genommen werden. Es war deprimierend. Die meterhohe Ascheschicht wurde immer dicker und grobkörniger, je näher wir dem Vulkan kamen. Von vielen Häusern waren nur noch die letzten Zentimeter der Dachgiebel zu sehen. Bäume waren entlaubt. Der Ort Besakih, 1.000 Meter hoch am Fuße des Vulkans gelegen, war fast vollständig zerstört. Hier liegt auch das größte und wichtigste hinduistische Heiligtum Balis, die Tempelanlage Puri Besakih, der Muttertempel der Insel. Die glühende Lava hatte die ganze Umgegend zerstört, aber den Tempel weitgehend verschont. Die Gläubigen sahen dies als gnädiges Zeichen der Götter. In jedem Tempel wurde gebetet und es wurden ununterbrochen Opfergaben niedergelegt. In ihrer Hoffnung auf ein Ende des Unglücks wenden sich die Gläubigen immer an die Götter. Außerhalb der Tempelanlagen sahen wir kaum Menschen, keine Tiere. Selbst die Vögel mussten diesen unwirtlichen Platz verlassen. Der höchste und heiligste Berg Balis, auf dessen Gipfel der Sage nach der Gott Shiva wohnt, hatte seine Opfer gefordert. Der Gipfel des Götterbergs Gunung Agung war immer noch von dicken Dampf- und Aschewolken verhüllt. Das schöne tropische Bali mit seinem üppigen Grün war im Osten der Insel zu einer grauschwarzen Wüste geworden. Es herrschte Armut und Hunger.

Immer wieder gibt es durch Vulkanausbrüche und Erdbeben Schreckensjahre mit vielen Toten auf dieser Insel, die wir die „Glückliche" nennen. Wir in Europa hörten bisher nur wenig von diesen Naturkatastrophen, da die Balinesen über das von den Göttern verhängte Leid nie klagen. Da auf Bali viele ältere Menschen nicht wissen wie alt sie sind, wird der Ausbruch des Gunung Agung bis heute als Zeitmesser benützt. Es heißt dann einfach: „Ich wurde kurz nach oder vor dem Ausbruch geboren" oder „Damals war ich so groß", indem die Höhe mit der Hand angezeigt wird.

Regelmäßig wird Indonesien von schlimmen Vulkanausbrüchen heimgesucht. Der „Ring of Fire" mit seinen rund 300 aktiven Vulkanen zieht sich durch die gesamte Inselwelt. Der Ausbruch des Vulkans Tambora auf der Insel Sumbawa forderte im Jahre 1815 über 100.000 Tote auf Sumbawa und auf den Nachbarinseln Lombok und Bali. Der Ausbruch des Vulkans Tambora war so heftig, dass selbst das 300 km entfernte Bali von einer 30 cm hohen Ascheschicht bedeckt wurde. Auf der zwischen Sumbawa und

Bali liegenden Insel Lombok waren die Schäden noch weitaus größer. Auch hier war ein ganzes Jahrzehnt keine Reisernte möglich und Hungersnöte und Krankheiten die Folge.

Auf den Ausbruch des Vulkans Krakatau zwischen Java und Sumatra im Jahre 1883, einer der schlimmsten Naturkatastrophen seit Menschengedenken, werde ich später eingehen. Der Gunung Merapi, übersetzt „der Feurige", in Mittel-Java, hat im Laufe der Jahrhunderte bis in die neueste Zeit ebenfalls tausende von Opfern gefordert. Der Gunung Kelut in Ost-Java zerstörte im Jahre 1919 über 100 Dörfer und kostete viele Menschenleben. Die Liste ließe sich noch lange fortsetzen.

Oben, in den Bergen von Bali, inmitten des Künstlerdorfes Ubud, hatte sich der holländische Maler Han Snel in einem herrlich malerischen Anwesen niedergelassen, wo er seine Kunst ungestört ausüben konnte. Im Jahre 1946 war er als Soldat der holländischen Marine nach Bali gekommen und hatte sich sofort in die tropische Insel verliebt. Als er mit eigenen Augen sah, mit welch großer Brutalität seine Regierung die Unabhängigkeit Indonesiens verhindern wollte, legte er seine holländische Staatsbürgerschaft ab, nahm die indonesische an und vermählte sich mit einer jungen, gut aussehenden, schlanken balinesischen Tänzerin. Seine Frau war sein Modell, die ich schon in Jakarta auf vielen seiner Bilder in Galerien bewundern konnte. Seine Bilder in Kohle, Öl oder Pastell waren seinerzeit sehr gefragt und er konnte es sich leisten, nur dann ein Bild zu verkaufen, wenn er gerade mal wieder Geld benötigte. In Ubud gab es natürlich noch keine elektrische Stromversorgung, aber Han Snel behalf sich mit einem kleinen Diesel-Notstromaggregat. Herr Schreiber sagte mir, dass dieses Aggregat schon seit einiger Zeit nicht mehr betrieben werden könne, wegen elektrischer Probleme und fehlender Ersatzteile. Ob ich nicht helfen könne? Am darauffolgenden Sonntag machten wir einen Ausflug nach Ubud und hier traf ich zum ersten Mal mit Han Snel zusammen. Ich begutachtete den Schaden an seiner Stromversorgung. Es war gar nicht so schlimm. Ich konnte ein Ersatzteil in Jakarta beschaffen und bei einer späteren Gelegenheit einbauen. Von da an konnte die Familie Snel den Abend wieder bei elektrischem Licht und ich kann eines seiner Bilder, das ich als Danke dafür erhielt, in meinem Haus bis heute genießen.

Bei einer anderen Gelegenheit nahm mich Han Snel zu einer Einladung zum Fürsten von Ubud mit, dem Cokorde Gede Agung Sukawati, der seinen großen prunkvollen Palast, umgeben von einer hohen roten Ziegelmauer, ganz in der Nähe von Han Snel's Haus hatte. Wir betraten den Palast durch ein offenes Tor, das von großen Steinfiguren, die Hindugötter darstellten, gegen böse Dämonen beschützt wurde. Es sollte nur eine Tanzvorführung werden, aber es wurde ein üppiges Fest. Der Cokorde saß mit nacktem

Oberkörper auf seinem Thron, einer mit Palmblättern ausgelegten Bambus-plattform, umgeben von phantasievoll geformten Opfergaben aus Früchten und Blumen für die Götter. In seinem *Kain*, dem langen Hüfttuch, steckte ein balinesischer *Kris* mit einem goldenen Griff, der mit bunten Edelsteinen verziert war. Um ihn herum saß die halbnackte Menge seines Gefolges in bunten *Kains*. Priester bereiteten heiliges Wasser zu und Priesterinnen streu-ten bunte Blumen in die Menge. In Bananenblätter eingewickelte Lecker-eien und Getränke in Kokosnussschalen wurden herumgereicht. Tempel-glocken läuteten und das *Gamelan*-Orchester spielte mal einschläfernd, mal aufpeitschend. Der Palasttempel war eine wundervolle Kulisse für die Tanzvorstellung, erleuchtet von tausenden von flackernden Kerzen und Petroleumlämpchen. Es war ein Abend, der mir bis heute wie ein schöner Traum vorkommt.

Das Bali Beach Hotel in Sanur war noch in Bau. Präsident Sukarno hatte schon damals erkannt, dass Bali zu einer Touristenattraktion werden würde und ordnete den Bau dieses Luxushotels, das durch Reparationsgelder aus Japan finanziert wurde, an. Es sollte auf Bali das einzige Hotel werden, das höher als die Palmen wurde, denn schon beim Bau des Hotels legte der Präsident per Gesetz fest, dass – um die Umwelt zu schonen und den op-tischen Eindruck der Insel zu erhalten – kein Gebäude höher als die Palmen gebaut werden dürfe. Dieses vernünftige Gesetz gilt bis heute. Das Hotel Bali Beach wurde 1966 eröffnet – allerdings nicht mehr durch Präsident Sukarno – und war auf Bali das erste Hotel mit internationalem Standard.

Gleich neben der Baustelle des Bali Beach Hotels in Sanur lag das Haus des 1958 im Alter von 78 Jahren verstorbenen belgischen Malers Adrian Jean Le Mayeur de Merpes. Le Mayeur reiste und malte in Afrika, in Italien und im Süd-Pazifik, bis er 1932 in Bali seine endgültige Heimat fand. Hier heira-tete er – inzwischen 55 Jahre alt – die 15jährige Balinesin Ni Polok. Sie war eine bekannte Schönheit und berühmte *Legong*-Tänzerin. Ich konnte mich mehrmals mit ihr unterhalten. Sie war immer noch von außergewöhnlicher Schönheit. In dem balinesischen Haus, das heute ein Museum ist, hingen noch ein großer Teil seiner heute unbezahlbaren Gemälde. Viele Bilder des Künstlers hingen schon damals in den großen Museen der Welt.

Viele Frauen auf dem Lande waren Anfang der 1960er Jahre immer noch barbusig unterwegs, entlang der Straße, auf den Pfaden zwischen den Dörfern, auf den Märkten und bei der Feldarbeit. Schon die Kolonialherren hatten zwar aus moralischen Gründen verordnet, dass die Brüste der Frauen bedeckt sein müssten, damit die überall präsenten holländischen Soldaten nicht in Versuchung geführt werden sollten, warben aber widersinnigerwei-se – wie bereits berichtet – gerade mit den Bekleidungsgewohnheiten der

Balinesinnen als touristische Attraktion. Zu Zeiten der Kolonialherrschaft bis ungefähr zum Ende des 1. Weltkrieges bekleideten sich die holländischen Frauen, trotz tropischer Temperaturen, nach europäischer Mode, also noch puritanisch hochgeschlossen mit Korsett und langen Röcken – eine absurde Vorstellung von sogenannter schicklicher Bekleidung mitten in den Tropen. Auf Java und in vielen anderen Regionen Indonesiens waren die Kolonialherren mit ihrer Kleider-Verordnung erfolgreich gewesen. Hier tragen nun die Frauen normalerweise *Kain* und *Kebaja*, also *Sarong* und Bluse.

Auf Bali versuchten die Kolonialherren schon Ende des 19. Jahrhunderts die Verordnung durchzusetzen, dass auch die Balinesinnen ihre Brüste bedecken sollten. Im viktorianischen Zeitalter galt nackte Haut als unanständig und verführerisch. Die Tradition war aber hier, besonders im Norden der Insel, dass sich nur unanständige Frauen und leichte Mädchen ganz verhüllten. Ein bedeckter Busen galt als Zeichen der Prostitution. Daher waren die Holländer mit ihrer Verordnung auf Bali nicht erfolgreich.

Präsident Sukarno, der bestimmt kein Kostverächter war, hatte dennoch Ende der 1950er Jahre nochmals erlassen, dass auch auf der Insel Bali die Brüste der Frauen bedeckt sein sollten, da seiner Meinung nach ausländische Touristen nur auf die Brüste der hübschen Balinesinnen starrten und dabei die Schönheit der Landschaft und der Gebräuche der Insel selbst übersahen. Bis weit in die 1960er Jahre hinein waren entlang der Straßen auf Bali Plakate aufgestellt, die eine züchtig bekleidete Balinesin zeigten mit dem Hinweis, dass wegen der ausländischen Besucher aus moralischen Gründen die Brüste bedeckt werden sollten. Aber nur wenige Frauen hielten sich zunächst daran. Ein Phänomen war, dass, nachdem die Frauen ihren Oberkörper verhüllten, Erkrankungen mit Tuberkulose sprunghaft anstiegen. Immer wieder kam es vor, dass eine Frau, die ihre Brüste mit einem Tuch bedeckt hatte, dieses Tuch wegnahm und sich damit Kopf und Augen verhüllte, wenn sie uns Fremde entdeckte, sozusagen nach dem Motto: „Sehe ich Dich nicht, siehst Du mich nicht". Die älteren Frauen sind aber in den Dörfern und auf dem Felde bis heute immer noch mit unverhülltem Busen unterwegs. Auch wenn sie in der Familie, in ihren von hohen Mauern umgebenen Häusern sind, fühlen sich die Balinesinnen auch heute noch mit nacktem Oberkörper am wohlsten.

Der Reiseschriftsteller Louis Couperus schrieb Mitte der 1920er Jahre:
„Hier auf Bali hat der Künstler Gelegenheit, die wunderbaren, durch keine unnatürliche Lebensart entstellten Formen fast unverhüllt zu sehen, denn die Frau auf Bali lässt den ganzen Oberkörper unbekleidet. Eine Schar Frauen auf Bali, den Unterkörper in die leuchtenden Farben der kunstvoll gebatikten Sarongs gekleidet, wirkt wie eine Schar wan-

dernder Bronzefiguren, Figuren, an denen jeder Ästhet einen Genuss finden wird!" (S. 23)

Auch ich finde es bis heute wunderschön, wenn bei Beginn der Abenddämmerung unzählige Frauen mit Blumen im Haar die kunstvoll mit Obst und Blumen hoch aufgeschichteten Opfergaben auf dem Kopf stolz und anmutig zum nächsten Tempel wandeln, in heutiger Zeit – wie gesagt – allerdings mit Oberbekleidung. Die *Kebayas* in allen Farben des Regenbogens, die lächelnden braunen Gesichter, das glatte schwarze Haar mit einer koketten Locke: unendlich viele Motive für einen Künstler. Dass die Frauen nie Schuhe mit Absätzen tragen und gewohnt sind, die Lasten auf dem Kopf zu tragen, ist das Geheimnis ihres aufrechten graziösen und leichten Gangs. Und am Straßenrand sitzen die halbnackten Männer und drücken ihre geliebten Kampfhähne an die Brust.

Jahre später ist mir in einem Dorf in der Nähe von Ubud eine nette Geschichte passiert. Ich hatte eine wunderschöne Schnitzerei einer barbusigen balinesischen Tänzerin entdeckt und wollte diese unbedingt kaufen. Ich trat mit dem Schnitzer wegen des Preises in Verhandlung, und da ich nach irgend einen Grund zum Handeln suchte, bemängelte ich den Ansatz und die Proportionen des Busens: der würde nicht ganz stimmen. Die Frau des Schnitzers hatte im Hintergrund unser Gespräch mitgehört, kam nun auf mich zu, knöpfte ihre Bluse auf und entblößte ihren strammen Busen. Was daran falsch sein sollte, fragte sie empört. Sie war das Modell des Schnitzers und er hatte seine Frau originalgetreu nachgebildet. Ich gab mich geschlagen und entrichtete den gefragten Preis ohne weitere Diskussion.

Die Balinesen haben eine große handwerkliche Begabung. Einzelne Dorfgemeinschaften haben sich auf bestimmte Handwerkszweige spezialisiert, zum Beispiel Ubud auf die Malerei oder Celuk auf Gold- und Silberschmiedekunst und Mas auf Holzschnitzereien. Kunst ist für die Balinesen auch eine Form von Gottesverehrung. Etwas für uns Unbekanntes sind auch Künstlergemeinschaften, die z. B. gemeinsam ein Bild malen, was gar nichts Ungewöhnliches ist und den Wert der Arbeit keineswegs schmälert. Trotz der durch den Tourismus ausgelösten Massenfabrikation haben sich bis heute auf Bali viele Traditionen und Überlieferungen erhalten.

Berühmt ist der typisch balinesische *Kris*, der Dolch mit seiner gewellten Klinge, die Einschlüsse von Meteoreisen enthält und der vor allem eine spirituelle Bedeutung hat. Schon damals gab es kaum noch Eisenschmiede, die diese *Krise* in der alten überlieferten traditionellen Weise fertigen konnten. Im Gegensatz zu anderen Kulturen stehen die Schmiede für *Krise* und Gongs ganz oben in der Hierarchie der Kasten. Sie arbeiten mit Eisenerz und Meteoreisen, Produkten aus dem Inneren der Erde und der Sterne, die ihrer Meinung nach geladen sind mit magischer Kraft. Sie sind Mitglieder einer eigenen Kaste und haben bei ihrem Tode das Recht für die höchste Verbrennungs-Zeremonie wie ein König!

Ngurah erzählte uns, dass das glühende Eisen mit bloßen Händen verformt werden müsse. Wir Techniker konnten dies natürlich kaum verstehen und schon gar nicht glauben. Aber er wollte uns beweisen, dass er uns nicht angeschwindelt hat, und er bat uns mitzukommen. Denn gerade habe der Schmied die lange Phase der Vorbereitung hinter sich – 40 Tage Meditation und Fasten lägen hinter ihm –, die notwendig sei, um einen neuen Kris herstellen zu können. Herr Schreiber und ich fuhren mit Ngurah als Führer in ein kleines Bergdorf unterhalb von Ubud. In einem kleinen Innenhof brannte in der einfachen Schmiede neben dem Haustempel das Feuer, in dem schon glühende Eisen lagen. Normales Eisen, gemischt mit Spuren von Meteoreisen. Vor dem Feuer kauerte ein kleiner schmächtiger Mann in Meditationshaltung, von den zuckenden Flammen mystisch beleuchtet. Da wir ihn in seiner Trance nicht stören durften, mussten wir uns 10 bis 15 Meter von ihm entfernt setzen. Wir durften nicht reden. Die Zeit verging, eine Stunde, zwei Stunden, dann griff er sich plötzlich einen glühenden Eisenstab und formte ihn mit blanken Händen. Er nahm das Eisen am oberen dünnen Ende, stellte das andere Ende des Eisens auf eine Steinplatte und strich das gelbglühende Eisen zwischen Daumen und Zeigefinger nach unten. Während der Bewegung nach unten, wand sich sein Oberkörper wie eine Schlange nach links und rechts. Die Finger machten diese Bewegung mit und gaben damit dem Kris die Wellenform. Immer wieder wurde das Eisen zum Glühen gebracht, der Schmied benetzte seine Finger und der Vorgang begann wieder von vorne. Leider konnte ich aus der Ferne keine Einzelheiten prüfen. Nach etwa 30 Minuten war der *Kris* fertiggestellt und wir durften das Kunstwerk im Rohzustand bewundern. Der Schmied verharrte weiter in Trance. Vielleicht wollte er noch einen zweiten *Kris* herstellen. In den nächsten Tagen sollte der *Kris* dann noch geschliffen und poliert werden, aber schon jetzt waren die Spuren seiner Finger deutlich zu erkennen. Es gibt Unbegreifliches und Verwirrendes in Indonesien. Dinge, die ich vorher für völlig unmöglich gehalten hatte. General Soenarjo, der zum engsten Stabe des Präsidenten gehörte, erzählte mir, dass Präsident Sukarno ab und zu Stunden betend vor seinem *Kris* verbrächte. Der *Kris* ist ein Symbol der Lebenskraft, eine mystische Waffe und auch Präsident Sukarno schöpfte daraus Stärke und suchte Rat.

Eines Morgens stieg ich vor dem Arbeitsbeginn in die Fluten, um mich nach einer heißen Nacht zu erfrischen. Ich war ganz alleine und niemand war an dem menschenleeren kilometerlangen Strand von Kuta zu sehen.

Die Wellen waren ziemlich hoch und die Brandung knallte donnernd gegen den Strand. Ich schwamm durch die Brandung und genoss das warme Meer, bis ich merkte, dass ich immer weiter auf das offene Meer hinausgetrieben wurde. Die Unterströmung hinaus auf das offene Meer war so stark, dass ich dem Ufer nicht mehr näher kam. Ein unheimliches Gefühl übermannte mich, ich dachte an Haifische draußen im offenen Meer, an die Tiefe des Meeres und in meiner Panik schwamm ich immer wilder, nahm auch keine Rücksicht mehr auf die von hinten kommenden Wellen und schluckte Wasser. Mit allerletzter Kraft gelang es mir, wieder Boden unter meine Füße zu bekommen und den Strand zu erreichen. Mein Herz klopfte wie wild, ich spuckte Wasser, aber ich hatte es nochmals geschafft. Das Meer hat mir hier eine Lektion erteilt.

Balinesen erzählten mir anderntags, dass ich großes Glück gehabt hätte, weil ich keine grüne Badehose getragen hätte. Nyi Loro Kidul, die Meeresgöttin oder auch Königin der Südsee genannt, würde jeden der Grün trägt als Opfer verschlingen. Kein Javaner oder Balinese würde aus diesem Grunde mit grüner Kleidung auch nur in die Nähe des Strandes gehen.

Jedes Mal wenn ich heutzutage wieder nach Bali komme, freue ich mich, wenn ich auf dem neuen Flughafen Ngurah Rai landen darf. Der alte Flughafen Tuban wurde natürlich mehrmals erweitert und modernisiert. Aus den alten Tagen ist nicht mehr viel zu sehen. Trotzdem habe ich jedes Mal eine Freude und heimatliche Gefühle. Aber vom Meer am Strand von Kuta habe ich noch immer größten Respekt. Jedes Jahr ertrinken in diesem gefährlichen Strandabschnitt mit seinen immer wieder wechselnden Unterströmungen einige Urlauber. Aber ich vermisse auch bis heute ein Hinweisschild, das vor grüner Badekleidung warnt.

Der Flughafen Tuban auf Bali war nun schon für den regulären Flugbetrieb geöffnet. Die indonesische Fluggesellschaft GARUDA kaufte in den USA äußerst günstig einige ausgemusterte Flugzeuge. Es handelte sich um die Turboprop Maschinen „Lockheed Elektra L-188", deren beide Propeller durch Turbinen angetrieben wurden. Diese Flugzeuge galten als äußerst unsicher. Bereits 1959 stürzte die erste Maschine in den Vereinigten Staaten ab. Viele weitere ungeklärte Abstürze folgten, bis dann in den USA ein Flugverbot für diesen Typ verhängt wurde. Die Produktion wurde 1962 eingestellt. Bei späteren Untersuchungen wurde festgestellt, dass die Flügel der Vibration nicht standhielten. Selbst ich hatte in diesen Maschinen während meiner Zeit in den USA schon einen Motorbrand und eine Notlandung auf einem Acker überlebt. Daher hatte ich natürlich immer ein äußerst ungutes Gefühl, wenn ich eine dieser Maschinen besteigen musste.

Ich musste mal wieder nach Bali und wartete auf dem Flughafen Kemayoran auf den Abflug. Verspätungen waren an der Tagesordnung. Seit Sukarnos Luxusherberge, das Bali Beach Hotel, teilweise fertiggestellt war, wuchs der Tourismus auf Bali stetig an. Mit mir in der Abflughalle war eine Gruppe von zwölf unübersehbaren US-Amerikanerinnen mit grellem Lippenstift und übertrieben rot gelackten Nägeln, vermutlich alles Witwen, die die legendäre Schönheit Balis kennen lernen wollten. Jede wollte ihre eigene „Schönheit" durch Kleider in besonders bunten Farben zur Schau stellen. Besonders auffällig waren ihre riesengroßen Strohhüte, die mit künstlichen Blumen überladen dekoriert waren. Genauso wie sie unübersehbar waren, waren sie auch unüberhörbar: Jede versuchte die andere zu übertönen. Wie ich hörte, hatte es ihnen in Jakarta gar nicht gefallen, es war zu heiß, der Schmutz war unerträglich, die Menschen aufdringlich, das Angebot im Kaufhaus Sarinah katastrophal, der Flughafen war nicht sauber, eigentlich war alles nicht nach ihrem Geschmack. Wir warteten nun schon über zwei Stunden in der damals natürlich noch nicht klimatisierten Abflughalle. Die Kleider der Amerikanerinnen waren durchgeschwitzt, im Schweiße des Angesichtes löste sich die Schminke auf, und die Erwartung und Freude, bald auf einer wunderschönen Insel landen zu dürfen, wurde immer größer.

Der Start verlief glatt. Unter uns die grünen Reisfelder, um uns herum der blaue Himmel mit den strahlend weißen Haufenwolken. Erst von oben sieht man, wie intensiv Java bewirtschaftet wird. Zwischen den Dörfern gab es keinen freien Fleck. Die Reisterrassen zogen sich an den Bergen und Vulkanen hoch, oft kurz bis zum Kraterrand. Es ist eine faszinierende Landschaft. Immer wieder erheben sich kegelartige Vulkane in die Wolken. Der Vulkan Merapi, ein unberechenbarer Berg, der jederzeit wieder seine todbringende Lava ausspucken konnte, kam schon in Sicht, als ich merkte, dass die Maschine langsam beidrehte und wieder zurückflog. Wieder ein technisches Problem? Dann kam auch eine Durchsage der Stewardess in *Bahasa Indonesia* über die Lautsprecher, die aber durch das hohe Pfeifen der Turbomotoren kaum verständlich war. Als wir nach einer guten Stunde wieder in Jakarta landeten, einem Platz, den die Amerikanerinnen gerade noch so schrecklich fanden, schauten diese aus dem Fenster und überall hörte ich den Ausruf: „Oh, what a beautiful island!" Sie waren allerdings wieder in dem von ihnen noch vor gut einer Stunde verfluchten Jakarta, aber sie glaubten sich auf der Götterinsel Bali! Natürlich hatten sie die Durchsage im Flugzeug nicht verstanden. Wie Einbildung und Voreingenommenheit Berge versetzen kann! Im zweiten Anlauf kam ich dann doch noch nach Bali, und auch die amerikanischen Damen erreichten letztendlich ihre Trauminsel!

Mit den Lockheed Elektra-Flugzeugen wurden die Probleme immer größer. Die Flugstrecken, die diese Maschinen zurücklegen konnten, wurden mit der Zeit immer kürzer und die Maschinen wurden bald wieder aus dem Verkehr gezogen. Erst später wurde festgestellt, dass das Problem mit der Reichweite durch Kondenswasser in den Tanks ausgelöst wurde. In dem tropischen Klima mit einem gewaltigen Temperaturunterschied zwischen Boden und mehreren tausend Metern Höhe bildete sich in den Tanks enorm viel Kondenswasser, so dass die Tanks mit immer weniger Flugbenzin befüllt werden konnten und die Düsen-Motoren schon bald nach dem Start durch das Wasser-Benzin-Gemisch zu stottern begannen. Zum Glück habe ich viele Flüge mit dieser fliegenden Fehlkonstruktion überstanden. In der alten Propellermaschine Douglas DC-3/Dakota, dem sogenannten fliegenden Arbeitspferd aus den Kriegsjahren, fühlte ich mich wesentlich sicherer.

Der Tourismus auf Bali hatte – wie gesagt – stark zugenommen. Durch Berichte in der westlichen Presse wurde Bali plötzlich „chic". Neue Hotels wurden gebaut und Besucher kamen aus aller Welt. Die Balinesen sprachen die ersten Worte in Englisch und Deutsch. Ich wurde mal gefragt: „Are you Frenchman?" – No! – „Are you Englishman?" – No! – „Oh, then you must be Neckerman!!" Neckermann war weltweit einer der ersten, der organisierte Reisen nach Bali anbot und war daher in ganz Indonesien bekannt. Als ich so gegen 1967/68 auf dem Weg nach Gianyar zum ersten Mal Goa Gajah, den Elefanten-Tempel, besuchte, bekam ich einen eindeutigen Beweis dafür, dass deutsche Touristen schon nichts Außergewöhnliches mehr waren. Der 1.000 Jahre alte Tempel ist in den Fels geschlagen und man betritt die Höhle durch das aufgerissene Maul eines Dämonenantlitzes. Eine Reihe Stufen führen durch einen niedrigen Gang hinunter zum Heiligtum des Gottes Ganesha. Am Eingang warnte mich ein kleiner balinesischer Junge vor dem niedrigen Eingang in bestem Deutsch mit dem Ausruf „Vorsicht Birne!" – „Schon passiert", jammerte ich und massierte mir den angeschlagenen Schädel. Die Türen und Eingänge auf Bali sind nicht für uns große Europäer gebaut!

In Kuta an der Westküste, wo vor wenigen Jahren nur Fischer in ihren Hütten am Strand wohnten und wo nur wenige Meter hinter dem Strand Reis geerntet wurde, schossen kleine einfache Hotels wie Pilze aus dem Boden. Gegen Ende der 1960er Jahre wurde Kuta der Treffpunkt internationaler Hippies. Marihuana und andere Rauschmittel wurden an jeder Ecke angeboten. Bali begann sich zu verändern, aber zum Glück nur in den wenigen Touristen-Zentren der Insel. Im Hinterland, im Innern der Insel, auf den Dörfern aber spielt sich das Leben noch so ab wie eh und je. Hier konnte man und kann man bis heute noch die Tänze und die vielen hinduistischen Feste in ihrer ursprünglichen Form erleben. Mehrmals täglich wird in den Haustempeln den vielen Göttern geopfert. Den Göttern auf Bali geht es gut. Sie leiden keine Not. Täglich werden ihnen in kleinen Körbchen Speiseopfer und Blüten dargebracht, die man vor die Haustempel, auf die Straße oder an den Rand der Reisfelder stellt. Die Frauen tragen noch ihre Lasten und große Opfergaben bei den Festen auf dem Kopfe und schreiten mit wiegenden Hüften hocherhobenen Hauptes dahin.

Schon zuvor habe ich erzählt, wie Herr Dr. Westrick sein Haus in Jakarta mit gestohlenem Inventar aus dem neuen Hotel Indonesia schmückte. Das Bali Beach Hotel war unter den Deutschen immer noch das beliebteste Ziel bei Dienstreisen, oder auch für entspannende Wochenendreisen. In den Zimmern waren besonders schöne, handgeschliffene Kristall-Aschenbecher, die ein beliebtes Andenken an das Bali Beach Hotel waren. Das führte dazu, dass nach jedem Besuch, bevor man das Hotel verließ, die Zimmer auf vermisste Gegenstände überprüft wurden. Bei einem meiner Besuche wohnte dort auch der Leiter einer großen deutschen Firma. Er und ich hatten bereits unsere Rechnungen bezahlt und wir saßen noch in der Lobby zusammen und warteten auf die Taxis. Plötzlich kam eine laute Durchsage über die Lautsprecheranlage: „Herr Sch..., kommen Sie bitte an den Informationsschalter. In Ihrem Zimmer fehlen die Handtücher und der Aschenbecher!" Mit hochrotem Kopf musste er in der Lobby nochmals seinen Koffer auspacken und die „versehentlich" dort hineingelangten Gegenstände wieder herausgeben. Für ihn und seine Frau war es mehr als peinlich. In Jakarta ging diese Geschichte natürlich schnell von Mund zu Mund und ich glaube, das war das Ende der Jagd nach Souvenirs aus dem Bali Beach Hotel. Wer unbedingt so einen Aschenbecher besitzen wollte, konnte ihn von da an auch käuflich erwerben.

Cilacap und Dieng Plateau auf Java

Ich musste immer wieder mit dem Auto Reisen auf Java unternehmen. Diesmal sollte es nach Cilacap gehen, einer kleinen Stadt an der Südküste, im Westen von Mittel-Java. Dort sollten ein wichtiges Industriegebiet und eine große Ölraffinerie entstehen. Der Ort wurde ausgewählt, weil dort der einzige Überseehafen an der über tausend Kilometer langen Südküste von Java liegt. Hier können auch Hochseeschiffe und große Tanker anlegen. Wir hatten mehrere größere Aufträge im Telekommunikationsbereich von der dortigen Behörde erhalten und diverse Positionen bedurften noch einer Klärung. Damals gab es noch keinen Flugplatz in Cilacap, also musste die anstrengende Reise mitten in der Regenzeit mit dem Auto unternommen werden. Während dieser Zeit war noch mein alter Freund Hans, der mich in meiner Jugend für die Nachrichtentechnik und den Amateurfunk begeisterte, zu Besuch bei mir und so konnte er mich auf dieser Reise begleiten. Zunächst hatte ich noch einiges in Bandung zu erledigen, dann ging die Reise auf immer schlechter werdenden Straßen weiter nach Süd-Osten. Es war Regenzeit, die Straßen waren aufgeweicht, der schwere Opel Admiral versank immer wieder bis zu den Achsen im aufgeweichten Lehm, und es wurde immer schwieriger, den Wagen wieder flott zu bekommen. Mein Fahrer war schon ganz verzweifelt und wir beiden Mitfahrer waren durch Anschieben und Hochheben des Wagens über und über mit Lehm verschmiert. Trotz unseres körperlichen Einsatzes ging es etwa 60 Kilometer vor Cilacap nicht mehr weiter und wir mussten umkehren.

Als wir wieder auf einigermaßen festen Straßen waren, entschieden wir – da wir nun schon in der Nähe waren –, das Dieng Plateau, ein vulkanisches vorhinduistisches Kultgebiet, zu besuchen. Gegen Abend erreichten wir Wonosobo und stiegen im damals besten Hotel, dem Grand Hotel, ab. Wir freuten uns auf eine ausgiebige Dusche, wurden aber bitter enttäuscht. Wir mussten bei den Bediensteten um jeden Liter Wasser kämpfen. Das Hotel war total heruntergekommen. Im Schlafzimmer war ein Waschbecken, in das wohl etwas Wasser aus der Leitung lief, aber das Waschbecken hatte keinen Abwasseranschluss und das Wasser lief direkt ins Zimmer und unters Bett. Es war unbeschreiblich, und wenn man das heutige aufwändig renovierte Grand Hotel und die anderen guten Hotels in Wonosobo sieht, kann man sich die damaligen Zustände kaum vorstellen. Das Abendessen nahmen wir nicht in dem katastrophalen Hotel ein, sondern gingen in das seit vielen Jahren und bis heute bekannte chinesische Restaurant „Asia", mit einer vorzüglichen Küche „à la Canton". Attraktion neben der guten Küche waren nicht nur die mit beängstigenden Monstern bemalten Wände sondern auch die Eigentümer. Es handelte sich um zwei chinesische Brüder, die beide Albinos waren. Als Spezialität gab es Gerichte mit auf dem Dieng Plateau wildwachsenden Champignons, die später aber dort auch gezüchtet wurden.

Vor Sonnenaufgang ging es dann mit dem frisch gewaschenen Wagen auf das in über 2.000 Meter hoch gelegene Plateau mit einer ausgedehnten Tempelanlage. Diese auf das 8. Jh. datierte Tempelanlage ist die älteste uns bekannte hinduistische Kultstätte in ganz Indonesien. Aber schon vor der Erbauung dieser Tempel muss der Ort eine religiöse Kultstätte gewesen sein. Das lag sicherlich auch an seiner Beschaffenheit und der unheimlichen und unwirtlichen Atmosphäre, die hier herrscht. Das ganze Plateau ist vulkanisch und alle paar Jahre gibt es Eruptionen, bei denen häufig auch Menschen zu Schaden kommen. Überall sieht man heiße Seen in den verschiedensten Farben, Krater, aus denen mit hohem Druck schwefelhaltiger Dampf strömt und Löcher mit kochendem graugelbem Schlamm. Die Erde um die Erdöffnungen herum ist warm und weich, und man wird das Gefühl nicht los, dass die Erde sich jeden Moment auftun kann und man verschlungen wird.

Das Dieng Plateau ist nicht ungefährlich. Wenige Wochen nach unserem Besuch trat aus einem der Krater eine riesige Gasblase aus. Dieses giftige Gas war schwerer als Luft, und als die Menschen durch einen Hohlweg nach unten flüchten wollten, erreichte sie die Giftblase genau dort. 150 Menschen kamen dabei um, 15.000 Menschen wurden evakuiert.

Unser Weg führte uns über Bandung zurück nach Jakarta. Von Bandung aus konnte ich mit meinen Gesprächspartnern in Cilacap telefonieren. Sie wunderten sich, dass ich überhaupt so weit gekommen war. Durch überdurchschnittlich viele und starke Regenfälle war damals Cilacap drei Wochen lang von der Außenwelt abgeschnitten.

Holländische Vergangenheit

In Holland wurden die Deutschen bis lange nach dem Kriege geächtet und gehasst. Dort war an Restaurants und Hotels der Hinweis „Für Hunde und Deutsche kein Zutritt" nicht unüblich, und in Indonesien wunderten sich die Holländer, dass sie 1963, dem Beginn meiner beruflichen Tätigkeit in Indonesien, immer noch nicht wieder willkommen waren. Bis heute gibt es, mit Ausnahme der auf den Tourismus und das Geld angewiesenen Insel Bali immer noch Ressentiments gegen holländische Touristen. Noch vor zwei Jahren traf ich ein holländisches Ehepaar, das sagte, sie wären froh, nun auf Bali zu sein. Auf Sumatra wären sie regelmäßig mit einer Handbewegung und einem „Bum, bum ..." symbolisch abgeschossen worden, wenn sie sich als Holländer zu erkennen gaben. Die letzten Tage seien sie – wie viele andere Holländer auch – unter dem Deckmantel angeblich deutscher Nationalität gereist.

Auch die Beziehungen zwischen Holland und Indonesien waren 1963 noch lange nicht normal. Die Wunden der fast 350jährigen Kolonialherrschaft waren noch nicht verheilt: Zwangsarbeit auf Java, Sumatra und anderen Inseln, Sklavenhandel, Zwangs-Transmigration ganzer Dörfer, Konzentrationslager für viele Tausend Indonesier, die nach Unabhängigkeit strebten, hinterließen noch lange ihre Spuren. Alleine im Konzentrationslager Tanah Merah in den Sümpfen von Doven Digul in West-Neuguinea kamen in den letzten Jahren vor Erlangung der Unabhängigkeit tausende Indonesier um. Im Lager Tanah Tinggi blieben innerhalb weniger Monate von über 300 Inhaftierten nur 64 übrig. Der 5jährige Kampf um die Unabhängigkeit und danach der 14jährige Streit um Niederländisch-Neuguinea, der westlichen Hälfte der Insel Neuguinea, der zweitgrößten Insel der Welt, hatten tiefe Wunden hinterlassen. Indonesien, als Erbe des gesamten holländischen Besitzes in Ostindien, bestand darauf, dass ihm auch dieser holländische Teil von Neuguinea zugesprochen wurde. Wegen der Unnachgiebigkeit Hollands in der Neuguinea-Frage, leitete Sukarno im Dezember 1957 eine antiholländische Kampagne ein, in deren Folge zehntausende noch zurückgebliebene Holländer zurück in ihre Heimat fliehen mussten.

Indonesischer Tabak aus Sumatra und Java wurde seit Jahrhunderten in den holländischen Häfen Amsterdam und Rotterdam verauktioniert. Dies war ein Millionengeschäft. Durch die Verärgerung über Holland und im Zuge der nationalen Emanzipation wollte das junge Indonesien nicht weiter mit seiner ehemaligen Kolonialmacht Geschäfte machen. Hollands Exporte nach Indonesien waren bereits gegen Null vermindert.

1957 wurde, sehr zu Ärger der Niederlande, mit indonesischen Partnern die Deutsch-Indonesische Tabakhandelsgesellschaft (DITH) in Bremen gegründet. Noch 1959 vor einer Versteigerung indonesischen Tabaks in Bremen wollte Holland den Tabakdampfer „Ulysses" stoppen. Holland reichte eine einstweilige Verfügung ein, mit der Begründung, auf dem Schiff wäre holländischer Tabak und dieser müsse beschlagnahmt werden. Die Arroganz der ehemaligen Kolonialherren war nicht zu überbieten! Indonesien setzte sich zur Wehr und bekam vor internationalen Gerichten natürlich Recht. Das bedeutete aber noch lange nicht, dass die Holländer aufgaben. Sie versuchten weiterhin auf vielfache Weise, dem jungen Staat Indonesien Schwierigkeiten zu bereiten. Heute läuft der Tabakmarkt über Bremen reibungslos. Spitzenqualitäten aus Sumatra kann man nur noch in Bremen erhalten.

1963, als ich in Indonesien ankam, waren die Indonesier so frei wie nie zuvor. Sie hatten das Joch der Jahrhunderte langen Fremdherrschaft abgeworfen. Selbst ein einfacher *Becak*-Fahrer wollte sich nun eine Sonnenbrille oder eine Armbanduhr als Statussymbol leisten. Jeder, vom ärmsten Indonesier bis zum gebildeten Aristokraten sagte: „Jetzt bin ich vielleicht ein ärmerer Indonesier, aber ich bin endlich ein freier Indonesier". Sie erkannten, dass die Unabhängigkeit zwar die Probleme der Fremdherrschaft beseitigt hatte, aber sie akzeptierten auch, dass durch die Autonomie viele alte Probleme, bzw. Altlasten nicht behoben waren und neue auftauchten.

Seit dem Abzug der Holländer aus Indonesien im Dezember 1949 gab es Streit um Niederländisch-Neuguinea, oder wie es auch noch hieß West-Irian oder Irian Barat. Seit Neuestem heißt diese nordwestliche Hälfte von Neuguinea Papua Barat oder West-Papua. Die Beziehungen zu Holland verschlechterten sich von Tag zu Tag. Der Streit führte sogar zum Abbruch jeglicher wirtschaftlicher und diplomatischer Beziehungen. Holland hatte während der Kolonialzeit nie Interesse an dieser unterentwickelten Inselhälfte von der Größe Kaliforniens gezeigt, über die sie, nach einem Vertrag mit dem Sultan von Tidore, eigentlich Hoheitsrechte hatten. Die Aussichten auf Gewinn, selbst in ferner Zukunft, waren gleich Null. Erst nach der Unabhängigkeit Indonesiens fand Den Haag immer neue fadenscheinige Argumente, allesamt nur dem Zweck bestimmt, wenigstens in diesem Teil des Archipels seinen kolonialen Einfluss zu behalten. Nicht aus wirtschaftspolitischen Gründen, sondern aus reinen Machtbestrebungen hatte Holland 14 Jahre lang um West-Irian gestritten, damit die holländische Flagge im Pazifik nicht untergehen sollte, obwohl der Anspruch Indonesiens international anerkannt war. Erst als Sukarno unzweifelhaft zu einem Krieg mit Holland um West-Irian entschlossen war, lenkte Den Haag, auch auf großen Druck der

UNO und der USA, ein und konnte sich von seiner unrühmlichen kolonialen Vergangenheit in Indonesien endlich lösen. Kurz vor meiner Ankunft in
Indonesien übernahm Präsident Sukarno am 1. Mai 1963 West-Irian aus den
Händen der Vereinten Nationen. Das Trauma Niederländisch-Neuguinea,
als Symbol fortdauernder Kolonialpolitik im Pazifik, war für Indonesien
endlich beseitigt. Es wäre für Holland klüger und besser gewesen, dem Rat
der UNO zu folgen und sich freundschaftlich zu trennen. So hat Hollands
Festhalten an West-Papua wirtschaftlich beiden Ländern sehr geschadet und
den indonesischen Nationalismus über Maßen gefördert.

Nach der Eingliederung West-Papuas in die Republik Indonesia wollte Präsident Sukarno endlich alle Kraft für die Entwicklung des Landes
aufwenden. Mit Dr. Subandrio als Außenminister, General Nasution als
Verteidigungsminister und Dr. Abdulgani als Informationsminister saßen
eigentlich die richtigen Personen im Kabinett. Auch der von Sukarno persönlich eingesetzte junge energische Wiederaufbauminister Chaerul Saleh,
der unter anderem auch in Bonn studiert hatte, war genau der richtige
Mann. Er stand einer Zusammenarbeit mit Firmen der Bundesrepublik
Deutschland sehr aufgeschlossen gegenüber. Aber leider waren ihm
die Hände gebunden. Durch den langen Kampf mit Holland um die
Unabhängigkeit und den noch längeren Kampf um West-Papua war der indonesische Staat bereits derart verschuldet, dass für Entwicklungsprojekte
kaum mehr Devisen zur Verfügung standen. Außerdem wurde der Macht-
und Verwaltungsapparat immer verwirrender. Laufend wurden Ämter um-
geschichtet, neue Komitees gegründet und Resorts umgebaut, anstatt die
Wirtschaft zu sanieren. Dies förderte angesichts der komplizierten admi-
nistrativen Lage natürlich die Korruption. Um etwas zu erreichen, musste man schon die untersten Ebenen der Administration bestechen. Das
Land kollabierte. Das Riesenreich ist aber nicht nur an der mangelnden
Erfahrung Sukarnos und seiner Berater oder der mangelnden Reife des
Volkes zerbrochen. Vielmehr zeigte Holland keine Bereitschaft, der ehemaligen Kolonie mit gutem Willen, Fairness, guten Ratschlägen und als
hilfsbereiter Freund unter die Arme zu greifen. Ganz im Gegenteil: der
jungen Republik wurden aus Rache, dass sie sich von ihren Kolonialherren
lösten, laufend Knüppel in den Weg geworfen.

Die holländische Sprache wurde verpönt. Gleich nach der Unabhängigkeit
wurde sie an den Schulen als Fremdsprache abgeschafft. Selbst wenn man
Holländisch beherrschte, sprach man es nicht mehr. Deutsch wurde sehr beliebt, sicherlich weil es mit dem Holländischen verwandt ist, aber nichts mit
den Niederlanden zu tun hatte. Die Goethe-Institute im ganzen Inselreich
hatten einen gewaltigen Zulauf. In Afrika, in Vietnam und anderen ehemals

französischen Kolonien wird heute noch Französisch gesprochen, in Indien ist Englisch die Sprache der indischen Gesellschaft geblieben. Indonesien ist eine der ganz wenigen ehemals europäischen Kolonien, in der die Sprache der Kolonialherren nicht mehr präsent ist. Und das nach 350 Jahren Herrschaft! Viele Niederländer können bis heute nicht verwinden, dass sie ihre Kolonie verloren haben. Bis heute hat sich das niederländische Königshaus für die Gräuel, die dem indonesischen Volk angetan wurden, nicht entschuldigt.

2005 hat die niederländische Regierung erstmals ihrem Bedauern über die Polizeiaktionen mit den Worten, dass Unrecht auf beiden Seiten geschehen sei, Ausdruck verliehen. Genauso wurde die seit dem 17. August 1945 bestehende Unabhängigkeit Indonesiens von den Niederlanden erst 2005 anerkannt. Dass die Niederlande in Indonesien ihre weltweit größte Botschaft unterhalten zeigt, dass sie versuchen, wieder mehr wirtschaftlichen und kulturellen Einfluss in Indonesien zu gewinnen.

Wie aber kam es zu diesem beispiellosen Hass gegen die Kolonialherren? Um dies verständlich zu machen ist ein kurzer geschichtlicher Exkurs erforderlich.

Wie eine bunte Perlenkette liegen die Inseln des Indonesischen Archipels um den Äquator im Korallenmeer. Vom asiatischen Festland erstrecken sie sich mehr als 5.000 Kilometer bis in den Pazifischen Ozean. Und wie Juwelen haben fast alle Inseln einen fast unerschöpflichen Reichtum an Gewürzen wie Muskat, Nelken, Zimt und Pfeffer, sowie an tropischen Edelhölzern und Bodenschätzen. Besonders die Gewürze waren so wertvoll, dass Portugiesen, Engländer, Spanier und Holländer um den Besitz der Inseln immer wieder Kriege führten. Die Portugiesen waren die erste europäische Seemacht, die ab 1512 einen lukrativen Handel mit der Inselgruppe der Molukken im Norden des Archipels trieb. Sie wollten hier nur handeln und nicht besitzen. Allerdings haben die Portugiesen sehr häufig missioniert, was ja auch eine Form von Machtausübung ist. Ansonsten ließen sie die Einheimischen nach eigenem Willen schalten und walten. Das war bei den Holländern anders. Sie drängten immer mehr und mit kriegerischer Brutalität auf den lukrativen Markt, verdrängten die anderen europäischen Konkurrenten und führten zunächst moderat, dann aber mit immer stärkerer Knechtschaft eine Zwangswirtschaft und ein ausbeuterisches Steuersystem ein.

Als die ersten Holländer in dem Archipel am Äquator eintrafen, erwarteten sie „Wilde", wie seinerzeit Kolumbus in der Neuen Welt. Aber auf Java und Bali war alles anders. Hier trafen sie auf Hochkulturen, die übrigens noch bis heute bestehen und trotzdem wurden die Einheimischen wie Wilde behandelt. Java besaß bereits Städte, Regierungen, Bewässerungs- und Abwassersysteme, Kunst, Literatur und Tempel. Die Einheimischen pflanzten Bäume, sammelten Gewürze und trieben schon seit Jahrhunderten Handel mit China, Indien, Arabien und den Küsten Afrikas. Die Javaner der gehobenen Gesellschaft und des Adels waren klug und hoch gebildet. Geprägt war das Land durch mehrere Blütezeiten. Die 1. Hochblüte der malaiischen Kultur wird datiert ins 1. Jahrtausend v. Chr. Diese Dong Son-Kultur kam aus Hinterindien in den gesamten malaiischen Raum. Die 2. Hochblüte war im 7. – 9. Jh. n. Chr. mit dem Reich von Srivijaya. Eine 3. Blütezeit erreichte das Königreich Majapahit unter König Hayam Wuruk im Jahre 1331 bis Anfang des 16. Jahrhunderts. Dieses letzte Hinduimperium beinhaltete nicht nur den Archipel mit den Landesgrenzen Indonesiens von heute, sondern auch große Teile des malaiischen Archipels und Teile der heutigen Philippinen. Das ist auch der Grund, dass das in den Philippinen gesprochene Tagalog dem Javanischen teilweise ähnlich ist.

Im Jahre 1596 landete die erste holländische Expedition mit vier Schiffen in Banten in West-Java. Der erste Eindruck, den sie bei den Javanern hinterließen, war bereits äußerst negativ, denn sie stürmten kurz nach der Ankunft den Palast in Banten in West-Java, töteten den Prinz mit seinem gesamten Gefolge und zerstörten die Stadt. Die Gefangenen wurden gefoltert und hingerichtet. Als Antwort darauf enterten die Javaner eines der holländischen Schiffe und erschlugen den Kapitän und einen Teil der Mannschaft. Auf der Weiterfahrt nach Osten wollte der Fürst von Madura die holländischen Schiffe mit seiner kleinen Flotte begrüßen, aber die Holländer metzelten das ganze Empfangskomitee nieder. Daraufhin zerstörten die Javaner eines der Schiffe vor der Küste von Surabaya. Das freundschaftliche Verhältnis war von Anfang an sehr gestört, denn die Holländer führten sich von Anfang an mit Kanonendonner in Indonesien ein. Sie kamen mit mehr Kriegschiffen, mit mehr Soldaten, mit mehr und immer moderneren Waffen zurück und blieben 350 Jahre lang. Sie weiteten ihren Einfluss im Laufe der Jahre auf alle Inseln aus und schufen sich dadurch nicht nur ein Monopol im Gewürzhandel, sondern auch im Textilhandel mit Indien und im Kupferexport nach Japan. Auf dem Grund und Boden des 1619 von den Niederländern in Schutt und Asche gelegten javanischen Handelsplatzes Jakarta gründeten sie Batavia, ihre Hauptstadt von Niederländisch-Indien. Batavia ist der alte lateinische Name für die heutigen Niederlande. Der Name wird von den Batavern abgeleitet, einem westgermanischen Volksstamm, der sich zur Römerzeit dort ansiedelte. Die holländischen Siedler wollten an der Stelle dieses Handelsplatzes auf Java Klein-Amsterdam aufbauen mit Häusern und Grachten wie zu Hause. Das aber war in diesem tropischen Klima mehr als ungesund. Durch fehlende hygienische Verhältnisse, Krankheiten wie Malaria und ungesunde

Lebensweise wurde kaum ein Kolonialist älter als Ende Zwanzig, weshalb Batavia schon bald das „Grab des weißen Mannes" genannt wurde. Die von den Holländern geplanten Kanäle und Grachten waren ideale Brutplätze für die Malariamücken. Aber die meisten Europäer glaubten damals, dass die verheerende Volkskrankheit Malaria durch das Einatmen von „schlechter Luft" aus den Sümpfen zurückzuführen sei, weshalb die Italiener diese Krankheit „mala aria" – schlechte Luft – genannt haben. Nach der Unabhängigkeit Indonesiens war der holländische Name Batavia schnell vergessen. Batavia wurde sofort wieder in Jakarta zurück benannt.

Die sogenannten Segnungen der westlichen Zivilisation sahen die Indonesier nie mit reiner Freude, zumal sie von einem fremden Eroberer kamen. Daher war die Besetzung der indonesischen Inseln durch die Holländer nie gefestigt. Immer wieder flammten Aufstände und Kriege auf, die die Holländer mit der Überlegenheit ihrer Waffen meist für sich entscheiden konnten.

Bereits Anfang des 19. Jahrhunderts gab es einen europäischen Pionier, der sich im Süden Balis ansiedelte. Es war der Däne Mads Lange, der im Jahre 1839 mit Erlaubnis des Königs von Südbali, Gusti Ngurah Gede Kesiman von Badung, in der Nähe des heutigen Kuta einen Handelsposten eröffnen durfte. Sein Haus und die großen Warenlager waren alle innerhalb eines Komplexes, der wie ein Fort von hohen Palisaden umgeben war. Von hier aus trieb er einen regen und erfolgreichen Handel mit den Nachbarinseln und den Kapitänen von Segelschiffen, die aus Europa kamen. Auch Wissenschaftler waren seine Gäste. Er lebte wie ein König, ein weißer Radja, mit einem Harem von chinesischen und balinesischen Konkubinen, seinen Dalmatiner Hunden und einem großen Gefolge von Angestellten. An den Abenden fanden dort wilde Partys mit Händlern und Kapitänen statt. Es gab aber auch gepflegte Empfänge für die gehobene Gesellschaft Balis. Mads Lange und sein Bruder Hans waren die einzigen Ausländer, die seinerzeit ins Innere von Bali reisen durften.

Die Holländer hatten den Süden von Bali noch nicht unter ihre Kontrolle gebracht, versuchten aber immer öfter mit militärischen Aktionen dieses Ziel durchzusetzen. Schon seit Jahrhunderten trieben die Balinesen regen Handel mit Singapur, Hongkong und anderen umliegenden Ländern. Auch der dänische Handelsposten auf einem Gebiet, auf das sie ihrer Ansicht nach Anspruch hatten und damit auch auf das Handelsmonopol und die daraus resultierenden Gewinne, war ihnen ein Dorn im Auge. Mads Lange versuchte immer wieder, zwischen den Holländern und den Balinesen zu vermitteln, um kriegerische Auseinandersetzungen zu vermeiden. Allerdings ohne den erhofften Erfolg. In den Jahren 1846, 1848 und 1849 wurden großangelegte holländische Strafexpeditionen nach Bali geschickt. Es wurde praktisch ununterbrochen gekämpft. Besonders bei diesen Kriegen kämpften hunderte afrikanischer Soldaten in vorderster Front. Diese „Belanda Hitam", schwarze Holländer genannten Soldaten wurden von der Goldküste nach Java gebracht und hier sklavenähnlich gehalten.

Mads Langes Handelsgeschäfte liefen durch die Kriege immer schlechter. Eine holländische Seeblockade in den Jahren 1848/49 brachte dann den Zusammenbruch seines Handelshauses. Bali wurde von einer von den Holländern eingeschleppten Pockenepidemie heimgesucht. Hunger und Chaos waren überall in dem einstigen Paradies. Mads Lange konnte den Eroberungszug der Holländer nicht verhindern. Einige Tausend Balinesen, nur mit Speeren bewaffnet, fanden im Kugelhagel der Holländer den Tod. Mads Lange starb verarmt 1856 auf Bali. Sein Bruder und sein Neffe versuchten erfolglos, den Handelsposten neu aufleben zu lassen. Das Grab von Mads Lange ist heute noch, etwa 1,5 Kilometer nördlich des heutigen Flughafens zu finden. Auch heute sieht man in Kuta immer wieder Hunde, die Dalmatinern sehr ähnlich sind. Ob dies wohl Nachkommen von Mads Langes Hunden sind?

1854 bekam der holländische Generalgouverneur von König Wilhelm III. die Machtbefugnis, jeden, der sich nicht dem kolonialen System unterordnete, ohne rechtliches Verfahren oder Betrachtung des einzelnen Falles, mit Gewalt ins Exil zu schicken. Die Sultanate wurden mit nur wenigen Ausnahmen im ganzen Kolonialreich zerstört. So auch im Banjarmasin-Krieg im südöstlichen Borneo, bei dem Sultan Hidayatullah 1862 festgenommen und verbannt wurde. Die Niederlande dehnten, von Java ausgehend, ihren Machtbereich auf den gesamten indonesischen Archipel aus. Lediglich die Provinz Aceh im Norden Sumatras vermochte noch zu widerstehen, wurde aber nach einem Krieg, der 35 Jahre (1873-1908) dauerte und zehntausende Menschenleben kostete, ebenfalls unterworfen.

Durch Intrigen haben es die Niederlande verstanden, Revolutionen innerhalb der Fürstentümer zu schüren, so dass mächtige Reiche in kleine Einzelreiche zerfallen sind. Das hat natürlich die Herrschaft der Holländer bedeutend gestärkt. Zwischen 1900 und 1910 wurde im Südwesten von Borneo gekämpft, und 1906 und 1908 erneut auf Bali. Besonders grausam waren diese beiden letzten Kriege, die zur endgültigen Unterwerfung ganz Balis führten. Als der König von Badung sah, welch großer Übermacht der Kolonialherren er gegenüberstand, sah er das Ende seines Reiches gekommen. Er und sein Gefolge begingen *Puputan*, eine im balinesischen Adel bekannte Selbstmordprozession, die nur in letzter Konsequenz, wenn kein Ausweg mehr sichtbar ist, angewendet wird, da eine Unterwerfung für ein balinesisches Königshaus undenkbar war. Er und seine Familie legten festliche Zeremonienkleider an und liefen mit dem gesamten um ihn versammelten Adel, ohne Waffen, gegen die Gewehre der Holländer an, um gemeinsam in dem Kugelhagel den Tod zu finden. Einige tausend seiner Anhänger wurden mit Frauen und Kindern grausam ermordet. In Indonesien und besonders auf Bali wird dieser Völkermord als „Massaker von Badung" bezeichnet. Vicki Baum hat dieses Massaker der Holländer im 20. Jahrhundert eindrucksvoll in ihrem Buch „Liebe und Tod auf Bali" beschrieben. *Puputan* (die Bedeutung dieses Begriffs ist „zu Ende bringen") eines balinesischen Königshauses hat es aber auch schon früher gegeben, so zum Beispiel als die Holländer die Insel Lombok, die von einem balinesischen König regiert wurde, in einer militärischen Aktion unterwarfen. Durch die militärischen Aktionen der Holländer, denen die Führungsschicht der Balinesen zum Opfer fiel, wurde für die Balinesen die so wichtige soziale Ordnung zerstört. Chaos kam in jede Familie. Zwangsarbeit war an der Tagesordnung, und wer sich widersetzte wurde rücksichtslos erschossen. Das zuvor so reiche Bali verarmte.

Ein noch schrecklicheres Gemetzel der Holländer als das Massaker von Badung mit noch viel mehr Toten war der *Puputan* im Königreich Klungkung vom 28. April 1908. Dieses Ereignis ist weltweit allerdings nicht so bekannt geworden, da der von Vicky Baum geschilderte *Puputan* die ganze Aufmerksamkeit auf sich gezogen hat.

Fast die gesamten Palast- und Tempelanlagen wurden von den Holländern zerstört. Nur das steinerne Eingangstor zum Palast wurde erhalten, vor dem heute sechs Steinskulpturen, von denen fünf Holländer darstellen, als geschichtliches Mahnmal aufgestellt sind. Weitere in Stein gehauene Holländer befinden sich im Museum des Komplexes Kerta Gosa und im ehemaligen Thronsaal.

Anfang der 1990er Jahre wurde neben dem Museum Kerta Gosa das „Monumen Puputan Klungkung" errichtet. Es handelt sich um eine Art Obelisk, der an dieses unrühmliche Ereignis erinnern soll. Im Jahr 2008 fand eine große Trauerfeier anlässlich des 100sten Gedenktags des *Puputans* statt.

1920 hatte Holland nach jahrelangen Kämpfen endlich die Kontrolle über West-Irian, heute West-Papua, dem nördlichen Teil der Insel Neuguinea errungen. Die Kosten der Kriege zur Kolonisierung Indonesiens waren für Holland ungeheuerlich. So wurde die Bevölkerung der bereits unterworfenen Inseln, wie zum Beispiel Java, durch immer höhere Abgaben und Steuern belastet, um weiterhin Gewinne für das Mutterland zu erzielen. Große Plantagen auf Java und Sumatra wurden durch die einheimische Bevölkerung bewirtschaftet, die Ernte wurde von chinesischen Mittelsmännern eingetrieben und dann von Holland auf den europäischen Märkten mit hohem Gewinn verkauft.

Ab 1811 herrschten die Briten unter der Führung von Sir Stamford Raffles für fünf Jahre auf Java und weiteren Außeninseln. Während der Napoleonischen Kriege hatten die Briten die Niederlande besetzt. Damit kamen auch die holländischen Kolonien unter britische Verwaltung. In dieser Zeit wurden viele positive Reformen eingeführt. Selbst der holländische Geschichtsschreiber de Kat Angelino hielt dies folgendermaßen anerkennend fest: „die Briten haben uns Ostindien in einer besseren Verfassung zurückgegeben". Aber die napoleonischen Kriege und Unruhen zu Hause brachten Holland den Ruin. Als nach dem Wiener Kongress im Jahre 1816 die Kolonie wieder an Holland zurückgegeben wurde, mussten mit allen Mitteln Gewinne aus der ostindischen Kolonie gepresst werden, um die Kassen zu Hause wieder zu füllen. Die von Raffles abgeschaffte Besteuerung des Binnenhandels wurde wieder eingeführt und weitere Erleichterungen zurückgenommen. Die Wut der Massen führte zu schlimmen Aufständen im ganzen Archipel. Der darauf folgende Javanische Krieg dauerte von 1825 bis 1830. Dabei kamen über 200.000 Javaner und 8.000 Europäer um.

Nach Ende dieses Krieges wurde das „Cultuurstelsel", das sogenannte Kultivierungssystem, eingeführt, das nichts anderes war als Zwangsarbeit und Zwangswirtschaft, aber eine Goldgrube für Holland. Uralte indonesische Gesetze wurden abgeschafft, nur weil sie nicht den holländischen Vorstellungen entsprachen. Von den Kolonialbeamten wurde angeordnet, dass jeder Bauer auf bis zu 50% seines Landbesitzes vorgegebene Erzeugnisse anzupflanzen und die Ernte ohne Vergütung an sie abzuliefern habe. Dies waren alles Produkte, die in Europa einen hohen Gewinn abwarfen. Viele Tage im Jahr mussten sie Fronarbeit zugunsten der Kolonialregierung leisten. Die Ernte war ausschließlich für den europäischen Markt bestimmt. Fiel eine Ernte durch Naturkatastrophen oder zum Beispiel durch eine Rattenplage aus, mussten sich die Bauern verschulden, um neues Saatgut kaufen zu können. Von Seiten der Holländer wurden keine Erleichterungen gewährt. Die Versklavung und grenzenlose Ausbeutung der einheimischen Bevölkerung brachte den Niederlanden unvorstellbare Gewinne, hinterließ aber ausgehungerte und verarmte Bauern. Durch diese Planwirtschaft wurde der Reisanbau in den Hintergrund gedrängt. Ab 1840 führte dies zu einer großen Hungersnot auf der reichen und überaus fruchtbaren Insel Java. Das indonesische Volk wurde in dieser Notsituation noch weiter unterdrückt und bis zum Hungertod ausgeplündert. Die Bauern wurden sogar bestraft, wenn sie die Landrente nicht bezahlen konnten. Die Unzufriedenheit der ausgebeuteten Eingeborenen führte auf Java und allen Außeninseln zu weiteren Aufständen.

35 Jahre, bis 1908, dauerte der Krieg im Sultanat Aceh auf Nord-Sumatra. Dabei sind auch zehntausende holländischer Soldaten bei Kämpfen und durch Krankheiten umgekommen. Die schwelende indonesische Revolution dauerte über 50 Jahre an. Die Insel Bali wurde, wie schon erwähnt, erst im 20. Jahrhundert von der holländischen Regierung unterworfen. Es war eine Revolte gegen die wirtschaftliche Ausbeutung und das Übel der Fronarbeit, zu der die indonesischen Arbeiter durch die holländischen Kolonialherren gezwungen wurden. Die Indonesier selbst verarmten dadurch immer weiter.

Diese Unterdrückung und Ausbeutung sowie die korrupten Machenschaften höchster holländischer Regierungsvertreter kritisierte der niederländische Schriftsteller und hohe Kolonialbeamte Eduard Douwes Dekker bereits in seinem 1859 unter dem Pseudonym Multatuli veröffentlichten Buch „Max Havelaar." Zum Beispiel schreibt er: „Muss nicht die so lange unterdrückte Unzufriedenheit ... endlich in Wut umschlagen, in Verzweiflung, in Raserei?" (S. 222) Als Folge dieses Buches ging ein Schaudern durch Holland, aber Verbesserungen der Lage für die indonesischen Bauern blieben aus. Nur Eduard Douwes Dekker wurde unter vielen Schmähungen und Anfeindungen wegen Majestätsbeleidigung in Bantam verurteilt und schließlich von seinem Posten in Niederländisch-Indien entlassen. Da er in den Niederlanden enormen Repressalien ausgesetzt wurde, verbrachte er die letzten 17 Jahre seines Lebens in Deutschland.

Erst nach 1900 wurden im holländischen Parlament Stimmen laut, die forderten, die unmenschlichen Bedingungen auf Java zu verbessern. Indonesier wurden immer noch als Angehörige einer minderwertigen Rasse und schon wegen der Hautfarbe als tiefer stehende Spezies betrachtet. Die Rechtfertigung für ihre Einstellung gegenüber den Einheimischen lag in der Selbsteinschätzung der Holländer als Teilhaber einer höherwertigen Religion und Zivilisation. Um die Einheimischen weiter im Zustand ihrer – angeblichen – Minderwertigkeit halten zu können, verhinderten sie auch weitgehend eine Missionierung durch die christlichen Kirchen, denn christlichen Indonesiern gegenüber hätten sie dem christlichen Gleichheitsgebot Rechnung tragen müssen. Dies aber hätte ihre kolonialen Interessen grundlegend beeinträchtigt.

Während der 20er und 30er Jahre des letzten Jahrhunderts arbeiteten viele deutsche Ärzte für die holländische Regierung in Indonesien. Ich bin mit einer Familie befreundet, deren Vater viele Jahre auf Java praktizierte.

Die weißen Ärzte durften allerdings nur Holländer behandeln. Dieser Arzt fühlte sich dem Eid des Hippokrates verpflichtet und behandelte auch arme Indonesier in Not, natürlich kostenlos. Als die Holländer dies erfuhren, wurde er abgestraft und nach West-Papua strafversetzt. 1940 wurde er dort, wie alle Deutschen, von den Holländern verhaftet und interniert.

Vor dem 2. Weltkrieg lieferte Holland fast den gesamten Weltbedarf an Pfeffer und Chinin, über ⅓ des Weltbedarfs an Gummi und fast ¼ an Kokosprodukten, Tee, Zucker, Kaffee und Öl. Holland wurde durch Indonesien zu einer der größten und reichsten Kolonialmächte. Aber der Gewinn blieb in Holland. Sie waren überzeugt davon, dass eine Kolonie nur zum Vorteil der Kolonialmacht da war, ohne Rücksicht auf die einheimische Bevölkerung. Schulbildung, soziale Sicherheit und menschenwürdige Bedingungen blieben auf der Strecke. Kein Wunder, dass die nationale indonesische Freiheitsbewegung immer mehr Zulauf erhielt.

Es gab eine kleine Minderheit von gebildeten Indonesiern der Mittel- und Oberschicht, die mit der westlichen Kultur durch ihre Ausbildung vertraut waren, sich aber nun auf ihre eigene Tradition besannen. Sie hatten die Ausbeutung durch die Holländer satt. Dieser Bewegung schlossen sich bald die Bauern und die Arbeiterklasse an. Bereits 1908 wurde die erste nationale indonesische Unabhängigkeitsbewegung „Budi Utomo" von Intellektuellen ins Leben gerufen. 1912 folgte die Vereinigung „Sarekat Islam", eine Art Genossenschaft oder Selbsthilfegruppe, die die indonesischen muslimischen Bauern und Kaufleute vor den chinesischen Zwischenhändlern schützen sollte. Allerdings hatten in späteren Jahren die Marxisten in dieser Vereinigung das Sagen. Holland beobachtete beide Organisationen mit Skepsis und hatte für beide jegliche politische oder nationale Tätigkeit verboten. Nach außen hin wurden von beiden keine politischen Ziele verkündet, aber in den lokalen Verbänden und im Untergrund wurde kräftig im Interesse der Unabhängigkeit gearbeitet.

1914 wurde noch die PKI, die kommunistische Partei Indonesiens, gegründet. Von ihr organisierte Arbeitsniederlegungen wegen der schlechten Arbeitsbedingungen auf Plantagen auf Java (1926) und Sumatra (1927) wurden von Holland brutal niedergeschlagen. Die Anführer der PKI wurden verhaftet und in Gefängnisse gesteckt. Im Jahre 1927 wurde der Grundstein für die PNI, die Partai Nasional Indonesia, durch Sukarno, den späteren ersten Präsidenten Indonesiens, gelegt. Das Ziel der Partei war, so bald wie möglich die Fesseln der holländischen Kolonialmacht abzustreifen und ein unabhängiges Indonesien zu schaffen. Durch das Talent des charismatischen Sukarno, die Menschen – auch die einfachsten Bauern – zu begeistern, kam es zu einer Massenbewegung. Er wurde als Lehrer und Vater des Volkes geachtet. Alle

Indonesier betrachteten sich plötzlich als eine einzige große Familie, über alle kulturellen, religiösen und sprachlichen Unterschiede hinweg. Holland erkannte die Gefahr, die von der PNI ausging. Im Jahr 1930 steckten sie Sukarno und weitere Führer der PNI ins Gefängnis und die Partei wurde verboten. 1932 gründeten Muhammed Hatta und Sutan Sjahrir eine neue nationale Vereinigung mit denselben Zielen. Sukarno kam 1933 kurz frei, wurde aber sofort wieder eingekerkert, als er mit Hatta und Sjahrir Kontakt aufnahm. Auch Hatta und Sjahrir wurden nun den Holländern zu gefährlich. Sie wurden 1934 verhaftet und ebenfalls ins Gefängnis gesteckt. Sie wie auch Sukarno kamen erst 1942 bei der Invasion der Japaner in Indonesien wieder auf freien Fuß. Sukarno musste 13 Jahre seines Lebens in Gefängnissen der Holländer verbringen. Jahre später, nach der Machtübernahme Sukarnos, steckte dieser seinerseits aber auch einige seiner Widersacher ins Gefängnis, da sie sich mit seiner Zusammenarbeit mit den Kommunisten nicht abfinden wollten. Auch seine Weggefährten Hatta und Sjahrir hat er kaltgestellt, da sie seine Ideale nicht entschieden genug verfolgten.

Kurz vor Ausbruch des 2. Weltkrieges breitete sich nochmals eine Welle des Aufstandes gegen die Holländer von Java aus über alle Inseln aus. Plantagenbesitzer und Pflanzer wurden ermordet, die Kolonialherren flüchteten oder verschanzten sich in Militärkasernen, aber das holländische Heer gewann nochmals die Übermacht. Die menschliche Behandlung der Einheimischen in ihrer Kolonie wurde von Den Haag immer noch als lebensfremde Ethik abgelehnt. Wieder wurden mehr als tausend Aufständische mit ihren Familien in Konzentrationslager ins Innere von Neuguinea verbannt.

Walter Spies, Untergang der Van Imhoff und Ehrungen

Walter Spies

Mit den Kriegsjahren brachen für die in Indonesien lebenden Deutschen schwere Zeiten an. Bereits im 1. Weltkrieg wurden Deutsche in Indonesien von den Holländern interniert. Zufällig befand sich der deutsche Dichter und Maler Max Dauthendey 1914 als Tourist auf Java. Auch er wurde interniert. Obwohl sich Bernhard Shaw und weitere internationale Intellektuelle für seine Freilassung einsetzten, ließen ihn die Holländer nicht frei und er starb 1918, kurz vor Ende des Krieges mit nur 54 Jahren in Malang auf Java.

Dieses Schicksal hatte auch Walter Spies getroffen. Er war einer der bekanntesten Deutschen, die während der Internierung im 2. Weltkrieg ein tragisches Ende fanden. Um über Leben und Tod von Walter Spies zu berichten, muss ich zunächst weiter ausholen, denn leider ist der außergewöhnliche Künstler Walter Spies in Deutschland fast nur in Fachkreisen bekannt, während sein Name in der Kunstwelt Indonesiens und besonders in der balinesischen, nahezu 70 Jahre nach seinem Tod immer noch voller Bewunderung genannt wird.

Auch mir war Walter Spies kein Begriff. Meine erste indirekte Begegnung mit ihm hatte ich 1964, fast gleichzeitig durch Anregungen aus Europa und Asien. In Jakarta wies mich General Soenarjo im Palast von Präsident Sukarno auf ein Gemälde von Walter Spies hin und nur zwei Tage später erhielt ich ein Päckchen von meinen Eltern, das das gerade in Deutschland erschienene Buch von Hans Rhodius, „Walter Spies, Schönheit und Reichtum des Lebens" enthielt. Zufall oder Schicksal? Auf jeden Fall fing damals Walter Spies an, mich in seinen Bann zu ziehen. Nicht lange danach begegnete ich durch Sukarno in seinem Palast in Tampaksiring auf Bali Walter Spies ein weiteres Mal. Der kunstbegeisterte Sukarno war ein großer Verehrer dieses Künstlers und erzählte begeistert von ihm und seinem Werk.

Es gab unter den zahlreichen europäischen Künstlern in Niederländisch-Indien keinen, der mit Walter Spies' Qualitäten als Maler, Musiker und Fotograf in einem Atemzug genannt werden könnte. Er hatte sein deutsches Umfeld der Kunst-Avantgarde der 20er Jahre bereits 1923 verlassen und wird oft als wichtigster Tropenmaler neben Paul Gauguin genannt. Er bannte Bilder wie Träume auf die Leinwand. Tiere und Menschen schweben oft durch unwirkliche Landschaften, ein Malstil, den der Kunsthistoriker Franz Roh „Magischer Realismus" genannt hat. Einflüsse mittelalterlicher Meister und auch Chagall und Rousseau bestimmten Walter Spies' Werk, das oft eine ungewöhnliche Perspektive zeigt. Diese war bereits in den Bildern seiner europäischen Periode sichtbar wie auch in seiner balinesischen. Dadurch bringt er das mystische Bali mit seinem *Sekala* und *Niskala*, „dem Gesehen und Nicht Gesehen werden" überzeugend zum Ausdruck. Bei manchen seiner Gemälde denkt man, er habe die Welt durch ein Mikroskop betrachtet. Die kleinsten Einzelheiten, jeder Tropfen Wasser, werden mit einer unglaublichen Präzision sichtbar.

Walter Spies war nicht nur ein Genie auf dem Gebiet der schönen Künste, er war auch ein Sprachgenie. Neben seiner Muttersprache Deutsch sprach er Russisch, Englisch, Französisch, Türkisch, Arabisch, Persisch, Holländisch, Baschkirisch und natürlich Bahasa Indonesia und Balinesisch. In früheren Jahren hatte er auch noch Koptisch und Altägyptisch studiert.

Spies war zwischen 1927 und 1940 der bekannteste Europäer auf Bali. Er wurde rasch zu einem außerordentlichen Kenner der Kultur dieser Insel, der Sitten und Bräuche. Ihre Menschen und deren Tänze, Musik und Theater hatte er erlebt und verstanden wie nur wenige andere Europäer. Noch heute kann man balinesische Künstler und Intellektuelle sagen hören, Walter Spies sei tiefer im balinesischen Mystizismus, Spiritualismus und Symbolismus verwurzelt gewesen, als manchmal Balinesen selbst. Zum Beispiel sagte Dr. Djelantik, der Gründer der Walter-Spies-Foundation in Bali: „Walter Spies war der erste westliche Künstler, der nicht mit einer westlichen Haltung, sondern mit der Künstlerseele eines Balinesen malte". Walter Spies hat Überdurchschnittliches geleistet für die Kunst und Wissenschaft Balis. Weitab von Deutschland, auf Bali, fand er seine Heimat.

Walter Spies wurde 1895 als Sohn einer deutschen Kaufmanns- und Diplomatenfamilie in Moskau geboren. Sein Vater war der deutsche Vizekonsul. Schon im Umfeld seiner Familie verkehrten bekannte Komponisten und Interpreten jener Zeit wie Rachmaninoff und Scriabin. Die Avantgarde-Maler Europas konnte er in den bedeutenden Privatsammlungen Moskaus sehen. Martha Spies, die Mutter, förderte die künstlerische Erziehung ihrer Kinder und so fanden diese – bis auf den ältesten Sohn, der Kaufmann wurde – sich später in Deutschland als Maler, Musiker und Tänzer wieder. Sein Bruder Leo war als Komponist und Dirigent tätig, seine Schwester Daisy war eine der großen deutschen Tänzerinnen, die unter anderem viele Jahre als Primaballerina an der Deutschen Staatsoper in Berlin wirkte. Walter Spies' älteste Schwester Ira hatte Gesang studiert.

In Dresden besuchte Walter Spies das Vitzthum-Gymnasium. Die Schulferien verbrachte er alljährlich bei seinen Eltern in Moskau und er wurde dort, kurz nach Ausbruch des 1. Weltkrieges in Sterlitamak hinter dem Ural interniert. Hier erlernte er bei gemeinsamer Waldarbeit mit Kirgisen und

Tataren deren Sprache und Lieder, hier entwickelten sich tiefe Wurzeln in seiner Identität, die ihn später aus den Metropolen Europas in ferne naturnahe Lebensbereiche trieb.

1918 gelang ihm die Flucht aus Russland zu seiner inzwischen in Deutschland lebenden Familie. Er lebte in Berlin und Dresden inmitten der Künstleravantgarde der Musik, der Bildenden Kunst und des Films. Er arbeitete als Maler, Bühnenbildner und Musiker. Es entwickelten sich Freundschaften zu Otto Dix und Oskar Kokoschka. Zu anderen bedeutenden Malern jener Zeit jedoch, zu Nolde, Pechstein, Grosz fühlte er eine große Distanz.

Walter Spies hatte besonders enge persönliche Bezüge zur Musik-Avantgarde: Sein naher Freund, der Universalgelehrte, Schriftsteller und Komponist Hans-Jürgen von der Wense brachte ihn zu Eduard und Irene Erdmann. Spies erinnerte sich: „Im Hause meines großen Freundes Eduard Erdmann traf ich all die ‚Großen' [der Musik]: Busoni, Pfitzner, Schnabel, Hindemith, Krenek etc." Mit dem Filmregisseur Friedrich Wilhelm Murnau verband ihn eine Lebenspartnerschaft, die ihn die neue Welt des Films kennen lernen ließ. Bis zu Spies' Abschied von Europa im Jahre 1923 war er an der Entstehung von Murnau-Filmen beteiligt (Nosferatu, Gang in die Nacht, etc). Nicht von ungefähr erinnern in seinen späteren Arbeiten Schatten-Effekte an Murnau-Filme.

Während dieser Dresdner und Berliner Jahre entstanden seine ersten erhaltenen Werke. Wenn er sich auch im Umfeld bedeutender Künstler und durch Beteiligung an Ausstellungen als Maler zunehmend einen Namen machte, blieb er in Deutschland ein Fremder. Unter den vielfältigen Gründen, Europa auf der Suche nach einem Paradies zu verlassen, war sicher die Verfolgung Homosexueller zu jener Zeit.

Als Matrose auf einem Frachtschiff erreichte er 1923 Batavia, das heutige Jakarta. Nach einer kurzen Zwischenstation in Bandung in West-Java durfte er schon bald das europäische Orchester im *Kraton* des Sultans Hamengku Buwono VIII in Yogyakarta leiten. Er war von der Märchenwelt des *Kratons*, des Palastes, fasziniert, denn hinter den Palastmauern befand sich eine eigene Stadt, eine andere Welt, mit mehreren zehntausend Menschen, mehreren Orchestern, einem eigenen Theater und einer Oper. Hier begann auch sein intensives Studium der indonesischen Gamelanmusik, und er entwickelte dafür eine Notenschrift mit vollständigen Partituren für alle Instrumente. Nächtelang lauschte er dieser für ihn neuen Tonwelt und machte sich während des Zuhörens fortwährend Notizen. Bis dahin wurde diese Musik nur nach Gehör von Generation zu Generation weitergereicht, was oft zur Folge hatte, dass Musikstücke unwiderruflich verloren gingen oder wenn die

Musiker einen Irrtum oft genug wiederholten, dieser dann zur ungeschriebenen Partitur gehörte. Nun konnten auch alte, fast vergessene Musikstücke durch die Notenschrift festgehalten und für die Nachwelt gerettet werden. Schon während seines kurzen Aufenthaltes in Bandung, besonders jedoch in Yogyakarta, entstanden auch seine ersten Tropenlandschaften.

Als er 1927 vom Fürsten von Ubud, Cokorde Gede Raka Sukawati, nach Bali eingeladen wurde, war er sofort von dieser einzigartigen Insel mit ihrer hohen Kultur begeistert. Er beschloss, sich hier niederzulassen mit den Worten: „Ich richte mir jetzt mein Bambushäuschen ein im lieben, einsamen Ubud und bin bald für die Welt verloren" (Rhodius S. 249). Bali wurde zu seinem Lebensmittelpunkt. Hier fand er in der Natur und im dörflichen Leben ein Kaleidoskop von Szenen, die genau seinem Malstil mit dem „doppelten Horizont", durch den ein traumhaft-mystischer Eindruck erweckt wurde, entsprachen.

Der Cokorde Gede Raka Sukawati, der dort residierende Fürst, verstand sich als großer Förderer der schönen Künste und so war Walter Spies in der kleinen Residenzstadt Ubud sehr willkommen. Bis zur Fertigstellung seines ersten einfachen Hauses lebte Walter Spies im winzigen sogenannten „Wasserpalast" des Cokorde. Als Dank dafür schenkte ihm Walter Spies eines seiner ersten Gemälde, die auf Bali entstanden waren.

Als dann sein Haus auf einem verwunschenen, weitläufigen Areal im Dorfe Campuhan am Rande von Ubud erbaut war, schien Walter Spies sein Paradies zwischen den üppig grünen Hügeln, den reißenden Flüssen und den tiefen Tälern und Schluchten gefunden zu haben. Hier konnte er ungestört wirken und den Grundstein legen für seine erträumte Idylle, die sich im Laufe der folgenden Jahre zu einer international bekannten „Künstlerkolonie" entwickelte. Hier trafen sich auch balinesische Musiker, Tänzer und Maler. Obgleich er sich strikt weigerte, als Lehrer, als „Kunsterzieher" aufzutreten, hat er zweifellos – zusammen mit anderen Künstlern aus dem Westen, die sich auf Bali niedergelassen hatten – auf die Balinesen „gewirkt". Schließlich veränderte sich die balinesische Malerei in der Umgebung von Ubud und er gründete 1936, zusammen mit dem Cokorde Gede Agung Sukawati, dem balinesischen Künstler I Gusti Nyoman Lempad und dem holländischen Maler Rudolf Bonnet die Künstlergruppe „Pita Maha", deren Künstler sich allwöchentlich im Hause von Walter Spies trafen. Nun entdeckten balinesische Künstler, die bisher nur flächige Darstellungen, den sogenannten Wayang-Stil (gut zu sehen in der Gerichtshalle und dem Thronsaal von Klungkung) kannten, für sich die Perspektive. Durch viele internationale Ausstellungen erfuhr nun der balinesische Malstil weltweite Bekanntheit und Anerkennung.

Walter Spies fand den direkten Kontakt zu den Balinesen, nicht nur weil er ihre Sprache perfekt erlernte, sondern auch durch seinen nicht-kolonialen Umgang mit ihnen. Er wurde ihr Freund, weil er ihnen auf gleicher Augenhöhe begegnete und weil er ihre Kultur mit Bewunderung und Hochachtung in sich aufnahm. Zunehmend entwickelte sich Ubud zu einem kulturellen Zentrum Balis.

In seinem Refugium in Campuhan konnte er jedoch nicht lange ungestört arbeiten. Schon vor seiner Abreise aus Deutschland hatte er zu sehr im Umfeld „großer" Namen gelebt. Er irrte sich, als er ankündigte, „bald für die Welt verloren zu sein", denn sein Anwesen in Campuhan wurde zu einem Magneten für alle Berühmtheiten des Westens, die ihren Traum vom Paradies für kürzer oder länger realisieren wollten. Die Besucher kamen aus Hollywood und Paris, aus New York, London und Berlin.

1931 war sein Haus übervoll von Filmleuten, denn Baron Viktor von Plessen drehte zusammen mit dem bekannten Filmemacher und Kameramann Dr. Friedrich Dalsheim den Film „Insel der Dämonen". Ein Teil des Drehbuches, Künstlerischer Beirat und Choreographie der Tänze lag in den Händen von Walter Spies. Der Dokumentar-Tonfilm mit Spielhandlung wurde ein voller Erfolg, da mit Hilfe von Spies das echte Bali gesucht und gefunden wurde. Durch seinen Rat sind eine Menge ethnologischer und folkloristischer Erkenntnisse in diesen Kulturfilm eingeflossen. Die Einwohner Balis durften sich selbst spielen. Für diesen Film hat Walter Spies den *Kecak*-Tanz, den sogenannten Affentanz, der seine Wurzeln in einem *Sanghyang*-Trance-Tanz hat, zusammen mit dem seinerzeit international berühmten balinesischen Tänzer Wayan Limbak neu gestaltet. Nun sitzen deutlich mehr Tänzer – um die einhundert – mit einer Hibiskusblüte hinter dem linken Ohr, in konzentrischen Kreisen eng zusammen. Mit hocherhobenen Händen und ekstatischen Bewegungen ertönt aus hundert Kehlen ein mitreißendes „Ketschak-tschak-tschak-tschak", das aus Balis Vorzeit zu kommen scheint. Dieser Tanz ist bis heute in dieser Choreographie, die Teile der hinduistischen *Ramayana*-Geschichte erzählt, lebendig geblieben und wird fast täglich für Touristen aufgeführt. Der sehr rhythmische *Kecak*-Gesang ist sogar in neuester Zeit in der Musik berühmter Pop-Bands oder in dem Fellini Film „Satyricon" zu hören. Der Film „Insel der Dämonen" wurde im Februar 1933 in Deutschland uraufgeführt. Er wurde ein Welterfolg und ist in nahezu allen Ländern Europas, den USA und vielen anderen Staaten gezeigt worden. Bis heute zählt dieser Film zu den Höhepunkten der deutschen Filmgeschichte

Walter Spies bezauberte die Menschen durch seine Hilfsbereitschaft und seine Liebenswürdigkeit. Künstler und viele Berühmtheiten aus aller Welt waren seine Gäste. Vicky Baum schrieb monatelang in seinem Gartenhaus unter seinem sachkundigen Rat ihren berühmten Roman „Liebe und Tod auf Bali". Der legendäre „Reiseführer" des bekannten mexikanischen Malers Miguel Covarrubias, „Island of Bali", entstand ebenfalls unter dem Einfluss von Walter Spies. Die englische Schriftstellerin Beryl de Zoete hätte das 1938 erschienene Buch „Dance & Drama in Bali", das bis heute als Standardwerk gilt, nicht ohne das tiefe Wissen ihres Co-Autoren Walter Spies realisieren können. Cole Porter wohnte bei ihm. Charlie Chaplin, der ihn zweimal auf Bali besuchte und dem er die Schönheit der Insel erschloss, erwarb 1932 mit der „Rehjagd" eines seiner Meisterwerke. Barbara Hutton, die mehrere seiner Gemälde besaß, dankte ihm nach einem Aufenthalt in seinem Haus mit dem Bau eines Gästehauses und eines Swimmingpools. Auch der bekannte Dirigent Leopold Stokowski besuchte ihn. Ebenso waren Mitglieder der europäischen Aristokratie, wie Duke and Duchess of Sutherland, König Leopold von Belgien und Ernesto Visconti Venestra, seine Gäste. In den Salons von Berlin bis New York war Walter Spies bekannt und ein beliebtes Gesprächsthema.

Die deutsche Fliegerlegende des letzten Jahrhunderts, Elly Beinhorn, brach mit nur 24 Jahren mit der kleinen offenen, nur 80 PS starken, aus Sperrholz und Leinwand gebauten Klemm-Argus-L16 Maschine, mit der Kennung D-2160, zu ihrem ersten Alleinflug rund um die Welt auf. Nach Zwischenstopps in Batavia und Bandung ließ sie vor dem Weiterflug nach Australien auf der Marine-Flugstation der Holländer in Surabaya den Motor ihrer Maschine generalüberholen. Sie nutzte die Zeit der Motorüberholung und fuhr in einer Nachtfahrt mit dem Dampfer nach Bali, da sie Walter Spies einen Brief von Viktor von Plessen übergeben wollte. Hier traf sie Anfang 1932 mit ihm zusammen. Durch Walter Spies lernte sie das ursprüngliche Bali kennen. Leider endete der Besuch von Elly Beinhorn auf Bali voller Entsetzen: Bei einem gemeinsamen Bad an Balis Südküste wurde Walter Spies' Cousin Conrad Spies, der während der Dreharbeiten des Films „Insel der Dämonen" Buchhalter und Aufnahmeleiter gewesen war, vor den Augen von Elly Beinhorn und Walter Spies von einem Hai getötet.

Die Liste berühmter und bekannter Persönlichkeiten, die mit Walter Spies zusammengetroffen sind, ließe sich noch lange fortsetzen. Viele seiner Bilder wurden von Sammlern und seinen Besuchern direkt in Auftrag gegeben und sind zum großen Teil noch in Privatbesitz.

Walter Spies gab zusammen mit dem kanadischen Komponisten und Pianisten Colin McPhee verschiedene Konzerte auf Bali auf zwei Flügeln. Das letzte war noch kurz vor dem 2. Weltkrieg. Die Flügel waren entsprechend der 5- oder 7-Ton Gamelanmusik gestimmt und selbst balinesische Musiker waren überrascht, wie es diesen beiden Künstlern gelang, die verschiedenen

Melodien und Feinheiten der Gamelanmusik auf zwei für Balinesen völlig ungewöhnliche Instrumente zu übertragen. Walter Spies und Colin McPhee waren die ersten westlichen Künstler, die sich intensiv mit der balinesischen Gamelanmusik befassten.

1937 bezog Spies ein kleines Atelier in Iseh, einem kleinen Dorf am südlichen Fuß des heiligen Vulkanes Gunung Agung im Osten Balis. Er wollte in der Abgeschiedenheit seine Ruhe vor dem zunehmenden Besucherstrom finden. In einem Brief an seine Mutter schrieb er:

> „Ich habe meine Leica, die ich von Plessen bekam, an McPhee verkauft, und für das Geld habe ich mir ein kleines Zufluchtshäuschen mit Atelierchen in den Bergen von Karangasem gebaut ... damit ich möglichst weit von Ubud weg bin, wo man mich nicht so leicht finden kann. Da arbeite ich jetzt". (Rhodius S. 350)

Von diesem neuen Haus aus hatte er einen herrlichen Ausblick über die Reisfelder auf den Vulkan. Hier fand er die nötige Ruhe und gewann aus dieser typischen balinesischen Landschaft die Inspiration für Meisterwerke.

Aber die Ruhe währte nicht lange. Die holländische Kolonialregierung machte Jagd auf Homosexuelle und verhaftete Spies 1939. Während des Gefängnisaufenthaltes in Denpasar und Surabaya malte er die bekannten Bilder „Die Landschaft und ihre Kinder" und „Scherzo für Blechinstrumente". Die Briefe, in denen er die Entstehung gerade letzteren Werkes beschreibt, lassen keinen Zweifel daran, dass dieses in einem Trance-Zustand erschaffen wurde.

Margaret Mead, die Kuratorin für Anthropologie am American Museum of National History in New York und Professorin an der Columbia University war mit ihrem Mann Gregory Bateson wiederholt auf Bali und eng mit Walter Spies befreundet. Von 1936 bis 1938 arbeiteten beide in Bali an ihrem Buch „Balinese Character, a Photographic Analysis" und waren schon wieder auf der Heimreise in die USA. Als sie unterwegs erfuhren, dass Walter Spies im Gefängnis saß, fuhren sie ohne zu zögern zurück, um den besten Verteidiger zu verpflichten und ihn bei dem bevorstehenden Prozess zu unterstützen.

Nach Verbüßung seiner Strafe blieb ihm nur noch kurze Zeit, die Spiritualität seiner Insel zusammen mit den von ihm geliebten Balinesen zu genießen. Fern des malaiischen Archipels marschierten deutsche Truppen in die Niederlande ein, und die Königin floh mit der Regierung ins englische Exil. Alle in Indonesien lebenden Deutschen wurden daraufhin von den Holländern in Internierungslager auf Java, Sumatra und Borneo gebracht. So auch Walter Spies, obwohl dieser schon früh erste Tendenzen des Nationalsozialismus abgelehnt hatte.

Alleine 1.200 Deutsche aus Batavia kamen in ein unmenschliches Lager auf die Insel Unroest. Es gab dort keine sanitären Anlagen, keine Matten und nicht einmal genügend Trinkwasser. Das Vermögen sowie der Besitz der Deutschen wurde von der holländischen Kolonialregierung beschlagnahmt und versteigert. Ab dem 10. Mai 1940 waren alle Deutschen in Indonesien Freiwild. Der alleinige Haftgrund war, ein Deutscher zu sein, selbst wenn man ein Leben lang für die holländische Kolonie gearbeitet hatte.

Walter Spies lebte schon seit 1923 in Indonesien, aber er besaß immer noch seinen deutschen Pass, der ihm nun zum Verhängnis wurde. Er wurde in das Internierungslager des alten holländischen Fort Ngawi in Ost-Java gebracht und später in das Internierungslager Fort Kotatjane im südwestlichen Teil Acehs in Nord-Sumatra verlegt. In diesem Lager waren bis zu 2.400 deutsche Männer, die Zug um Zug nach Britisch-Indien transportiert wurden. Vor seinem Abtransport mit dem Schiff „Van Imhoff" wurde er in ein kleineres Lager bei Sibolga verlegt.

Der niederländische Journalist und Schriftsteller Cornelius Conyn hat seine Erlebnisse als Kriegsgefangener bei den Japanern in Sumatra in seinem Roman „A Grain of Rice" aufgezeichnet. Im zweiten Kapitel dieses Romans beschreibt er, als Tatsachenbericht – kurz bevor die Japaner Indonesien besetzten – die unerwartete Begegnung mit Walter Spies hinter dem Stacheldraht des Internierungslagers. Da dies vermutlich die letzte Aufzeichnung über den noch lebenden Walter Spies ist, gebe ich hier einen Teil des Tatsachenberichtes wieder:

„An diesem ersten Morgen war ich an der Reihe, mit sieben anderen Kameraden vom Wachkommando K.N.I.L.'s (Koninklijk Nederlandsch Indisch Leger) das Nazilager zu bewachen. Im Lager befanden sich ungefähr fünfhundert Internierte, auf vier Blocks verteilt, die durch Stacheldraht voneinander getrennt waren ... Ich begann mit geschultertem Gewehr auf und ab zu gehen. Plötzlich erblickte ich ein bekanntes Gesicht! Oder täuschte ich mich? Nein, auf der anderen Seite des Stacheldrahts erkannte ich mit Schrecken meinen früheren Gastgeber auf Bali, bei dem ich einen unvergesslichen Urlaub verbracht hatte. Walter Spies wäre inmitten jeder Menschengruppe aufgefallen. Eine lange, magere, weiße Gestalt mit den Augen eines Sehers, Augen, in denen alle Weisheit und alle Güte der Welt zu liegen schienen. Da saß er nun in der Ecke eines umzäumten Vierecks: auf der einen Seite die Steinbaracken mit den Schlafstätten der Internierten, auf den drei anderen Seiten Stacheldraht ...

Auch Walter saß allein, die Knie hochgezogen, den langen Rücken gegen eine der wenigen Palmen gelehnt, und zeichnete. Mit schnellen

und nervösen Zügen rauchte er eine Zigarette, die er gerade selbst gedreht hatte. Ich erkannte ihn wahrscheinlich zuerst an seinen charakteristischen Gebärden; denn er hatte sich in den Jahren, die seit meinem
Balibesuch verflossen waren, wohl verändert! Er hatte sich einen Bart
wachsen lassen – einen dünnen, gelben Stoppelbart, der sich noch im
ersten Stadium befand. Sein zerknitterter Strohhut und das herausfor-
dernde rote Hemd, das weit offen stand, vor allem aber die merkwürdig
hellen, allsehenden Augen gaben seinem Gesicht einen Ausdruck, der
an ein Selbstporträt van Goghs erinnerte.

Es war erschütternd, ihn, gerade ihn, so zu finden … wie ein gefährliches Raubtier in einem Käfig oder wie ein Missetäter, der gegen
die Menschenrechte verstoßen hatte! Dieser stolze Adler von einem
Manne, der auf seinem geliebten Bali eine Zufluchtsstätte vor der Klein-
geistigkeit des modernen Lebens gefunden hatte, war schon seit Jahren
für seine Freunde ein Symbol geistiger Freiheit geworden. Seine Gleich-
gestimmten waren zum größten Teil führende Gelehrte und Künstler
und andererseits die einfachen Bauern seiner Insel.

In diesem Augenblick schaute er auf, und unsere Blicke kreuzten sich.
Er erkannte mich. Ich glaube, dass ich bis zu den Haarwurzeln errötete
– eine Schülerkrankheit, die ich schon längst überwunden zu haben
dachte. Ich fühlte mich tief beschämt, aber was konnte ich tun? Hinter
mir liefen zwei einheimische Berufssoldaten, und mein Gefährte, der
auf der anderen Seite die Wache mit mir teilte, kam gerade herbei.

Walter fand sofort die beste Lösung. Er starrte absichtlich an mir
vorbei in die Ferne, dann wandte er den Kopf und zuckte die Achseln.
Aber sein mager gewordenes Gesicht mit den tiefen Falten um den
Mund erhellte sich plötzlich wie von einem inneren Lächeln, einem
milden und weisen Lächeln, das mich tief ergriff. Ich fühlte, dass er,
genau wie ich, wieder an unser letztes Beisammensein zurückdachte
und sich der fast unwirklichen Mondnacht in seinem Garten erinnerte,
als die beiden jungen Trance-Tänzerinnen für uns tanzten …

Die Berichte aus Java waren verworren. Man hielt natürlich stand.
Aber wir hatten einen unzweideutigen Befehl erhalten, und der musste
ausgeführt werden: der potenzielle Feind in unserer Mitte, die Deutschen, die auf die Befreiung durch ihre Bundesgenossen [die Japaner]
warteten, mussten nach einem sicheren Ort gebracht werden. England
hatte bereits seit langem ‚irgendwo' Lager vorbereitet – Vorderindien,
flüsterte man sofort –, und noch am gleichen Tag musste der Geleitzug
mit allen Internierten nach Padang [Sibolga] aufbrechen, wo Schiffe
für die Evakuierung bereitlagen.

Das letzte, was ich von Walter sah – das letzte, was man überhaupt von diesem außergewöhnlich begabten Menschen sehen sollte –, war seine lange, hagere Gestalt beim Abmarsch im Glied der Kolonne, mit dem roten Hemd als herausfordernder Farbfleck in dem trostlosen Einerlei des schlichten Khaki, das die meisten trugen. Bis zuletzt sollte er eine auffallende Persönlichkeit bleiben. Oben auf seinen Koffern lagen einige Stück Leinwand zum Malen, und unter dem freien Arm trug er eine Anzahl Skizzenbücher, zweifellos voll gelungener und geistreicher Zeichnungen, wertvolle Dokumente, deren Schicksalsbestimmung es war, mit ihm unterzugehen.

Das Schiff, auf dem sich die Bewohner von Block C befanden, wurde von der Bombe eines japanischen Flugzeuges getroffen, während die anderen Schiffe ihren Bestimmungsort sicher erreichten.

Die Mannschaft des sinkenden Schiffes konnte sich retten ... Walter aber wurde nie mehr gesehen. Zusammen mit den anderen Vermissten muss er den Tod im Seemannsgrab gefunden haben ... er, der einst als genialer Jüngling voller Illusionen als Matrose anheuerte, um die Welt kennen zulernen." (Rhodius, S. 433-436)

Soweit der Bericht des Niederländers Cornelius Conyn. Allerdings muss ich hier hinzufügen, dass in dem letzten Absatz dieses Berichtes der genaue Ablauf der letzten Stunden der „Van Imhoff" verschwiegen wurde. Vielleicht war dieser dem Autor auch nicht bewusst, da das schlimme Verbrechen zweier holländischer Kapitäne in Holland vertuscht, – ja sogar totgeschwiegen wurde.

Der Untergang der Van Imhoff

Kurz vor der japanischen Invasion wurden alle deutschen Männer dieses Internierungslagers in britische Kolonien verschifft, damit diese nicht von den Japanern befreit werden konnten. In Sibolga [nach anderen Quellen auch fälschlich Padang], West-Sumatra, stach am 18. Januar 1942 ein Dampfer der KPM, der „Koninglijke Paketvaart Maatschappij" in See, die „Van Imhoff" mit Kapitän H. J. Hoeksema. Das Schiff sollte nochmals hunderte deutsche Gefangene nach Britisch-Indien bringen. Es war das letzte Schiff vor der Invasion der Japaner, das Indonesien mit deutschen Internierten verließ. Die Aussagen und Aufzeichnungen der wenigen Überlebenden decken sich, so dass ich hier nur eine gestraffte Zusammenfassung wiedergeben möchte (Weiler, Bruder Aloysius, Kern):

Auf der „Van Imhoff" befand sich auch Walter Spies. Das Schiff war nicht – wie nach internationalem Völker- und Seerecht vorgeschrieben – als Kriegsgefangenentransport gekennzeichnet. Am 19. Januar 1942 wurde es daher von einem japanischen Marineflieger bombardiert. Die 477 deutschen Gefangenen waren unter Deck in Stacheldrahtkäfigen eingeschlossen, sodass sich die holländische Besatzung mit dem Kapitän in den Rettungsbooten und einer Dampfbarkasse schnell in Sicherheit bringen konnte. Um eine Meuterei der gefangenen Deutschen zu verhindern, beruhigte sie der Kapitän mit Lügen: Für die Gefangenen würde genauso gesorgt wie für die holländische Mannschaft, und der Kapitän würde als letzter von Bord gehen. Der Kapitän war einer der ersten, der von Bord ging! Bevor er und die Mannschaft das Schiff verließen, zerstörten sie noch die Funkstation, die Pumpanlagen und die Wasserfässer. Auch die nicht benötigten Rettungsboote und Ruder wurden zerstört, bis auf ein Boot, das sie in der Eile zurücklassen mussten. Als die „Van Imhoff" langsam unterging, konnten sich die Gefangenen befreien. 66 Personen retteten sich in das völlig überladene Rettungsboot und ruderten ohne Trinkwasser und Nahrung in Richtung Sumatra. Am nächsten Tag kam auf hoher See das holländische Motorschiff „Boelongan" in die Nähe der Schiffbrüchigen. Die „Boelongan" fuhr ebenfalls unter der KPM-Flagge und war das Schwesterschiff der „Van Imhoff" unter Kapitän M. L. Berveling. Als dieser erfuhr, dass sich nur Deutsche in dem Rettungsboot befanden, wünschte er ihnen eine rasche Himmelfahrt und drehte ab, ohne wenigstens den Wunsch nach einem Eimer Trinkwasser zu erfüllen. Am 25. Januar erreichten die Deutschen – fast verdurstet, von der glühenden Sonnenhitze verbrannt und dem Wahnsinn nahe – die Insel Nias. Das Boot zerschellte in der hohen Brandung. Zwei Gefangene ertranken dabei, so kurz vor der Rettung. Erneut wurden die Deutschen festgenommen und in das Gefängnis Gunung Sitoli gebracht. Unter den 411 ertrunkenen Deutschen war auch Walter Spies.

Unter den Opfern dieser Tragödie befand sich neben Walter Spies ein weiterer ganz ungewöhnlicher Mann. Es war der Bremer Kaufmann und Sprach- und Insektenforscher Hans Overbeck. Er lebte bereits seit 1904 im indonesisch-malaiischen Archipel und hatte sich besonders intensiv mit der Literatur dieses Kulturraumes beschäftigt. Ende der 1930er Jahre veröffentlichte er zum Beispiel ein Buch, in dem er 1.500 javanische Kinderlieder und Spielreime gesammelt und übersetzt hat. Auch als Insektenforscher hatte er professionelle Sachkenntnisse, wie seine Zusammenarbeit mit dem Staatlichen Museum für Tierkunde in Dresden und seine Publikationen zeigen.

In seinem letzten Brief aus dem Lager schreibt Walter Spies von der Begegnung mit Hans Overbeck und einer gemeinsam verfassten Arbeit. Er schreibt optimistisch: „Wir werden noch viel zu tun haben!" Für beide wurde das untergegangene Schiff das Grab.

Gottlieb Weiler, ein Überlebender, der Missionar auf Borneo war, schrieb:

> „Auf der Heimreise von Indonesien nach Europa auf einem holländischen Schiff im Jahre 1946, sagte mir ein holländischer Offizier, dass ein Befehl vorgelegen habe, bei einem Schiffsunglück sich mit der Rettung Deutscher nicht abzugeben". (Weiler S. 9)

Die wenigen Überlebenden berichteten mit eidesstattlichen Erklärungen von den rechtswidrigen Taten der Kapitäne Hoeksema und Berveling, aber beide Kapitäne wurden in Holland nie zur Rechenschaft gezogen. Laut niederländischer Justiz lag kein Grund für die Untersuchung eines Fehlverhaltens vor. Beide hätten allerdings verurteilt werden müssen wegen Verstoßes gegen die Genfer Konvention und die internationale „Search & Rescue" Konvention, nach der Schiffbrüchige gerettet werden müssen. Auch hätte die „Van Imhoff" als Gefangenentransporter mit dem Rot-Kreuz-Symbol gekennzeichnet sein müssen, um es vor einem Angriff der Japaner zu schützen.

Die schreckliche Tat dieser beiden holländischen Kapitäne muss vielleicht vor dem Hintergrund der vorhergegangenen Bombardierung Rotterdams durch die deutsche Luftwaffe relativiert werden, zumal sie von ihren Vorgesetzten den Befehl bekamen, deutsche Schiffbrüchige nicht zu retten.

Die deutschen Überlebenden waren nicht lange hinter Gittern, denn als die Japaner nach Nias kamen, waren die Deutschen schon befreit. Es ereignete sich nämlich ein Kuriosum:

Die indonesischen Polizisten der Insel Nias, die die deutschen Überlebenden der „Van Imhoff" bewachen sollten, verbündeten sich mit diesen und ließen sie frei. Nun brachten die Indonesier und die Deutschen gemeinsam die Holländer hinter Schloss und Riegel. Zusammen mit indonesischen Persönlichkeiten der Insel Nias proklamierten nun die Deutschen die „Freie Republik Nias". Alles war geregelt: Es gab einen Ministerpräsidenten, einen Außenminister usw. Diese „Freie Republik Nias" bestand, bis einige Wochen später die japanischen Truppen Nias besetzten und die holländischen Gefangenen abtransportierten.

Nach 23 Jahren hatte die Tragödie, die sich auf der „Van Imhoff" abspielte, noch ein Nachspiel. Im Jahre 1965 veröffentlichte der SPIEGEL unter dem Titel „Das Totenschiff" Einzelheiten der grausamen Geschehnisse, die auf Informationen eines Überlebenden beruhten. Auf internationalen Druck leitete die niederländische Justiz nun doch noch eine Untersuchung ein. Das Ergebnis war: „Es gäbe keinen Grund für einen Strafantrag gegen die beiden Kapitäne oder einen anderen Niederländer" (SPIEGEL 52/1965). Die niederländische Justiz hat selbst so viele Jahre nach dem 2. Weltkrieg immer noch mit zweierlei Maß gemessen.

Auch im Jahre 1966 berichtete Benno Reifenberg nochmals ausführlich in der „Frankfurter Allgemeinen Zeitung" (8. Januar 1966) über Walter Spies, sein Leben auf Bali und seinen Tod. Die niederländische Justiz lässt dies bis heute kalt.

Eine niederländische Filmgesellschaft hatte geplant, einen Film über diese Katastrophe zu drehen. Recherchen in den Archiven des niederländischen Verteidigungsministeriums wurden mit der Begründung abgelehnt: „Es sei nicht ihre Aufgabe, diese Fehler zu enthüllen"! Als dann die Fernsehdokumentation ohne diese Recherchen fertiggestellt wurde, wurde die Ausstrahlung aufgrund einer Intervention des Verteidigungsministeriums – vermutlich auf Druck der Veteranenverbände – wenige Tage vor dem Sendetermin verboten.

Ehrungen

Heute erinnert ein Gedenkstein in Hamburg an die 411 Zivilinternierten, die im Januar 1942 mit der „Van Imhoff" im Indischen Ozean umgekommen sind. Auch auf der Insel Bali wird bei dem ehemaligen Haus von Walter Spies, das heute in der Anlage des Hotel Tjampuhan bei Ubud liegt, mit einer großen steinernen Gedenktafel an ihn erinnert. Das Haus wurde erst kürzlich liebevoll restauriert. Wer möchte, kann diesen Walter Spies Bungalow heute für einen Urlaub auf Bali buchen.

Ein anderer Ort, der an Walter Spies erinnert, ist das exklusive Hotel Tugu Bali am Strand von Canggu. Der Eigentümer Anhar Setjadibrata ist ein großer Kunstliebhaber, der sich in seiner Hotelanlage zu einem Spies-Pavillon durch den einstigen kleinen Palast inspirieren ließ, in dem Spies einige Jahre im Kraton des Sultans von Yogyakarta gelebt hat.

Leider habe ich auf Bali nur noch wenige Originale von Walter Spies gefunden. Ein schönes Original ist im ARMA-Museum in Ubud zu sehen, und in der Umgebung von Ubud gibt es noch zwei Original-Zeichnungen, die schon seit Jahrzehnten in Familienbesitz sind. Der Direktor des Neka Art-Museums in Ubud sagte mir, für Indonesien seien die Bilder von Walter Spies heutzutage viel zu teuer. Die könnten sich nur noch große Museen oder reiche Privatsammler in Amerika, in Europa oder Japan leisten!

Der Prinz Dr. A. A. Made Djelantik, Sohn des ehemaligen Königs von Karangasem, war eine der herausragendsten und meistgeachteten Persönlichkeiten Balis. Auf Bali gab es bis zum Jahre 1949 mehrere Königreiche, die den nun bestehenden acht Verwaltungsbereichen in etwa entsprechen. Dr. Djelantik gehörte zu den wenigen Privilegierten, die während der holländischen Kolonialzeit eine Schule besuchten und er war der erste Balinese, der – da er Prinz und sehr begabt war – in Holland studieren durfte. Er hat alle Perioden, die Kolonialzeit, die Unabhängigkeit und die moderne Zeit auf Bali miterlebt. Dr. Djelantik war ein international bekannter indonesischer Tropenmediziner, der auch zehn Jahre für die Welt-Gesundheits-Organisation in Bagdad, Kabul und Mogadischu tätig war. Als großer Freund und Förderer der Schönen Künste hat er sich besonders um das Erbe von Walter Spies verdient gemacht. Bereits im Jahre 1981 gründete er die indonesische Walter-Spies-Foundation, deren Vorsitz er nach schwerer Krankheit im Jahre 2000 an den Kunstfreund Agung Rai abgab. Aber bis zu seinem Tod im Jahre 2008 hatte er sich immer noch aktiv mit dem Erbe von Walter Spies beschäftigt.

Agung Rai, der Eigentümer und Gründer des wunderschönen ARMA-Museums (Agung Rai Museum of Art) in Ubud, das zauberhaft zwischen Reisfeldern und altem Baumbestand liegt, hat sich erfolgreich bemüht, Walter Spies und seinem Werk einen exklusiven Rahmen zu verschaffen. Mit Hilfe der „Walter-Spies-Gesellschaft Deutschland", der „Walter-Spies-Stiftung Bali" und der Deutschen Botschaft in Jakarta wurde eine sehenswerte Dauerausstellung über das Lebenswerk von Walter Spies mit ausgezeichneten Reproduktionen in Originalgröße eröffnet. Ebenso wurde ein Raum für den Filmemacher Baron von Plessen eingerichtet. Beiden Künstlern wurden eigene, sehr geschmackvoll gestaltete Räume mit vielen Exponaten dieser Zeit und Informationen über ihr Leben und Schaffen gestaltet.

Das ARMA-Museum ist täglich erfüllt von Leben. Mehrere Gebäude in balinesischer Architektur sind in die tropische Landschaft integriert. Hier werden nicht nur Exponate balinesischer Künstler gezeigt, täglich gibt es auf einer Freilichtbühne Tanz- oder Theateraufführungen oder Lesungen. Agung Rai setzt sich besonders für die Förderung und Erhaltung der balinesischen Tradition ein und bietet eine kostenlose Ausbildung der Jugend in traditionellen Künsten durch hervorragende Meister ihres Faches an. In diesem Museum hat Agung Rai mit Malerei, Musik, Tanz und Literatur seinen Traum von einem „lebenden Museum" verwirklicht.

In den Wirren der Nachkriegszeit ist der Name Walter Spies und sein Schicksal in Deutschland vergessen worden, und seine Bilder erzielten auf internationaler Ebene noch keine Höchstpreise. Erst in der Mitte der 1960er Jahre, als die deutsche Presse den Fall des Untergangs der „Van Imhoff" neu aufrollte und Hans Rhodius nach jahrelangen intensiven Recherchen sein umfangreiches Werk „Walter Spies, Schönheit und Reichtum des Lebens" herausbrachte, rückte der Name Walter Spies wieder in das öffentliche Interesse. Als dann Mitte der 1990er Jahre bei einer Versteigerung in Singapur sein kleines Gemälde „Die Krabbenfischer" unglaubliche 450.000 Singapur

Dollars (damals ungefähr DM 500.000) erzielte, explodierten die Preise für Gemälde von Walter Spies auf dem internationalen Kunstmarkt. Schon wenig später erzielte das Gemälde „Die Landschaft und ihre Kinder" den Sensationspreis von rund 1 Million DM und der „Blick von der Höhe" sogar über 2 Millionen DM. Diese Preise weckten natürlich auch das Interesse der Kunstfälscherszene.

Wenn man bedenkt, dass heute in den bekanntesten Auktionshäusern in London und New York ein Gemälde von Walter Spies nicht unter einer Million Euros gehandelt wird, erscheint einem ein „echter" Walter Spies, der in Indonesien für fünfzig- oder hunderttausend US-Dollar unter der Hand angeboten wird, als echtes Schnäppchen. Aber Vorsicht! Es sind alles gute und weniger gute Fälschungen, die zum Teil in einer Fälscherwerkstatt bei Bandung auf Java hergestellt werden. Das betrifft nicht nur Gemälde von Walter Spies, sondern auch von anderen bekannten Künstlern. Durch eine der Mafia ähnliche Organisation, bei der leider auch ein Schweizer Bürger seine Finger im Spiel hat, werden sie an reiche Ausländer vertrieben und die Experten, die diese Bilder als Fälschungen entlarven und somit dieses zwielichtiges Gewerbe stören, werden bedrängt und bedroht. Es sind sogar Fälschungen mit dem Echtheitszertifikat eines Museums auf dem Markt. Auch hier gilt größte Vorsicht! Die Briefbögen der Museen sind gestohlen und echt, die Zertifikate und Stempel jedoch gefälscht.

Auch ich musste trotz ausgiebiger Recherchen und großer Vorsicht Lehrgeld bezahlen, als ich von einem bekannten Maler in Ubud einen „echten" Walter Spies erstand. Der Maler hatte dieses Bild vor Jahren von diesem ominösen Schweizer Bürger erstanden. Schon seit vielen Jahren suchte ich nach einem vermutlich auf Bali verschollenen Gemälde des Malers, und ich glaubte fündig geworden zu sein. Eigentlich hätte mich der „Schnäppchenpreis" stutzig machen sollen. Aber die Verführung war zu groß! Nach Leistung einer größeren Anzahlung durfte ich das Gemälde für eine kurze Zeit mitnehmen. Bei einer Untersuchung durch Walter Spies-Experten wurde herausgefunden, dass es sich auch hier um eine Fälschung handelt, allerdings um eine Fälschung, die schon aus den 30er Jahren des letzten Jahrhunderts stammte. Aufgrund meiner guten Kontakte in Indonesien ist es mir glücklicherweise gelungen, den Verlust in Grenzen zu halten.

In den letzten Jahren ist zunehmend eine Renaissance des Walter Spies-Stils zu beobachten. Junge balinesische Künstlerinnen und Künstler ahmen die diffizile Maltechnik mit den besonderen Lichteffekten nach. Sie haben bei den Asiaten, besonders bei den Japanern, große Liebhaber und Abnehmer gefunden.

Unabhängigkeit, ein blutiger Weg –
2. Weltkrieg bis Dezember 1949

Im August 1941 wurde von den Alliierten die sogenannte „Atlantik-Charta" unterzeichnet, einen Monat später auch von der niederländischen Regierung. Der Inhalt dieser Charta war, „dass alle Völker die Regierungsform, unter der sie leben wollen, selbst wählen können". Die niederländische Regierung erklärte jedoch: „dass diese Charta kein Grund sei, eine Neuorientierung ihrer Politik gegenüber der indonesischen Bevölkerung zu veranlassen". Hier wurde von holländischer Seite wiederum mit zweierlei Maß gemessen: Die Besetzung der Niederlande durch die Nazis wurde natürlich und mit Recht verurteilt. Die brutale Vergewaltigung und Ausbeutung des indonesischen Volkes aber war für sie legal. Freiheit und das Recht auf Selbstbestimmung wollten die Holländer daheim, die gleichen Bestrebungen aber unterdrückten sie in ihrer Kolonie auf die brutalste Art und Weise. Holland hatte nicht nur alle indonesischen Freunde verloren, sondern auch international jegliches Verständnis, Ansehen und Vertrauen. Der Wille, mit aller Kraft für die mit Sehnsucht erwartete Unabhängigkeit zu kämpfen, wurde bei dem größten Teil der indonesischen Bevölkerung immer stärker.

Im Laufe des 2. Weltkrieges wurden die niederländischen Kolonialbeamten immer mehr verunsichert und in ihren Reaktionen hektisch. Sie sahen das Ende der Kolonialzeit und des schönen üppigen Lebens nahen. Überall wurden Indonesier verhaftet. An Bord eines niederländischen Kriegsschiffes gab es eine Meuterei. Die javanische Besatzung hatte die weißen Offiziere überwältigt. Die Meuterer waren von ihrem Erfolg überrascht, wussten aber nicht, was sie damit anfangen sollten. Für die Holländer war diese Aktion ein großer Schock. Sie gewannen jedoch die Kontrolle über dieses Kriegsschiff zurück. Alle Indonesier wollten die Unabhängigkeit, aber wie sie die erreichen sollten, das wussten sie selbst noch nicht. Ihr Idol Sukarno war noch in Haft und konnte keine großangelegte koordinierte Aktion organisieren. Daher verpufften einzelne Aktionen wie diese ohne große Wirkung. Die mutigen javanischen Freiheitskämpfer auf diesem Schiff wurden schrecklich bestraft, die Rädelsführer erschossen.

Die Holländer ergaben sich 1942 den Japanern ohne große Gegenwehr. In der Sundastraße wurden die Schiffe der Alliierten von der japanischen Flotte versenkt. Holland, das Indonesien 350 Jahre lang besetzt hatte, wurde von den Japanern in weniger als drei Wochen besiegt, obwohl auf holländischer Seite auch Truppen der Australier, der Briten und der USA kämpften. Bevor die Holländer flohen, steckten sie noch militärische Anlagen, große

Lagerhäuser und Öltanks in Brand. Viele Kolonialbeamte, die nicht mehr fliehen konnten, legten Eingeborenentracht an, färbten sich die Gesichter braun und versuchten sich zu verstecken. Ohne großen Erfolg, da sie durch die einheimische Bevölkerung keinen Schutz erfuhren. Tausende holländische Kriegsgefangene wurden nun von der Kaiserlichen Japanischen Armee zum Eisenbahnbau nach Malaysia und Birma verschleppt. Frauen und Kinder der Kolonialbeamten wurden in Mittel-Java interniert. Die Japaner wurden zunächst von der indonesischen Bevölkerung freudig als Befreier von dem kolonialen Joch mit Blütengirlanden empfangen. Die rot–weiße indonesische Fahne, von der Kolonialmacht als umstürzlerisch geächtet und verboten, wurde nun fröhlich geschwenkt. Sukarno nahm das japanische Angebot an, unter dem japanischen Militär eine indonesische Regierung vorzubereiten, an deren Spitze er stehen sollte.

Aber Indonesien schwelgte nur für kurze Zeit im Gefühl der Befreiung und Unabhängigkeit. Indonesische Männer und Frauen wurden nun zu Zwangsarbeitern der japanischen Besatzer. Eine halbe Million junger Männer wurden von ihren Familien getrennt und wie die holländischen Kriegsgefangenen zum Eisenbahnbau nach Malaysia und Birma verschleppt. Nur 70.000 kamen zurück. Frauen wurden für Liebesdienste versklavt und in den Kasernen der japanischen Soldaten oft über Monate festgehalten. Agrarprodukte und Lebensmittel wurden beschlagnahmt und wieder gab es Hungersnöte. Das indonesische Volk musste erneut großes Leid erfahren. Die Stimmung kehrte sich um und die neuen Besatzer verloren die anfängliche Sympathie der einheimischen Bevölkerung. Aber die Japaner unterstützten immer noch die indonesische Unabhängigkeitsbewegung.

Sukarno und Hatta durften sich frei im Lande bewegen und ihre nationalistischen Ideen von Freiheit und Unabhängigkeit weiter verbreiten. Bei Verhandlungen mit den japanischen Besatzern konnte Sukarno erreichen, dass indonesische Milizverbände rekrutiert werden durften, die sogar durch die Besatzer mit Waffen ausgerüstet wurden. Diese Truppe wurde PETA (Pembela Tanah Air), eine freiwillige Armee „zur Verteidigung des Vaterlandes" genannt. Eine größere Anzahl von Offizieren erhielt sogar ihr Patent von der Besatzungsmacht. Besonders Sukarno warb für diese Armee und deren schnellen Aufbau. Er hatte vorhergesehen, dass Holland zurückkommen würde, um seine kolonialen Pfründe zu erhalten und dagegen wollte er gerüstet sein. Die PETA erhielt einen überwältigenden Zulauf aus allen Schichten der Bevölkerung. Später wurde diese Armee mit über 120.000 aktiven Kämpfern das Rückgrat der Widerstandskämpfer, die Indonesien gegen die nach dem 2. Weltkrieg zurückkehrenden Holländer verteidigte und schließlich auch den Sieg über sie errang. Die Besatzung der Japaner dauerte dreieinhalb Jahre. Nachdem im August 1945 die USA Atombomben über Hiroshima und Nagasaki abgeworfen hatten, kapitulierten auch die Japaner. Der 2. Weltkrieg war endlich zu Ende.

Zwei Tage nach der japanischen Kapitulation, am 17. August 1945, rief Sukarno die erste Indonesische Republik in den Grenzen der holländischen Kolonie aus, mit sich als Präsident und Hatta als Vize-Präsident. Sutan Sjahrir, der dritte der großen Männer der Revolution, wurde Minister-präsident. Indonesien war frei und unabhängig – aber nur auf dem Papier. Die Wirklichkeit sah anders aus, denn für Indonesien war der 2. Weltkrieg noch lange nicht vorbei. Dieser 17. August wird nun jedes Jahr als *Hari Raya Kemerdekaan,* als Tag der Unabhängigkeit mit viel Fahnen, Blumen und Festen gefeiert.

Die Geburt Indonesiens begann mit starken Wehen. Nur wenige Wochen nach der Unabhängigkeitserklärung Indonesiens gingen schon Ende 1945 in Sabang, Nord-Sumatra, die ersten holländischen Truppen wieder an Land mit dem Ziel, die Kolonialherrschaft wiederherzustellen. Im September und Oktober 1945 landeten britische und australische Truppen der Alliierten auf Java. Sie waren die ersten Truppen, die nach Ende des 2. Weltkrieges auf der Insel Java eintrafen. Der Flughafen Kemayoran in Jakarta wurde durch britische Fallschirmjäger besetzt, und in Surabaya richteten sie einen Marinestützpunkt ein. Weitere Truppen wurden im ganzen Archipel verteilt. Diese Truppen hatten drei Aufgaben: die Entwaffnung und Rücksendung der japanischen Truppen, die Rettung alliierter Kriegsgefangener und die Unterdrückung der indonesischen nationalen Bewegung, bis Holland in der Lage sei, seine „rechtmäßigen Ansprüche" auf Indonesien wieder durchzu-setzen.

Keines dieser Ziele konnte erreicht werden. Die japanischen Truppen hat-ten ihre Waffen und Fahrzeuge bereits an die indonesischen Freiheitskämpfer übergeben. Eine große Zahl Japaner unterstützte diese in ihrem Kampf für die Unabhängigkeit und bildete Soldaten aus. Die von den Japanern inter-nierten niederländischen Männer, Frauen und Kinder brachen bei Kriegs-ende zunächst in Jubel aus, da sie nun das Ende ihrer Lagerhaft erwarteten. Tausende wurden bitter enttäuscht. Da die Briten nicht genügend Fahrzeuge, Schiffe und Personal hatten, um diese Menschen zu evakuieren, mussten sie noch viele Monate, bis Mitte 1946, die Marter der Internierungslager er-tragen. Tausende kamen in den Lagern um. Die Briten mussten sogar ihre Kriegsgegner, die Japaner, wieder bewaffnen, um die Lager durch sie be-wachen zu lassen. Die Japaner mussten nun die ehemaligen Kriegsgegner vor gewalttätigen Übergriffen der aufgebrachten indonesischen Bevölkerung beschützen.

In Surabaya ereignete sich der erste schwerwiegende Zwischenfall zwischen den Alliierten und den Soldaten der jungen indonesischen Republik. Bei einem Überfall wurden einige britische Soldaten und ein Offizier getötet. Sehr zum Ärger der Briten waren die Indonesier in Surabaya nun gut mit Waffen, sogar mit gepanzerten Fahrzeugen der Japaner ausgerüstet. Die Briten stellten ein Ultimatum: Die indonesische Seite müsse kapitulieren und alle Waffen müssten innerhalb von 24 Stunden an einem bestimmten Platz niedergelegt werden. Andernfalls würde die Stadt Surabaya bombardiert, bis die Bedingungen erfüllt worden wären. Aber kein Indonesier dachte an Kapitulation. In Surabaya kursierte nämlich das Gerücht, dass auf den im Hafen liegenden britischen Kriegsschiffen holländische Truppen wären, um die dann wehrlose indonesische Bevölkerung wieder zu unterjochen.

Nach Ablauf des Ultimatums am 10. November 1945 gab es zunächst schreckliche Straßenkämpfe zwischen der „Indian Army", die in vorderster Front im Auftrag der Briten gegen die Indonesier kämpfte. Viele kämpften jedoch nur noch halbherzig, da auch sie die Unabhängigkeit wie ihre indonesischen Brüder wollten, andere desertierten. Als ein schneller Erfolg der Briten ausblieb, begannen sie Surabaya zu bombardieren. Drei Tage dauerten die grausamen Angriffe auf Surabaya, eine Stadt, in der keine militärischen Anlagen waren und in der es keine Luftschutzkeller gab. Die Bevölkerung, meist Frauen, Kinder und alte Männer, waren schutzlos diesem Terror ausgeliefert. Surabaya wurde bis auf die Grundmauern zerstört. Es gab viele Tote, meist unschuldige Frauen und Kinder. Die Stadt ging in Flammen auf. Vanneen Walker, eine aus Schottland stammende Freiheitskämpferin auf Seiten der Indonesier, berichtete live über einen Geheimsender aus der zerstörten Stadt. Vom Cokorden, dem Fürsten von Ubud, wurde ihr schon früher der Name K'tut Tantri verliehen. Nach ihrem gefährlichen Einsatz in Surabaya wurde sie allerdings zunächst in den Medien nur unter dem Namen „Surabaya Sue" weltweit bekannt. Ihr lesenswertes Buch „Aufruhr im Paradies", das sie über ihre Rolle im Unabhängigkeitskampf verfasste, veröffentlichte sie unter ihrem indonesischen Namen K'tut Tantri.

Flüchtlinge aus Surabaya wurden durch britische Tiefflieger auf den Ausfallstraßen bombardiert und mit Bordwaffen beschossen. Aber die Indonesier kapitulierten nicht! Durch dieses Massaker, im Auftrag der Niederlande, hat auch Großbritannien große Schuld auf sich geladen. Heute erscheint es unbegreiflich, dass damals in Großbritannien – trotz des bekanntermaßen politischen Weitblicks der Briten und der bereits absehbaren Unabhängigkeit Indiens – nicht erkannt wurde, dass auch in Indonesien die kolonialen Strukturen nicht mehr aufrecht zu erhalten waren. Der Kampf um

Surabaya war der letzte Einsatz der „Indian Army" für die Briten vor der Unabhängigkeit Indiens im Jahre 1947.

Nur kurz nach der Tragödie von Surabaya bombardierte die australische Luftwaffe die Stadt Balikpapan auf Borneo.

1946 kehrte zunächst eine 55.000 Mann starke holländische Truppe nach Indonesien zurück. Unter den Augen der Briten und Australier terrorisierten holländische Beamte der NICA, der Nederlands-Indies Civil Administration, die indonesische Zivilbevölkerung. Sie steckten Häuser in Brand und erschossen die, die Brände löschen wollten. Schon bald hatten die Holländer 92.000 Soldaten nach Indonesien entsandt. Gegen Ende des Krieges waren es 180.000 meist junge Wehrpflichtige. Es war das größte Expeditionsheer der holländischen Geschichte („Der Spiegel" 4/1988). Dazu kam nochmals fast dieselbe Anzahl von mit den Holländern kollaborierenden Ambonesen, die gegen die Volksfront der Unabhängigkeitsbewegung kämpften.

Viele Niederländer kehrten nach ihrer Befreiung aus den japanischen Gefangenenlagern in Malaya und Birma nach Indonesien zurück und wollten wieder in ihre eleganten Häuser einziehen, um den alten Lebensstil weiterzuführen. Kaum einer der in Indonesien geborenen Holländer glaubte, dass er aus diesem Land nochmals vertrieben werden könne, und sie waren bereit, dafür zu kämpfen und zu töten. Sie starteten einen Verleumdungsfeldzug gegen Sukarno und die anderen Führer der Revolution. Ohne Erfolg: es war zu spät. Die vielen Millionen Indonesier standen voll und ganz hinter ihrem ersten Präsidenten. Mehrere von den Niederländern mit viel Geld organisierte Komplotte, Sukarno zu ermorden und eine den Niederlanden freundlich gesinnte Marionettenregierung einzusetzen, wurden immer frühzeitig von Sukarno und seinen Getreuen aufgedeckt.

Von 1945 bis Dezember 1949 – fast fünf Jahre lang! – versuchte Holland mit brutaler militärischer Gewalt, das Rad der Geschichte zurückzudrehen. Holland hatte nicht die Absicht, sich von seiner ehemaligen Kolonie zu trennen, und wollte zum Vorkriegskolonialstatus zurückkehren. Die holländische Regierung lehnte es grundsätzlich ab, in Freundschaft und Gleichheit eine Lösung des Problems mit Indonesien zu finden. Es gab fast fünf Jahre Blutvergießen, bis sie sich endlich in Zorn und Schmerz von Indonesien trennen mussten. Nach ihrer Ansicht war Indonesien dauerhaft der rechtmäßige Besitz Hollands. Den fünfjährigen Unabhängigkeitkampf der Indonesier in allen Einzelheiten dazustellen würde den Rahmen dieses Buches sprengen. Ich habe daher nur einige beispielhafte Ereignisse geschildert.

Die indonesische Republik war noch nicht gut genug aufgestellt, um die wiederkehrenden Holländer zu vertreiben, aber schon gut genug, dem Versuch der Holländer zu widerstehen, die noch junge Republik zu stürzen.

Der gemeinsame Hass gegen die Holländer gab den Indonesiern, mit ihren verschiedenen Religionen, ihren verschiedenen Menschen und Rassen, über alle Bevölkerungsschichten hinweg die Kraft, gemeinsam zu siegen. Die Holländer waren entweder blind oder zu arrogant, vermutlich beides, dass sie diese Entwicklung nicht sehen wollten. Holland lehnte zunächst ab, mit der Regierung Sukarno zu verhandeln. Sie wollten keine friedliche Regelung, sie wollten ihre alte Kolonie wieder ohne jegliches Zugeständnis in Besitz nehmen. Auf Seiten der Holländer war kein Interesse an einer friedlichen Einigung vorhanden.

Im Januar 1946 wurde der Fall Indonesien erstmals bei den Vereinten Nationen vorgebracht. Das vom Sicherheitsrat ausgehandelte Waffenstillstandsabkommen wurde von Holland nicht eingehalten. Mehrmals forderte Präsident Sukarno ohne Erfolg die Briten auf, die niederländischen Truppentransporte zu stoppen. Immer mehr neu rekrutierte niederländische Soldaten strömten auf die Inseln. Die von den Holländern als Polizeiaktionen verniedlichten Einsätze, waren in Wirklichkeit ein schlimmer und brutaler Kolonialkrieg, der von holländischer Seite mit allen zur Verfügung stehenden Mitteln geführt wurde. In nur drei Monaten, von Dezember 1946 bis Februar 1947, wurden von holländischen Truppen 3.000 Indonesier ohne Prozess exekutiert.

Auch Bali wurde 1946 wieder von holländischen Truppen in Besitz genommen. Es gab zwar einige pro-holländische Balinesen, besonders unter hochgestellten Persönlichkeiten und dem Adel, der weitaus größte Teil der Bevölkerung war jedoch gegen eine erneute Machtergreifung der Holländer, und unter diesen bildeten sich viele Gruppen von Unabhängigkeitskämpfern. Am erfolgreichsten waren die Kämpfer um Colonel Ngurah Rai, dem Kommandanten der nationalen Truppen von Sukarno. Als er und seine Mitkämpfer in den Bergen hoffnungslos durch holländische Truppen eingekesselt worden waren, es aber ablehnten, sich zu ergeben, wurden sie grausam niedergemetzelt. Bis heute gilt er den Indonesiern als Volksheld, dessen Namen der Flughafen auf Bali trägt und an den dort ein Denkmal erinnert.

In Margarana, nördlich von Tabanan, befindet sich ein großer Heldenfriedhof, der den Opfern des Freiheitskampfes gewidmet wurde. Die Namen von fast 1.400 balinesischen Freiheitskämpfern sind hier nicht nur auf einer Tafel verzeichnet, es gibt auch für jeden Gefallenen eine eigene kleine Stele mit seinem Namen. Im Zentrum der Anlage befindet sich die Gedenkstätte für den wichtigsten balinesischen Freiheitskämpfer Ngurah Rai in Form eines sechseckigen *Candis*. Hier ist sein letzter Brief an die Holländer, in dem er eine Kapitulation ablehnt, in Stein gemeißelt. Er endet mit dem Schlachtruf der Freiheitskämpfer: *Sekali merdeka, tetap merdeka* (Einmal frei, immer frei). Bis heute verweigert der Friedhofswärter Niederländern den Zutritt zu diesem Friedhof.

Großbritannien drängte auf eine Lösung am Konferenztisch. Endlich wurde im März 1947 in Linggajati auf Java ein Abkommen unterzeichnet, das eine lockere Zusammenarbeit mit Holland vereinbarte. Aber die Regierung in Den Haag verhinderte durch immer neue Vorbehalte eine Ratifizierung. Der Friede von Linggajati war zerstört. Selbst der holländische Verhandlungsführer, Dr. Van Mook, gestand später ein, dass Holland 75% der Schuld am Scheitern des Abkommens trug. In Holland überwog die Meinung: „Man verhandle nicht mit Terroristen!" Ägypten und Syrien waren die ersten Länder, die im Juni 1947 die Republik Indonesien diplomatisch anerkannten. Zum Schein ratifizierte Holland Ende Juli 1947 ein überarbeitetes Abkommen, das aber schon kurz darauf gebrochen wurde, da holländische Truppen zu einer erneuten Polizeiaktion aufmarschierten.

Mit Hilfe von Panzern, Artillerie und Kampfflugzeugen wurden von der noch jungen indonesischen Republik verwaltete Städte auf Java, Madura, Sumatra und Sulawesi von den Holländern zurückerobert. Mitglieder der PNI, der Partei Sukarnos, wurden inhaftiert, in Städten wie Surabaya und Yogyakarta auf Java und Palembang und Medan auf Sumatra wurden Bomben abgeworfen, um den Weg für eine erneute Besetzung freizumachen.

Leider erkannten die Briten und die USA zu spät, dass sie von den Holländern mit falschen Informationen und betrügerischen Vorspiegelungen hintergangen und getäuscht worden waren, um die Unterstützung der Alliierten nicht zu verlieren. Nach dieser Erkenntnis zogen sich die USA, die Briten und Australier langsam aus Indonesien zurück. Zug um Zug füllten neue holländische Truppen diese Lücken. Die letzten britischen Truppen verließen im November 1947 das Land. Die UN forderte Holland mehrfach auf, nun die Übergabe der Republik an die indonesische Regierung in die Wege zu leiten. Vergeblich!

Besonders die sogenannte zweite Polizeiaktion der Holländer vom Dezember 1948 erregte die zivilisierte Welt. Sukarno und seine Regierung hatten sich in der Ein-Millionen-Stadt Yogyakarta etabliert. Am 19. Dezember 1948, morgens ab 5.30 Uhr, fielen Bomben auf die Zivilbevölkerung. Tiefflieger schossen kreuz und quer durch die Straßen. Holländische Fallschirmtruppen landeten. Sukarno und andere Mitglieder der Regierung wurden festgenommen und in Sumatra ins Gefängnis gesteckt. Die Erregung in den internationalen Medien war so groß wie nie zuvor. Die Regierungen, selbst befreundeter Nationen von Holland, reagierten empört auf diesen heimtückischen Angriff. In New-Delhi fand eine Protestkonferenz vieler asiatischer und westlicher Staaten statt. Aber auf Java und Sumatra marschierten die holländischen Truppen weiter. Neutralen Journalisten und Kriegsbeobachtern wurde von Holland der Zugang nach Indonesien verwehrt. Starke Drohungen gegen die Niederlande kamen nun auch aus den USA. Am vierten Tag der zweiten sogenannten Polizeiaktion drohte die US-Regierung, die Marshall-Plan-Hilfe für Holland zu stoppen. Die Amerikaner wollten nicht Hollands Kolonialkrieg finanzieren. Die Kritik und die Wut gegenüber dem holländischen Aggressor waren nicht nur in Asien unbeschreiblich. Selbst die moderate „Chicago Times" schrieb damals in einem aktuellen Kommentar, dass man dafür Königin Juliana und ihre Minister an den Galgen bringen müsse. Aber besonders heftiger und andauernder Widerstand gegen die erneute Aggression Hollands kam aus Moskau. Es ist somit nur verständlich, dass auch dadurch die hohe Wertschätzung der Sowjetunion in Indonesien und anderen asiatischen Staaten nun noch weiter gefördert wurde.

Während der Monate, in denen die Holländer Yogyakarta besetzt und die Führer der Republik verhaftet hatten, wurde der Sultan von Yogyakarta, Sultan Hamengku Buwono IX, obwohl er Staatsminister der Republikanischen Regierung war, in seinem riesigen Palast unbehelligt gelassen. Vor seiner königlichen Abstammung und seiner Verehrung als mythologische Gottheit im Volke hatten die Holländer Respekt. Erst als die holländischen Armeen abgezogen waren, verließ er wieder den *Keraton*.

Die Freiheitskämpfer zogen sich auf das Land, in die Wälder und Dörfer zurück. Fast alle lokalen Rajas, Sultane und Fürsten erklärten ihre Unterstützung für Sukarno und die Freiheitskämpfer. Ein Guerillakrieg begann. Der Schlachtruf der Indonesier hieß *Merdeka atau Mati*: Freiheit oder Tod, das Grußwort hieß *Merdeka*: Freiheit. Sie trugen eine rot-weiße Armbinde als Zeichen der Unabhängigkeitsbewegung. Sabotage war an der Tagesordnung. Die Straßen waren für Holländer nicht mehr sicher. Die gesamte niederländische Flotte war nun in Indonesien stationiert, darunter auch das größte Kriegsschiff, die „Kohinoor". Es war so gut wie unmöglich, die Blockade zu durchbrechen. Nun konnten trotz voller Lagerhäuser mit Tee, Kaffee, Chinin, Kautschuk und anderen Naturprodukten, keine indonesischen Erzeugnisse exportiert werden. Auch gab es keine Möglichkeit, dringend benötigte Lebensmittel, Medikamente und ärztliche Einrichtungen einzuführen. Waffen und Munition wurden immer knapper. Indonesier verteidigten nun die Freiheit des Landes mit Buschmessern und Bambusspeeren. In ihrem Verzweiflungskampf, in dem die Niederländer immer noch hofften, ihre Rückkehr als Kolonialmacht erzwingen zu können, begingen sie immer größere Grausamkeiten an den Indonesiern. Wie mir von überlebenden Kriegsteilnehmern erzählt wurde, wurden gefangene Freiheitskämpfer gezwungen, ihre rot-weißen Armbinden und ihre metallenen Abzeichen und

Medaillen zu schlucken. Viele gingen daran zugrunde oder trugen dauerhafte Schäden davon. Damals, als ich über diese Misshandlungen und Folterungen hörte, konnte ich kaum glauben, dass diese Untaten von unseren Nachbarn im Norden, gleich im Anschluss an den 2. Weltkrieg begangen wurden. Aber die Berichte waren authentisch, da sie nicht nur von den Opfern erzählt wurden. Der holländische Psychologe Huiting, der zweieinhalb Jahre in dieser Zeit als junger Soldat in Indonesien gedient hatte, brach 1969 sein Schweigen. Er berichtete, wie die holländischen Soldaten die Freiheitskämpfer folterten: mit Strom, sie wurden an den Füßen aufgehängt, sie wurden mit den Köpfen gegen den Boden geschleudert („Der Spiegel" 4/1988).

Zunächst wehte die rot-weiße Flagge Indonesiens allerdings nur auf Java und weiten Teilen Sumatras. Denn Holland schuf überall im Lande mit Hilfe korrupter Landesfürsten kleine Staaten. Zunächst waren es 15 Einzelstaaten (auf Borneo, Celebes, den Molukken, den Sundainseln und allen östlichen Inseln mit Ausnahme von Neuguinea), nach dem altbekannten Motto: Teile und herrsche! Aus diesen Kleinstaaten wurde dann später für kurze Zeit die von Holland dominierte „Ost-Indische-Republik" unter der Präsidentschaft des balinesischen Adeligen Tjokorde Ode Raka Sukawati mit Sitz in Makassar gegründet. Die Indonesier sahen darin mit Recht ein eindeutiges Zeichen, dass Holland den ganzen Archipel wieder in seine Gewalt bringen und zum Vorkriegs-Kolonialstatus zurückkehren wollte. Sjahrir, der Premierminister der Republik Indonesia brachte dies in seiner Rede vor dem UN-Sicherheitsrat im August 1947 deutlich zum Ausdruck.

Auf Druck des UNO-Sicherheitsrates fanden im Januar 1948 an Bord des US-Marineschiffes „Renville" Verhandlungen statt. Das neutrale Vermittlungskomitee zwischen Indonesien und Holland bestand aus einem früheren belgischen Premierminister und wichtigen Persönlichkeiten aus Australien und den USA. Holland war unnachgiebig und bezichtigte die unabhängigen Vertreter der UNO als pro-indonesisch. Auf internationalen Druck stimmte Holland endlich einem Flickwerk von Vertrag zu, der als wichtigstes Ergebnis einen Waffenstillstand und einen Volksentscheid unter Aufsicht der UN enthielt. Aber Holland brach auch dieses, mit Hilfe der Weltgemeinschaft zustande gekommene, sogenannte Renville-Abkommen und setzte schon bald wieder holländische Truppen in Bewegung. Nur vier Wochen vor dem Januar 1949, in dem der Volksentscheid laut UNO Beschluss stattfinden sollte, startete Holland eine erneute sogenannte „Polizeiaktion", die eine Million indonesischer Flüchtlinge zur Folge hatte. (http://de.wikipedia.org/)

Holland eroberte sich nicht die Macht zurück, säte aber großen Hass. Indonesier hatten nun genug Selbstbewusstsein, um für ihre Freiheit zu kämpfen. Das Bild vom übermächtigen Holländer war zerstört. Die Unabhängigkeitsbewegung in Indonesien, aber auch der umliegenden Länder war nicht mehr aufzuhalten. Das Selbstwertgefühl der unterdrückten Indonesier stieg immer weiter und gab den Freiheitskämpfern Kraft, gegen die große Übermacht bestehen zu können. Wie überall in Südost-Asien wurde – obwohl sich dort die Begriffe für Volk, Staat und Nation nirgends decken – auch in Indonesien nach einer nationalen Identität gesucht.

Die Bewegung „Los-von-Holland" der Indonesier wollte keine gewaltsame Revolution. Der blutige und grausame Unabhängigkeitskampf wurde den eher friedlichen Indonesiern von der ehemaligen Kolonialregierung aufgezwungen, die ihre lukrative Pfründe um keinen Preis aufgeben wollte. Das Wohlergehen des indonesischen Volkes spielte dabei keinerlei Rolle.

Die gerade im Aufbau befindliche Universität von Yogyakarta musste in die Berge verlegt werden. Studenten kämpften als Guerillas gegen die holländischen Truppen. Ein Hauptmann mit Namen Raymond Westerling führte eine „holländische Sondereinheit", die DST (Depot Speziale Troepen), an. Er wütete im Auftrag der holländischen Regierung, mit seiner Truppe auf Sumatra, Java und Süd-Sulawesi und sollte die sogenannten Guerillas bekämpfen. Westerling war ein blutrünstiger Mörder und Kriegsverbrecher. In ganz Indonesien war er als „Der Schlächter" bekannt. Willkürliche Exekutionen wurden vollstreckt; selbst unschuldige Frauen und Kinder, die vom Markt nach Hause kamen, wurden kaltblütig niedergeschossen. Ganze Dörfer wurden von ihm und seinen Schergen ausgerottet. Zuvor mussten die Eingeborenen jedoch ihr eigenes Massengrab ausschaufeln. Alleine in Süd-Sulawesi sollen über 40.000 ermordete indonesische Freiheitskämpfer, Frauen und Kinder auf sein Konto gehen. Wie er selbst in seinem Buch „Ich war kein Rebell" schrieb, präsentierte er, als er nach einer nächtlichen Aktion in sein Camp zurückkam, den abgeschlagenen Kopf eines Indonesiers auf dem Frühstückstisch. Ein englischer Offizier, der ihn während dessen Zeit auf Sumatra besuchte, beschrieb bei seinem Treffen mit Westerling in der Zeitung „Straits Times" (10.12.1946) aus Singapur einen ähnlich grausamen Vorfall:

„Ich besuchte Hauptmann Westerling in seinem Bungalow. Wir tranken Kaffee, und plötzlich zog er aus dem Papierkorb den Kopf eines Indonesiers und sagte: ,Meine Leute haben diesen Rebellen verfolgt und herausbekommen, wo er wohnte. Ich verkleidete mich als Eingeborener, bedeckte mein Gesicht mit einer Dämonenmaske und ging in sein Haus. Ich verbarg mich in seinem Schlafzimmer und wartete auf seine Heimkehr. Als er mich sah, erstarrte er vor Angst. Ich nahm ihn bei der Hand und sagte, er habe nur noch bis morgen früh zu leben. Dann gab ich ihm etwas Reis und sperrte ihn ins Badezimmer. Um vier Uhr früh ging ich zu ihm hinein, und als er sich umdrehte, trennte ich ihm mit einem einzigen Säbelhieb den Kopf vom Rumpf'."

In seinen Memoiren pries Hauptmann Westerling sowohl die eigenhändig vorgenommenen als auch die von seinen Vorgesetzten gedeckten oder sogar befohlenen Exekutionen: „Der Kopfschuss von hinten war die schnellste und beste Methode". Viele Säcke und Körbe voller Köpfe von ermordeten Indonesiern versenkten er und seine Gefolgsleute im Meer. Dadurch war eine Identifizierung der Leichen fast unmöglich geworden. Wie selbst die holländische Tageszeitung „de Volkskrant" schrieb, „war Westerling ein Kriegsverbrecher, aber nicht unser einziger" („Der Spiegel" 4/1988). Die Holländer haben die im Asiaten schlummernde Grausamkeit weit übertroffen.

Am Weihnachtsabend 1948 erließ der UN-Sicherheitsrat eine Resolution, die von Holland forderte, die Feindseligkeiten sofort einzustellen und den Präsidenten von Indonesien und andere politische Gefangene sofort freizulassen. Am 11. Januar 1949 verkündete der UN-Sicherheitsrat, dass keine dieser Forderungen erfüllt worden sei und dass Holland die Charta der Vereinten Nationen verletzt habe. Holland reagierte mit Schweigen. Noch im März 1949 hatte Holland nur das eine Ziel: die Zerstörung der Republik Indonesien und die Einsetzung einer Marionettenregierung.

Die Verluste, die die Holländer bei den Überfällen der Freiheitskämpfer erlitten, wurden immer größer und der internationale Druck auf die Niederlande, ihre Kolonie aufzugeben, steigerte sich von Tag zu Tag. In Australien und neunzehn asiatischen Ländern wurden ab 1948 holländische Güter und Schiffe boykottiert. Der Fall Indonesien kam zum wiederholten Male vor die Vereinten Nationen, wo die Niederländer die gegen sie erhobenen Anschuldigungen nicht widerlegen konnten. Bei einer Konferenz am Runden Tisch am 23. August 1949 in Den Haag wurde beschlossen, dass Holland am 30. Dezember 1949 unwiderruflich und bedingungslos die Hoheitsrechte an die unabhängige Republik Indonesien abtreten müsse. Unter diesem Druck gaben die Niederlande endlich fast fünf Jahre nach der Unabhängigkeitserklärung ihren Widerstand auf und waren bereit, ihre ehemalige Kolonie formell an die noch junge Republik Indonesien zu übergeben: Indonesien war frei! Aber Holland hinterließen der jungen Republik ein zerstörtes Land und fast 3,5 Milliarden US-Dollar Schulden, die Holland für seine Kriegführung in Niederländisch-Indien gemacht hatte. Für einen Neuanfang eine schlechte Voraussetzung. Aber mit Zustimmung vieler, auch westlicher Länder, hat Sukarno 1955 dieses ungerechte Abkommen aus der

Haager Konferenz von 1949 einseitig annulliert. Indonesien konnte doch nicht für den Krieg bezahlen, der gegen sie selbst geführt und ihnen aufgezwungen worden war!

Nach fast 5jährigem Freiheitskampf gegen die 350jährige Kolonialherrschaft versammelten sich am 28. Dezember 1949 vor dem Palast des Präsidenten in Jakarta auf dem „Koningsplein" – dem Königsplatz der Holländer – über einer Million Menschen. Wie immer, wenn Sukarno eine Rede hielt, herrschte absolute Stille. Man hätte eine Stecknadel fallen hören. Er war der geborene Führer. Gemessenen Schrittes betrat Sukarno das schnell aufgestellte Rednerpult und klopfte – wie immer vor einer Rede – ans Mikrophon. Er schaute mit stolzem Blick in die Runde. Er genoss diese Momente, die Verehrung die ihm Millionen entgegen brachten und zog die Spannung oft minutenlang in die Länge. Aber als er endlich ins Mikrophon triumphierte: *„Alhamdulillah"* (Wir danken Gott) und *„Merdeka"* (Wir sind frei), brach unbeschreiblicher Jubel aus, der nicht mehr enden wollte. Die weiße Macht war zu Ende. Der „Koningsplein" wurde an demselben Tag noch in *Medan Merdeka*, den Platz der Freiheit umgetauft! Eine Million Menschen riefen ihrem ersten Präsidenten im Chor zu: *Merdeka*, Freiheit und *Hidup*, langes Leben!

Zuerst erklärten die Philippinen 1946 ihre Unabhängigkeit, 1947 folgten Indien, Pakistan und Ceylon, dann Birma im Jahre 1948. Mit dem Abzug der Holländer im Dezember 1949 war nun auch Indonesien endlich frei. Weitere Länder folgten. Das aussichtslose Engagement der Franzosen in Vietnam fand allerdings erst 1954, nach der verheerenden Niederlage von Dien Bien Phu, ein unrühmliches Ende. Die Ära des Imperialismus und Kolonialismus schien endgültig vorüber zu sein. Doch immer noch, bis heute, werden Länder aus rein wirtschaftlichen Gründen – wie der Irak des Erdöls wegen – völkerrechtswidrig von westlichen Ländern bevormundet.

Dieser 5jährige Kolonialkrieg, der Indonesien die lang ersehnte Unabhängigkeit brachte, hat auf beiden Seiten viel Blut gekostet und brachte Holland für viele Jahre einen weltweiten Sympathieverlust. Die Briten hinterließen in Indien eine gebildete Klasse und ein funktionierendes Beamtentum. Von Indonesiern aller Schichten hörte ich immer wieder: „Die Holländer haben uns alles genommen und uns so gut wie nichts hinterlassen!"

Aber noch Ende Januar 1950, also nach dem von der Weltgemeinschaft erzwungenen Abzug der Holländer und der seit wenigen Wochen endgültigen Befreiung Indonesiens, stellte Hauptmann Westerling, aus Resten der in Indonesien verbliebenen holländischen Truppen und fanatischen Muslimen nochmals ein Heer auf, die APRA (Angkatan Perang Ratu Adil), „Die Wehrmacht des Gerechten Königs", mit der er einen Staatsstreich in

Bandung verübte und große Teile Bandungs besetzte, um die Regierung von Sukarno zu stürzen. Aber die indonesischen Kräfte hatten sich in der Zwischenzeit formiert. Diese letzte Aktion Westerlings scheiterte daher und er musste im Februar 1950 im Flugzeug nach Singapur fliehen. Wenig später kehrte er nach Holland zurück. Ein indonesisches Auslieferungsbegehren wurde abgelehnt. Im Jahre 1987 starb Westerling in Holland, ohne dass er wegen seiner schlimmen Kriegsverbrechen angeklagt worden ist.

Von General Spoor, dem Oberkommandierenden der Königlich-Niederländischen Armee in Indonesien, wurde Westerling „für seine besonderen Leistungen" für die höchste Auszeichnung, die die Niederlande zu vergeben hat, vorgeschlagen. In den Augen der Indonesier und der Welt war er ein schlimmer holländischer Kriegsverbrecher, und er war im grausamen Kampf gegen Indonesien bei weitem nicht der einzige. Der niederländische Historiker Lou de Jong schreibt in seinem Standardwerk „Das Königreich der Niederlande im Zweiten Weltkrieg":

> „Kriegsverbrechen seien in Indonesien in weit höherem Ausmaß begangen worden als bisher öffentlich bekannt. Morde und Massenmorde, systematischer Terror, Folterung, Vergewaltigung, Internierung von Bürgern unter unmenschlichen Umständen, Plünderungen und Zerstörungen, grausam vollzogene Hinrichtungen waren an der Tagesordnung." („Der Spiegel" 4/1988)

Die Holländer haben sich mit Recht entrüstet, als die Nazis im 2. Weltkrieg ihr Land überrannten und ausplünderten. Nach ihren eigenen bitteren Erfahrungen mit Nazi-Deutschland ist ihr Verhalten gegenüber den Indonesiern umso unverständlicher. Nach Beendigung des Krieges gab es in Deutschland – Gott sei Dank! – keine Konzentrationslager mehr, aber die Niederländer eröffneten neue in Neuguinea, auf Sumatra und anderen Inseln. Während die holländische Justiz deutsche und japanische Kriegsverbrechen streng ahndete (203 Prozesse gegen Deutsche und 1033 gegen Japaner), drückten die Gerichte in Den Haag ihren eigenen Militärs gegenüber – bis heute – beide Augen zu. Selbst der Holländer De Jong schreibt in seinem oben genannten Werk: „Unsere Frau Justitia hat mit zweierlei Maß gemessen".

Das unabhängige Indonesien als Kläger war ja noch ganz jung und international unerfahren. Es hatte erst seine eigene Identität zu finden, und andere überlebenswichtige Aufgaben waren zu lösen. Und die Niederlande hatten nach dem 2. Weltkrieg alle Hände voll zu tun, den deutschen Kriegsgegner anzuklagen, um von ihren Machenschaften in Indonesien abzulenken. Da war es einfach, vor den eigenen Gräueltaten fernab von Europa die Augen zu verschließen. Indonesische Persönlichkeiten sagen heute, sie hätten die

Niederlande vor dem Internationalen Gerichtshof verklagen müssen. Gründe dafür gab es mehr als genug!

Die „Tragödie von Rawagede" macht bis heute immer noch Schlagzeilen in der indonesischen Presse. Mehr als zwei Jahre nach der Unabhängigkeitserklärung Indonesiens, am 9. Dezember 1947, massakrierten offizielle holländische Truppen fast alle Einwohner des Dorfes Rawagede in West-Java, weil sie das Versteck einiger führender Mitglieder der indonesischen Unabhängigkeitsbewegung nicht preisgeben wollten. 431 Indonesier, darunter viele Frauen, wurden ohne gerichtliche Anhörung oder einem Gerichtsurteil exekutiert. In jedem Jahr wird in Rawagede an diese Tragödie in einer Feierstunde gedacht. Im Jahre 2008, also 61 Jahre nach dem Massaker, war auch der Niederländische Botschafter anwesend und übergab einen Scheck in Höhe von 5.000 Euro als Spende für die noch wenigen Überlebenden. Dabei betonte er, dass diese „großzügige" Wiedergutmachung nicht von der niederländischen Regierung käme, sondern von einer privaten Organisation, die hiermit ihr Bedauern ausdrücken möchte. Im September 1968 hatte das niederländische Parlament eine finanzielle Kompensation und eine moralische Verantwortung für die Überlebenden dieses Massakers abgelehnt. Die Opfer klagen jedoch weiter beim Internationalen Gerichtshof und über die Vereinten Nationen. Der Niederländische Botschafter sagte in seiner Ansprache lediglich „Netherlands regret the Rawagede tragedy", den Niederlanden „tut es leid". Keine Spur von Entschuldigung! („The Jakarta Post" 10. Dez. 2008)

Holland hatte weiterhin, auch nach der endgültigen Loslösung Indonesiens, seine Finger im Spiel. Holland wollte der jungen Indonesischen Republik den Start in die Unabhängigkeit so schwer wie möglich machen. Mit Unterstützung Den Haags gründeten hollandfreundliche Politiker der Molukkeninsel Ambon im April 1950 eine unabhängige Republik, die „Republik Maluku Selatan". Dies war ein Staat im Staate und wurde vom Ausland offiziell nicht anerkannt. Die Ambonesen, die seit der frühen Missionierung durch die Portugiesen sehr christlich waren und sich den Holländern dadurch näher fühlten, waren schon während der Kolonialzeit immer auf Seiten der Holländer und hatten auch mit ihnen während des Unabhängigkeitskrieges gegen Sukarno paktiert. In der Kolonialtruppe der Holländer mussten sie immer in vorderster Front kämpfen, um als Schutzschild für die holländischen Truppen zu fungieren. Sukarnos Aversion gegen die Ambonesen war also verständlich. Natürlich war er auch bestrebt, jegliche Sezessionsbestrebungen der noch jungen Republik im Keime zu ersticken. Er konnte mit Truppen der Zentralregierung die Hauptinsel Ambon der Molukken schon Ende 1950 zurückerobern. In den Augen Sukarnos waren die Ambonesen der Abschaum der holländischen Handlanger und wurden von seinen Truppen nun mit aller Macht verfolgt. Zehntausende mussten in die Niederlande fliehen, um einer Verurteilung zu entgehen. Bis heute existieren dort noch große Kolonien mit einer ambonesischen Exilregierung.

Auch auf Kalimantan (Borneo) und Sulawesi (Celebes) gab es immer noch Unruhen, da Holland in den Jahren 1946 bis 1948 dort Marionettenstaaten gezeugt hatte und diese noch mit dem Ziel unterstützte, die Zentralregierung zu destabilisieren. Die Holländer unterstützten aus diesem Grunde auch die extrem nationalen und fundamentalistisch-islamischen Untergrundorganisationen, denen Sukarno zu liberal war und die gegen seine Regierung arbeiteten. Bei der Bevölkerung im gesamten Archipel verbreiteten diese radikale Gruppen Unruhe und Schrecken. Holland organisierte nachweislich auch den Nachschub mit Waffen und Munition für diese Extremisten.

Selbst die Eisenhower-Dulles-Regierung unterstützte in Sumatra die Rebellen, wegen der dort von US-Firmen beherrschten Ölfelder. Dies war nach Kennern der Sachlage, wie dem US-Journalisten und Historiker Louis Fischer, die größte Torheit der US-Regierung. Sogar der US-Botschafter in Indonesien, Allison, der diese Unterstützung nicht befürwortete, wurde abgesetzt, da er angeblich Präsident Sukarno und seine Regierung zu positiv bewertete. Die amerikanische Außenpolitik war gegenüber Indonesien voller Irrtümer.

Sukarno ermahnte den Westen mehrfach in seinen Reden:

„Es wäre unklug, jedes Abweichen von westlichen Gedanken in Asien dem Kommunismus oder dem kommunistischen Einfluss zuzuschreiben ... Nicht alle asiatischen Probleme lassen sich mit westlichen Formeln lösen!" (Fischer S. 440)

Auch heute noch sollten sich diesen Ratschlag alle westlichen Außenminister auf das Panier schreiben! Immer wieder musste Sukarno sich verteidigen, wenn er in der westlichen Presse, besonders der USA, als Kommunist bezeichnet wurde. Sukarno sagte bei einer seiner letzten öffentlichen Reden: „Ich war niemals Kommunist, war niemals Moskau-hörig und ich werde niemals ein Kommunist sein. Der Westen verwechselt etwas: was ich zeige ist Dankbarkeit gegenüber den Ostblockstaaten wegen der Hilfe, die sie mir bei *Merdeka*, dem Unabhängigkeitskampf, zukommen ließen, – nicht Kommunismus!"

1960 schrieb der US-Historiker und Indonesien Kenner Louis Fischer in seinem Buch „Indonesien" über die US-Außenpolitik:

„Das State Department ist bestrebt, die Welt in Schwarz und Weiß zu sehen, oder vielleicht Rot (für Kommunismus) und Rot-Weiß-

Blau (für die USA). Wenn Du nicht für uns bist, bist Du gegen uns. [Parallelen zur heutigen Zeit liegen nahe!] Als Präsident Sukarno von seinem Triumphzug durch die Vereinigten Staaten, wo er als ‚George Washington von Indonesien' begrüßt wurde, zu Triumphzügen durch Russland und China überging, benahm sich die Eisenhower-Dulles-Regierung, als ob sie verraten worden wäre." (S. 254 ff.)

Um eine von Holland gewünschte und forcierte Zersplitterung Indonesiens zu vermeiden, haben sich Präsident Sukarno und Vizepräsident Hatta am 17. August 1950 entschlossen, den Föderalstaat aufzulösen und die Republik Indonesien auszurufen. Nun hatte Jakarta die alleinige Herrschaft im ganzen Lande. Die Rebellenführer und das Ausland hatten Sukarno unterschätzt. Er war nun der starke Mann im eigenen Lande und es gelang ihm, die Aufstände auf den Außeninseln zu befrieden. Die Niederlage der zum Teil offen von Holland und den USA unterstützten islamistischen und nationalistischen Rebellen war nun Realität.

Die Holländer hinterließen Chaos und Zerstörung. Selbst den Präsidentenpalast in Jakarta haben sie aus Wut über die demütigende Niederlage verwüstet. Alles war ausgeräumt, das Mobiliar und Teppiche verbrannt, Spiegel zertrümmert, Türschlösser durchschossen, selbst Fußabstreifer zerschnitten.

„Durch Repressalien der nun unabhängigen indonesischen Regierung wurden die letzten verbliebenen alteingesessenen holländischen Familien aus dem Lande gedrängt. 350 Jahre schlimmer Kolonialherrschaft gingen unrühmlich zu Ende. Aber auch der Dank der Heimat war für diese nun mittellosen Rückkehrer spärlich. Die Staatsbürger aus dem ehemaligen Überseegebiet waren verbittert, da sie nun wie lästige Bittsteller behandelt wurden." (FAZ 15.08.1985)

Wie oft haben wir machtberauschten Mitteleuropäer die Menschenrechte verletzt, die wir doch selbst geschaffen haben. Und die Niederlande, auch die Königin, weigern sich bis heute, sich für die Verletzungen während der Kolonialzeit bei den Indonesiern zu entschuldigen. Der oberste Vertreter Hollands in Indonesien, Gouverneursleutnant Hubertus van Mook, forderte bis zu seiner endgültigen Kapitulation immer wieder offiziell, Sukarno und seine Leute müssten von der Bildfläche verschwinden. Eine Anerkennung Indonesiens wurde nie ehrlich erwogen. (Erst im Jahr 2005 fand sich die niederländische Regierung bereit, Indonesiens Unabhängigkeit ab dem 17. August 1945 anzuerkennen!) Das Ziel war, den absoluten kolonialen Machtanspruch wieder durchzusetzen. Das sagt ja auch schon das Motto ihres Staates, das die holländischen Soldaten auf ihren Schulterklappen tragen: „Je Maintiendrai" (Ich halte fest). Louis Fischer, der angesehene amerikanische Autor, hat Anfang 1960 die holländischen Akteure in ihrem Heimatland daraufhin befragt und kam zu dem Ergebnis, dass Holland sich immer noch zu rechtfertigen versucht und Geschichtskorrektur betreibt:

> „Die Holländer sind ein stures und unnachgiebiges Volk … Ihre Herzen sind voller Sehnsucht [nach Indonesien]. Das alles schmerzt und Schmerz verkehrt Liebe oft in Hass. Sie hassen die Politiker, die ihnen die Unabhängigkeit abgerungen haben". (Fischer S. 120)

Dies gilt bis heute. Immer noch, auch in der neueren holländischen Literatur, wird Sukarno – aus holländischer Sicht verständlich – negativ dargestellt. Erst vor wenigen Jahren hat die Familie von Präsident Sukarno einen Protest bei der Regierung der Niederlande vorgebracht, weil in einem neu herausgebrachten Werk Sukarno in einem völlig falschen Lichte dargestellt wurde. Der Versuch einer Geschichtskorrektur dauert offensichtlich an.

Oberst Otty Sukotjo, später General in der indonesischen Armee, erzählte mir mehrfach von seinem ersten Besuch in Europa Mitte der 1950er Jahre. Als er in weniger als einer Stunde mit dem Zug durch die ganzen Niederlande gefahren war, fragte er sich, wie ein so kleines Land 350 Jahre lang ein Riesenreich wie Indonesien beherrschen und ausbeuten konnte. Wie konnte ein Riesenreich, ein unvorstellbarer Komplex, dessen reine Landfläche schon sechsundsechzigmal größer war als das „Mutterland" Holland, unterdrückt werden? Dabei macht die reine Landfläche der Inselwelt nur 20 Prozent des riesigen Archipels aus (siehe Größenvergleich auf Landkarte Seite 14). Die Niederlande waren von allen Kolonialmächten das Land, das prozentual die meisten seiner Einwohner in die Kolonien schickte. Trotzdem wurden die damals 70 Millionen Einwohner Niederländisch-Indiens von nur 500.000 holländischen Kolonialbeamten unterdrückt, die fast alle von ihrem rassischen Privileg überzeugt waren. Waren die Indonesier zu dumm? Oder zu sanftmütig? Nein, das war nur möglich, weil Holland nur einer ganz kleinen ausgewählten Schicht eine Schulbildung ermöglichte, nur eine Handvoll der Elite durfte studieren und Jahrhunderte lang wurde der einheimischen Bevölkerung eingetrichtert, dass sie eine minderwertige Rasse seien. Als die Niederlande Ende 1949 die Kolonie aufgeben musste, hatte Indonesien mit über 95 % die höchste Analphabeten-Rate der Welt. Ein Volk von damals rund 70 Millionen hatte laut holländischen Angaben 400 Akademiker, nach indonesischen Angaben durften nur 90 Einheimische eine Hochschulbildung erhalten! Die niederländische Regierung sah während der Kolonialzeit in der wachsenden Bildung der Einheimischen eine große Gefahr und hemmte Jahrhunderte lang bewusst diese Entwicklung auf allen Ebenen. Sie hatte erkannt, dass Bildung das Selbstbewusstsein stärken würde, und so verhinderten sie den Fortschritt der einheimischen Bevölkerung. Ein Armutszeugnis für europäische Kolonialpolitik! Präsident Sukarno hat das Bildungsniveau schnell geändert. Nur neun Jahre nach der Unabhängigkeit lag nach statistischen Angaben die Rate der Analphabeten bereits bei nur noch 40%. Ein großer Erfolg Sukarnos, aber auch ein Zeichen dafür, dass der Wissenshunger der Indonesier groß war.

Rosige Hoffnungen wurden geweckt, als die Fremdherrschaft zu Ende ging, da diese als die Quelle allen Übels angesehen wurde. Als der erhoffte schnelle Reichtum ausblieb, fanden die Kommunisten unter den Enttäuschten viele Sympathisanten. Überall, in Jakarta, auf den Dörfern, entlang der Landstraßen, sah man mit kommunistischen Emblemen auf die Wände geschmierte Parolen, die die Kommunisten als die Heilsbringer für Indonesien priesen. Durch Geschenke, wie Transistorradios oder Fahrräder, wurden viele Mitglieder angelockt, so dass sich im Laufe der Jahre die Kommunistische Partei Indonesiens, die PKI, zur größten der Welt entwickelte.

Ganyang Malaysia und CONEFO –
Projekte und ihre Durchführung

Ganyang Malaysia

Es waren erst einige Monate seit meiner Ankunft in Indonesien vergangen, da erhielt ich von Radio Republik Indonesia den ersten größeren Auftrag. AEG-TELEFUNKEN sollte am Wege der alten Straße nach Bogor, in Cimanggis, in kürzester Zeit einen 100 Kilowatt-Kurzwellen-Rundfunksender aufbauen, der später die „Voice of Indonesia" in alle Welt ausstrahlen sollte. Zunächst war diese Großsendeanlage allerdings zur Ausstrahlung von Störsignalen und Propagandasendungen gegen Malaysia geplant.

Borneo war in vier Teile gespalten, der indonesischen Provinz Kalimantan (des größten Teils), des Sultanats Brunei und den beiden britischen Kolonien Sarawak und Britisch-Nord-Borneo. Britisch-Nord-Borneo wurde später in Sabah umbenannt. Bei dem Rückzug Großbritanniens aus seinen südostasiatischen Kolonien wollte Großbritannien alle seine Kolonien in Borneo und der malaiischen Halbinsel mit Singapur zu einem gemeinsamen Staat Malaysia vereinigen. Dies stieß auf strikten Widerstand der philippinischen Machthaber und von Präsident Sukarno in Indonesien, die durch diese britische „Marionette Malaysia" eine Vergrößerung des britischen Einflusses in der Region befürchteten. Nach Verhandlungen der Briten mit den Philippinen und Indonesien erklärten sich beide Staaten bereit, nach einem Referendum der UNO Malaysia anzuerkennen, falls eine Mehrheit der Bevölkerung für den Zusammenschluss stimmen würde. Als im September 1963 Großbritannien und Malaysia einseitig den Zusammenschluss der Staaten vor (!) Veröffentlichung des Wahlergebnisses verkündeten, wertete dies Präsident Sukarno als Vertragsbruch und als ein weiteres Beispiel von britischem Imperialismus. Das Sultanat Brunei entschied sich allerdings von Anfang an gegen einen Beitritt in das Staatenbündnis und blieb britisches Protektorat. Singapur, das während der britischen Kolonialzeit ein Teil von Malaya – also der malaiischen Halbinsel – war, ist später auch wieder aus dem Staatenbund Malaysia ausgeschieden, weil die Rechte der chinesischen Mehrheit nicht ausreichend berücksichtigt wurden. Die Spannungen wurden größer. Die Philippinen und Indonesien brachen die diplomatischen Beziehungen zu Malaysia und Großbritannien ab. Daher sollte schnellstmöglich unser Sender mit einer Richtantenne für Propagandasendungen nach Malaysia eingesetzt werden können.

Zunächst begann ein Guerillakrieg mit Malaysia und die Schlagworte *Gerakan Ganyang Malaysia* (Malaysia zerschmettern) und *Konfrontasi* (Konfrontation) waren in aller Munde. Die Botschaftsgebäude von Großbritannien und Singapur in Jakarta wurden demoliert und angezündet. Der Krieg entlang der Grenze auf Borneo eskalierte. Die British Royal Navy entsandte Kriegsschiffe und Flugzeugträger, die Royal Air Force über 100 Kampfflugzeuge. 14.000 britische Soldaten waren im Einsatz; auch Australien entsandte Truppen.

Die Vertragsverhandlungen zu dem Großsender-Projekt fanden im Palast von Präsident Sukarno am *Medan Merdeka*, dem Platz der Freiheit, mit den engsten Präsidentenberatern statt. Mein wichtigster Gesprächspartner dabei war General Soenarjo, dem Chef von KOTI *(Komando Operasi Tertingi)*, dem höchsten Entscheidungsgremium, das direkt dem Präsidenten unterstellt war und somit für dieses Projekt der ausschlaggebende Entscheidungsträger und Geldgeber war. Die Verhandlungen wurden nur in Bahasa Indonesia geführt. Es wurde mein erster größerer Auftrag und das schon in meinem ersten Jahr in Indonesien. Mein privater morgendlicher Sprachunterricht hatte sich gelohnt und bewährt! Da alles sehr schnell gehen musste und AEG-TELEFUNKEN nicht alles so schnell liefern konnte, bestellte Indonesien die Dieselgeneratoren für diese Anlage in der DDR. Es gab viele Schnittstellen zwischen unseren Anlagen, die mit dem leitenden DDR-Ingenieur ohne Probleme gelöst werden konnten. Dieser DDR-Ingenieur flüchtete später nach Fertigstellung des Projektes in die Bundesrepublik Deutschland. Ich half dabei und bereitete die Flucht zusammen mit der Deutschen Botschaft vor.

Gleich zu Anfang der Montage der Anlage in Cimanggis gab es einen schweren Unfall auf der Baustelle. Das steife Coaxkabel, das als Verbindung zwischen Sender und Antenne eingesetzt werden sollte, hatte einen Durchmesser von ca. 15 Zentimetern und da es auf einer riesigen Kabeltrommel von über vier Metern Durchmesser aufgerollt war, stand es unter einer extremen Spannung. Als nun ein indonesischer Monteur unerlaubterweise das festgebundene Ende des Kabels löste, schnellte es wie eine Peitsche hoch und versetzte ihm einen tödlichen Schlag. Bevor die Arbeit weitergehen konnte, musste zunächst ein *Selamatan*, ein Weihefest, veranstaltet werden, um die bösen Geister zu besänftigen und um die Harmonie mit ihnen wiederherzustellen und zu festigen. Es gibt viele Anlässe für einen *Selamatan*: Geburten, Todesfälle, um Unglück abzuwenden, für die Einweihung eines Hauses oder eines Projektes. Zwei Ziegen wurden geschlachtet, ein Ziegenkopf wurde an der Unfallstelle vergraben, der andere beim Antennenmast. Der Rest der Ziegen wurde gegrillt und gegessen.

Nun war alles wieder in bester Ordnung, die Arbeiter zufrieden und die Arbeiten konnten unter Hochdruck weitergehen.

Um über den glücklichen Abschluss dieses Projektes zu berichten, muss ich der Geschichte leider etwas vorgreifen. Es kam die Entmachtung Sukarnos dazwischen. Aufgrund der Unruhen während der Zeit des Putsches wurden die Montagearbeiten vorübergehend eingestellt. Ein Aufenthalt auf der Baustelle war für den deutschen Aufbauleiter und das Montageteam zu gefährlich geworden.

Als dann Ende 1965 General Suharto in Indonesien an die Macht kam, ließ das Interesse an diesem Krieg entlang der Grenze auf Borneo nach und ein Friedensvertrag wurde unterzeichnet. Die Montagearbeiten wurden wieder aufgenommen und bald darauf konnte die Großsendeanlage eingeweiht werden, allerdings nicht mehr für Stör- und Propagandasendungen nach Malaysia. Nun war es der leistungsstärkste Kurzwellen-Rundfunksender Indonesiens und er konnte als „Voice of Indonesia" in der ganzen Welt gehört werden.

Der neue Präsident Suharto wollte die Anlage persönlich einweihen, und dabei musste ein diplomatisches Problem gelöst werden. Denn zur Einweihung mussten der Botschafter der Bundesrepublik Deutschland und der Vertreter des Generalkonsulats der SBZ, der „Sowjetisch besetzten Zone", wie damals wegen der Nichtanerkennung der Osten Deutschlands benannt werden musste, geladen werden. Beide Länder waren an den Lieferungen beteiligt. Von Seiten der Bundesrepublik galten noch die strengen Auflagen der Hallstein-Doktrin. Selbst eine indirekte Anerkennung durch Nennung der offiziellen Bezeichnung DDR, musste vermieden werden. Die Vertreter der beiden Deutschlands durften sich eigentlich nicht begegnen. Aber der Botschafter der BRD, Luedde-Neurath, mit dem durch dieses Projekt eine enge Freundschaft entstanden war und sein damals noch Politischer Attaché Dr. W. Freiherr von Marschall zu Bieberstein, der später Deutscher Botschafter in verschiedenen asiatischen Ländern werden sollte, konnten mit dem Protokollchef des Präsidenten eine Einigung erzielen: Die Delegation der Bundesrepublik mit dem Deutschen Botschafter saß direkt links von Präsident Suharto, die Delegation der DDR etwas weiter weg auf der rechten Seite hinter ihm. Die beiden deutschen Regierungs-Vertreter konnten sich nicht in die Augen sehen. Ein Vertreter der Wirtschaftsabteilung der Botschaft der Bundesrepublik hielt noch eine Rede auf Bahasa Indonesia. Er war noch gar nicht lange im Lande, aber er beherrschte die Einheitssprache schon perfekt. Er war ein Sprachgenie.

Herr von Marschall war ein Experte für das Protokoll und die diplomatische Lösung von Problemen. Nichts ging schief, alle Seiten waren zufrieden. Es war eine diplomatische Meisterleistung! Das war das Wichtigste, denn tatsächlich ist das einzige, was von einer hochoffiziellen Veranstaltung in Erinnerung bleibt, wenn eine hochrangige Persönlichkeit falsch platziert worden ist. Den erfolgreichen Abschluss dieses Projektes feierten wir bei einer von Herrn von Marschalls berühmten Weinproben.

Für unsere indonesischen Partner waren die Auflagen der Hallstein-Doktrin unbequem, aber sie gaben sich große Mühe, darauf Rücksicht zu nehmen. Eine diplomatische Anerkennung der DDR durch die indonesische Regierung hätte unweigerlich den Abbruch der diplomatischen Beziehungen mit der Bundesrepublik bedeutet.

Das Verhältnis zwischen den Vertretern der Bundesrepublik und der DDR war immer gespannt und von Konkurrenzdenken geprägt. Ohne dass wir etwas ahnten, gingen viele Informationen vom Westen an den Osten. Der bedeutendste Spion an der Deutschen Botschaft war mit dem Decknamen „Brede" der Diplomat Klaus von Raussendorf. Er wurde vom Auslands-nachrichtendienst des Ministeriums für Staatssicherheit der DDR gezielt ins Auswärtige Amt der Bundesrepublik lanciert und er hat dort viele Jahre immer leitende Positionen besetzt. So auch in der Deutschen Botschaft in Jakarta. Es dauerte lange, bis er enttarnt wurde. Bei der Gerichtsverhandlung in Deutschland wurde er zu einer mehrjährigen Haftstrafe verurteilt.

Wie der Einsatz von Herr von Marschall beim Projekt „Ganyang Malaysia" gezeigt hat, war er ein hervorragender Diplomat. Aber auch als Weinkenner hatte er ganz besondere Fähigkeiten. Das feuchtheiße Klima in Jakarta war sehr anstrengend und man konnte eigentlich auf die Dauer ohne Klimaanlage nicht leben. Aber es gab eine Ausnahme. Herr von Marschall konnte zwar überall auf eine Klimaanlage verzichten, aber als echter Badener auf seinen Wein nicht! Er hatte den größten Weinkeller in Jakarta – ich glaube sogar in ganz Südost-Asien – und dieser war im Gegensatz zu seinem Wohnbereich voll klimatisiert. Nach der langen Seereise aus Deutschland mussten seine Weine hier mindestens einhundert Tage lagern, bevor er sie versuchte. Seine Weinproben waren immer delikat, ganz professionell und doch amüsant. Bei einer Verkostung war nach Herr von Marschalls Meinung einmal ein Rotwein ein Grad zu warm, ein anderes Mal hätte der Weißwein ein halbes Grad kühler sein können! Die Temperatur musste genau stimmen! Unter den Weinkennern waren seine Weinproben in ganz Asien berühmt und ein beliebter Gesprächstoff. Nicht nur Herr von Marschall, auch sein gut angelernter islamischer Diener behandelte eine Weinprobe wie eine heilige Handlung. Der Diener in weißer Uniform und weißen Handschuhen zeigte zunächst das Etikett, dann zog er ganz behutsam den Korken heraus, roch, obwohl ihm eigentlich die Genüsse von Alkohol verboten waren, wie ein Fachmann mit geschlossenen Augen an Korken und Wein und schenkte schließlich ganz vorsichtig und professionell den Wein in die schräg gehaltenen Gläser. Wenn der Diener bei einer Flasche Wein im Zweifel war, ließ er auch noch Herrn von Marschall zur endgültigen Begutachtung an Kork und Flasche riechen. War alles in Ordnung, bekam natürlich immer der Hausherr den ersten Probeschluck. Als Muslim musste dem Diener ohnehin der Geruch genügen.

Ich war regelmäßig Gast im Hause von Marschall, aber auch meine Eltern konnten anlässlich eines Besuches in Jakarta dieses Zeremoniell einer Weinprobe bei ihm genießen. Als gute Weinkenner, die immer wieder an Weinproben in Deutschland, Frankreich und Österreich teilnahmen, waren meine Eltern nicht nur von den Weinen, sondern auch von dieser Zeremonie im Hause Marschall tief beeindruckt.

War man bei Herrn von Marschall zum Dinner eingeladen – natürlich immer begleitet von den besten Weinen – und der weiß behandschuhte Diener machte den Fehler, nach dem Nachtisch nochmals Wein nachzuschenken, stoppte er diesen mit den Worten „Jamais après le dessert!" in der Sprache der Diplomaten. Der Diener sprach natürlich kein Wort Französisch, aber er verstand, was der Herr wollte. Stil und Etikette mussten bei Herrn von Marschall sein!

Als Herr von Marschall nach seinem Posten in Jakarta als deutscher Geschäftsträger nach Phnom Penh versetzt wurde, nahm er seinen Restbestand von Weinen aus Jakarta mit. Das waren immerhin noch 350 Flaschen! In Kambodscha herrschte damals Krieg. Es war also ein schwieriger und gefährlicher Posten. Als das Nachrichtenmagazin „Der Spiegel" von der Weinlieferungen des Herrn von Marschall auf dem Mekong Fluss ins belagerte Phnom Penh erfuhr, berichtete es folgendermaßen: Wenn der Deutscher Geschäftsträger noch 350 Flaschen Wein nach Kambodscha mitnimmt, dann kann die Lage nicht so schlimm sein! Denn seinem Weinvorrat nach zu urteilen habe er ja vor, sehr lange zu bleiben!

CONEFO

Das Prestige-Projekt CONEFO von Präsident Sukarno sollte schnellstmöglich fertig gestellt werden. Es sollte eine Vereinigung wie die UNO werden, allerdings mit Übergewicht der Entwicklungsländer. Wir bemühten uns um Anlagen im Wert von einigen Millionen DM für die Stromversorgung, für Rundfunkstudios, Telekommunikation usw. Die Finanzierung war ein Problem, da sich gegen Mitte der 1960er Jahre immer größere Schwierigkeiten bei den Staatsfinanzen in Indonesien abzeichneten. Es war schwierig, aber endlich klappte es doch noch nach dem firmeninternen AEG-Prinzip: „Aber

Erst Geld!" AEG-TELEFUNKEN ging nie ein Finanzierungsrisiko ein und es ist uns auch gelungen, bei diesem Projekt eine außergewöhnlich hohe Anzahlung zu erhalten. Allerdings wurde das Logo der AEG auch manchmal anders gedeutet, wenn bei einem Projekt nicht alles reibungslos lief: Dann war „*A*uspacken, *E*inschalten, *G*arantiefall" die Devise!

Von dem ersten Botschafter meiner Zeit in Indonesien, Herrn Weiz, hat man nie viel gesehen. Er lebte ja in den Bergen am Puncak-Pass, weil er angeblich das feucht heiße Klima in Jakarta nicht vertragen konnte. Im November 1964 wurde er von Botschafter Dr. Werz abgelöst. Dieser engagierte sich sehr in seinem Amt. Herr Dr. Werz setzte sich für alle Belange der deutschen Wirtschaft ein. Während seiner Zeit hatte ich des öfteren hohen Besuch aus dem Stammhaus, da einige größere Projekte im Wert von einigen Millionen DM kurz vor der Realisierung standen. Um die letzten Einzelheiten der Finanzierung und die Risikoabsicherung zu klären, reiste mehrmals unser Chef der Exportabteilung, Herr Bernhard, nach Jakarta. Herr Bernhard war der frühere Chef meiner Frau in Deutschland. Bei jedem Aufenthalt von Herrn Bernhard fand auch ein Gespräch mit Herrn Dr. Werz statt, um die Risiken aus seiner Sicht zu bewerten. Die Residenz des Botschafters lag damals ganz in der Nähe meines Hauses in der Jalan Wijaya, nur etwa sieben Minuten zu Fuß entfernt. Wenn Herr Bernhard in Jakarta war, wurden wir immer zum Dinner in der Residenz des Botschafters eingeladen, natürlich in offizieller Kleidung. Im Hause Werz wurde sehr viel Wert auf Stil und Umgangsformen gelegt, Dinge, die leider in Deutschland so gründlich untergegangen zu sein schienen. Die reizende Frau Werz hatte eine Vorliebe für Königsberger Marzipan aus Bad Wörishofen und Herr Bernhard hat nie vergessen, ein kleines Mitbringsel davon mitzubringen. Immer wenn wir in der Residenz des Botschafters in der Jalan Wijaya waren, war es schrecklich heiß. Ich weiß nicht, ob in der Residenz von Herrn Dr. Werz überhaupt eine Klimaanlage vorhanden war. Es gab nicht einmal einen Ventilator! Oder war jedes Mal, wenn ich dort war, Stromausfall? Es spielte keine Rolle, wie heiß es im Hause Werz war, das Jackett durfte nicht abgelegt werden. Ich kann mich nur daran erinnern, dass das Jackett von Herrn Bernhard zum Auswinden durchgeschwitzt war und er nach dem Dinner immer zuerst mal bei uns zu Hause duschen musste, bevor er zurück ins Hotel gebracht wurde. Herr Bernhard hatte als Exportleiter schon die ganze Welt bereist, aber bis zu seinem Tode erwähnte er immer wieder, dass er noch nie so eine drückende Hitze wie damals in Jakarta erlebt hätte.

Ich war mit ganz leichten Anzügen aus englischem Tropenstoff, die mir der Fashion Tailor in Singapur schneiderte, im Vorteil. Ein Anzug war innerhalb von 36 Stunden fertig: morgens Maß nehmen, mittags erste Anprobe, abends zweite Anprobe, am nächsten Tag abholen. Alles passte wie angegossen, und der ganze Anzug wog knapp 800 Gramm. Trotzdem war auch ich bei den Einladungen von Botschafter Werz nicht gegen Schweißperlen auf der Stirn gefeit.

Der oberste Verhandlungsführer auf indonesischer Seite für das CONEFO-Projekt war Staatssekretär im Verkehrministerium, General Soempono. Kurz nach Vertragsabschluss wurde General Soempono von der Bundesregierung als Staatsgast nach Deutschland eingeladen. Auf seinen Wunsch hin sollte ich ihn auf seiner 10tägigen Reise begleiten. Es war natürlich hochinteressant, in Bonn auf diese Weise mit den höchsten Vertretern der deutschen Regierung zusammenzutreffen, bei den offiziellen Banketten dabei sein zu dürfen und in Staatskarossen mit Standarte chauffiert zu werden. Als junger Ingenieur war für mich aber das Höchste, mit ihm und der Delegation auf dem Petersberg bei Bonn, dem damaligen Gästehaus der Bundesrepublik übernachten zu dürfen. Beeindruckt hatten mich damals besonders die vergoldeten Armaturen in den Badezimmern. Heute wohne ich auf der anderen Rheinseite in Bad Godesberg mit vollem Blick auf den Petersberg, dessen Gästehaus nach dem Umzug nach Berlin nun ein Hotel geworden ist. Sicher hat mich das Erlebnis von damals bei der Auswahl dieses Wohnsitzes beeinflusst. Im Sommer gehe ich nun regelmäßig auf den Petersberg, um auf der Terrasse des Hotels bei Kaffee und Kuchen den herrlichen Blick über das Rheintal und auf meinen Wohnsitz gegenüber zu genießen. Vom heutigen Service bin ich allerdings nicht mehr so beeindruckt wie damals. Vielleicht wird auch in der Erinnerung alles etwas verschönt.

Auch dieses CONEFO-Projekt wurde erst nach dem Putsch unter dem nun westlich orientierten Präsidenten Suharto fertig gestellt, allerdings nicht mehr als Gegenpol zu den Vereinigten Nationen. Es wurde ein Regierungskomplex mit dem Parlamentsgebäude. Mit nur geringen Änderungen konnten die von AEG-TELEFUNKEN gelieferten Anlagen in dieses geänderte Konzept integriert werden.

Djatiluhur

Schon 1958 hatte Sukarno das damals größte Bewässerungsprojekt Asiens in Angriff genommen, das Projekt Djatiluhur. Die Arbeiten wurden hier trotz finanzieller Schwierigkeiten ohne Unterbrechung weitergeführt. Ein riesiger Staudamm wurde unter Anleitung von 300 französischen Spezialisten erstellt. Während der Regenzeit sollten in einem mehrere Kilometer langen Stausee die Wassermassen gestaut und in der Trockenzeit sollte das Wasser zur Bewässerung und Stromerzeugung wieder abgegeben werden. Dadurch wollte man auch die jährlich während der Regenzeit auftretenden Überschwemmungen in West-Java vermeiden. Die Eröffnung und Einweihung dieses für Java überaus wichtigen Projekts erfolgte wenige Jahre später auch nicht mehr durch Sukarno, sondern durch seinen Nachfolger Präsident Suharto.

Hotel Indonesia

Das Hotel Indonesia mit seinen 14 Stockwerken an der Jalan Thamrin in Jakarta, war 1963 das erste und einzige Luxushotel in Indonesien. Schon die Türsteher in Livree zeigten dies. Dieses Hotel war in den 1960er Jahren das Zentrum und der Treffpunkt der ausländischen Gemeinschaft. Der Bau wurde – trotz leerer Staatskasse – von Präsident Sukarno aus Prestigegründen angeordnet. Indonesien sollte im Vergleich zu seinen Nachbarstaaten nicht zurückstehen und Jakarta sollte ein „modernes Gesicht" bekommen. Schräg gegenüber des Hotels Indonesia war das erste große und bis heute existente Kaufhaus Sarinah 1963 gerade teilweise eröffnet worden. Hier wurden einheimisches Kunsthandwerk und importierte Waren angeboten. Das Hotel Indonesia, im Volksmund einfach HI genannt, wurde teilweise mit Reparationsgeldern aus Japan finanziert. Es hatte natürlich eine zentrale Klimaanlage, eine Wasseraufbereitungsanlage und eine eigene Stromversorgung, die die AEG geliefert hatte. Hier war einer der ganz wenigen Plätze in der mehrere Millionen Einwohner zählenden Metropole, an dem man das Wasser ohne Gefahr für Magen und Darm direkt aus der Leitung trinken konnte. Besondere Lebensmittel wie Fleisch oder Austern, wurden aus Australien oder Singapur eingeflogen. Lokales Gemüse und Obst wurden auf einem hoteleigenen Gut in der Nähe von Bogor geerntet. Das Hotel war autark, eine Welt für sich, aber für die einheimische Bevölkerung einschließlich der Mittelklasse unerschwinglich. Für den Monatsverdienst eines Handwerkers bekam man gerade eine einzige Mahlzeit. Hier gab es Bars, Restaurants, einen Nachtclub und ein großes Schwimmbecken. Sonntags traf sich hier die noch kleine deutsche Gemeinschaft zu einem Plausch mit Cocktails und einer Erfrischung im gar nicht so kühlen Wasser. Entlang der Einzäunung standen dichtgedrängt die einfachen Leute und beobachteten, durch die damals noch kleinen Büsche hindurch, das für sie interessante Treiben der fremden Weißen.

In der dunklen Bar mit dem roten Kerzenlicht, neben dem Restaurant Ramayana, trafen sich täglich die ausländischen Journalisten zum Sun-Downer, um die neuesten Ereignisse zu besprechen. Und es gab immer Neuigkeiten, Indonesien war im Wandel, Jakarta war voller Gerüchte. Da in den Medien der Vereinigten Staaten und Großbritanniens grundsätzlich – aus welchen Gründen auch immer – nur negativ über Indonesien und Präsident Sukarno berichtet wurde, wurde Journalisten aus diesen Ländern im Jahre 1964 ein Visum und eine Arbeitsgenehmigung verweigert. Für die Nachrichtenagenturen und Zeitungen dieser beiden Länder, mussten dann

Journalisten aus Australien und Neuseeland einspringen. Aber noch vor dem Staatsstreich im Jahre 1965, wurden auch die australischen Journalisten „persona non grata" und mussten innerhalb von 48 Stunden das Land verlassen.

Schon die Ärzte im Tropeninstitut in Tübingen warnten mich vor zu großem Alkoholgenuss in den Tropen, besonders vor dem Sonnenuntergang. Daher wurde der obligatorische „Sun-Downer", der erste Whisky-Soda oder Gin-Tonic des Tages, der nie vor 17.00 Uhr zu sich genommen werden sollte, schon zum Ritual, wie überall in tropischen Ländern. Dieses Ritual stammt noch aus der Kolonialzeit, wenn man sich kurz vor Sonnenuntergang in den Clubs traf. Indonesien wird ja vom Äquator durchzogen, so konnte man fast die Uhr nach dem Sonnenuntergang stellen. Nur mit wenigen Minuten Abweichung im Jahresablauf kommt die Nacht schnell, ohne Dämmerung, um 18.00 Uhr und morgens um 6.00 Uhr geht die Sonne wieder auf. Der Sun-Downer wurde vor dem Abendessen, wenn man von der Arbeit nach Hause kam oder mit Geschäftsfreunden an der Bar irgendeines Hotels auf dem Nachhauseweg eingenommen. Der beliebteste Treffpunkt für Journalisten und Geschäftsleute aus aller Welt war die Bar des Hotels Indonesia. Hier konnte man immer etwas Neues erfahren. Auch die deutschen Korrespondenten Dr. Roeder, Herrn Grudinski und – wenn er gerade in Jakarta war – auch Herrn von Stockhausen, traf man regelmäßig dort. Letzterer war von 1969 bis 1975 als Südost-Asien-Korrespondent der ARD in Singapur stationiert, bereiste aber regelmäßig Indonesien, da es von hier allerhand zu berichten gab. Seit 1975 lebt Herr von Stockhausen als Publizist in München und hat unter anderem auch einige interessante und lesenswerte Bücher über Südost-Asien und andere Themen veröffentlicht.

Das Ritual des Sun-Downers wurde allerdings von einigen Europäern sehr flexibel ausgelegt. Manche legten den Sonnenuntergang schon auf den frühen Nachmittag, für andere war er direkt im Anschluss an das Mittagessen. Ich habe die Erfahrung gemacht, dass den Menschen, die vehement auf die *Jam karet*, die dehnbare Gummi-Zeit, schimpften, ihnen diese nun bei ihren Trinkgewohnheiten oft sehr gelegen kam, zumal nun die Zeit des Sonnenuntergangs eine Sache der Auslegung war. Daher traf ich kurz nach 17.00 Uhr oft schon Menschen mit roten Köpfen in angeregter Unterhaltung an. Dabei betonten die Journalisten immer lautstark, dass sie ihren Whisky nicht zum Vergnügen tränken, sondern das wäre ein Teil ihrer Arbeit! Nicht nur die Journalisten, auch Diplomaten aller Länder betrachteten den Genuss von alkoholischen Getränken als wichtigen Teil ihres Aufgabengebietes und – wie es aussah – verrichteten manche diesen Teil ihrer Aufgaben mit großer Hingabe und Freude. Wie die Engländer bereits während der Kolonialzeit feststellten, haben schon viele Diplomaten östlich von Suez ihre Leber für ihre Karriere und das Empire geopfert!

Mit der Auswahl und der Anzahl der Getränke war man ewig in Konflikt: In den Tropen sollte man wegen der Leber möglichst wenig alkoholische Getränke zu sich nehmen, andererseits sollte man wegen der Nieren möglichst viel trinken, aber keimfreies Wasser war damals kaum zu bekommen. Ich fand ein guter Mittelweg war das leichte indonesische Bier, das mir immer und bis heute, bei meinen Besuchen in Indonesien, gut geschmeckt hat. Auch viele moderate Muslime, die den Koran nicht allzu streng auslegten, sagten damals nicht Nein zu einem kühlen Bier oder einem stärkeren alkoholischen Getränk. Während meiner Zeit in Indonesien hat ein fortschrittlicher islamischer „Minister für religiöse Angelegenheiten" sogar erklärt, dass Muslime das leichte indonesische Bier trinken dürfen. Allerdings wurde damals auch gemunkelt, dass dieser Minister große Anteile an einer der beiden großen Bierfabriken habe.

Während meiner 18 Jahre in Indonesien habe ich nur ein einziges Mal einen betrunkenen Indonesier gesehen. Wir waren mit Freunden und unseren Kindern beim Fischessen im Hafen Tanjung Priok. Es war während der unruhigen chaotischen Zeit kurz vor dem Putsch. Bei Dunkelheit fuhren wir gemeinsam in nur einem Auto zurück nach Hause, als plötzlich mitten auf der Straße ein Soldat in Uniform stand, das Schnellfeuergewehr im Anschlag und uns stoppte. Sofort merkten wir, dass der Soldat betrunken war. Es war eine gefährliche Situation, er hatte eine geladene Waffe! Und er wollte mit uns fahren, zu uns nach Hause! Was blieb uns anderes übrig? Im Haus des Freundes bekam er noch ein Bier, dann einen Schnaps und noch ein Bier, bis er so sehr betrunken war, bis wir ihm – nach Stunden der Angst – ohne Gewalt das Schnellfeuergewehr entwenden konnten. Zum Glück war er ein gutmütiger Betrunkener. Nachdem die Waffe sicher im Haus versteckt war, brachten wir den betrunkenen Soldaten zur nächsten Polizeidienststelle und sagten, dass sie die Waffe am nächsten Morgen abholen könnten. Dies war das erste und einzige Erlebnis mit einem betrunkenen Indonesier, aber ein aufregendes mit einem – zum Glück – guten Ausgang.

Auch für mich war die Bar im Hotel Indonesia ein interessanter Platz. Man war immer auf dem neuesten Stand was Politik und Wirtschaft oder neue Gesetze betraf. Wenn man Herrn Dr. Roeder und Herrn Grudinski treffen wollte, fand man sie am ehesten hier. Beide waren Freelance-Journalisten, wobei ersterer hauptsächlich für die „Neue Züricher Zeitung" und den „Far Eastern Economic Review" arbeitete. Beide Herren mochten einander nicht besonders, oft wurden die Gespräche laut, aber zu einem Austausch von Informationen trafen sie sich trotzdem regelmäßig. Einmal saßen wir zu fortgeschrittener Stunde noch an der Bar, da bot Herr Grudinski Herrn Dr. Roeder das „Du" an. Die schroffe Antwort von Herrn Dr. Roeder war: „Nicht mit Ihnen".

Gleich nach meiner Ankunft in Jakarta war das Hauptthema in der Bar allerdings nicht die Politik oder die Wirtschaft. Indonesien hatte seinen Sexskandal. Es war ein Parallelfall zu dem der deutschen Edelprostituierten Rosemarie Nitribit, die 1957 nach einem Spionagefall ermordet aufgefunden wurde. Alle indonesischen Medien schenkten diesem ersten indonesischen Sexskandal wochenlang ihre volle Aufmerksamkeit:

Anna, ein hübsches 29 Jahre altes „Modell", verkehrte in den höchsten internationalen Diplomatenkreisen. Sie hatte – wie berichtet wurde – nicht nur großen Charme und unwiderstehliche Reize, zudem sprach sie auch noch hervorragend Englisch. Eines Morgens wurde sie ermordet in ihrem Bett gefunden. All dies wäre noch kein Grund für die große Aufregung gewesen, die diese Nachricht auslöste, wäre sie nicht auch noch eine gute Buchhalterin gewesen. Anna hatte ein Heft hinterlassen, in dem alle Namen mit Adressen und Telefonnummern ihrer Kunden, mit den Daten der Besuche und dem erhaltenen Erlös für ihre Liebesdienste, bis ins Detail peinlich genau aufgelistet waren. Eine ganze Reihe von Diplomaten wurde ziemlich nervös, als die Presse unter dem öffentlichen Druck die indonesischen Ermittlungsbehörden bat, die Liste mit den Namen für die Veröffentlichung freizugeben. Dies wurde jedoch zur Erleichterung vieler verhindert, da anscheinend auch hohe Mitglieder der Regierung mit auf der Liste standen. Da man für dieses Verbrechen keinen Täter fand, wurde – als Sündenbock – ihr Hausboy angeklagt.

Ganz oben im 14. Stock war der Nachtclub mit einer recht guten Kapelle, die auch die neuesten Schlager aus Europa spielen konnte. Ab und zu gingen wir zum Tanz dorthin. Auf der Tanzfläche überragten wir die vielen neureichen kleinen Indonesier und Indonesierinnen, die sich einen Besuch in diesem teuren Club leisten konnten. Wir sahen von oben nur auf die schwarzen Haare und wir tanzten wie über den Wogen eines schwarzen asiatischen Meeres. Hier oben im Nachtclub war auch Präsident Sukarno öfter anzutreffen. Er fuhr in seiner schwarzen Cadillac Limousine vor dem Hotel vor, begleitet von einer Eskorte weißer Motorräder mit ohrenbetäubenden Martinshörnern. Wenn er aber da war, mischte er sich gern unters Volk. Die Frauen, nicht nur die Indonesierinnen, waren verrückt nach ihm. Sein „Appetit" auf Frauen war ungeheuer. Oft zog er mit einer Dame – auch weißer Hautfarbe – ab. Auch Dewi, die bildhübsche letzte Frau Sukarnos, war hier ab und zu alleine anzutreffen, um sich zu vergnügen. Aber besonders am Mittwochabend, wenn im Hotel Indonesia wöchentlich das exklusive

„Candlelight-Dinner" stattfand, traf man hier die wichtigsten Mitglieder der Sukarno-Regierung.

Auf dem großen Parkplatz hinter dem Hotel waren immer *Bancis*, herausgeputzte Transsexuelle und Transvestiten zu finden. Sie warteten geduldig Nacht für Nacht in ihren Becaks auf Kunden. Meist sahen sie frappierend gut und sehr weiblich aus. Sie sind meist größer als indonesische Frauen, haben schmale Taillen und kleine feste Brüste. Zu erkennen waren sie meist nur an dem hervorstehenden männlichen Kehlkopf und den zu großen Füssen. Es war ihnen streng untersagt – auch in Begleitung – das Hotel zu betreten. Für echte weibliche Begleitung war das kein Problem. Die Türsteher erkannten sofort den Unterschied! Beim Friedhof in Kebayoran Baru war ein beliebter Straßenstrich. Die ganze Nacht standen dort die *Wanita tuna susila* (Frauen ohne Moral), vor den Mauern und warteten auf einen Kunden, um für die Nacht ein Dach über dem Kopf zu haben. Ausländische Besucher des Hotels wurden sogar mit Hilfe der Türsteher dort hin geschickt, um sich eine Dame auszusuchen und konnten mit ihr ungehindert zurück auf ihr Zimmer gehen. In Jakarta gab es Junggesellen, die dort regelmäßig eine Partnerin fanden. Aber genau so regelmäßig mussten sie anschließend zu Dr. Koo (dem besagten „Spritzen-Koo"), um dort mit einer Penicillin-Spritze gegen die Nachwirkungen ihres Vergnügens behandelt zu werden.

Einige Jahre später, 1970, kam Horst Müller als Küchenchef ins Hotel Indonesia. Nun wurden wir von dort nicht nur mit Laugenbrezeln bestens versorgt, auch wenn überraschend wichtiger Besuch aus Deutschland kam und ich kurzfristig einen Empfang oder ein Dinner zu Hause veranstalten musste, genügte ein Anruf und alles wurde von seinem eingespielten Team angeliefert: nicht nur das Essen, auch die Tische mit Tischdecken und Servietten, Geschirr und Gläsern, bis zu den Salz- und Pfefferstreuern. Das gewünschte Essen war vorgekocht und wurde bei uns in der Küche von einem Koch fertig zubereitet. Die Kellner waren ein gut eingespieltes Team. Es gab nie eine Panne. Alles bis ins kleinste Detail wurde von seinem Team erledigt.

Horst Müller hatte im Hotel hervorragende Bäcker und Konditoren. Es war eine ganze chinesische Groß-Familie aus Bogor, die mit dem schon erwähnten Bäcker Tan Ek Tjoan verwandt war. Jede Nacht reisten sie von Bogor an und schon morgens um 4 Uhr marschierten sie im Gänsemarsch ins Hotel Indonesia: vorneweg der Vater, dann die Mutter und danach die Kinder nach Alter und Größe gestaffelt. Jeder hatte seine vorgegebene Aufgabe, es wurde nichts geredet. Sie waren ein perfekt eingespieltes Team und alles klappte wie am Schnürchen. Zum Frühstück waren verschiedene Brotsorten, Croissants und Danish Pastry fertig. Bis heute war dies die beste Danish

Pastry, die ich je gegessen habe. Nach Abschluss der Vorbereitungen für den nächsten Tag, marschierte die ganze Familie in der selben Reihenfolge im Gänsemarsch wieder nach Hause, vorbei an der während der im September 1963 anti-amerikanischen und anti-britischen Unruhen ausgebrannten Botschaft von Großbritannien, die gegenüber vom Hotel Indonesia lag und noch lange ein trauriges Wahrzeichen war. Es wurde erzählt, dass während des Brandanschlages, als die Briten aus Indonesien vertrieben wurden, ein verrückter Schotte in dem Gebäude so lange Dudelsack gespielt hätte, bis er es wegen der großen Hitze endgültig verlassen musste.

Sukarno, der erste Präsident

Präsident Sukarno, vom Volk damals – und auch heute noch – liebevoll „Bapak Sukarno" (Vater Sukarno) oder kurz „Pak Karno" genannt, wurde am 6. Juni 1901 in Surabaya in Ost-Java bei Sonnenaufgang geboren. Die Javaner glauben, dass ein Kind, das zu dieser Stunde geboren wird, zu etwas Besonderem auserkoren ist. Bei Sukarno war das zutreffend. Kurz vor Sukarnos Geburt brach auch noch der weniger als 90 Kilometer entfernt liegende gefährlichste Vulkan Javas, der Gunung Kelud, aus. Der Donnerhall der Eruptionen war auch in Surabaya zu hören. Sukarnos abergläubige Mutter sagte später, das sei ein Willkommensgruß an das Baby gewesen.

Sein Vater war Javaner, seine Mutter Balinesin. Da sein Vater Lehrer war, genoss er das Privileg, eine holländische Grund- und anschließend eine Oberschule in Surabaya besuchen zu dürfen. Nach erfolgreichem Abschluss begann er sein Ingenieurstudium an der „Technische Hoogeschool" in Bandung, der Technischen Hochschule und der heutigen ITB (Institut Teknologi Bandung). Schon während der Studienzeit lehnte er sich gegen das holländische Kolonialsystem auf und gründete anti-koloniale Studentenorganisationen. Sukarno graduierte 1926. Nur ein Jahr später legte er den Grundstein für die PNI, die Partai Nasional Indonesia, die die treibende Kraft für die Unabhängigkeitsbewegung werden sollte.

Der Kampf gegen die holländischen Kolonialherren war in seiner Familie seit Generationen verankert. Sein Großvater mütterlicherseits ist bei einer Schlacht im Norden Balis gegen die holländischen Invasoren umgekommen. Seine Mutter war eine Balinesin der höchsten Kaste, eine Brahmanin. Der letzte König von Singaraja, im Norden Balis, war ihr Onkel. Dieser letzte König von Singaraja wurde durch eine hinterhältige List der Holländer um sein Königreich und seinen ganzen Besitz gebracht. Die Holländer hatten ihn zu einer Besprechung auf eines ihrer vor der Küste Balis liegenden Schiffe eingeladen. Einmal dort, wurde er festgenommen und ins Exil geschickt. Aller Besitz des Königs wurde konfisziert und die bisher vermögende Familie der Mutter verarmte. Verständlicherweise war Sukarnos Mutter bis an ihr Lebensende daher den Holländern gegenüber nicht wohlgesinnt.

Auch in der Familie des Vaters waren große Patrioten. Seine Ur-Urgroßmutter kämpfte schon neben dem großen Nationalhelden und Freiheitskämpfer Diponegoro im Java-Krieg von 1825 bis 1830 gegen die Holländer. Kein Wunder, dass in diesem Familienkreis ein Teil der Antipathie gegen die Invasoren an den Sohn Sukarno weitergegeben wurde und sein Drang nach Unabhängigkeit von den Holländern groß war.

Bereits 1929 wurde Sukarno zu einer Gefängnisstrafe verurteilt, weil er zum Sturz der niederländischen Ostindien-Regierung aufgerufen hatte. Im Jahre 1933 wurde er auf die Insel Flores verbannt. Zuletzt war er im Gefängnis in Benkulen in West-Sumatra, wo ihn 1942 die Japaner befreiten. Insgesamt verbrachte er 13 Jahre hinter Gittern. Wegen seiner großen Popularität übertrugen ihm die Japaner zunächst die Leitung der javanischen Zivilverwaltung und wie der dornige und blutreiche Weg in die Unabhängigkeit war, habe ich ja bereits beschrieben.

Regelmäßig kam einer der Adjutanten von Präsident Sukarno auf die Baustelle des Flughafens in Bali, um sich nach dem Verlauf der Arbeiten zu erkundigen. Als ich wieder einmal auf Bali war, kam dieser Adjutant und erwähnte, dass Präsident Sukarno über das Wochenende in seinem Palast in Tampaksiring wäre und er möchte die leitenden Ingenieure des Projektes am Abend bei sich haben. Zunächst dachten wir, dass wir ihm wegen der immer wieder zusammenbrechenden Landebahn und über den Fortschritt der Arbeiten Bericht erstatten sollten. Als Ingenieur und Architekt zeigte sich Sukarno an diesem Projekt besonders interessiert. Aber es sollten zwei ganz private Stunden werden. Wir machten uns fein, natürlich mit einem von Hand gebatikten Hemd, der offiziellen Kleidung, und gingen am Abend in den Palast. Der Palast liegt oberhalb der wunderschönen Tempelanlage und dem Quellbecken für die Badeanlagen von Tampaksiring. Das Wasser fließt aus vielen steinernen Wasserspeiern in die Badebecken. Jeder Wasserstrahl hat eine besondere Bedeutung: einer um sich von Sünden reinzuwaschen, ein zweiter für ein langes Leben, ein dritter für die Gesundheit, usw. Die ältesten Teile der Tempelanlage, die Tempel Pura Tirta Empul und Tamaak, sind über 1.000 Jahre alt. Nach der balinesischen Sage wurde die Quelle durch den König Raja Sri Maya erschlossen, der an dieser Stelle seinen *Kris* in den Boden schlug. Aber das Wasser war giftig. Alle, die davon tranken, starben. Erst als Gott Shiva die Quelle durch einen *Selamatan*, ein Weihefest, reinigte, wurde das Wasser heilig und hat bis heute seine heilende Wirkung erhalten. Von seinem Palast hatte Präsident Sukarno einen direkten Einblick in die offene Badeanlage, in der sich jeden Morgen und Abend die balinesische Damenwelt halbbekleidet vergnügte. Ob der Präsident wohl aus diesem Grunde den Bauplatz für seinen Palast auf Bali ausgesucht hatte?

Auf einem Gelände von 25 Hektar stehen, angelehnt an die für Sukarno bedeutungsträchtige Zahl „5“, fünf offizielle Gebäude. Die Zahl „5“ wird uns hier auf dem Palastgelände immer wieder begegnen. Sie soll den Wertmaßstab der *Pancasila* im neu gegründeten indonesischen Staat symbolisieren: 1. Glaube an Gott, 2. Humanität, 3. nationale Einheit, 4. Demokratie und 5. soziale Gerechtigkeit, Die fünf Gebäude sind das „Wisma Merdeka“, der

Staats- und Privatpalast von Präsident Sukarno; das „Wisma Negara", das Haus für Staatsgäste; das „Wisma Bima", das Haus für die Wächter und die Leibgarde *Cakra Birawa* von Präsident Sukarno; das „Wisma Pendopo", das Haus für Tanz- und Musikaufführungen, und das "Wisma Judistira", das Haus für größere Gästeempfänge und Veranstaltungen. Dazu kommt noch eine Tempelanlage, in der alle fünf – wiederum die Zahl fünf – Weltreligionen vereint wurden: Hinduismus, Islam, Christentum, Buddhismus und das Judentum. Sukarno liebte, wie er selbst sagte, den Symbolismus der Zahl. In einer Grundsatzrede sagte er:

> „Die Riten des Islam sind fünf an der Zahl, fünf Sinne haben wir, fünf Finger haben wir an jeder Hand, es gibt fünf *Pendawas*, die Charaktere in dem Epos Mahabharata. Ja, lasst uns auf den fünf Säulen der *Pancasila* ein freies, immerwährendes Vaterland Indonesien bauen!"

Sein wichtigster Gedanke galt der Einheit des Landes: *Bhinneka Tunggal Ika*, der Wahlspruch auf dem indonesischen Staatswappen, steht für „Einheit in der Vielfalt"! Das indonesische Wappentier, der Adler, der *Garuda*, hat an jedem Flügel 17 Federn und 8 Schwanzfedern, als Symbol für den 17.8., den Tag der Unabhängigkeit.

Hinter den beiden Hauptpalästen, dem Wisma Merdeka und dem Wisma Negara, befindet sich noch ein größeres Küchenhaus, in dem das Essen für mehrere hundert Gäste zubereitet werden konnte. Die gesamte Anlage wurde im Jahre 1957 fertig gestellt.

Man sagt, dass Präsident Sukarno die beiden Hügel für den Staatspalast und den Palast für Staatsgäste persönlich aufgrund ihrer Optik ausgesucht haben soll, da sie in der Form weiblichen Busen ähneln. Oder war es doch eher die Nähe zu den Badeanlagen der halbnackten balinesischen Damenwelt? Vielleicht beides! Auch die Verbindungsbrücke zwischen dem Staatspalast und dem Palast für Staatsgäste soll zunächst ganz nüchtern und gerade geplant worden sein, aber auf Sukarnos Wunsch hin wurde sie nun schwungvoll gebogen einer weiblichen Brust nachempfunden. Die gesamte Palastanlage, unterbrochen durch viele kleine Bächlein, Wasserfälle und Teichen mit Lotuspflanzen, wurde nach seinen Ideen und Entwürfen gebaut.

Die Palastanlage wurde auf dem direkten Zugang vom Dorf Tampaksiring zu den Badeanlagen gebaut. Jadi, der javanische Chef der Palastgarde, verbot den Frauen des Dorfes, dass sie mit ihren Wassergefäßen auf dem Kopfe durch den Park der Palastanlage gingen. Sie mussten mit den vollen Gefäßen für das Koch- und Badewasser einen großen Umweg in Kauf nehmen. Als Sukarno von dem Verbot erfuhr, machte er dieses sofort rückgängig. Unter der schwungvollen Bogenbrücke hindurch führt nun bis heute der einzige öffentliche Weg vom Dorf Tampaksiring zum Badeplatz mitten durch die

Palastanlage hindurch. Von Präsident Sukarnos Privatgemächern führt eine kleine Treppe direkt hinunter zum Badeplatz. Ich bin aber sicher, dass Sukarno dort nie öffentlich gebadet hat.

Das indonesische Buffet war schon in seinen privaten Gemächern aufgebaut, eine große indonesische Reistafel. Sate Ajam, Spießchen mit gegrilltem Hühnerfleisch in Erdnusssauce, Soto Ajam, eine Hühnersuppe, viel Gemüse mit Kokosnuss oder Erdnusssauce, verschiedene scharf gewürzte Fischgerichte mit Reis waren angerichtet. Ein spezielles Gemüsegericht durfte bei Sukarno nie fehlen: *Daun Singkong dengan Saus Santen*. Es waren die Blätter der Tapioka-Pflanze, einer Süßkartoffel, die es in jedem Dorf in Hülle und Fülle gibt, in einer würzigen Kokosnusssauce mit Würfeln von gebratenem Tempe, einem Sojaprodukt, das seinen Ursprung in Indonesien hat, und Röstzwiebeln. Dieses *Makanan Kampung*, dieses Bauernessen, wird wegen seiner Einfachheit nie einem Gast angeboten. Aber es war seine Leibspeise und es wurde auch meine! Selbst in seinen offiziellen politischen Reden machte er ab und zu Werbung für seine Leibspeise, er sagte, dieses Gericht sei *Paling enak, paling sehat dan paling murah* (am geschmackvollsten, am gesündesten und am billigsten)! Sukarno war sehr genügsam. Importierte und teure ausländische Delikatessen verschmähte er. Auf dem Buffet gab es alles, nur kein Rind, kein Lamm, keine Ziege: Sukarno aß kein Fleisch von Tieren mit vier Beinen. Wir durften uns setzen. Die Auswahl an mehreren Dutzend Plüschsesseln und Sofas war groß. Überall an den Wänden Ölgemälde indonesischer Künstler und Schnitzereien aus Bali und Cepara – alles Werke aus seiner unbezahlbaren riesigen indonesischen Kunstsammlung. Seine Bilder- und Skulpturensammlung von naturalistischen Werken bis zum sozialistischen Realismus wurde der Grundstock für die erste nationale Kollektion des Landes. An den Decken hingen große Kronleuchter, aber geprotzt wurde nicht. Gemessen am Lebensstil anderer Staatsoberhäupter schien alles recht bescheiden.

Dann kam der Präsident, größer als der Durchschnittsindonesier, in der bekannten ungezwungenen Art und begrüßte uns freundlich auf Deutsch, das er perfekt beherrschte. Mit seinen 63 Jahren sah er noch ausgesprochen jung und sportlich aus. Die ganze Unterhaltung wurde auf Deutsch geführt. Wie von ihm gewohnt, kam er in seiner eleganten, gut geschneiderten und makellosen Khakiuniform. Er trug immer nur die von ihm entworfene Uniform, zu Hause und bei Staatsbesuchen im Ausland, allerdings in verschiedenen Farben. Das kurzarmige Jackett ist auf Taille geschneidert, hat vorne, oben und weiter unten je zwei aufgesetzte Taschen, die mit einer Lasche verschlossen sind, und das Jackett ist, vom Kragen oben bis nach unten vorne zugeknöpft. Oben auf den Schultern sind zwei Schulterklappen.

Dieser Schnitt ist bis heute unter dem Namen „Sukarno-Stil" bekannt. Jeder indonesische Schneider kennt den Schnitt und dieser Stil wird bis heute immer noch gerne getragen.

Sein *Tongkat*, sein Marschallstab, war unter den linken Arm geklemmt. Ohne seinen *Tongkat* war er nie zu sehen. Dieser war das Sinnbild seiner weltlichen Macht, Würde und höchster Gerichtsbarkeit. Man erzählte, dass er diesen immer mit sich trug, zum Essen, zum Schlafen, zum Baden, ja selbst wenn er auf die Toilette ging. Im Innern des Marschallstabes war sein wertvoller magischer *Kris* aufbewahrt, für seinen Schutz und vielleicht auch zur Selbstverteidigung: sein Symbol der Unverletzlichkeit und der Gerechtigkeit. Der *Kris* ist eine wunderschöne, aber gleichzeitig eine mystische und tödliche Waffe. Echte alte *Krise*, wie sie Sukarno besaß, führen in indonesischen Augen ein Eigenleben, mit der Macht in der Klinge, dem *Mata Kris*, dem Auge des *Kris*. Seine alten *Krise* brachte er immer wieder mit vergangenen javanischen und balinesischen Königreichen in Verbindung. Das Volk glaubte, dass durch die mystische Kraft dieser rituellen Waffen Sukarno mehrere Attentate unverletzt überleben konnte.

Ein weiteres Erkennungszeichen von Sukarno war das *Pitji*, eine typische indonesische Kopfbedeckung aus schwarzem Samt, ähnlich einem Fez, das er sicher nur zum Schlafen ablegte. Es war sein weltweit bekanntes Markenzeichen, so wie die Mützen von Fidel Castro oder Mao Tse-tung. Das *Pitji* trugen eigentlich nur Indonesier der untersten Klasse, wie *Becak*-Fahrer, aber er wollte sich mit diesen Menschen identifizieren. *Pitji* kommt aus dem Holländischen von „Pet" für Kappe und „je" für klein. Aus *Petje* wurde *Pitji*. Heute sind beide Worte gebräuchlich und werden nun nach der neuen Rechtschreibung *Peci* oder *Pici* geschrieben. Diese Kopfbedeckung wurde durch Sukarno ein Symbol der Freiheitsbewegung in Indonesien.

Vor dem Essen ging Präsident Sukarno mit uns in den Garten, wo er uns eine Steinplastik eines sitzenden Indonesiers, der sich einen großen Dorn aus der Fußsohle zieht, zeigte, den *Batu Polos*. Ich hatte die Vermutung, dass die Skulptur der berühmten griechischen Statue des Dornausziehers nachempfunden wurde. Schon beim Eintreffen im Palast wurde uns verboten, Aufnahmen vom Inneren des Palastes und von dieser Statue zu machen. Bei dieser Statue soll es sich um eines der vielen Wunder handeln, die Präsident Sukarno zugeschrieben werden. Zunächst hatte der balinesische Künstler nur einen sitzenden Indonesier dargestellt. Als die Statue jedoch im Palast aufgestellt wurde, hätte sich der in Stein gehauene Indonesier plötzlich mit Leben erfüllt und im Laufe von Monaten hätte er sich nach vorne gebeugt und den Fuß angehoben, um einen großen Dorn aus der Fußsohle zu ziehen. Nun, sagte Präsident Sukarno, symbolisiere diese Statue das Ende der Kolonialzeit. Mehrmals wiederholte er: „Der Stachel, das sind die Holländer!"

Geschichten über lebende oder wachsende Steine sind in Bali nicht ungewöhnlich. Zum Beispiel wird ein heiliger Stein im Bukit Tempel bei Karangasem, ganz im Osten der Insel, seit Jahrzehnten – auch von westlichen Wissenschaftlern – vermessen. Es wurde nachgewiesen, dass das Wachstum des Steins mehrere Zentimeter pro Jahr beträgt. Amerikanische Wissenschaftler haben herausgefunden, dass bei einer bestimmten Bodenbeschaffenheit natürliche chemische und molekulare Prozesse Veränderungen im Stein verursachen können. Es kann sich eine kristalline Struktur entwickeln und wenn die sich verändert, teilt oder spaltet, beginnt der Stein zu wachsen. Die Balinesen sind an solch nüchternen Erklärungen natürlich nicht interessiert. Für sie ist es ein mystischer Vorgang und der heilige Stein wird weiter verehrt. (Idana Pucci S. 118 – 122)

Während wir uns im Garten aufhielten, rief ein *Tokek*, ein großer indonesischer Mauergecko, der bis zu einem halben Meter lang werden kann, laut und deutlich *Toké, toké* ... Sukarno zählte die Rufe, eins, zwei, drei ... Bei jedem Ruf wird das *Toké* etwas leiser, weicher und tiefer, bis ihm schließlich die Luft ausgeht. Beim siebenten Ruf sagte Sukarno: „Das bringt Glück!" Beim neunten Ruf verstummte der Tokek. „Eine ungerade Zahl und neun", sagte Sukarno, „Das bringt noch mehr Glück! Der morgige Tag wird ein guter Tag für mich und ganz Indonesien!" Wie alle Indonesier, glaubte er an solche Vorzeichen, an Magie und Orakel. In Sukarno, wie in jedem indonesischen Muslim, steckt auch ein Animist und Mystiker. Seine islamische Religion ist durchflochten von darunter liegenden alten Schichten des Hinduismus, des Buddhismus und des Ahnenkults. Diese Vermischung brachte in Religion und Politik einen „indonesischen Geist" hervor, der in der Regel nach Kompromiss, Toleranz und Harmonie strebt. Wie mir General Soenarjo erzählte, hatte der Muslim Sukarno in seinem hinteren, privaten Arbeitszimmer, in dem er nie Gäste empfing, sogar ein Christusbild hängen.

Wir aßen zusammen und sangen gemeinsam mit ihm ein paar deutsche Lieder, Sukarno war bekannt für seine Sangesfreude. Mit „Ich hatt' einen Kameraden ..." hatte er uns beschämt, denn er kannte – im Gegensatz zu uns – alle Strophen. Aber wie man in Jakarta immer noch erzählte, kam auch Bundespräsident Lübke bei seinem Staatsbesuch in Indonesien bei den letzten Strophen ins strauchen und Sukarno musste ihm weiterhelfen. Die Singfreudigkeit der Indonesier ist groß. Es war durchaus üblich, selbst bei Staatsempfängen zu singen.

Sukarno war nicht korrupt. Bei keinem unserer vielen Projekte wollte er auch nur eine einzige Rupiah in die eigene Tasche abzweigen. Er sagte bei verschiedenen Gelegenheiten, er habe genug zu essen und zu trinken (sicherlich auch genug für seine vielen Frauen und Freundinnen), jede Rupiah sei für das Volk! Eine heute nicht mehr sehr weit verbreitete Tugend! Dass er bei vielen Anlässen auch offiziell seine Frauen und Freundinnen erwähnte, war nichts Besonderes. Er machte keinen Hehl aus seiner Liebe zu Frauen – ganz im Gegenteil, er war stolz darauf! Die vielen romantischen Eskapaden, Ehen und Scheidungen taten ihm keinen Abbruch. Das Volk schätzte seinen politischen Scharfsinn und war stolz auf ihren – auch sexuell – starken Führer. Sukarno betonte oft mit Stolz, herausragende Männer müssten auch außergewöhnliche Frauen haben, voller Hingabe und Verständnis. In diesem Zusammenhang hörte ich ihn sogar einmal die Verbindung zwischen Adolf Hitler und Eva Braun erwähnen.

Einige Jahre später, als dann General Suharto sein Nachfolger war, wurden die Menschen auf der Straße wieder mit ihren Meinungsäußerungen sehr vorsichtig. Schon die kleinste Kritik an Suharto und seiner Amtsführung wurde geahndet. Einige unabhängige indonesische Nachrichtenmagazine wurden verboten, weil sie sich angeblich zu regierungskritisch äußerten. Wenn man dann einen der üblicherweise sehr gesprächigen Taxifahrer fragte, welcher der beiden Präsidenten für das Volk nun besser sei, bekam man meist die diplomatische Antwort: „Der eine Präsident liebte die Frauen, der andere das Geld!"

Wir informierten Sukarno kurz über die Fortschritte des Flughafenprojektes. Er erwähnte noch, dass er – wie übrigens alle unsere Kunden – nicht verstehen könne, warum für deutsches Montagepersonal ein Tagessatz von 400 bis 600 DM berechnet werde, wo doch das Leben in Indonesien so günstig sei. Ein indonesischer Arbeiter müsse für einen solchen Tagessatz länger als ein Jahr arbeiten. Das sei nicht gerechtfertigt und wir sollten darüber mit unseren Stammhäusern sprechen. Dann verabschiedete er sich wieder und wünschte uns und dem Projekt alles Gute. Vermutlich wartete in seinen Gemächern schon eine hübsche Balinesin, um die Nacht mit ihm zu verbringen.

Der ganze Abend verlief locker und entspannt. Er machte Witze und lachte mit uns. Sukarno hatte eine Ausstrahlung, die jeden mitriss. Als er den Salon verlassen hatte, spürte man, dass jetzt etwas fehlte, seine unbeschreibliche Energie, seine unglaubliche Ausstrahlung. Man spürte, dass Präsident Sukarno vieles liebte: Er liebte sein Land, er liebte die Kunst, er liebte sich selbst und er liebte Menschen – besonders die Frauen. Er musste immer wieder neue Geliebte haben. Bei einem Staatsbesuch in Deutschland im Jahre 1956 hat er sich – wie später erzählt wurde – bei dem deutschen Protokollchef beklagt, dass zu seinem Empfang im Hotel Petersberg bei Bonn, dem damaligen Gästehaus der Bundesrepublik, keine „Damen" auf seinem Zimmer bereitstanden. Diese bestellte er aber dann selbst in dieses vornehme Hotel und soll sie mit Traveller-Cheques großzügig entlohnt haben.

Ein ziemlich unerfreuliches Erlebnis bei diesem Staatsbesuch war für das Hotelpersonal, dass Sukarnos Bodyguards die Bidets offensichtlich nicht als solche erkannt haben, sondern diese für Toiletten hielten, als solche nutzten und sich sicherlich über die merkwürdigen hygienischen Verhältnis in Deutschland gewundert haben – während sich das Hotelpersonal umgekehrt seine Gedanken machte!

Wir durften noch unsere Gläser austrinken und dann ging es wieder zurück in unsere Bungalows an der damals noch einsamen und ruhigen, vom Tourismus immer noch verschonten Bucht von Kuta Beach. Es war ein unvergesslicher Abend.

Präsident Sukarno war ein Frühaufsteher. Im Jahre 2005 hatte ich Gelegenheit, mich mit einem seiner früheren Gärtner, dem 82jährigen Made Galang, zu unterhalten. Er erzählte mir viele Geschichten aus seiner Zeit mit dem Präsidenten. Als er seine Arbeit als Gärtner im Palast in Tampaksiring begann, sah er im ersten Morgengrauen kurz nach 5 Uhr, dass in dem ihm zugeteilten Gebiet bereits ein Gärtner auf dem Boden kniete und Unkraut entfernte. Verärgert tippte er ihm auf die Schulter und sagte: „He, das hier ist mein Gebiet!" Er war zu Tode erschrocken, als dieser sich ihm zuwandte und er den Präsidenten erkannte. Dieser sagte aber nur ruhig: *Saya mau tolong saja"* (Ich möchte Dir nur helfen)! Sukarno arbeitete am frühen Morgen gerne im Garten und hatte auf dem Palastgrundstück viele Bäume und Büsche eigenhändig gepflanzt.

Staatsgäste waren als Frühaufsteher gefordert. Bei Sukarno herrschte strenges Zeremoniell. Um 6 Uhr früh, auf die Sekunde genau, mussten sie sich mit ihm in der Mitte der Brücke zwischen seinem Privatpalast „Wisma Merdeka" und dem Gästehaus „Wisma Negara" treffen, um die Prozession der Männer und Frauen vom Dorf zum Badeplatz unter der Brücke hindurch und das Baden der halbnackten Balinesinnen im nahegelegenen Badebecken zu beobachten. Anschließend wurde gemeinsam das Frühstück eingenommen. Auch der deutsche Bundespräsident Heinrich Lübke war wenige Jahre vor mir hier. Ich bezweifle jedoch, dass dieser großes Interesse an den schönen Balinesinnen zeigen durfte: Seine sehr strenge Frau Wilhelmine, die das Heft in der Hand hielt, begleitete ihn!

Der kunstbegeisterte Präsident Sukarno war Kunstsammler, selbst Maler und ein großer Förderer der balinesischen Künstler, was sicherlich auch durch seine balinesische Mutter begründet war. Ende der 1950er Jahre lud er eine Gruppe der bekanntesten Künstler Balis, darunter auch I Gusti

Nyoman Lempad, I Gusti Ketut Kobot, Anak Agung Gde Sobrat und Ida Bagus Made in seinen Palast nach Tampaksiring ein. Alle saßen demutsvoll auf dem Rasen, nur Ida Bagus Made blieb aufrechten Hauptes, mit nacktem Oberkörper und einem Kris in dem traditionellen Sarong, stehen. Er bat sogar selbstbewusst den Präsidenten um eine Tasse Kaffee. Diese bekam er und dazu noch einen Stuhl. Er durfte sich neben den Präsidenten setzen. Die Künstler zeigten ihm ihre neuesten Werke, und auch der Präsident ließ ein eigenes Gemälde von sich begutachten: den Akt eines chinesischen Mädchens in einem offenen Raum. Alle Anwesenden lobten seine Malkünste, bis auf Ida Bagus Made, der mit dem Bild nicht zufrieden war. Er erklärte dem Präsidenten, dass sich entsprechend der Hindureligion eine nackte Person nur in einem geschlossenen Raum zeigen dürfte. Sukarno akzeptierte diese Kritik und lud ihn für den nächsten Tag erneut in den Palast ein. Von nun an verband die beiden eine lebenslange enge Freundschaft. Ida Bagus Made wurde der Lieblingsmaler von Präsident Sukarno, dem er viele seiner Gemälde für seine ausgedehnte Kunstsammlung schenkte.

Ida Bagus Made war ein eigenwilliger Maler und Analphabet. Er wollte nichts mit Geld zu tun haben und verkaufte nur selten ein Gemälde an einen kleinen Kreis von auserwählten Privatleuten, aber nur – wie er sagte – „wenn sie seine Kunst verstünden". Mit Galeristen und Museumsdirektoren wollte er nichts zu tun haben. Daher besitzt die indonesische Staatsgalerie heute weltweit die größte Sammlung von Ida Bagus Made. Im Jahre 1999 ist Ida Bagus Made in seinem Haus in Ubud etwa 85jährig gestorben. Heute schwingen dort andere Melodien, denn nun befindet sich dort das beliebte Jazz Café.

Eines Tages hörte Sukarno von einem Monumentalgemälde der Ramayana-Geschichte des Malers I Gusti Ketut Kobot, das in dessen Studio restauriert werden solle. Als Sukarno das Gemälde besichtigte und erfuhr, dass Kobot wegen fehlender spezieller Ölfarben dieses Bild nicht weiter restaurieren könne, beauftragte Sukarno seinen Außenminister, sofort die gewünschten Farben beim Indonesischen Botschafter in Rom telegraphisch zu bestellen. Das Gemälde wurde fachgerecht restauriert und ein historisches Werk wurde gerettet. Dieses Meisterwerk hängt heute – allerdings wurde es wegen seinen übergroßen Abmessungen vom Künstler Kobot persönlich zweigeteilt – im Haus des bereits erwähnten Prinzen Dr. A. A. Made Djelantik.

Bei unserem Besuch in seinem Palast in Tampaksiring erzählte er noch begeistert von Walter Spies, wie dieser als Maler, Musiker und Choreograph in der Kunstszene Balis verwurzelt gewesen sei und wie sehr sein Einfluss noch bis heute zu spüren sei.

Der alte Gärtner Made Galang erzählte mir auch von dem Verbot, die Dornen-Statue „Batu Bolos" aus lebendem Stein, über die ich schon berichtet habe, zu fotografieren. Sollte jemand heimlich Aufnahmen gemacht haben, so seien diese Aufnahmen immer alle schwarz geworden und man hätte nichts darauf entdecken können. Es würde keine Photographie dieser Statue existieren. Ehrfürchtig erzählte er mir weiter, dass der Geist von Sukarno immer noch in seinen privaten Gemächern oben im Palast hausen würde. Obwohl diese Räume bis heute unbewohnt seien, würden täglich frühmorgens und abends die Fenster auf und wieder zugehen. Außerdem würden die Dorfbewohner von Tampaksiring noch regelmäßig die Stimme Sukarnos aus seinem Palast hören. Schon zu Sukarnos Lebzeiten schworen Leute, Sukarno könne gleichzeitig an zwei Plätzen sein. So wurde er, als er von den Holländern eingekerkert war, oft gleichzeitig auf öffentlichen Straßen gesehen. Vielleicht lebt da oben im Palast auch noch sein „zweites Ich"!

Viele Balinesen glaubten, Präsident Sukarno sei eine Inkarnation des Hindu Gottes Vishnu, des Gottes der Erhaltung, aber auf Bali ist Vishnu auch Gott des Regens. Jedes Mal, wenn er von Jakarta kommend in seinem Palast in Tampaksiring eintraf, regnete es, sogar mitten in der Trockenzeit. Während einer langen Dürrezeit baten ihn die Balinesen, doch endlich wieder einmal nach Bali zu kommen. Sukarno flog ein, ging in seinen Palast und der Himmel öffnete sich.

Noch eine nette Geschichte wurde mir von den Dorfbewohnern erzählt. Wie schon gesagt, war Sukarno Frühaufsteher. Wenn er nicht im Garten arbeitete, fuhr er mit seinem Fahrrad alleine durch das Dorf Tampaksiring. Er war einfach gekleidet wie ein *Tukang Dagang*, wie ein Händler, mit kurzen Hosen und weitem Hemd, unter dem sein Marschallstab versteckt war. Auf seiner morgendlichen Runde passierte er immer einen kleinen *Warung*, ein Kiosk, in dem um diese Zeit die 14jährige Tochter des Eigentümers, ein junges Mädchen namens Wayan, aushalf. Sie verliebte sich durch Blickkontakt in den vermeintlichen *Tukang Dagang*. Als sie jedoch erfuhr, dass der „Händler" der Präsident war, erschrak sie zutiefst und wurde krank. Kein Arzt konnte ihr helfen. Als der Präsident davon erfuhr, besuchte er sie anlässlich seiner nächsten Fahrradrunde und beruhigte sie. Sie wurde wieder gesund. Ob das „Happy end" weiterging und er sie als Freundin und Geliebte zu sich rief, wurde nicht übermittelt. Liebschaften aus dem Dorf Tampaksiring hatte er viele. Bis heute ist Tampaksiring bekannt für seine schönen Frauen. Sicherlich hat auch Sukarno seinen Teil dazu beigetragen. Ich habe dort einige Enkelkinder und Kinder von Nebenfrauen des Präsidenten getroffen, alle waren bildhübsch.

Der erste Präsident Indonesiens, Sukarno, wird im Westen oft als schillernde Persönlichkeit dargestellt. Aber er versuchte, nach der jahrhunderte langen Unterdrückung und Ausbeutung seines Volkes durch die Niederlande das nationale wie das individuelle Selbstvertrauen wieder zu fördern. Dass er dabei ab und zu über das Ziel hinausschoss, ist nur verständlich. Die grausamen Erfahrungen der Kolonialzeit und des Unabhängigkeitskampfes konnten nicht so schnell vergessen werden.

Sukarno war offiziell mit fünf Frauen verheiratet, manche Quellen reden sogar von neun. Geschieden wurde er nur einmal. Seine erste Frau war die 16jährige Utari. Er war gerade 21 Jahre alt. Die Heirat kam nicht aus Liebe, sondern aus Zuneigung und Bewunderung Sukarnos für ihren Vater, den Freiheitskämpfer Tjokroaminoto, zustande. Die Ehe wurde nach islamischem Recht geschlossen und wurde auch genau so einfach nach zwei Jahren wieder aufgehoben. 1923 war die Hochzeit mit Inggit, die einige Jahre älter war als er. Inggit war nicht besonders gebildet, aber sie war seine erste große Liebe. Sie gab ihm Liebe, Wärme und Zuneigung und war immer für ihn da. Aus diesen beiden ersten Ehen gingen keine Kinder hervor. Es folgte Ayu Rai, eine Balinesin, die aus Singaraja im Norden der Insel, kam. Sie ist erst vor kurzem gestorben, aber ihre Familie mit den Enkelkindern von Sukarno leben noch dort in einem ganz normalen und bescheidenen Haus. Durch die Familie dieser Ehefrau wurde in Singaraja ein kleines Sukarno-Museum aufgebaut.

Weitere Ehefrauen kamen von der Insel Java. Davon wurden Fatmawati und Hartini die wichtigsten in seinem Leben. Die 25 Jahre jüngere Fatmawati heiratete Sukarno 1943. Sie war einfach, schön und verständig. Sie wurde eine hervorragende Präsidentengattin, die alle Talente besaß, um mit ihrem überragenden politischen Verstand und ihrer angeborenen Grazie in den allerhöchsten internationalen Staats- und Gesellschaftskreisen verkehren zu können. Fatmawati gebar ihm fünf Kinder. Die Tochter, das zweite Kind aus dieser Ehe, Diah Permata Megawati Setiawati Sukarnoputri, kurz genannt Megawati Sukarnoputri, wurde im Juli 2001 für gut drei Jahre die erste Präsidentin der Republik Indonesiens.

Obwohl Fatmawati Muslima war, war sie mit einer Zweitfrau, Hartini, die er 1953 heiratete, nicht einverstanden. Sie zog aus dem Palast in Jakarta aus und bezog ein schönes Haus in der besten Wohngegend Jakartas. Seine Zweitfrau Hartini, die ihm zwei Kinder gebar, zog in den Sommerpalast nach Bogor.

Die Namen, die er seinen Kindern aus diesen beiden Ehen gab, sollten – wie Sukarno einmal sagte – zeigen, dass er mit der Natur verbunden sei. Zum Beispiel waren die Namen Guntur für Donner, Megawati für Wolke, Guruh ebenso für Donner, Tofan für Taifun und Bayu für Wind.

Seine letzte Ehefrau, Ratna Sari Dewi, war eine bildhübsche japanische Bardame, die in einem exklusiven Nachtclub in Japan arbeitete. Dort machte Sukarno ihre Bekanntschaft. Im Jahre 1962 heiratete er sie. Sie war gerade 19 Jahre alt. Er ließ für sie ein riesengroßes Luxushaus im Stadtteil Slipi von Jakarta errichten. Die Tochter aus dieser Ehe, Kartika Sari Sukarnoputri, heiratete mit knapp 40 Jahren Ende 2005 einen reichen Banker in Europa.

Keine der Ehefrauen von Sukarno und deren Familien, mit Ausnahme der letzten, sind reich geworden. Sukarno war, wie er selbst sagte, vielleicht der einzige Präsident der Welt, der kein eigenes Haus besaß. Bauern der Insel Java hatten einmal Geld gesammelt, um ihm ein eigenes Privathaus zu bauen. Die Gelder hat er abgelehnt, er wollte seinem Volk geben, nichts nehmen. Die Häuser, die er für seine Frauen bauen ließ, gehörten alle dem Staat.

Die meisten seiner ehemaligen Frauen und Freundinnen leben heute sogar in eher bescheidenen Verhältnissen. Eine langjährige Geliebte Sukarnos, Dewo Desak Karno, betreibt den „Warung Blitar," einen kleinen schäbigen Kiosk, in Tampaksiring. Eine bildhübsche Enkelin, dem zarten Alter von 18 Jahren nach zu urteilen eher Urenkelin, arbeitet als Toilettenfrau im Pasar für Reiseandenken bei den Badeanlagen von Tampaksiring. Wie schon gesagt, machte hier Ratna Sari Dewi, seine fünfte Frau aus Japan, eine Ausnahme. Kurz vor der Entmachtung Sukarnos, setzte sich diese 1965 mit einem ganzen Flugzeug voll Wertsachen und Bargeld nach Japan ab. Sie hatte einen Schuh-Tick, und wie erzählt wurde, waren über 1.500 Paar Designer-Schuhe mit dabei. Verglichen mit Imelda Marcos war dies aber eher bescheiden. Wie erzählt wurde, hatte diese mehr als 4.000 Paar Schuhe dabei, als sie die Philippinen verlassen musste. Sicherlich reichte die Schuhsammlung von Sukarnos fünfter Ehefrau Dewi auch noch für ein Paar bei der Hochzeit ihrer Tochter im Jahre 2005 in Paris!

Sukarno wird bis heute geschätzt und hoch verehrt. Als im Januar 1984 das von ihm geplante und in Auftrag gegebene Bali Beach Hotel niederbrannte, blieben als einzige die seinerzeit für ihn reservierten und von ihm bewohnten Zimmer unversehrt. Dies gab natürlich dem Mythos weiteren Auftrieb!

Anfang der 1960er Jahre ließ Sukarno ein weiteres Luxushotel, das Samudra Beach Hotel, in Pelabuhan Ratu an der Südküste von Java, errichten. Es wurde zum größten Teil mit Geldern aus den Reparationszahlungen Japans finanziert. Auch hier hatte er für sich eine Hotelsuite permanent reserviert. Wie im Hotel Homan in Bandung wurde auch hier ein Zimmer für einen nicht greifbaren imaginären Gast freigehalten. Präsident Sukarno hatte durch mehrtägige Meditation, bei der er eine Vision der Meeresgöttin

Nyai Roro (auch Loro) Kidul gehabt haben soll, den exakten Bauplatz für dieses Hotel festgelegt. In seiner Vision soll sich die Meeresgöttin einen Platz im Hotel erbeten haben, um gegenüber den Badegästen friedlich gesinnt zu sein. Zu meiner Zeit war dies Zimmer 308, das ganz in Grün gehalten war. Wenn man sich gut mit dem Hotelpersonal stellte, wurde auch mal ehrfürchtig dieses Zimmer aufgeschlossen und man durfte einen kurzen Blick hineinwerfen. So ganz zufrieden scheint die Meeresgöttin nicht gewesen zu sein, denn ich kenne einige Fälle von Opfern, die sie an diesem sehr gefährlichen Strand mit in die Tiefe gerissen hat und die ertranken. Ich habe 1964 selbst erlebt, wie ein deutscher Besucher dort ertrank. Nachdem die Wiederbelebungsversuche von Frau Dr. Roeder, die als Vertrauensärztin der Deutschen Botschaft zufällig gerade dort war, nicht erfolgreich waren, hat sie dieses Opfer der Meeresgöttin im Kofferraum ihres Wagens nach Jakarta mitgenommen. Damals gab es noch keine entsprechenden Kühlhäuser. Die Leiche wurde auf einem Scheiterhaufen verbrannt und die Asche nach Deutschland geschickt. Vielleicht wurde auch der Rat des Hotelpersonals, nach dem man, um die Meeresgöttin nicht zu verärgern, keine grüne Badekleidung im Meerwasser tragen soll, nicht ernst genommen. Hier in Pelabuhan Ratu, was übersetzt Hafen der Königin heißt, wie auch in Carita an der Westküste, wird seit undenklichen Zeiten jedes Frühjahr der Meeresgöttin ein in weiße Tücher eingewickelter Büffelkopf geopfert. Aus diesem Anlass fahren alle, mit Blumen bunt geschmückten, Fischerboote mit *Gamelanmusik* auf das offene Meer hinaus. Es ist ein großes Fest, um die Meeresgöttin Nyai Roro Kidul für die nächste Fangsaison friedlich zu stimmen. Für die einheimischen Fischer schien das erfolgreich zu sein, denn das Angebot des Fischmarktes hier war überaus üppig. Wenn wir mit einer Gruppe deutscher Freunde hier waren, bestellten wir immer einen großen – fast einen Meter langen – gegrillten *Tenggiri*, einen äußerst delikaten Seefisch!

Nicht nur Attentate, die die Holländer während des Unabhängigkeitskampfes auf ihn verübt haben, hatte Sukarno unverletzt überstanden, auch in den ersten Jahren als Präsident Indonesiens hatte er schon Feinde, besonders unter den fanatischen Muslimen. Eines der schlimmsten Attentate war am 30. November 1957 vor der Cikini Schule in Jakarta, wo sein Sohn Guntur und seine Tochter Megawati eingeschult werden sollten. Sechs Kinder, eine schwangere Frau und zwei seiner Leibwächter wurden dabei getötet und 150 Personen verletzt. Schon damals waren die Täter islamische Fanatiker, die Sukarno einen *Kafir*, einen Ungläubigen, nannten und die in Indonesien einen islamischen Gottesstaat errichten wollten. Für sie war Sukarno zu liberal.

Sukarno litt permanent unter Nierensteinen. Der Leibarzt von Sukarno war der Chinese Dr. Lauw Ing Tjhong. Unter Dr. Lauw arbeiteten noch eine Reihe von chinesischen Akupunktur-Ärzten für ihn und seine Familie. Sukarno flog sogar zu einer Behandlung nach Österreich, aber auch dort hat er den Wiener Professoren eine Operation seiner Niere verweigert. In jungen Jahren hatte ihm ein Wahrsager gesagt, dass er einmal unter einem Messer sterben müsse. Da wollte er lieber kein Risiko eingehen und begab sich nicht unter das Messer eines Chirurgen. Lieber versuchte er es wieder mit einer Behandlung durch seine chinesischen Akupunktur-Ärzte in Jakarta. Bis zu seinem politischen Ende war ihm aber eine Krankheit oder ein Verlust seiner großen Vitalität nicht anzumerken.

Nach seiner Entmachtung durch Suharto ist Sukarno am 21. Juni 1970 in Jakarta gestorben (und das nicht durch ein Messer) und in Blitar in Ost-Java in einem fast anonymen Grab neben seiner Mutter beigesetzt worden. Er wollte eigentlich in Bogor begraben werden, aber die neue Suharto-Regierung fürchtete, dass der „Held der nationalen Widerstandsbewegung", der „Vater der Nation", der „Held des Unabhängigkeitskampfes" und der „Gründer der Republik Indonesien" hier, in der Nähe von Jakarta zu viel Aufmerksamkeit erhalten würde und wollte seine sterblichen Überreste so weit wie möglich von der Hauptstadt entfernt haben. Erst 1978 wurde ihm der Status eines „Nationalen Helden" verliehen und über seinem Grab zur Erinnerung ein Mausoleum errichtet. Sukarno liebte das Volk und die Nähe zu ihm, und das Volk liebte ihn. Aber bis heute ist das Mausoleum durch eine hohe Mauer vom Volk und den anderen Gräbern getrennt. Trotzdem pilgern tausende Menschen an sein Grab, um ihn zu ehren.

In Blitar wurde das „Museum Sukarno" mit vielen Fotos, Erinnerungsstücken von ihm und Literatur über ihn eröffnet. Eine große sitzende Statue vor dem Haupteingang erinnert an ihn.

Singapur und Sumatra

Durch die von Präsident Sukarno Ende 1963 begonnene Aktion *Ganyang Malaysia* und *Konfrontasi*, wurde auch die dreimal wöchentliche Flugverbindung nach Singapur eingestellt. Zu dieser Zeit war Singapur noch ein Teil des von Großbritannien erzwungenen Staatenbundes Malaysia. Singapur hat sich erst später wieder von Malaysia getrennt. Wollte man nach Singapur, musste man nun zunächst nach Bangkok fliegen und von dort zurück nach Singapur. Es war jedes Mal eine Tagesreise. Zurück ging es auch wieder nur über Bangkok. Der alte kleine Flughafen Kallang in Singapur lag damals noch in einem stinkenden Sumpf. Kulis aus Malaya, China, Indien, Thailand, Nepal und Indonesien deckten mit roter Erde den angeschwemmten Meeresboden zu. Damals wie heute herrschte ein buntes Völkergemisch in Singapur.

Noch Anfang der 1960er Jahre durchschnitt eine Autostraße die einzige Landebahn. Bei Start oder Landung eines der noch seltenen Flugzeuge wurde einfach an jedem Ende der Straße eine Schranke zugemacht, um den Flugverkehr nicht durch die Autos zu gefährden. 1972 verlegte Singapur dann den Flughafen nach Changi. Damals bekam man im Flugzeug noch Orchideen angesteckt, und jedes Mal, wenn man zwischen Singapur und Jakarta den Äquator überquerte, gab es Champagner, und man bekam zur Äquatortaufe eine Urkunde.

Wenn man heute die Flugzeuge am neuen Großflughafen in Singapur im Minutentakt landen und starten sieht, kann man sich kaum vorstellen, dass in der Zwischenzeit nur gut 40 Jahre vergangen sind. Die Singapore Airlines SIA hat sich 1972 von der ursprünglich gemeinsam gegründeten Malaysia-Singapore Airlines MSA abgespalten und gehört heute mit einem legendären Service zu den führenden Fluggesellschaften dieser Welt.

Besuche in Singapur und Malaysia wurden ab und zu erforderlich, weil wir dort ein größeres Projekt für Telekommunikationseinrichtungen für Schiffe hatten und weil ich unsere lokalen Vertretungen in Singapur und Kuala Lumpur in technischen Fragen unterstützen musste, da diese fachlich auf dem Telekommunikationssektor nicht so gut besetzt waren.

Damals, Anfang der 1960er Jahre, als der große wirtschaftliche Aufschwung noch auf sich warten ließ, wohnte man in Singapur in dem schönen alten Kolonialhotel Adelphi, mit Zimmern so groß wie Wohnungen und mit eigenem Butler. Auch das alte Raffles-Hotel war beliebt, aber die „alte Pracht" und der muffige englische Stil lag nicht jedem. Auch das alte Goodwood-Park-Hotel, der ehemalige deutsche „Teutonia-Club", war beliebt. Im Jahre

1856 wurde der Teutonia-Club in Singapur gegründet und 1862 wurde ein eigenes Klubhaus auf dem Gelände des heutigen Goodwood Park-Hotels errichtet. Bei einer Erweiterung im Jahre 1900 wurde das Gebäude mit dem markanten Turm hinzugefügt, das bis heute ein Teil des Hotels ist. 1898 wurde Prinz Heinrich von Preußen, der mit dem Asiengeschwader – über das ich in einem späteren Kapitel berichten werde – in Singapur war, in diesen Räumen bewirtet. Während des 1. Weltkrieges wurde der Teutonia-Club von den Briten als Feindvermögen beschlagnahmt und dann in das Goodwood Park-Hotel umgestaltet.

Die besten Steaks gab es im Forsters Steak House. Vielleicht lag meine positive Bewertung der Steaks auch daran, dass in Jakarta als Rind nur zäher Wasserbüffel verkauft und in den Restaurants serviert wurde. Attraktionen waren die alte China Town und die legendäre Bugis Street. Beide Sehenswürdigkeiten wurden leider entweder abgerissen oder stark modernisiert. Besonders die Buggy Street war beliebt. Man konnte auf der Straße herrliche Meeresfrüchte genießen und dazwischen promenierten die schönsten „Damen": Wir beobachteten die „Damen" und sagten uns immer wieder, bei dieser und bei jener würde sich in Deutschland jeder Mann umdrehen. Es waren alle *Bancis*, wie die Transvestiten auf Indonesisch genannt wurden. Manch ein ausländischer Besucher ist auf eine Schönheit hereingefallen und zog ohne Liebesdienst, aber mit weniger Geld in seiner Börse, enttäuscht wieder ab.

Die Straßen von Singapur waren auch schon damals wie „sauber geleckt". Lee Kuan Yew, der Gründer und langjährige Premierminister der Republik Singapur führte strenge Strafen ein: Wer Abfall auf die Straße warf und erwischt wurde, musste beim ersten Mal eine hohe Geldstrafe bezahlen. Wurde er bei einer Wiederholungstat erwischt, musste er in einem besonders gekennzeichneten Arbeitsanzug für einen ganzen Tag die Straßen reinigen. Das war beschämend und eine moderne Art von Pranger, aber er hatte Erfolg damit. Ob diese Regelung bis heute besteht, weiß ich nicht, aber ich weiß durch meine Besuche dort, dass Singapur immer noch eine der saubersten Städte der Welt ist. Zum Beispiel ist das Spucken oder der Verkauf und das Kauen von Kaugummi in Singapur wegen der Verschmutzung öffentlicher Wege und Straßen und aus hygienischen Gründen bis heute bei Strafe verboten.

Jeder dienstliche Besuch in Singapur wurde natürlich auch zum Einkaufen der in Jakarta noch nicht erhältlichen Esswaren benutzt. Die Supermärkte Cold Storage und Fitzpatrick waren schon auf die Besucher aus Jakarta eingestellt. Kühlelemente und Trockeneis waren immer schon bereit. Zurück ging es mit vollen Kühltaschen, obenauf lag immer

Schweinefleisch. Denn wenn in Jakarta am Flughafen der Zöllner fragte, was in den Taschen sei, machte man die Taschen auf und sagte einfach *Daging Babi*, „Schweinefleisch" und der Muslim wandte sich vor Ekel ab. Nie wurde geprüft, was unter dem Schweinefleisch lag. Kein Muslim hätte so etwas angefasst!

In den Jahren 1964 und 65 unternahm ich noch mehrere Reisen nach Sumatra. In Medan wurde der Flughafen Polonia geplant. Als der Flughafen einige Jahre später fertig gestellt war, lag er immer noch außerhalb von Medan zwischen Palmöl- und Tabakplantagen. Aber die Stadt hat sich derart rasant ausgebreitet, dass der Flughafen heute mitten im Wohngebiet liegt. Schon damals gab es in Medan den Medan-Club, der während der Kolonialzeit der Club der Holländer war. Es ist ein schönes großzügiges Gebäude, fast nur aus massivem dunklem Holz gebaut. Wenn es die Zeit erlaubte, nahm ich dort meine Mahlzeiten ein oder trank ein kühles Bier. Es gab dort immer ein gutes Essen und die Auswahl war groß. Meine Lieblingsspeise war der *Hotschpot*, eigentlich eine etwas fade niederländische Spezialität aus Karotten, Kartoffeln, Bohnen, Grünkohl und Zwiebeln. Aber im Medan-Club wurde diese Spezialität, die noch aus der Kolonialzeit stammte, durch Sambal, Soyasauce und diverse indonesische Gewürze wunderbar „orientalisiert", so dass ich mir dieses Mahl nur selten entgehen ließ.

Von Medan aus musste ich zudem regelmäßig auf die Nord-Sumatra vorgelagerte Insel Pulau Weh mit der Ortschaft Sabang, dem nordwestlichsten Punkt Indonesiens. Die südlichste der indischen Nikobaren Inseln ist nur gut 150 Kilometer von Pulau Weh entfernt. Die indonesische Regierung plante, die Insel Weh zu einem Freihafen als Konkurrenz zu Singapur auszubauen. Wir bekamen den Auftrag für die Stromversorgung der Insel, einer Richtfunkstation für Telefonverbindungen zwischen der Insel und dem Festland, sowie einer 20-Kilowatt Funkstation, mit der über Kurzwelle vier Telefongespräche gleichzeitig mit allen Kontinenten geführt werden konnten. Für einen Freihafen ist Sabang der ideale Ort, denn dort befindet sich der größte Naturhafen der Welt. Schon während der holländischen Kolonialzeit war Sabang für die Dampfschiffe ein wichtiges Kohle- und Wasserdepot. Während des russisch-japanischen Krieges Anfang des 20. Jahrhunderts wurde man sich der hervorragend strategischen Lage dieser kleinen Insel bewusst. Die Niederlande verstärkten ihre Aktivitäten dort und gründeten die „Aktiengesellschaft Seehafen und Kohlestation Sabang", einen privaten Freihafen. Wo bisher nur Urwald wucherte, entstanden nun Landungsbrücken und die modernsten Kohletransportmaschinen. Riesengroße Kräne ragten in den blauen Himmel. Ein Trockendock war vorhanden, in dem nicht nur Schiffe repariert, sondern auch kleinere Schiffe gebaut wurden. Für die Arbeiter, die meist von der Insel Nias kamen, wurden eigene Siedlungen gebaut. Die junge Hafenstadt gewann rasch an Bedeutung und war damals für niederländische und internationale Schifffahrtslinien noch wichtiger als Singapur. Alle großen Schiffe, die von West nach Ost und von Ost nach West fuhren, legten hier an, um Wasser und Kohle zu bunkern. Wie mir erzählt wurde, richteten es die Passagier-Schifffahrtsgesellschaften so ein, dass sich immer mindestens zwei Schiffe in Sabang trafen. Während des Ladevorganges wurden dann von Schiff zu Schiff rauschende Bordfeste veranstaltet, um die Passagiere zu unterhalten. Der Schriftsteller Karl Helbig beschreibt in seinem Buch „Paradies in Licht und Schatten" die Situation von Anfang der 1930er Jahre wie folgt:

„Ganz im Westen beginnt das Kolonialreich der Niederländer mit dem Inselchen Weh. Es ist entschuldbar, wenn dem Außenstehenden dieser Name, als der einer Insel, nicht geläufig ist. Aber Sabang sollte man kennen, den internationalen Freihafen auf der *Pulau* (Insel) Weh. Wenn er auch erst nach dem ersten Weltkrieg richtig aus der Taufe gehoben wurde, so kamen ihm doch gerade deshalb und ausschließlich die modernsten technischen und organisatorischen Errungenschaften zugute. Ursprünglich war er ausschließlich Bunkerstation auf halbem Wege zwischen dem Suez und dem weiteren Osten. Zu einer solchen wurde er schon 1895, von der Schifffahrt aller Länder begrüßt und benutzt. Darüber hinaus war er aber für das Niederländische Imperium ein Singapore im kleinen, sowohl bezüglich des Welthandels, als auch der Weltpolitik gesehen. Richtig genommen: er sollte das eigentlich sein. Er ist es aber trotz beachtlicher Erfolge nie geworden. Das richtige Singapore lag zu nahe. Beweis dafür, dass auch die beste geographische Lage allein für eine optimale Entwicklung nicht ausreicht. Sie war hier an der Nordwestspitze Sumatras und des ganzen Inselreiches, an der Eingangspforte zur Straße von Malakka, der nächst den Kanälen von Suez und Panama, dem Englischen Kanal und Gibraltar wichtigsten Schlagader des Weltverkehrs, denkbar gut. So hätte Sabang eine hervorragende Kontrollstation aller zwischen dem Westen und Fernen Osten laufenden greifbaren Verbindungen und unsichtbaren Fäden werden können. Bremsklotz war eben nur die um hundert Jahre vorausgegangene britische Gründung jener Löwenstadt Singapore, ausgerechnet auf einem Inselchen, das kurz vorher sogar noch zum Besitz der Niederlande gehört hatte und bedenkenlos dem größeren Freund überlassen worden war." (S. 37-38)

Noch früher, im Jahre 1925 schrieb Louis Couperus in seinem Buch „Unter Javas Tropensonne":

„Sabang ... Vor ungefähr 20 Jahren [also um 1905] war diese Hafenstadt ausschließlich ‚Rrimboe' – Urwald, der ganz Poeloe Wei [alte Schreibweise, heute: Pulau Weh] wuchernd bedeckte ... Aber der General van Heutsz machte die Regierung auf diesen so hervorragend gelegenen strategischen Punkt aufmerksam, auf den es die europäischen Großmächte abgesehen zu haben schienen ...

Die Kohletransportmaschinen, die zum Bunkern der Kohlen erforderlich sind, hoben sich nun mit ihren hypermodernen eisernen Silhouetten, ihren Brückenwerken und ihren riesengroßen Kranen seltsam vom azurnen tropischen Himmel ab ...

Die junge Hafenstadt Sabang hat sehr rasch an Bedeutung gewonnen, seit auf Veranlassung der Regierung die großen Schiffe der Gesellschaft ‚Nederland', der ‚Paketfahrt-Gesellschaft' und des ‚Rotterdamschen Lloyd' dort anlegten. Und die Geltung von Sabang wurde immer größer und größer. Die Schiffe mussten ihre Ladung löschen und neu befrachtet werden. Dazu waren viele Menschen erforderlich ...

Einstweilen ist es der einzige Privathafen, der zugleich Freihafen ist. In Singapore, das ebenfalls Freihafen ist, fehlen noch immer die mechanischen Kohlenladevorrichtungen; Sabang hingegen ist mit den modernsten Systemen des Kohlentransportes ausgestattet worden ..." (S. 31-35)

Von all' dem war nichts mehr zu sehen. Singapur hatte Sabang den Rang abgelaufen und Sabang wurde wieder ein kleiner bedeutungsloser vergessener Ort.

Im 2. Weltkrieg nutzten deutsche U-Boote auf der Fahrt nach Japan und zurück diesen Hafen, um zu bunkern. Ein Matrose, der dort gegen Ende des Krieges von seinem U-Boot desertierte, lebte in einfachsten Verhältnissen mit Hilfe von Deutschen und der Deutschen Botschaft bis zu seinem Tode im Jahre 1980 in Jakarta. Im April 1944, während der Besatzung Indonesiens durch Japan, bombardierten die Alliierten Sabang und die Hafenanlagen wurden zerstört.

Aceh, die Provinz gegenüber auf Sumatra, war reich an Erdöl- und Erdgasvorkommen. Es sollte also ein erneuter Versuch gemacht werden, Sabang wieder aufleben zu lassen, obwohl der Konkurrent Singapur nun unschlagbar gefestigt war. Der Organisator des Projektes war ein Ingenieur Ibrahim, der aufgrund seines exzentrischen und dominanten Auftretens von uns nur der „König von Sabang" genannt wurde.

Der Konkurrent Singapur ist seit Mitte des vorigen Jahrhunderts der wichtigste Hafen und Umschlagplatz zwischen Europa und Fernost sowie zwischen Südost-Asien und Australien. Singapur Konkurrenz zu machen, dem nun größten Seehafen der Welt, war eigentlich ein Unterfangen, das zum Scheitern verurteilt war. Aber das war eine indonesische Entscheidung und nicht unsere. AEG-TELEFUNKEN hatte sich um dieses Projekt bemüht, wir erhielten den Auftrag und der war nun zu erfüllen, unabhängig von der Wirtschaftlichkeit.

1819 besetzte der Engländer Sir Thomas Stamford Raffles die kleine Insel Singapur, direkt an der Südspitze der malaiischen Halbinsel gelegen, die nur von 150 Fischern bewohnt war. Eigentlich beanspruchten die Holländer die Insel, aber Raffles setzte sich über die Besitzansprüche hinweg und prophezeite: Singapur wird bald an Bedeutung steigen. Wie recht er hatte! Raffles wollte auch Sumatra für die englische Krone sichern, das damals zu großen Teilen von den Briten besetzt war. Die englische Regierung wollte einen Krieg vermeiden und schlug 1824 einen Kuhhandel vor: Sumatra ging an Holland, die malaiische Halbinsel mit Singapur an England.

Schon einmal in früheren Jahren fand zwischen diesen beiden Ländern ein ähnlicher Kuhhandel statt: Anfang des 17. Jahrhunderts hatten holländische Kaufleute das heutige Manhattan von den dort ansässigen Indianern für US$ 24,- erworben und begannen Neu-Amsterdam, die Hauptstadt ihrer Kolonie Neu-Holland, darauf zu bauen. Nördlich von ihrer Kolonie hatten die Engländer Neu-England gegründet. Und die Engländer hatten andererseits im holländischen Einzugsgebiet in Indonesien Teile der Banda-Inseln, südlich der Molukken, besetzt. Die winzig kleine vulkanische Inselgruppe von sechs Eilanden liegt ganz einsam und verlassen in dem riesigen Archipel, über 2.000 Kilometer nordöstlich von Jakarta. Aber damals waren sie „Schatzinseln" und ein Spielball der Kolonial- und Seefahrernationen. Bis Mitte des 19. Jahrhunderts waren die Banda-Inseln der einzige Platz, an dem die kostbare Muskatnuss, die in Europa mit Gold aufgewogen wurde, wuchs. Nach dem 2. Englisch-Niederländischen Seekrieg wurden im Zuge einer internationalen „Landreform", des Friedens von Breda, im Jahre 1667, Grenzen bereinigt. Neu-Holland, das sind Teile der heutigen Staaten New York und New Jersey, mit Neu-Amsterdam ging an England. Neu-Amsterdam wurde Manhattan und der alte Indianerpfad, der die Insel von Nord nach Süd durchquerte und von den Holländern ausgebaut und „Breede Weg" (Breiter Weg) genannt wurde, ist heute der Broadway. Zwei kleine Inseln des Banda-Archipels (über die England alte Hoheitsrechte besaß), sowie Guyana in Südamerika, die heutige Republik Surinam, gingen bei diesem Tausch an Holland. Es war ein Tausch Muskatnuss gegen „Big Apple", wie New York heute genannt wird.

Die Bewohner der Banda-Inseln trieben allerdings selbst weiterhin eifrig Handel mit ihren Muskatnüssen, da sie nicht einsahen, warum die Holländer diesen Handel plötzlich zu ihrem Nachteil monopolisieren wollten. Um das zu unterbinden, löschten die Holländer erst einmal die einheimische Bevölkerung bis zum letzten Mann aus, importierten billige Sklavenarbeiter und verkauften die Muskatnüsse in Europa mit einem 32.000-fachen Gewinn! Die VOC (Vereenigde Oost-Indische Companie), die Vereinigte Holländische Ostindien Gesellschaft wurde dadurch die reichste private Gesellschaft, die die Welt je gesehen hatte.

Den großen Gewinn konnten sie allerdings nur kurzfristig erzielen, denn es gelang dem französischen Biologen Pierre Poivre, im Jahre 1745 einige Setzlinge des Muskatbaumes von der Inselgruppe zu schmuggeln und zunächst auf Mauritius und dann in anderen französischen Kolonien anzubauen. Das Muskat-Monopol der Holländer war gebrochen und leitete, zusammen mit der ausufernden Korruption innerhalb der Gesellschaft, den Untergang der VOC ein. Nach deren Zahlungsunfähigkeit wurde die VOC im Jahre 1796 aufgelöst und von der Regierung übernommen. Von da an wurde VOC als „Vergaan Onder Corruptie" (Durch Korruption untergegangen) interpretiert.

Heute sind die einsamen Inseln wieder in einen tiefen Schlaf versunken, aber die Muskatnuss ist immer noch das Produkt, das von hier in alle Welt exportiert wird. Wenn man sich der kleinen Inselgruppe mit dem Schiff nähert, kann man die duftenden Muskatnussbäume (Myristica fragrans) schon viele Kilometer vor der Küste riechen. Wie gelbe Pfirsiche hängen die Muskatnüsse an den über zehn Meter hohen ganzjährig blühenden Bäumen der Plantagen. Aus dem dicken Fleisch wird eine wohlschmeckende Marmelade hergestellt und die knallrote Muskatblüte, die die Nuss netzartig umschlingt, wird wie die Nuss als wertvolles Gewürz verwendet. Nur 1988 machte die winzige Inselgruppe nochmals Schlagzeilen, als der Vulkan Gunung Api (Feuerberg) eine heftige Eruption hatte und die Bevölkerung evakuiert werden musste.

Meine erste Reise nach Sabang für das Freihafenprojekt war mit einem Team von fünf Ingenieuren der indonesischen PTT, der Post und Telekommunikation. Wir sollten eine Untersuchung durchführen und die für die verschiedenen Anlagen besten Plätze aussuchen. Wir flogen zunächst nach Medan und von dort ging es mit zwei geländegängigen Fahrzeugen der PTT weiter. Es waren schlechte Straßen, übersät mit Pfützen und Mulden, entlang des Meeres der Straße von Malakka, dann wieder durch tiefen dunklen Urwald oder Gummibaum-Plantagen. Unsere Autos plumpsten in tiefe Löcher und hüpften über unerwartete Unebenheiten. Wie gerädert kamen wir auf halber Strecke zur Übernachtung in einer Unterkunft der PTT an. Für uns sechs Personen waren aber nur drei Betten vorhanden. Wie überall in Indonesien war auch dieses Gästehaus der staatlichen Behörden mehr als einfach eingerichtet. Kahle verschmutzte Wände, keine Moskitonetze, nur ein Stuhl bei drei Betten und ein einfaches Bad mit „Elefantendusche". Geschlafen wurde in zwei Schichten. Jeder bekam ein Bett für sechs Stunden, aber als ich endlich zum Schlafen an die Reihe kam, haben die beiden anderen Schläfer so laut geschnarcht, dass an Schlaf nicht zu denken war. Auch ohne Schlaf war ich froh, als endlich der Morgen dämmerte. Die Nacht war schrecklich und die Weiterfahrt am nächsten Morgen ebenso. Straßen waren teilweise weggespült, Flüsse mussten durchfahren werden. Aber am Abend erreichten wir die Stadt Kuta Raja an der Nordspitze von Sumatra. Heute heißt sie Banda Aceh und ist die Hauptstadt der Provinz Aceh Darul Salam. Durch den Tsunami vom Dezember 2004 haben Aceh und die Stadt eine weltweite traurige Bekanntheit erreicht. Hier gab es wieder für jeden ein Bett und im chinesischen Restaurant sogar ein Bier. Nord-Sumatra war schon immer streng islamisch, und so bekam ich im Restaurant das Bier nur in einer Teekanne serviert und musste es aus einer Teetasse trinken. Keiner der anwesenden Muslime sollte sehen, dass ich Alkohol zu mir nahm.

Am nächsten Tag machten wir Messungen für die Richtfunkstrecke nach Sabang und mussten dazu auf den höchsten Punkt von Kuta Raja. Das war das Minarett der imposanten Moschee „Mesjid Raya Baiturrahman", deren Bild in der Presse nach der Tsunami-Katastrophe vom Dezember 2004 als einziges unversehrtes Gebäude von Banda Aceh rund um die Welt ging. Aber als Ungläubiger durfte ich die indonesischen Herren nicht nach oben begleiten.

Wegen stürmischer See mussten wir noch zwei Tage auf die Überfahrt warten, aber dann ging es in vier Stunden mit der Fähre, einem alten Seelenverkäufer, vom Hafen Uleh-leh nach Sabang. Bei der Einfahrt in den wunderschönen Naturhafen von Sabang konnte man noch einige kleine Überreste der ehemaligen Landungsbrücken des früheren Freihafens erkennen. Aber die Kaianlagen und die riesigen Kohleberge waren verschwunden.

Der „König von Sabang", Herr Ir. Ibrahim, hatte bereits ein Gästehaus mit mehreren Zimmern geplant und man sah auch schon die ersten Rohbauten. Also gab es für uns bei diesem ersten Aufenthalt keine andere Möglichkeit, als in dem einzigen einfachen *Losmen* von Sabang zu übernachten. Es fehlten Moskitonetze, es gab Flöhe und Wanzen. Diese Plagegeister ließen mir keine Ruhe.

In der Ortschaft Sabang mit 2.000 Einwohnern, gab es nur zwei Restaurants mit einer mehr als dürftigen Auswahl an Speisen. Auf dem Markt hatte ich zufällig ein paar Kartoffeln entdeckt und erstanden. Die ganzen Tage zuvor gab es Reis morgens, Reis mittags, Reis abends. So freute ich mich besonders auf eine Abwechslung. In einem der Restaurants bestellten wir unser Essen und ich ging in die Küche, um die Zubereitung meiner Bratkartoffeln zu überwachen. Als sie serviert wurden, bot ich sie höflicherweise auch den Ingenieuren der PTT zum Versuchen an. Es hatte den Anschein, dass auch sie Mangelerscheinungen durch den vielen Reis hatten. Sie langten kräftig zu und zu meiner großen Enttäuschung blieb mir nur ein kleiner Rest. Auf der Insel Weh muss ich seit sehr langer Zeit wieder der erste Ausländer gewesen sein. Ich wurde von allen Seiten bestaunt und immer wieder nach dem Woher und Wohin und nach dem Projekt gefragt. Beim Kauf der Kartoffeln auf dem Markt entdeckte ich einen alten Mann, der einen wunderschönen mit Silberornamenten verzierten alten Ledergürtel trug. Ich begann ein Gespräch mit ihm, bewunderte seinen Gürtel und er erzählte mir, dass er von der Insel Nias käme und schon sein Großvater habe diesen Gürtel getragen. Der Gürtel interessierte mich und ich fragte, ob er ihn mir verkaufen wolle. Ohne zu zögern, stimmte er zu: für 2.000 Dollar. Da traf mich der Schlag! Ich sagte Dollars hätte ich nicht, wie teuer wäre er denn in Indonesischen Rupiahs? Er antwortete *sama sama*, was so viel bedeutet wie „gleich viel"; also 2.000 Rupiahs. Das war aber damals nur knapp 1,- DM. Das war ein Angebot! Er hatte gehört, dass Ausländer Dollars haben, hatte aber keine Ahnung vom Wert des Geldes. Ich habe den Gürtel dann aber doch nicht gekauft, denn 2.000 Dollar wollte ich nicht ausgeben und 2.000 Rupiahs empfand ich als Betrug an dem Mann für ein altes Familienstück. Damals hatten die Eingeborenen auf der Insel Nias oder auch der Insel Weh so gut wie keinen Kontakt zu Ausländern und zur Außenwelt. Das hat sich aber schnell geändert!

Einige Jahre später ist mir eine ähnliche Geschichte passiert. Ich wollte Ulla von Mengden – über die ich an späterer Stelle noch ausführlich berichten werde – in ihrem Haus im Zoo in Jakarta besuchen. Sie arbeitete an der Deutschen Botschaft, zog aber zu Hause mutterlose Orang Utans auf. Ulla von Mengden war nicht im Hause und keiner der Angestellten wusste, wann sie wieder zurückkommen würde. Wie in den Tropen üblich wird jedem Gast, auch wenn der Hausherr oder die Hausherrin nicht anwesend ist, ein Tee angeboten. Ich setzte mich und begann ein reges Gespräch mit Iam, der Köchin und Perle dieses Haushaltes. Bei dieser Gelegenheit zeigte mir Iam einen 1.000 DM-Schein und fragte mich, was der Gegenwert in Rupiah wäre. Ich stutzte bei so viel Geld, für das sie etwa 2 Jahre oder länger hätte arbeiten müssen und erkundigte mich zunächst, wo sie den Schein her hätte. Den hatte sie „gefunden". Hier muss ich einfügen, dass es bei Frau von Mengden immer etwas chaotisch zuging und sie alles irgendwo herumliegen ließ und sicher auch diesen 1.000 Mark-Schein. Nun dachte ich wieder an meinen Gürtelverkäufer von der Insel Nias, aber diesmal war ich es der *sama sama* sagte, gleich viel wie Rupiahs. Das war dann nur noch ein Wert von wenigen Pfennigen. Ich wollte nicht, dass sie, wenn ich den, für die Köchin unglaublich hohen Wert genannt hätte, eventuell in Versuchung geraten wäre. Aber Iam wunderte sich schon, dass es in Deutschland für so wenig Geld so große Scheine gab. Nun empfahl ich Iam, den Schein doch Frau von Mengden zu geben, da sie mit deutschem Geld – und noch so einer kleinen Einheit – doch nichts anfangen könne. Wie ich dann später von Frau von Mengden hörte, hat sie dies auch gemacht.

Pulau Weh ist eine wunderbare Insel mit Kokospalmen, weißen Sandstränden und Korallenbänken. Besonders schön ist der nur wenige Kilometer vom Ort Sabang entfernte *Pantai Kasih*, der Lovers Beach. Es regnet viel und so sind im Landesinnern die Berge mit einem undurchdringlichen Dschungel bewachsen. Und genau das war unser Problem. Wir mussten auf den höchsten Berg hinauf, um von oben die Messungen in die Gegenrichtung nach Kuta Raja zu machen. Als wir den „König von Sabang" um Rat fragten, sagte er: „No Problem. Tomorrow morning ok!" Am nächsten Morgen ging er mit uns zum Gefängnis, suchte die zehn kräftigsten Männer aus, gab jedem eine Machete oder ein Beil in die Hand, und wir durften losmarschieren. Zunächst hatte ich Bedenken, als ich die Sündenregister dieser Männer erfuhr. Alles war dabei: Raubmord, Totschlag und Diebstahl. Und mit diesen Mördern und Dieben sollten wir in die Wildnis gehen? Aber Herr Ibrahim zerstreute meine Bedenken mit einem weiteren „No Problem". Wir waren bei dieser Expedition zu Viert, unbewaffnet, mit zehn bewaffneten Verbrechern tief im Urwald. Aber selbst wenn sie irgendwelche Hintergedanken gehabt hätten: wo sollten sie auf der Insel hin? Sie konnten sie nicht verlassen. Rundum Meer, in dem es von Haien nur so wimmelte. Es ging auch alles gut, vorneweg die Sträflinge in ihrer maroden Zuchthauskleidung, die fleißig in den dichten Urwald mit ihren Macheten eine schmale Schneise schlugen. Krachend brachen Zweige, Äste und Lianen. Es ging durch Bambusdickicht, durch wuchernde Schlingpflanzen, vorbei an turmhohen Stämmen, deren Wurzeln aus senkrecht gestellten Riesenbrettern bestanden, und Bäumen, deren Wald von Stützwurzeln sich erst in einigen Metern Höhe zu einem Stamm vereinigten. Wir stolperten über umgestürzte Bäume und streiften die dornigen Zweige zu beiden Seiten des schmalen Pfades. Ab und zu sprang ein aufgeschreckter Affe durch die schwankenden Äste und schaute uns neugierig an. Manche morastige Stellen wurden mit abgeschlagenen Ästen verfestigt, so dass wir sie trockenen Fußes überqueren konnten. Links und rechts des Pfades war dunkler undurchdringlicher Urwald. Unter den dichten Laubkronen wird es niemals Tag. Nach Stunden erreichten wir todmüde und nassgeschwitzt den Gipfel. Ohne unsere treuen Sträflinge wären wir in dem dunklen Urwald verloren gewesen. Sie lachten fröhlich und waren dankbar für diese Abwechslung in Freiheit. Wir machten die erforderlichen Messungen und nachdem wir diese Aufgabe beendet hatten, marschierten wir vergnügt im Gänsemarsch wieder den Berg hinunter; wir in unser Gästehaus zur wohlverdienten Nachtruhe, sie zurück ins Gefängnis. Als sie beim Abschied von mir noch ein anständiges Trinkgeld bekommen hatten, riefen sie mir noch lachend zu: *Hana peng, hana inong!* Da ich die lokale Sprache Bahasa Aceh nicht verstand, ließ ich mir später die Worte übersetzen. Sie bedeuteten soviel wie „no money, no girls!" Sie wollten sicher die wenigen Stunden in Freiheit noch gut nutzen, mit ihren Frauen, ihren Freundinnen oder sonst wem und zogen frohgelaunt ab. Ich glaube, meine Spende war gut angelegt!

Als wir nach einigen Tagen unsere Inspektion und Vermessung in Sabang beendet hatten, legte ein kleiner indonesischer Küstenfrachter im Hafen an. Der Kapitän wollte schon am Abend wieder nach Belawan, dem Hafen von Medan, auslaufen. Das passte genau in unseren Zeitplan. Er wollte uns gegen ein kleines Entgelt mitnehmen und so gingen wir an Bord. Das war auf jeden Fall bequemer als die Fahrt mit dem Jeep und einer weiteren Übernachtung in dem kargen Gästehaus der PTT ohne genügend Betten. Es gab natürlich keine Passagierkabinen, aber ich konnte vom 1. Offizier für die zwei Nächte an Bord seine Kabine mieten. Ich dachte, das Geld hierfür sei gut angelegt und fühlte mich privilegiert. Die indonesischen Ingenieure wollten ohnehin nur auf Deck schlafen. Wir hatten Kekse, Obst und Trinkwasser dabei, damit wir uns selbst verpflegen konnten. Als ich mich voller Besitzerstolz zum Schlafen in „meine" Kabine zurückzog, merkte ich gleich, dass es innen furchtbar stickig und heiß war, aber ich war froh, wenigstens eine Pritsche mit Matratze zu haben. Das Vergnügen dauerte nicht lange, da spürten verschiedene blutrünstige Mitbewohner in der Matratze ein großes Verlangen nach dem Blut eines Europäers und stachen mich überall. Das Bett war vollkommen verlaust und verwanzt. Ich verzog mich wieder nach draußen und genoss lieber die frische Seeluft auf dem harten Holzdeck.

An Deck waren ungefähr 200 Beos in Käfigen untergebracht. Beos sind ungemein sprachbegabte schwarze Vögel aus der Familie der Stare mit gelbem Schnabel und gelben Hautlappen an jeder Kopfseite, die aufgrund ihrer Sprachfähigkeit oft mit Papageien verwechselt werden. Aber sie gehören zu der Familie der Stare. Sie kamen von der Westküste Sumatras und sollten nach Medan zu einem Großhändler transportiert werden, der sie zum Export nach Europa und den USA bereitstellen wollte. Einer der Postingenieure hatte eine schlimme Erkältung und hustete ununterbrochen. Schon nach ein paar Stunden machte der erste Beo seinen Husten originalgetreu nach. Das war ein Ansporn für uns! Wir setzten uns vor die Käfige und husteten kräftig, immer wieder und wieder. Wir hatten ja sonst nichts zu tun. Der Erfolg war riesig. Die Beos lernten schnell. Immer mehr Beos fielen in unser Hustenkonzert ein und dann versuchten sie noch, sich gegenseitig zu übertrumpfen. Als wir nach zwei Tagen in Belawan einliefen, klang es vom Deck unseres Schiffes wie aus einem Lungensanatorium. Ich glaube die wertvollen Vögel waren zunächst alle unverkäuflich und mussten erst wieder umtrainiert werden.

Bekannte von mir in Jakarta, mit einem Haus voll von ausgestopften Sumatra Tigern, Elfenbeinschnitzereien und einem präparierten Elefantenfuß als Papierkorb, hatten schon seit vielen Jahren einen Beo. Jeden Morgen, fast auf die Minute genau, rief er, wenn die Tochter vom Fahrer zur Schule gebracht werden sollte, ganz laut „Anne, Anne" und machte anschließend das „Brumm Brumm" des Autoanlassers täuschend genau nach. Es war die Aufforderung, jetzt loszufahren, und der Befehl des Beos wurde strikt befolgt. Anne stieg ein und der Fahrer fuhr los, was der gesprächige Vogel mit einem lauten triumphierenden Krächzen belohnte. Überraschender- oder klugerweise blieb der Beo an Sonntagen, wenn keine Schule war, ruhig. Man durfte ausschlafen!

Den Auftrag für das Freihafenprojekt hatte AEG-TELEFUNKEN wohl schon erhalten, aber zur Klärung technischer Details waren noch mehrere Reisen nach Sabang erforderlich. Bis Medan klappte es meist gut mit der staatlichen Fluggesellschaft Garuda, aber ab Medan wurde es dann abenteuerlich. Direkt auf die Insel Weh nach Sabang gab es Flüge einer kleinen privaten Fluggesellschaft, die zwei alte zweimotorige Propellermaschinen Douglas DC-3/Dakota aus dem zweiten Weltkrieg besaß. Es waren die sogenannten fliegenden Arbeitspferde der Alliierten. Sie flogen allerdings nur unregelmäßig, d. h. wenn genügend Bedarf da war und im Allgemeinen höchstens einmal pro Woche. In der Regenzeit gab es wegen schlechter Sicht oft tagelange Verspätungen und ich musste in Medan im alten Kolonialhotel übernachten. Ich war bei jedem Aufenthalt dort überrascht, dass es hier deutsches Bier gab. Die Nähe zu Singapur und die große Schmuggelaktivität in der „Straße von Malakka" machten dies möglich.

Die beiden nur 19 Meter langen Maschinen der privaten Fluggesellschaft waren so alt, vermutlich Ende der 1930er Jahre, dass die Flügel aus Gewichtsgründen noch mit Segeltuch bespannt waren. Es gab so gut wie keinen Flugplan, denn meist fiel eine oder auch beide Maschinen wegen technischer Probleme aus. Die Bestuhlung der Maschinen war noch im Originalzustand wie schon zu Kriegszeiten, je eine Reihe schmaler Sitze mit

Segeltuchbespannung entlang des Rumpfes mit dem Rücken zur Außenwand, in der sich auf jeder Seite 6 kleine Fenster befanden. Wollte man einen Blick nach außen werfen, musste man den Kopf um 180 Grad drehen. In der Mitte, zwischen den Beinen, wurde dann die Fracht verstaut. Dazwischen bekamen immer noch einige Passagiere einen Stehplatz. Die Flugzeuge wurden bis zum letzten Kilogramm ausgelastet. Daher wurde auch jeder Passagier mit seinem Handgepäck gewogen. Es gab immer eine lange Warteliste, da das Militär Vorrang hatte und ohne Beziehungen war es nur schwer möglich, einen Platz in einer der Maschinen zu ergattern. Ich hatte eine ganze Anzahl von Empfehlungsschreiben dabei und mein Freund, General Soenarjo, stellte mir einen sogenannten *Surat Kuasa* aus, einen Befehl, dass ich in jedem von mir gewünschten Flugzeug mitgenommen werden müsse, selbst wenn meinetwegen ein anderer Passagier wieder aussteigen musste. Diese Regelung galt auch für Hotels und andere Transporteinrichtungen. Dieser *Surat Kuasa* war Gold wert, obwohl es mir immer ein schlechtes Gewissen bereitete, wenn ich gegenüber der einheimischen Bevölkerung bevorzugt wurde.

Nach etwa zwei Stunden Flug in der laut dröhnenden Maschine wurde die Insel Weh erreicht. Der Flugplatz, eine Graspiste, lag am südlichen Ende der Insel und begann direkt hinter einer bedrohlich aus dem Meer aufsteigenden Steilküste. Zunächst drehte die Maschine einige Runden über der kleinen Stadt Sabang, um ihr Kommen anzukündigen. Daraufhin machten sich einige junge Männer mit ihren Motorrädern auf den Weg zum Flughafen, um für eine Landung die dort grasenden Ziegen und Schafe von der Graspiste, die höchstens einmal pro Woche für eine Landung und Start benutzt wurde, zu vertreiben. Es ging immer gut! Mehrmals kam ich erst an, als es schon dunkel war. Dann mussten nicht nur die vom Lärm der Flugzeugmotoren aufgeschreckten Motorradfahrer des Dorfes, sondern auch noch die zwei oder drei alten und klapprigen Kraftfahrzeuge in Sabang zum Flughafen eilen, um links und rechts der Landebahn aufgereiht, mit ihren Scheinwerfern die Landebahnbeleuchtung zu ersetzen.

Beim Abflug von Pulau Weh hatte ich immer etwas Herzklopfen. In dem Holzschuppen als Abfertigungsgebäude wurden die Passagiere und das Gepäck gewogen. Mitgenommen wurde nur, wer nicht zu schwer war. 80 Kilogramm mit Handgepäck waren die Grenze. Übergewichtige Personen mussten die Fähre nach Sumatra nehmen. Aber die Maschine wurde trotzdem immer überladen. In der Mitte des Flugzeuges wurde immer viel zu viel Fracht gestapelt, Kartons, Kisten, Kühlschränke und für die letzten Passagiere gab es dazwischen immer noch Stehplätze. Den einzigen Halt fanden diese Passagiere an Schlaufen, die von der Kabinendecke herunterhingen. Der

Pilot ließ die beiden Motoren aufheulen und startete mit Vollgas auf der kurzen Start- und Landebahn dem drohenden Abgrund an der Steilküste entgegen. Vorneweg wieder die Motorradfahrer, um das in aller Ruhe grasende Vieh zu vertreiben. Ich hatte immer den Eindruck, die Maschine klebe am Boden und komme nicht hoch. Am Ende der Start- und Landebahn schoss die Maschine dann über den Abgrund hinaus ins Leere und sackte 20 oder 30 Meter in die Tiefe, bevor sie sich wieder fing. Wenn dieser gefährliche Anfang des Rückfluges nach Medan glücklich überstanden war, fiel mir immer ein Stein vom Herzen.

Oft konnte ich von Medan kommend auch nur bis Kuta Raja, der nördlichsten Stadt Sumatras, die heute Banda Aceh heißt, fliegen. Dann blieb nur als einzige Möglichkeit, über das in dieser Gegend immer stark bewegte Meer vom alten Hafen Uleh-leh weiter nach Sabang fahren. In der Nähe von Uleh-leh ist ein Badestrand mit schwarzem Sand. Die Einheimischen erzählten mir, dass dieser Strand während der holländischen Kolonialzeit mit Stacheldraht eingezäunt war und nur von Holländern benutzt werden durfte. Im Hafen von Uleh-leh lagen immer ein paar alte „Seelenverkäufer", die für die mehrstündige Überfahrt nach Sabang als Fähren benutzt wurden. Einmal erwischte ich einen alten Schlepper, der noch weniger vertrauenswürdig aussah als die anderen. Auf der Brücke sah ich ein Bronzeschild der Reederei, nach dem die Höchstzahl der Passagiere auf 25 begrenzt war. Bei einer groben Überschlagszählung kam ich auf mindestens 110 Personen. Das machte mich schon nervös, denn an der Nordküste von Sumatra war es immer stürmisch und die See war ungemütlich. Nicht umsonst hieß Pulau Weh früher im Volksmund „Eiland des Windes und des Sturmes", und man liest in unserer Presse immer wieder von schlimmen Unfällen mit Fähren in dieser Region. Ein kräftiger Wind weht hier eigentlich ständig. Wir kamen in so eine schlimme stürmische See, dass ich befürchtete, das Schiff werde entweder durch die großen Wellen volllaufen und sinken oder schlichtweg kentern und dadurch verloren sein. Der Kapitän, ein gläubiger Muslim, hatte offensichtlich die gleichen Befürchtungen wie ich und fühlte sich zu nichts anderem mehr in der Lage, als Allah anzurufen: Er war nicht mehr ansprechbar. Unser Schiff stürzte führerlos in tiefe Wasserschluchten und stieg wieder auf Wellenberge. Frauen schrien, Kinder weinten und Muslime beteten. Ein Inferno! Der Kapitän kniete sich nieder und rasselte seine Gebete mit einer schrillen Stimme immer schneller herunter. Nur durch das drastische Mittel einer Ohrfeige konnte ich ihn dazu bewegen, das Steuerruder wieder in die Hand zu nehmen. Glücklicherweise brachte er das Schiff sicher in den Hafen von Sabang. Ich hatte mich an einem an der Decke der Brücke fest verschraubten Rohrteil festgehalten. Im sicheren Hafen sah ich, dass ich dieses Teil in der aufgewühlten See in meiner Verzweiflung aus der Verankerung gerissen hatte. Das war das zweite Mal, dass ich dem Tod in indonesischen Gewässern nur knapp entkommen war.

Durch den Putsch und die nachfolgenden Unruhen wurde das Projekt Freihafen Sabang zunächst verzögert, aber Ende 1968 waren die umfangreichen Anlagen aus Deutschland in Sabang eingetroffen und die Montage konnte beginnen.

Bandung – eine Stadt mit Pariser Charme

Wöchentliche Geschäftsreisen nach Bandung wurden erforderlich. Dort waren die Hauptverwaltungen einiger wichtiger Kunden von uns, der PTT – der Post und Telekommunikation, der PNKA – der Perusahaan Negara Kereta Api, der indonesischen Eisenbahnverwaltung (wörtlich übersetzt: dem Staatsbetrieb für Feuerwagen), dort war die ITB – das Institut Teknologi Bandung, die erste und bekannteste technische Hochschule des Landes, die Telekommunikationsabteilung der ADRI – des indonesischen Heeres, und noch andere. Hier in Bandung, während seines Ingenieurstudiums, wurde Sukarno verhaftet und eingesperrt. Er hatte schon damals richtig vorhergesehen und öffentlich verkündet, dass Indonesien seine Unabhängigkeit erhalten würde, sobald Holland in einen Krieg verwickelt werde. Wie recht er hatte! Aber diese Aussage reichte schon für eine Verhaftung.

Mindestens einmal die Woche, oft zwei- oder sogar dreimal war ich in Bandung. Damals waren dort die Straßen noch leer. Auf der Jalan Asia Afrika (den Namen bekam die Straße anlässlich der 1959 von Präsident Sukarno einberufenen Asia-Afrika-Konferenz für die „newly emerging nations") waren morgens oft nur *Becaks* und die kleinen Pferdekutschen als Taxis unterwegs. An der Ecke zur Jalan Braga steht das „Gedung Merdeka", das Gebäude der Unabhängigkeit, das während der Kolonialzeit der „Club Concordia" für reiche holländische Plantagenbesitzer war. Jetzt beherbergte das Gebäude eine Bibliothek und ein Museum. Ich fuhr immer ganz früh in Jakarta los und war dann schon vor Öffnung der Büros in Bandung. Es war immer noch Zeit für ein Frühstück im Café Braga Permai, bevor der Arbeitstag begann. Es war das Café und Restaurant für die High Society von Bandung, die sich hier zum Tee oder Mittagsimbiss traf. Die Tische unter den bunten Sonnenschirmen entlang der Straße waren immer voll besetzt. Sehen und gesehen werden war hier das Motto. Das Personal war hervorragend geschult und bediente wie in einem 5 Sterne Hotel. Es herrschte große Sauberkeit bis in die Toiletten hinein, was damals eher selten in Indonesien war. Hier gab es die besten Süßigkeiten, die leckersten Torten und auch ein gutes Brot. Das Café Braga existierte bis heute und hat nach wie vor einen hohen Standard – auch was die Preise anbetrifft. Während der holländischen Kolonialzeit galt Bandung als das Paris des Fernen Ostens oder auch als das Paris von Java, obwohl ich dort – bis auf das Café Braga Permai – in den 1960er und 70er Jahren nichts mehr fand, was diesen Ruf gerechtfertigt hätte.

Trotzdem liebte ich das bis heute etwas verschlafene Bandung vom ersten Tag an, wegen der breiten Straßen, der vielen Grünanlagen mit riesigen

Waringin-Bäumen, wegen des Flairs einer Universitätsstadt, wegen der wunderbar würzigen sundanesischen Küche, wegen der vielen Straßenmärkte und des gesunden Klimas. Das erst 1810 gegründete Bandung, in dem bis um 1900 nur wenige Europäer wohnten, liegt auf einer Hochebene von etwa 1.000 Metern, umgeben von Vulkanen und von Tee- und Chininplantagen. Warum also wird Bandung mit Paris verglichen?

Mit der Eröffnung der Eisenbahnlinie zwischen Batavia und Bandung im Jahre 1884 gewann das kleine Bandung langsam an Bedeutung. Jedoch kam der wirkliche wirtschaftliche Aufschwung erst mit dem Jahr 1920 durch den dramatischen Anstieg der Teepreise. Ein Bauboom wurde ausgelöst und neue Stadtteile gegründet. Architekten tobten sich im Art Deco-Stil aus, unübliche neue Materialien wurden verwendet, viel dekorative Glaskunst mit geometrischen und Blumenmustern wurde eingeplant, ebenso wie neuartige Metallornamente.

Noch vieles kann man davon bis heute bewundern. Selbst der 1926 im Art Deco-Stil erbaute Bahnhof mit seinen schönen Bleiglasfenstern ist bis heute erhalten. Händler aus aller Welt eröffneten ihre exklusiven Läden entlang der Jalan Braga, die mit vielen Straßencafés zur vornehmsten Einkaufsmeile der „Indies", wie die Holländer ihre Kolonie nannten, wurde. Alles war zu haben bis hin zum teuersten Champagner. Die Jalan Braga wurde ein Zentrum der neuesten Mode. Der „letzte Schrei" aus Paris war auch hier zu haben. Hier flanierten die Reichen. Bandung war die modernste Stadt Indonesiens geworden. Aber auch in den 1960er Jahren war die Jalan Braga immer noch eine Straße, entlang der sich, vorbei an Geschäften mit erlesenen Auslagen, an Juwelieren und guten Restaurants, ein Bummel lohnte. Der Journalist Erwin Berghaus, der Anfang der 1930er Jahre Bandung besuchte, beschreibt seine Eindrücke in seinem Buch „Propeller überm Paradies" wie folgt:

> „Denn noch scheint draußen die Sonne. Sie wirft weiche waagrechte Strahlen auf den Bragaweg. So heißt eine der Hauptstraßen des europäischen Bandungs, die irgendwo in einem Javaner- oder Chinesenviertel münden. Hier blickt man in die Schaufenster der Alten Welt, ihrer bekannten Markenartikel- und Exportfirmen; hinter Spiegelscheiben breiten sie sozusagen als vornehme Krämer, alle die Dinge aus, die nun einmal der weiße Mann haben muss und mancher braune Mann haben möchte. Palastartige Verwaltungsgebäude und Banken stehen da, verschwenderisch in den Raum gestellt ..." (S. 105-106)

Die Kühle des Hochlandes von Bandung zog immer mehr Europäer an. Obwohl die Sonne auch hier brennend heiß sein kann, kann man doch schon von einem idealen Klima sprechen. Kein Wunder, dass Mitte bis Ende der 1930er Jahre des letzten Jahrhunderts dort schon über 25.000 europäische

Bewohner, natürlich meist Niederländer, ihren Wohnsitz hatten. Aber obwohl der Vergleich mit Paris heute nicht mehr zutreffend ist, hat der Begriff sich gehalten.

Wenn ich in Bandung übernachten musste, stieg ich immer im Hotel Savoy Homan ab. Es war damals *das* Hotel in Bandung, ein altes Hotel im Kolonialstil, das 1930 in einem späten Art Deco-Stil renoviert wurde, mit riesengroßen Zimmern. Wegen der geschwungenen Balkone, der runden Linien und Kurven, sowie der vielen Bullaugen nachempfundenen Fenster, wurde diese Richtung des Art Deco auch „Ocean Liner Style" genannt. Dieser Stil drückt Bewegung, moderne Technologie und Optimismus aus. Nach der Arbeit saß ich immer gerne in den wuchtigen weinroten Sesseln der Bar und dem daran anschließenden wunderschönen Art Deco-Speisesaal. Zur Jalan Asia Afrika hin waren die Räume geöffnet. Zur Kühlung summten nur die Ventilatoren an der Decke. Die Kompanien von Bediensteten in gestärkten weißen Uniformen, waren noch vom „alten Schlag"; nicht mehr jung, aber unglaublich aufmerksam. Schon nach zwei oder drei Besuchen wurde man Stammgast, man wurde mit Namen angesprochen, es wurde einem der Lieblingsplatz angeboten, man wurde an seine Lieblingsspeise oder sein Lieblingsgetränk erinnert.

Als ich Jahre, nachdem ich von Indonesien weg war, wieder mal ins Hotel Savoy Homan kam, hat mich der alte, dicke, sympathische Oberkellner sofort wieder erkannt, kam auf mich in seinem typischen unveränderten Watschelgang zu und begrüßte mich. Er konnte kaum mehr gehen. Schon unter den Holländern hatte er gedient und er arbeitete immer noch. Das Hotel war sein Lebensinhalt!

Dieser Kellner zeigte mir schon vor Jahren bei einem meiner ersten Aufenthalte im Hotel Savoy Homan den berühmt berüchtigten runden Tisch mit großem Loch in der Mitte. Das Savoy Homan war während der Kolonialzeit das beliebteste Hotel der holländischen Pflanzer aus dem Preangerland, wo hauptsächlich Tee, aber auch Kaffee und Chinin angepflanzt wurde. Hier wurde am Wochenende bis in die Morgenstunden gefeiert und kräftig getrunken. Wie der Kellner erzählte, sollen die Plantagenverwalter auf ihren Pferden bis hinein in die Lobby und an die Bartheke geritten sein. Trinkgelage der Pflanzer fanden dann an dem runden Tisch statt. In der Mitte des Tisches, unterhalb dieses Loches, musste ein indonesischer Diener kauern, in der einen Hand einen Fächer, um die Fliegen und Moskitos von den Füßen der Pflanzer zu vertreiben, in der anderen Hand einen Krug voll Wein. Die Holländer saßen rund um den Tisch, und wenn ein Glas leer getrunken war, bekam der Indonesier unter dem Tisch einen Fußtritt als Signal, durch das Loch in der Mitte des Tisches hochzuschnellen, das Glas wieder aufzufüllen, sofort wieder unter dem Tisch zu verschwinden und geduldig auf den nächsten Fußtritt zu warten. Die Einheimischen waren gewöhnt, von den Holländern menschenunwürdig behandelt zu werden.

Immer wieder zerstörten betrunkene und randalierende Plantagen-verwalter und Pflanzer bei ihren Trinkgelagen die Bar und die Lobby. Trunkenheit war unter ihnen ein allgemein bekanntes Problem. Damals hieß es: „Die einzigen Wilden im ganzen Archipel sind die besoffenen holländischen Pflanzer!" Aber was blieb den Pflanzern ausser Alkohol an Unterhaltung sonst noch übrig? Sie lebten oft alleine in den Teeplantagen hoch oben in den Bergen, ohne Kontakt zu anderen Kollegen. Jeden Nachmittag kam der Nebel und gegen Abend der Regen. Regelmäßig um 6 Uhr abends umgab sie das unergründliche Dunkel der Nacht. Die Abende sind auch mit Alkohol lang und es wurde immer schwerer, sich mit der Einförmigkeit des Lebens abzufinden. Wenn der Pflanzer seine Frau dabei hatte, war es für diese noch schwieriger. Sie hatte wohl Dienstmädchen, Köchin, Kindermädchen und einen Gärtner zur Verfügung. Aber durch die Untätigkeit, Mangel an Verantwortung und Unterhaltung langweilte sich diese zu Tode. Das ging an die Nerven. Da wurde ein *Hari Besar*, ein freier Tag, der nur alle drei oder vier Wochen gewährt wurde, mit Freuden begrüßt. Auch die Kontraktarbeiter, die eingeborenen *Kulis* auf den Plantagen, hatten nur diesen einen freien Tag. Und das bei 12 Stunden Arbeit pro Tag, bei einem dreijährigen Arbeitsvertrag und einem armseligen Anfangsgehalt.

An einem *Hari Besar* sahen die Pflanzer endlich wieder weiße Gesichter und feierten entsprechend. In ihrer Ausgelassenheit schaukelten sie sich im-mer höher, der Alkohol floss in Strömen, Gläser, Spiegel und Mobiliar wurden zertrümmert. Für dieses zügellose Treiben und besinnungslose Besäufnis der Weißen hatten die javanischen Angestellten mit ihren ausdruckslosen Minen sicher nur Verachtung und Ekel übrig, aber servierten demütig Cocktails weiter. War das die Rasse, die edler und besser sein wollte als sie, die den „Wilden" – wie die Holländer die Einheimischen bezeichneten – überle-gen sein wollten? Mutwillig wurde zerstört und verschwendet. Sie lebten in sündhaftem Überfluss und interessierten sich nicht für den täglichen Kampf der Eingeborenen ums Dasein. Als die Pflanzer es immer wilder trieben, be-kamen sie schließlich Hausverbot im Hotel Savoy Homan. Als Reaktion dar-auf bauten sie mit nur einem Gulden Grundkapital in eigener Regie schräg gegenüber ihren eigenen Club, das Grand Hotel Preanger und tranken dort ungestört weiter. Hier waren sie unter sich! Hin und wieder wurde auch dort das gesamte Inventar des Hotels bei Saufgelagen zerschlagen, aber nun war es ihr eigenes Geld!

Diese alkoholischen Exzesse gab es aber nicht nur in dem Hotel Savoy Homan oder dem Grand Hotel Preanger, die gab es auf ganz Java, auf ganz Sumatra, im ganzen Archipel, überall wo es mindestens zwei Holländer gab, die einen holländischen Club gegründet hatten. Besonders auf Sumatra gab es riesige Tabak- und Gummibaum-Plantagen, auf denen viele holländische Pflanzer tätig waren. Da waren die Assistenten, die Verwalter und höher in der Hierarchie die Inspektoren, die Hauptverwalter und ganz oben die Direktoren. In den 20er und 30er Jahren des letzten Jahrhunderts, als die Pflanzer durch den weltweiten riesigen Bedarf an Gummi überdurchschnittlich gut verdienten und das Geld locker saß, wird in vielen Büchern dieser Zeit über dieses zügellose Leben berichtet. Zum Beispiel schreibt Madelon Ludlofs in ihrem Buch „Gummi" von einer holländischen Party, an der sie in den 30er Jahren des letzten Jahrhunderts nach dem Zahltag im alten Kolonialhotel de Boer in Medan, Nord-Sumatra, teilgenommen hatte:

„Es wurde eine lärmende Mahlzeit. Man sang, man schrie. Die Hors d'œuvres wurden durch den Saal geworfen. Teller und Gläser brachen. Speisereste lagen überall auf den Dielen. Die Tischtücher klebten, von Bierpfützen besudelt, auf den Unterlagen. Über den Kopf eines der Assistenten wurden drei Senfnäpfe und eine Butterdose ausgeleert. Triefend von Mostrich und Butter wurde er schließlich auf die Schultern gehoben und umhergetragen ... Lallend schrie er, er wolle einen andern Sitzplatz haben ‚... 'nen Ochsen – bringt 'nen Ochsen ... Ich will auf 'nem Ochsen reiten'. Jauchzend bezeugten die andern ihren Beifall ...

Der Ochse wurde nun mit Hieben und Johlen auf die Terrasse getrieben. Der Assistent bestieg das Tier, und erschreckt durch den Lärm und das Licht, rannte der Ochse durch den Saal, Tische und Stühle umwerfend. Die Damen flüchteten mit gellendem Geschrei. Die Männer lachten dröhnend. Dann fiel der Assistent von dem Tier herab und blieb mitten in einem Haufen Scherben liegen". (S. 61 – 62)

Auch Hans Liniger beschreibt in seinem Buch „Saja, Tuan" wie zum Beispiel 1938 der Geburtstag der holländischen Königin in einem Club in Südsumatra gefeiert wurde:

„Auch das lärmende Fest vom Königinnengeburtstag, an dem ganze Kisten von Champagner statt Bier gesoffen wurden, dass Lärm und Mutwille einer Nacht für manch saure Woche entschädigen mussten, dass der Terrainchef auf allen Vieren durch die Soße kroch und auf Befehl seiner Untergebenen an jedem Tischbein sein Bein aufhob, dass die Frauen in den Armen anderer Männer landeten und die inländischen Bedienten [Bediensteten] ein grausiges Bild der Wirkung des Alkohols und ihrer weißen Herren erhielten, dass am andern Morgen keine Scheibe mehr ganz und kein Stuhl mehr zu gebrauchen war ...“ (S. 201)

Beide Hotels, das Hotel Savoy Homan und das Grand Hotel Preanger, stehen heute noch. Bei meiner letzten Reise nach Bandung wurde das Hotel Savoy Homan gerade umgebaut. Zu meiner Zeit wurde dort ein bestimmtes Zimmer nicht an Gäste vergeben, weil in diesem Zimmer immer noch der Geist von Herman Willem Daendels sein böses Unwesen treiben sollte. Daendels wurde 1807 zum Marschall von Holland und Generalgouverneur von Niederländisch Ost-Indien ernannt. Während seiner Zeit als Gouverneur übte er eine brutale Willkürherrschaft aus, erließ grausame Gesetze, mit Hilfe derer er die Bevölkerung und besonders die Bauern noch weiter unterdrückte. Nicht umsonst wurde er allgemein „der donnernde Marschall“ genannt und 1811 zurückgerufen. Als ich damals bei den Hotelangestellten nachfragte, was in diesem Zimmer schon alles geschehen sei, gab es nur bedrücktes Schweigen. Keiner wollte darüber reden. Nur eines erfuhr ich, der Geist von Daendels sei noch da und der sei noch sehr stark, obwohl Daendels bereits vor langer Zeit, 1818, gestorben sei. Ob nach der Renovierung Daendels Zimmer wieder vermietet wird, ist fraglich.

Den runden Tisch mit Loch in der Mitte konnte man Anfang dieses Jahrhunderts weiterhin als Relikt aus der Kolonialherrschaft im Hotel besichtigen. Wie mir der Diener erzählte, wollten schon einige Holländer diesen Tisch dem Hotel Homan abkaufen – aus Scham vor der unrühmlichen Vergangenheit? Aber bis dahin hat die Hotelleitung den immer höher gehenden Angeboten widerstanden.

Oben auf einem Hügel von Bandung lag der Club Bumi Sanguriang. Es war früher ein holländischer Club, aber nun trafen sich dort regelmäßig Indonesier mit Deutschen und anderen Ausländern. Als ich im Jahr 1964 wieder einmal in Bandung war, sollte dort zum ersten Mal ein deutscher Filmabend stattfinden. Ein Film aus Deutschland war damals noch etwas ganz Besonderes, und alles was in Bandung Rang und Namen hatte und Deutsch sprach, kam zu diesem Ereignis. Auch Herr und Frau Strässer von Siemens kamen vorgefahren. Es war schon dunkel und der Fahrer von Herrn Strässer hatte auf dem Weg nach oben zum Club einen Straßenhund überfahren. Vor dem Film war dies der Hauptgesprächsstoff, aber als der Film begann, hat sich das Thema schnell geändert: Es war ein Film aus dem Dritten Reich, in dem Adolf Hitler verherrlicht wurde. Es war mehr als peinlich, und eine große Diskussion begann, wie dieser Film ungesehen und unzensiert zum deutschen Club gelangen konnte. Die Diskussion über diese Peinlichkeit ging noch tagelang weiter.

Die indonesischen Gäste waren allerdings nicht so empört wie wir Deutschen. Nach ihrer Sichtweite hat Hitler durch seinen Krieg mit Holland – wie Sukarno vorhergesagt hatte – dazu beigetragen, die Unabhängigkeit Indonesiens zu beschleunigen. Sie argumentierten, dass durch den von Hitler erzwungenen Krieg in Europa der koloniale Machthaber Holland so sehr geschwächt wurde, dass die Freiheitskämpfer in Indonesien die Oberhand erhalten und letztendlich die Unabhängigkeit erreichen konnten. Es ist immer wieder peinlich, in ehemaligen Kolonien wie Indonesien, aber auch in Indien, bis heute zu hören, wie positiv Hitler aufgrund dieser Argumentation gesehen wird. Aus Indien wurde sogar durch die Vermittlung des Kongress-Angehörigen Subhas Chandra Bose eine eigene Division zur Unterstützung Hitlers nach Deutschland entsandt. Die Führung der indischen Unabhängigkeitsbewegung hatte auch die Japaner ersucht, ihren Kampf durch eine Invasion in Indien zu unterstützen.

Von Bandung aus war es ein herrlicher Ausflug zum Vulkan Tangkuban Prahu, auf Deutsch: „Umgestürztes Boot". Von der Ferne sieht der Berg auch so aus, wie ein Kanu, das mit dem Kiel nach oben liegt. Man konnte mit dem Auto bis an den Kraterrand fahren. Unterwegs kam man durch Lembang. Hier nutzte man die Gelegenheit, um bei den deutschen Nonnen frische Butter einzukaufen. Einmal brachte ich sogar von dort zum Schrecken meiner Frau ein Paar ausgewachsener Gänse mit. Die Nonnen hatten sie mir angeboten, und ich konnte das nicht ablehnen, um die Butterlieferungen nicht zu gefährden. Das Gänsepaar ist nie im Kochtopf gelandet. Zunächst lebten sie bei uns im Garten in Jakarta und später wurden sie als bewährte Wächter gegen Schlangen in unserem Wochenendhaus an der Sundastraße gebraucht.

Am Nordende von Lembang stand damals noch ganz unverbaut das Denk- und Grabmal für den deutschen Tropenforscher Dr. Franz Wilhelm Junghuhn, der auch als „Humboldt von Java" bezeichnet wird. Ihm verdanken wir die ersten ausführlichen Beschreibungen des indonesischen Hochlands mit seiner üppigen Natur. Fast alle Vulkane Javas hat er bestiegen und erforscht. Er hatte den Chininbaum in Indonesien eingeführt und entscheidend mitgewirkt, dass das Land zum weltweiten Marktführer für Chininprodukte aufstieg. 1864 ist er in Lembang gestorben. Heute liegt das Denkmal in einem kleinen Hain mitten zwischen Häusern, ist aber immer noch durch die Hilfe der Deutschen Botschaft und des Goethe-Instituts hervorragend gepflegt.

Von hier ging die Straße steil nach oben durch einen malerischen Märchenwald aus meterhohen Baumfarnen mit pelzig-rauen Stämmen, deren lichtgrüne zarte Wedel sich wie Sonnenschirme über die schmale Straße neigten. Vor wenigen Jahren war ich wieder dort, aber leider sind die ur-alten Baumfarne verschwunden. Weshalb habe ich nicht erfahren können. Schon weit unterhalb des Kraterrandes lag ein dicker, die Lungen reizender Schwefeldunst in der Luft. Man hatte den Eindruck, hier wird gerade die Welt erschaffen. Bis 1965/66 konnte man nur um die Mittagszeit den noch aktiven Vulkan besuchen. Vom frühen Abend bis in die Morgenstunden war die ganze Gegend um den Vulkan noch in den Händen von aufstän-dischen Rebellen, Mitkämpfer der Darul-Islam-Bewegung, die immer noch – im Gegensatz zu Sukarno – einen Staat nach islamischem Recht gründen wollten. Im Laufe der Jahre wurden sie aber ganz normale Räuber, die al-les und jeden plünderten. Damals war ein Ausflug zum Tangkuban Prahu immer ein gefährliches Unterfangen. Hier wurde die Ehefrau des schwedi-schen Ericsson-Vertreters durch einen Genickschuss getötet, als sie der Auf-forderung, mit dem Auto anzuhalten, nicht sofort nachkam. Von ganz oben hat man nur für ein bis zwei Stunden ganz früh am Morgen eine klare, unglaublich schöne Fernsicht. Wenn ich Jahre später, als die Region wie-der sicher war, bei Sonnenaufgang rundum die Vulkankegel mit den weißen Rauchfahnen aus dem Bodennebel auftauchen sah, überwältigte mich jedes Mal ein Gefühl der Stille, der Ergriffenheit und der Besinnung.

Einmal habe ich mit einem Führer den ganzen Krater auf dem heißen Kraterboden durchlaufen, vorbei an kochenden Kraterseen, die täglich ihre Farbe wechseln – gelb, grün, schmutzigweiß –, vorbei an Spalten, aus denen heißer Schwefeldampf hervorzischte. Aus Schwefelquellen stiegen Säulen weißen Dampfes empor. Aus kleinen mit grauem Schlamm gefüllten Tümpeln stiegen rülpsend dicke Blasen an die Oberfläche. Dazu der inten-sive Schwefelgestank, der einem fast den Atem nahm. Es war unheimlich: unberechenbare Kräfte rundum. Der Einstieg war schon schwierig genug, aber als ich aus der Tiefe des engen Kraters die steilen Felswände hinaufblick-te, überkam mich eine panische Angst, weil mich das Gefühl überwältigte, aus solcher Tiefe nie wieder emporsteigen zu können. Als wenige Tage nach meinem Ausflug dorthin eine ganze Gruppe von japanischen Touristen im Krater durch giftige Dämpfe umkam, habe ich dieses Abenteuer nicht mehr wiederholt. Falls es die Zeit erlaubte, konnte man auf dem Rückweg noch einen kleinen Abstecher nach Ciater am Fuße des Vulkans machen. Hier waren mitten in einer Teeplantage heiße Schwefelquellen und man konn-te in einfachen, mit Natursteinen eingefassten Becken, noch etwas für die Gesundheit tun. Heute ist dort ein modernes und mondänes *Mandi Lulur*, ein Ressort mit Schönheitsbad, Massagen, Kosmetik und Restaurant.

Dass Ende der 1990er Jahre die niederländische Königin Juliana und Prinz Bernhard hier einen privaten inoffiziellen Urlaub verbrachten, löste bei der Bevölkerung völliges Unverständnis bis entsetzte Fassungslosigkeit aus. Sie machten das Königspaar (Königin Juliana hat 1948 den Thron von ihrer Mutter Wilhelmina übernommen, also mitten im Unabhängigkeitskampf) noch persönlich für die an Indonesiern begangenen Massaker verantwortlich und empfanden daher diesen Besuch als unbeschreibliche Taktlosigkeit.

Bei jeder meiner vielen Autofahrten nach Bandung schaute ich sehnsüchtig auf den imposanten Vulkangipfel des Gunung Gede. Eines Tages wollten „Molli", Jürgen Möller von der HAPAG, und ich diesen Vulkan besteigen. Dieser Vulkan in der Nähe des Puncak-Passes ist wohl noch aktiv, aber nicht mehr gefährlich. Die Besteigung dauert normalerweise zwei Tage, mit einer Übernachtung in einer Schutzhütte beim Aufstieg. Aber wir „starken Männer" wollten die Tour in einem einzigen Tag schaffen. Unsere Frauen blieben in einem Bungalow im Tal zurück. Sicherheitshalber hatten sie und wir ein Funkgerät, um in Kontakt zu bleiben, das aber, um die Batterien zu schonen, nur zu bestimmten Uhrzeiten eingeschaltet werden sollte. Schon vor Mitternacht fuhren wir los nach Cibodas, dem botanischen Garten für tropische Bergpflanzen, der schon am Aufstieg zum Gunung Gede liegt. Hier wartete schon der von uns bestellte Bergführer, um uns auf dem richtigen Pfad nach oben zu führen und um unser kleines Gepäck zu tragen. Unverzüglich ging es los. Unser Führer tänzelte mit der Zigarette im Mund den Berg hinauf, und wir beiden Europäer keuchten mit Mühe hinterher. Es war noch stockdunkle Nacht und wir konnten außer den Bäumen um uns herum nichts erkennen. Immer wieder musste unser Führer warten, da wir nicht so schnell nachkamen. Nach etwa drei Stunden erreichten wir die Baumgrenze, und der Weg führte von nun an durch Fels- und riesige Lavabrocken, vorbei an Feldern mit javanischem Edelweiß, weiter in Richtung des 3.000 Meter hohen Gipfels. Es dämmerte bereits. Nach einem wilden Lava-Feld und einem schwarzen Aschenmeer waren wir fast am Gipfel.

Plötzlich kam durch den Morgendunst eine dunkle Gestalt wie ein Geist auf uns zu. Als die Person uns erreichte, entpuppte sie sich als ein Japaner mit riesigem Rucksack. Er muss auf dem Gipfel die Nacht verbracht haben. Alle Verständigungsversuche schlugen fehl. Wir versuchten es auf Englisch, mit Bahasa Indonesia, ohne Erfolg. Er redete ausschließlich in japanischer Sprache auf uns ein. Dann legte er seinen großen Rucksack ab und begann auszupacken. Was wollte er uns zeigen? Hatte er dort oben Gold gefunden oder sonst einen Schatz? Endlich hatte er in der Hand, was er suchte: ein kleines verschnürtes Päckchen. Wir wurden immer neugieriger. Als das Päckchen endlich geöffnet war, griff er hinein und überreichte jedem von uns mit einer großartigen Geste und einer tiefen Verbeugung seine Visitenkarte!

Und das im ersten Morgengrauen in fast 3.000 Meter Höhe. Wir waren geschlagen, denn auf dieser Gewalttour hatten wir keine Visitenkarten dabei und konnten uns daher nicht revanchieren. Vermutlich haben wir dadurch für ihn unser Gesicht verloren. Er packte wieder seinen Rucksack und zog weiter nach unten, sicher in seiner Meinung bestätigt, dass es mit der europäischen Etikette und Kultur nicht weit her sei!

Dieses Erlebnis wollten wir natürlich ganz frisch unseren Frauen erzählen. Unser Führer hatte ein Funkgerät Teleport IV für uns den Berg hinaufgeschleppt. Es waren zuverlässige und robuste Geräte, die AEG-TELEFUNKEN in größeren Stückzahlen an das indonesische Heer geliefert hatte. Nun riefen und riefen wir immer wieder unsere Frauen, bei denen auch ein Funkgerät deponiert war, aber es kam keine Antwort. Ich konnte mir diesen technischen Ausfall nicht erklären. Bei Sonnenaufgang erreichten wir den Kraterrand. Wir konnten einen atemberaubenden Ausblick über das wunderschöne West-Java und den nahe liegenden Vulkanbruder Pangrango mit seinen steilen Zacken genießen. Leider versuchten wir immer wieder vergeblich, unsere Damen per Funk zu erreichen, um ihnen von der erfolgreichen Besteigung zu berichten. So mussten wir ohne die Erfolgsmeldung den Abstieg nach unten antreten. Auch der aufdringliche Schwefelgeruch und der kalte Wind trieben uns schnell wieder weg vom Kraterrand. Als wir am späten Nachmittag todmüde, zerschlagen und mit Muskelkater wieder vereint im Bungalow waren, stellten wir fest, dass das Funkgerät dort ohne Batterie war. Die hatte ich vergessen einzulegen! Es konnte also nicht funktionieren und unser Führer hatte das Gerät umsonst den Berg hinauf und wieder herunter geschleppt.

Verständigung

Neben über 300 Regionalsprachen in Indonesien ist Bahasa Indonesia die „Lingua franca", die auf dem Malaiischen basiert. Sie ist die Verwaltungssprache, die Sprache in den Schulen und Universitäten und die Sprache der Indonesier zwischen den verschiedenen Regionen. Über 90% der Bewohner des Archipels sprechen noch eine Regionalsprache als Muttersprache. Die wichtigsten Regionalsprachen sind Javanisch, Sundanesisch, Minangkabau, Balinesisch und Bugis.

Bahasa Indonesia ist eine Sprache, mit der man sich sehr präzise ausdrücken kann. Zum Beispiel haben wir in der deutschen Sprache nur ein Wort als Bezeichnung für Reis. Alle damit zusammenhängenden Produkte müssen durch umständliche Wortverbindungen erklärt werden, z. B. Reisfeld, gekochter Reis, Reismehl, Reiskorn, Reisnudeln, Reispudding usw. Für alle Begriffe in Zusammenhang mit Reis gibt es in der Bahasa Indonesia aber ganz verschiedene Worte. Das Wort für den kleinen Reissetzling ist *bibit*, für das Nassreisfeld ist es *sawah*, für das Trockenreisfeld *ladang*, für die Reispflanze ist es *padi*, für das ungekochte geschälte Reiskorn ist es *beras*, für den ungeschälten ungekochten Reis ist es *gabah*, ist der Reis gekocht, dann ist es *nasi*, eine besondere Sorte, der Klebreis, heißt *ketan*, das Wort für Reisnudeln ist *bihun*, usw. Für jede Anbaumethode, jede Reife- oder Zubereitungsstufe gibt es ein besonderes Wort. Alles sind eigene und eindeutige Begriffe, viele Worte, die auch im täglichen Leben gebraucht werden. Für unser deutsches Wort „wir" gibt es auch zwei Worte in der Bahasa Indonesia, das Wort *kita*, (wir, inklusive des Angesprochenen) und das Wort *kami*, (wir, wobei der Angesprochene nicht eingeschlossen ist). Bei den vielen Verwandtschaftsgraden wird es kompliziert. Es gibt mehrere Worte für Nichte und Neffe, für Cousine und Cousin, so dass man sofort weiß, ob ein Neffe von einem jüngeren Bruder oder von einer älteren Schwester abstammt, oder ob ein Cousin von der mütterlichen oder väterlichen Linie herkommt. Viele Worte sind zu lernen! Alle Kinder wachsen mit ihrer lokalen Muttersprache und der Lingua Franca, Bahasa Indonesia, schon zweisprachig auf. Es ist immer wieder überraschend zu hören, wie selbst Drei- und Vierjährige sich mit ihren Spielkameraden zum Beispiel auf Balinesisch unterhalten und wenn sie mit mir reden, sofort zu Bahasa Indonesia wechseln. Nur im Riau Archipel, südlich von Singapur, wird Bahasa Indonesia als Muttersprache gesprochen. Das sind weniger als 1% der Einwohner Indonesiens.

Von den ersten Kontakten mit den Portugiesen im 16. Jahrhundert, sind bis heute noch einige Wörter des Portugiesischen bei der einheimischen

Bevölkerung erhalten geblieben. Hauptsächlich sind es Begriffe und Worte von Gegenständen, die den einheimischen Bewohnern vorher noch unbekannt waren: zum Beispiel *Geredja* für Kirche, *Mentega* für Butter, *Sepatu* für Schuhe, *Medja* für Tisch, *Bendera* für Fahne oder *Sekolah* für Schule.

Ich habe Mitte der 1960er Jahre den deutschen Sprachwissenschaftler Professor Kähler in Jakarta kennen gelernt, der damals ein erstes Buch über die „Grammatik der Bahasa Indonesia" veröffentlichte. Er sprach ungewöhnlich viele Sprachen. Wenn ich mich recht erinnere, waren es fünfundzwanzig und er sagte, mit der Bahasa Indonesia wäre es zum Verzweifeln. Bei jeder Sprache, die er bisher kannte, sei es wie bei einer Pyramide, zuerst lernt man viel und je weiter man nach oben kommt, desto weniger wird es und man erreicht die Spitze. Bei der Bahasa Indonesia wäre es genau umgekehrt. Die sei wie ein Brei, der, je mehr man dazulernen würde, immer weiter auseinander läuft. Je besser man die Bahasa Indonesia beherrscht, desto mehr Ausnahmen lernt man kennen. Es werden immer mehr!

Durch unzählig viele Präfixe und Suffixe, durch die auch der Wortstamm verändert wird, bekommt ein Wort oft einen völlig anderen Sinn. Man kann auch fast kein geschriebenes Wort, zum Beispiel aus einer indonesischen Zeitung, im Wörterbuch nachschlagen. Zunächst muss man durch Weglassung der Präfixe und Suffixe das Stammwort herausschälen.

Frau Professor Irene Hilgers-Hesse war eine Indonesien-Kennerin par excellence und eine in Fachkreisen bekannte Sprachwissenschaftlerin. Zusammen mit Professor Otto Karow brachte sie im Jahre 1962 für den deutschen Sprachraum das erste „Indonesisch-Deutsche-Wörterbuch" heraus. Irene Hilgers-Hesse war die erste Lehrstuhl-Inhaberin für Malaiologie in Deutschland. Sie lehrte an der Universität in Köln und kam häufig nach Indonesien. Ihr eigenes Studium samt Promotion und Habilitation hatte sie in Holland absolviert, da das Studienfach Malaiologie an deutschen Universitäten damals noch nicht existierte. Das erste Mal traf ich sie 1963 in Hamburg im Haus Rissen, als ich mich auf meine Ausreise nach Indonesien vorbereitete. Sie sprach ein erstklassiges und gepflegtes Hoch-Indonesisch so gut, dass einfache Indonesier sie kaum verstehen konnten. Sie war eine ganz kleine zierliche Person. Selbst unter den klein gewachsenen Indonesiern war sie klein. Wenn sie sich bei Vorträgen oder Veranstaltungen Gehör verschaffen wollte, stieg sie immer kurzerhand auf einen Stuhl. Sie ist natürlich häufig und schon in frühen Jahren in Indonesien gereist und auch in sehr abgelegene Regionen gelangt. Sie erzählte in ihren Vorlesungen immer gern, dass es in abgelegenen Dörfern häufig passierte, dass auf Grund ihrer hellen rotblonden Haare und hellblauen Augen, die für den Indonesier den Inbegriff des Dämonischen bedeuten, nicht nur die Kinder eines Dorfes, sondern gleich das halbe Dorf schreiend Reißaus nahm. I. Hilgers-Hesse hatte einen Sohn, der von der Reiselust und der Sehnsucht nach fernen Ländern und Kulturen seiner Mutter überhaupt nichts geerbt hatte. Es hieß immer, dass er sich aus dem Sichtbereich des Kölner Domes nicht wegbewegen könne, ohne schwermütig zu werden! I. Hilgers-Hesse selbst hat bis ins hohe Alter an der Universität Köln gelehrt. Sie hatte eine unbändige Energie, hielt mit über 80 Jahren noch 6 Stunden lang ohne Pause Seminare und Vorlesungen hintereinander und war bei ihren Studentinnen und Studenten wegen hohen fachlichen Kompetenz und ihrer positiven Ausstrahlung überaus beliebt.

Die Bahasa Indonesia ist bis heute eine junge, im Fluss begriffene Sprache. Für im Malaiischen unbekannte Worte, besonders aus der Technik, der Wissenschaft und Politik werden bis heute Worte aus westlichen Sprachen entlehnt oder neue Worte kreiert, wie zum Beispiel *teganan bolak-balik* (Spannung die hin- und hergeschwankt) für Wechselstrom. Es gab während meiner Zeit nur wenige Ausländer in Jakarta, die wirklich gut Bahasa Indonesia sprachen. Die meisten haben das sogenannte *Kasar Malai*, das Küchenmalaiisch, übernommen, eine gewöhnliche, grobe und einfache Sprache, die noch mit Wörtern aus der eigenen Sprache vermischt wurde. Ich war mit einer deutschen Dame befreundet, die bereits über 40 Jahre in Indonesien lebte. Wenn sie mit ihren Angestellten sprach, war ihr Indonesisch mit deutschen, holländischen und englischen Wörtern durchsetzt. Aber sie wurde verstanden!

Die javanische Sprache, bei der viele Worte aus dem Sanskrit entlehnt sind, ist noch sehr viel komplizierter, da sie aus drei eigenständigen Sprachen besteht. Es sind dies die familiäre Basissprache *Ngoko*, die man unter einander Nahestehenden, Gleichrangigen, sowie Kindern gegenüber gebraucht, und einer Hochsprache *Krama*, die man allen Menschen gegenüber benutzen muss, denen man Respekt zu erweisen hat, zum Beispiel Älteren und Unbekannten. Beide Sprachen unterscheiden sich nicht nur grammatikalisch, sondern haben für die wichtigsten Begriffe der Sprache verschiedene Worte. Dazu kommt eine dritte Sprache, *Krama inggil*, mit der man Ehrfurcht ausdrückt. Diese „Ehrfurchtssprache" muss man verwenden, wenn man Attribute eines respektsberechtigten Gesprächspartners oder hoch zu verehrender Dritter, über die man spricht, aussprechen möchte. Es gibt also in der javanischen Sprache für jeden Begriff, je nach Sprachebene, drei verschiedene Worte. Zum Beispiel heißt „schlafen" je nach Sprachebene *turu, tilem* oder *sar'e* und „Haus" heisst *omah, griya* oder *dalem*. (Franz von Magnis-Suseno S. 63). Dass Javanisch mit einer eigenen runden und flüssigen Schrift geschrieben wird, macht diese Sprache noch komplizierter.

Auch die Bahasa Bali, ebenfalls mit einer eigenen Schrift, ist schwierig, da sie auch viel differenzierter als die Bahasa Indonesia unterscheidet. Hier wird auch in drei Ebenen, je nach Kaste, gesellschaftlicher Stellung oder Adel, in drei unterschiedlichen Sprachen gesprochen, der einfachen Sprache *Ia*, der höflichen *Ipun* und der Hochsprache *Ida*. Hier sind die drei Worte der entsprechenden Sprachebene für „schlafen" *pules, sirep* und *makolem* und für „Haus" *umah, jeroang* und *puri*. Man kann erkennen, dass Javanisch und Balinesisch, obwohl die beiden Inseln nur eine Meeresstraße von wenigen Kilometern trennt, keine Gemeinsamkeiten haben. Etwa 75% der Balinesen sind mindestens viersprachig: drei balinesische Sprachen, Bahasa Indonesia und durch den Fremdenverkehr bedingt, oft noch eine oder zwei Fremdsprachen.

Der oder die Erstgeborene auf Bali erhält immer *Wayan* oder *Putuh* als Vornamen. Je nach Kaste kann dieser Vorname auch *Luh* für weiblich oder *Gede* für männlich sein. Der oder die Zweitgeborene erhält *Made* als Vorname, je nach Kaste kann der aber auch *Kadek* oder *Nengah* sein. Der oder die Drittgeborene heißen *Nyoman* oder *Komang*, der oder die Viertgeborene *Ketut*. Nach dem vierten Kind fängt es wieder von vorne mit *Wayan* an. Da die meisten Vornamen nur über den Status der Geburt aussagen, also für weibliche als auch für männliche Nachkommen verwendet werden, erfolgt die Unterscheidung durch Vorsilben *Ni* für weiblich und *I* für männlich. Wer also auf Bali einen Namen hört oder geschrieben sieht, kann sofort einordnen, ob diese Person männlich oder weiblich ist, welcher Kaste sie angehört, d. h. welchen gesellschaftlichen Status sie hat und in welcher Reihenfolge der Geburten sie steht.

Besonders am Namen ist die Zugehörigkeit zur jeweiligen Kaste zu erkennen. Die höchste der Kasten ist *Brahmana*, die Kaste der heiligen Priester mit dem Namenzusatz *Ida Bagus*. Danach folgt *Wisia*, die nächst niedrigere Kaste mit dem Namenzusatz *Anak Agung* und die beiden letzten *Wisa* mit dem Zusatz *Gusti* und *Sudra* mit dem Namenszusatz *Dewa*. Der balinesische Hinduismus ist sehr verschieden vom indischen. Im täglichen Leben spielen die Kasten fast keine Rolle. Es gibt keine gegenseitige Abgrenzung, niemand wird ausgestoßen, auch kein Kastenloser. Nur bei Eheschließungen wird darauf geachtet, dass der Partner aus derselben Kaste kommt. Es gibt auch keine Kinderhochzeiten und Zwangsehen wie in Indien. Es gibt keine bettelnden Mönche und keine bettelnden heilige Männer.

In der Regel lernen Kinder neben ihrer regionalen Sprache, wie Sundanesisch, Javanisch, Maduresisch oder Balinesisch, schon ab der ersten Klasse die Einheitssprache Bahasa Indonesia. Bahasa Indonesia ist keine künstliche Sprache. Sie ist mit dem Malaiischen eng verwandt und wird – wie gesagt – als Muttersprache in der Provinz Riau, eine Inselgruppe südlich von Singapur, gesprochen. Mit ihr kann man sich von Malaysia und Singapur, über den Süden der Philippinen und ganz Indonesien, bis nach Neuguinea unterhalten, ein Sprachraum mit einer Bevölkerungsgruppe von gut 300 Millionen Menschen. Es ist das Esperanto für diese Region der Erde.

Aber nicht nur in Indonesien und im malaiischen Raum kann man sich in dieser Sprache verständigen. Im Jemen würde man eigentlich erwarten, dass man nur Arabisch spricht. Selbst im Hadramaut ist durch wirtschaftliche Verflechtungen mit Indonesien und durch enge familiäre Bindungen, die malaiische und javanische Sprache ab und zu noch gebräuchlich. Anfang der 1960er Jahre waren viele Hotels in Jakarta noch in den Händen von Jemeniten aus dem Hadramaut. Durch sie bestehen immer noch enge Verbindungen zu Java, da auch viele Söhne reicher Geschlechter ihre Ausbildung auf Java genießen. Auch in Südamerika, der ehemaligen holländischen Kolonie Niederländisch Guyana, die heute die unabhängige Republik Surinam ist, ist Malaiisch und Javanisch immer noch weit verbreitet. Die Holländer hatten im Laufe der Jahrhunderte viele zehntausend Indonesier, besonders Javaner, als Sklavenarbeiter für die Zuckerrohr Plantagenwirtschaft dorthin, wie auch in die Karibik und nach Südafrika verkauft. Besonders im 17. und 18. Jahrhundert blühte der Sklavenhandel auf Java und Bali. Balinesische Sklavinnen waren besonders bei Chinesen und Christen begehrt, da sie als Hindus Schweinefleisch anfassen durften und somit perfekt als Haushaltshilfen und Köchinnen einzusetzen waren.

Im 19. Jahrhundert wurden afrikanische Sklaven für die Kriege der Holländer auf Java und Bali eingesetzt. Nach Schätzungen hat Holland mindestens 500.000 Sklaven von der Goldküste Afrikas nach West und Ost verschleppt. Erst 1863 hat Holland als eines der letzten Länder den Sklavenhandel auf Druck von England abgeschafft.

Eine vereinfachte Form des Malaiischen wird „Küstenmalaiisch" genannt. Diese Sprache wurde durch handelnde Seefahrer aus Indonesien, Arabien und Afrika verbreitet und wird oft an den Küsten des Indischen Ozeans von Indonesien bis Madagaskar verstanden.

Die Sprache Bahasa Indonesia hat auch ihre Eigenheiten. Da gab es bei Neuankömmlingen des öfteren Missverständnisse. Eine befreundete Familie wollte eine junge Javanerin als Hausmädchen einstellen. Der Hausherr fragte, ob sie auch mal Kinder haben wolle. Sie antwortete: *Kalau Tuhan mau*, wenn es Gott so will. Der Hausherr verstand aber: *Kalau Tuan mau* (Wenn der Hausherr will). Ein kleines „h" macht so einen großen Unterschied!

Ein andermal wollte die Hausfrau ihren Boy bitten das Fenster zu öffnen, sagte aber anstelle von *Buka Jendela* die Worte *Buka Celana*. Das sieht zwar geschrieben völlig verschieden aus, aber in der Aussprache gibt es eine gewisse Ähnlichkeit. Sie bat also den Boy nicht, er möge das Fenster öffnen, sondern er solle die Hose öffnen. Das ging diesem dann doch zu weit. Nach so vielen Zweideutigkeiten hat er bald wieder den Haushalt bei dieser deutschen Familie verlassen.

Weniger anzüglich, aber vielleicht lustiger, ist da schon die Verwechslung von *tanga* für Treppe und *tangga* für Wanze, da für einen nicht Sprachkundigen das Doppel-G kaum hörbar ist.

Auch Wilfried Spöhring berichtet in der schon eingangs erwähnten Festschrift von einigen sprachlichen Missverständnissen. Montagepersonal aus Deutschland war damals noch nicht so geschult und firm in der englischen Sprache wie heute. Bei einem Fußballspiel, bei dem auch einige dieser Monteure mitspielten, fragte der englische Mannschafts-Kapitän einen der deutschen Spieler: „Are you ready?". Dieser antwortete ganz freundlich: „No, I am Horst!"

In einem anderen Fall sprachen die Techniker bei einem abendlichen Zusammensein darüber, dass man, wenn man zehn Jahre oder länger als Schweißer arbeitet, impotent werde. Daraufhin fragte eine Frau: „Wieso, ist Impotent mehr als Ingenieur?"

Als ein deutscher Monteur mit einer Indonesierin den Bund der Ehe schließen wollte, wurden sie zunächst vom Pastor zu einem Vorgespräch in die Kirche eingeladen. Der Pastor fragte den Deutschen „What are you doing here?" und wollte natürlich hören, dass man den Bund für das Leben einzugehen gedenke. Er bekam aber zur Antwort: „We are building a power station!" Dies konnte man natürlich auch zweideutig auslegen!

Unruhige Zeit, politische Wirren

Ab Mitte 1964 verschlechterte sich die politische Lage von Tag zu Tag und wurde immer undurchsichtiger. Mit den GANEFO-Spielen, den „Games of New Emerging Forces" in Jakarta und der andauernden Konfrontation mit Malaysia, begann eine scharfe antiamerikanische und antiwestliche Kampagne. Die Botschaften von Großbritannien und Singapur waren schon durch aufgeputschte Menschenmassen zerstört. Fast täglich fanden große Demonstrationen vor der durch Marines gut bewachten US-Botschaft statt. Die sogenannten NEKOLIMS, die Neo-Kolonialisten, waren in Indonesien unerwünscht. Englische Freunde von uns, Peter Kloos und seine Frau, mussten das Land fluchtartig verlassen. Sie konnten nicht alles mitnehmen und noch jahrelang haben wir für sie Koffer und Pakete aufbewahrt, bis sie endlich nachgeschickt werden konnten. Auch ihr Segelboot betreuten wir und durften es auch ausgiebig benutzen, bis wir es später für sie verkaufen konnten. Sie konnten und wollten in den nächsten Jahren nicht mehr nach Indonesien zurückkehren. Wir als Deutsche fühlten uns relativ sicher und waren gerne gesehen. Allerdings mussten wir unsere Nationalität durch eine Fahne oder einen Wimpel im Auto zeigen, um nicht belästigt zu werden. Der Handel mit deutschen Fahnen nahm daher enorm zu, weil auch Firmenvertreter anderer Nationen das deutsche Erkennungszeichen nutzten, so dass auch dieses nicht mehr allzu wirkungsvoll war. Was wollte Präsident Sukarno mit seinem Balanceakt zwischen Peking und dem Westen erreichen?

Der Sohn eines javanischen Schullehrers, der schon seit seiner Jugend sein Land von der brutalen Herrschaft der Holländer befreien wollte, wurde zu einem großen Revolutionär, sogar dem großen Vater der Nation und einem charismatischen Führer seines Volkes. Die Holländer hatten seine Wirkung auf die Massen erkannt und ihn interniert, inhaftiert und auf vielerlei Weise verfolgt und kaltgestellt. Ihre Rechnung war nicht aufgegangen. Sukarno wurde dadurch nur noch populärer. Großes politisches Geschick bewies er während der japanischen Besatzung. Er erkannte, dass die Alliierten Japan besiegen würden und ging zum Schein auf die Politik der Japaner ein. Sukarno ahnte wohl, dass nach der Niederlage Japans Holland versuchen würde, die alte Kolonie wieder unter seine Oberhoheit zu bekommen. So nutzte er den geringen Zeit- und Spielraum während der japanischen Besatzung, um die Kräfte zu sammeln und zu vereinigen, die nach dem Abzug der Japaner den freien Staat Indonesien begründen und verteidigen sollten. Diese Rechnung ging auf. Indonesien hat aber bis heute nicht vergessen, dass es Holland gewesen war, das mit der anfänglichen Unterstützung der sogenannten kapitalistischen Länder Großbritannien, Australien und der USA, einen erbitterten Feldzug gegen das junge Indonesien geführt hatte, der sich schließlich als erfolglos erwies. Im Gegensatz dazu dankte Indonesien, besonders Sukarno den sozialistischen Ländern, dass sie dieses junge Indonesien von Beginn an als einen freien und unabhängigen Staat anerkannt hatten. Diese historische Erfahrung vertiefte Sukarnos Misstrauen und seine Enttäuschung gegenüber den großen westlichen Ländern. Es wäre falsch, ihn einfach als Kommunisten einzuordnen. Er verfolgte bei der Annäherung an Peking wohl doch mehr den Gedanken, sich der Loyalität der mächtigen kommunistischen Partei im eigenen Lande zu versichern. Im Westen wurde die Politik Sukarnos als linksverdächtig empfunden, dem Ostblock erschien sie jedoch rechtslastig. Während in der westlichen Presse über Sukarno und sein Regime fast immer kritisch berichtet wurde, zollte ihm die gelenkte Presse des Ostblocks immer größten Respekt. Auch in der Entwicklungshilfe, zu der allerdings auch militärische Güter gehörten, übertrumpfte Moskau regelmäßig Washington. Auch dies hatte Einfluss auf Sukarnos Orientierung.

Dagegen war die Entwicklungshilfe der Bundesrepublik Deutschland, einschließlich der gegebenen Hermes-Bürgschaften, nur ein Tropfen auf den heißen Stein. Der sogenannte Juliusturm, Gelder aus den Überschüssen des Bundeshaushaltes von 1953 bis 1957, war wenige Jahre später schon wieder verbraucht. Es musste gespart werden! Die deutsche Entwicklungshilfe bestand im Großen und Ganzen aus Versprechungen, abgesehen von einem Forstinstitut in Bogor (Java), einer Zahnklinik in Medan (Sumatra) und einigen kleineren Projekten. Hermes-Bürgschaften der BRD waren auf eine Million Deutsche Mark beschränkt, so dass größere Aufträge oft geteilt, gedrittelt oder geviertelt werden mussten, um die Hermes-Bedingungen zu erfüllen. Dies war für die indonesischen Kunden und für uns von der deutschen Industrie sehr ärgerlich und mit viel zusätzlicher Arbeit verbunden. Es war daher verwunderlich, dass der Bundesrepublik und der deutschen Industrie weiterhin große Sympathie entgegengebracht wurde. Sukarno lobte immer wieder die deutsche Wirtschaftskraft und den deutschen Fleiß. Leider bekam er oft wenig Gegenliebe aus Bonn.

Sukarnos Philosophie von einem freien Indonesien basierte auf einer seltsamen Mischung von islamischen, hinduistischen, buddhistischen, nationalistischen und sozialistischen Ideen. Er selbst hielt sich für einen Sozialisten, obwohl seine Politik stark nationalistisch ausgerichtet war, um den Vielvölkerstaat mit seinen 250 Volksgruppen und noch mehr Sprachen zu stabilisieren. Sukarno verfolgte das Ziel, einander stark widerstrebende Interessen, wie die einer fanatischen orthodoxen islamischen Minderheit, die der kommunistischen Bewegung und die des Militärs, das seinen alleinigen Machtanspruch aus der Unabhängigkeitsbewegung ableitete, zu versöhnen. Aber die Gegensätze blieben unvereinbar. Besonders die Muslime und die Kommunisten arbeiteten auf allen Ebenen gegeneinander. Schon dass die Kommunisten allgemein als Atheisten galten, war für die Muslime eine untragbare Blasphemie. Aber Sukarno musste mit beiden Gruppen kooperieren. Es war ein nicht enden wollender Balanceakt. Im Laufe der Zeit schrieb Sukarno den Kommunisten eine immer stärkere tragende Kraft in der indonesischen Gesellschaft zu. Dies verärgerte nicht nur die fanatischen Muslime im Lande, die schon seit der Unabhängigkeit einen islamischen Staat anstrebten, sondern auch die Armee, die bei ihren Machtbestrebungen in den Kommunisten ihre großen Widersacher sahen. Vor dem Hintergrund katastrophaler wirtschaftlicher Verhältnisse entluden sich die Spannungen immer mehr. Demonstrationen von aufgebrachten Arbeitern, Arbeitslosen, Muslime oder Studenten waren an der Tagesordnung. Man konnte sich nicht mehr frei bewegen. Die Wut richtete sich gegen alles, was aus dem Westen kam.

Da das Telefon so gut wie nie funktionierte, hatte ich zwischen der Deutschen Botschaft und einigen Freunden einen drahtlosen Informationsdienst mit Funkgeräten Teleport IV eingerichtet. So konnten wir uns gegenseitig warnen, wenn Straßen blockiert waren oder Demonstranten aufmarschierten. Trotzdem kam ich in der Nähe des Hotels Indonesia in eine Demonstration fanatischer Studenten, die mit Fahnen und bewaffnet mit Schlagstöcken die ganze Straße blockierten. Es gab kein Zurück. Die Straße hinter mir war total verstopft. Wir waren eingekeilt. Als die wütend mit Stöcken gestikulierende Menge immer näher kam, flüchteten mein Fahrer und ich in die nahe gelegene Japanische Botschaft. Als die Meute vorüber war, war mein schönes Auto, trotz deutschem Wimpel, demoliert. Die Türen und die Motorhaube hatten Beulen durch Fußtritte, die Seitenfenster waren zum Teil eingeschlagen, aber es lief noch. Ich fuhr direkt in die Deutsche Botschaft und berichtete den Vorfall. Der Deutsche Botschafter schickte eine Verbal-Note an das indonesische Auswärtige Amt, aber es gab nie eine Reaktion. Ein paar Tage später kam meine Frau auf dem Wege zum Markt in eine Demonstration. Zum Glück wurde bei ihrem Wagen nur die Luft aus allen vier Reifen abgelassen und die Ventile weggeworfen. Sie musste zu Fuß wieder nach Hause gehen. Es war eine verworrene, aufregende und gefährliche Zeit. Wir ließen uns aber trotzdem die Freude am Leben nicht nehmen.

Mit dem Segelboot unseres englischen Freundes Peter Kloos machten wir an den kurzen Wochenenden – Samstagvormittags wurde noch überall in Büros und Behörden gearbeitet – Segeltouren zu den Pulau Seribu, die in der Bucht von Jakarta liegen. Die Inselgruppe Pulau Seribu, die sogenannten „Tausend Inseln", umfasst aber weniger als hundert Inseln. Für uns Binnenländler war es ein besonderes Erlebnis, so nahe am Meer zu wohnen und immer wieder neue Koralleninseln zu besuchen, zwischen den Korallenbänken zu schnorcheln und mit der Harpune zu fischen. Übernachtet haben wir unter dem Sternenhimmel. Moskitos gab es seinerzeit kaum, und wenn es regnete, schlüpften wir in unser aus Deutschland mitgebrachtes Zelt. Es war eine Wonne, alleine zu sein und von den Unruhen in Jakarta nichts mehr zu spüren. Mit dem Segelboot kamen wir allerdings nie zu den entfernten Inseln. Dazu war am Wochenende die Zeit zu kurz. Die Rückfahrt am Nachmittag war immer problematisch, da sich erst gegen Nachmittag der von Land wehende Wind legte. Oft stand sogar eine schwache Brise von Land kommend bis zum Abend gegen uns. Daher dauerte die Rückfahrt durch das viele Kreuzen lange. Als Navigationshilfe diente nur das „Kreuz des Südens" und mein kleiner Handkompass. Die vier hellsten Sterne des „Kreuz des Südens" bilden ein markantes Kreuz, dessen senkrechte Achse nach Süden zeigt. Schon in der Antike wurde dieses Sternbild als Navigationshilfe benutzt. Bei Dunkelheit war dann auch meist der auf dem Kopf liegende „Große Wagen" zu erkennen.

Wir erwarteten unser erstes Kind und meine Frau war inzwischen schon hochschwanger. Aber das Segelvergnügen am Wochenende ließen wir uns, wenn es die Zeit erlaubte, trotzdem nicht nehmen. Schwimmen soll ja für das noch ungeborene Kind gut und gesund sein, und wir hielten uns stundenlang in dem lauwarmen Meerwasser auf. Genau betrachtet waren wir schon etwas leichtsinnig. Ich hatte mich schon etwas auf „Erste Hilfe" bei einer Geburt vorbereitet. Aber zwischen Theorie und Praxis – glaube ich – liegen Welten. Es war genau zwei Wochen vor der Geburt unserer Tochter Regina Permata, als wir bei der Heimfahrt von der Insel Pulau Air in einen fürchterlichen Sturm und tropischen Regen kamen. Wir sahen nichts mehr und kamen in der schweren See kaum voran. Es war eine stockfinstere Nacht. Als wir nach stundenlangem Kreuzen endlich in die Nähe des Hafens kamen, konnten wir die Hafeneinfahrt in der Dunkelheit nicht finden. Wir hörten nur die Brecher an den Kaimauern. Damals wurde die Hafeneinfahrt nur bei Tage passiert und war noch nicht mit Lichtern markiert. In der rauen See und dem Starkregen konnten wir nur „nach Ohr" segeln, wenn die Brecher an den Hafenmauern zu laut wurden, suchten wir wieder das offene Meer. Es war unheimlich. Kurz vor Mitternacht, verzog sich das Unwetter und wir konnten endlich anlegen. Es war ein schreckliches Erlebnis, und wir waren dankbar, dass alles gut ausging. Die Segeltörns wurden daraufhin bis zur Geburt unserer Tochter eingestellt.

Im August 1964 wurde unsere Regina Permata im *Rumah Sakit* St. Carolus in der Jalan Salemba im Stadtteil Jatinegara von Jakarta geboren. Das *Rumah Sakit*, das Krankenhaus, war eine weitläufige gepflegte Anlage im Bungalowstil mit vielen Bäumen und Palmen. Die geräumigen Zimmer hatten große Flügeltüren, durch die nachts Fledermäuse quer durchs Zimmer flogen. Dies ergab zwar ein Maximum an Ventilation, aber ein Minimum an Privatsphäre. Fremde liefen am Zimmer vorbei, grüßten und nahmen jede Gelegenheit zu einem kleinen Schwatz wahr. Der Gynäkologe war Dr. Tan, der sehr gut Deutsch sprach und uns während der Geburt den „Erlkönig" vortrug: „Wer reitet so spät durch Nacht und Wind ..." ohne Fehler bis zum bitteren Ende „ ... erreicht den Hof mit Müh und Not; in seinen Armen das Kind war tot". Nicht gerade passend, wenn ein neuer Erdenbürger geboren wird, aber trotzdem ging alles gut. Und vermutlich konnten wir froh sein, dass er – bei der Sanges-Begeisterung der Indonesier – nicht die von Schubert vertonte Version gewählt hatte!

Als ich mich nach der Geburt von Dr. Tan mit Dank verabschiedete, überreichte er mir ein kleines Päckchen, das ich, wie er sagte, in der Nähe unseres Hauseinganges vergraben solle. Als ich ihn nach dem Inhalt fragte, erklärte er, dies sei „das kleine Schwesterchen". Das würde böses Unheil von unserer Tochter fernhalten. Es war die Plazenta, die ich nach indonesischem Brauch dann auch brav mit einer kleinen Zeremonie vor unserem Haus vergraben ließ.

Wegen der Unruhen wurde in Jakarta immer wieder eine nächtliche Ausgangssperre verordnet. Von abends sechs bis morgens sechs Uhr durfte man zu dieser Zeit das Haus nicht verlassen. Das war eine gute Gelegenheit, an Wochenenden sogenannte Curfew-Partys zu veranstalten: Partys während der Dauer der Sperrstunden. Man traf sich, meist samstags, kurz vor 18 Uhr und feierte die ganze Nacht hindurch bis zum nächsten Morgen. Das war ein- oder zweimal ganz nett und aufregend, aber dann zogen sich die Nächte, besonders nach einer anstrengenden Woche, unendlich in die Länge. Es waren die Nächte der *Jam Karet:* die Nächte der Gummistunden. Meine Frau und ich verzichteten bald darauf und genossen lieber die gemütliche Bettruhe.

Es gab natürlich einige Junggesellen, die mutig genug waren und die Ausgangssperre brachen. Ein Kissen im Autofenster war das Zeichen, dass man zur Geburt eines Kindes dringend ins Krankenhaus musste. So konnte man die vielen Straßenkontrollpunkte mit etwas Glück umgehen. Aber als auf den VW-Käfer eines deutschen Junggesellen von einer Militärstreife scharf geschossen wurde und dabei zwar das Auto, aber nicht er getroffen wurde, hörte dieses gefährliche Spiel auf. Dieses Ereignis versorgte die deutsche Gemeinschaft tagelang mit neuem Gesprächsstoff.

Als die Ausgangssperre wieder gelockert wurde, fiel eine deutsche Dame im nächtlichen Straßenverkehr auf. Sie war eine aus Deutschland entsandte Sekretärin, die in der Pressestelle der Deutschen Botschaft arbeitete. Ihre vielleicht schon aus Deutschland eingeführte oder auch erst in den Tropen erworbene Lust an alkoholischen Getränken, der ja im tropischen Klima viele erliegen, steigerte sich hier aber so weit, dass sie sich bei Erreichen eines entsprechenden Alkoholspiegels aller ihrer Hemmungen entledigte und ebenso auch ihrer gesamten Bekleidung. Dann ließ sie sich in einer *Becak*, einer dreirädrigen Fahrradrikscha, durch die Hauptstraßen Jakartas fahren. Es passierte nicht nur einmal, dass sie von der Polizei nackt an der Pforte der Deutschen Botschaft abgegeben wurde. Das hatte zur Folge, dass ihr Aufenthalt in Indonesien nicht allzu lange währte, denn sie wurde vorzeitig nach Deutschland zurückgeschickt.

Wir waren mit Fred, dem Assistant Air Force Attaché der US-Botschaft gut befreundet. Zunächst fand während der privaten Zusammenkunft ab und zu auch ein Gedanken- und Informationsaustausch über die politische Situation in Indonesien statt. Ich teilte ihm aber nicht alles mit, was ich erfuhr, denn ich war mir nicht sicher, ob er uns nur über die Stimmung in der deutschen Kolonie aushorchen wollte oder musste. Das war auch gut so, denn eines Tages brachte Fred auch Edward Masters, den damaligen Leiter der politischen Abteilung der US-Botschaft, den späteren Nachfolger von US-Botschafter Marshall Green in Jakarta, mit in unser Haus. Von da an war mir eindeutig klar, dass die Beiden Informationen für den CIA sammeln wollten. Sie wussten, dass ich durch General Soenarjo – den ich bereits mehrfach erwähnte – immer über die neuesten Nachrichten aus dem Präsidentenpalast informiert war. Wie ich erst später erfuhr, war der Vorgesetzte von Masters der „CIA Station Chief" Lazarsky, der meist in Singapur stationiert war. Wenn man heute im Internet bei Google „Edward Masters CIA" eingibt, findet man fast 200 Einträge. Meine Vermutung von damals hat sich also bestätigt und meine Vorsicht war gerechtfertigt.

Fred lud uns eines Abends zu – wie er sagte – einer Party in kleinem Kreise bei sich zu Hause ein. Seine Frau kannten wir zu dieser Zeit noch nicht. Abends machten wir uns zur angegebenen Adresse auf den Weg. Die amerikanische Kolonie wohnte eng zusammen in einem Bezirk in Menteng, dem ehemaligen Weltevreden der Holländer. Schon von der Ferne sahen wir, wo die Party war, da ziemlich viel Trubel herrschte, und begannen sofort an der amerikanischen Vorstellung von „kleinem Kreis" zu zweifeln. Wir wurden freundlich empfangen, begrüßten die anderen Gäste und tranken den uns angebotenen Aperitif. Als wir zu Tisch gebeten wurden, kam es uns seltsam vor, dass wir den Hausherrn immer noch nicht gesehen hatten, und fragten nach ihm. Der uns vorgestellte Herr war uns völlig fremd. Wir waren auf der falschen Party! Der Assistant Air Force Attaché war der Nachbar und wohnte ein Haus weiter. Als wir dort mit Verspätung eintrafen, wurden wir mit großem Hallo empfangen, und zur größten Erheiterung aller mussten wir unser Erlebnis immer wieder erzählen.

Bei einer Einladung zu einem Kollegen von unserem Freund Fred, dem Marine Attaché der US-Botschaft, lernten wir auch dessen Haus kennen. Dieser hatte seine Residenz im Stadtteil Cikini, einem früher vornehmen Viertel der Holländer. Was für ein Haus! In diesem Palast musste während der Kolonialzeit ein ganz hoher holländischer Beamter gewohnt haben. Alleine das Wohnzimmer war ein riesiger Saal von bestimmt zweihundert Quadratmetern mit prächtigen Kronleuchtern. Eine riesige Freitreppe führte in den Garten, in dem es aussah wie in einem griechischen Museum, überall Kopien antiker weiblicher Statuen. Besonders am Abend, beim Licht vieler Fackeln und Kerzen, sah es phantastisch aus. Einige Jahre später wurde aus diesem Haus das Restaurant Oasis, eines der besten Restaurants für indonesisches Essen in Jakarta. Die Spezialität im Restaurant Oasis war und ist bis heute die indonesische Reistafel, die besonders bei Besuchern aus Deutschland großen Anklang fand. Die Attraktion war, dass jedes einzelne der 25 Gerichte von 25 hübschen Indonesierinnen in bunter nationaler Tracht im Gänsemarsch hereingetragen und serviert wurde. Es ist bis heute eine echte Show! Begleitet wurde das Mahl von Batak-Musikern. Über so einen großen personellen Aufwand und so viel hervorragendes Essen waren die Besucher aus Deutschland immer vollkommen hingerissen.

Aus Sukarnos anfänglichem Misstrauen gegenüber dem Kapitalismus wurde strikte Ablehnung. Ausländische Gesellschaften wurden enteignet. Während dieser chaotischen Zeit, in der neue Informationen und Gerüchte im Minutentakt durch Jakarta schwirrten, erlebte ich anlässlich des zehnjährigen Jubiläums der afro-asiatischen Bandung-Konferenz einen der letzten großen Auftritte Sukarnos im mit über 100.000 Menschen voll besetzten Senayan-Stadion. Zu dieser Jubiläumsfeier, in der Sukarno erneut an die Völker Afrikas und Asiens appellierte, sich von jeder Bevormundung zu befreien, waren 34 offizielle Delegationen und Regierungsvertreter aus Ländern Afrikas und Asiens angereist. Die ganze Stadt war beflaggt und herausgeputzt, am Hotel Indonesia stand in riesiger Leuchtschrift „Der Geist von Bandung, der die Welt erneuert".

Ich konnte mir für Sukarnos Auftritt im Senayan-Stadion einen Presseausweis besorgen und war in der vordersten Reihe mit dabei. Die gesamte Regierungselite fuhr in einer Flotte von brandneuen Limousinen vor. Kurz zuvor wurden alle amerikanischen Regierungs- und Dienstfahrzeuge abgeschafft. Dafür wurden mehrere Hundert Topmodelle von Mercedes und Opel (Diplomat und Admiral) in Deutschland eingekauft. Darunter waren sechs Luxusausführungen des Mercedes 600, davon zwei Stück für den Präsidenten sowie hundert Mercedes 300. Dafür war noch Geld da! Auch für militärisches Material. In Moskau wurden noch Handfeuerwaffen, Kampfflugzeuge und sogar ein Schlachtkreuzer bestellt.

Sukarnos Aversion gegen die bevormundende und überhebliche Außenpolitik der USA drückte er in seiner selbstbewussten Rede im Senayan-Stadion unter dem jubelnden Beifall der 100.000 Menschen folgendermaßen aus: „Wir haben 350 Jahre unter dem Kolonialismus gelitten. Wir lassen uns nun auch von den USA nicht bevormunden. Ich bin gegen Kolonialismus. Go to Hell with your Aid!" Schon 1956, bei seiner historischen Rede in Heidelberg, sagte Sukarno:

> „Befreundete Staaten helfen uns bereits, manche unserer dringendsten Probleme zu lösen! Von ihnen erhalten wir Industrieausrüstungen, fachliche Ausbildung und Kapitalgüter ... Wir werden diese Hilfe mit Freuden annehmen, denn sie wird uns helfen, unsere schwere Last zu tragen. Aber wir wollen sie nur dann annehmen, wenn sie keine politischen Konsequenzen und militärischen Verpflichtungen nach sich zieht." (Menne S. 49)

Die USA waren schockiert und entrüstet über diese Zurückweisung, aber Sukarno gab den Indonesiern nach Jahrhunderten der Unterdrückung dadurch Selbstachtung und Selbstwertgefühl gegenüber der Welt zurück und erntete innenpolitisch nur Zustimmung. Er hatte es dem „Großen" und „Mächtigen" gezeigt! Das Volk war begeistert und jubelte ihm zu, trotz der wirtschaftlichen Misere. Von nun an verweigerte Sukarno die Annahme jeglicher Entwicklungshilfe aus den Vereinigten Staaten, die diese immer an für ihn unannehmbare Bedingungen knüpften. Es ist die Tragik der USA, dass der in ihren Augen jeder anderen Kulturen überlegene „American Way of Life" als das von allen Menschen dieser Welt angestrebte Lebensziel angenommen und nie der Versuch gemacht wird, die völlig anders gelagerte Mentalität und Kultur der anderen Völker und hier besonders der Asiaten zu verstehen.

Bisher wurden Briefe nur vereinzelt zensiert, nun wurde jeder ein- und ausgehende Brief geöffnet. Es konnte sein, dass in Briefen, ausländischen Zeitungen und Zeitschriften ganze Passagen geschwärzt wurden. Die Zensoren tobten sich aus, um ihre Existenzberechtigung zu zeigen. Das Schlimme dabei war, dass die Briefe nur grob mit so viel billigem Kleister wieder zugeklebt wurden, dass die Briefseiten alle zusammenklebten. Da Luftpost damals noch sehr teuer war, durften die Briefe nicht schwerer als fünf Gramm sein. Um möglichst viele Informationen auf fünf Gramm unterzubringen, wurden die Briefe auf „Luftpostpapier", einem dünnen Seidenpapier geschrieben, das aber auch sehr leicht zerriss. Vorsichtig musste jede Seite unter Dampf aus dem Umschlag herausgelöst werden. Ich machte mir den Spaß, auf die Rückseite des Umschlages meiner Privatbriefe auf *Bahasa Indonesia* zu schreiben: „Lieber Zensor, bitte kleben Sie den Umschlag ganz vorsichtig und mit wenig Leim wieder zu. Meine Eltern in Deutschland werden es Ihnen danken!" Es half nichts. Das zweite Problem war, dass die Post oft tage- und wochenlang in der Zensurstelle lag, bevor sie „bearbeitet" wurde. Große Verzögerungen waren an der Tagesordnung. Auf der anderen Seite war die Post wieder sehr findig und hilfsbereit. Zum Beispiel wurde mir ein Brief von einer alten Tante zugestellt, der nur mit „Horst Geerken, Djakarta" adressiert war – und das in einer Millionenstadt! In Europa wäre das undenkbar.

Natürlich hatten mein Stammhaus und ich einen Geheimcode vereinbart, so dass keine vertraulichen Interna an den Zensor kommen konnten. Auch in Privatbriefen wurde anstelle von Sukarno, wie allgemein bei den Deutschen auch in Gesprächen in der Öffentlichkeit üblich, der Deckname Maier verwendet. Der Zensor wusste sicher, dass es unter den Deutschen viele Maiers gab – aber so viele? Es war ganz selbstverständlich, dass jeder aus der deutschen Kolonie oder aus dem Freundeskreis einen Stapel Briefe mitnahm, wenn er nach Deutschland oder Singapur flog, um die Zensur und auch die damit verbundene tagelange Verzögerung zu umgehen. Sobald bekannt wurde, dass so eine Kuriermöglichkeit bestand, setzte eine regsame Betriebsamkeit ein. Briefe an das Stammhaus sowie an Familie und Freunde wurden bis zum letzten Moment geschrieben und oft erst am Flughafen dem Kurier übergeben. Die Briefe waren schon mit Briefmarken aus Deutschland oder Singapur frankiert, so dass sie im jeweiligen Lande nur noch eingeworfen werden mussten. In einem meiner ersten Briefe, der über Kurier an meine Familie nach Deutschland ging, schrieb ich: „Es ist ganz herrlich hier, die Landschaft, die Menschen. Man darf nur nicht alles sagen!"

Manchmal, wenn man auf einen längeren Heimaturlaub ging, gab es zusätzlich zu den mitzunehmenden Kurierbriefen noch einen „großen Bahnhof" am Flughafen Kemayoran. Getränke wurden mitgebracht und sogar Suppen in Thermoskannen. Wir Männer konnten von den Suppen nie genug bekommen! Es war damals sehr einfach, sich einen Ausweis für das Flugfeld zu besorgen, oder wenn man den nicht hatte, mit einem kleinen Schmiergeld bis zum Flugzeug zu gelangen. Die ganze Gruppe kam mit bis zur Gangway, und es war wie eine Erlösung, nach den Verabschiedungsfeierlichkeiten dann endlich entspannt in der Maschine zu sitzen. Während dieser Zeit standen auf dem Flughafen Kemayoran noch einige schussbereite Flaks: Tag und Nacht bemannte Flugabwehr-Geschütze. Sukarno traute den Holländern immer noch eine heimliche Invasion zu und wollte vorbereitet sein.

Den ersten Lokalurlaub machten meine Familie und ich auf einem sogenannten Ostasienfrachter der HAPAG rund um Sumatra. Diese Kombischiffe waren Frachtschiffe auf der Route nach Südost-Asien, die auch vier Kabinen mit je zwei Betten für maximal acht Passagiere an Bord hatten. Wir flogen nach Medan, und im Hafen Belawan gingen wir an Bord der „MS DARMSTADT". Der legendäre Kapitän Offe führte seinerzeit das Schiff. Die Reise begann „feucht-fröhlich". Einhundert Meter weiter hatte das Schwesterschiff, die „MS DORTMUND" am Pier festgemacht und die ganze Mannschaft und die Passagiere der „MS DARMSTADT" waren dort zu einer Party mit großem Essen eingeladen. Als in den Morgenstunden das Schiffshorn dröhnte, schleppten wir Passagiere uns zurück auf die „MS DARMSTADT", und die Reise begann. Es ging entlang der Ostküste Sumatras durch die „Straße von Malakka" nach Norden, vorbei an der Insel Weh und dann an der Westküste entlang nach Süden vorbei an der Insel Nias. Unter den Passagieren war auch ein Missionar der Rheinischen Mission auf dem Weg ins Batakland. Er wollte besonders fromm erscheinen und lief nur in seine aufgeschlagene Bibel vertieft übers Deck. Aber schon bald haben wir entdeckt, dass in der Bibel immer ein Romanheftchen lag, ob über Liebe oder Mord haben wir nicht ergründen können.

In Padang hatten die MS DARMSTADT einen zweitägigen Aufenthalt. Padang war eine Stadt voller Leben und Aktivität. Von den schönen Häusern, die weit in die Berge hinaufgebaut sind, hat man eine herrliche Aussicht über den Indischen Ozean. Wir benutzten den Aufenthalt zu einem Ausflug nach Bukittinggi, um im Lande des Minangkabauvolkes die wunderschönen, künstlerisch verzierten einheimischen Häuser mit den sattelförmig geschwungenen Dächern und den hoch aufschwingenden reich verzierten Spitzen zu bewundern. Hier herrscht noch bis heute das Matriarchat. Die Kinder tragen den Namen der Mutter, die Männer haben nicht viel zu sagen und leben auch nicht bei ihren Frauen, und das Erbrecht ist in der weiblichen Linie. Es handelt sich aber nicht um ein reines Matriarchat, weil die Chefin des Clans immer noch von ihrem ältesten männlichen Familienmitglied der weiblichen Linie beraten wird. Aber die Frauen haben die angeseheneren Positionen und das in einem Land des Islams.

Auf dem Rückweg, die steile Straße hinunter, versagten bei dem Taxi plötzlich die Bremsen. Der Fahrer war verzweifelt und hilflos. Er wusste nicht, was tun, und das Auto wurde immer schneller. Meine Frau nahm zum Schutz unsere kleine Tochter Regina in die Arme und verkroch sich vor der hinteren Sitzbank auf dem Boden. Ich griff in der Not dem Fahrer ins Lenkrad und steuerte den Wagen an die lehmige Wand an der Bergseite. Der Wagen schlitterte noch 100 Meter an der Wand entlang und kam dann, an der rechten Seite ziemlich lädiert, endlich zum stehen. Keinen Meter mehr wollten wir mit diesem Auto fahren, und um ihn loszuwerden, entlohnte ich trotz meines Ärgers den Taxifahrer fürstlich. Aber dann forderte er eine wesentlich höhere Summe. Ich hätte den Schaden an seinem Taxi verursacht und ich solle nun auch für den Schaden aufkommen. Wollte er ohne Bremsen weiter die steile Straße hinunterfahren? Auf seine Forderung ließ ich mich natürlich nicht ein. Wir warteten am Straßenrand und schon bald kam ein anderes Fahrzeug. Wir konnten einsteigen und waren endlich den Nörgler los.

Kapitän Offe wartete schon sehnsüchtig auf uns, denn die Ladung war schneller als geplant gelöscht worden. Am Mast flatterte schon die Signalflagge „P" im Winde, der „Blaue Peter", der signalisiert, dass das Schiff „klar zum Auslaufen" war. Wir waren kaum an Bord, da wurde hinter uns die Gangway eingezogen und es hieß „Leinen los!" Warten auf drei Passagiere, das gab es damals noch! Die MS DARMSTADT legte ab, und weiter ging es nach Süden, vorbei an der damals noch völlig unberührten und verschlafenen Mentawai-Inselgruppe. Nach zwei Tagen passierten wir die Sundastraße und den Vulkan Krakatau, den wir schon bei unserer Einreise nach Indonesien bewundert hatten, und bald danach waren wir wieder in Tanjung Priok, dem Hafen von Jakarta. Eine wunderschöne Reise ging zu Ende.

Ende 2004 überquerte ich auf einem Rahsegler, dem heute größten Segelschiff der Welt, den Atlantik. Es war die „Royal Clipper"; ein Nachbau des legendären Fünfmast-Schiffes „Preussen", dem größten der Flying-P-Liner Serie, die im November 1910 auf dem Weg nach Valparaiso im Englischen Kanal vor den Klippen von Dover sank. Bei den Gesprächen mit dem Kapitän kam auch meine Umrundung Sumatras auf der MS DARMSTADT mit Kapitän Offe zur Sprache. Das Hallo war groß, als er erzählte, dass er bei diesen Fahrten mit Kapitän Offe als dritter Offizier an Bord gewesen sei. Dieses Wiedersehen nach vierzig Jahren war natürlich ein guter Grund, die wohlbestückte Schiffsbar der Royal Clipper aufzusuchen.

Wenn man von Deutschland wieder nach Jakarta zurückflog, waren die Koffer voll: Schwarzbrot, Brezeln, mehr oder weniger geruchsintensiver Käse, Wurstwaren, Schnaps, Bücher, alles war dabei. Unser Freund und Lufthansa-Vertreter „Pimo" Mueller hatte immer dafür gesorgt, dass wir einiges Übergepäck mitnehmen durften. Wie es bei der Abreise geendet hatte, so ging es nach dem Urlaub weiter. Der „große Bahnhof" wartete schon wieder am Flughafen Kemayoran und es ging mit der ganzen Gruppe von Freunden direkt nach Hause. Es wurde ausgepackt, die Kurierbriefe wurden verteilt, und es gab ein großes Essen deutscher Spezialitäten, die man hier sehr vermisste. Irgendeine Dame hatte bestimmt auch traditionshalber wieder eine Suppe gekocht und mitgebracht. Für meinen ersten Heimaturlaub hatte ich eine deutsche Urlaubsvertretung angefordert, aber das blieb dann auch das einzige Mal. Zu Hause war sämtliche Privatpost geöffnet, im Büro war alles durcheinander und bei meinen Kunden und unserer Firmenvertretung musste ich erst wieder einiges ausbügeln. Zukünftig ließ ich mich während meiner Abwesenheit durch die Guna Elektro vertreten, und der für die Nachrichtentechnik zuständige Direktor hat diese Aufgabe immer ganz hervorragend gemeistert.

Wir hatten im Büro mehrere Fernschreiber, jeden mit einem eigenen Anschluss. Zwei Damen im Büro machten den ganzen Tag nichts anderes, als zu versuchen, eine Verbindung mit Deutschland herzustellen. Waren sie nach Stunden erfolgreich, dann mussten die Stapel von Telexen schnell raus. An manchen Tagen war überhaupt keine Verbindung möglich. Dann blieb in ganz dringenden Fällen nur das Telegramm übrig. Von Indonesien abgeschickte Telegramme mussten nicht unbedingt im Telegramm-Stil abgefasst werden, da die Kosten pro Wort unglaublich günstig waren. Der Fahrer musste zum Telegrafenamt am Medan Merdeka-Platz fahren, wo mit einem kleinen Trinkgeld erreicht wurde, dass das Telegramm sofort abgeschickt wurde. Vom Telegrafenamt ging die Nachricht zunächst über Kabel nach Bandung und von dort über eine Kurzwellen-Sendeanlage per Morsezeichen nach Europa. Die Antwort per Telegramm aus Deutschland – mit dem berühmten „STOP" anstelle eines Punktes – erhielt ich auf einem amtlichen Formular, auf das die schmalen Papierstreifen mit dem Text aufgeklebt waren.

Wollte man mit Deutschland telefonieren, so kam man trotz vieler Versuche nie weiter als bis zum zuständigen Beamten in der Telefonvermittlung. Man musste direkt das Telefonamt am Medan Merdeka-Platz aufsuchen, um überhaupt eine Chance zu bekommen. Durch eine entsprechende Zuwendung an die Herren im Telefonamt wurde man wohl ganz oben auf die Warteliste gesetzt, aber man musste trotzdem oft noch stundenlang in einem stickigen und heißen Büro ausharren – wegen des Zeitunterschieds oft bis in die späten Abendstunden – und wenn dann endlich die Ausbreitungs-Bedingungen für eine Telefonverbindung ausreichten, war ich glücklich. Das Telefonat ging über eine Telefon-Freileitung nach Bandung zu einer Vermittlung, von dort wieder über eine Freileitung zur 30 Kilometer südlich von Bandung gelegenen Sendestation und von hier über Kurzwelle nach Bern in der Schweiz. Von

Bern ging es dann wieder über eine weitere Telefonleitung zum Teilnehmer in Deutschland. Ein störungsfreies Telefonat war selten möglich. Meist wurde die Verbindung durch atmosphärisches Rauschen, Krachen und Schwund stark gestört oder unterbrochen. Die Menschen, die vom Büro oder von zu Hause anriefen, warteten tagelang vergeblich auf eine Verbindung. Es fehlte das Bakschisch!

Mit den Telegrammen klappte es ganz gut. Nach zwei Tagen war die Nachricht meist in Deutschland. Ich hatte schnell herausgefunden, wer am meisten Trinkgeld gab, wurde mit den Antworttelegrammen am schnellsten bedient. So kam der Telegrammbote zu mir schon meist um 6 Uhr morgens und brachte ein Telegramm von meinem Stammhaus. Glücklich zog er mit seinem fürstlichen Trinkgeld ab. Aber um 8 Uhr kam er schon wieder, diesmal ins Büro und brachte ein zweites Telegramm. Wieder zog er mit seinem Extralohn ab. Gegen Mittag kam das dritte Telegramm usw. Nach einiger Zeit wurde ich stutzig und fragte, warum die Telegramme zu so unterschiedlichen Zeiten ankommen würden. Ich fand heraus, dass alle Telegramme schon früh morgens in seinen Händen waren, aber er hatte Bedenken, wenn er alle Telegramme auf einmal ablieferte, er auch nur einmal Trinkgeld erhalten würde. Nachdem ich ihn aufklärte, dass ich für jedes einzelne Telegramm auch schon morgens den ausgemachten Obolus entrichten würde, wurde ich von da an am frühen Morgen mit allen eingegangenen Telegrammen bestens bedient. Die Beamten und Angestellten in den staatlichen Institutionen verdienten so wenig, dass sie bei der galoppierenden Inflation unmöglich davon leben konnten. Dass sie nebenbei durch ein *Persenan*, ein Trinkgeld, ein kleines Zubrot verdienten, war vollkommen normal und auch gerecht. Damals war die Kommunikation mit Deutschland sehr schwierig. Heute schickt man einen Brief per Internet und in wenigen Sekunden ist er an jedem beliebigen Platz der Welt.

Sukarno entwickelte ein seltsam wirres System, in dem echt demokratische Institutionen keinen Platz hatten. Es gab wohl Parteien, aber der Präsident entschied, ob sie zugelassen blieben oder nicht. Was seinen politischen Vorstellungen entsprach, nannte er NASAKOM, die Vereinigung aller nationalen, religiösen und kommunistischen Bestrebungen zum Wohle des Volkes. Die Präsidialdiktatur nannte er „Gelenkte Demokratie". Durch die anhaltende wirtschaftliche Misere wurden Hungerrevolten und Unruhen ausgelöst. In Mittel-Java wurde durch eine ungewöhnliche Rattenplage die gesamte Reis- und Maisernte zerstört. Hunger gab es die Jahre zuvor in Indonesien und besonders auf Java mit seinen hervorragenden Böden so gut wie nie. In dem tropisch feuchten Klima wuchs ja alles fast von alleine. Nur während der Kolonialzeit kam durch unzulängliche und unverantwortliche Wirtschaftssysteme und durch ungehemmte Ausbeutung zeitweise Hunger auf. Durch die rücksichtslosen Monopolbestrebungen der Kolonial-regierung, die anordnete, ganze Landstriche und dörfliche Strukturen durch Monokulturen für Kautschuk, Ölpalmen, Zuckerrohr oder Teakholz zu zerstören, wurde damals vielen Bevölkerungsgruppen die Ernährungsbasis entzogen.

Wieder einmal war ich mit dem Auto durch Java unterwegs. Ich musste nach Surabaya fahren. An den Straßenrändern standen tausende hungernder Menschen und bettelten um eine Handvoll Reis. Es war ein schrecklicher Anblick. Zusätzlich zu der Mangelwirtschaft hatte – die oben erwähnte Rattenplage fast die gesamte Reisernte vernichtet. Bei einer Übernachtung in Yogyakarta standen vor dem chinesischen Restaurant, in dem ich mein Abendmahl verzehrte, unzählige hungernde Frauen und Kinder, die mit gie-rigen Blicken durch die Fenster auf meinen vollen Teller starrten und auf die zurückgelassenen Reste warteten. Auf den Müllhalden suchten hunder-te Menschen nach etwas Essbarem. Aber der Zorn richtete sich nie gegen Sukarno. Sein Anspruch auf Vertrauen und Gehorsam war immer noch tief im Volke verwurzelt.

Im Laufe des Jahres 1965 breitete sich eine unheimliche und ungute Stimmung über dem Land aus. Die kommunistische Partei wurde beson-ders aktiv. Die Stimmung war gereizt. Nachts wurden immer wieder Schüsse gehört. Straßensperren wurden errichtet und selbst Ausländer angeschossen, wenn sie nicht schnell genug anhielten. Ich fuhr nur noch nach Bandung, wenn es unbedingt nötig war. Ein Mitarbeiter der Firma Siemens kam auf dem Weg nach Bogor mit seinem VW-Käfer in eine Straßensperre. Die Soldaten forderten ihn auf, „hinten" den Kofferraum zu öffnen. Als er selbst nach dreimaliger Aufforderung die hintere Haube nicht öffnete, weil ja da der Motor und nicht der Kofferraum war, wurde er mit den Gewehrkolben krankenhausreif geschlagen.

Auf derselben Strecke ist einem Ausländer eine andere makabre Geschichte passiert. Es war zu der Zeit noch eine schmale Straße mit vielen großen Bäumen und vielen Schlaglöchern. Man musste immer sehr gut aufpassen. Plötzlich wurde ihm ein Mensch vor das fahrende Auto geworfen, und das ganze Dorf strömte herbei und bedrohte den armen Mann. Man hatte mit der alten, bereits toten Oma im Arm hinter einem Baum gewartet und als ein Ausländer kam, diese auf die Straße geworfen und dann den Fahrer beschul-digt, die alte Frau überfahren zu haben. Wie der Ausländer später erzählte, war sie bereits eiskalt, aber man konnte aus ihm Geld für die Beerdigung und noch mehr herauspressen. Hätte er nicht bezahlt, wäre er auf der Stelle gelyncht worden. Auf die Polizei war zu dieser Zeit kein Verlass, und als

Orang Putih oder *Orang Buleh* oder *Orang Belanda*, als weißer Ausländer, hätte man ohnehin kein Recht bekommen.

Auch mir ist einmal auf dem Weg nach Cilegon ein Fahrradfahrer ins Auto gefahren. Er stand wieder auf, aber schon lief das ganze Dorf wild gestikulierend auf mich zu. Um der Lynchjustiz zu entgehen, gab es nur eins: Vollgas und so schnell wie möglich weg! In der nächsten Polizeistation, einige Kilometer entfernt, konnte ich den Unfall dann melden. Die Polizisten fragten: *Sudah mati?* „Ist der Fahrradfahrer schon tot?" Als ich antwortete *Belum*, „Noch nicht", war für sie alles ok. und ich durfte weiterfahren. Für einen Außenstehenden klingt das „noch nicht" vielleicht etwas ungewohnt, aber für einen Indonesier ist das ganz normal und üblich. Ein hartes und klares „Nein" gibt es nur ganz selten. Fragt man zum Beispiel einen Indonesier „Gehört Dir dieses Auto?" oder „Bist Du Unternehmer?" oder „Sprichst Du diese oder jene Fremdsprache?", wird er immer mit *Belum*, „Noch nicht" antworten. Es könnte ja noch werden! Daher ist auch die Antwort „Noch nicht" auf die Frage, ob der Fahrradfahrer schon tot sei, völlig korrekt. Irgendwann muss er ja sterben.

Umzug in unser erstes Haus

Ende 1964 zogen wir in unser neues Haus in der Jalan Wijaya Timur um. Es war in der Nähe der Schule *Sekolah Tarankanita*. An einem Bach etwas weiter entfernt waren anfangs noch einige Gerbereien, die, wenn der Wind entsprechend stand, gewaltig stanken. Weihnachten und Neujahr konnten wir schon im neuen Heim feiern. Nun hatten wir viel Platz: ein Wohnzimmer mit einer schönen Terrasse und dem großem Garten davor, Esszimmer, Arbeitszimmer, Bar, zwei Schlafzimmer, Küche usw. Im Anschluss an die Garage war noch ein autarker Gäste-Pavillon, hinter dem unser Schwimmbad war. Ein eigenes Nebengebäude für die Angestellten, verborgen hinter einer Hecke aus Bambus und blühenden Hibiskussträuchern, trennte das Schwimmbad von unserem Garten. In dem Angestelltentrakt wohnten unsere *Babu*, das Mädchen für alles, die *Koki wanita*, unsere Köchin, die *Babu Cuci*, die Wäscherin, der *Jongos*, oder besser *Pembantu* (da das Wort *Jongos* noch von den Holländern aus der Kolonialzeit stammt und erniedrigend gebraucht wurde), der Diener und Laufbursche, der *Sopir*, mein Chauffeur und der *Tukang Kebon*, unser Gärtner. Den ganzen Tag über wurde hier etwas gekocht, gebraten oder geröstet. Das Erzählen und Lachen dort nahm kein Ende. Hier war immer etwas los! Hatten sie gerade nichts zu tun, sanken sie in die für Indonesier typische Hocke nieder, mit dem Gesäß auf die Fersen, schlugen die farbenprächtigen *Sarongs* über die Schulter und erzählten und lachten. In dieser für uns Europäer unbequem erscheinenden Hocke können Indonesier stundenlang ausharren. Kein Wunder, dass der Platz bei den Dienstboten der Lieblingsplatz unserer noch kleinen Tochter Regina war. Kaum konnte sie sprechen, gab sie hier den Ton an und kommandierte die Dienstboten. Sie konnten ihr nichts verweigern. Reginas erste Worte waren weder Mama noch Papa, es war *Papaya*! Kein Wunder, dass sie Vegetarierin wurde. Alle Indonesier zeigen eine große Zärtlichkeit und Nachgiebigkeit für alles Kindliche. Für Kinder war Indonesien ein herrliches Land: Luft, Licht und Freiheit zum Spielen. Und immer nur leichte Kleidung. Wir sahen nicht viel von dem lebhaften Treiben im Angestelltentrakt, aber die Düfte der Gewürze drangen bis zu uns, und wir hörten, dass für unsere leckeren Gerichte dort mit Liebe gehackt, geschnitten und geknetet wurde.

Die Küche war ideal für die Tropen gebaut. Alle Schränke und Arbeitsplatten waren aus Stein gemauert und gefliest. So konnte man, wenn alles ausgeräumt war, alle Ecken ausputzen und sogar mit dem Schlauch ausspritzen. Das war sehr hygienisch und wir entdeckten auch dort nie Ungeziefer. Außer dem aus Deutschland mitgebrachten großen Elektrokühlschrank hatten wir nun auch noch einen mit Gas betriebenen Absorberkühlschrank und eine Tiefkühltruhe. Der moderne Herd und Backofen funktionierte mit Petroleum, das in einem Verdampfer vergast wurde, und mit dem man wie mit Gas kochen konnte. Nur wenn eine große Reistafel mit sehr vielen Gerichten für Gäste vorbereitet wurde, mussten noch zusätzlich die alten Petroleumkocher eingesetzt werden.

Der routinemäßige Tagesablauf war in den 1960er Jahren noch genau so, wie ihn die Holländerin Jo van Ammers-Küller in ihrem Buch „Indien" aus dem Jahre 1938 beschreibt:

„Die *Kokki* [Köchin, alte Schreibweise] ist inzwischen auf dem Markt gewesen, um Früchte und Zutaten für die Reistafel, das tägliche indische [hier ist natürlich immer Ost-Indien, Indonesien gemeint. Die Holländer nannten ihre Kolonie nur „Indien".] Nationalgericht, einzukaufen; nun ist sie mit der Zubereitung des Mittagsmahls beschäftigt, wozu sie, wie alle indischen Köche, vieler Stunden bedarf. Eine *Babu* hängt hinten im Garten die Wäsche auf und geht dann ans Plätten des täglichen Vorrats frisch gewaschener Kleider; eine andere *Babu* macht die Betten und räumt die Schlafzimmer auf. Meine Freunde haben vier Dienstboten und alle zusammen machen noch nicht ein Zehntel von dem Lärm, den ein einziges holländisches Mädchen vollführt, wenn sie im Wohnzimmer Staub saugt und dabei den neuesten Schlager singt. Überall sind schon die Schilfrouleaus niedergelassen, die hölzernen Läden geschlossen ... es ist halb neun, und die Sonne steht hoch und heiß am Himmel. Für die Kinder wird es im Garten zu warm und das Halbblut-Kinderfräulein bringt sie auf die hintere Veranda und beschäftigt sie dort. Meine Gastgeberin ist beim letzten Teil ihres Tagwerks angelangt; mit einer großen Flitspritze geht sie durch alle Zimmer; zuerst hat sie Badestube und die Vorratskammern inspiziert, ob keine Schaben drin herumspazieren, dann die Küche, ob nirgends Speisereste herumstehen; und schließlich lässt sie von einer der Babus einen Teil der Kleider aus Schränken und Truhen nehmen und auf Leinen hängen, die in der Seitenveranda gezogen sind. Es ist in Indien ein unverbrüchliches Gesetz, dass alle Kleider und sämtliche Schuhe einmal in der Woche gelüftet werden. Nur so kann man sie gegen Schimmel und Feuchtigkeit schützen und den Kampf gegen die weißen Ameisen bestehen, vor denen nichts sicher ist, da sie sich durch die Wände von Schränken und Koffern fressen". (S. 70-71)

Eine große Reistafel war die Spezialität unserer Köchin Saamin. Schon zwei Tage zuvor musste die ganze Mannschaft bei den Vorbereitungen helfen. Unglaublich viele Zutaten mussten eingekauft, gewaschen und klein

geschnitten, viele Kokosnüsse geraspelt werden. Unsere Köchin Saamin übernahm das Kommando. Sie organisierte und teilte die Arbeiten ein. Die vielen Küchenhelfer hörte und sah man kaum, aber alle Gerichte waren immer
zum richtigen Zeitpunkt fertig.

Bei einer Reistafel kommt, wie bei allen indonesischen Gerichten, alles mundgerecht auf den Tisch. Gegessen wird ja bei den Indonesiern
mit der rechten Hand oder mit Löffel und Gabel. Ein Messer kommt
niemals auf den Tisch. Eine große Reistafel bestand normalerweise aus
24 Gängen, natürlich immer in kleinen Portionen. Es ist alles dabei, was
das Herz begehrt: *Soto Madura* (eine scharfe Suppe mit Fleischstückchen,
Schalotten, Ingwer und Zitrone), *Acar* (sauer eingelegtes Gemüse), *Gado
Gado* (Gemüse in Erdnusssauce), *Udang goreng* (gebackene Krabben),
eine Currysuppe nach Madureser Art, *Soto Ajam* (eine Hühnersuppe in
Kokosmilch), *Lumpia* (indonesische Frühlingsrollen), Hühnerstückchen in
Currysauce, *Sates* (verschiedene auf Holzkohle gegrillte Fleischspießchen
mit Erdnusssauce), *Dadar isi* (gefüllte Eieromelette), *Sajur Lodeh* (in
Kokosmilch gekochte Gemüse), *Udang goreng mentega pedas* (in Butter und
Chilischoten gebratene Garnelen) *Serundeng* (geröstete Kokosflocken ver-
mischt mit Erdnüssen), *Lombok isi* (gefüllte Pfefferschoten), *Prikadel Jagung*
(Maisfrikadellen), *Rendang* (Rindsgulasch nach Padang Art), *Lontong*
(Reiswürfel), *Ikan goreng* (gebratenen Fisch), *Acar ikan* (Fisch in sauerer
Sauce), gebratenes *Tempe* (eine indonesische Sojaspezialität) und so weiter,
und so weiter. Es war eine unendlich vielfältige Kombination an Genüssen
und Geschmacksrichtungen. Dazu gehören immer *Krupuk*, ein – inzwischen auch hier bekanntes – Krabbenbrot, *Emping melinjo* (ein knusprig gebackenes Brot aus den Eicheln des Melinjo-Baumes) und natürlich
Sambal, das je nach Region und Köchin eine andere Geschmacksrichtung
hat. Scharf ist es fast immer, wie eigentlich überall in heißen Regionen nahe
des Äquators, denn die Schärfe der Gerichte ist sehr schweißtreibend und
sorgt so für den Temperaturausgleich des Körpers! *Kecap* heißt „Sauce" und
wird ebenfalls in allen Variationen zu indonesischen Gerichten gereicht. Es
gibt sie, meist auf Basis einer Sojasauce als *Kecap Manis*, süß; als *Kecap Asin*,
gesalzen, oder *Kecap Pedas*, scharf. Dieses indonesische Wort *Kecap* hat als
„Ketchup" zum Beispiel als Tomaten-Ketchup von Amerika kommend die
Welt erobert. Zwiebel und Knoblauch spielen in der indonesischen Küche
eine überragende Rolle und sind in fast allen Gerichten zu finden. Die
Zwiebel, in Indonesien eigentlich immer die rot-violette Schalotte, *Bawang
merah* genannt, wird der Sonne zugeschrieben und der weiße Knoblauch
dem Mond. Eine Reistafel ist immer ein Gedicht für den Gaumen und man
muss sie einfach einmal probiert haben.

Die Reistafel unserer Köchin war in ganz Jakarta berühmt, und wichtige Besucher aus Deutschland, für die meine Frau oft eine Reistafel in kleinem Kreise organisierte, waren noch Jahre danach voll des Lobes. Besonders die Suppen unsere Saamin hatten es mir angetan, von der *Soto Bandung* und der *Soto Madura* träume ich heute noch! Schon früh, bei der Einladung von Präsident Sukarno im Palast von Tampaksiring auf Bali, habe ich Sukarnos Leibgericht auch für mich als eine meiner Leibspeisen entdeckt. Es ist ein ganz einfaches und billiges Gericht, das man in keinem Restaurant vorgesetzt bekommt. Man wäre *malu*, man würde sich schämen, wenn man so ein einfaches Gericht einem Gast anbieten würde. Dieses Bauerngericht heißt *Daun Singkong*, das sind die Blätter der Tapiokawurzel. Tapioka wächst überall, in jedem Garten, auf den Feldern, am Straßenrand. Eigentlich wird nur die Wurzel dieser Süßkartoffel verzehrt, aber die Blätter, die meist weggeworfen werden, sind für mich das Beste. Diese ziemlich festen Blätter werden mit Zwiebeln, Knoblauch, Chili und etwas Tomate in *Saus Santen*, einer Kokosnusssauce, gekocht. Zum Schluss kommen noch geröstete Würfel von *Tempe*, einem typisch indonesischen Sojaprodukt, und Röstzwiebel dazu. Mit rotem *Sambal* wird dann alles noch geschärft. Dazu gibt es weißen Reis. Selbst wenn ich heute noch nach Indonesien komme, ist mein erster Weg in die Küche jeden Hotels mit der Frage: „Könnt Ihr mir *Daun Singkong* kochen?"

Auch andere einfache indonesische Gerichte wie *Nasi Goreng* oder *Bahmi Goreng* sind immer ein Genuss. Im Laufe der Zeit brachte meine Frau der Köchin auch deutsche und europäische Spezialitäten bei. Ein Schwabe kann ja ohne Spätzle, Maultaschen und Kartoffelsalat nicht allzu lange auskommen. Das konnte nach einer Weile unsere Saamin ganz hervorragend. Im Laufe der Jahre erreichten ihre Kochkünste eine ungeahnte Vollkommenheit. Sie war eine Perle! Wir brauchten nur *Bahmi Jerman*, deutsche Nudeln, oder *Pangsit Jerman*, deutsche Nudeltaschen zu bestellen und schon kam die schwäbische Küche in Form von perfekten Spätzle oder Maultaschen auf den Tisch. Selbst einen perfekten Apfelkuchen aus getrockneten Äpfeln aus Deutschland konnte sie backen, denn damals waren in ganz Indonesien keine Äpfel zu bekommen. Saamin war die ganzen 18 Jahre bei uns und ihre Vielseitigkeit ging sogar soweit, dass sie nach einigen Versuchen ganz gut schwäbische Laugenbrezeln backen konnte. Wie konnte sie, als Analphabetin, sich nur all die vielen Rezepte der für sie exotischen Speisen merken?

Ein- oder zweimal im Jahr gab es bei uns zu Hause Zwiebelkuchen mit Badischem Wein für die in Jakarta ansässigen Schwaben und Badener, sowie für die, die eine Vorliebe für diese schwäbische Spezialität hatten. Dazu war regelmäßig der Militärattaché der Deutschen Botschaft eingeladen, der aus der Nähe von Stuttgart kam. Zu Hause hatte der Militärattaché einen bunten Haushahn, der immer stolz mit erhobenem Haupte durch Garten und Haus marschierte, als wenn er eine Parade abnehmen würde. Gab es im Hause des Militärattachés eine Dinner-Einladung, dann beobachtete der Hahn interessiert das gesellschaftliche Treiben aus der Höhe eines Schrankes und unterbrach die angeregte Unterhaltung zur allgemeinen Erheiterung ab und zu mit einem lauten „Kikeriki". Nach einem Zwiebelkuchenessen bei uns zu Hause rief die Frau des Militärattachés am nächsten Tag mit ihrer tiefen Männerstimme bei meiner Frau an. Am Telefon meldete sie sich mit: „Ich bin nicht der Militärattaché, ich bin die Frau von Oberstleutnant Meyer" und fragte meine Frau: „Liebe Frau Geerken, wie machen Sie das bloß? Ich habe nach Ihrem Zwiebelkuchen überhaupt keine Blähungen, aber mein Mann läuft durchs Haus und schießt mit den stärksten Kanonen, als wenn er auf dem Schlachtfeld eine ganze Kompanie vernichten müsste". An der Ausdrucksweise konnte man sehen, wie der Beruf – auch bei der Frau des Militärattachés – auf das Privatleben abfärbte.

In Indonesien wachsen alle Gewürze wie Nelken, Muskatnüsse, Pfeffer, Chili, Kardamom und so weiter, aber für die heimatliche Küche vermisste ich immer wieder frischen Schnittlauch. Ich dachte, dieses unkomplizierte Gewächs müsste doch ohne Probleme in dem feuchtwarmen Tropenklima in Indonesien gedeihen. Aus Deutschland ließ ich mir Schnittlauchsamen schicken und machte die ersten Versuche. Weit gefehlt, es klappte nicht! Ich säte die Samen in den Garten und in Töpfe, in magere und in fette Erde, in den Schatten und in die Sonne, gab viel Gießwasser und wenig Wasser. Ich hatte Datam, den Gärtner, im Verdacht, dass er etwas falsch machte und kümmerte mich persönlich um die Aufzucht. Ich stellte Töpfe ins klimatisierte Schlafzimmer. Nichts half! Das beste Ergebnis hatte ich noch im Schlafzimmer, da spross der Schnittlauch schnell, aber wenn die Sprösslinge einige Zentimeter groß waren, drehten sie sich um, steckten die Spitze in die Erde, und die Samenkapsel mit Wurzel kam in die Höhe. Der Schnittlauch stand Kopf und fiel nach wenigen Tagen in sich zusammen. Es war deutscher Samen. Aus deutscher Sicht hingen wir auf der anderen Seite der Erdkugel ja auch verkehrt herum mit dem Kopf nach unten! Hing das irgendwie zusammen? Ich konsultierte in meiner Not einen Agrarexperten eines deutschen Landwirtschaft-Projektes. Wie er mir erklärte, war das Problem die Dauer des Tageslichts, das wir im Sommer in Deutschland 16 bis 17 Stunden lang genießen können. Hier, am Äquator, dauert das Tageslicht nur 12 Stunden, das ganze Jahr über. Ich stellte also meine biologische Versuchsreihe wieder ein und genoss den Schnittlauch auf Butterbrot und im Quark um so mehr während der Urlaube in Deutschland.

In unserem neuen Haus hatten wir jetzt auch einen genügend starken Stromanschluss und konnten mehrere Räume gleichzeitig klimatisieren. Im Garten wuchsen Bananenstauden und Papayabäume, überall blühten Hibiskus, Weihnachtssterne, Bougainvillas in allen Farben und tiefrote Puspacitras, auch Cannas genannt. Unsere Tochter gedieh prächtig, wir fühlten uns wohl und waren glücklich.

Die kleine Regina Permata lief trotz unseres strengen Verbots leider immer wieder barfuss durch den Garten. Für sie war es eine Strafe, in Schuhen herumzulaufen. „Warum muss ich so unbequeme Dinger tragen", beschwerte sie sich immer wieder, wo doch alle Indonesier um sie herum barfuss gehen durften? Immer wieder schleuderte sie die Schuhe von ihren Füssen. Selbst unsere geduldigen Angestellten kapitulierten vor ihrem Widerwillen. Überall in Indonesien bestand die Gefahr, dass Hakenwürmer durch die nackten Fußsohlen in den Körper eindringen. Obwohl wir sie immer wieder ermahnten, dass barfußgehen sehr gefährlich sein kann, warf sie bei jeder sich bietenden Gelegenheit ihre Schuhe von sich. Nun, das Übel blieb nicht aus, sie bekam Hakenwürmer, die sich durch stechende Bauchschmerzen, wenn sich die Würmer durch den Darm beißen, bemerkbar machen. Das sind ziemlich gefährliche Parasiten, da sie durch die Fußsohlen kommen und dann durch den Körper bis ins Gehirn wandern können. Die ziemlich starke Medizin dagegen konnten wir nur über unseren amerikanischen Freund, den Air Force Attaché, aus den USA besorgen lassen. Es war nur eine einzige, ziemlich große Kapsel, die nicht geteilt werden durfte, da sie mit einer ätzenden Flüssigkeit gefüllt war. Wie sollte die ein Kind schlucken? Es war eine schreckliche Prozedur, an die ich heute gar nicht mehr denken möchte. Der Botschaftsarzt empfahl die sogenannte amerikanische Methode: dem Kind die Kapsel mit einem Schluck Wasser in den Mund geben und dann einen anständigen Klaps auf die Backe. Es klappte sofort. Vor Schreck hat Regina die Kapsel sofort verschluckt. Aber es gab natürlich Tränen. Es war der erste und einzige Klaps, den Regina bekam, und das noch aus medizinischen Gründen. Ich leide bis heute mehr darunter als Regina, denn sie kann sich an diesen Vorfall gar nicht mehr erinnern.

An Kakerlaken, an die winzigen penetranten Ameisen, an Moskitos und Ratten hatten wir uns schon gewöhnt. In Indonesien sagte man: *ada gula, ada semut,* was heißt: „Wo Zucker ist, gibt es auch Ameisen". Aber der ewige Kampf gegen alle diese Tierchen hörte auf, nachdem täglich die Fussböden im ganzen Haus besonders gepflegt wurden. Alles wurde gewischt, eingeseift und zum Schluss mit dem Desinfektionsmittel Densol oder Karbol behandelt, um dem Ungeziefer keine Überlebenschance zu geben. Abends wurden dann noch zusätzlich alle Zimmer mit Flit, von Indonesiern *Plit* genannt, mit einer Handpumpe ausgesprüht. In der Anfangszeit war Flit das einzige verfügbare Insektengift, das zudem schrecklich nach Petroleum stank. Später kam dann noch das wirkungsvollere und sicher auch giftigere Shelltox dazu. Leider war man damals noch nicht so umweltbewusst wie heute. Aber nur so konnte man das Ungeziefer in Grenzen halten. In der deutschen Kolonie ging seinerzeit der Witz um, man könne bei einem Gast, wenn er seinen Whisky trinkt, genau erkennen, wie lange er schon im Lande ist: Bestellt jemand einen neuen Whisky Soda, nur weil darin eine Fliege gelandet ist, dann ist er weniger als ein Jahr in Indonesien. Fischt jemand nur die Fliege heraus und trinkt selenruhig weiter, der ist schon zwei Jahre hier. Fischt allerdings jemand die Fliege aus dem Glas und quetscht sie erst aus, damit nichts verloren geht, der ist schon mehr als drei Jahre im Lande.

Gegen die Ratten hatten wir uns schon in der Wohnung ein Kätzchen namens Minggu angeschafft. Weil wir es an einem Sonntag bekamen, wurde es *Minggu*, auf Deutsch „Sonntag", getauft. Da Minggu es alleine nicht schaffte, der Rattenplage in dem nun vergrößerten Arbeitsgebiet Herr zu werden, bekam sie noch Unterstützung durch Pepsi. Bei der Jagd durch die Katzen flüchtete manchmal eine Ratte in das Regenabflussrohr und blieb dort stecken und verendete. Der süßliche Aasgeruch war dann tagelang entsetzlich. Zunächst waren wir überrascht, dass alle Katzen, die wir sahen, einen wie abgeschnittenen Stummelschwanz hatten, meist mit einem Knick oder Knoten im Schwanz. Was machten die Indonesier nur mit den Schwänzen? Was hatte das zu bedeuten? Gar nichts: Es war eine Degenerationserscheinung durch Inzucht, die heute als eigene Rasse beschrieben wird. Die javanische Knotenschwanzkatze wird so, mit einem Knick im Schwanz, geboren.

Vor den Ratten waren wir nun sicher, aber nicht vor dem Regen. Wir waren mitten in der Regenzeit umgezogen und obwohl unser Haus mit neuen Dachziegeln gedeckt war, regnete es an allen Ecken und Enden durch, im Wohnzimmer, auf die Betten, auf meinen Schreibtisch. Der tropische Platzregen fand immer ein paar Ritzen zwischen den Dachziegeln. Die Teppiche wurden zusammengerollt und Möbelstücke verschoben. Die Angestellten waren ununterbrochen beschäftigt. Glänzende kleine Pfützen bildeten sich auf den glatten Steinfußböden. Dies war nicht nur unschön, sondern auch gefährlich. Auf den glatten Steinfließen rutschte man auf den nassen Stellen leicht aus und konnte übel stürzen. Handwerker kamen und gingen und besserten das Dach aus. Es wurde nie ganz dicht, aber die Bediensteten wussten, wo man bei starkem Regen an bestimmten Stellen ein Gefäß hinstellen musste. Monoton und leise tropfte dann das Regenwasser in Batterien von Eimern und Schüsseln, die nur darauf warteten, dass man darüber stolperte. Ein Regen ist in den Tropen oft unvorstellbar heftig, das Wasser stürzt wie aus Eimern herab. Auch in unserem zweiten Haus in der Jalan Gandaria I wurde das Problem des *bocoran*, der undichten Stellen im Dach, nie ganz beseitigt. Man musste damit leben und unser Trost war, es würde auch in Deutschland durchregnen, wenn diese Mengen Wasser von oben kämen. Nach tagelangem tropischem Regen, selbst unsere Straße vor dem Haus stand unter Wasser, tummelte sich im Regenwasserkanal direkt vor unserem Haus ein etwa 70 cm langer Alligator und das mitten in einer Millionen-Metropole! Entweder wurde er im Bach aus den Bergen angespült, oder er war irgendwo ausgebrochen. Indonesische Nachbarn haben ihn eingefangen und in den Zoo gebracht.

Natürlich wurden in dem großen Haus nun auch die Bediensteten aufgestockt. Außer unserer Köchin Saamin, die das Regiment im Hause führte, dem Kindermädchen Sadiah, der Wäscherin Kaintan und meinem Fahrer Sudjono kam nun noch ein weiterer Gärtner und Boy Mesdi dazu. Zum Anlernen hatten wir noch ein 15jähriges Mädchen im Haushalt, eine entfernte Verwandte von unserer Kinderfrau. Sie war aber ziemlich faul und jammerte schon in ihren jungen Jahren, sie würde niemals mehr einen Mann bekommen, sie wäre schon zu alt. Junge Angestellte denken selten an etwas anderes als an zukünftiges Eheglück, an Mann und Kinder. Sie wurde im Laufe der Zeit immer molliger, da wussten wir, weshalb der Verbrauch an Zucker, Reis und Speiseöl für unsere Angestellten immer weiter anwuchs. Als sie uns später verlassen hatte, ging allerdings der Verbrauch an diesen Grundnahrungsmitteln nur unwesentlich zurück. Als wir die Köchin darauf ansprachen, meinte diese, wir äßen mehr als wir dächten! Im Grunde genommen gab es von unseren Angestellten keine Betrügereien, wenn man davon absah, dass beim Einkauf auf dem Markt oder von den Grundnahrungsmitteln immer eine Kleinigkeit abgezweigt wurde.

Auch gab es immer wieder die typischen Babu-Geschichten, wenn sie um Vorschuss ihres Gehaltes baten. Zum Beispiel war von unserem Kindermädchen Sadiah die Großmutter schon zum dritten Mal gestorben, für deren Begräbnis sie dringend Leichentücher kaufen müsste. Oder wenn wir sie täglich wegen der Krankheit *Kepala pusing* mit einem Schmerzmittel versorgen mussten. *Kepala pusing* ist unter indonesischen Dienstboten eine weit verbreitete Krankheit und heißt auf Deutsch „der Kopf dreht sich", oder „der Kopf ist verwirrt", bedeutet aber Kopfschmerzen. Als der Verbrauch von Tabletten immer größer wurde, mussten unsere Hausangestellten die Tablette mit einem Glass Wasser unter Aufsicht nehmen. Der Verbrauch ging wieder enorm zurück, wir hatten die ganzen Großfamilien mit Tabletten gegen Kopfschmerzen versorgt!

Anfangs waren unsere Dienstboten mehr als devot. Sie hatten noch die holländische Kolonialzeit mitgemacht und bei Holländern gearbeitet. Wenn sie uns einen Drink oder Tee servierten, gingen sie auf die Knie und krochen den letzten Meter heran. Das war aber nicht nur bei den Holländern so. Die Holländer haben diese Sitte sicherlich gerne vom javanischen Adel übernommen. Höhergestellten näherten sich Diener nach javanischer Sitte immer so. Auch wenn man an ihnen vorbeiging, machten unsere Angestellten anfangs eine ehrfürchtige Verbeugung. Das störte meine Frau und mich, aber es war gar nicht so einfach, ihnen die seit Jahrhunderten eingebläuten unterwürfigen Gesten wieder auszutreiben. Bei vielen reichen indonesischen und chinesischen Familien sehe ich bis heute, dass sie diese menschenunwürdigen Gesten bei ihren Dienstboten beibehalten haben.

In den Anfangsjahren benutzten wir immer noch das aus der Kolonialzeit übliche Wort *Babu* für unsere Angestellten. Im Laufe der Jahre wurde dieses Wort dann weniger üblich und durch *Pembantu*, Helfer oder Diener, ersetzt. Die Menschen waren selbstbewusster geworden und wollten die Zeit, in der sie wie Sklaven behandelt wurden, vergessen. Unsere Dienstboten waren immer fröhlich und willig. Selbst wenn es mal abends bei einer Party richtig lang wurde, waren sie morgens immer wieder pünktlich da. Bei uns gab es keine *Waktu Karet*, keine Gummizeit. Wir bestanden von Anfang an auf deutscher Pünktlichkeit und es klappte hervorragend.

In den ersten Monaten im neuen Haus gab es immer wieder Probleme. Mal fiel die Köchin in Ohnmacht, mal bekam die Wäscherin einen Klaps auf den Hinterkopf, obwohl niemand in der Nähe war, einmal ist sogar ein Suppenhuhn spurlos aus der Küche verschwunden. Der Gärtner hatte eine entzündete Wunde an der Hand, die nicht heilen wollte, und immer wieder gingen Teile unseres Geschirrs zu Bruch. Alle unsere Angestellten hatten einen unruhigen Blick, als wenn sie von irgendjemand verfolgt werden würden, und sie verrichteten ihre täglichen Pflichten nur mit verängstigten Mienen. Nachts konnten sie nicht schlafen, hörten Stimmen und Schritte, und wenn sie nachschauten, war niemand da. Irgendetwas stimmte nicht, denn bei jedem Zwischenfall tuschelten die Angestellten und veranstalteten geheimnisvolle Zeremonien mit Zigarre, Blüten und Räucherstäbchen. Es spukte anscheinend in unserem Haus. Eine Zigarre wurde deshalb geopfert, weil Tabak eine beliebte Nahrung der Geister sein soll! Bei der nächst besten Gelegenheit fragten wir unseren javanischen Freund Wibowo, was wir dagegen tun könnten. Herr Wibowo fragte: „Habt Ihr eigentlich schon einen *Selamatan* gemacht?" Das hatten wir noch nicht, und als er sich dann noch mit den Angestellten unterhalten hatte, war alles klar: Wir hatten einen Geist im Hause und der muss durch einen *Selamatan*, ein Weihefest, vertrieben werden. Herr Wibowo nahm alles in die Hand. Ein für seine magischen Künste bekannter *Dukun* – ein traditioneller indonesischer Heiler, Priester und Geisterbeschwörer, der aber kein islamischer Geistlicher ist – wurde mit seiner Mannschaft bestellt. Ein *Dukun* hat die innere Kraft, Krankheiten zu heilen, Zauber abzuwehren, günstige Tage für eine Unternehmung zu berechnen und verloren gegangene Gegenstände wiederzufinden. Er kuriert Kranke mit Kräutern und anderen natürlichen Heilmitteln, er kennt sich aus mit Giften und Gegengiften und noch vieles mehr. Seinen Rat suchen nicht nur Indonesier aller Schichten, auch Europäer vertrauen sich ihm an.

Eine deutsche Ärztin, sie war Vertrauensärztin der Deutschen Botschaft in Jakarta, hatte während einer Javareise im Osten der Insel einen Autounfall. Zum Glück hatte sie nur schlimme Prellungen und Blutergüsse. Ihr indonesischer Begleiter bestand darauf, dass sie von einem *Dukun* behandelt wurde. Dieser legte Kräuter auf die Blutergüsse, besprach die blutunterlaufenen Stellen mit magischen Formeln und stoppte die Blutungen durch Handauflegen. Nach ihrer Rückkehr erzählte sie immer wieder von dieser Wunderheilung. Die Blutergüsse wären nach 24 Stunden nicht mehr zu sehen gewesen und sie hätte beschwerdenfrei ihre Fahrt fortsetzen können. Das wäre – wie sie sagte – mit schulmedizinischen Mitteln unmöglich gewesen!

Für den *Selamatan* zu Hause wurde eine Ziege gekauft, die die letzten Tage vor ihrer heiligen Opferung noch das üppige Leben in unserem Garten genießen durfte. Dann war es so weit. Der islamische Dorfpriester der nahe gelegenen Moschee und unsere Nachbarn wurden zum *Selamatan* eingeladen. Der islamische Dorfpriester hockte neben dem *Dukun,* dem traditionellen Heiler, auf der Matte. In Indonesien mischen sich uralte mystische Traditionen mit islamischem Gedankengut. Die Köchin bereitete Essen für alle Personen vor. Die Ziege wurde geschlachtet, das Blut in einer Schale aufgefangen, und der Ziegenkopf mit vielen Gebeten und anderen Sprüchen in der Nähe des Hauseingangs vergraben. Dann setzten sich alle Anwesenden auf einer Bastmatte in den Garten und beteten, abwechselnd der *Dukun,* dann wieder der *Mullah.* Zwischendurch wurde immer wieder Weihwasser und Ziegenblut im Garten und in allen Ecken des Hauses verspritzt. Am Ende der Zeremonie nahm unser Gärtner die Schale mit dem restlichen Weihwasser mit Blütenblättern, ging durch den Garten und kam laut lachend zurück. Ich fragte, was los sei, und er antwortete, er hätte den Rest des Weihwassers über die Mauer in die Bananenstauden in Nachbars Garten gekippt. Nun seien alle Geister dort und wir müssten keine Sorgen mehr haben. Ich lachte amüsiert und ungläubig mit! In der Zwischenzeit waren die *Sate Kambing*, Spieße mit Ziegenfleisch und die anderen Gerichte fertig gekocht und gebraten. Ein großes Mahl begann. Alle Gäste gingen nach einiger Zeit fröhlich und zufrieden nach Hause, die Harmonie war wieder hergestellt, und von diesem Moment an gab es in unserem Haus keine Probleme mehr.

Nur wenige Tage nach diesem Selamatan kam General Soenarjo zu einem Besuch zu uns nach Hause. General Soenarjo war der Chef von KOTI, Komando Operasi Tertinggi, dem obersten Operationsstab von Präsident Sukarno. Sein Büro war im Palast, ganz in der Nähe des Präsidenten. Ich hatte ihn zunächst bei der Pressereferentin der deutschen Botschaft, Ursula Müller, kennen gelernt und anschließend hatte ich mit ihm im Präsidentenpalast die Verhandlungen für mein erstes Großprojekt, den 100 Kilowatt-Rundfunksender, der Stör- und Propagandasendungen gegen Malaysia ausstrahlen sollte, geführt. Er war ein edler, gepflegter, feinfühliger und feinsinniger Mensch, typisch javanisch zurückhaltend, mit einem scharf geschnittenen, durchgeistigten und aristokratischem Gesicht und wie auch Präsident Sukarno nicht im geringsten korrupt. Damals eine noch übliche, heutzutage leider eine seltene indonesische Tugend. General Soenarjo stammte aus einer alten angesehenen javanischen Aristokratenfamilie aus Yogyakarta und war mit dem dortigen einflussreichen und politisch engagierten Sultan Hamengkubuwono verwandt. Seine Vorfahren trugen noch den Fürstentitel. Vielleicht hatte er durch das Erbe seine würdige Haltung und Selbstbeherrschung erhalten. Er war ein tiefgläubiger, aber sehr toleranter Muslim. Seine Kinder hatten bei uns zu Hause an Weihnachten den bunt geschmückten Tannenbaum gesehen und bewundert. Nun wollten sie auch so etwas haben. Von da an hatte auch er in seinem Hause in der Weihnachtszeit einen Tannenbaum aufgestellt. Den bunten Schmuck dazu hatten wir ihm aus Deutschland besorgt.

General Soenarjo konnte bei seinem Besuch in unserem Hause kurz nach dem *Selamatan* mit Sicherheit nichts von dieser Geistervertreibung wissen. Wir saßen auf der Terrasse und redeten. Wir merkten, dass er nicht ganz bei der Sache war, unruhig auf seinem Stuhl herumrutschte und immer wieder nach hinten, in Richtung des Nachbarhauses schaute. Wir fragten, ob etwas nicht in Ordnung sei. Er antwortete: „Hier, in diesem Hause, ist alles in Ordnung. Aber beim Nachbarn in den Bananenstauden, da sind Geister!" Es war die Stelle, an der unser Gärtner am Ende des *Selamatans* das restliche Weihwasser auskippte und behauptete, nun seien die Geister dort. Er muss es gespürt haben! Da ich noch weitere unerklärliche Phänomene dieser Art in Indonesien erlebt habe, werde ich noch getrennt mehr darüber berichten.

Nur unser Badezimmer bereitete mir noch Probleme. An der Türe war eine kleine Schwelle hinaus auf den Flur. An dieser Stufe bin ich regelmäßig angestoßen und dabei dreimal meinen kleinen Zeh des linken Fußes gebrochen. Hätte ich an dieser Stelle noch einen speziellen *Selamatan* machen sollen? Der letzte Bruch war ziemlich schlimm, der Knochen war schief zusammengewachsen, und ich musste am Zehen operiert werden. Wir fuhren in eine „Privatklinik" in der Nähe. Der Operationssaal war eine natürlich nicht sterile Garage, und da gerade mal wieder Stromausfall war, musste meine Frau dem Chirurgen mit der Petroleumlampe leuchten. Bei dieser Beleuchtung blieb der Zeh allerdings auch krumm und musste später in Deutschland nachoperiert werden.

Unser Boy Mesdi kam aus einem Dorf in Ost-Java und wollte sein Glück in der Hauptstadt Jakarta versuchen. Er war 19 Jahre alt und musste erst in allem angelernt werden. Ich war natürlich für die Bar zuständig und brachte ihm bei, wie man Whisky Soda, Gin Tonic oder Campari Bitter Lemon mixt. Er konnte nur wenig lesen und so musste er sich die Etiketten der Flaschen nach Form und Farbe einprägen. Als Maß für die harten Getränke gab es einen großen und einen kleinen Jigger, ein kleines Gefäß aus Zinn, das als englisches Maß zum Mischen von Cocktails in keiner Hausbar fehlen durfte. Er selbst durfte als Muslim ja keinen Alkohol trinken und so oblag der Test, ob er alles richtig machte, mir alleine. Da wir schon bald nach dem Einzug eine Housewarming-Party geplant hatten, musste ich jeden Abend ran: ein Whisky Soda, dann ein Manhattan, ein Campari-Tonic usw. Selbst den Cocktail-Hit der 1950er und 60er Jahre, den Nikolaschka (Cognac, Zitronenscheibe, Zucker und Kaffeepulver) servierte er perfekt! Da die Indonesier sehr lernfähig und klug sind, klappte alles glücklicherweise schon nach kurzer Zeit ganz gut. Viel länger hätte ich die abendlichen Tests auch nicht durchgehalten!

Die Haus Einweihungs-Party wurde ein voller Erfolg. Unser Mesdi sah mit seiner strahlend weißen Uniform, den weißen Handschuhen und dem schwarzen *Topi*, dem Käppchen aus Samt, ganz professionell aus und schlich auf nackten Sohlen von Gast zu Gast. Nach jeder Bestellung eines Gastes murmelte er gehorsam *Saya Tuan* (Ja, mein Herr). Er brachte immer das gewünschte Getränk, ohne einen Fehler zu machen. Ich wurde wegen seiner Barkeeper Künste allgemein gelobt. Nur an eines hatte ich bei der Schulung nicht gedacht. Um jeden Verdacht der Trinksucht gegenüber den Angestellten von Anfang an so weit wie möglich von uns zu weisen, wurde ein Schnaps, ein Obstler oder ein Klarer von den Deutschen allgemein als *Obat Putih*, also weiße Medizin, benannt. Als nun einer der Gäste ein Bier mit einem *Obat Putih* bestellte, bekam er nur ein Glas Bier. Als er fragte: „Und wo ist mein *Obat Putih*?", bekam er von Mesdi treu und brav die Antwort: *Sudah masuk* (Schon hineingeschüttet). Woher sollte er auch wissen, dass die Ausländer alles mischen: Gin mit Tonic, Whisky mit Soda, Bier mit Limonade, Coca Cola mit Rum, – nur Bier und Schnaps nicht! Als ich ihn darüber aufklärte, war seine Antwort in typisch javanisch vornehmer Art nur: *Begitulah!* (Ach sooo!), und in Zukunft machte er alles richtig!

Bevor man sich am Ende einer Party endgültig verabschiedete, wurde immer nochmals der Ruf *Satu empat jalan* laut. Kein Indonesier verstand dies, denn wörtlich übersetzt heißt das „Eins vier Straße". Aber auf Englisch macht die Verballhornung wieder einen Sinn, denn dann heißt das „One four/for the road", also noch ein allerletzter Drink für den Heimweg. Nach diesem Absacker ging es dann endgültig nach Hause.

Die lokalen Biere in Indonesien, „Anker" und „Bir Bintang", sind übrigens ganz ausgezeichnet. Die Brauerei von „Bir Bintang" lag in Jakarta gleich neben dem offenen Abwasserkanal. Wenn ich dort bei meinen Kundenbesuchen vorbei kam, überlegte ich jedes Mal: Woher sie wohl das Wasser für das gute Bier nehmen? Die „Anker"-Brauerei war in Surabaya. In beiden Brauereien waren immer wieder deutsche Bierbrauer tätig.

Putsch und Machenschaften der CIA

Die politisch instabile Lage war deutlich spürbar und die Gerüchteküche kochte: Gerüchte über Listen der kommunistischen Partei, auf denen angeblich Namen von Persönlichkeiten aus Politik und Militär, aber auch Namen von ausländischen Vertretern der Industrie und der Kaufmannschaft stehen sollten, machten die Runde. Diese Menschen sollten angeblich im Falle eines Putsches ihres Eigentums beraubt, schlimmstenfalls liquidiert werden. Durch meine guten Verbindungen zu wichtigen indonesischen Persönlichkeiten wurde ich immer sehr früh über bevorstehende Ereignisse informiert. Aber auch die Informationen von indonesischer Seite waren oft widersprüchlich. Unser Freund General Soenarjo von KOTI stellte zwei Soldaten ab, die – wenn wieder Gefahr drohte – mit Schnellfeuerwaffen im Anschlag Tag und Nacht vor unserem Haus Wache bezogen. Es war „The year of living dangerously", wie die Zeit vor und nach dem Putsch genannt wurde. Die aufgestauten Spannungen und Widersprüche in der Staatsführung entluden sich in der Nacht vom 30. September 1965 in einem angeblich kommunistischen Putsch.

Es war eine verwirrende Situation. Der genaue Ablauf ist bis heute umstritten, und die Namen der Hintermänner wurden nie eindeutig genannt. Auf dem Luftwaffenstützpunkt Halim in Jakarta hatten sich verschiedene Organisationen der PKI, der *Partai Komunis Indonesia*, der kommunistischen Partei, unter ihrem Führer Aidit für einen Putsch zusammengefunden. Versammelt waren die eigenen Truppen der Kommunisten, die – nach Polizei, Heer, Marine und Luftwaffe – schon als fünfte Streitmacht im Lande bezeichnet werden konnte. Dies waren die *Pemuda Rakjat*, die Jugendorganisation, die den Kommunisten nahestand und *Gerwani*, deren Frauenorganisation. Der Kommandant der indonesischen Luftwaffe, Omar Dhani, hatte sich auf die Seite der PKI geschlagen und den Stützpunkt als Ausgangspunkt für den Putsch zur Verfügung gestellt. Bei den Putschisten war auch Oberst Untung, der Chef der *Tjakrabirawa*, der Palastwache des Präsidenten, die in den vorherigen Jahren immer weiter ausgebaut, besser ausgerüstet und einflussreicher geworden war. Durch Oberst Untungs Nähe zu Präsident Sukarno wurde vermutet, dass Sukarno in die Putschpläne eingeweiht war. Dies konnte jedoch nie bewiesen werden. Mehrere westlich orientierte Generäle wurden in der Nacht zu Hause verhaftet und auf dem Luftwaffenstützpunkt ermordet. Die Leichen wurden später in einem Brunnen auf dem Luftwaffenstützpunkt Halim bei Jakarta gefunden. Zunächst ließ Oberst Untung im Auftrag der Putschisten durch Rundfunk und Presse verbreiten, dass man durch diese Aktion einem geplanten Putsch der CIA zuvorkommen wollte. Nur wenige Stunden danach ließ General Suharto verkünden, dass der Putsch der Kommunisten vereitelt worden sei und dass die festgenommenen Generäle schrecklich gefoltert und verstümmelt worden seien. Dabei hätten die Frauen der *Gerwani* eine besonders grausame Rolle gespielt. Die Verwirrung war groß, aber es ist Suharto gelungen, das Volk gegen die Kommunisten und alle, die ihnen nahestanden, aufzuhetzen.

Zu der Zeit hatte ich eine deutsche Sekretärin, die in der Jalan Sultan Hassanuddin gegenüber dem Haus von General Panjaitan wohnte. General Panjaitan war Christ und als Oberstleutnant einige Jahre indonesischer Militärattaché in Bonn. Er sprach hervorragend Deutsch und bei Cocktails und anderen Gelegenheiten erzählte er gerne von dieser Zeit in Deutschland. Panjaitan war kein fanatischer Anti-Kommunist, er versuchte aber jeden weiteren Linksruck von Sukarno zu bremsen. Nur wenige Jahre vor dem Putsch sagte er, als die USA immer wieder gegen die aus ihrer Sicht kommunistenfreundliche Politik der Sukarno-Regierung monierten:

> „Wenn die Amerikaner von Kommunisten wissen, sollen sie uns das sagen, und wir werden sie von ihren Posten entfernen lassen. (...) Wir werden alles Erforderliche tun, aber weder werden wir Sukarno erschießen noch gegen die Kommunisten vorgehen, solange nicht bewiesen ist, dass sie gegen das Gesetz handeln. In unserem Land können wir nicht einfach Kommunisten verhaften, nur weil sie Kommunisten sind; wir werden uns ihrer entledigen, wenn sie aus der Reihe tanzen". (Weiner S. 734)

Als am Morgen meine Sekretärin ins Büro kam, sagte sie, dass nachts in dem Haus von General Panjaitan geschossen wurde und anschließend sei ein zusammengerollter Teppich hinausgetragen worden. Darin war, wie man später wusste, die Leiche von General Panjaitan eingewickelt. Dies war das erste Anzeichen, dass irgendetwas Einschneidendes geschehen war. Zunächst waren aber die deutsche Gemeinschaft und die Deutsche Botschaft noch vollkommen im Unklaren über die Geschehnisse.

Genauere Informationen erhielten wir erst am nächsten Tag, dem 1. Oktober, beim Mittagessen im Hotel Indonesia, wo sich – wie üblich – einmal die Woche die deutsche Kaufmannschaft im Ramayana-Restaurant zum skandinavischen Smørgåsbord traf. Dieses herrliche Buffet, damals noch von Schweizer Köchen zubereitet, gab es jeden Freitag. Zu jener Zeit kannten die Indonesier Kuchen europäischer Art noch nicht und nahmen mit einem Löffel nur den fruchtigen Belag ab. Wir wollten gerade zum Nachtisch noch ein ganzes Stück Kuchen ergattern, da stürzte Herr Dr. Roeder, Korrespondent für mehrere Deutsche und Schweizer Zeitungen, in den Speisesaal und verkündete, dass die Spezialeinheit der indonesischen Armee unter General Suharto mit voller Bewaffnung und schwerem Gerät in Jakarta einmarschiere. Er wisse auch noch nicht, was los sei, aber Gerüchte von einem Putsch gingen um, und wir sollten doch sicherheitshalber so schnell wie möglich nach Hause gehen. Das machten wir dann auch gleich. Auf dem Nachspeisen-Buffet lagen ohnehin nur noch die leeren Tortenböden ohne die geliebten Erdbeeren. Wir hatten also nichts versäumt!

Vor der Nacht, in der mehrere Generäle ermordet wurden, kam am Abend noch General Soenarjo bei uns vorbei und wirkte ziemlich verändert und reichlich verwirrt. Wir aßen gemeinsam zu Abend, aber er machte keine Anstalten, sich danach zu verabschieden. Es wurde 23 Uhr, dann Mitternacht. Als höfliche Menschen konnten wir ihn ja nicht aus dem Haus werfen. Wir boten ihm ein Bett an, das wollte er auch nicht. Als enger Vertrauter von Präsident Sukarno war er für mich eine ganz wichtige Informationsquelle. Meine Frau und ich wussten nicht, was wir tun sollten. Wir waren hundemüde und wollten schlafen. Dann fiel er in Trance und erzählte Geschichten der Jungfrau Maria und dabei war er ein gläubiger Muslim. Auf seinen Handflächen erschienen Blutstropfen, wie bei Jesus am Kreuz. Es war uns sehr unheimlich. Gegen fünf Uhr, der Morgen dämmerte schon herauf, verließ er unser Haus.

An diesem Tag erfuhren wir – wie oben berichtet – im Hotel Indonesia von dem angeblichen Putsch. Einige Tage danach kam General Soenarjo wieder zu uns. Er entschuldigte sich vielmals, dass er die ganze Nacht bei uns geblieben sei. Er wisse selbst nicht, wie es dazu kam. Ein paar Tage später, als die Lage schon etwas überschaubarer geworden war, erfuhren wir, dass er in dieser Nacht auch hätte verhaftet werden sollen. Die kommunistischen Brigaden hatten sein ganzes Haus nach ihm durchsucht. Durch die Nacht bei uns hatte er sein Leben gerettet. Bei vielen späteren Gelegenheiten habe ich ihn gefragt, ob er wirklich nichts von dem bevorstehenden Putsch gewusst hätte. Er verneinte dies vehement und beteuerte mir, dass er einfach eine Eingebung gehabt hätte. Für mich war dies ein weiterer Beweis von *Guna Guna*, der Mystik und Vorsehung, der man in Indonesien und insbesondere auf Java überall begegnete. Viele Indonesier, besonders die feinfühligen Javaner haben eine große Gabe, Ungewöhnliches vorauszusehen. Wie oft ist mir passiert, dass ich zum Telefon ging, um General Soenarjo anzurufen. Im selben Moment klingelte das Telefon bei mir und er sagte: „Du wolltest mich doch gerade anrufen!" Er hatte eine große Sensibilität für Stimmungen und wohl auch die Fähigkeit Gedanken zu lesen.

Der amerikafreundliche Verteidigungsminister, General Nasution, hatte anscheinend diese Fähigkeit nicht. Wie nach dem Putsch bekannt wurde, haben ihn die kommunistischen Brigaden im Bett überrascht. Er konnte aber durch ein Fenster in den Garten des Nachbarhauses, der Residenz des irakischen Botschafters, fliehen. Auch er hat den Putsch überlebt.

Nach den Ereignissen vom 30. September 1965 und dem niedergeschlagenen Putsch wurde die Machtübernahme durch General Suharto in der offiziellen Sprachregelung als „missglückter kommunistischer Putsch" verbucht. Viele Historiker sind allerdings der Meinung, dass die Kommunisten in eine Falle der CIA hineingetappt waren. Durch die Sprachregelung „kommunistischer Putsch" wurde nun die hysterische Massenverfolgung und Massenermordung von Kommunisten und deren Sympathisanten unter der Regie von Suharto legitimiert. Die USA und Großbritannien ließen ihm bei diesem Massaker nicht nur freie Hand, sie ermunterten ihn sogar, denn sie waren froh, dass Sukarno mit seinem gegen den Westen reservierten und pro-chinesischen Kurs aus dem Präsidentenamt gedrängt wurde. Beide Länder unterstützten General Suharto mit vielen Millionen US-Dollar-Steuergeldern ihrer Bürger, die dann in Indonesien in dunklen Kanälen verschwanden.

Plötzlich waren bewaffnete paramilitärische Gruppen, schwarz gekleidet und mit rotem Stirnband, und ein antikommunistischer Mob in Jakarta und anderen großen Städten auf der Straße. Ausschreitungen, Mord, Beschlagnahmung von privatem Eigentum wurde meist vom Militär gedeckt. Jeder, der auch nur in die Nähe der Kommunisten gerückt wurde, wurde gelyncht. In den Dörfern wurden alte Fehden zwischen den Nachbarn beglichen. Geldverleiher wurden ermordet, weil man dann keine Schulden mehr hatte. Die Chinesen, die fast alle die pro-chinesische Politik von Präsident Sukarno unterstützt hatten, mussten besonders leiden. Sie waren mal wieder die Sündenböcke für eine verfehlte Wirtschaftspolitik. Es wurde zerstört, geplündert, vergewaltigt und totgeschlagen. Es herrschte Chaos im ganzen Land. Jakarta durfte nicht mehr verlassen werden. Stündlich schwirrten neue wirre Gerüchte durch die Hauptstadt. Selbst am Tage waren Raubüberfälle an der Tagesordnung. Kleine Nebenstraßen mussten gemieden werden. Wenn man mit der dreirädrigen *Becak* fuhr, musste man den Weg, den man fahren wollte, genau kennen. Andernfalls lockten viele *Becak*-Fahrer den weißen Gast in einen Hinterhalt. Der Fremde wurde ausgeraubt und der Fahrer am Gewinn beteiligt. Die Diebe schreckten selbst vor Grausamkeiten nicht mehr zurück. Während einer Fahrt im Auto mussten die Fenster geschlossen und die Türen verriegelt werden und das in Autos, die damals noch keine Klimaanlage hatten. Sobald man auf der Straße ging, musste man die

Armbanduhr abnehmen und in die Tasche stecken, denn die Diebe rissen einem mit einem speziellen Eisenhaken die Uhr vom Handgelenk. Manch ein Neuankömmling wurde dadurch ernsthaft am Handgelenk verletzt.

Wenn man mit Geld aus einer Bank kam, durfte man nie direkt in ein Taxi oder eine *Becak* steigen. Die Fahrer warteten schon, um den reichen Ausländer zur nächsten kriminellen Bande zu fahren und bei erfolgreichem Coup ihren Anteil an der Beute zu erhalten. Am sichersten war es, wenn man schon mit einer alten Plastiktüte in die Bank hineinging und mit dem Geld darin wieder herauskam. Dann musste man sich schnell unter eine möglichst große Menschenmenge mischen, eine Weile darin verborgen bleiben und sich dann an der nächsten oder übernächsten Ecke ein Taxi heranwinken. Am sichersten war es allerdings, wenn man seinen eigenen Fahrer vor der Bank warten lassen konnte, denn das Volumen der Rupiah-Scheine, die man für einige Hundert Mark erhielt, war doch ganz erheblich. Zeitweise war damals die höchste Banknote nicht einmal 1 DM wert.

Als ich einmal in einem Verkehrsstrom auf der Jalan Hayam Wuruk in meinem Opel Admiral nur langsam vorankam, wunderte ich mich, dass hinter dem Auto zwei Männer langsam hinterher gingen. Als ich meinen Fahrer bat, anzuhalten und nachzuschauen, was die wollten, war es schon zu spät. Die beiden Männer hatten beide Rückleuchten während der langsamen Fahrt im Stau abmontiert und waren schon im Getümmel verschwunden. Am nächsten Tag schickte ich meinen Fahrer zum Diebesmarkt in der Jalan Surabaya, um nachzufragen, ob man Ersatz finden oder beschaffen könne, denn bei den Auto-Vertretungen und Werkstätten gab es keine Ersatzteile mehr. Er kam strahlend mit zwei Original Rückleuchten zurück ins Büro. Das Modell Opel Admiral gab es nicht sehr oft in Jakarta, daher vermutete ich, dass ich meine eigenen Rückleuchten zurückkaufen musste. Damit in Zukunft so etwas nicht mehr passieren konnte, wurden in der Werkstatt die Befestigungsschrauben von innen gesichert. Man musste an alles denken!

Viele Ausländer verließen das Land. Um auch den Deutschen bei Gefahr eine schnelle Ausreise zu ermöglichen, wurden von der Deutschen Botschaft Sammelpunkte für eine eventuelle Evakuierung eingerichtet. Es waren die Häuser von Botschaftsangehörigen, die in der Nähe lagen. Wir sollten uns bei Gefahr zum Haus der Pressereferentin Ursula Müller begeben. Es gab keine Flüge mehr, keine Post, kein Telefon und keine Telegramme. Ganz Indonesien war von der Außenwelt abgeschnitten. Jetzt bewährte sich die Funkverbindung, die ich mit Teleport-Funkgeräten zwischen der Deutschen Botschaft und einigen Freunden eingerichtet hatte besonders. „Molli" Möller, der für die Schiffe der HAPAG im Archipel zuständige Mann in der Agentur, war ein zentraler Drehpunkt und vielleicht der wichtigste Ansprechpartner.

Ein Frachtschiff der HAPAG lag während des Putsches zufällig im Hafen. Ein zweites Schiff war im Archipel unterwegs. Jürgen „Molli" Möller arrangierte mit der Deutschen Botschaft, dass eines der beiden Schiffe innerhalb von nur 36 Stunden nach Jakarta zurückkommen konnte, um im Notfall deutsche Flüchtlinge aufnehmen zu können. Aber auch der Air Force Attaché der US-Botschaft hat uns zwei Plätze in einem Flugzeug zur Evakuierung der US-Botschaftsangehörigen zugesichert. Wir hatten also zwei Eisen im Feuer und waren einigermaßen beruhigt.

Wir Deutschen waren ja bisher nicht die Zielscheibe der Ausschreitungen. Aber wenn der Putsch der Kommunisten gelungen wäre, wäre es allen Ausländern schlecht ergangen. Das Gerücht ging um, wenn die Kommunisten an die Macht kämen, dass sie jeden Europäer abschlachten würden. Später waren Listen im Umlauf, auf denen Häuser von Ausländern und vermögenden Indonesiern aufgelistet waren. Wir waren nicht auf der Todesliste, aber unser Haus wäre nach einem bestimmten Plan am fünften Tag nach einem erfolgreichen Putsch zur Plünderung freigegeben worden. Zum Glück kam es nicht so weit! Es gab jedoch große Zweifel, ob diese Listen echt waren. Es wurde vermutet, dass diese Listen erst nach dem Putsch erstellt wurden und nur dazu dienen sollten, die Wut auf die Kommunisten weiter zu schüren.

Fast über Nacht waren die bekannten antiimperialistischen Plakate und Parolen sowie die Werbeplakate und Embleme der kommunistischen Partei entlang der Straßen verschwunden und ersetzt durch neue wie *Ganyang PKI* (zerschlagt die kommunistische Partei), *Gerwani Tjabol* (die kommunistischen Frauen sind Huren) und *Aidit Gantung* (hängt Aidit auf) – den Parteiführer der Kommunisten. Gleich zu Beginn der Suharto-Zeit wurde Aidit ermordet, wie auch andere Mitglieder des Politbüros, zum Beispiel Nyono und Nyoto. Suharto stachelte durch Hetzreden gegen die Kommunisten die Menschenjäger weiter an. Die schwarz gekleideten Todesschwadrone mit den roten Stirnbändern verbreiteten Angst und Schrecken im Lande.

Innerhalb eines Jahres wurden Hunderttausende, wenn nicht Millionen Menschen während der Unruhen getötet, nicht nur Menschen, die in politische Aktivitäten der kommunistischen Partei verwickelt waren. Nein, es war eine gute Gelegenheit, auch Familienfehden und Fehden zwischen den Dörfern zu bereinigen. Kein Mensch kennt die genaue Zahl der Ermordeten. Als relativ sicher gilt eine Million, manche Zeitzeugen bezifferten sie sogar auf zwei Millionen und mehr. Auf Java und Bali wurden ganze Dörfer ausgerottet. Auf Bali wurden tausende von vermeintlichen Kommunisten, weiß gekleidet, in einer friedlichen Prozession vom Militär zur Exekution zu ihren Gräbern geführt. Alleine auf der kleinen Insel Bali soll es mehr als 100.000 Tote gegeben haben. Hier war die Kommunistenverfolgung außer Kontrolle geraten und in eine Art „Massen-Amoklauf" ausgeartet. Nach dem Empfinden der Balinesen war durch die atheistische kommunistische Propaganda die Erde verunreinigt worden und das notwendige Gleichgewicht zwischen Götter und Dämonenwelt in eine erhebliche Schieflage zu Gunsten der Dämonenwelt geraten. Die kommunistischen Propagandisten mussten also ausgerottet werden, um die Welt wieder ins Gleichgewicht zu bringen. Diesem nicht enden wollenden Massaker, dem in einer einzigen Nacht allein 25.000 Menschen zum Opfer gefallen sein sollen, konnte letztendlich nur durch Einsatz von Elite-Fallschirmtruppen der Luftwaffe Einhalt geboten werden.

Über eine Million mutmaßlicher Kommunisten wurden verhört, oft sogar gefoltert und ins Gefängnis gesteckt. Viele, besonders Intellektuelle und gebildete Indonesier, wurden nach Pulau Buru, einer abgelegenen Insel, die zu einem Gefangenenlager gemacht worden war, verschleppt und mussten zehn Jahre und länger dort verbüßen. Viele liebenswerte Menschen habe ich nach dem Putsch nie wieder gesehen. Einer davon war der technische Direktor von Radio Republik Indonesia, ein freundlicher, höflicher, toleranter und kompetenter Mann. Mit ihm und seiner Familie hatten wir einen netten freundschaftlichen Kontakt. War er ein Kommunist? Ich glaube nicht. Es gab schreckliche Schicksale in vielen indonesischen Familien, und wir halfen wo wir konnten.

Es dauerte Tage, bis wir mehr Informationen über die Hintergründe des Putsches erhielten. Oberst Untung, der Chef der Palastwache Tjakrabirawa, der sich immer mehr zu einer Leitfigur der Bewegung des 30. September entwickelte, hatte mit Hilfe der kommunistischen PKI in der Nacht die Macht übernommen. Am Morgen begründete er diesen Putsch mehrmals über die Radiostationen mit der Gefahr, dass westlich orientierte, nach der Macht strebende Generäle, mit Hilfe der US-amerikanischen CIA, einen Putsch geplant hätten, dem er zuvorkommen wollte. Präsident Sukarno wäre unter seinen Schutz gestellt. Aber bis zum Abend war der Gegenputsch von General Suharto gelungen. Die Macht, auch die Radiostation in Jakarta, war nun in den Händen des Militärs. Nun behauptete das Militär über die Rundfunkstationen, dass auch sie im Sinne von Präsident Sukarno gehandelt hätten. Bei diesem Hin und Her wurde die Lage immer undurchsichtiger, aber bei diesem Hin und Her war so gut wie kein Blut geflossen. Die Kommunisten flohen, vorzugsweise nach Mittel-Java. Das große Schlachten begann wenig später.

Bis heute weiß man nicht genau, welche Rolle die USA und Großbritannien, besonders der CIA und das FBI bei diesem Massaker spielten. Vieles von diesem ominösen Putsch liegt bis heute im Dunkeln, ebenso die Rolle, die das indonesische Militär und die radikalen Muslim-Organisationen dabei gespielt haben. In den USA und Großbritannien sind noch viele wichtige Dokumente über diese Zeit klassifiziert und dürfen erst seit wenigen Jahren zum Teil eingesehen werden. Geheime Passagen sind aber bis heute immer noch geschwärzt.

Gesichert ist allerdings, dass die USA schon seit vielen Jahren versuchten, das Regime unter Sukarno zu stürzen. Nach dem Ende des Koreakrieges im Juli 1953 fiel wegen der riesigen Ölvorkommen das Augenmerk der CIA auf Indonesien. Die USA strebten einen Amerika freundlichen – besser noch, einen völlig Amerika hörigen – Präsidenten an, um amerikanische Ölinteressen in Indonesien durchzusetzen. Die US-Regierung überlegte, wie sie Präsident Sukarno, der ihnen wegen seiner Politik der Balance zwischen Washington, Moskau und Peking suspekt war, zu Fall bringen könnte. Tim Weiner schreibt in seinem Buch „CIA":

„Im Frühjahr 1955 erwog die CIA ernsthaft die Ermordung Sukarnos ... Die Schwierigkeit lag darin, dass sich keine Situation schaffen ließ, in der der potenzielle Agent an die Zielperson herankam.

Außerdem ... pumpte die CIA bei den Wahlen zum indonesischen Parlament von 1955, der ersten Wahl überhaupt im nachkolonialen Indonesien, etwa 1 Million Dollar in die Kriegskasse von Sukarnos heftigsten Widersachern ..." (Weiner S. 200-201)

Die Sukarno Partei gewann trotzdem die Wahlen. Das Volk stand voll hinter seinem Idol Sukarno, der ihnen die Unabhängigkeit verwirklicht hat. Aber der CIA hat das anscheinend noch nicht feststellen können! Durch die Asia-Afrika-Konferenz in Bandung im Jahre 1955, an der 29 Staatschefs aus Asien, Afrika und arabischen Ländern teilnahmen, wurde die Position Sukarnos weiter gestärkt. Zum Ärger der US-Regierung setzte er sich für eine weltweite Bewegung der Entwicklungsstaaten ohne eine Einflussnahme durch Washington, aber auch Moskaus ein.

Wie dilettantisch und unprofessionell der CIA und die US-Regierung handelten, zeigt ein Ausspruch des für Indonesien zuständigen Leiters der Abteilung Fernost, Al Ulmer:

„Er habe bei Amtsantritt so gut wie nichts über Indonesien gewusst. Und der erfahrenste Asienkenner im US-Außenministerium, Allison, wurde in die Tschechoslowakei versetzt." (Weiner S. 202)

Im September 1957 beauftragte Präsident Eisenhower den CIA mit der Durchführung eines erneuten Umsturzes in Indonesien. Unter anderem sollten Waffen und anderes Kriegsgerät für die Anti-Sukarno-Front bereitgestellt werden. Aber nur drei Tage später wurde diese Geheimakte vom sowjetischen Geheimdienst entlarvt und über Indien an die internationale Presse weitergeleitet. Die Geheimakte war nun nicht mehr geheim! (Weiner S. 205-206)

Die USA waren bis auf die Knochen blamiert und dadurch wurden mit Sicherheit die Beziehungen zwischen Jakarta und Washington noch mehr von Misstrauen geprägt. Mehr Diplomatie und weniger kriegsähnliche Aktivitäten wären für gegenseitiges Vertrauen wichtiger gewesen.

Nun entsandten die USA U-2-Aufklärungsflugzeuge über den Inselstaat, um die besten Orte für eine Übergabe von Waffen und Munition an die gegen Sukarno kämpfenden Rebellen zu planen. Von den US-Militärbasen in den Philippinen lieferte das Frachtschiff der Marine, „USS Thomaston", eine Sendung Waffen für 8.000 Mann im Hafen von Padang in West-Sumatra an. Die Hafenstadt Padang war zu dieser Zeit vorübergehend in den Händen des größten Teils islamisch-fundamentalistischer Rebellen. Den Rebellen wurde gleichzeitig ein neuer von der CIA finanzierter Rundfunksender übergeben, der am 10. Februar 1958 seine Propagandasendungen gegen die Sukarno-Regierung in Jakarta aufnahm. Die CIA erwartete einen landesweiten Volksaufstand gegen Sukarno. Immer noch nicht war die Information, dass etwa 95% der indonesischen Bevölkerung die Politik Sukarnos unterstützte, bis zu den zuständigen Herren der CIA durchgedrungen. Nur eine Woche nach der ersten Propagandasendung, am 21. Februar 1958, zerstörte die indonesische Luftwaffe den Rundfunksender und bombardierte Stellungen der Rebellen. Nun blockierten auch Schiffe der indonesischen Marine die Küste von West-Sumatra. Die amerikanischen Berater der islamisch-fundamentalistischen Rebellen mussten sich in den sumatranischen Dschungel zurückziehen.

Kriegsschiffe der USA wurden daraufhin in den Gewässern vor Singapur zusammengezogen. Darunter auch der Flugzeugträger „USS Ticonderoga", zwei Zerstörer und ein schwerer Kreuzer. Der als besonders amerikafreundlich bekannte indonesische Verteidigungsminister, General Nasution, war gezwungen, darauf mit der Entsendung von zwei Truppenbataillonen, acht Kriegsschiffen und einem Geschwader der Luftwaffe an die Ostküste Sumatras, nur wenige Seemeilen von Singapur entfernt, zu antworten. Die dringenden Appelle und Telegramme des US-Botschafters in Jakarta, Howard Jones, dass die Aufständischen keinerlei Aussicht auf Erfolg hätten und dass der Verteidigungsminister General Nasution ein überzeugter Antikommunist sei, blieben in Washington unbeachtet.

Polnische Piloten, die im Auftrag der CIA in Indonesien Einsätze flogen, warfen Tonnen von Waffen und Kisten mit Unmengen von Geld, das für die Rebellen gedacht war, über Sumatra ab. Patrouillenmaschinen der indonesischen Luftwaffe machten diese Maschinen der CIA bereits beim Eindringen in indonesischen Luftraum aus, und sie zeigten ihnen dadurch die Standorte der Rebellen. Fallschirmspringer der regulären Sukarno-Truppen sammelten die vielen Kisten wieder ein, die die CIA-Piloten zuvor abgeworfen hatten. Zuvor wurden allerdings die Rebellen ausgelöscht. Die Aktionen der CIA waren auf der ganzen Linie erfolglos! (Weiner S. 206-210)

Nachdem die Rebellion auf Sumatra von Sukarnos Truppen erfolgreich niedergeschlagen wurde, ruhten die Hoffnungen der CIA nunmehr auf den Aufständischen der Insel Sulawesi (früher Celebes) im Nordosten des Archipels. Immer wieder wollten die USA ihre Position mit Gewalt ausbauen. Aber auch hier gab es nur Misserfolge: Flugzeuge der CIA wurden mit an die Rebellen gelieferten Waffen beschossen und die Piloten kehrten in Leichensäcken zu ihren Ehefrauen zurück. Fünf CIA-Agenten schlugen sich Hals über Kopf zur Küste durch und konnten vom U-Boot „USS Tang" gerettet werden.

Ab April 1958 nahm der Krieg der CIA an der Nordküste der Insel Sulawesi immer eigenartigere Formen an. Diese Küste lag den Philippinen und somit den US-Militärbasen am nächsten. Hier waren auch CIA-eigene Flugzeuge stationiert. Diese Flugzeuge wurden nicht als amerikanische Maschinen mit CIA-Besatzung kenntlich gemacht, sondern sollten für indonesische Maschinen mit indonesischen Piloten gehalten werden. Zivile Ziele wie Dörfer und Häfen, selbst Kirchen in dem überwiegend christlichen Norden, wurden bombardiert. Hunderte Zivilisten fanden den Tod. Auch ein britischer und ein panamesischer Frachter wurden versenkt. Die USA wollten die indonesische Bevölkerung und die Weltöffentlichkeit durch diese heimtückischen Attacken gegen das Sukarno-Regime und dessen Militär aufhetzen. Aber auch diese Rechnung ging nicht auf. Von Anfang an wurde vermutet, dass diese Flugzeuge mit ihrer tödlichen Fracht Maschinen der USA seien. Als aber dann eindeutige Beweise vorlagen, dass amerikanische Piloten am Steuer der Maschinen saßen, ging ein Aufschrei der Wut und Empörung durch das Volk.

Einer der CIA-Piloten war der junge Al Pope, der im letzten Augenblick, bevor er einen indonesischen Truppentransporter mit mehr als 1.000 Soldaten versenken wollte, abgeschossen wurde. Eine seiner letzten Bomben vor dem Abschuss verfehlte den Truppentransporter nur um 15 Meter. Al Pope überlebte verletzt. In seinen Taschen fanden sich neben persönlichen Dokumenten sein Einsatzbericht der CIA und Dokumente, die ihn eindeutig als US-Offizier identifizierten, der im Auftrag seiner Regierung Indonesien bombardierte. Die Anklage lautete auf Mord, da er wegen einer völkerrechtswidrigen Aktion keinen Anspruch auf die Einhaltung der Genfer-Konvention hatte. Da Sukarno die Lage nicht weiter eskalieren lassen wollte, wurde er lediglich unter Arrest gestellt und später an die USA ausgeliefert. Noch im Jahre 2005 sagte Al Pope, auf diese Kriegsverbrechen in Sulawesi angesprochen:

> „Es machte mir Spaß, Kommunisten zu killen … Wir haben tausende von Kommunisten umgelegt, von denen die Hälfte womöglich nicht einmal wusste, was Kommunismus bedeutete." (Weiner, S. 211 ff.)

Von Unrechtsbewusstsein und Einsicht keine Spur! Vermutlich wusste er selbst nicht, was Kommunismus war!

Alle Operationen der CIA in den vergangenen Jahren waren fehlgeschlagen. 1958 musste Allen Dulles, einer der Gründungsväter der CIA und deren langjähriger Chef, dem US- Präsidenten berichten, dass alle Missionen praktisch gescheitert seien. Alle Aktionen der CIA waren von Anfang an bis zum bitteren Ende durch die Inkompetenz der CIA und Fehleinschätzungen der indonesischen Situation verpfuscht und ein einziges Desaster. Präsident Eisenhower begann an der Effektivität der CIA zu zweifeln und empfahl, deren Aktivitäten einer gründlichen Überprüfung zu unterziehen.

Inzwischen, es war das Jahr 1958, ging die indonesische Armee unter Sukarno gegen fanatische Kommunisten im Lande vor. Schlagartig änderte die amerikanische Aussenpolitik ihren Kurs und die bisherigen Freunde der USA, die islamisch-fundamentalistischen Rebellen, waren nun ihre Feinde. Sukarno und ganz Indonesien wussten natürlich von den jahrelangen blamablen Machenschaften und Einmischungen der USA und der CIA, die Sukarno liquidieren oder stürzen sollten. Daher nahm Indonesien die neuen Freundschaftsbekundungen nur mit Vorsicht und Misstrauen auf. (Weiner S. 213 ff.)

Die „neue Freundschaft" dauerte auch nicht lange, dann wurde die Sukarno-Regierung wieder das Ziel der CIA. Die kommunistische Partei PKI hatte inzwischen 3,5 Millionen Mitglieder!

Ehemalige hohe US-Diplomaten der amerikanischen Botschaft und ehemalige CIA-Agenten, darunter auch die ehemaligen US-Botschafter Marshall Green und Edward Masters, haben vor wenigen Jahren – nach Jahrzehnten des Schweigens – erstmals einige Geheimnisse preisgegeben, die eindeutig beweisen, dass die Vereinigten Staaten und die US-Botschaft in Jakarta eine signifikante Rolle beim Sturz von Sukarno und den anschließenden schlimmen Massakern spielten. Neben anderen Medien berichteten auch der „San Francisco Examiner" und die „Washington Post" bereits am 20. und 21. Mai 1990 ausführlich darüber. Aus den im Lauf der in den letzten Jahren bekannt gewordenen Informationen und veröffentlichten Dokumenten wird immer klarer, dass die kommunistische Partei PKI weniger, dagegen der amerikanische Geheimdienst CIA sehr viel mehr Einfluss auf den Putsch hatte. Die zunehmend antiwestliche und China zugewandte Politik Sukarnos war den USA und Großbritannien, wie auch den fanatischen Muslime und Teilen der indonesischen Generalität, seit geraumer Zeit ein Dorn im Auge. Die USA hatten somit Verbündete im Lande.

Der neue amerikanische Botschafter Marshall Green, Nachfolger von Howard Jones, organisierte ein geheimes Treffen mit Adam Malik, dem von Sukarno entmachteten indonesischen Botschafter in Moskau und späteren Handelsminister und zwischen dem CIA-Agenten McAvoy und dem späteren Präsidenten Indonesiens, General Suharto, um Indonesien vom Kommunismus zu befreien. Da nach Ansicht Adam Maliks Sukarno nicht entschieden genug gegen die Kommunisten vorging, brach er mit ihm. Botschafter Green sagte:

> „Ich befahl, alle 14 Walkie-Talkies, die wir für Verständigungsnotfälle in der Botschaft hatten, Suharto zu übergeben. Das verschaffte Suharto und seinen führenden Offizieren zusätzliche innere Sicherheit" (Weiner S. 351-352)

Zudem erhielt die CIA dadurch die Möglichkeit, ihre Aktivitäten zu überwachen.

Um zunächst eine Unterstützung Suhartos durch die USA zu verschleiern, erhielt die indonesische Armee durch die CIA medizinischen Bedarf in Höhe von 500.000 US-Dollar. Dieses Material sollte im Lande wieder verkauft und zu Geld gemacht werden. Ausserdem wurde die schnellstmögliche kostenlose Lieferung von hochentwickelter Nachrichtentechnik zugesichert.

Auch Adam Malik sollte auf Anraten von Botschafter Green über die CIA verdeckt Geld erhalten. In einem Telegramm Botschafter Green's an die US-Regierung schrieb dieser:

> „... Unsere Bereitschaft, ihm auf diese Weise unter die Arme zu greifen, wird er meiner Ansicht nach als Beweis auffassen, dass wir seine Rolle bei den gegen die PKI gerichteten Bemühungen billigen; außerdem wird sie die gute Zusammenarbeit zwischen ihm und der Armee befördern. Die Chancen, dass unsere Unterstützung entdeckt wird oder die Öffentlichkeit in der Folge Kenntnis davon erhält, sind so gering, wie sie bei einer Schwarzgeldoperation nur sein können". (Weiner S. 353)

Aber auch viele Jahre später wird manche Schwarzgeldoperation aufgedeckt!

Adam Malik wurde später unter General Suharto indonesischer Aussenminister. Er wurde vom Präsidenten der Vereinigten Staaten, Lynden B. Johnson, im Weißen Haus empfangen und Dank dessen Rückhalts wurde er sogar zum Präsidenten der Generalversammlung der Vereinten Nationen in New York gewählt. Die Kollaboration mit den Vereinigten Staaten hatte sich für ihn gelohnt.

Nach Aussagen der ehemaligen US-Botschafter hat die US-Botschaft in Jakarta und der CIA dem indonesischen Militär Listen mit vielen tausenden von Namen und Adressen mutmaßlicher Kommunisten übergeben. Diese Menschen wurden dann systematisch ohne Anklage und ohne Gerichtsurteil vom indonesischen Militär gezielt eliminiert. Wer für einen Kommunisten gehalten wurde, galt als Freiwild. Marshall Green sagte, dass die USA mehr Informationen über die Kommunisten hatten, als die Indonesier selbst. Damit die Exekutionen schneller und effizienter durchgeführt werden konnten, stellte das US-Pentagon dem indonesischen Militär Jeeps, Waffen für die Exekutionen und viele Kurzwellen SSB-Transceiver für die Telekommunikation zur Verfügung. In den Philippinen hatten die USA bereits vor dem Putsch ein großes Lager mit militärischen Gütern eingerichtet, um das Material schnellstmöglich nach Indonesien bringen zu können. Die Funkgeräte vom Typ Collins KWM-2s, zu dieser Zeit die leistungsstärksten mobilen Funkgeräte auf dem Weltmarkt, spielten vielleicht die wichtigste Rolle bei der Menschenjagd auf die Kommunisten. Ohne diese Geräte hätte das Militär keine direkte Verbindung von Java, oder den Außeninseln, zum Hauptquartier in Jakarta gehabt. Dem Wunsche der US-Regierung, die PKI auszulöschen, kam der neue Präsident Suharto gerne nach und gab entsprechende Befehle. Hunderttausende hatten das Glück, nicht ermordet, sondern nur ins Gefängnis oder auf die Gefangeneninsel Pulau Buru verbannt zu werden. Einer der besten Autoren Indonesiens und einer der Helden des Unabhängigkeitskampfes, Pramoedya Ananta Toer, hat ein ergreifendes Buch über seine elf Jahre in dieser Strafkolonie geschrieben („Stilles Lied eines Stummen, Aufzeichnungen aus Buru").

Das Weiße Haus und das State Department der Vereinigten Staaten haben bis heute jede Stellungnahme zu diesen neuen Anschuldigungen sowie die Herausgabe von bisher geheimen Dokumenten verweigert. Obwohl eindeutige Beweise vorliegen, leugnen sie bis heute, dass sie etwas mit dem Gemetzel zu tun hatten, das im Namen des Antikommunismus in Indonesien stattfand (Weiner S. 354). Nach dem sich bereits abzeichnenden Desaster in Vietnam wollten die USA mit allen Mitteln verhindern, dass sich in Indonesien eventuell ein kommunistisches Regime etablieren würde. Die Präsidenten Dwight D. Eisenhower und danach John F. Kennedy waren von der seinerzeit in Fachkreisen umstrittenen Domino-Theorie überzeugt, dass beim Fall nur eines Landes in Südost-Asien, der Weltkommunismus sich überall in dieser Region ausbreiten werde. So wie es in diesem Jahrhundert der Islam, der internationale Terror und die Einteilung der Welt in „Gut und Böse" einer fundamentalistisch ideologischen und bigotten Bush-Doktrin war, war es damals der Kommunismus. Vor diesem für sie größten Feind hatten sie eine panische Angst – es war ein Kommunisten-Wahn, eine Kommunisten-Phobie.

Die Unruhen nach dem Putsch hielten wochenlang an. Es gingen immer wieder Wellen des Mordens über das Land. Etwa zwei Monate nach dem Putsch musste ich dringend nach Surabaya. Wir hatten an die indonesische Marine, die ALRI, die mit ihren Schiffen auch den Küstenschutz übernahm, Kurzwellen-Sendeanlagen geliefert und nun ging es um Nachfolgeaufträge. Nach Surabaya gab es keine andere Verkehrsverbindung als den Landweg mit dem Auto, denn auch die Eisenbahn hatte vorübergehend ihren Betrieb eingestellt. Überall waren Straßensperren und Kontrollen, aber mit meinem deutschen Wimpel im Auto wurde ich nirgends aufgehalten. Etwa 50 Kilometer vor Surabaya kam ich durch ein Dorf. Auf einem Bambuszaun entlang der Straße waren auf Bambuspfählen alle zehn Meter die Köpfe von Hingerichteten als grausame Warnung aufgespießt. Ein schrecklicher Anblick, der mich heute noch in meinen Träumen verfolgt. Die Dörfer waren wie ausgestorben. Die Eingeborenen verkrochen sich verschüchtert in ihren Hütten. In Surabaya wurde mir dann erzählt, dass zwischen zwei verfeindeten Dörfern ein furchtbares Massaker stattgefunden habe. Der Fluss, der durch das Dorf fließt, sei vom Blut der Leichen rot gefärbt gewesen.

Eine Geschichte am Rande: Einige Wochen später musste ich wieder nach Surabaya. Da sich die Lage wieder einigermaßen beruhigt hatte, kam auch meine Frau mit. Sie wollte natürlich auch die Insel Java kennen lernen. Die Versorgung mit Nahrungsmittel und auch Wasser war immer noch katastrophal. Das wichtigste Grundnahrungsmittel Reis gab es nicht mehr. Die Märkte waren leer und die Menschen hungerten.

In einem kleinen *Losmen* in Jepara, dem bekanntesten Holzschnitzer-Zentrum Javas, in dem wir auf unserer Fahrt unterkamen, gab es kein sauberes Wasser, so dass wir uns nach einer anstrengenden Fahrt, natürlich noch ohne Klimaanlage im Auto, nicht duschen konnten. Im Wasserbecken des muffigen Badezimmers war nur noch ein kleiner Rest einer ölverschmutzten stinkenden Brühe. Aus der Wasserleitung kam gar nichts. Nicht einmal die auf indonesischen Toiletten damals üblichen, in Reih und Glied an der Wand entlang stehenden Wasserflaschen, waren vorhanden. Das Wasser aus diesen Flaschen wurde für „hinterlistige" Zwecke verwandt, da der Indonesier die Papierrolle als unhygienisch ablehnt und auch weil das Papier die überall üblichen Sickergruben für die Toiletten verstopfen würde. Wir schickten unseren Fahrer los, um Wasser in den vielen *Tokos*, den kleinen Geschäften, aufzutreiben. Nach einer Stunde kam er wieder mit zehn kleinen Flaschen

Sodawasser. Das war alles, was er in der kleinen Stadt finden konnte. Nach reiflicher Überlegung beschlossen wir, dieses Wasser für unsere Kehlen zu verwenden und ungeduscht in die mit unserer eigenen Bettwäsche ausgelegten Betten zu gehen.

Erst am Abend des nächsten Tages kamen wir in die Nähe von Surabaya. Uns wurde das Hotel Tretes, südlich von Surabaya, am Hang des Vulkans Arjuna gelegen, empfohlen. Dort oben ist es sehr viel kühler als in Surabaya. Als wir ankamen, war es schon dunkel. Das Hotel war voll belegt, jedes Zimmer war für die nächsten Tage ausgebucht. Alles Drängen nützte nichts. Wir versuchten es in einigen noch vorhandenen einfachen *Losmens*, auch hier ohne Erfolg. Nach dem Putsch wurde viel Militär in Surabaya zusammengezogen, viele Berater waren für die indonesische Marine tätig und alle wollten im kühleren Tretes übernachten. Wir gingen zurück zum Hotel Tretes und baten, wenigstens irgendwo im Hotel einen Schlafplatz zu erhaltenen. Wir wollten ja endlich mal wieder ausgiebig duschen. Nach vielem Hin und Her gab der Manager zu, dass er noch ein Zimmer hätte, aber ...! Wir haben von ihm nicht erfahren können, was der Haken an der Geschichte sei. Wir waren froh ein Zimmer – wenn auch ziemlich verstaubt – mit Bad erhalten zu haben und zogen zufrieden in Zimmer Nummer 5 ein. Hier, in den Bergen, gab es endlich auch wieder genügend Wasser.

Neben der Badezimmertüre stand ein ziemlich großer Schrank. Nach der langen Fahrt schliefen wir wie tot. Aber am Morgen wunderten wir uns, dass der Schrank nach links geschoben war und die Badezimmertüre halb verdeckte. War bei Nacht vielleicht ein Erdbeben, das wir im Tiefschlaf nicht bemerkt hatten? Ich machte mir keine großen Gedanken und schob den Schrank wieder zurück an seine alte Stelle. Schon bald war ich auf dem Weg zu meinen Besprechungen in Surabaya. Meine Frau wollte sich einen ruhigen Tag im Hotel machen. Als ich abends zurück ins Hotel kam, erwartete mich meine Frau schon sehnsüchtig beim Empfang. Sie war ganz aufgelöst, sie könne nicht alleine in unserem Zimmer bleiben, sie fühle sich hier ganz unwohl. Es sei ganz unheimlich, irgendjemand wolle sie immer zur Terrasse vor dem Zimmer drängen. Am Ende der Terrasse ging es ganz steil nach unten in eine tiefe Schlucht. Ich beruhigte sie so gut es ging. Am nächsten Morgen ginge es ja zurück nach Bandung und Jakarta. Wir verbrachten also eine weitere Nacht in Zimmer Nummer 5, und ich versuchte besonders wachsam zu sein, fiel aber doch immer wieder in tiefen Schlaf. Meine Frau sagte, sie hätte die ganze Nacht wach gelegen, sie hätte nicht schlafen können, da sie immer das Gefühl gehabt hätte, es sei noch eine fremde Person im Zimmer. Am nächsten Morgen war der Schrank wieder zur Badezimmertüre hin verschoben. Keiner von uns beiden hatte bemerkt, wie das geschehen konnte.

Nun wurde es auch mir unheimlich. Meine Frau wollte unser Zimmer nicht mehr alleine betreten und wir reisten früh ab.

In Jakarta erzählten wir unseren indonesischen Freunden von unseren Erlebnissen im Hotel Tretes. Sie fragten: „Ihr habt doch sicher nicht in Zimmer Nummer 5 übernachtet?" Als wir dies jedoch bejahten, sagten sie überrascht: „Was? Und Ihr lebt noch?" Dann erfuhren wir die Geschichte von Zimmer Nummer 5:

Eine alte Holländerin kam in den 1930er Jahren hier zu Tode, weil sie von der Terrasse dieses Bungalows in die tiefe Schlucht hinabgestürzt war. Es wurde nie geklärt, ob es ein Unfall oder Selbstmord war. Seither lebe ihr Geist in diesem Zimmer und der habe im Laufe der Jahre schon viele Menschen, die in diesem Zimmer nächtigten, auch in die Schlucht gestürzt. Nun bekamen wir eine Gänsehaut und wir waren froh, dass wir dieses Erlebnis heil überstanden hatten. Es gibt Seltsames und Verwirrendes in Südost-Asien. *Guna Guna* gab es in Indonesien überall.

Auf Sukarnos Vorstellungen gehen die Prinzipien der Staatsphilosophie „PANCASILA" zurück. Die fünf Grundpfeiler umfassen – wie schon gesagt – den Glauben an Gott, Humanität, nationale Einheit, Demokratie und soziale Gerechtigkeit. 1966 wurde Suharto als zweiter Präsident der Republik Indonesien vereidigt. Von ihm wurde nun diese PANCASILA zur Staatsdoktrin erhoben. Unter Suharto begann 1966 eine neue Periode der Republik, der *Orde Baru,* der „Neuen Ordnung". Rückblickend war die *Orde Baru* geprägt von Gewaltherrschaft, von Korruption und der Verfolgung Andersdenkender. Das Schlagwort KKN (*Korupsi, Kolusi, Nepostisme* = Korruption, Kollusion/regelwidrige Absprachen, Nepotismus/ Vetternwirtschaft) war nun in aller Munde. Aber es kam auch zu einer Annäherung an den Westen und zu einer Stabilisierung der wirtschaftlichen Verhältnisse. Zum 13. Januar 1966 ordnete Suharto eine Währungsreform an: für 1.000 alte Rupiahs mit dem Konterfei von Sukarno gab es 1 neue Rupiah. Niemand wollte noch die alten Scheine annehmen, da die Banken für den Umtausch eine Gebühr von 10 Prozent erhoben. Mit der neuen Rupiah wurde schlagartig alles sehr viel teurer. Gebühren für Porto, Telefon und Gebühren in den Behörden wurden um das achtundzwanzigfache erhöht! Aber die Regale füllten sich nun auch in den Märkten wieder.

Die Transmigrasi, die Umsiedlung von Menschen von der völlig übervölkerten Insel Java auf die Außeninseln, die unter Sukarno zögerlich begonnen wurde, wurde nun unter Suharto forciert. Dieses heftig umstrittene Programm wurde von der Weltbank gefördert. Bis zum Ende des 20. Jahrhunderts wurden mehr als 10 Millionen Menschen aus dem überbevölkerten Java umgesiedelt.

Neue Ordnung und neue Projekte

Beträchtliche Einnahmen aus dem Erdöl- und Erdgasgeschäft erleichterten die Realisierung umfangreicher Projekte für die Infrastruktur und der Industrialisierung, und da der Ölpreis laufend stieg, stabilisierten sich auch die Staatsfinanzen. Ausländische Firmen investierten wieder im Lande. Schon bald wurde die Selbstversorgung mit Grundnahrungsmitteln erreicht. Indonesien wurde von einem Reisimporteur zu einem Reisexporteur. Allerdings trieb die Verwendung von Kunstdünger für eine intensivere Bewirtschaftung seltsame Blüten. Durch modernere Anbaumethoden, neue Reissorten und besonders durch den Einsatz von Kunstdünger konnte der Ertrag pro Quadratmeter verdoppelt werden. Dies führte dazu, dass viele Bauern nur noch die Hälfte ihrer Felder bewirtschafteten. Sie sagten sich, diese Menge Reis hat mir und meiner Familie doch schon immer gereicht. Ich brauche nicht mehr!

Mit der Stabilisierung und den gestiegenen Chancen auf neue und gute Geschäfte erweiterte sich der Kreis deutscher und ausländischer Vertreter der Industrie und der Handelshäuser beträchtlich. Jeder wollte vom Aufschwung profitieren. Die Konkurrenz wurde größer, aber die Firmen, die schon unter Sukarno im Lande waren, hatten zunächst die besseren Chancen. Viele mir bereits bekannte kleine Chargen in den Behörden und im Militär stiegen in der Hierarchie und wurden zu Entscheidungsträgern. In vielen Ministerien saßen nun Militärangehörige in leitender Stellung.

Im Laufe der kommenden Jahre gab es viele neue Projekte und Aufträge, wie Elektroausrüstungen und Antriebe für Walzwerke im Stahlzentrum Cilegon in West-Java, Energieverteilungsanlagen in Mittel-Java, Fernwirkanlagen für Öl- und Gaspipelines, Dampfturbinen für Zuckerfabriken in Ost-Java, ein Küstenfunknetz für die Ölgesellschaft Pertamina, diverse Durchwahlfunknetze auf Sumatra und Java, Kurzwellensender für die PTT in Bandung, um die Telefonverbindungen nach Übersee zu verbessern, Ausrüstungen für Schnellboote für den Küstenschutz, Elektroausrüstungen für Zementfabriken und für eine Werftanlage in Surabaya, Geräte für Universitäten und das Meteorologische Institut und so weiter. Da die Angebotspalette von AEG-TELEFUNKEN breit gefächert war, konnten wir auf vielen Sektoren am Aufschwung partizipieren. Hier kann ich natürlich nur über einige wenige herausragende Projekte berichten.

Überall in Indonesien herrschte chronischer Strommangel. Stromausfälle durch Überlastung und Zusammenbruch der Kraftwerke waren an der Tagesordnung. Die Bedarfszunahme an Elektrizität lag bei 15 % pro Jahr und die tatsächlich zur Verfügung stehende Strommenge konnte diesen Bedarf immer weniger decken. Es musste schnell etwas getan werden. Man konnte nicht jahrelang warten, bis neue Kraftwerke gebaut und betriebsbereit waren. Hier hatte die AEG die richtige Lösung: Gasturbinen-Kompaktkraftwerke. Sie konnten in kürzester Zeit montiert werden und das genau an den Stellen, wo der Bedarf am größten war. Die Gasturbinen-Kompaktkraftwerke wurden bei der AEG-Kanis in Essen produziert, in einzelnen Blöcken fertig montiert und verschaltet. In Blöcken von jeweils bis zu 50 Tonnen wurden sie ausgeliefert, an Ort und Stelle wieder zusammengesetzt und so waren sie innerhalb weniger Monate betriebsbereit. Ein weiterer Vorteil war, dass die Gasturbinen durch Residual-Öl, dem billigsten Treibstoff überhaupt, betrieben werden konnten. Residual-Öl ist ein Abfallprodukt, das nach der Destillation von Rohöl als zähe Masse übrigbleibt und in Indonesien fast unbegrenzt verfügbar war. Es waren also Kraftwerke, die Abfall in Energie umwandelten. Das Konzept der AEG passte perfekt zu den Bedürfnissen Indonesiens.

Die AEG bekamen 1967 von dem staatlichen Energieversorgungsunternehmen PLN (Perusahaan Listrik Negara) den Auftrag für zunächst drei Einheiten. Diese sollten an den Stellen der größten Stromknappheit, in Belawan (dem Hafen von Medan) in West-Sumatra, in Palembang in Süd-Sumatra und in Semarang auf Java baldmöglichst aufgebaut werden. Ein großes Problem stellte die Entladung der schweren Kraftwerksblöcke von den Schiffen dar. Die Häfen Indonesiens hatten nicht die geeigneten Kräne und die schiffseigenen Ladegeschirre waren – selbst nach einer Verstärkung – für diese schweren Lasten nicht ausgelegt. Beim schiffseigenen Ladegeschirr musste noch beachtet werden, dass bei schweren Lasten die Ausladung der Ladebäume so gering wie möglich blieb, um ein Kentern der Frachtschiffe zu verhindern. Aber mit Hilfe der HAPAG konnten alle Probleme gelöst werden. Ein Schwimmkran wurde von Singapur nach Indonesien geschleppt. Für den Transport auf Tiefladern vom Hafen zur Baustelle mussten Brücken verstärkt und unterfüttert werden, Straßen wurden an vielen Stellen verbreitert, Telefon- und Strommasten mussten versetzt werden. Viele Menschen waren beschäftigt, bis die einzelnen Blöcke endlich an der richtigen Stelle waren und die Endmontage beginnen konnte. Lange dauerte es nun nicht mehr, bis zusätzlich 15 MW von jedem Gasturbinen-Kraftwerk ins Netz gespeist werden konnten, und die Menschen und die Industrie wieder eine zuverlässigere Stromversorgung hatten. Kurz darauf erhielten wir noch einen Auftrag der staatlichen Ölgesellschaft PERTAMINA, zwei weitere, noch größere Gasturbinen Kraftwerke mit je 25 MW in Dumai auf Sumatra aufzubauen.

Eines Tages wurde ich zu einem dringenden Gespräch auf höchster Ebene ins Informationsministerium gebeten. Durch den Bau der Großsendeanlage Cimanggis, die nun als „Voice of Indonesia" in alle Welt strahlte, hatte ich natürlich schon die allerbesten Kontakte bis zu den ausschlaggebenden Herren. Im Ministerium erläuterte man mir, dass das gesamte Rundfunkhaus der staatlichen RRI (Radio Republik Indonesia) erneuert werden sollte, mit 45 neuen Rundfunkstudios. Studioanlagen mit speziellen Mischpulten, mit professionellen Platten- und Bandabspielgeräten und Geräten für mobile Aufnahmestudios. Alles musste entsprechend den Wünschen des Kunden nach Maß angefertigt werden. Ein UKW-Rundfunksender, der erste Indonesiens sollte Teil des Auftrages sein, und vieles mehr. Tausende von Einzelgeräten mussten kalkuliert werden. Das Geld sollte aus einem Sonderbudget kommen, in dem noch ein zweistelliger Millionenbetrag für dieses Projekt frei war. Die ganze Geschichte hatte aber einen großen Haken: Ein Auftrag musste innerhalb weniger Tage erteilt werden, andernfalls werde das Budget in andere Projekte fließen. Was tun? In Hannover hatten wir eine Spezialabteilung, die sich nur mit Studioeinrichtungen beschäftigte und die auch alle deutschen Rundfunkanstalten belieferte. Aber ein Angebot in Deutschland erstellen zu lassen, hätte den Verlust des Auftrages bedeutet. Es wären tausend Rückfragen gekommen, man hätte zunächst Experten nach Jakarta geschickt, um die technischen Einzelheiten zu klären und die Finanzierung sicherzustellen. Niemals hätte ich aus Deutschland wegen des Zeitdrucks ein offizielles Angebot erhalten. Man hätte diesen interessanten Auftrag glatt abgelehnt und die Konkurrenz hätte sich gefreut. Mir blieb nur eine risikoreiche Möglichkeit: mit Hilfe der Guna Elektro wurde in Tag- und Nachtarbeit, ohne Einschaltung des Stammhauses, unter Ausschöpfung des zur Verfügung stehenden Betrages, ein ausführliches Angebot in Jakarta erstellt und fristgerecht eingereicht. Allerdings hatten wir Spielräume einkalkuliert, wie „amounts to be specified later", d. h. die Stückzahl einzelner Geräte und Gerätegruppen wurde später festgelegt. Es war ein Geschäft, das auf gegenseitigem Vertrauen basierte. Wir hatten in Jakarta nur wenige Preise dieser speziellen Technik vorliegen, und ich konnte nur schätzen und mich auf mein gutes Gefühl verlassen. Das Angebot wurde vom Kunden akzeptiert und ein Vertrag sollte 48 Stunden später unterzeichnet werden. Die Tag- und Nachtarbeit ging weiter. Alle Mitarbeiter und Sekretärinnen des Büros arbeiteten bis in die frühen Morgenstunden. Damals musste noch, wegen der vielen benötigten Kopien alles zunächst umständlich auf Matrizen geschrieben werden, mit denen dann die Kopien von Hand auf einer Druckmaschine abgezogen wurden. Es wurde geschrieben, kontrolliert, kopiert und gebunden, und alles war fristgerecht fertig. Als ich den Auftrag nach Deutschland meldete und um die Entsendung eines Experten bat, um die technischen Einzelheiten zu besprechen und festzulegen, waren die erste Reaktionen von: „Das ist wohl ein schlechter Scherz" bis zu „Der Geerken ist verrückt geworden". Als sich die ersten Wogen und Aufregungen geglättet hatten, kamen gleich zwei Experten nach Jakarta, um das ganze Projekt nochmals zu überarbeiten und neu zu kalkulieren. Natürlich waren einige Fehler in dem schnell erstellten Angebot versteckt, aber die Hauptsache war, dass die Endsumme stimmte. Im Endeffekt waren alle Parteien zufrieden, und als das Projekt ein gutes Jahr später übergeben wurde, konnten die Rundfunksender der RRI mit den modernsten Studios in ganz Südost-Asien ohne Knattern und Kratzen ihre Sendungen ausstrahlen. Ich glaube, ein abenteuerliches Geschäft dieser Art und in dieser Größenordnung war – auch seinerzeit – nur in Indonesien möglich.

Innerhalb dieses Projektes wurde – wie bereits erwähnt – auch ein UKW-FM-Rundfunksender (Ultra-Kurz-Wellen Frequenz-Modulations Rundfunksender) geliefert. Wir konnten die zuständigen Herren im Informationsministerium und der staatlichen Rundfunkanstalt davon überzeugen, dass diese neue Technik auch für Indonesien von Vorteil ist. Ursprünglich wurde die UKW-FM-Technik in Deutschland nach dem 2. Weltkrieg als Notlösung eingeführt. Deutschland wurde nach Kriegsende bei der Verteilung der Lang- und Mittelwellenfrequenzen durch die Alliierten schwer benachteiligt. Es wurden Deutschland nur unbrauchbare und gestörte Frequenzen zugeteilt. Nun wurden von allen deutschen mit der Nachrichtentechnik beschäftigten Firmen Versuche auf dem UKW-Bereich mit der störungsfreien FM-Modulation angestellt. Diese Technik hat sich hervorragend bewährt: UKW- oder FM-Radio, eine in Deutschland aus der Not geborene Technik, hat sich durchgesetzt und wurde zum Welterfolg.

Dieser Sender war der erste in Indonesien, nach meinen Kenntnissen sogar der erste in ganz Südost-Asien, der – wenn ich mich recht erinnere – Anfang 1967 seinen Probe-Sendebetrieb auf einer UKW-Frequenz aufnahm. Eine Pionierleistung von AEG-TELEFUNKEN. Für den Probebetrieb hatten wir eine ganze Menge Tonbänder mit deutscher Schlagermusik mitgeliefert. Zur großen Freude der deutschen Kolonie liefen diese Bänder Tag und Nacht, so dass diese Station schon bald als „Deutsche Welle von Jakarta" bezeichnet wurde. Ausser in der ausländischen Kolonie gab es damals für den UKW-Bereich nur wenige Rundfunk-Empfänger. Dies ist heute anders! Wenn man irgendwo in Indonesien mit seinem Radio über die UKW-Frequenzen dreht, wimmelt es von Radiostationen, den staatlichen von Radio Republik Indonesia und noch mehr privaten.

Ende der 1960er Jahren gab es durch den nun enorm gestiegenen Ölpreis einen noch größeren wirtschaftlichen Aufschwung. Die nun sprudelnden Devisen wurden leichter ausgegeben und es gab viele neue größere Projekte, an denen wir auf dem elektro- und nachrichtentechnischen Sektor natürlich partizipieren wollten. Lange haben wir uns um ein Großprojekt der PJKA, der indonesischen Staatseisenbahn, bemüht. Die internationale Konkurrenz war groß. Auf Java gab es ein sehr gut ausgebautes Eisenbahnnetz von einigen tausend Kilometern. Sonst gab es in Indonesien nur noch einzelne, nicht miteinender verbundene Strecken. Auf Java konnte man zwischen einer Nord- und einer Südstrecke wählen. Mit dem Zug konnte man von Merak im äußersten Westen, von wo die Autofähren nach Sumatra ablegen, bis in den äußersten Osten fahren, nach Banyuwangi, wo die Autofähren zur Insel Bali auslaufen. Eine Strecke von etwa 1.300 Kilometern. Es gab einfache billige Bummelzüge, in denen die Bauern mit Säcken voll Reis, mit Hühnern und Ziegen reisten. Aber es gab auch schnelle und komfortable Züge, sogar Nachtzüge, besonders auf der Strecke zwischen Jakarta und Surabaya, oder Jakarta und Yogyakarta. Leider liefen die Züge auf der Insel Java alle sehr unzuverlässig. Stundenlange Verspätungen und Chaos waren an der Tagesordnung. Grund dafür war das eingleisige Schienennetz der Bahn, das nur in dafür vorgesehenen Bahnhöfen Ausweichgleise hatte. Ein Zug musste oft lange auf einen Gegenzug warten. Natürlich hatte die Bahn ein Nachrichtensystem, ein Freileitungssystem mit Kupferdrähten, welches allerdings so gut wie nie funktionierte, da zwischen den Bahnhöfen fast täglich die Kupferdrähte gestohlen wurden. Ein Zug musste warten, bis der Gegenzug da war. Wegen der ständig unterbrochenen Freileitung konnte keine Nachricht übermittelt werden, dass zum Beispiel die Strecke frei war, weil der Gegenzug auch Verspätung hatte. So kamen oft unnötige stundenlange Verspätungen zusammen.

Aber weshalb waren die Kupferdrähte so beliebt? Die Kupferdrähte wurden nicht etwa eingeschmolzen und das Kupfer verkauft, für mich waren es Kunstwerke, die daraus gemacht wurden. Draht auf Draht wurde spiralförmig auf einem Amboss kalt zusammengeschmiedet und das Fertigprodukt war ein großer, etwa 35 Zentimeter hoher Topf, der sich konisch nach oben verjüngte und bei dem sich die Öffnung wieder weitete mit einem breiten Rand. Diese Kupfertöpfe sahen wunderschön aus, mit einem Muster der eng aneinander liegenden Hämmerung. Die Töpfe wurden in den Dörfern zum Dämpfen von Reis verwendet. Wasser kam in den Topf und der Reis wurde oben in einem Bambus-Korb auf den Rand gestellt. Das ganze kam nun auf ein Feuer. Der Reis wurde im Dampf gegart und kam locker und noch etwas kernig auf den Tisch, so perfekt, wie man ihn zu Hause im

Reiskochtopf kaum machen kann. Daher wurden diese handgeschmiedeten Töpfe aus Kupferdraht immer beliebter, die Bahn kam mit der Reparatur der Freileitungen nicht mehr nach, und die Züge bekamen immer mehr Verspätung. Es musste also etwas geschehen!

Wir machten Vorschläge und Pläne und veranstalteten in Bandung ein großes Symposium für die leitenden Herren der Staatsbahn und des Verkehrsministeriums. Wir wollten das Problem drahtlos lösen. Letztendlich wurden unsere Vorschläge akzeptiert und wir bekamen einen Auftrag von zunächst 35 Millionen DM für ein „Train-Dispatching-System": ein drahtloses Zug-Leitsystem. Ein Projektleiter und Monteure kamen aus Deutschland, und der Aufbau des Projektes begann. Entlang der Bahnlinien wurden etwa alle 50 bis 80 Kilometer hohe Gittermasten – die wir in Indonesien fertigen ließen – aufgestellt, auf denen die Antennen für die Richtfunkanlagen montiert wurden. Nun hatten schon die größeren Bahnhöfe untereinander eine Telefonverbindung. In der zweiten Ausbaustufe wurden UKW-Sende- und Empfangsanlagen für die Lokomotiven entwickelt und die UKW-Antennen für die Feststationen ebenfalls auf den hohen Masten montiert. Nun konnten die Signale von einem „Traindispatcher" in der Leitstation direkt auf der Lokomotive empfangen werden, und umgekehrt wurde nun der Standort jedes einzelnen Zuges auf einem Tableau in der Train-Dispatcher-Zentrale angezeigt. Der Lokomotivführer konnte sich von nun an nicht nur mit den benachbarten Bahnhöfen unterhalten, er hatte auch zwei große Lampen in seinem Führerstand, eine grüne und rote, die durch Funk ferngesteuert wurden: „Grün" hieß natürlich „Freie Fahrt", es war also auf dem Gleis kein Gegenzug unterwegs, und bei „Rot" musste der Lokführer auf dem nächsten Ausweichgleis warten. Der Verkehr lief nun viel flüssiger und Verspätungen konnten auf ein Minimum reduziert werden.

Vor wenigen Jahren bin ich mit einem modernen Express-Zug auf der wunderschönen Strecke von Yogyakarta nach Jakarta gefahren, ohne die früher üblichen Verspätungen. Die Masten mit den Antennen entlang der Strecke standen noch, doch ich bezweifle, dass das System nach über 30 Jahren noch im Originalzustand in Betrieb ist. Die Menschen in den Dörfern hatten nun keinen Kupferdraht mehr, um daraus Reis-Kochtöpfe zu schmieden. Aber ich sah hin und wieder, dass Töpfe von damals immer noch in Gebrauch sind. Diese haben die 30 Jahre überlebt!

Im Jahre 1967 kam Dipl. Ing. Jürgen Graaff zum ersten Mal nach Indonesien. Um die Telefonverbindungen nach Übersee zu verbessern, hatten wir von der PTT in Bandung einen Auftrag für 20 Kilowatt-Kurzwellensender erhalten. Jürgen Graaff war als Ingenieur zuständig für den korrekten Aufbau der Anlage in Bandung. Er brachte seinen Berliner Monteur und Assistenten mit dem Spitznamen „Peschi" mit, mit dem er schon auf anderen Baustellen in Afrika gut zusammengearbeitet hatte. Peschi war ein Unikum. Ein kleiner wuseliger Mensch und ein Meister der Improvisation. Wenn irgendetwas fehlte, Peschi konnte immer etwas Passendes auftreiben. Jürgen und Peschi wohnten ein ganzes Jahr im Hotel Savoy Homan. Peschi musste jeden Abend noch seinen Rundgang durch Bandung machen. Besonders die Querstraße von der Jalan Asia Afrika, entlang einer Seite des Grand Hotels Preanger, hatte es ihm angetan. Hier versammelten sich abends die „Leichten Mädchen" Bandungs, und Peschi war dort bald ein gern gesehener Gast. Nicht, dass er ein Mädchen abschleppen oder ein Abenteuer erleben wollte, nein, er wollte sich nur nett mit ihnen unterhalten und – wie er sagte – seine Kenntnisse der Bahasa Indonesia erweitern. Die jungen Damen waren damals noch nicht so geschäftstüchtig wie heute und hatten selbst Spaß an einer netten Unterhaltung mit einem *Orang Buleh,* einem Europäer. Immer wenn er dort erschien, wurde er mit großem Hallo empfangen. Peschi war dort König. Die Mädchen wollten sich nicht anbieten, sondern nur nett mit ihm reden. Man war nicht ihr Kunde, sondern ihr Gast. Als Dank für eine unterhaltsame „Unterrichtsstunde" – ich denke weniger in technischen Dingen – belohnte sie Peschi mit ein paar Rupien. Das sollte man mal in der westlichen Welt versuchen!

Innerhalb des Grand Hotels Preanger ging es freizügig zu. Gleich neben der Rezeption war ein großer Raum mit treppenförmig nach oben angelegten Sitzen wie in einem Amphitheater. Der ganze Raum war zur Rezeption hin verglast, und zwar so, dass man wohl hineinsehen, aber nicht herausschauen konnte. In dem Raum hinter dem Schaufenster saßen 20 und mehr sogenannte „Masseusen" mit einer großen Nummer an der Bluse. Man konnte also in aller Ruhe sein Mädchen aussuchen und wenn man im Grand Hotel Preanger wohnte, dieses ganz offiziell für eine Entspannungsmassage oder auch mehr auf das Zimmer bestellen. Man wurde hin und her gerissen zwischen der Verwilderung der Sitten und der natürlichen und unbefangenen Heiterkeit der Mädchen. Aber wie gesagt, Jürgen und Peschi wohnten ja im Hotel Savoy Homan so wie ich, wenn ich nach Bandung kam. Da herrschte noch Zucht und Anstand und wir kamen nicht in Versuchung!

Während des Ramadans, ich glaube es war 1968, war im Hotel Savoy Homan ein fürchterlicher Lärm. Auf dem Hotel war eine leistungsstarke Lautsprecheranlage aufgebaut worden, die über ganz Bandung dröhnte. Über die Anlage wurden nicht nur die regelmäßigen Gebete des Muezzins übertragen, sondern tagtäglich schon mitten in der Nacht kurz nach 3 Uhr ging eine Sirene los, um die Gläubigen zum frühen Morgenmahl vor dem neuen Fastenstag zu wecken. Man fiel förmlich aus dem Bett, denn es vibrierten sogar die Wände von dem höllischen Lärm. An Schlaf war nicht mehr zu denken. Reklamationen an der Rezeption und beim Manager blieben erfolglos. Auf „Nicht-Gläubige" wurde keine Rücksicht genommen. Wir mussten zur Selbsthilfe greifen, um zu unserem Schlaf zu kommen. Wir schlichen in das oberste Stockwerk, wo das Kabel zu den Lautsprechern auf dem Dach verlief und produzierten in dem Kabel mit Nadeln einige von außen nicht sichtbare Kurzschlüsse. Von da an hatten wir unsere Ruhe und konnten einige Stunden länger schlafen, da die Lautsprecher auf den Moscheen etwas weiter entfernt waren und uns nicht störten.

Eines Tages machte ich mit Jürgen Graaff einen Ausflug in die Berge bei Bandung, um zu schauen, ob noch irgendwelche Überreste der Mitte 1922 von TELEFUNKEN fertig gestellten Sende-Großstation in Malabar, etwa 30 Kilometer südlich von Bandung, zu finden waren. TELEFUNKEN lieferte damals einen 400 kW starken Maschinensender mit einer Hangantenne, die über ein Tal von Gipfel zu Gipfel gespannt war. Diese Antenne war nach Kootwijk in Holland ausgerichtet. Die Entfernung von Java nach Kootwijk betrug fast 12.000 Kilometer. Die 20 Kilometer von Bandung entfernte Empfangsanlage und ein Dampfkraftwerk zur Stromversorgung wurden ebenfalls von TELEFUNKEN projektiert und aufgebaut. Als TELEFUNKEN die Gegenstation in Kootwijk sechs Monate später fertig gestellt hatte, konnte sofort der Funkverkehr zwischen Holland und Java aufgenommen werden. Über so eine große Entfernung war es damals weltweit die erste Funkverbindung, mit der ein zuverlässiger Verkehr aufrecht erhalten werden konnte.

Malabar war bis gegen Ende des 2. Weltkrieges, als die Station dann von den Japanern zerstört wurde, die für ganz Südost-Asien wichtigste und leistungsstärkste Funkstation, von der aus der drahtlose Morse- und Telefonverkehr von Kootwijk in Holland nach Malabar für ganz Südost-Asien abgewickelt wurde. Alle Telefongespräche nach Singapur und auch nach Bangkok wurden über Malabar geführt. Wir mussten uns lange durchfragen, bis wir endlich die vom Dschungel überwachsenen Ruinen von Malabar fanden. Es waren nur noch die Fundamente und Reste der Gebäude da. Spuren der ehemaligen technischen Anlage, dem Hochfrequenz-Maschinensender, konnten wir nicht mehr entdecken. Wie wichtig die Anlage noch Anfang der 1930er Jahre war, beschreibt der Journalist Erwin Berghaus in seinem 1934 erschienenen Buch „Propeller überm Paradies", in dem er über einen der ersten zehntägigen Linienflüge der KLM von den Niederlanden nach Batavia berichtet. Aus diesem Buch möchte ich hier einen Abschnitt zitieren:

„Ein Gespräch mit Holland ... Im Haus der Radiostation begibt sich die Zauberei. Da sitzen wir, jeder einen Hörer am Kopf, in bequemen Sesseln um einen runden Tisch herum; zwölftausend Kilometer entfernt sitzt einer in seinem Sessel im Haag. Nichts als die blaue Luft der gekrümmten Erdoberfläche ist zwischen uns und ihm, dem Generalsekretär der KLM. Vor zehn Tagen wünschte er uns auf dem Flugplatz Schiphol gute Reise. Jetzt können wir ihm mündlich mitteilen, dass sein Wunsch in Erfüllung gegangen ist. Wir tun es ohne viel höfliche Floskeln – in gezählten sechzig Sekunden wollen dreißig Fragen gestellt und beantwortet sein. Hüben und drüben haben wir die gleichen Listen in der Hand; es wird nur die Zahl genannt, und das ist schon die Frage. Wie viel Post, wie viel Fluggäste? Wie sehen die Flugplätze im Monsungebiet aus? Gesundheitszustand an Bord? Sind Ersatzteile nötig – wann, wo? ... Das geht wie am Schnürchen bis zum ‚Auf Wiedersehen!‘ Eine Unterhaltung zwischen zwei Welten und doch so klar verständlich wie zwischen Berlin-Zentrum und Berlin-Wilmersdorf. Drüben, im Gebirge von Malabar, sind die Kabel der Großfunkstation zwischen den Gipfeln ausgespannt, werden die Berge selbst zu Masten. Da wird der Sender gespeist, der die Stimme des Menschen über Urwälder, Wüsten und Meere wirft. Auch wenn Europa mit Bangkok spricht, geht die drahtlose Welle über Malabar. Hier in Bandung ist nur ein Ohr und ein Mundstück. Wir haben eine Weile warten müssen, ehe wir an die Reihe kamen. Es herrscht Hochbetrieb, obwohl es, an dem Gulden gemessen, lauter goldene Worte sein müssen, die man hier von sich gibt. Im Überwachungsraum darf ich, als Neugieriger von Beruf, auch ein paar Gespräche mit anhören, die mich nichts angehen. Ich werde ‚zwischengeschaltet‘, ich bekomme einen Kopfhörer umgehängt, und das ist das Wunderbare daran: mein linkes Ohr hört Europa sprechen, mein rechtes Asien. Nie sind meine Ohren so weit voneinander entfernt gewesen; mitten durch meinen Schädel läuft gleichsam eine Linie, die zwölftausend Kilometer lang ist. Ich bin auf ebenso eilige wie trockene Wortwechsel gefasst gewesen – vom Kontor zur Pflanzung: Gummi-, Tabak-, Kaffeenotierungen an der Londoner Börse, kauft oder kauft nicht! Stattdessen lausche ich da in private Geschichten hinein, in überaus private. Links ist gerade eine Amsterdamer Großmutter, die Geburtstag hat und der nun ihre in den Tropen lebenden Kinder – bei mir rechts – auf das herzlichste gratulieren. Dass sie ihren Jan und die Marie so deutlich vernimmt, als säßen sie neben ihr in der Stube, das kann die alte Dame ebenso wenig begreifen wie ich. Vor mir sitzt der Beamte, der die Verbindung überwacht, den Finger an der Stoppuhr. Sowie die Großmutter einen Satz nicht verstanden hat oder eine Frage wiederholen muss, stellt er vorübergehend die Uhr ab. Ich habe den Eindruck, er tut das sogar, wenn sich Jan in Java, dem gerade die Tränen über die Backen rollen, mal die Nase putzt. Man soll hier auch was haben für sein Geld! Und nach den zwei Minuten erkundigt er sich in den beiden Erdteilen gleichzeitig: ‚Wollen Sie weitersprechen?' Wenn ja, beginnt eine neue kostbare Minute, und wenn nicht, dann kriegen die Sprechenden – auch das ist eine liebenswürdige Einrichtung – noch zwanzig Sekunden einfach geschenkt: zum Abschiednehmen, zum Austausch der letzten drahtlosen Küsse. Ich höre sie von einem Ohr zum andern durch meinen Schädel sausen". (S. 103-105)

Die Kurzwellenstation Malabar brachte enorme wirtschaftliche Vorteile für Niederländisch-Indien. Wenn man bedenkt, dass zu der Zeit ein Frachtschiff von der Nordsee nach Java noch rund 30 Tage fuhr und die wenigen Post- und Passagierflugzeuge noch rund zehn Tage unterwegs waren, raste die Kurzwelle mit einer Nachricht über die TELEFUNKEN-Anlagen in nur einem Sekundenbruchteil nach Holland.

Auch Rundfunkübertragungen aus Europa, die dann über kleinere Kurzwellensender der NIROM (Nederlandsch Indische Radio Omroep Maatschappij) über den Archipel weiter verteilt wurden, wurden über die Station Malabar empfangen und dann an die kleineren Sender weitergeleitet. Obwohl es seinerzeit nur wenige Radio Empfangsanlagen gab, waren diese Rundfunk-Sendungen für die Niederlande von großer Bedeutung. Auch die vielen störanfälligen Seekabel und Überlandleitungen innerhalb des Archipels waren nun im Laufe der Jahre durch den Ausbau des drahtlosen Nachrichtenverkehrs mehr und mehr überflüssig geworden.

Im Jahre 1967 konnte die Montage der Anlagen für den Freihafen Sabang endlich beginnen. Den Auftrag hatte AEG-TELEFUNKEN ja schon während der Regierungszeit von Präsident Sukarno erhalten. Durch den Putsch und die nachfolgenden Unruhen fiel nun die Ausführung dieses Projektes in die Ära von Präsident Suharto. Aus Deutschland kam wieder dasselbe Team, das sich in Bandung so gut bewährt hatte: Jürgen Graaff mit dem Monteur Peschi. Sie brachten noch kistenweise Material und Werkzeug aus Deutschland mit. Ich begleitete sie auf der ersten Reise nach Sabang, um sie dort einzuführen. Nach Medan konnten wir mit dem vielen Übergepäck noch fliegen, aber an einen Weiterflug mit der alten klapprigen Douglas DC-3/Dakota war aus Gewichtsgründen nicht zu denken. Beide Maschinen, die auf dieser Strecke flogen, waren ohnehin defekt. Irgendwo im Archipel wurde eine noch ältere DC-3/Dakota ausgeschlachtet und irgendwann sollten dann die Ersatzteile in Medan ankommen. Inschallah! So Gott will!

Also mieteten wir uns in Medan einen großen Reisebus. Viele Sitze wurden ausgebaut, um Platz für Unmengen von schwerem Gepäck und für unsere mitgebrachten Luftmatratzen zu haben, auf denen wir während der Fahrt schlafen wollten. Die Reise ging durch das Acehgebiet, das die Nordspitze von Sumatra bildet, bis zum äußersten Norden, nach Kuta Raja. Dieses Gebiet befand sich Jahrzehnte im zähen Aufstand gegen Holland und hat auf beiden Seiten zehntausende Menschenleben gekostet. Mit zwei Fahrern waren wir auf den schlechten und nur teilweise asphaltierten Straßen ohne Unterbrechung zwei volle Tage und eine Nacht fast Non-stop unterwegs. Die Landschaft entlang der Ostküste Sumatras, parallel zu der wegen seiner Piraten berüchtigten Straße von Malakka, war eintönig und langweilig. Es war eine dampfende Sumpfküste mit braunem Schlamm und undurchdringlichen Mangrovenwäldern und nur noch wenig Primär-Urwald. Mehr im Landesinnern beherrschten Gummi- oder Ölpalmen-Plantagen die Landschaft. Tausende Bäume standen in gleichen Abständen symmetrisch Reihe an Reihe, ohne Abwechslung, wohin man schaute. Irgendwo auf den höchsten Hügeln stand ab und zu das Haus eines Pflanzers in einem dem Urwald durch Feuer abgetrotzten rußigen Gelände, das einmal eine neue Plantage werden sollte. Die Abholzung und Zerstörung des Urwaldes durch Menschenhände ging leider weiter. Der Bus machte tolle Sprünge über tief eingefurchte Pfade hinab zu kleinen Bächen und Flüssen, die durchfahren werden mussten. Größere Flüsse zu überqueren war häufig sehr viel schwieriger, da die Brücken zumeist sehr morsch waren und immer wieder zerbrochene oder fehlende Dielen durch unsere mitgeführten ersetzt werden mussten.

Besonders abenteuerlich wurde es bei Nacht. Zwischen dem Fahrer- und Beifahrersitz war unter dem Armaturenbrett eine kleine, einem Klavier ähnliche Tastatur angebracht, die über zwei Oktaven ging. Diese Tastatur steuerte eine Anzahl von Fanfaren und Hupen unter der Motorhaube, die entsprechend der Tonleiter gestimmt waren. Die beiden Fahrer hielten sich dadurch wach, dass sie abwechselnd die ganze Nacht hindurch lautstark auf dieser Tastatur Lieder spielten und improvisierten. Es war ein ohrenbetäubender Lärm, und wir konnten auf unseren Luftmatratzen kein Auge zumachen. Immer wieder wurden ganze Affenherden durch die dröhnenden Fanfaren in ihrer Nachtruhe gestört und flüchteten mit steil aufgerichteten Schwänzen im Scheinwerferlicht unseres Busses über die Straße. Wie gerädert kamen wir in Kuta Raja an. Erst dort sagten uns die Fahrer, diese musikalische Untermalung hätten sie nicht veranstaltet, um wach zu bleiben, sondern um die vielen bösen Geister, die es auf dieser abgelegenen Strecke geben würde, zu vertreiben. Besondere Furcht hatten unsere Fahrer vor zarten Geisterfrauen, die sich

– in Nebelgewänder gehüllt – angeblich zuweilen mit irdischen Männern einließen, aber auf deren Verderb bedacht seien. Weder mit Mut noch mit Waffen könne man sich vor ihnen schützen. Und dann gäbe es auch noch ganz durchsichtige Wesen, von denen es hieß, dass sie als Schattenbilder über das Land schweifen und die Fahrer von der Straße abkommen ließen. Beide mystische Geisterwesen sollen auf dieser Strecke häufig ihr Unwesen treiben. Die Musik hatte gewirkt, wir wurden jedenfalls nicht belästigt!

Nach einer Nacht in Kuta Raja ging es mit der Fähre von Uleh-leh aus weiter nach Sabang. Inzwischen waren die Gästebungalows für das Projekt fertiggestellt. Welch ein Luxus nach all den Entbehrungen! Ein Zimmer mit Bett für jeden von uns und genügend Wasser im *Bak Mandi*. Leider fehlten immer noch Moskitonetze, und Moskitos gab es in großen Scharen. Mit einer unglaublichen Energie und Dreistigkeit starteten diese blutrünstigen Quälgeister immer wieder neue Angriffe auf jedes freie Körperteil. Nach der ersten schlimmen Nacht mit Hunderten von Stichen hatte Peschi einen grandiosen Einfall. Er hatte schon viel Montage Erfahrung aus anderen Ländern, besonders aus Afrika, und sein Rezept gegen Moskitos hieß Knoblauchsuppe! Am nächsten Tag wurde eingekauft und da die Bungalows eine Kochgelegenheit hatten, kochte er seine berühmte Knoblauchsuppe gegen Moskitos aus etwa 15 Knollen – nicht Zehen – Knoblauch! Es war ein starkes „Medikament": Hinterher war uns allen schlecht, aber es hat gewirkt! Die Moskitos ließen uns in der darauffolgenden Nacht in Ruhe, allerdings durften wir am nächsten Tag wegen der strengen Ausdünstung auch keinem Menschen zu nahe kommen.

Noch mehrmals während der Montage musste ich nach Sabang reisen, um mich über den Fortschritt des Projektes zu informieren. Eine Telefonverbindung dorthin war zu jener Zeit noch nicht vorhanden und Post kam in beiden Richtungen nur selten an. Jürgen und Peschi waren auf der kleinen Insel regelrecht von der Welt abgeschnitten. Bei meinen folgenden Besuchen in Sabang brachte ich natürlich in meinem Gepäck immer Lebensmittel mit: Dinge wie Dosenbrot, Butter, Käse und Wurst, die auf der Insel nicht zu bekommen waren. Knoblauch war nicht dabei, den gab es dort hinreichend. Wenn ich nach wenigen Tagen wieder zurück nach Jakarta reisen musste, meist zunächst mit der Fähre nach Uleh-leh, begleitete mich Jürgen bis zum Hafen und lief noch einige hundert Meter entlang der Küste dem Schiff nach. Wir winkten uns noch lange zu, bis er immer kleiner wurde und schließlich hinter einer Klippe ganz verschwand. Ich kann mich immer noch an ein sentimentales Abschiedsgefühl im Bauch erinnern, weil ich die beiden Mitarbeiter – ohne Kommunikationsmöglichkeit – auf einer Baustelle an der Küste einer ganz einsamen Insel „am Ende der Welt" zurücklassen musste. Heute sieht es auf der Insel Weh natürlich ganz anders aus. Nun gibt es sogar dort eine internationale Tauchschule.

Ab 1968 änderte sich die Nachrichtenübermittlung von und nach Sabang zum Besseren. Die TELEFUNKEN Mehrkanal-Richtfunkstrecke nach Kuta Raja war fertig gestellt und somit war Sabang an das indonesische Telefonnetz angeschlossen. Eine handvermittelte Telefonverbindung mit Jürgen war immer noch schwierig, aber ab und zu klappte es. Als der 20 Kilowatt Kurzwellen ISB-Sender fertig montiert war und die ersten Probesendungen beginnen sollten, hieß es für mich: Nichts wie hin! Für mich als passionierten Funkamateur war dies die Chance des Lebens!

Am 30. Dezember 1967 setzte Präsident Suharto die Regierungsverordnung über Amateurfunk in Indonesien in Kraft. Der Funker an der Deutschen Botschaft in Jakarta hatte mitgeholfen, das indonesische Amateurfunkgesetz durch Bereitstellung einer Übersetzung der deutschen Durchführungsverordnung zu gestalten. Daher ist das indonesische Amateurfunkgesetz sehr stark an das deutsche angelehnt. Schon Anfang 1968 erhielt ich vom indonesischen Fernmelderat „Dewan Telekomunikasi RI" meine erste indonesische Funklizenz, da ich in Deutschland schon alle Prüfungen bis zur höchsten Klasse mit Erfolg abgelegt hatte. Ich durfte also nun auch in Indonesien auf allen Amateurfunkfrequenzen in Telephonie und Telegraphie mit der ganzen Welt Verbindung aufnehmen. Mein deutsches Rufzeichen war damals DJ2JB, das nun zunächst mit dem Zusatz YB für Indonesien versehen wurde. Wenn ich also von Indonesien aus Funkkontakt aufnahm, musste ich anfangs das Rufzeichen DJ2JB/YB verwenden. Erst 1 Jahr später bekam ich dann das indonesische Rufzeichen YBØAAG. In der Amateurfunkwelt war Indonesien noch ein ganz seltenes und international gefragtes Land. Schon in den 1930er Jahren wurde Amateurfunk in Indonesien von der Kolonialmacht Holland verboten, das heißt: 40 Jahre lang war kein Amateurfunksignal aus Indonesien zu hören! Unzählige Funkamateure rund um die Welt warteten auf einen Kontakt mit Indonesien, da sie dieses seltene Land für diverse Diplome mit einem Funkkontakt bestätigt haben wollten. Ich war also der erste Funkamateur, der ihnen diesen Wunsch erfüllen konnte, denn in diesen ersten Jahren nach Freigabe des Amateurfunks gab es in ganz Indonesien nur eine Handvoll Menschen mit einer Funklizenz, die aber international noch nicht tätig waren oder auf Grund ihrer Lizenz nicht durften.

Gleich nach meiner Ankunft fuhr ich mit Jürgen und Peschi zur Station. Alles war bereit. Die Anlage hatte eine riesige Sende- und Empfangsantenne, eine drehbare Logperiodische Richtantenne. Diese wurde zunächst nach Deutschland ausgerichtet und ein erster CQ-Ruf „An Alle" – natürlich mit entsprechend der Bestimmungen stark verminderter Sendeleistung – wurde abgesetzt. Sofort hatte ich Verbindung mit mehreren deutschen Stationen. Meine Funkfreunde in Tübingen und am Bodensee wurden informiert und die entsprechenden Frequenzen mitgeteilt. Dann konnte ich stundenlang mit meinen alten Freunden Neuigkeiten austauschen. Nur die Umschaltung von „Senden" auf „Empfang" und umgekehrt gestaltete sich etwas schwierig. Die Station war auf Duplex-Betrieb eingestellt und wir hatten noch keinen passenden Antennenschalter. So musste Peschi mit einem Bananenstecker in der Hand auf Kommando umstöpseln. Hätte er beim Kommando „Senden" den Stecker zu spät gezogen, hätte sich der Empfänger in Rauch aufgelöst. Die Buschtrommel der Funkamateure funktioniert schnell. Viele tausend Funkamateure rund um die Welt warteten geduldig auf einen Kontakt mit mir.

Drei Abende hintereinander wurde nach der Arbeit, manchmal bis weit in die Nacht hinein, gefunkt. Je nach der für die Ausbreitungsbedingungen besten Uhrzeit wurde die Antenne auch nach Nordamerika, Südamerika, Australien und Afrika gedreht, um zu testen, ob mit der Sendeanlage alle Punkte der Welt erreicht werden konnten und um möglichst vielen Funkamateuren eine Chance für einen Kontakt zu geben. Während dieser Tage in Sabang habe ich mit meinem Rufzeichen DJ2JB/YB über tausend Verbindungen, über den ganzen Globus verteilt, abgewickelt. Leider konnte ich viele tausend Wünsche nicht erfüllen. Der Andrang war zu groß für die begrenzte Zeit. Ich musste wieder zurück nach Jakarta. Aber die Station hatte ihre Feuerprobe bestanden! Bald darauf wurde die Station offiziell eingeweiht und von nun an wurden von Sabang Telefongespräche mit Partnern in der ganzen Welt und mit Schiffen auf See direkt abgewickelt.

Wieder in Jakarta musste ich über tausend sogenannter QSL-Karten drucken lassen und an alle Funkamateure verschicken als Bestätigung, dass ich mit ihnen Kontakt gehabt hatte. Dies machte ich gerne, da ich damit viele Funkamateure auf der ganzen Welt mit einem neuen Land glücklich machen konnte. Sie benötigten meine QSL-Karte als Bestätigung einer Funkverbindung mit Indonesien für verschiedene Diplome.

Als die gesamte Anlage in Sabang und Aceh fertig gestellt und an den Kunden übergeben war, stellte mir Peschi mit seiner ungeheuren Improvisationsgabe zwei kleine Kistchen mit den verschiedensten Teilchen und Materialien zusammen: ein richtiges Sammelsurium! Vor seiner Abreise übergab er mir diese in Jakarta mit den Worten: „Dies sind zwei Wunderkistchen. Darin finden Sie alles, wenn Sie mal irgendetwas reparieren wollen!" Und tatsächlich, diese Wunder-Kistchen haben mich bis heute begleitet, in Indonesien, in Australien, in Deutschland und immer bin ich darin fündig geworden!

Heimaturlaub

1967 traten wir unseren ersten Heimaturlaub an. Damals wurde dieser nur alle drei Jahre gewährt. Wegen dringender Geschäfte konnte ich aber meinen Urlaub erst mit einem Jahr Verspätung antreten. Unsere Tochter war nun etwa zweieinhalb Jahre alt. Wie damals üblich, gab es am Abend vor der Abreise zu einem Heimaturlaub noch eine große Abschiedsparty mit den Freunden. Jeder hatte Wünsche, was wir aus Deutschland mitbringen sollten.

Nach einer kurzen Nacht ging es am nächsten Tag im Konvoi mit Freunden und Bekannten zum Flughafen Kemayoran. Kurierbriefe wurden noch übergeben, Grüsse aufgetragen und es gab die letzten Abschiedsküsschen. Unsere erste Station war Hongkong.

In den 1960er Jahren gab es noch nicht viele deutsche Industrievertreter in Südost-Asien. Hongkong, Bangkok, Kuala Lumpur, Singapur und Jakarta waren wie ein Dorf. Jeder kannte jeden durch gegenseitige Besuche, durch Empfehlungen oder durch Erzählungen. Wir waren mit dem Vertreter der Firma Deutz in Hongkong befreundet, der uns gute Ratschläge für Einkaufsmöglichkeiten gab. Gleich am zweiten Tag brachte er uns in das Lager eines chinesischen Teppichhändlers, das er uns unbedingt zeigen wollte. In der Tat: dort gab es wunderschöne handgeknüpfte chinesische Teppiche. Wir verliebten uns sofort in ein Prachtstück, weiß-blau, aber ziemlich groß, drei Meter mal vier Meter. Aber woher mehrere tausend Deutsche Mark nehmen? Wir konnten ja nicht gleich zu Beginn unserer Weltreise einen Großteil unserer Barschaft verprassen. Aber der geschäftstüchtige chinesische Händler hatte die Lösung: No Problem! Er würde den Teppich an meine Adresse nach Deutschland verschiffen und wenn wir wieder zu Hause wären, sollten wir ihm das Geld auf sein Konto nach London überweisen. Nicht einmal meinen Pass wollte er sehen. Das Vertrauen war groß. Es klappte auch alles wunderbar und wirklich problemlos. Das gute Stück kam pünktlich und unversehrt in Deutschland an. Nach einem mehrjährigen Zwischenaufenthalt in Australien schmückt dieser Teppich nun mein Wohnzimmer in Deutschland: eine schöne Erinnerung!

Weiter ging es, natürlich mit Unterbrechungen, über Tokio nach Hawaii. Nach Aufenthalten in San Francisco, Houston/Texas und Miami landeten wir in Freeport auf Grand Bahama. Von Grand Bahama ging es weiter nach New York und von dort in die alte Heimat nach Deutschland.

Ein Heimaturlaub war anstrengend. Man lebte viele Wochen lang aus Koffern. Es waren nicht nur die Besuche bei den Eltern, den Schwiegereltern und Verwandten. Viele Besprechungen in der Firma standen an und viele Reisen von Ulm nach Berlin, Hamburg und in andere Städte, um mich dort überall über den neuesten Stand der Technik informieren zu lassen und über anstehende Projekte zu reden. Laufend kamen Unterbrechungen in Form von beruflichen Terminen: Ein Heimaturlaub war kein richtiger Urlaub und kein reines Vergnügen!

Ich traf mich natürlich auch mit meinen alten Freunden aus der Studienzeit. Oft wurde man bedauert: das aussichtslose Elend in diesen Entwicklungsländern, eine drohende Geiselnahme und die Gefahr ungezählter Tropenkrankheiten. Besonders viele Schauermärchen wurden über die schlimme kaum heilbare Krankheit Lepra erzählt. Und dann kam meist die Frage, wo warst Du gleich noch mal? Indonesien? Oder Tunesien? Viele meiner Studienfreunde fühlten sich nur zu Hause wohl, wollten kein Risiko eingehen und saßen ihr ganzes Leben lang im selben langweiligen Büro auf demselben schon durchgesessenen Stuhl. Es lief in Deutschland alles noch so wie vor vier Jahren, als ich nach Indonesien ausreiste. In all diesen Jahren hatte sich nichts bei ihnen verändert. Ihr Vorstellungsradius endete nach meinem Gefühl schon in ihrer nächsten Umgebung und Deutschland erschien mir als eine kleine und beengte Welt, in der viele glaubten, dass es außerhalb ihrer festgefahrenen Ansichten keine anderen Dinge gab, und in meinem Leben war seither so viel Neues, Aufregendes und Interessantes geschehen.

Auch brachte ich das Fremde von „Drüben" mit. Ich war nun gewohnt, den Angestellten im Hause und im Büro meine Wünsche aufzutragen. Ich rief und sie kamen! Hier in Deutschland kam aber niemand. Das Außergewöhnliche war bei mir zu einer Alltäglichkeit geworden! Und in meinem Stammhaus hatte ich plötzlich wieder Chefs, die mir sagten, was zu tun war. Da fiel mir meine Entscheidung für eine Rückkehr nach Indonesien mit einer Vertragsverlängerung leicht. Auch als im kühlen Herbst die dunklen Wolken tiefer hingen und die Sonne seltener zu sehen war, sehnte ich mich wieder nach der Wärme, die mich in den Tropen erwartete.

Unsere Tochter Regina, die bisher nur Indonesien kannte und nun zum ersten Mal nach Deutschland kam, um die Großeltern zu sehen, lernte viel Neues kennen. Anfang der 1960er Jahre gab es in ganz Jakarta keine Frischmilch und so bekam unsere Tochter als Ersatz nur Trockenmilch aus Australien. Daran war sie gewöhnt. Als die Oma in Deutschland ihr ein Glas mit den Worten: „Das ist frische Milch von der Kuh" anbot, kostete sie und sagte, die schmecke nicht, sie wolle doch lieber „richtige Milch"! Regina kannte keine Äpfel, keine Kirschen oder Beeren, keine Brötchen, keinen Schnee – den man in den Bergen bei uns ja auch im Sommer erleben kann –, sie wunderte sich, dass es in Deutschland im Sommer nicht um 18

Uhr dunkle Nacht war und wollte nicht ins Bett. Wasser durfte man hier aus der Leitung trinken, sie durfte hier auch barfuß herumlaufen. Die Pferde waren im Gegensatz zu den indonesischen Ponys beängstigend groß, sie sah die Großeltern, Onkel und Tanten zum ersten Mal und so weiter. Fast alles war für das Kind neu und unbekannt und musste erst erlernt werden. Für sie war es eine ganz neue Welt.

Aber auch wir Erwachsene hatten uns schon sehr an das Leben in den Tropen gewöhnt. Wenn wir zu Freunden oder Bekannten zu Besuch kamen, mussten wir für unsere Begriffe oft ewig lange warten, bis endlich ein Getränk angeboten wurde. Wenn in Indonesien Besuch kommt, fragt man ihn als erstes: *Mau minum apa* (Was möchtest du trinken)? In den Tropen hat man immer Durst und eine trockene Kehle. Daran hatten wir uns gewöhnt und erwarteten es auch in Deutschland.

In den 1960er bis Ende der 1970er Jahre waren Orchideen noch eine große Seltenheit in Deutschland und wenn man sie kaufen konnte, waren sie sehr teuer. Bei jedem Flug nach Deutschland kam daher ein großer Karton mit Orchideen mit in die Kabine. Bei Flügen ab Jakarta waren die Stewardessen der Lufthansa schon darauf eingestellt und sie verstauten die bunte Pracht an einem kühlen Platz. Auch unser Blumengeschäft am Blok M in Kebayoran Baru war bereits bestens auf den Orchideentransport eingestellt. Man bestellte eine bunte Mischung von ganz frisch geschnittenen Orchideen und wenige Stunden vor der Abfahrt zum Flughafen wurde der Karton nach Hause geliefert. Jede Orchideenrispe steckte in einem kleinen Glasröhrchen mit Wasser und Watte, und der Karton hatte auf einer Seite ein durchsichtiges Zellophanfenster, damit der deutsche Zollbeamte den Inhalt erkennen konnte. Ein kleines Orchideen-Geschenk hat der Familie in Deutschland und den Sekretärinnen in der Firma immer viel Freude bereitet.

Trotz der feuchten Hitze in Jakarta wurde viel getanzt. Nach zwei oder drei Tänzen war man klitschenass geschwitzt. Daher brachte jeder Wäsche und Hemden zum Wechseln mit. Zwischendurch wurde geduscht und man zog sich wieder trockene Sachen an für einen neuen Tanz. Am Abend vor dem Antritt eines späteren Heimaturlaubes wurde auch getanzt und wir waren alle etwas übermütig. Beim Rock & Roll wollte ich eine Dame, die nicht gerade ein Leichtgewicht war, über die Schultern werfen. Dies gelang mir aber nicht mehr ganz. Sie blieb an meinen Schulten hängen und mit ihrem Gewicht im Rücken stürzte ich auf den gefliesten Boden. Ich hatte eine ziemlich große Platzwunde über meinem linken Auge, und das Blut strömte nur so. Alle Gäste waren schon so „high", dass es niemand bemerkte, und meine Tanzpartnerin, die übrigens unverletzt blieb, fuhr mich in ihrem

Auto ins nahegelegene Pertamina-Krankenhaus. Hier wurde ich genäht und bekam einen dicken Verband um den Kopf. So kamen wir wieder zurück zur Abschiedsparty. Noch immer hatte keiner – nicht einmal meine Frau – bemerkt, dass wir fehlten. Was hätte da sonst noch alles passieren können! Wir wurden mit großem Hallo empfangen, denn jeder dachte, ich hätte mir mit dem Verband einen Spaß erlaubt, und die Party ging lustig weiter.

Am nächsten Morgen, es war der 20.12.1973, ging unser Flug von Jakarta nach Bangkok. Dort hätten wir in die von Tokio über Hongkong kommende Lufthansa Maschine nach New Delhi umsteigen müssen. Wir wollten Weihnachten zusammen mit meinem Bruder und seiner Familie in Kabul feiern, der dort als Leiter der Kulturabteilung des Goethe-Instituts stationiert war. Vor unserer Abreise kam noch General Soenarjo mit seiner Familie vorbei, um uns eine gute Reise zu wünschen. Zum Abschied sagte er mir noch: „Fliege so schnell wie möglich nach New Delhi". Ich dachte: „Was für ein Unsinn, schneller als ein Düsenflugzeug kann ich nicht fliegen" und vergaß seine Worte wieder. Als wir in Bangkok ankamen, erfuhr ich, dass die Lufthansa-Maschine mehrere Stunden Verspätung hatte. Die Pan American, Flugnummer 1, die täglich rund um die Welt düste, war gerade im Anflug auf Bangkok, und da auch diese Maschine in New Delhi zwischenlandete, versuchte ich noch schnell umzubuchen, was auch gelang.

Wir kamen gut in New Delhi an und übernachteten in dem schönen Oberoi-Hotel. Morgens gingen wir zum Frühstück und mir fiel auf, dass ich mit meinem Kopfverband von allen Menschen freundlich angelächelt und begrüßt wurde. Ein Herr kam auf mich zu, schüttelte mir die Hand und sagte: „Congratulations, you made it! You made it!" Erst dann fiel mir auf, dass rund um den Fernschreiber Hochbetrieb herrschte, und ich erfuhr, dass ein Flugzeug abgestürzt sei. Weitere Recherchen ergaben, dass die Lufthansa Maschine 707-330B, auf die wir gebucht waren, beim nächtlichen Anflug auf New Delhi während eines tropischen Regengusses eine Bruchlandung machte und ausbrannte. Zum Glück gab es nur Verletzte. Und da alle gering Verletzten in unserem Hotel untergebracht wurden, dachten die anderen Gäste, ich wäre einer von diesen. Am nächsten Tag, bei unserem Weiterflug nach Kabul, sahen wir noch das ausgebrannte Wrack der Lufthansa-Maschine neben der Landebahn liegen. Erst jetzt fielen mir wieder die Worte von General Soenarjo ein: „Fliege so schnell wie möglich nach New Delhi!" War es wieder einer seiner Blicke in die Zukunft oder Zufall?

Bei einer späteren Gelegenheit hatten wir für einen Heimaturlaub wieder einmal ein Schiff gewählt: die „Galileo Galilei", ein größeres Linienschiff der Lloyd Triestino, das regelmäßig rund um die Welt fuhr. Ich wollte einmal ohne Besprechungen und ohne Information in der Firma, wenigstens einen Teil meines Heimaturlaubes unerreichbar sein und in Ruhe mit der Familie genießen. Geflogen sind wir nach Perth in West Australien. Dann ging es mit dem Schiff mit Stopps in vielen Häfen weiter entlang der Süd- und Ostküste Australiens, durch die Südsee nach Mittelamerika und weiter durch den Panama-Kanal.

Von Jakarta aus hatte ich regelmäßigen Funkkontakt mit einem deutschen Arzt in der Panama-Kanal-Zone. Er war dort Leiter des Gesundheitsamtes. Als Amateurfunker hatten wir uns auf der Kurzwelle kennen gelernt. Auch er hatte eine leistungsstarke Station mit Richtantenne, so dass unsere Sprech-funk-Verbindungen meist hervorragend waren. Es tat ihm schrecklich leid, dass er bei unserer Durchfahrt durch den Panama-Kanal zu seinem Heimat-urlaub in Deutschland weilte. Aber er hatte für uns eine große Überraschung organisiert. Als wir in Balboa – dem Einfahrtshafen auf der Pazifikseite – an-kamen, wurden wir von einer Gruppe von Funkamateuren aus Panama-City empfangen. Es gab ein gemeinsames Essen mit Folklore, die Besichtigung von Panama-City und viel lokalem Rum: Es war ein wunderbares und unver-gessenes Erlebnis. Vor der Ausfahrt in die Karibik kamen in Gatun nochmals einige der neu gewonnenen Freunde an Bord, um uns zu verabschieden. In der Karibik, in Curaçao, hatte unser Schiff einen ganzen Tag Aufenthalt, um die Treibstofftanks nach der langen Seereise über den Pazifik wieder aufzu-füllen. So konnte ich auch hier einen holländischen Funkamateur besuchen. Wir hatten schon mehrfach Funkkontakt und konnten uns nun persönlich kennen lernen.

Nach dem Indischen Ozean, dem Pazifik, der Karibik, dem Atlantik und dem Mittelmeer, legten wir nach über sechs Wochen Schiffsreise in Genua an. Auf dem Schiff mit dem exzellenten italienischen Essen waren es sechs Wochen Ruhe und Entspannung pur, ohne Telefon, ohne Post, ohne Besprechungen. Ich ging sehr ungern vom Schiff, ich wollte immer weiter fahren. Es war wie eine zweite Heimat geworden. Aber nach dem guten Leben und dem köstlichen Essen passte mir keine Hose mehr. Ich hatte mich so auf die schwäbischen Spezialitäten gefreut, die aber zunächst durch die Enge des Hosenbundes warten mussten, bis die Gewichtsreduzierung erfolgreich vollzogen war.

Wieder zurück in Indonesien –
Aktivitäten und Gefahren

Mit der Stabilisierung der politischen und wirtschaftlichen Lage ab 1967 kamen nun noch mehr Firmenbesucher nach Jakarta. Während der Woche standen gemeinsame Dienstreisen oder Besprechungen auf dem Programm und abends oft offizielle Cocktails und Essen. Für ein geruhsames Privatleben blieb wenig Zeit. Je weiter oben in der Firmen-Hierarchie diese Besucher angesiedelt waren, desto natürlicher, freundlicher und problemloser war der Umgang mit diesen Herren. Nur einmal hatte ich eine Meinungsverschiedenheit mit einem Vorstandsmitglied. Wir hatten einen Termin beim Deutschen Botschafter und als ich den Herrn am Hotel Indonesia abholte, erschien er ohne Jackett und Krawatte. Ich bat ihn höflich, doch noch sein Jackett aus dem Zimmer zu holen, was er aber verweigerte. In den Tropen wollte er partout kein Jackett anziehen, obwohl es die Höflichkeit verlangte, und auch ich tagtäglich eine Krawatte trug und ein Jackett dabeihaben musste. Die Höflichkeit verlangte dies nicht nur gegenüber dem Deutschen Botschafter, sondern auch gegenüber höhergestellten indonesischen Beamten und wichtigen Kunden. Unser Disput spitzte sich zu, und ich lehnte ab, ihn zum Botschafter zu begleiten. Bis zum Ende seines Aufenthaltes in Indonesien war er sehr böse mit mir, und ich befürchtete schon, das würde noch Konsequenzen haben. Aber nach seiner Rückkehr stolperte er in Deutschland über eine andere Geschichte und er musste schon bald danach die Firma verlassen. Vermutlich hat er sich über mich nicht mehr beschweren können oder er hat kein Gehör gefunden, ich habe jedenfalls nie etwas über diese Sache gehört.

Durch die vielen Firmenbesucher fanden natürlich auch immer mehr offizielle Essen bei uns zu Hause statt. Oft wurde der Tagesplan kurzfristig geändert. So konnte es passieren, dass ich um die Mittagszeit bei meiner Frau anrief und sagte, zum Abendessen würde ich mehrere Personen mitbringen. Aber meine Frau hat das immer großartig organisiert, und mit Hilfe der *Babus* oder dem Catering-Service vom Hotel Indonesia hat alles auch immer hervorragend geklappt.

Bei einem dieser Essen spielte sich eine Begebenheit ab, die für die Hausfrau hätte peinlich enden können, aber durch die Improvisationskunst unserer Angestellten glänzend gemeistert wurde. Wir hatten ungefähr zehn Gäste. Vorspeise und Suppe waren zu aller Zufriedenheit vorüber. Dann kam der Hauptgang: Es gab schönen knusprig gebratenen Truthahn aus dem Ofen. Auf einer großen Silberplatte, dekoriert mit allerhand Obst und

Grünzeug, sah er prächtig aus. Ein 16jähriges Mädchen, das bei uns angelernt wurde, sollte servieren. Sie kam durch die Türe, alle Gäste machten
begeistert „ahh", dann – oh Schreck – stolperte sie, der Truthahn rutschte
von der Platte und schlitterte über den Fußboden. Der Truthahn wurde umgehend wieder auf die Platte geladen und verschwand in die Küche. Meine
Frau folgte kreidebleich, kam aber schon nach kurzer Zeit wieder, immer
noch sehr schockiert. Es war peinlich, zumal dieses Essen zu Ehren eines
deutschen Staatssekretärs aus dem Bundesministerium für Forschung und
Technologie gegeben wurde! Die Unterhaltung plätscherte weiter, als wenn
nichts geschehen wäre, aber irgendwie war uns allen der Appetit auf einen
Truthahn etwas vergangen und alle erwarteten, dass der Hauptgang ausfallen
würde. Es vergingen keine zehn Minuten, dann kam die Köchin Saamin
höchstpersönlich und servierte einen wunderbar gelungenen Rostbraten,
perfekt rosarot: auf den Punkt genau gebraten. Alle waren des Lobes voll und
bewunderten meine Frau und die Köchin, die alles so schnell umorganisiert
hatten. Es war wie Zauberei!

Nach dem Essen, als der letzte Gast gegangen war, fragte ich meine
Frau, wie sie das alles so schnell neu geregelt hätte. Sie sagte, sie wollte mit
der Köchin ein neues schnelles Essen arrangieren, aber diese hätte gesagt:
Tidak apa apa Njonja ... – „Kein Problem, gnädige Frau. Gehen Sie wieder
zu den Gästen. Ich werde alles regeln", und sie hätte unserer guten alten
Köchin vertraut. Also gingen wir in die Küche, und fragten die Köchin,
wie sie den neuen Haupt-Gang so schnell organisieren konnte. Die Lösung
war ganz einfach: Unsere japanischen Nachbarn hatten auch eine Dinner-
Party. Das war unseren Angestellten durch die tägliche Buschtrommel über
den Zaun natürlich bekannt. Da wurden einfach nur die Hauptgänge aus-
getauscht. Die japanische Hausfrau hat sich sicher gewundert, dass entgegen aller Vorbereitungen als Hauptgang ein Truthahn aufgetragen wurde. Aber wie wir am nächsten Tag von ihr erfuhren, hat der Truthahn ihr
und allen Gästen hervorragend geschmeckt. Wir und unsere japanischen
Nachbarn haben uns königlich amüsiert, und die Köchin bekam für ihre
pfiffige Lösung des Problems ein extra Trinkgeld. Indonesier sind Meister
im Improvisieren!

Die Ehefrau war ohnehin ein wichtiger Eckpfeiler bei der Kunden-
betreuung und besonders meine Frau, die durch ihre frühere Tätigkeit
als Sekretärin des TELEFUNKEN-Exportleiters in der Firma sehr viele
leitende Herren persönlich kannte. Nun kamen auch immer mehr pro-
jektgebundene Ingenieure und Monteure nach Indonesien, denen natürlich – wenn sie nach Wochen im Busch oder auf den Außeninseln nach
Jakarta kamen – auch häufig heimische Kost bei uns zu Hause serviert

wurde. Einer der Ingenieure leitete die Montage der Großsendestation in Cimanggis. Er und das ganze Montageteam von vier Personen hatten einen Bungalow in den Bergen in Richtung Puncak-Pass gemietet. Der Bungalow war herrlich gelegen in einer tropischen Landschaft mit Bananenstauden und Baumfarnen neben einem klaren Gebirgsbach. Der Ingenieur kam direkt von einer Baustelle in Saudi-Arabien nach Indonesien. Nach der kargen Wüste in Saudi-Arabien sollte man vermuten, er habe das üppige tropische Grün seiner neuen Umgebung genossen. Nein, im Gegenteil! Er sagte, er könne das Grün nicht mehr sehen, es mache ihn verrückt. Er bat um seine Versetzung zurück nach Saudi-Arabien. Diese wurde ihm auch gewährt und in der aus unserer Sicht trostlosen Wüste fühlten er und seine Frau sich wieder ganz wohl.

In den Jahren nach dem Putsch kam die Zeit der Diebstähle und Einbrüche. Man musste das Haus bei Nacht gut verschließen und noch zusätzlich einen *Jaga Malam* (einen Nachtwächter) einstellen. Obwohl der Nachtwächter zu später Stunde meist selbst eingeschlafen war, vermittelte er doch ein gewisses Maß an Sicherheit. Wenn wir abends – wie so oft – ausgehen mussten, schlief unser Gärtner zur weiteren Sicherheit vor der Schlafzimmertüre unserer Tochter. Wir sind zum Glück von Einbrüchen verschont geblieben, aber in unserem Freundeskreis ist doch einiges passiert.

Eines Nachts wachte Susi Möller, die Ehefrau von Jürgen Möller von HAPAG, auf, und ein vermummter Einbrecher stand mitten in ihrem Schlafzimmer. Spontan, wie Susi war, sprang sie nackt, wie sie geschlafen hatte, beherzt und ohne Furcht auf den Einbrecher zu. Trotz ihres wohlgeformten Körpers flüchtete der Einbrecher in Panik. Wie wir erst später von unseren indonesischen Freunden erfuhren, ist eine nackte weiße Frau ein ganz böses Omen für einen Indonesier, weil diese Ähnlichkeit mit einem Geist haben soll. Dabei möchte ich aber nicht behaupten, dass Susi Ähnlichkeit mit einem Geist hat. Sie hatte immer und das bis heute wegen ihres blendenden Aussehens und ihrer sympathischen Ausstrahlung viele Verehrer.

Neben unserem Haus wohnten, wie schon erwähnt, japanische Geschäftsleute, ein sehr nettes Ehepaar. Als sie ein Wochenende nicht zu Hause waren, kam ein großer Lastwagen vorgefahren. Der Fahrer stellte sich sogar bei uns vor und sagte, er wäre von der Firma des Nachbarn und er hätte den Auftrag, verschiedene Kartons mit einem Fernsehgerät und anderen Möbelstücken dort ins Wohnzimmer zu stellen. Einen Schlüssel für das Haus hätte er im Büro des japanischen Nachbarn bekommen. Alles schien in Ordnung und ein emsiges Treiben mit Kartons rein, Kartons raus begann. Als die Nachbarn wieder zurückkamen, war die Überraschung groß. Alle wertvollen Geräte und Möbelstücke fehlten. Die Diebe hatten nicht volle Kartons hineingetragen und leere Kartons wieder heraus. Sie machten es genau umgekehrt und sind mit reicher Beute abgefahren.

Zu dieser Zeit, als es noch kaum Klimaanlagen gab, war es leider auch üblich, dass die Diebe mit Äther getränkte Lappen an Bambusstangen durch die normalerweise geöffneten Fenster in die Nähe der Schlafenden hielten, um diese zu betäuben. Die Fenster waren immer vergittert. Aber wenn die Opfer durch den Äther in einen Tiefschlaf versunken waren, wurde ein kleines Kind, das gerade noch durch die Gitterstäbe passte, ins Zimmer geschoben. Dieses konnte dann in Ruhe Wertsachen und Geld im Schlafzimmer suchen und wieder auf demselben Wege verschwinden. Später als die Schlafzimmer überall klimatisiert waren, wurde Äther durch die Frischluftzufuhr der Klimaanlage von außen in die Schlafzimmer geleitet. Dann war auch wieder der Weg für einen erfolgreichen Beutezug bereitet.

So erging es auch unserem Freund John. John war Verbindungsmann einer deutschen Firma in Indonesien. Er und seine Frau Ilse hatten einen wunderschönen Bungalow hinter dem Puncak-Pass in Richtung Bandung. John verbrachte viele lange Wochenenden alleine dort. Er war ein Kricket-Fan und hing jeden Samstag und Sonntag mit dem Ohr am Kurzwellen-Radio, um den Live-Übertragungen aus England und Australien zu lauschen. Dort, in seinem Bungalow in den Bergen, hatte er seine Ruhe. Er wollte aber auch alleine sein, um sich ab und zu – ohne die Kontrolle seiner Frau Ilse – einen extra Whisky genehmigen zu können. Eines Morgens wachte er auf und sagte zu sich: „So gut wie letzte Nacht habe ich im ganzen Leben noch nicht geschlafen!" Die böse Überraschung kam dann etwas später, als er feststellte, dass alle Wertsachen und sein ganzes Geld gestohlen waren. Er wurde betäubt und die Diebe konnten in aller Ruhe das Haus durchsuchen.

Javasee und Tropenschicksale

Als wir endlich das Segelboot unseres englischen Freundes verkauft und den Erlös nach London transferiert hatten, vermisste ich schon bald das Meer und die *Pulau Seribu*, die „Tausend Inseln", die Jakarta vorgelagert sind. Ich wollte wieder schwankende Planken unter den Füßen haben: Das Erbe meiner Vorväter, die von der „Waterkant" kamen, machte sich bemerkbar. Der Liegeplatz für das Segelboot unserer englischen Freunde war in Tanjung Priok in einer kleinen Reparaturwerft, die Sita Wahyu gehörte. Sita war eine bildhübsche Indonesierin, eine Prinzessin aus einem Adelsgeschlecht aus Wonosobo und eine überaus erfolgreiche Geschäftsfrau dazu. Ihr Freund, ein Deutscher, managte ihre Werft und jeder, der sie kannte, wunderte sich, dass sie sich bei ihren großen Chancen, die sie bei jedem Mann hatte, mit diesem relativ einfachen Deutschen einließ. Das hat sich dann aber bald geändert. Ein jugendlicher Diplomat der Deutschen Botschaft, damals Junggeselle, der bei den Damen der Gesellschaft sehr beliebt und begehrt war, hat sich dann bei jeder Gelegenheit mit dieser attraktiven Dame geschmückt. Ob sie sich im Laufe der Zeit näher kamen, blieb selbst in der Gerüchteküche von Jakarta ein Geheimnis. Dieser Diplomat, der übrigens in kürzester Zeit die Bahasa Indonesia perfekt beherrschte, hat dann später in Deutschland wieder eine Prinzessin oder Gräfin gefunden, diese geheiratet und beide bezogen ein Schlösschen. Dem Hochadel blieb er also dauerhaft verbunden. Durch unsere Segeltouren mit dem Boot von Peter Kloos und durch den Liegeplatz bei ihr lernten wir die Prinzessin Sita Wahyu gut kennen.

Durch die Vermittlung von Sita entdeckte ich ein Holzboot, in das ich mich sofort verliebte. Ich wollte diesmal ein Motorboot haben, um auch die entfernten Inseln erkunden zu können und um von den unzuverlässigen Winden in der Javasee nicht mehr abhängig zu sein. Nach nur einer Probefahrt war der Handel perfekt. Das Boot war genau auf meine Bedürfnisse zugeschnitten, nicht zu groß aber hochseetauglich. Es war ein Kabinenboot mit einem großen überdachten offenen Deck. In der Kabine waren zwei Schlafplätze und auf dem überdachten Deck konnten nochmals zwei bis vier Personen schlafen. Es war relativ schwer und langsam, was bei der oft rauen See im Java-Meer aber eher ein Vorteil war. In der Garage zu Hause lagen noch die beiden 40 PS Außenbord-Motoren, die ich während der galoppierenden Inflation als Geldanlage gekauft hatte. Die kamen nun zum Einsatz. Das Boot wurde generalüberholt und die Hülle bekam gegen den aggressiven Bewuchs von Algen und Muscheln in den warmen tropischen Gewässern noch einen Überzug aus massivem Kupferblech. Durch das zusätzliche Gewicht unter Wasser wurde es noch seetüchtiger. Nach der Taufe auf den zweiten Vornamen unserer Tochter, „Permata" (Juwel), konnte 1966 die Jungfernreise mit einigen Freunden losgehen.

Von nun an erweiterte sich unser Erkundungsradius erheblich. Unser Lieblingsplatz für das Wochenende waren die Ageniden, eine kleine Inselgruppe etwas westlich der Hauptinseln der *Pulau Seribu*, umgeben von einem großen Korallenriff. Selbst bei heftigen Stürmen in der Regenzeit war die See in der Lagune innerhalb des Riffes immer ruhig. Aber es war ein Problem, in die Lagune hineinzukommen. Es gab nur eine einzige, schwer zu findende, schmale Fahrrinne durch das Korallenriff. Vom Boot aus war diese Rinne kaum zu sehen. Ein Fischer zeigte mir, wie ich die Peilungen zu markanten Punkten auf den Inseln machen musste, um den Eingang in die Lagune zu finden. Wir blieben auf „unserer" kleinen unbewohnten Insel *Pulau Kunji* auch immer alleine, außer wir nahmen Freunde mit, für deren Boot ich dann den Lotsen spielen musste. Alleine traute sich keiner von ihnen durch das gefährliche Riff auf diese kleine Insel.

Die *Pulau Kunji* war ein kleines unbewohntes Paradies mit Kokospalmen, ganz feinem weißen Strand und bei Ebbe einer mehrere hundert Meter langen weißen Sandbank nach Westen zu. Die Attraktion war ein kleiner Süßwasserbrunnen in der Mitte der kleinen Insel, der sicher vor langer Zeit von Fischern, die hier Station machten, angelegt wurde. Allerdings war dieser Brunnen immer von ganzen Horden riesengroßer Landkrebse bevölkert, die ihr Territorium fanatisch verteidigten. Bei Dunkelheit war es unmöglich, in die Nähe des Brunnens zu kommen: Die Krebse hatten große Zangen und zwickte einen unweigerlich ganz heftig in die Zehen. Die große Lagune war an der tiefsten Stelle nur ungefähr drei Meter tief und das fischreiche Wasser hatte eine wunderschöne, ganz intensiv türkisblaue Färbung. In dem glasklaren Wasser konnte man stundenlang schnorcheln, tauchen und dabei die bunten tropischen Fische bewundern. Gegen Abend wurden, meist von unserer Tochter Regina, Muscheln im flachen Wasser gesucht. Sie hatte „Adleraugen", mit denen sie beide kleinen Atemlöcher der Muscheln im Sand entdecken konnte, und ihr Eimer war immer bald gefüllt. Kurz in Meerwasser gekocht, waren sie ein Leckerbissen zum obligatorischen Sun-Downer. Innerhalb der Lagune, gut tausend Meter entfernt, war eine zweite noch kleinere Insel, die von einigen Fischern bewohnt war. Wenn diese einen guten Fang gemacht hatten, kam ein Fischer im Einbaum zu uns herüber und bot frische Fische und Langusten an. Wir hatten immer einen kleinen Holzkohle-Grill dabei und konnten so diese Köstlichkeiten genießen.

Als wir wieder einmal ein Wochenende auf „unserer" Insel Pulau Kunji waren, kam die Frau eines Fischers weinend zu uns, ihr Mann sei todkrank, ob wir nicht helfen könnten. Ich packte meine Reiseapotheke, die ich immer dabei hatte, ein und fuhr mit der Frau zurück in ihre Hütte. Schon vor der Hütte hörte ich das Wimmern des Mannes. Es war ein schrecklicher Anblick. Er lag nackt, mit dem Hinterteil nach oben gekrümmt, über einem Baumstamm. Sein ganzes Hinterteil war offen und rot, von einem Ekzem überwuchert. Er musste schreckliche Schmerzen haben. Zum Glück hatte ich ein Döschen mit Penicillin Puder dabei. Ich versprach ihm zu helfen, aber zunächst müsse er noch größere Schmerzen ertragen. Die Wunde wurde vorsichtig mit in Wasser verdünntem Jod ausgewaschen und nach der Trocknung mit dem Penicillin Puder bestreut. Ich gab der Frau Anweisung, diese Behandlung jeden Tag zu wiederholen. Als wir drei Wochen später wieder zu unserer Pulau Kunji kamen, fuhr der nun wieder gesunde Fischer zu uns und bedankte sich unter Tränen für unsere Hilfe. Er hatte in seinem Leben auf dieser abgelegenen Insel noch nie ein Medikament bekommen, da wirkte das Penicillin natürlich besonders gut. Von da an brauchten wir uns um frische Fische und Langusten keine Gedanken mehr zu machen. Bei jedem unserer Besuche auf der Insel wurden wir täglich mit frischer Ware beliefert.

Natürlich gingen wir mit der Harpune auch selbst auf Jagd, aber innerhalb der Lagune lebten nur kleinere Fische, und die Ausbeute war entsprechend gering. Deutsche Freunde, Horst und Marianne Lauth, hatten nur ein kleineres, nicht so seetüchtiges Boot. Sie schlossen sich daher aus Sicherheitsgründen bei größeren Fahrten uns an. Wenn sie mit uns zur *Pulau Kunji* kamen, trauten wir beiden Männer uns auch außerhalb der Lagune, am steilen Abfall des Korallenriffs im unergründlich tiefdunklen Meer zu tauchen. Dort sahen wir uns eines Tages Auge in Auge mit einem riesengroßen, ganz zutraulichen Seekarpfen von vielleicht fünfzig Kilogramm Gewicht, aber wir brachten es nicht übers Herz, mit der Harpune ein so sicheres Opfer zu schießen. Der Anblick war einfach zu grandios, und selbst gemeinsam hätten wir im Wasser einen so kräftigen und gewaltigen Kerl im Todeskampf nicht festhalten können.

Herr und Frau Lauth waren große Freunde des Meeres. Da das indonesische Wort für Meer *Laut* ist, machten sie mit ihrem Namen dem Hobby alle Ehre. Als ich eines Samstagmorgens bei den Lauths anrief und die Angestellten fragte, ob Herr und Frau Lauth heute zum Meer fahren würden, bekam ich zur Antwort: „Herr und Frau Lauth haben sich heute früh nicht gewaschen. Und wenn sie sich nicht waschen, fahren sie normalerweise ans Meer!" Die Beobachtungsgabe der indonesischen Angestellten ist enorm!

Einmal besuchten wir auch die heilige und zugleich unheimliche Insel *Pulau Kerkhof* (Friedhofsinsel). Während der Zeit der Portugiesen auf Java, war diese Insel der Bestattungsort für ihre Toten. Überall lagen Menschen-knochen und Porzellanscherben herum von Gaben, die ihnen mit ins Grab gegeben wurden. Immer wieder wurden Gräber durch die Brandung frei gespült. Ganz unheimlich aber war ein tiefer Brunnen in der Mitte der Insel, in dem – wie uns erzählt wurde – eine riesengroße Schlange hausen soll. Wir tasteten uns langsam heran und leuchteten mit der Taschenlampe in die Tiefe. Wir konnten zwar nichts entdecken, aber wir waren trotzdem froh, als wir diese unheimliche Insel wieder verlassen hatten.

Ein großes Erlebnis war der Besuch von Prof. Dr. rer. nat. Hans Hass mit seiner außergewöhnlich schönen Frau und Assistentin Lotte in Indonesien. Hans Hass gilt bis heute als Urvater der Taucher. Er hat entscheidend an der Entwicklung von Tauchgeräten mitgewirkt, zusammen mit Leica entwickel-te er ein wasserdichtes Kameragehäuse, und jeder Taucher und Schnorchler schwor seinerzeit auf die Hans-Hass-Flosse. Hans Hass und seine Frau Lotte führten mit seinem Forschungsschiff „Seeteufel" und später der größeren „Xarifa" Unterwasserexpeditionen in allen Meeren durch. Weltberühmt wur-de er durch seine vielen aufregenden Bücher und Publikationen, aber beson-ders durch seine vielen Unterwasserfilme wie „Menschen unter Haien" oder „Abenteuer im Roten Meer", mit denen er nicht nur die Jugend begeisterte. Darüberhinaus drehte er über 70 TV-Filme für das deutsche Fernsehen und die BBC. Für seinen Film „Unternehmen Xarifa" wurde er sogar mit dem Oscar ausgezeichnet. Ihm gelangen die weltweit ersten Nahaufnahmen eines Hammerhais. 1966 war Hans Hass mit dem Tierpsychologen Eibl-Eibesfeld auf Bali, und da er auch in Indonesien durch seine Bücher und Filme sehr bekannt war, wurden er und seine Frau von der indonesischen Marine zu einem Besuch der Jakarta vorgelagerten „Tausend Inseln" eingeladen.

Die Fahrt sollte mit einem größeren Boot der Marine und einem großen Aufgebot von Honoratioren stattfinden. Das war natürlich eine einmalige Chance, Hans Hass und seine Frau einmal aus der Nähe kennen zu lernen, und wir wollten das Marineboot mit unserer kleinen „Permata" begleiten. Rechtzeitig waren wir im Hafen und lagen startbereit bei dem Boot der Marine. Deren Motor wollte jedoch nicht anspringen. Es wurde eine Stunde lang alles vergeblich versucht. Das dauerte Hans Hass nun doch zu lange und er kam zu mir und fragte, ob er nicht mit uns zu den Inseln fahren dür-fe. Das empfanden wir als eine glückliche Fügung! Er kam mit seiner Frau in unser Boot und wir legten ab. Für die indonesische Delegation war natürlich in unserem kleinen Boot kein Platz. Wir fuhren zunächst zu den Ageniden und dann noch zu zwei weiteren kleinen Inseln. Hans Hass und Frau Lotte waren von der noch ursprünglichen Korallenwelt der Javasee begeistert. Aller-dings bemängelte er schon damals die Verschmutzung der Meere. Wir teilten mit ihnen unsere mitgenommenen Brote zum Lunch. Am Nachmittag konnte das Marineboot dann doch noch auslaufen und stieß zu uns. So durften Hans Hass und seine Frau wenigstens noch auf der Rückfahrt zum Hafen Tanjung Priok die Gastfreundschaft seiner indonesischen Freunde genießen. Am Abend trafen wir Hans Hass nochmals zu seinem Vortrag im Goethe-Institut, bei dem er auch uns und unser kleines Schiff „Permata" dankend erwähnte. 1972 war er nochmals in Indonesien, er besuchte auf dieser Reise leider nicht Jakarta. Hans Hass ist bis heute aktiv. Noch im Jahre 2005 tauchte er im Alter von 86 Jahren vor den Malediven, um die Folgen der Tsunami-Katastrophe unter Wasser festzustellen.

Angeregt durch Hans Hass wollte ich von nun an nicht mehr nur schnorcheln, sondern auch tiefer in die Unterwasserwelt vordringen. Ich kaufte ein damals neu auf den Markt gekommenes schlauchversorgtes Tauchgerät, mit einem kleinen Benzinmotor und einem Kompressor. Dieses Gerät war auf einem aufblasbaren Gummiring montiert und schwamm auf der Wasseroberfläche. Ein 15 Meter langer Schlauch war mit einer Tauchermaske verbunden. So konnte ich in 10 Meter Tiefe frei schwimmen, das Gerät an der Wasseroberfläche wurde einfach hinterher gezogen. Es war faszinierend! Aber schon bald arbeitete der Motor unzuverlässig, so dass ich wieder auf die alte Methode mit dem Schnorchel überging. Übrigens habe ich während dieser Zeit das Rauchen aufgegeben. Schon wenige Monate danach konnte ich meine Tauchgänge wesentlich verlängern.

Wir besuchten auch regelmäßig Herrn Fust auf seiner Insel Kaliageh. Herr Fust war der Chef von Hoechst in Indonesien und er hatte sich schon frühzeitig zur Ruhe gesetzt. Seine wunderschöne, in Indonesien nach seinen Plänen gebaute Segeljacht, die „Southern Cross", war der Star im Hafen von Tanjung Priok. Schon ab Ende der 1960er Jahre lebte Herr Fust permanent auf seiner paradiesischen Insel Kaliageh, die er für 99 Jahre gepachtet hatte. Die Insel war mit einem schnellen Motorboot und gutem Wetter in zwei Stunden vom Hafen in Jakarta zu erreichen. Sein Haus war ganz aus Korallensteinen gebaut mit einem zum Meer hin offenen Wohnzimmer und einer großen Bibliothek. Die Sandwege waren mit Korallensteinen eingefasst und sein Garten unter den Kokospalmen war übersät mit blühenden Bougainvilla- und Hibiskussträuchern. Die Bougainvillas blühten besonders kräftig. Sein Gärtner erklärte uns, je weniger Wasser sie bekämen, desto prächtiger sei die Blüte. Und auf der Insel regnete es selten. Seine Southern Cross lag nun hier bei der Insel. Leider wurde sie immer weniger gesegelt. Mit ein Grund, dass er sich auf diese abgelegene Insel zurückgezogen hatte, waren sicher auch seine Boys, die er immer seine „Jungs" nannte und denen er sehr zugeneigt war. Auf seiner Insel konnte er schalten und walten wie er wollte. Die Anzahl seiner männlichen Angestellten oder Diener wurde auch immer größer. Er beschäftigte bis zu 20 junge Männer, für einen alleinstehenden Herrn ein ziemlicher Aufwand. Das kostete viel Geld! Sein Chef-Boy Mohammed wurde immer wieder zum Einkaufen nach Jakarta geschickt, und wie wir herausfanden, verlangte Mohammed von seinem Herrn den doppelten oder dreifachen, ja oft den vierfachen Preis des reellen Betrags. Herr Fust wurde tagtäglich von ihm betrogen. Wir machten ihn darauf aufmerksam, aber er wollte oder konnte gegen seine „Jungs" nicht vorgehen. Er war fest in ihrer Hand. Der Papagei auf der Terrasse sang von morgens bis abends „Üb' immer Treu und Redlichkeit" über die Insel, aber die Rufe des Papageis scheinen ungehört an Mohammed und den anderen Bediensteten vorbeigegangen zu sein. Mohammed wurde jedenfalls immer reicher! Und Herr Fust immer ärmer! Unter Palmen und dem Sternenhimmel mit dem Kreuz des Südens wurden anfangs noch viele Feste gefeiert. Herr Fust hatte sein ganzes Berufsleben in Ost- und Südost-Asien verbracht. Meist wurde daher Japanisch gekocht und gegrillt. Bei diesen Gelegenheiten erzählte Herr Fust öfter eine von ihm selbst erlebte Geschichte aus seiner Zeit in China:

Für seinen Haushalt hatte er einen neuen chinesischen Koch eingestellt. Er wunderte sich, dass der Sherry, seit der neue Koch im Hause war, immer weiter abnahm. Er verdächtigte den Koch und sagte sich, dem werde ich den Sherry vergällen. Er machte eine kleine Marke mit Bleistift an die Flasche und jedes Mal, wenn der Sherry wieder abgesunken war, füllte er die Flasche bis zu dieser Markierung mit seinem Urin auf. So ging das mehrere Wochen, und der Sherry muss inzwischen schrecklich geschmeckt haben. Er nahm sich den Koch vor und beschuldigte ihn, dass er seinen Sherry trinken würde. Der Koch stritt dies empört ab. Als Herr Fust weiter in ihn drang und sagte, dass die Flasche aber immer leerer würde, antwortete der Koch: „Der Herr isst doch so gerne eine Consommé vor der Hauptspeise, und da habe ich bei meinem früheren Arbeitgeber, einem Engländer, gelernt, dass man da für einen besseren Geschmack immer einen anständigen Schuss Sherry hinein gibt! Und das habe ich bei Ihnen nun auch getan!" Ob der Geschmack der Consommé mit diesem Sherry noch gut war, wage ich zu bezweifeln. Allerdings hatte Herr Fust bis zu diesem Zeitpunkt an seiner Suppe nichts zu beanstanden.

Eine weitere Geschichte, die Herr Fust immer wieder zum Besten gab, handelte auch aus seiner Zeit in China: Er hatte zu einem Gala-Dinner hohe chinesische Beamte und Diplomaten aus verschiedenen Ländern zu sich nach Hause eingeladen. Es gab zum Hauptgang Spanferkel. Alles sollte perfekt ablaufen und der Ablauf wurde mit dem hauseigenen Personal immer wieder durchgesprochen. Noch am Tage des Festes besprach er mit dem Koch und dem Mädchen, das für das Servieren zuständig war, wie das gegrillte Spanferkel auf der großen Platte dekoriert und serviert werden sollte: „Also, an die Seite Tomatenstücke und ins Maul Petersilie und den Schnitz einer Zitrone". Dabei machte er sicher eine Bewegung mit der Hand zu seinem Mund, um es ganz klar zu machen. Am Abend, die vielen Gäste saßen um die große Tafel, lief bei der Menü-Folge zunächst alles ganz nach seinen Vorstellungen. Aber nun kam der große Moment, als das Spanferkel serviert werden sollte. Als Zeichen dafür klingelte der Hausherr mit einem silbernen Tischglöckchen. Die Türe zur Küche ging auf und das chinesische Mädchen brachte die Platte mit dem knusprig braunen Spanferkel herein und trug zur allgemeinen Belustigung die für das Spanferkel gedachte Dekoration, Petersilie und Zitronenscheibe, selbst im Mund. Wie Herr Fust sagte, schmeckte das Spanferkel köstlich, und für den ganzen Abend musste er sich wegen anderer, vom Spanferkel abweichenden Themen, nicht mehr bemühen. Für den Wahrheitsgehalt dieser Geschichten von Herrn Fust verbürge ich mich allerdings nicht.

Ein guter Freund von Herrn Fust, Herr Bassler, bekleidete in Bonn im Auswärtigen Amt als Leiter der Personalabteilung eine wichtige Position. In dieser Funktion reiste er öfter nach Jakarta und hielt sich dann auch bei Herrn Fust auf dessen Insel Kaliageh auf. Herr Fust hatte aus der Insel ein filmreifes Tropenparadies gemacht. Kein Wunder, dass es Herrn Bassler dort bei jedem Aufenthalt besser gefiel. Daher wurde für ihn der Posten als Deutscher Botschafter in Jakarta immer begehrenswerter. Da er diesen Posten unbedingt haben wollte, sägte er kräftig am Stuhle des damaligen Botschafters und seines Vorgängers, Herrn Luedde-Neurath. Auf dem Schreibtisch von Herrn Bassler in seinem Bonner Büro stand ein Foto, auf dem ein Sonnenuntergang über der Insel Kaliageh zu sehen war, dem tropischen Südseeparadies des Herrn Fust. Allen Besuchern schwärmte er von der Insel Kaliageh vor und sagte: „Das ist mein Traum! Da will ich hin!"

Herr Botschafter Luedde-Neurath war in Indonesien und besonders bei den Indonesiern sehr beliebt. Seine Frau war auf Sumatra als Tochter eines deutschen Geschäftsmannes geboren und sprach außer Japanisch, Englisch, Französisch und natürlich Deutsch auch fließend Bahasa Indonesia, und sie konnte durch ihre herzliche und liebevolle Art das Herz jeden Indonesiers gewinnen. Während der Zeit, als Herr Luedde-Neurath Botschafter war, wurde unter der Planung und Aufsicht der Bundesbaudirektion das neue, bis heute bestehende, Botschaftsgebäude, 8 Stockwerke hoch, gebaut. Das Botschaftsgebäude dominierte eine ungewöhnliche große Kurzwellen-Richtantenne. Der Informationsaustausch zwischen der Deutschen Botschaft und dem Auswärtigen Amt in Bonn wurde damals auf Kurzwellenfrequenzen abgewickelt.

Die obersten beiden Stockwerke wurden als Residenz für den Botschafter geplant und eingerichtet. Die Bundesbaudirektion hatte die Residenz mit den modernsten Bädern ausgestattet.

Im Mai 1967 wurde das neue Botschaftsgebäude an der Jalan Thamrin eingeweiht. Das jahrelange Provisorium an der Jalan Dr. Sam Ratulangi konnte endlich aufgelöst werden. Bei den Veranstaltungen in der Residenz im 8. Stock der Botschaft kamen zu Herrn und Frau Luedde-Neurath immer die höchsten indonesischen Regierungsbeamte und viele Minister. Es herrschte immer eine lockere und freundliche Atmosphäre. Die Freundlichkeit ging sogar so weit, dass wir und einige anderen Freunde ab und zu Sonntagmorgens zum warmen Wannenbad kommen durften. Zu dieser Zeit waren Badewannen in Indonesien noch ganz unbekannt. Es gab eben zu Hause, wie auch in allen Hotels mit Ausnahme des Hotels Indonesia, nur das *Bak Mandi* mit der „Elefantendusche". Als besonderen Luxus gab es ab und zu warmes Wasser. Da war natürlich ein warmes Wannenbad ein ganz besonderes Angebot. So kreuzten wir dann an manchen Sonntagen mit Handtuch und Seife bewaffnet in der Deutschen Botschaft auf. Nach dem Genuss im warmen Wasser gab es dann zum Abschied immer noch ein schönes kaltes deutsches Bier, mit dem von Herrn Botschafter Luedde-Neurath bei jeder Gelegenheit obligatorischen Trinkspruch: „Herzlich Willkommen"!

Botschafter Luedde-Neurath war ein sportlicher Typ, ein Draufgänger. Sein Hobby war das Meer und das Tauchen. Da war Indonesien der ideale Platz für ihn. Er brachte aus Deutschland ein großes und schnelles Zodiak-Schlauchboot mit, um die „Tausend Inseln" vor Jakarta zu erkunden. Er hatte aber nicht mit dem besonders in der Regenzeit hohen Seegang gerechnet, und da die interessantesten Inseln mit den schönsten Korallenriffen aber ziemlich weit, bis zu 30 Seemeilen vor der Küste lagen, hatte er sich aus Sicherheitsgründen meist uns mit unserem größeren Boot angeschlossen. So fuhren wir oft im Konvoi auf Sichtweite zu weiter entfernten Inseln. Unser Kabinenboot „Permata" mit zwei Motoren von je 40 PS und noch zusätzlich einem Schlauchboot mit eigenem Motor garantierten, dass uns eigentlich nichts passieren konnte. Eine Küstenwache oder SAR-Boote der Marine, um in Seenot geratene Boote und Fischer zu retten, gab es zu dieser Zeit noch nicht. Einmal konnten wir zwei Fischer retten, deren Boot im Sturm gekentert war und die schon über 24 Stunden an Holzplanken geklammert im Wasser trieben. Sie hatten Glück, denn nur wenige Tage später sah ich aus nächster Nähe, wie der Sohn eines Fischers von einem großen Hai halbiert wurde.

Selbst eine Seekarte für das Gebiet der Tausend Inseln musste ich damals noch selbst erstellen, um zwischen den Inseln und den vielen vorgelagerten Riffen gefahrlos navigieren zu können. Da es auch noch keine Funkverbindung zwischen den Inseln und dem Festland gab, installierte ich auf der Insel von Herrn Fust ein Funkgerät, mit dem wir jederzeit Kontakt mit der Funkstation der Deutschen Botschaft aufnehmen konnten. Der Botschafter fühlte sich dadurch auch sicherer, da er nun jederzeit – gerade an Wochenenden – in dringenden Fällen erreicht werden konnte.

Die Insel Kaliageh von Herrn Fust war unsere regelmäßige Anlegestelle, da wir dort einen sicheren Liegeplatz hatten. Süßwasser war auch vorhanden und die Korallenbänke rund um die Insel waren einmalig schön. Wenn wir an Samstagen auf Kaliageh zusteuerten, stand Herr Fust immer schon in banger Erwartung mit dem Fernglas an den Augen da und wartete auf seine Post. Wir waren sozusagen sein Post- und Nachschub-Boot. Nach einigen Fahrten auf die Insel Kaliageh hatten sich Herr Luedde-Neurath und Herr Fust dahingehend geeinigt, dass er auf dem Inselgrund einen eigenen Bungalow bauen durfte. Pulau Kaliageh war auch groß genug; man benötigte immerhin 15 Minuten, um die Insel einmal auf dem Sandstrand zu Fuß zu umrunden. Herr Luedde-Neurath ließ ein wunderschönes kleines Haus aus Korallensteinen von Handwerkern der Nachbarinseln errichten. Nach der Fertigstellung gab es ein rauschendes Einweihungsfest. Familie Luedde-Neurath konnte das paradiesische Plätzchen allerdings nicht lange genießen, denn die intriganten Bemühungen des bereits erwähnten Herrn Bassler im Auswärtigen Amt in Bonn, um diesen Botschafterposten zu ergattern, hatten Erfolg. Botschafter Luedde-Neurath wurde nach Wellington, Neuseeland versetzt und Herr Bassler wurde Deutscher Botschafter in Indonesien. Herr Fust und Herr Luedde-Neurath zerstritten sich über eine Abfindung für den von Herrn Luedde-Neurath finanzierten Bungalow, den er natürlich nicht nach Neuseeland mitnehmen konnte. Herr Luedde-Neurath ging leer aus und der neu gekürte Botschafter Bassler zog ein und setzte sich ins gemachte Nest.

Vom ersten Tag an legte Herr Bassler größten Wert darauf, dass täglich ein Artikel über ihn in der indonesischen Presse erschien: nicht nur in Zeitungen, die in Bahasa Indonesia erschienen, sondern auch in der englischsprachigen indonesischen Presse. „The Jakarta Times" hieß damals im Volksmund allgemein nur „The Daily Bassler". Als sein Dienstwagen, ein dicker Mercedes, in Tanjung Priok, dem Hafen von Jakarta, ankam, fuhr er dorthin und wollte sein Auto direkt vom Frachtschiff der HAPAG abholen. Er sprach von sich als dem Gönner Indonesiens und glaubte dadurch alle offiziellen Vorschriften und den dazugehörenden Papierkrieg umgehen zu können. Natürlich bekam er als Diplomat sein Fahrzeug zollfrei ins Land, aber alles musste seinen geregelten Weg gehen und das dauerte eben ein oder zwei Tage. Als das mit der direkten Abholung vom Schiff trotz großem Gezeter nicht klappte, wollte er wenigstens die Entladung seines Wagens überwachen. Alles ging gut, bis auf den letzten Meter. Da öffnete sich das Krangeschirr und der Wagen stürzte auf den Kai – zum Glück nur auf die Räder. Das Geschrei von Herrn Botschafter Bassler war groß: „Ich bin so gut zu euch Indonesiern, und DAS tut Ihr mir an!" Natürlich wurde dieses Ereignis am nächsten Tag in der indonesischen Presse in aller Ausführlichkeit dokumentiert und besprochen.

Der damaligen Pressereferentin der Deutschen Botschaft, meiner guten Freundin Ursula Müller, hat er wirklich tagtäglich die Nerven bis auf Äußerste strapaziert. Einerseits konnte sie wichtige Informationen schon vorab erhalten, und auf der anderen Seite konnte sie auch jede von deutscher Seite gewünschte Nachricht in den indonesischen Medien platzieren. In der jeden Morgen stattfindenden Lagebesprechung in der Deutschen Botschaft, bei der die Referenten dem Deutschen Botschafter über Aktuelles ihrer Ressorts berichten mussten, intern „Märchenstunde" genannt, hatte Frau Müller mit Botschafter Bassler laufend Ärger, da sie sich weigerte, die indonesischen Medien und im Besonderen die englischsprachigen Zeitungen Jakarta Post und Jakarta Times mit täglichen banalen persönlichen Berichten über ihn und seine guten Taten zu beliefern. Herr Bassler meinte dann durch Lautstärke die Gegenargumente, die durch die Gänge hallten, aus dem Wege räumen zu können. Zufällig konnte ich eine der zu Botschafter Basslers Zeiten lautstarken Auseinandersetzungen in der „Märchenstunde" in der Deutschen Botschaft mithören, – ich war allerdings zwei Stockwerke tiefer.

Lange durfte Herr Bassler nicht als Deutscher Botschafter in Indonesien bleiben. Gleich zu Anfang seiner Stationierung in Jakarta machte er mit dem neuen Dienstwagen eine Reise durch Java, bei der ein Kind totgefahren wurde. Das war schon ein schlechtes Omen. Zu seinem Glück saß zu diesem Zeitpunkt sein Fahrer am Steuer, denn er selbst war als äußerst rücksichtsloser Fahrer bekannt und berüchtigt. Er war Choleriker und war sowohl bei den Indonesiern als auch bei seinen Mitarbeitern in der Botschaft und in der deutschen Kolonie nicht sehr beliebt – um nicht zu sagen sehr unbeliebt. Die Situation, auch innerhalb der Deutschen Botschaft, spitzte sich zu. Vom Auswärtigen Amt wurde eine Kommission nach Jakarta entsandt, um diverse Vorgänge zu untersuchen. Herrn Bassler wurde mit sofortiger Wirkung die innere Führung der Botschaft entzogen. Ein äußerst seltener Vorgang im diplomatischen Dienst. Der Botschaftsrat, Herr Dr. Ritter, wurde kommissarisch als Leiter der Botschaft eingesetzt.

Dies führte zu kuriosen Situationen: Ein deutscher Minister besuchte zu dieser Zeit Jakarta. Herr Bassler durfte den Minister nicht empfangen, sondern musste in seiner Residenz im achten Stockwerk ausharren, solange seine Mitarbeiter mit dem Minister die politische und wirtschaftliche Situation Indonesiens erörterten. Auch an einem Empfang, den der Minister für indonesische Honoratioren gab, durfte der Botschafter nicht teilnehmen.

Herr Bassler, der sich selbst als Liebling der Indonesier und den perfekten Botschafter sah, wurde nach Deutschland zurückversetzt. Auf einer Straße zwischen Bonn und Frankfurt überholte Herr Bassler bei Nebel einen Lastwagen und stieß frontal mit einem entgegenkommenden Fahrzeug zusammen. In diesem Wagen – und das ist die traurige Ironie der Geschehnisse – saß die Familie eines thailändischen Diplomaten. Diese ganze Familie und Herr Bassler kam bei dem Autounfall ums Leben.

Als ich 1981 Indonesien verließ, lebte Herr Fust immer noch auf seiner Insel. Es ging ihm schon wesentlich schlechter, gesundheitlich und finanziell. Sein Segelschiff, die Southern Cross, musste er verkaufen. Mir hatte er immer wieder erzählt: „Wenn ich mal nicht mehr richtig kann, dann gehe ich nach Hamburg zurück. Da gibt es eine wunderbare Seniorenresidenz, den Rosengarten und da werde ich meinen Lebensabend verbringen." Sein Traum war immer, sogar mit seiner „Southern Cross" zurück nach Deutschland zu segeln. Leider konnte er sich all diese Wünsche nicht mehr erfüllen. Es war sehr tragisch, denn er ist elend auf seiner Insel zugrunde gegangen. Wenn er krank wurde, musste er mit einem angemieteten Boot nach Jakarta fahren. In der Regenzeit war die See oft so rau, dass er tagelang auf Transport warten musste. Schließlich war er mittellos. Sein Mohammed hatte seine Unterschrift gefälscht und alle Konten geplündert. Zum Glück war Herr Fust zu dieser Zeit schon nicht mehr ganz bei Verstand, so dass er dies alles nicht mehr so recht begriff. Er wurde immer kränker, konnte nicht mehr gehen und wurde morgens von einigen ihm treu gebliebenen Boys auf einem Stuhl sitzend ins Freie getragen und abends wieder zurück ins Bett. Die letzten Jahre vor seinem Tod lebte er von einigen hundert Mark Sozialhilfe, die die Deutsche Botschaft für ihn bereitstellte. Es ist ein trauriges Schicksal eines zum Schluss gescheiterten Lebens unter der Äquatorsonne, wie Joseph Conrad sie in seinen Romanen oft zum Thema gemacht hat.

In den Tropen gibt es viele derartige Schicksale menschlicher Demütigung. Zum Beispiel lebt ein mir bekanntes deutsches Ehepaar schon weit über 40 Jahre in Jakarta, anfangs in einem großen Haus komplett mit wertvollen antiken Möbeln eingerichtet und Dutzenden von Katzen als Mitbewohner in der besten Wohngegend. Aber auch sie haben den Absprung zurück nach Europa verpasst. Der Mann ist schwer krank und das Geld ist weg. Heute lebt das Ehepaar ohne Rente und ohne Krankenversicherung in sehr einfachen Verhältnissen immer noch in Jakarta.

Es kann so schnell gehen, dass man in den Tropen Schiffbruch erleidet, wenn man den Absprung nicht schafft oder sein Leben nicht für das Alter absichert. Den so Gescheiterten hat dann das trügerische Leben unter Palmen für immer im Bann. Insofern sind die Romane von Joseph Conrad wie zum Beispiel „Der Verdammte der Inseln" oder „Almayers Wahn" bis heute aktuell.

Viele blieben für immer, wie der sehr gute und beliebte Tropenarzt Dr. Stahlhacke. Er kam, wie viele deutsche Ärzte, Anfang bis Mitte der 1950er Jahre auf Einladung Sukarnos und mit einem Vertrag der noch jungen indonesischen Republik in den Archipel. Damals, nach dem 2. Weltkrieg und nach der Rückkehr von der Kriegsgefangenschaft, waren viele deutsche Ärzte froh, in Indonesien eine Anstellung als Regierungsarzt zu erhalten. Dr. Stahlhacke hatte, nachdem sein Vertrag mit der indonesischen Regierung abgelaufen war, eine einfache eigene Praxis in Jakarta aufgemacht. Später wurde er Hotelarzt im Bali Beach Hotel in Sanur, wo er auch seinen Lebensabend verbrachte. Mir hatte er noch Anfang der 1990er Jahre erzählt, er habe seit seiner Ankunft in Indonesien in den 1950er Jahren Deutschland – also nach vierzig Jahren – nie wieder gesehen und habe auch nicht vor, nochmals nach Deutschland zurückzukehren.

Andere wiederum schafften den Absprung sehr schnell, da sie mit den Verhältnissen in den Tropen – trotz vieler Annehmlichkeiten, die man sich in Europa gar nicht leisten konnte – von Anfang an nicht zurecht kamen. Ein Ehepaar, der Mann war Resident für eine deutsche Firma, hatte einen Vertrag für drei Jahre. Beide konnten sich nur sehr schlecht einleben. Die Wärme und die Sonne waren ihnen verhasst. Die Ehefrau sagte jeden Morgen, wenn sie die Jalousien öffnete und draußen in den glühenden Morgen sah: „Ich kann die Sonne nicht mehr sehen!" Aber dann klagte sie auch über den kühlen Regen, so wie sie vorher über die Hitze geklagt hatte. Jeder Tag bis zum Vertragsende wurde abgestrichen: nur noch 240 Tage, nur noch 239 Tage, nur noch 238 Tage, und so weiter. Wenn man noch jung ist, sollten drei Jahre nicht nach einer Ewigkeit aussehen, aber für sie ist es genau dazu geworden.

Ebenso hatte es sehr schrullige Typen in die Tropen verschlagen. Ein Beispiel dafür war ein Vertreter der Pharma-Abteilung von Hoechst nebst Ehefrau. Intern hatte der Ehemann bei der Fa. Hoechst den Spitznamen „vertrocknete Rosine" erhalten. Aber nicht sein Aussehen sondern eine merkwürdige Eigenheit verhalf ihnen zu einer Berühmtheit als komische Gestalten: Beide lebten in der ständigen Angst vor Diebstählen besonders durch die Einheimischen, aber ich bin mir nicht sicher, ob sich diese Furcht nicht auch auf jeden europäischen Gast, der ihr Haus betrat, erstreckte. Um sich dagegen zu versichern, lief jeder von ihnen mit einem schweren Gürtel herum, an dem sich für jede verschließbare Tür, Schublade etc. Schlüssel befanden. Es müssen mindestens 100 verschiedene Schlüssel gewesen sein. Und sie schlossen jede Zimmertüre, Schranktüre und Schublade hinter sich ab. Ein Gang durch ihr Haus muss eine mühselige Angelegenheit gewesen sein! Zur Belustigung der Gäste wurde dieses Ritual auch bei Einladungen beibehalten. Fehlte z. B. ein Besteckteil, schloss die Hausfrau die Schublade auf, entnahm das fehlende Teil und schloss dann wieder ab. Dass sich bei diesem Misstrauen die einheimischen Angestellten nicht wohl fühlten und ständig wechselten, war nur natürlich. Aber auch die Gäste fühlten sich trotz allem Amusement nicht sehr wohl dabei.

Unser zweites Haus und Amateurfunk-Erlebnisse

Da unser bisher gemietetes Haus in der Jalan Wijaya Timur vom Eigentümer bezogen werden sollte, mussten wir uns nach einer neuen Heimstätte umsehen und bis spätestens Ende Februar 1969 umziehen. Wir fanden auch bald ein neues größeres Haus in der Jalan Gandaria I, in dem damals noch ruhigen Vorort Kebayoran Baru. Heute herrschen in dieser Gegend ein reger Verkehr und eine rege Bautätigkeit. Es war ein schönes und großzügiges Haus, an das wir aber noch ein weiteres Schlafzimmer und eine große Terrasse anbauen ließen. Zunächst konnten wir im neuen Schlafzimmer nicht gut schlafen und wachten morgens wie gerädert auf. Wir schoben es zunächst auf den Stress des Umzuges und die neue Umgebung. Aber es wurde nicht besser. Unser indonesischer Freund Wibowo empfahl uns, doch einen Wünschelrutengänger zu Rate zu ziehen. Dieser stellte dann fest, dass genau unter dem Kopfende unserer Betten unter dem Haus eine alte Quelle sei und empfahl die Betten umzustellen. Wir folgten seinem Rat und von diesem Moment an waren unsere Nächte gerettet. Wir konnten wieder tief und fest schlafen. Als ich einige Jahre später den früheren Besitzer des Hauses traf, bestätigte dieser, dass genau an der georteten Stelle ein Brunnen war, den man aber zugeschüttet hätte.

Oben an der Straße war ein großes Gittertor, die Zufahrt ging dann 30 Meter nach unten und da lag das Haus, wunderbar abgeschirmt vom Straßenlärm. Der Garten war besonders schön mit vielen großen Akazienbäumen, an deren Stämmen die grün-weiß gesprenkelten Philodendren sich bis nach oben rankten. Unter den Bäumen hatten wir eine runde Frühstücks- und Tanzterrasse anlegen lassen. Hinter dem großen Elternschlafzimmer war der Swimmingpool, daneben eine wunderschöne zartblättrige Palme, deren Art auf Englisch „Lipstick Palmtree" genannt wurde. Der Garten war, da das Grundstück eine Hanglage nach Süden hatte, stufenförmig angelegt. Überall blühten Hibiskus, Puspacitras, bei uns unter dem Namen Canna bekannt, und andere tropische Pflanzen. Es war ein kleines Paradies, und unser Gärtner Datam hatte den ganzen Tag zu tun, um alles in Ordnung zu halten. Wir hatten zwar einen modernen Rasenmäher gekauft, aber Datam zog es vor, wie in Indonesien allgemein üblich, den großen Rasen mit einem scharfen Messer, einem Parang, zu „rasieren". Es war zwar viel mehr Arbeit, aber der Rasen sah immer sehr gepflegt wie ein Teppich aus.

Im Laufe der Jahre gesellten sich zu unserem Hund Blacky und den beiden Katzen Minggu und Pepsi noch weitere Tiere. Mit einer Schildkröte, mit unserem Rhesus-Affen Fridolin, einem Kakadu, einer Taubenart *Burung Berkutut* und einem unscheinbaren, aber ganz fröhlichen Vögelchen namens Steffi hatten wir einen kleinen Zoo beisammen. Zum Glück hatten wir ja Angestellte, die die vielen Tiere versorgten. Der Affe Fridolin war ein frecher Kerl. Sein Häuschen war im Garten unter dem großen Akazienbaum. Er suchte immer wieder die Freiheit, und er schaffte es sogar, selbst komplizierte Karabinerhaken zu öffnen. Wenn es ihm mal wieder gelang, frei zu kommen, kam seine Vorliebe und Sammelleidenschaft für Zahnbürsten zutage. Seine Raubtour führte ihn immer direkt in die Badezimmer, nicht nur in unserem Hause, auch bei den Nachbarn. Dann flüchtete er auf die hohe Mauer rund um das Haus, in einer Hand einen Strauss von bunten Zahnbürsten und produzierte sich stolz vor den Kindern der Nachbarschaft, die daran einen Heidenspaß hatten und ihm zujubelten. Nur mir gelang es, ihn wieder von der für mich unerreichbar hohen Mauer herabzulocken. Ganz zahm ließ er sich von mir wieder an seine lange Kette führen. Ich war seine Respektsperson.

Als die alte Mutter unserer Köchin Saamin einmal bei uns im Hause war, zerrte Fridolin wild und laut schimpfend an seiner Kette unter dem großen Akazienbaum. Die alte Frau sagte, „Nun kommt bald Regen". Und sie hatte recht. Als „Regenvorhersager" konnten wir uns auf unseren Fridolin verlassen.

Als er größer wurde, wurde er auch aggressiver, und wenn es ihm dann gelang sich loszumachen, flüchteten meine Frau und Tochter und alle Angestellten ins Haus und verschlossen alle Türen. Ich war der einzige Mensch, dem er sich noch unterordnete. Wenn er mich sah, legte er sich devot auf den Boden und streckte alle Viere von sich. Man sah ihm sein schlechtes Gewissen direkt an. Kurz vor unserer endgültigen Abreise aus Indonesien mussten wir ihn dann in ein Gehege im Zoo geben.

Das Vögelchen Steffi war besonders anhänglich, vielleicht weil ich ihn von einer kirschgroßen Geschwulst am Kopf durch eine tägliche Behandlung mit Penicillin Puder heilen konnte. Er durfte frei herumfliegen, auf der Terrasse und im Garten. Auf ein Pfeifkommando kam er immer brav zurück und ging für die Nacht freiwillig in seinen Käfig. Steffi war sehr eifersüchtig. Sobald ich mich mit etwas anderem beschäftigte als mit ihm, zum Beispiel mit einer Zigarette, einer Zeitung oder dem Telefon, hackte er ganz aufgeregt und böse auf den Konkurrenten ein. Wenn ich am Abend vom Büro zurück kam und mit meinem Auto am Gartentor vorfuhr, erkannte er mein Auto unter tausend anderen am Geräusch des Motors und rief laut und fordernd nach mir. Bevor ich meine Frau und Tochter begrüßen durfte, musste ich ihn erstmal durch einige Streicheleinheiten beruhigen.

Als unsere Tochter acht Jahre alt wurde und mit ihren Freunden feierte, hatte ich meinen ersten Malariaanfall. Schon seit Tagen fühlte ich eine bleierne Müdigkeit, die auf die Beine und auf den Körper drückte. Plötzlich brach die Glut des Fiebers in mir aus. Ich hatte nicht einmal mehr die Kraft, die Kamera, mit der ich gerade noch Fotos gemacht hatte, wegzuräumen, und ich konnte mich nur noch mit letzter Kraft auf mein Bett schleppen. Vor meinen Augen schoben sich verwirrte Bilder übereinander. Obwohl sich die Luft, die ich einatmete, heiß wie aus einem Backofen anfühlte, kam mit dem Fieberanfall ein schrecklicher Schüttelfrost. Unkontrolliert zitterte mein ganzer Körper, und meine Zähne klapperten aufeinander. Ich hatte wirre Träume und Halluzinationen. Der Arzt, dem meine Frau schon am Telefon die Symptome geschildert hatte, vermutete wie auch wir Malaria, aber die Blutprobe war negativ. Er brachte einen großen halbrunden Kasten mit. Dieser Kasten wurde über meinen Körper gesetzt und eine ganze Anzahl von Glühlampen, die an die Innenseite montiert waren, wurden unter Strom gesetzt und wärmten nun meinen Körper. Noch zwei oder drei Tage hatte ich unerträgliche Kopf- und Muskelschmerzen mit weiteren Fieberanfällen.

Immer wieder hatte ich ganz unregelmäßig Malariaschübe, aber die Blutuntersuchung war immer negativ. Als ich 1972 einen indonesischen Staatssekretär auf seiner Deutschlandreise begleitete, besuchte ich mit ihm die Eröffnungsfeier der Olympischen Spiele in München. Über Dr. Ritter, der in Jakarta Botschaftsrat und nun bei den Olympischen Spielen der Protokollchef war, konnte ich für den Staatssekretär und mich sogar noch zwei Ehrenplätze erhalten. Während der schmissigen Musik von Kurt Edelhagen und seiner Band spürte ich, dass ein neuer Malaria- und Fieberschub nahte. Hals über Kopf musste ich die stimmungsvolle Feier verlassen und setzte mich in den nächsten Zug nach Tübingen. Im Tropeninstitut wurde dort meine Malaria endlich einwandfrei diagnostiziert und rückfallfrei behandelt. Die Parasiten hatten sich im Körper versteckt und konnten im peripheralen Blut nicht nachgewiesen werden.

Hier, im neuen Haus hatte ich endlich auch genügend Platz, um für meine Amateur-Funkstation zu Hause eine große drehbare Rhombus-Richtantenne im Garten aufzubauen. Nun konnte ich von zu Hause aus mit meinen Freunden rund um den Globus Sprechfunk-Kontakt halten. Mit meinem alten Freund Hans am Bodensee tauschte ich mehrmals die Woche die letzten Neuigkeiten aus. Da Telefon und Fernschreiben nur langsam zuverlässiger wurden, war diese Verbindung besonders wertvoll. So erhielten wir über diesen Kanal auch regelmäßig die neuesten Nachrichten über unsere Angehörigen in Deutschland.

Die Sendungen der Deutschen Welle waren bei aktuellen Bericht-erstattungen immer noch unsere wichtigste Brücke nach Deutschland. Zum Beispiel habe ich zu den Bundestagswahlen im November 1972 in zwei Nachbarhäusern von deutschen Freunden fast professionelle Empfangsanlagen mit verschiedenen Antennen aufgebaut, um – wegen der Zeitverschiebung – während der ganzen Nacht die Auszählung der Stimmen über die Deutsche Welle auf den Kurzwellen-Frequenzen ver-folgen zu können. Dass das Gemeinschaftsradio bei einem geselligen Beisammensein gleichzeitig in zwei benachbarten Häusern abgehört wur-de, hatte einen ganz bestimmten Grund:

In dem einen Haus gab es eine „Bangen um Brandt"- und im anderen eine „Bangen um Barzel"-Party. Zur Kontrolle des Empfangs wechselte ich immer wieder von einer Party zur anderen, und ich konnte feststellen, dass gegen 5 Uhr am Morgen, nach Bekanntgabe des vorläufigen Endergebnisses, die Stimmung in beiden Gruppen gleich gut war und kurz darauf die beiden Wahlpartys in einer allgemeinen Verbrüderung endeten.

Ein besonders aufregendes Erlebnis im Zusammenhang mit Amateurfunk hatte ich einige Jahre später, über das ich schon an dieser Stelle berichten möchte:

Am 9. April 1975 saß ich in den Abendstunden in Jakarta an meinem Amateurfunkgerät, um für meinen Freund Hans, der gerade bei mir zu Besuch war, eine Funkverbindung zu seinen Freunden am Bodensee in Deutschland aufzubauen. Plötzlich, kurz nach 18 Uhr, empfing ich einen internationalen Notruf aus dem Äther: „Mayday! Mayday! Alpha Charly Three Papa Tango calling Yankee Bravo Zero Alpha Alpha Golf!" Das bin ich! Ich – YBØAAG – werde gerufen von AC3PT aus Sikkim! An den ersten beiden Buchstaben kann jeder Funkamateur sofort erkennen, aus welchem Land ein Funkspruch kommt. Wie elektrisiert spitze ich meine Ohren und drehe gleichzeitig meine Richtantenne mit dem Motor nach Sikkim. Mir war bekannt, dass es in Sikkim nur einen einzigen Funkamateur gab, der nur ganz selten zu hören war: das war der König! Ich bestätigte, dass ich die Signale aus dem kleinen Königreich im Himalaya gut aufnehmen kann. Dann kommt die Nachricht:

„... Hier spricht AC3PT, ich bin der Chogyal (König) von Sikkim, mein Name ist Palden Thondup Namgyal. Melden Sie der Weltöffentlichkeit, dass mein Land von indischen Truppen überfallen und annektiert wird. In meinem Palast wird gekämpft. Einige Mitglieder meiner Palastgarde sind bereits getötet. Alle Telefon- und Nachrichtenverbindungen wurden von indischer Seite unterbrochen. Ich habe nur noch mein Amateurfunkgerät, um mich bemerkbar machen zu können. Indien will diese Annexion so lange wie möglich geheim halten und Fakten schaffen. Bitte helfen Sie mir, indem Sie die Weltöffentlichkeit informieren!"

Die Funksprüche gingen noch mehrmals hin und her. Ich ließ mir nochmals Namen und Geburtsdatum des Chogyal bestätigen, um den Wahrheitsgehalt des Notrufes nachprüfen zu können. Dann hörte ich aus dem Lautsprecher tumultartigen Lärm, ein Krachen, dann Stille – die Funkverbindung war unterbrochen.

Ein schwedischer Funkamateur hatte mein Gespräch mit AC3PT, dem Chogyal von Sikkim, mitgehört. Da er Journalist war, konnte er sofort die Informationen aus Sikkim in seiner Redaktion nachprüfen lassen. Schon nach wenigen Minuten war alles klar und er teilte mir mit, dass die Angaben des Chogyal und der Notruf echt waren.

Nun wurden die Medien informiert. Der schwedische Funkamateur und Journalist informierte die Presse in Schweden. Auf dem 28 MHz Amateurfunkband herrschten wegen eines Sonnenfleckenmaximums damals erstklassige Ausbreitungsbedingungen. Ich übermittelte einen ausführlichen Bericht über die Annexion an einen Funkamateur in Steinheim in Westfalen, der diesen an die Rundfunkanstalten und Nachrichtenagenturen in Deutschland weiterleitete. Die Nachrichtenagenturen in Indonesien und Singapur wurden informiert. Bereits am nächsten Morgen, dem 10. April 1975, erschienen ausführliche Berichte in schwedischen und deutschen Tageszeitungen, sowie in „The Straits Time" in Singapur und in der „Jakarta Times". Deutsche Rundfunk- und Fernsehstationen meldeten die Besetzung Sikkims in ihren Nachrichten. Der Norddeutsche Rundfunk sendete als erster meinen Funkbericht, der in Deutschland auf Tonband aufgenommen wurde, im Originalton und in voller Länge. Zunächst wollten die Redakteure beim NDR wegen der hervorragenden Tonqualität nicht glauben, dass der Bericht per Kurzwelle direkt aus Jakarta kam. Von nun an verbreitete sich die Nachricht rasant rund um den Globus. Indien dementierte zunächst die Besetzung Sikkims vehement. Aber nach vier Tagen wurde der internationale Druck auf Indien auch durch viele anreisende Journalisten so stark, dass endlich auch Indien die Annexion eingestehen musste. Ausländischen Besuchern, auch Journalisten, wurde das Betreten von Sikkim streng verboten. Erst vor wenigen Jahren wurden die Einreisebestimmungen gelockert. Aber auch noch heute benötigt man eine besondere Einreisegenehmigung, um Sikkim betreten zu dürfen.

Folgendes war geschehen: Das kleine Königreich hinter den Bergen des östlichen Himalayas hat ungefähr die halbe Fläche von Schleswig–Holstein, etwa 110 km von Nord nach Süd und 64 km von Ost nach West. Schon seit über 300 Jahren wurde es von der Dynastie der Namgyals regiert. Als der Vater von Palden Thondup Namgyal 1963 starb, durfte der Sohn erst zwei Jahre später die Regierungsgeschäfte übernehmen, da erst zu diesem Zeitpunkt eine günstige astrologische Konstellation eingetreten war. Mit 40 Jahren wurde er 1965 der 12. Chogyal von Sikkim. Der Herrscher von Sikkim war nicht nur Staatsoberhaupt sondern auch religiöser Führer. Die Staatsreligion ist der Buddhismus. Er war den Bewohnern des Landes genau so heilig wie einst der Dalai Lama den Tibetern. Sikkim war Jahrhunderte lang ein unabhängiges und vergessenes Königreich weitab vom Weltgeschehen. Im Norden grenzt es an Tibet, im Osten an das Königreich Bhutan, im Westen an das Königreich Nepal und im Süden an Indien. Es ist ein bergiges Land und war wegen der für die Landwirtschaft geringen Nutzflächen schon immer dünn besiedelt. Heute hat Sikkim etwa 400.000 Einwohner mit nur einer Stadt, der Hauptstadt Gangtok. Im 19. Jahrhundert geriet Sikkim infolge seiner strategisch–geographischen Lage erstmals in den Sog der Weltpolitik. Durch die Ausweitung der britischen Kolonialpolitik auf dem indischen Subkontinent wurde Sikkim britisches Militärprotektorat. Im Jahre 1890 trafen die Engländer ein Abkommen mit China, wobei die Chinesen das britische Protektorat über Sikkim anerkannten, während Großbritannien die Grenze zwischen Sikkim und Tibet an der Wasserscheide der östlichen Gebirgsketten des Himalaya akzeptierte. Nachdem Indien 1947 die Fesseln der britischen Kolonialmacht abgeworfen hatte, wurde es selbst Kolonialmacht, indem es Sikkim im Jahre 1950 zum indischen Protektorat machte. Indien kontrollierte von nun an Sikkims Verteidigung, Telekommunikation, die Medien und die Außenpolitik. Nach dem Krieg im Himalaya zwischen Indien und China im Jahre 1962 wurde klar, dass Sikkim eine immer größere Rolle in der indischen Verteidigungsstrategie im bergigen Norden spielen würde. Der Chogyal war wohl Staatsoberhaupt, er hatte aber praktisch kein politisches Mitspracherecht. Er wurde von Indien mit wachsendem Misstrauen betrachtet, weil er auf größere Unabhängigkeit drängte und seinen kleinen Bergstaat wie das benachbarte Königreich Bhutan zu einem Mitglied der Vereinten Nationen machen wollte.

In solchen Bestrebungen aber erblickten die indischen Schutzherren offenkundig eine Gefährdung ihrer strategischen Position gegenüber der Volksrepublik China. In der Zwischenzeit hatte sich auch noch in Sikkim eine vom Volk gewählte Regierung etabliert, an deren Spitze ein erklärter Gegner des königlichen Herrschers stand, Kazi Lhendup Dorji, der sich mit der von den Ureinwohnern Sikkims – den Lepchas – wenig geschätzten nepalesischen Majorität zusammengetan hatte. Anfang des 20. Jahrhunderts, als Sikkim unter britischem Protektorat stand, wurden die Grenzen trotz Widerstands der Ureinwohner Sikkims für nepalesische Einwanderer geöffnet. Von nun an dominierten die Nepalesen in Sprache, Politik und Grundbesitz.

Die erste Frau von Chogyal Palden Thondup Namgyal, eine Adelige aus Tibet, ist schon 1957 im Kindsbett gestorben. Aus dieser Ehe gingen aber 2 Söhne hervor; von denen der Ältere 1978 bei einem Autounfall ums Leben kam. 1961 lernte der spätere Chogyal, der bis dahin Berater seines Vaters für innere Staatsangelegenheiten war, die bildhübsche, nicht unvermögende und gebildete Amerikanerin Hope Cooke aus New York im indischen Darjeeling kennen. Mit den Landessitten war Hope Cooke bestens vertraut, da die Geschichte von Sikkim ihr Studienfach am Sarah Lawrence College in Bronxville/New York war. Nur vier Jahre später, 1965, nahm der Chogyal die dann 24jährige Hope Cooke zur Frau. Sie wurde die Gyalmo, die Königin von Sikkim. In allen Medien rund um den Globus berichtete man ausführlich von dieser orientalischen Traumhochzeit. Es war das gesellschaftliche Ereignis des Jahres. Vor allem durch diese Hochzeit wurde Palden Thondup Namgyal im Ausland bekannt. In der Hochzeit mit der Amerikanerin sah er eine Chance, Sikkim zu modernisieren und das Land näher an den Westen und weiter weg von Indien zu bringen. Auch die junge Gyalmo von Sikkim passte sich hervorragend ihrer neuen Rolle an. Sie legte ihre amerikanische Staatsbürgerschaft ab genau so wie ihre westliche Kleidung. Sie wollte sich voll und ganz der neuen Heimat widmen. Gemeinsam wollte das Königspaar aus Sikkim ein „Paradies auf Erden" machen: ein Shangri-La.

Die Königin „Gyalmo Hope Cooke" schenkte dem Chogyal zwei Kinder, ein Mädchen und einen Jungen, und die Familie verbrachte einige glückliche Jahre in Sikkim. Aber wie so oft im Leben war das Eheglück nur von kurzer Dauer. Hope Cooke verließ Sikkim mit ihren beiden Kindern und ging zurück nach New York. Nach nur kurzer Trennung wurde das Königspaar 1975 geschieden. Wie damals aus dem Palast zu hören war, waren Intrigen und der übermäßige Alkoholgenuss des Chogyal der Grund für die Scheidung.

Das Parlament nahm unter der Regie von Dorji eine neue Verfassung an, die unverkennbar die Handschrift Indiens trug. Durch diese Verfassung wurde der Chogyal weiter entmachtet. Schließlich wurde für Indira Gandhi, die indische Premierministerin, das Staatoberhaupt von Sikkim, König Palden Thondup Namgyal, ein zu großer Unsicherheitsfaktor. Die Gefahr, dass China durch das Einfallstor Sikkim in Indien einmarschieren könnte, war ihr zu groß. Schon lange hatte daher Indien gegen die Monarchie dort gearbeitet. Zu gerne hörte Indira Gandhi dann den Ruf des oppositionellen Königsgegners Dorji nach mehr Demokratie, nach einem Rücktritt des Königs und einem Anschluss an Indien.

Am 9. April 1975 marschierten indische Truppen in Sikkim ein. 270 Soldaten der Sikkim Guards hatten keine Chance gegen eine Brigade von 5.000 indischen Soldaten. Der Palast in Gangtok wurde erobert und der König Palden Thondup Namgyal festgenommen. Der Funkspruch mit mir war der letzte Kontakt des Königs mit der Außenwelt. Sikkim war annektiert. Dies war ein eindeutiger Verstoß gegen die UN-Charta und den Indo-Sikkim Vertrag von 1950. Nach chinesischen Quellen wurden nun 100.000 indische Soldaten in Sikkim stationiert. Jetzt war die 334 Jahre alte Institution des „Chogyal" in Sikkim abgeschafft. Mitte Mai 1975 wurde Sikkim formell als 22. Bundesstaat der Indischen Union einverleibt. Indien behauptete, die Einwohner Sikkims hätten selbst eine Befreiung vom königlichen Joch gefordert. Stolz verkündete der indische Staatsrundfunk: „In Sikkim ist mit der Vereidigung einer frei gewählten Regierung eine dreihundertjährige Feudalherrschaft zu Ende gegangen". Internationale Beobachter und Journalisten zur neutralen Überprüfung der Vorgänge in Sikkim wurden von indischer Seite nicht zugelassen. China und Pakistan bezeichneten die Annexion als einen aggressiven Akt und forderten den Rückzug der indischen Truppen. Selbst in Indien gab es kritische Stimmen. Die eigentlich regierungsfreundliche Zeitung „Hindustan Times" bezeichnete das Referendum als Farce, da doch die meisten Einwohner Sikkims Analphabeten seien und die Ureinwohner in den Bergen ohnehin nicht zur Wahl gehen konnten. Darüber hinaus wurde durch die indische Geheimpolizei CRP massiver Wahlbetrug organisiert. Nun ging ein Märchen zu Ende! Erst drei Jahre später, im Frühjahr 1978, gestand das neue Staatsoberhaupt von Indien, Morarij Desai, ein, dass die Annexion Sikkims unter der Vorgängerregierung ein großer Fehler und ungerecht gewesen sei. Aber zurückdrehen wollte er das Rad auch nicht mehr.

Nach den Kämpfen im Palast in Gangtok und der Verhaftung des Chogyal durch indische Truppen am 9. April 1975 setzte sich Hope Cooke in New York in Rundfunk, Fernsehen und der Presse ganz massiv für die Freilassung des Chogyal und dessen Ausreise in die USA ein. Letzteres wurde nicht gewährt, aber er durfte bald wieder unter Hausarrest in seinen Palast zurückkehren. Seine teuere Amateurfunkstation wurde ihm weggenommen mit der Begründung, er habe keine Funklizenz. Aber ohnehin wurde ihm jeglicher Kontakt mit der Außenwelt zunächst verboten. Nach einiger Zeit durfte er sich wieder innerhalb von Sikkim bewegen und später dann auch zur medizinischen Behandlung ins Ausland reisen. Jede politische Betätigung wurde ihm allerdings von indischer Seite untersagt. Da er als religiöses Oberhaupt und als Reinkarnation des obersten Mönches der Klöster Phodong und Rumtek anerkannt war, durfte er auch wieder an religiösen Festen teilnehmen. 1979 konnten ihn sogar seine beiden Kinder aus der Ehe mit Hope Cooke acht Wochen lang in Sikkim besuchen.

Es wurde einsam um den gestürzten Chogyal. Er lebte mit seinem Sohn Wangchuk aus erster Ehe im Palast in Gangtok zusammen. Gegenüber Indien stellte er sich stur. Die ihm von der indischen Regierung angetragene Position eines Gouverneurs von Sikkim lehnte er kategorisch ab. Bis zu seinem Tode wehte die alte Nationalflagge Sikkims auf dem Dach seines Palastes. Seine Dienerschaft im Palast, nun reduziert auf 20 Personen, musste er jetzt aus eigener Tasche bezahlen. Er verbrachte seine Zeit mit dem Lesen von Zeitungen, der Verwaltung seines gewaltig geschrumpften Besitzes und mit Trinken. Den Amateurfunk als Brücke zur Welt vermisste er sehr. Er verfiel immer mehr in Lethargie. 1980 sagte er bei einem der wenigen von indischer Seite zugelassenen Interviews, bei denen er allerdings keine politischen Aussagen machen durfte: „Ich vegetiere dahin und komme langsam auf den Hund". Er war ein gebrochener Mann. Am 29. Januar 1982 starb Palden Thondup Namgyal an einem Krebsleiden in New York.

Hope Cooke hat wieder geheiratet, den Direktor des New Yorker Gotham Centers, Mike Wallace. Die ehemalige Königin ist nun Schriftstellerin, Filmemacherin und Lektorin. Ihr Buch „Time Change" über ihre Zeit in Sikkim und ein Stadtführer „Seeing New York" wurden Bestseller. Regelmäßig schreibt sie für Zeitungen wie die „New York Daily News", „The New York Times" und die „Chicago Sun". Ihre Tochter aus der Ehe mit dem Chogyal, Hope Leezum Namgya, lebt die meiste Zeit in Sikkim und leitet dort eine Trekking Agentur. Der Sohn Palden Namgyal ist Vizepräsident einer großen amerikanischen Bank. Hope Cooke ist nun schon dreifache Großmutter, aber keines ihrer Kinder oder Enkelkinder wird auf den Königsthron von Sikkim zurückkehren können. Das kleine Sikkim ist bereits als eigenständiges Land von der Landkarte verschwunden. Aber was ist heute aus dem „Paradies auf Erden" geworden? Das wollte ich nun doch noch wissen!

Es ist Ende Februar 2002. Der „Uttar Banga"-Nachtexpress von Kalkutta nach New Jalpaiguri donnert an der Grenze von Bangladesh entlang nach Norden. Meine Reisebegleiterin und ich haben zwei Betten in dem klimatisierten 2. Klasse Großraumschlafwagen reserviert. Es wird geredet, gegessen und gehustet. Kinder weinen. An Schlaf ist kaum zu denken. Es ist meine sechste Reise durch Indien und es sollte mein vierter Versuch werden, Sikkim einen Besuch abzustatten. Etwa zwei Jahre nach den Ereignissen vom 9. April 1975 hatte mich der entmachtete Chogyal nach Sikkim eingeladen. Aber dreimal schon wurde mir bei früheren Reisen in Indien eine Einreise nach Sikkim ohne Begründung verweigert. War ich als Auslöser der dama-

ligen Pressekampagne immer noch aktenkundig? Nun wollten wir gemeinsam versuchen, nach Sikkim zu kommen, obwohl der Chogyal schon seit 20
Jahren nicht mehr lebte.

Kurz nach 8 Uhr morgens lief unser Zug in New Jalpaiguri ein. In einer halsbrecherischen Fahrt in einer 3-rädrigen Motorriksha, bei der sich
der Fahrer alle Mühe gab, einen neuen Geschwindigkeitsrekord aufzustel-
len, rasten wir ins benachbarte Siliguri. Wir wollten möglichst früh dort
in der Außenstelle von Sikkim sein, denn wir, aber auch Einheimische,
benötigen bis heute eine Genehmigung für die Aus- und Einreise. Nach
meinen Erfahrungen von früheren Besuchen wurde das Gedränge dort im
Laufe des Tages immer größer. Schon vor 10 Uhr waren wir in der Visa-
Stelle des Sikkim Government Tourist Centres in Siliguri. Im Wartezimmer
saßen bereits eine ganze Menge Leute, Einheimische, aber auch einige Ausländer, die mit Frauen aus Sikkim verheiratet waren. Wir erkundigten uns,
an wen wir uns wegen einer Einreisegenehmigung wenden sollen, und zu
unserer großen Überraschung wurden wir sofort allen anderen vorgezogen. Alles lief unerwarteter Weise völlig unkompliziert: je 4 Passfotos, sowie Kopien von den Reisepässen und den indischen Visa wurden verlangt.
Wir konnten es kaum glauben. So nebenbei fragten wir, was wohl die beste
Verbindung nach Gangtok sei, mit Bus oder mit Taxi und wie lange die
Fahrt durch die Berge dauern würde. Ein äußerst freundlicher Beamte griff
zum Telefon und nach einem kurzen Gespräch sagte er uns: „Gerade ist
der Hubschrauber der Lokalregierung aus Gangtok eingetroffen. Zwischen
12 und 13 Uhr fliegt er wieder zurück. Es sind noch Plätze frei. Wenn Sie
wollen, können Sie für US$ 30 pro Person mitfliegen". Wir konnten unser
Glück kaum fassen und das noch zu so einem Spottpreis! Das war eine einmalige Gelegenheit. Von nun an ging alles ganz schnell. Zunächst zu einem
Büro in der Nähe, um den Flug zu bezahlen. Zurück zum Konsulat. Hier
waren unsere Einreisegenehmigungen schon fertig. Im Wartezimmer saßen
immer noch dieselben Leute. Der nette Beamte organisierte für uns noch
ein Auto, das uns zum 15 km entfernten Flughafen Bagdogra brachte. Mit
unseren Pässen und Einreisegenehmigungen in der Hand mussten wir viele
Kontrollen durchlaufen, da der Flughafen Bagdogra auch vom Militär genutzt wird. Kurz nach 12 Uhr waren wir im Flughafen, und unsere dort
hinterlegten Flugscheine lagen auch schon bereit. Alles hat geklappt. Es war
wie ein Wunder! Der kleine Hubschrauber war bereits startklar. Nun hatten
wir noch einige Minuten Zeit, unsere Einreisepapiere für Sikkim anzusehen.
Alles war in Ordnung: Wir durften uns in Gangtok und in der näheren
Umgebung von Gangtok bewegen und auf dem Landwege wieder nach dem
indischen Darjeeling ausreisen. Viele Regionen Sikkims sind bis heute noch

Sperrgebiet. Auf unseren offiziellen Papieren und den Stempeln steht ganz groß „Government of Sikkim". Warum eigentlich? Nun ist doch Sikkim ein Teil von Indien!

Der Helikopter hatte Sitzplätze für fünf Passagiere. Außer uns reiste nur noch eine buddhistische Nonne mit. Wir überflogen Kalimpong, stiegen immer höher, denn die Hauptstadt Sikkims, Gangtok, liegt in einer Höhe von fast 2000 m. Unter uns waren die terrassierten Felder. Hier werden hauptsächlich Reis, Mais, Kartoffeln, Ingwer und Kardamon angebaut. Rundum sahen wir die schneebedeckten Bergspitzen. Kurz vor Gangtok überflogen wir zuerst Kloster Rumtek und dann noch ganz niedrig ein anderes kleines buddhistisches Kloster. Unsere Nonne öffnete das Kabinenfenster und winkte hinunter. Unten standen dichtgedrängt die Nonnen im Innenhof und riefen ihr ein Willkommen zu. Frau Oberin wurde schon erwartet! Wenige Minuten später landeten wir etwas außerhalb von Gangtok. Wir waren wirklich in Sikkim, der sogenannten „Perle des östlichen Himalayas". Endlich hatte es geklappt! Wir suchten ein zumutbares Hotel und wurden auch fündig. Ein herrlicher Blick auf die schneebedeckten Berge des Himalaya und den 8590 m hohen Kanchendzonga, den dritthöchsten Berg der Welt, entschädigten uns für den eisigen Wind, der durch alle Fensterritzen blies. Wie halten es die Menschen hier oben nur ohne Heizung aus?

Die Häuser in Gangtok wachsen die Berge hinauf, fünf oder sechs Stockwerke, so dass man von einer unteren Straße das Erdgeschoss und von der nächst höheren Straße, von der Rückseite her ein oberes Stockwerk betreten kann. Die unteren Straßen sind mit den nächst höheren durch entsetzlich steile Treppengassen verbunden. Tief unten, zwischen den Häuserschluchten, liegt der bunte Markt. Hier gab es alles: Gemüse, Obst, Kleidung und Blumen. Buddhistische Gebetsfahnen bestimmen das Stadtbild. Selbst 30 Jahre nach der Annexion ist die indische Militärpräsenz immer noch gewaltig. Auch die Dominanz der Nepalesen ist unübersehbar. Durch die Ansiedlung von indischen Beamten und Bauern sind die Ureinwohner Sikkims noch weiter in die Minorität abgedrängt worden. Die Einheimischen sind ungeheuer freundlich und lächeln einen an, aber wenn sie auf die Vorgänge vom 9. April 1975 und den Chogyal angesprochen werden, werden sie äußerst zurückhaltend und vorsichtig, ja sogar verschlossen. Sie wollen nicht darüber reden. Haben sie Angst? In den wenigen Buchläden ist hierüber auch keine neutrale Literatur zu erhalten. Nur die bekannte Darstellung der Vorgänge aus indischer Sicht darf veröffentlicht werden.

Der ehemalige Palast des Chogyal steht noch, gut abgesichert von indischen Truppen. Die Funkantenne auf dem Dach des Palastes, über die der Funkspruch zu mir nach Jakarta abgesetzt wurde und den Stein ins Rollen brachte, ist allerdings verschwunden. Trotz vieler Bemühungen konnten wir die Trekking Agentur von Hope Leezum Namgyal, der Tochter des Chogyal, nicht ausfindig machen. Die Periode der über 300jährigen Monarchie in Sikkim scheint ausgelöscht, vergessen zu sein.

Sikkim ist, wie auch die Einwohner sagen, schmutziger geworden. Aber im Gegensatz zu Indien ist es noch sehr sauber. Plastikflaschen und Plastiktüten sind in Sikkim verboten. Überall stehen Abfalltonnen und Schilder „Keep Sikkim Clean". Müll auf die Straße werfen kostet Rp 5.000 (US $ 100) Strafe. Die Häuser sind durchweg viel gepflegter als in Indien. Auf Balkonen und Dächern stehen bunte Blumen in Töpfen. Überall gibt es Liquor Shops, in denen starker lokal gebrannter Schnaps in großen Mengen verkauft wird. Wir genossen noch den guten Sikkim Bergkäse mit – allerdings mitgebrachtem – schottischem Whisky, bevor wir acht Tage später mit einem Jeep die Weiterreise nach Darjeeling antraten. Aus dem „Paradies auf Erden", das das letzte Königspaar aus Sikkim machen wollte, ist leider nichts geworden. Aber für mich war es ein großer Moment, einmal – wenn auch nur ein ganz klein wenig – am Rad der Weltgeschichte gedreht zu haben, obwohl ich nicht verhindern konnte, dass ein kleines Paradies seine Unabhängigkeit verlor.

„Guna Guna" und Magie

Die Erlebnisse von *Guna Guna* bei mir zu Hause und dem Geist der Holländerin in Tretes waren meine ersten mit Magie und Geistergeschichten, von denen man in Indonesien auf Schritt und Tritt verfolgt wird. Schon das Wort *Guna Guna* hat einen unheimlichen Klang, obwohl das Wort *Guna* alleine ganz harmlos ist. Es bedeutet Nutzen oder Zweck. Aber *Guna Guna* als Doppelwort ist wie ein schwarzes Loch: Zauberei, schwarze Magie, Liebeszauber! Alles zusammen! Es gibt, glaube ich, nicht einen einzigen Indonesier, für den diese okkulten Dinge nicht real existieren. Aberglaube durchtränkte alle ihre Handlungen. Aber gibt es Hexenzauber, Exorzismus und Aberglauben nicht auch heute noch in dem 15.000 Kilometer entfernten „aufgeklärten" Europa? Wenn ich hier über meine Erlebnisse mit *Guna Guna* schreibe, versuche ich nichts zu erklären, ich stelle nur dar. Aber eines ist sicher: Java und Bali kann man nicht verstehen, wenn man nicht auch die Mystik und das Okkulte berücksichtigt.

Mein Freund Wibowo, den ich schon in Deutschland vor meiner Ausreise kennen gelernt hatte und der mir viele hilfreiche Tipps gab, lebte täglich eng mit seinem Hausgeist zusammen. In dem Innenhof seines Hauses stand ein riesiger Mangobaum, in dem der Geist hauste. Er erzählte mir, dass er sich jeden Abend mit seinem Hausgeist unterhalten würde, und dieser würde ihm immer gute Ratschläge erteilen. Er sagte, alle Geister wären gut und Freunde der Menschen, wenn man auch sie gut behandeln würde. Ich muss irgendwie ungläubig dreingeschaut haben, denn er lud mich ein, am Abend dem Treffen mit seinem Geist beizuwohnen.

Herr Wibowo trug einen schönen Sarong aus Yogyakarta und setzte sich unter den Baum. Ich musste etwas abseits auf der Terrasse Platz nehmen. Plötzlich kam eine tiefe Stimme aus dem Baum. Mir lief trotz der feuchten Hitze eine Gänsehaut über den Rücken. Herr Wibowo antwortete und stellte Fragen. Leider konnte ich kein Wort verstehen, da die ganze Unterhaltung auf Javanisch stattfand und nicht auf Bahasa Indonesia. Nach einigen Minuten war die Sitzung vorbei.

Herr Wibowo war als erfolgreicher Geschäftsmann viel im In- und Ausland auf Reisen. Seine Frau erzählte mir, dass sie immer genau wisse, wann ihr Mann zurückkommt, auch ohne Post und ohne Telefon. Sie zeigte mir den wunderschönen *Kris* ihres Mannes, der auf einer kleinen Truhe lag. Immer wenn ihr Mann auf Reisen sei, würde sie den *Kris* mit Reis füttern. Jeden Morgen wäre der Reis aus dem kleinen Schälchen weg. Wenn aber am Morgen der Reis noch da wäre und der *Kris* sich in der Nacht vom Rücken auf den Bauch gelegt hätte, dann würde ihr Mann am nächsten Tag wieder nach Hause kommen. Dieser *Kris* war ein uralter Familienschatz, der von Generation zu Generation weitergereicht wurde.

Herr Wibowo erzählte, dass dieser *Kris* schon seinem Großvater das Leben gerettet habe. Dieser wollte nach Blitar in Ost-Java reisen, aber der *Kris* hatte von dieser Reise abgeraten und er blieb zu Hause. Gerade in der Zeit, in der sein Großvater in einem bestimmten Hotel in Blitar wohnen wollte, war ein schlimmer Ausbruch des nahegelegenen gefährlichen Vulkans Gunung Kelut. Das Hotel wurde durch die glühenden Lavamassen total zerstört und kein Gast überlebte dieses Unglück. Blitar wird nicht umsonst Kota Lahar, Stadt der Lava, genannt.

Solchen Geschichten stand ich als Techniker und Realist anfangs skeptisch und vielleicht sogar amüsiert gegenüber, da ich gewohnt bin, alles nüchtern zu betrachten. Dadurch blieb mir anfangs die javanische Seele ziemlich verschlossen. Aber im Laufe der Jahre habe ich selbst soviel *Guna Guna* erlebt, dass ich heute sicher bin, es gibt doch etwas, das wir noch nicht erklären können. Irgendetwas, das wir abgestumpften Europäer nicht so gut fühlen wie die sensitiveren Indonesier. Herr und Frau Wibowo bekannten sich zum Islam, aber uralte Traditionen und meditative Einflüsse sind fast allen Indonesiern genauso wichtig. Die einheimische Götterwelt ist den Indonesiern oft näher als der muslimische Glaube, zu dem sie sich dem Namen nach bekennen. Besonders bei Mittel- und Ost-Javanern ist vieles aus der Glaubenswelt der hinduistischen und animistischen Urväter in das islamische Religionsverständnis eingeflossen. Neben dem einzigen und alleinigen Allah im Islam gibt es dann im täglichen Leben noch anderes. Ich glaube kaum, dass irgendein Muslim bekennen würde, an andere Götter zu glauben. Aber an Geister zu glauben, ist keine Blasphemie. Viele strenge Bekenner des muslimischen Glaubens, selbst moderne Indonesier, pflegen bis heute den Kult der Ahnenverehrung und finden dadurch auch Schutz und Hilfe im täglichen Leben.

Besonders in den ersten Jahren ist mir aufgefallen, dass bei einer Motorpanne die Autos mitten auf der Stadtautobahn in Jakarta oder auf den Überlandstraßen aufgebockt standen und repariert wurden. Der Verkehr wurde links und rechts um das Pannenfahrzeug herumgeleitet. Warum wurde das Auto nicht an den Straßenrand geschoben? Ein Indonesier gab mir die Erklärung: in das Auto ist der „böse Geist" gefahren. Man muss von genau derselben Stelle, an der es kaputt ging, wieder wegfahren, sonst bekommt man den bösen Geist nie mehr los!

An anderer Stelle, bei meinem Bericht über den deutschen Heldenfriedhof Artja, werde ich über die Waringin-Bäume berichten. Mit seinem mächtigen

Stamm und seiner ausladenden Krone, ist dieser Baum vielen Indonesiern heilig. Man darf ihn nicht verletzen. Ein deutscher Kaufmann, der für ein Hamburger Handelshaus in Surabaya stationiert war, wollte einen Waringin-Baum vor seinem Haus fällen lassen, da ihm dieser viel Licht in den Wohnräumen wegnahm. Sein Gärtner verweigerte diese Arbeit und suchte sich einen neuen Arbeitgeber. In ganz Surabaya fand der Deutsche keinen Gärtner, der ihm diesen Baum fällen wollte. Wenn der Baum gefällt werde, wurde dem deutschen Kaufmann gesagt, werde ihm großes Leid widerfahren, denn drei ihm lieb gewordene Lebewesen aus seiner nächsten Umgebung müssten sterben. Er ignorierte alle Warnungen. Ein Gärtner, den er aus einer anderen Stadt nach Surabaya gebracht hatte, fällte schließlich den alten Waringin-Baum. An den nun helleren Wohnräumen konnte er sich aber nicht lange erfreuen. Es vergingen nur wenige Wochen, dann verstarb seine Frau. Kurz danach starb erst sein Hund und dann seine Mutter in Deutschland.

Als wir im Jahre 1969 in die Jalan Gandaria umgezogen waren, ließen wir – nach den Erfahrungen im vorhergehenden Haus – sofort durch unseren Fahrer Mehmet einen *Selamatan* organisieren. Diesmal wollten wir gleich von Anfang an keine Geister im Hause haben. Mehmet war ein Lehrer ohne Arbeit, und unsere Babu und Kindermädchen Saamin, die schon von Anfang an bei uns war, war seine dritte Frau. Mit seinem kleinen Lehrergehalt konnte er seine drei Frauen nicht mehr zufrieden stellen und war froh, bei mir eine Anstellung als Fahrer zu finden. Er war ein ruhiger, gebildeter und äußerst zuverlässiger Fahrer und ein gläubiger Muslim. Bis zu unserer Abreise im Jahre 1981 blieb er bei mir. Er hat nicht nur den *Selamatan* bei der Hauseinweihung hervorragend organisiert, es gab nie Probleme mit Geistern im Haus, ja er konnte, wenn eine Party im Garten geplant war, sogar mit einem *Selamatan* den Regen vertreiben. Es klappte immer! Entweder der Regen hörte kurz vor der Party auf, oder es regnete rundum und nur unser Haus wurde verschont. Dieser *Selamatan*, um den Regen zu beeinflussen, war eine eigenartige Zeremonie. Auf einen indonesischen Reisigbesen *Sapu Lidi* wurden eine Knoblauchknolle, einige rote Chilischoten und diverse Gewürzblätter gesteckt. Dann musste ich als Hausherr meine Unterhose ausziehen. Diese wurde auch am *Sapu Lidi* befestigt und das ganze „Gesteck" musste schnell, unter lauten Gebeten und mit der noch körperwarmen Unterhose auf das Hausdach gebracht werden. Dabei war besonders wichtig, dass die Unterhose noch körperwarm war und vom Hausherrn stammte. Diese *Guna Guna*-Zeremonie klingt unglaubhaft, aber in fast jedem größeren Dorf auf Java, Bali, Lombok und anderen Inseln gibt es einen sogenannten „Regenstopper". Ich kenne sogar

Menschen, die lange in Indonesien waren und die diesen *Selamatan* selbst in Deutschland schon mit Erfolg praktiziert haben.

Herr Strässer erzählte mir einen Fall von *Guna Guna*, der sich in seiner Firma ereignete und der leider tragisch endete:

„Einer unserer Siemens-Montagekräfte war ein viele Jahre verheirateter Mann. Seine Frau lebte in Deutschland, aber während seiner Tätigkeit in Indonesien hatte er eine indonesische Gefährtin, die ihn hoch verehrte, ja vielleicht sogar liebte. Das Paar lebte in Indonesien glücklich zusammen und die beiden Frauen wussten nichts voneinander. Als der Vertrag des Siemens-Mitarbeiters zu Ende ging und die Abreise nach Deutschland kurz bevorstand, sagte er seiner indonesischen Gefährtin, dass er nach Deutschland fliegen müsse, aber zurückkommen werde. Allerdings glaubte sie ihm nicht so recht. Da es im Allgemeinen unter Indonesiern keine Geheimnisse gibt, erkundigte sie sich bei der Fluggesellschaft und bei den Angestellten von seinen Freunden, ob eine Rückkehr geplant sei. Sie fand heraus, dass er zurück zu seiner Frau reisen wollte und nicht nach Indonesien zurückkommen werde. Und nun kam etwas, das in diesem Lande nicht unüblich ist. Sie teilte ihrem Liebhaber mit, dass er spätestens vier Wochen nach seiner Abreise wieder zu ihr nach Indonesien zurückkehren müsse, andernfalls werde er sterben. Sie hätte ihn mit *Guna Guna* beschworen und er müsse zu ihr zurückkehren, denn nur sie habe die Gegenmedizin. Er glaubte nicht an diesen Spuk und lachte sie aus!

Nach einigen Wochen in Deutschland wurde unser Mitarbeiter sehr krank. Keiner der behandelnden Ärzte konnte eine klare Diagnose stellen, die eine entsprechende Therapie ermöglicht hätte. In den letzten Tagen seiner Krankheit erzählte er seinem behandelnden Arzt im Krankenhaus in München die Geschichte mit seiner indonesischen Freundin und deren Drohung. Der Arzt wurde sehr böse und sagte: ‚Warum haben Sie mir nicht schon früher davon berichtet!' Jedenfalls konnte ihm nicht mehr geholfen werden: Er starb. Es wurde eine Obduktion angeordnet und festgestellt, dass die Leber völlig schwarz, zerfressen und nicht mehr funktionsfähig war. Tragisch, wie die Verbindung dieses Paares endete."

Indonesische Freunde teilten mir mit, dass in so einem Fall gar nicht die Magie des *Guna Guna* die Ursache sein müsse. Um einen Feind langsam und sicher umzubringen, müsse man nur die feinen Härchen von einer ganz bestimmten Bambussorte abschaben und dem Opfer in kleinen Mengen ins Essen mischen. Es ist kein Gift im eigentlichen Sinne, aber die feinen unverdaulichen Härchen würden sich im Körper an Darm- und Magenwänden festhaken und kleinste Wunden verursachen. Im Laufe von Wochen würde das Opfer langsam innerlich verbluten und kaum diagnostizierbar unter schrecklichen Schmerzen sterben. Eine furchtbare Vorstellung!

Als es noch viele Tiger auf Java und Sumatra gab, hätte man auch die fein geschnittenen Schnurrhaare des Tigers für diese Methode des raffinierten Mordes verwendet. Wenn es vielleicht auch eine dieser Methoden war, die die javanische Freundin bei dem Mitarbeiter von Siemens angewendet hat, so passieren in Indonesien doch immer noch sehr häufig viele Dinge, die wir mit unserem westlichen Verständnis nicht nachvollziehen und daher kaum glauben können.

In ganz Südost-Asien scheint die Methode, mit Bambushärchen einen Menschen zu töten, verbreitet zu sein. Ein leitender Diplomat der Deutschen Botschaft in Saigon ist zu dieser Zeit auch innerlich verblutet und elend zugrunde gegangen. Er hatte während eines offiziellen Dinners seinen vietnamesischen Angestellten vor allen Gästen schlimm gedemütigt. Wegen einer kleinen Panne musste sich der Diener auf den Knien entschuldigen. Der Angestellte hat ihm das nie verziehen und – wie später festgestellt wurde – Bambushärchen in das Essen geschmuggelt.

Jeder, der längere Zeit in Indonesien gelebt hat, wird früher oder später selbst oder über Freunde mit *Guna Guna* konfrontiert. In seinem 1954 erschienen Buch „Zu Mahamerus Füssen" lässt Karl Helbig seinen Freund Peter Otto Lauffer erzählen:

„In einem großen Handelshause arbeitet neben einheimischen Hilfskräften eine europäische Sekretärin. Einer ihrer dunkelhäutigen Kollegen verehrt sie, umgibt sie mit größter Aufmerksamkeit und macht ihr eines Tages einen regelrechten, ehrlich gemeinten Heiratsantrag. Es kommt hin und wieder vor, dass europäische Frauen sich einem Malaien antrauen lassen, und so sieht auch er nichts Abwegiges in seinem Antrag. Aber die Nona, das ‚weiße Fräulein', lacht ihn entrüstet und belustigt aus, umso mehr als sie sich längst heimlich dem Sohne des Chefs versprochen hat. Dieses geringschätzige, beleidigende Lachen trifft den Bewerber wie ein Dolchstich. Als echter Orientale bewahrt er jedoch seine Fassung und Höflichkeit, an der es dem Europäer so oft mangelt.

Nach einer Reihe von Tagen beginnt das Mädchen über ihre Augen zu klagen. Stechende Schmerzen beunruhigen sie, werden von Tag zu Tag heftiger und sind schließlich so unerträglich, dass sie ihren Dienst nicht mehr versehen kann. Die besorgten Eltern wenden alle erdenklichen Mittel an, befragen Ärzte und Gelehrte. Keiner findet die Ursache, keiner ist fähig, Linderung zu bringen. Niemand denkt aber auch nur im mindesten an jenen unerfreulichen Vorgang mit dem braunhäutigen Buchhalter. Die Koki, die javanische Köchin, rät der Mutter: „Geh zu einem Dukun!", einer Art Medizinmann, doch der Vorschlag wird verworfen. So quält sich das Mädchen Wochen und Monate, rechnet schon mit völliger Erblindung.

Da fällt der Mutter eines Tages doch der Dukun wieder ein. Mit Hilfe der Koki findet sie ihn und vertraut sich ihm an. Merkwürdigerweise verlangt er keinen Besuch des Mädchens, verschreibt keinerlei Mittel, sondern bittet nur, das Haus der Auftraggeberin genau untersuchen zu dürfen.

Man lässt ihn gewähren. Eingehend betrachtet der seltsame Mann alle Gegenstände, klopft an Wände und Fußboden, dreht und rückt an allen Möbeln. Doch was er sucht, scheint er nicht zu finden. Er wird sehr nachdenklich; zuweilen steht er still, schließt die Augen und grübelt sichtlich überaus heftig über eine Spur nach. Dann sucht er noch eifriger, hastiger, fast nervös, und hält schließlich schweißgebadet und am ganzen Körper zitternd inne, um zu gestehen, dass er nichts finden könne. Aber gern würde er noch an der Arbeitsstätte des Mädchens, also im Büro des Handelshauses, suchen.

Die Bitte wird gewährt. Im Büro wiederholt der Dukun sein Verfahren. Man sieht ihm an, wie jeder Nerv, jeder Gedanke in ihm in Spannung versetzt ist. Nach einer Weile vergeblichen Suchens hält er inne; blitzartig scheint ihm eine Erkenntnis gekommen zu sein. Mit raschen Schritten eilt er auf den Schreibmaschinentisch zu, an dem das Mädchen zu arbeiten pflegte, setzte die Maschine ab und drehte das Möbel um. An der Unterseite der Tischplatte haftete ein Stück Papier. Zwei menschliche Augen sind darauf gezeichnet, und durch jedes ist eine Nadel gebohrt. Der Dukun zieht die Nadeln heraus. Dann verbeugt er sich und geht mit einem Ausdruck der Befriedigung in den unergründlichen Augen seines Weges.

Zu Hause hat im gleichen Augenblick das vor Schmerzen halb wahnsinnige Mädchen einen schrecklichen Schrei ausgestoßen. Aber das Stechen in den Augen ist wie weggeblasen. Der braune Liebhaber ist nicht wieder zum Dienst erschienen. Niemand weiß, wohin er ging. Ist sein Schadenzauber, seine Schmerzsuggestion – denn um nichts anderes handelt es sich bei dem Vorgang, und das Stückchen Papier mit den Augen und Nadeln ist nur das analoge Hilfsmittel gewesen – vielleicht an der noch stärkeren Suggestionskraft des Dukun zuschanden geworden?" (S. 50-52)

Und hier noch eine weitere Geschichte von Karl Helbig aus diesem Buch:

„Eine andere Dame aus dem Bekanntenkreis des deutschen Freundes stellte nach einem Wohnungswechsel fest, dass ihr kostbarer Schmuckkasten während des Umzuges abhanden gekommen ist. Nichts Ungewöhnliches, wird man denken, dass auf dem Transport etwas verloren geht. Doch unter den Malaien stahl in normalen Zeiten selten jemand, um sich zu bereichern. Selbst bei wochenlanger Abwesenheit konnte man das Haus getrost unverschlossen lassen. Ein Diebstahl musste stets ganz besondere Beweggründe haben.

Die Bestohlene, deren Mutter eine Javanerin gewesen war, geht in ihrem begreiflichen Jammer sehr bald zum Dukun. Der weise Alte fragt nicht viel und durchschnüffelt auch wieder das Haus seiner Konsultantin und die Wohnungen der Umzugskulis, wie die Polizei es bereits vergeblich getan hat. Er schreibt eine seltsame Formel auf einen Streifen Papier und gibt diesen Streifen der Dame zusammen mit einem großen Nagel, den sie zu Hause in den Türpfosten schlagen soll. An drei aufeinanderfolgenden Freitagen soll sie zu einer bestimmten Stunde laut die Formel hersagen und dabei jedes Mal kräftig mit einem Hammer auf den Nagel klopfen. Das Übrige werde sich finden.

Voller Hoffnung geht die Dame nach Hause. Ihr Mann, ein Europäer, lacht nur, genau wie wir es tun. Wozu die Aufregung! Gern will er ihr neuen Schmuck schenken. Doch ihr sind die Mittel des Dukun von Kindheit an vertraut, und so verfolgt sie den eingeschlagenen Weg weiter. Zweimal nimmt sie die vorgeschriebene Zeremonie vor, ohne dass sich etwas ereignet. Nach dem dritten Mal aber nähert sich bald ein Mann dem Hause, kriecht jammernd und unterwürfig auf den Knien die Treppe zur Vorgalerie hinauf und fleht die Dame an: „Njonja, gnädige Frau, so hören Sie doch nur auf mit Ihrem grässlichen Hammer, Sie schlagen mir ja noch den Kopf entzwei! Ich will auch alles sagen!"

Es stellte sich folgendes heraus: Er ist vor vielen Jahren Hausjunge bei der Dame gewesen. Aus irgendeinem nichtigen Grunde, der auf einem Irrtum beruhte und den er als ungerecht empfinden musste, wurde er mit Schimpf entlassen. Seit Jahren sinnt er auf Rache. Auf irgendeine Art will er der damaligen Herrin schaden, und immer forscht er nach einer Gelegenheit dazu. Er hört von dem Umzug, und sein Plan ist fertig. Wie könnte er die eitle Herrin besser schädigen, als wenn er jenes Kästchen entwendet. Er hat es genau in Erinnerung, hat sie es tausendmal liebevoll betrachten sehen. Es gelingt ihm, sich als Umzugsmann zu verdingen. Wer kennt ihn noch, wer achtet auf ihn! Ja, er hat während des Umzuges das Kästchen entwendet. Aber er hat keinen Nutzen daraus geschlagen, er hat es draußen vor der Stadt vergraben.

Er wird es wieder ausgraben und zurückbringen, nur nicht mehr diese Hammerschläge auf den Kopf! Die Dame ist einverstanden und stellt ihn nicht vor den Richter. Ihr Mann fährt selbst den Sünder vor die Stadt. Schnell ist der Platz gefunden und der Schmuck ausgegraben. Er ist unversehrt, es fehlt nicht ein Steinchen." (S. 52-54)

Soweit die Berichte von Karl Helbig. Auch ich habe *Dukuns* kennen gelernt. Sie arbeiten mit angeborenen Kräften, viel Erfahrung und auch raffinierten Mitteln, um rätselhaft erscheinende Vorgänge aufzuklären. Ich war immer über ihre Erfolge überrascht, besonders wenn sie verlorengegangene Gegenstände wieder aufspürten. Aber eine einleuchtende Erklärung, wie sie eine Lösung herbeiführten, fand ich nie. Es blieb immer ihr Geheimnis!

In Indonesien gab es viele andere Methoden einen unliebsamen Menschen auszuschalten. Dr. med. Edgar W. K. May hat von 1952 bis 1959 als Regierungs- und Chefarzt in den Zentalkrankenhäusern in Padang Sidempuan und Tebing Tinggi in West-Sumatra gearbeitet, und dort hat er einige unerklärliche Todesfälle untersucht. Er war einer der etwa 300 deutschen Ärzte, die das Angebot der noch jungen indonesischen Regierung annahmen, als Regierungsarzt in abgelegenen Gebieten des Archipels zu arbeiten. Als die Holländer nach dem Ende der Kolonialzeit das Land verließen, gab es nur eine Handvoll einheimischer Ärzte. Dieser Mangel wurde durch deutsche Ärzte so gut wie möglich ausgeglichen. Nach Kriegsende und nach der Kriegsgefangenschaft waren die deutschen Mediziner, die noch oft arbeitslos waren oder schon Jahre ohne Gehalt in einem Krankenhaus gearbeitet hatten, glücklich, dieses Angebot zu erhalten, obwohl die Bezahlung von nur 200 DM pro Monat, plus einem geringen Betrag in einheimischer Währung, sehr bescheiden war.

Auf nur einen deutschen Arzt kamen durchschnittlich über 100.000 Menschen, die er zu versorgen hatte. Zum Beispiel hatte Dr. Menne den Bezirk Kotawaringin auf Kalimantan als einziger Arzt zu betreuen – das ist ein Gebiet doppelt so groß wie Baden-Württemberg mit 150.000 Menschen! Zu seinem Aufgabenbereich gehörte nicht nur die Betreuung der Kranken im Zentralkrankenhaus in Sampit, es gehörten auch noch 24 Polikliniken dazu. Die weiteste war nur durch eine zweiwöchige Bootsreise auf Flüssen durch den Urwald von Kalimantan zu erreichen! Das klingt zunächst romantisch, aber ihre Aufgaben mussten die deutschen Ärzte unter schwierigsten Arbeitsbedingungen in tropischem Klima, ohne Elektrizität, bei einer völlig anderen Mentalität der Menschen, bei Krankheiten, die sie nur aus den Büchern kannten und einem Mangel an Medikamenten erfüllen. Zum Beispiel kannten sie die Nervenkrankheit Latah nicht einmal aus den Lehrbüchern, da diese nur im malaiischen Raum vorkam und erst in neuerer Zeit auch in

Deutschland unter dem Fachbegriff „Spiegelneurose" bekannt wurde. Unter solch schwierigen Bedingungen war es für die deutschen Ärzte im ganzen Archipel eine fast unlösbare Aufgabe. Diese Pioniere aus den 1950er Jahren kann man auch heute noch nur bewundern!

Präsident Sukarno hat die herausragende Leistung dieser deutschen Ärzte anlässlich seiner viel beachteten Rede in der Ruprecht-Karl-Universität in Heidelberg im Jahre 1956 besonders gewürdigt. Er sagte unter anderem:

> „ ... von ihnen erhielten wir wertvolle Hilfe auf dem Gebiet des Gesundheitswesens und der Erziehung. Für diese Unterstützung sind wir aus ganzem Herzen dankbar, und wir hoffen sehr, dass man uns weiter hilfreich entgegenkommen wird ..." (Menne S. 49)

Ich bin mit der Witwe von Dr. May befreundet, und sie hat mir viele seiner Erlebnisse erzählt. Oft musste ihr Mann bei einem Notfall eine schwierige Operation durchführen, die er zuvor noch nie erprobt hatte: mit dem Lehrbuch in der linken Hand und dem Skalpell in der rechten! Benötigte der Patient dann Ruhe, musste er immer wieder die vielen Mitglieder der Großfamilien, die bei dem schwer Kranken aßen, rauchten, schwatzten und sogar kochten, aus dem Krankenhauszimmer verbannen. Aber lange ließen sie den Kranken nicht alleine. Wie oft ist es Dr. May – wenn er am Morgen in die Klinik kam – passiert, dass die Kranken auf dem Flur lagen und die Familienmitglieder in den Patientenbetten!

Dr. May hat auf Sumatra viele mysteriöse Todesfälle untersucht und dabei herausgefunden, dass es sich dabei keineswegs um *Guna Guna* oder Spukgeschichten handelte, sondern um eine der raffiniertesten Methoden, einen unliebsamen Menschen durch einen perfekten Mord zu beseitigen. Dr. May berichtete, dass es nördlich von Sibolga auf Sumatra sogar Giftschulen gab, in denen diese Methoden des perfekten Mordens regelrecht gelehrt wurden.

Eine davon ist es, den Saft des Königsbaumes *Kayu raja*, der einen unerträglichen Juckreiz auslöst, mit Leichengift zu mischen. Lieferant des Leichengiftes war zum Beispiel eine Plazenta, die nach Landessitte vom Vater eines Neugeborenen vergraben wurde, zwar an einem geheimen Ort, aber das sollte für einen Interessenten ja wohl kein Hinderungsgrund gewesen sein. Dieses Gemisch aus Leichengift und dem Saft des Königsbaumes streicht der „Mörder" nun auf einen Gegenstand, den das potentielle Opfer unbedingt berühren muss, zum Beispiel auf einen Türgriff. Fasst sich nun das Opfer mit der Hand, die den Türgriff berührt hatte, ins Gesicht, fängt es an, unerträglich zu jucken. Als logische Folge kratzt es sich und impft sich das Leichengift dabei selbst ein. Es entsteht ein nässendes, juckendes Ekzem, und bei ausreichender Wirksamkeit des Leichengiftes tritt der Tod ein. Das Opfer bringt natürlich nicht den Topf mit Plazenta Resten mit seinem Ekzem in Verbindung. Hätte sich das Opfer rechtzeitig an seinen *Dukun* gewandt, hätte dieser durch sein Wissen um diese Dinge vielleicht helfen können, denn ein *Dukun* ist nicht nur Heiler, sondern auch Zauberer, der weiß, was in bestimmten Fällen getan werden muss. Glücklicherweise wachsen bei uns keine Königsbäume. Aber ein echter *Dukun* könnte uns auch hier gelegentlich von Nutzen sein!

Aus dem Nachlass von Herrn Dr. May hat mir seine Witwe eine nette Geschichte – die allerdings nicht mit *Guna Guna* zusammenhängt – zur Verfügung gestellt, die er während seiner Zeit als Regierungsarzt auf Sumatra erlebt und auch später aufgeschrieben hat. Er nannte die Geschichte:

Das geldgierige Baby

„Während meiner Tätigkeit in Indonesien als Chefarzt eines 600-Betten–Krankenhauses habe ich neben so ‚alltäglichen' Dingen wie Vergiftungen auf Grund makabrer Stammessitten oder Verletzungen durch Tigerpranken und Stürzen von Kokospalmen auch einige sehr ungewöhnliche Dinge erlebt. Eine Begebenheit, die einen kleinen Einblick in die Lebensphilosophie der Bevölkerung gewährt, ist mir besonders in Erinnerung geblieben:

Nachts wurde ich, wie des öfteren, ins Krankenhaus zu einem schwierigen Fall gerufen. Diesmal handelte es sich um eine Geburt mit Komplikationen, einer verschleppten Querlage. Das bedeutet, das Kind liegt quer zum Geburtsweg im Mutterleib und kann ohne Hilfe nicht geboren werden. Die richtige Hilfe ist in diesem Fall die ‚Wende auf dem Fuß' zur Steißlage. Das vorgefallene und aus der Mutter herausragende Händchen des Babys, das schon blau angelaufen war, wurde desinfiziert und ich begann mit der Wendung. Alles verlief ganz normal, bis plötzlich eine große Blutmasse auf die Fliesen des Operationssaales fiel. Ich ließ den Klumpen von einer Schwester aufheben und unter der Wasserleitung abwaschen. Bald kam sie zurück und zeigte mir ein Bündel zusammengerollter Geldscheine. Meine Verblüffung lässt sich nicht beschreiben! Mein erster Gedanke war der an eine Uterusperforation, also ein Durchstoßen der Gebärmutter. Aber selbst dabei konnte man ja nun nicht an Geld kommen! Für weitere Überlegungen blieb keine Zeit, da die Geburt schnell zu Ende geführt werden musste. Erst als Mutter und Kind wohlauf vor mir lagen, ließ ich durch die Hebamme fragen, wie um alles in der Welt das Geld in den Mutterleib gekommen war. Und nun folgte eine in den Augen der Einheimischen ganz plausible Erklärung:

Die junge Mutter hatte sich daheim in ihrem Dorf schon tagelang mit der Geburt, die große Schwierigkeiten machte, geplagt. Kluge

Frauen aus der Nachbarschaft wurden gerufen, alle versuchten vergeblich, durch Ziehen an dem Händchen das Baby ans Licht der Welt zu holen. Schließlich wurde die älteste Frau der Sippe gerufen und die hatte schnell den Grund für die Weigerung des Kindes, geboren zu werden, gefunden. Dass nur das Händchen zu sehen war, hieß doch ganz einfach: *Minta uang dulu!*, Erst zahlen! Das sahen alle ein und so wurden Geldscheine zusammengerollt und dem Kindchen in die Hand gedrückt. Dieser Versuch erwies sich als äußerst schwierig, denn natürlich konnte das geschwollene Händchen nicht zupacken. So wurden die Geldscheine ganz einfach neben dem Körperchen in den Mutterleib geschoben, so weit es ging. Als zum großen Erstaunen der Anwesenden auch das nicht half, blieb nur noch der deutsche Doktor im Krankenhaus, der vielleicht Rat wusste.

Meine indonesischen Helfer, die mit mir aufmerksam der Geschichte zugehört hatten, schauten mich zufrieden an, niemand fand sie absurd oder verwunderlich. Mit Geld kann man doch eigentlich alles in diesem Land regeln. Man kann es doch zumindest versuchen!"

Doch nun zurück zu *Guna Guna* und Giften! Auf Sumatra gibt es auch Bäume, deren Saft, auf die Haut gebracht, tiefe Wunden in das menschliche Fleisch frisst. Der Saft eines anderen Baumes, auch in den geringsten Mengen auf eine Wunde gebracht, führt zum sofortigen Tod. Auf Java wächst wild eine Giftpflanze der Gattung Datura, deren weiße Kelche wie Glocken an den Zweigen hängen. Die Blätter, fein gestampft, sollen schmerzstillend wirken, aber der Saft der Pflanze, die auf Java auch „Blume der Hexe" genannt wird, soll in geringen Mengen Gedächtnisschwund, in stärkeren Dosen Wahnsinn und in noch größeren Mengen den Tod verursachen. Den Möglichkeiten sind also keine Grenzen gesetzt! Noch heute wird in unerschlossenen Gegenden Indonesiens, insbesondere auf Borneo und in West-Papua/Irian Jaya mit Blasrohren und vergifteten Pfeilen gejagt.

Im Westen von Sumatra und auf den vorgelagerten Mentawai-Inseln fangen die Eingeborenen Fische und Krabben für ihr Essen, indem sie das milchige Gift des Derris-Baumes in den Fluss schütten. Das wird durch Ausklopfen der Wurzeln und Pflanzenstängel gewonnen. Dieser Pflanzensaft enthält ein lähmendes Nervengift, das die Fische und Krabben für einige Minuten bewegungslos werden lässt. Sie treiben dann für einige Zeit an der Oberfläche des Wassers. Die Einheimischen nehmen sich aus dem Fluss, was sie für den Tagesbedarf benötigen und kurz danach tauchen die nicht eingesammelten Tiere wieder unter und schwimmen munter weiter.

Es ist eine Kunst mit Gift zu jagen und zu fischen, ohne sich anschließend am Fleisch selbst zu vergiften. Auf Borneo gehen Fischer mit Harpunen ins

Meer. Die vielen Haifische halten sie durch die Rinde eines bestimmten Baumes, die sie ins Meer streuen, auf Abstand.

Auf verschiedenen Inseln wird ein Gebräu aus Yams-Wurzeln zur Empfängnisverhütung verwendet. Die Witwe von Dr. May erzählte mir, ihr Mann habe gesagt, über den Einsatz von pflanzlichen Giften und Medikamenten in Indonesien könne man dicke Bücher schreiben.

Eines Tages kam ein Siemens-Mitarbeiter, der schon viele Jahre in Indonesien tätig war, in das Siemens Büro nach Bandung. Er fragte Frau Strässer, ob er etwas zu essen und trinken haben könne, er sei abends zu einer Witwe zum Essen eingeladen. Frau Strässer wunderte sich, sagte selbstverständlich zu, fragte aber doch, warum er bei ihr essen wolle, wenn er doch zum Essen eingeladen sei. Der Mitarbeiter antwortete, er würde nie und nimmer bei der Einladung einer indonesischen Witwe etwas essen und trinken, da er befürchte, durch *Guna Guna* hörig gemacht zu werden. Wie das?

Es ist bekannt, dass Indonesier bis heute jede Menge der verschiedensten Arten von Natur-Medizin anwenden. Es gab da *Obat Kuat*, wörtlich übersetzt: eine starke Medizin, die in Speisen und Getränke gemischt wurde, um die Manneskraft zu stärken. Beliebt war auch besonders bei Witwen ein Mittel, welches Besucher sozusagen willenlos und völlig hörig machte. Nun mag das übertrieben klingen, aber wenn man indonesische Freunde befragte, wurde diese Aussage immer bestätigt. Ich erfuhr sogar, dass der Berg Gunung Lawu in Ost-Java im Volksmund „Berg der Liebeskräuter" genannt wurde. An seinen Hängen würden all die wohltätigen Kräuter wachsen, die Frauen in einer geheim gehaltenen Mischung in ein Getränk oder ins Essen geben würden. Nach dem Genuss müsse sich jeder Mann unfehlbar in die Frau verlieben, die ihn als Opfer ausgesucht hat. Ein Thema, mit dem man sich viel und lange beschäftigen kann. Auf jeden Fall hat Frau Strässer durch ihre bekannte Gastfreundschaft verhindert, dass der Mitarbeiter dieser Witwe hörig wurde.

Straßenhändler und Antiquitäten

Schon einige Jahre belieferte uns ein *tukang buah*, ein Obsthändler, mit frischen Früchten, der sich immer mit einem langgezogenen hohen „ih-ih" am Tor unseres Hauses zu erkennen gab. Mit der angelieferten Qualität und Frische der Früchte waren wir immer sehr zufrieden. Jeden Morgen gegen 7 Uhr meldete er sich an unserem Tor in der Jalan Gandaria mit seinem Ruf. Er hockte sich vor seine schweren Körbe mit Ananas, Mangos, Papayas, Blimbing, Salak, Mangistan, Lengkeng, Bananen und anderen tropischen Früchten und wartete geduldig, bis ich ans Tor kam. Vor dem Weg ins Büro ging ich gerne zu ihm, um Früchte auszusuchen und den Preis auszuhandeln, jeden Tag für jede Fruchtsorte gesondert. Handeln gehört in Indonesien zum täglichen Leben. Wer nicht handelt, sagen die Indonesier, sei dumm. Dabei geht es nicht nur um den Preis, die persönliche Kommunikation, der kleine Schwatz, Austausch von Familienangelegenheiten und der Spaß sind dabei genauso wichtig. Er wollte nur mit mir verhandeln, obwohl er sicher bei meiner Frau einen besseren Preis bekommen hätte. Eines Morgens war ich in Eile, suchte schnell Mangos und Papayas aus und sagte unserem *tukang buah*: „Heute habe ich keine Zeit zum Handeln, ich muss gleich ins Büro. Gib mir die Früchte zum gleichen Preis wie gestern". Der Obsthändler war sehr enttäuscht, packte seine Früchte wieder ein und rief Allah aus seinem mohammedanischen Himmel herbei. Er sagte: „*Tuan*, wenn Du heute keine Zeit zum Handeln hast, dann komme ich besser morgen wieder!" Ich war platt! Zeit und Geld spielte bei ihm keine Rolle. *Omong kosong*, der Schwatz, war ihm wichtiger! Für einen guten Handel benötigt man viel Zeit, und jeder gute Handel wird zu einem fröhlichen Schwank! Beide Partner müssen glücklich und zufrieden auseinandergehen.

Straßenhändler gibt es in Indonesien immer und überall. In Jakarta ist es nicht zwingend notwendig das Haus zu verlassen. Händler bringen alles Gewünschte ins Haus. Es gibt nichts, das man nicht an der Tür kaufen könnte. Der Zigarettenhändler öffnet sogar die Packung und verkauft die Zigaretten mit einem minimalen Gewinn einzeln. Vom frühen Morgen bis in den späten Abends hinein hört man von der Straße her das Kling-Klong eines Eisverkäufers, das Rasseln mit Blechstreifen eines Erdnussverkäufers, das näselnde „Kueh-Kueh" eines Kuchenhändlers oder das „Bas-oh" eines Suppenverkäufers mit Fleisch- oder Fischbällchen. Später, als es dann Brot gab, kam noch das durchdringende „Ro-ti", mit lang- und hochgezogenem „i" des Brotverkäufers hinzu. Jede Berufsgruppe hat einen eigenen charakteristischen Ruf, eine Melodie, Tonfolge oder Geräusche, so dass man schon aus weiter Ferne hört, wer gerade im Anmarsch ist: der Fleisch-, der Hühner-, der Eierhändler, die Garküche oder der Schuhmacher. Das Geräusch eines Schuhmachers ist besonders einprägsam: eine Art von Tonleiter, die durch das Schwenken von einer Anzahl auf einem Band aufgereihter Metallplättchen entsteht, gemeinsam mit dem durchdringenden hohen Ruf „Sepatu-Sepatu". Selbst noch mitten in der Nacht hört man viele charakteristische Geräusche.

Anfang der 1960er Jahre hatten die Eisverkäufer ein „Kling-Klong" als Erkennungszeichen. Aber schon bald danach, als das „elektronische Zeitalter" auch Indonesien erreichte, wurde dieses sympathische Geräusch durch eine einprägsame elektronische Erkennungsmelodie ersetzt, die in kürzester Zeit von allen Eisverkäufern aller Inseln Indonesiens benutzt wurde. Überall und immer wieder hörte man sie. Sie verfolgte mich sogar im Schlaf, da die Melodie nie ein harmonisches Ende fand, sondern mittendrin abbrach. Dies ging vielen auf die Nerven. Der Hersteller dieses elektronischen Teils muss viel Geld damit verdient haben. Aber warum fehlte immer das Ende der Melodie? Fehlende Bauteile? Zu geringe Spannung der Stromversorgung? Auf jeden Fall war es eine Fehlkonstruktion, die jahrzehntelang in Gebrauch war. Erst jetzt, bei meinem letzten Besuch auf Bali, hörte ich endlich, dass die Melodie, wenigstens bei jedem zweiten Durchgang, einen Schluss erhalten hat.

Den ganzen Tag sind die *Kaki Lima*, die Fünfbeinigen unterwegs. Es sind Garküchen auf Rädern, die auf Suppen, Nudelgerichte oder Sates spezialisiert sind, aber auch chinesische Leckereien zubereiten. Wegen der beiden Räder und dem Standbein am Wagen, sowie den beiden Füßen des Kochs, werden sie *Kaki lima,* die Fünfbeinigen genannt. Die fahrbare Garküche des Nudelkochs heißt zum Beispiel *Bahmi tok-tok*, für *Bahmi*, die Nudeln, und „tok-tok" für sein weit hörbares „tok-tok" von einem hohlen Bambusstock, den der Koch als Zeichen seines Gewerbes gegen ein Stück Holz schlägt. Die Straßenköche bereiten auf ihrem Karren, in den verschiedene Töpfe eingelassen sind und die mit Holzkohle oder neuerdings auch mit Flaschengas beheizt werden, leckere Gerichte frisch und direkt vor der Haustüre und den Augen der Hausbewohner zu. In wenigen Minuten ist das Mahl fertig und wird kochendheiß serviert. Wie oft wünschte ich mir schon diese Einrichtung und diesen Service der Straßenverkäufer bei mir zu Hause in Deutschland! Allerdings musste man seinen Essenslieferanten kennen, da bei vielen Garküchen die Hygiene zu wünschen übrig lässt. Viele der Garküchen, die sehr billig für die einfachen Bevölkerungsschichten kochten, spülten die gebrauchten Teller nur mit der heißen Suppenbrühe zurück in den Suppentopf aus. Eine anständige Magen- und Darmverstimmung war nach einem Essen dann oft die Regel, weshalb diese im Volksmund auch als „Rache des Kaki Lima", die Rache des Fünffüßlers, bezeichnet wurde.

Durch Schläge auf Gongs, Schlitztrommeln oder Eisenstangen werden, wenn die *Jaga Malam*, die Nachtwächter, ihre Runden drehen, Nachrichten und Warnungen über große Entfernungen übertragen. Während des Ramadans, der muslimischen Fastenzeit und dem anschließenden Lebaranfest, dem Fastenbrechen am Ende des Ramadans, waren die Trommelschläge der *Tom Toms,* durch die warme Feuchtigkeit der Nacht, bis zum Morgengrauen zu hören.

Besonders haben mich unter den Straßenhändlern die *Tukang Jamu*, die Kräuterfrauen, fasziniert. Es sind immer gut und gesund aussehende rotwangige Damen, mit einem Korb auf dem Rücken, in dem etwa zwei Dutzend Flaschen mit den unterschiedlichsten Kräuter-, Wurzel- und Rindenmischungen untergebracht sind. Sie sind die javanischen Wunderheilerinnen für alles und wandelnde Apotheken. Alle nur denkbaren körperlichen Gebrechen von Krebs bis Impotenz, von Blinddarmentzündung bis Malaria, von bösen Geistern bis zu schlimmen Träumen, alles wird behandelt. Man schildert der Kräuterfrau sein Übel und schon beginnt sie aus den verschiedenen Flaschen eine dagegen wirksame Kräutertrankmischung zusammenzustellen. Ob diese pflanzliche Medizin immer wirkt, ist fraglich, aber die Indonesier schwören darauf, und es gab nicht wenige Europäerinnen, die diesen Kräutermischungen mit Erfolg gegen Übergewicht vertrauten und zufrieden waren. Auch unsere Hausangestellten waren gute Kunden bei einer *Ibu Jamu.* Für oder gegen was sie diese Kräuter einnahmen, blieb aber ihr Geheimnis. Besonders nach Schwangerschaften war diese Medizin sehr beliebt: Die Mutter hatte genügend Milch, um ihr Neugeborenes zu stillen und blieb auch nach einer Entbindung schlank und rank.

Weitere javanische medizinische Spezialitäten und „Naturheilverfahren", die auch durch „fliegende Heilpraktiker" angeboten wurden, waren *pijat* oder *urut* und *kerokan*. *Pijat* oder *urut* waren javanische und balinesische Massage. Von meinen indonesischen Freunden wurde mir eine javanische Masseurin empfohlen, nach deren Behandlung mit der *urut*-Methode man sich wie neugeboren fühlen solle. Das wollte ich versuchen und nach einer anstrengenden Woche bestellte ich die Expertin an einem Samstagnachmittag zu mir nach Hause. Die Dame kam pünktlich, ein kleines, leichtes, unscheinbares Großmütterchen. Und die sollte mich massieren können? Sie fragte mich, ob ich es zart oder kräftig haben wolle. Bei den dünnen Ärmchen entschied ich mich sicherheitshalber für kräftig. Ich musste mich, nur mit einem Höschen bekleidet, auf einer Decke auf den Boden legen. Dann kam die Überraschung! Barfuss wie sie war, stieg sie zunächst auf meinen Rücken und marschierte munter auf und ab. Dann kamen die Arme und die Beine dran. Meine Wirbelsäule und meine Gelenke krachten und ächzten unter der ungewohnten Last. Ich brach die Behandlung vorzeitig ab, da ich befürchtete, von nun an querschnittsgelähmt zu sein. Anstatt mich wie neugeboren zu fühlen, konnte ich vor Rückenschmerzen die ganze folgende Woche nicht mehr aufrecht gehen und fühlte mich wie gerädert. Als ich mich jedoch bei späteren Versuchen für die zartere Methode entschied, war ich vollauf zufrieden.

Die zweite javanische Spezialität, das *kerokan,* ist eine Art von Akupressur. Wenn unsere Hausangestellten *masuk angin* hatten, „wenn der Wind in sie hineinfuhr", also eine Erkältung hatten, behandelten sie sich gegenseitig nach dieser Methode. Dabei wird mit einer Münze entlang bestimmter Linien auf Brust, Rücken – besonders entlang der Rippen – und entlang der Arme so lange unter starkem Druck auf und ab gerieben, bis die Stellen rot-blaue blutunterlaufene Striemen zeigen. Noch tagelang danach liefen die Patienten nach dieser ziemlich schmerzhaften Behandlung mit den rot-blauen „Tätowierungen" herum. Sie glaubten an eine Heilung ihrer Erkältung und sie wurden auch geheilt. Ein indonesischer Arzt erklärte mir, dass diese medizinisch als Ignipunktur bezeichnete Behandlung ein uraltes Ableitungsmittel über die Haut wäre, die zur Verbesserung des Hautstoffwechsels beitrage. Als ich bei einer Erkältung auch mal *kerokan* versuchte, ging es mir so wie mit der Schulmedizin: ohne Medikamente dauert eine Erkältung eine Woche, mit Medikamenten sieben Tage. Der einzige Vorteil war, dass ich vor Schmerzen auf der Haut die Erkältung nicht mehr spürte! Die Kunst des Massierens ist in Indonesien weit verbreitet, man kann sogar sagen, es ist ein Teil der Kultur. Das Wissen wird meist innerhalb der Familie von den Eltern an die Kinder weitergegeben.

Eine weitere nette Geschichte über die Straßenhändler aus dem Hause Strässer möchte ich hier erzählen. Es war üblich, dass hausierende Antiquitätenhändler, sogenannte *tukang antik,* regelmäßig in die Häuser kamen. Sie hatten manchmal wertvolle Bronzen, edle Dolche, Silbergegenstände, Knochenschnitzereien und sonstige schöne Kunstgegenstände in ihren Körben. Sie kamen immer unangemeldet und standen unvermutet mitten im Wohntrakt. Frau Strässer mochte das natürlich nicht so gerne, aber es ließ sich nicht immer vermeiden.

„Eines Tages stand der *tukang antik* im Hausflur und bot mir verschiedene Antiquitäten an, während mein Mann vorne im Büro arbeitete. Er war sehr hartnäckig, so dass ich ungeduldig wurde und ihm deutlich machte, dass ich wirklich nichts kaufen wolle. Es entwickelte sich daraufhin folgender Dialog: ‚*Nonja besar* (verehrte Frau), wie viel Kinder hast Du?' – ‚Wir haben keine Kinder!' – ‚*Aduh* (Oh je), das ist aber schlimm, denn dann kann Dich, wenn Du alt bist, niemand mehr beschützen und versorgen!' – ‚Ach, weißt Du, das ist bei uns in Deutschland nicht so schlimm, denn wir haben eine gute Altersversorgung vom Staat und von der Firma.' Er schaute ganz ungläubig, dass so etwas möglich ist. In Indonesien galt nach wie vor die Großfamilie als wichtigste Altersversorgung. *Gotong royong* bedeutete, man stand füreinander ein, einer half dem anderen. Der *tukang antik* überlegte kurz und machte dann folgendes Angebot: ‚*Nonja besar,* ich kann Dir ein Kind oder auch zwei verkaufen. Es kann braun oder gelb oder auch weiß sein. Du brauchst Dir nur die Farbe auszusuchen!' Ich war platt! Nach der ersten Überraschung sagte ich amüsiert: ‚Nein, vielen Dank, *terimah kasih!*' Der *tukang antik* wand sich und war sichtlich enttäuscht. Er verabschiedete sich und machte sich wieder auf den Weg. Ich rief ihm noch nach: ‚Dass Du Dich ja nicht unterstehst, ins Büro zu gehen und mit meinem Mann zu sprechen. Der arbeitet dort und hat im Moment viel zu tun!'

So schnell konnte mein Mann gar nicht gucken, da saß der *tukang antik* schon vor ihm auf dem Boden im Büro und bot seine Waren an. Mein Mann hatte wirklich viel zu tun und versuchte daher auch, ihn schnellstens loszuwerden. Von all seinen angebotenen Antiquitäten wollte er nichts. Aber dann brachte der *tukang antik* dasselbe Verkaufsangebot vor, das er schon mir schmackhaft machen wollte: ‚*Tuan besar* (verehrter Herr), denk doch darüber nach, Du brauchst doch Kinder: gelb, braun oder weiß! Was möchtest Du?' Mein Mann war ebenso wie ich amüsiert, lachte und lehnte dankend ab. Aber der *tukang antik* machte ihm noch ein Zusatzangebot!

Als er dann mittags zum Essen ins Haus kam, sagte er zu mir: ‚Stell' Dir vor, der *tukang antik* wollte mir ein Kind verkaufen. Als ich dann letztlich ungeduldig wurde und ablehnte, war er ganz traurig.' – ‚Und dann? Was sagte er dann?' fragte ich nach. Lachend antwortete mein Mann: ‚Dann sagte der *tukang antik: Tuan* (Herr), ich verkaufe Dir auch eine neue Frau, die Kinder will!' Ja, das war das richtige Indonesien.''

Einem unserer Freunde, der auch für eine deutsche Firma in Indonesien tätig war, wurde Anfang der 1960er Jahre von einem anderen Deutschen ein komisches, beschädigtes, etwa sieben Zentimeter großes Männchen angeboten, das dieser von einem Antiquitäten-Straßenhändler billigst erworben hatte, nur um diesen Händler so schnell wie möglich wieder los zu werden. Unser Freund und seine Frau, die regelmäßig Antiquitätenläden abklapperten, um nach Raritäten zu suchen, schauten sich dieses Männchen an. Mit einem fehlenden Bein sah es, in einem total zerfallenen Kästchen aus Birkenholz liegend, auf dem man mit Mühe noch Schriftzeichen erkennen konnte, nicht besonders attraktiv aus. Unser Freund hielt diesen Schatz zunächst nur für ein Stück wertlose Seife. Gegen seinen Willen bestand die Frau auf dem Kauf. Zum Glück gab mein Freund nach, der Kauf wurde besiegelt und der Verkäufer war froh, als er diesen vergammelten und seiner Meinung nach vollkommen wertlosen Schrott zum Einstandspreis wieder los war.

Mein Freund zeigte diesen Kauf einem deutschen Korrespondenten, der durch seine langjährige Kriegsgefangenschaft hinter dem Ural der russischen Sprache mächtig war und der auch noch im Restaurieren von Antiquitäten Erfahrung hatte. Welche Überraschung: Auf dem verblichenen Stoff des beschädigten und losen Deckels entzifferte er die kyrillischen Buchstaben: Fabergé, St. Petersburg, Paris, London. Das war ein Glückstreffer wie ein Sechser im Lotto, eine John-Bull-Figur, wie auf der Whisky-Flasche von Jonny Walker, aber von Fabergé, dem Juwelier des russischen Zaren. Der Korrespondent gab Ratschläge für die Wiederherstellung und Restaurierung. Und dann wurde gewerkelt: Eine Schablone des noch intakten linken Beines wurde angefertigt und spiegelbildlich gedreht. Mit einem Gemisch aus Modelliermasse und Tintenasche aus zu Staub gekochter chinesischer Tinte wurde die Form ausgefüllt und hart gebacken. Dann folgte die Feinarbeit mit Feile und Schmirgelpapier, und der neue Fuß wurde angebracht. Von den vier goldenen Knöpfen an der Uniform war nur noch einer vorhanden. Ein Juwelier in Jakarta fertigte nach dem Muster die fehlenden Knöpfe neu an und setzte sie wieder ein. Nun war der John Bull wieder ein perfektes Prachtstück und sah aus wie ein Original. Jetzt wurden noch die einzelnen Brettchen für das Kästchen gesäubert und sorgfältig geklebt. Der John Bull wurde wieder in sein neues Bettchen gelegt und einem großen Auktionshaus in der Schweiz angeboten. Dort hat das schöne Stück alle Prüfungen bestanden, selbst eine Röntgenuntersuchung. Der neu gemachte Fuß ist keinem Experten aufgefallen. Bei der Auktion wurde heftig geboten und schließlich ging der John Bull mit einem für meinen Freund riesigen Gewinn an ein englisches Adelsgeschlecht. Die Mühe hatte sich gelohnt, aber nicht alle Tage machte man so einen glücklichen Kauf. Der Deutsche, der froh war, den in seinen Augen alten Schrott wieder los zu sein, hat sich die ganzen Jahre, die er in Indonesien war (und vermutlich noch viel länger), geärgert, dass ihm dieser Schatz durch die Lappen ging.

Anfang der 1960er Jahre gab es noch viele gute Antiquitäten in Indonesien. Jakarta war ein Paradies für jeden Sammler. Jeder sammelte etwas anderes:

Manche klapperten mehrmals die Woche alle Antiquitätenhändler ab, um vielleicht noch ein weiteres Schnäppchen von altem chinesischem Porzellan zu ergattern, andere wiederum sammelten indonesische Tanzmasken, Krise oder alte chinesische oder holländische Möbel. Ich sammelte nichts und alles: d. h. ich kaufte, wenn mir etwas gefiel.

Kurz nach dem Putsch, als die Chinesen im Lande sehr verunsichert waren, entdeckte ich bei einem chinesischen Händler, der gleich um die Ecke meines ersten Büros am Blok M in Kebayoran Baru sein Geschäft hatte, einen wunderschönen alten Schrank, den ich unbedingt haben wollte. Da der Händler wegen der vorherigen Ausschreitungen gegen Chinesen seinen Laden aufgeben wollte, wurden wir uns schnell handelseinig. Er wollte sich mit möglichst viel Bargeld nach Singapur absetzen. Der Schrank war unglaublich schwer aus dickem Holz mit massiven Säulen. Er konnte aber – nur mit Steckverbindungen – in acht Teile zerlegt werden. Manche Teile, zum Beispiel das große ausladende Dachteil, war so schwer, dass es nur mit vier Personen angehoben werden konnte. Der chinesische Händler erklärte, der Schrank wäre ein holländischer „Küssenkas", auf Deutsch: ein Schrank für Federbetten, die in das große Oberteil gestopft werden konnten. Es gab noch zwei ähnliche Schränke in Jakarta, der eine stand im Palast von Präsident Sukarno am Medan Merdeka-Platz, der zweite in der Privatwohnung des Präsident Direktors der staatlichen Ölgesellschaft PERTAMINA, Ibnu Sutowo. Ich dachte gleich, dass mein Schrank etwas ganz Besonderes war, aber die Überraschung kam erst viele Jahre später. Der Schrank begleitete mich zunächst nach Australien und dann nach Süddeutschland. Damals wohnte ich am Fuße der Schwäbischen Alb, unterhalb der Burg Hohenzollern. Da sich gerade eine günstige Gelegenheit ergab, ließ ich von einem Experten und Restaurator, der auch für den Prinzen von Hohenzollern arbeitete, ein Gutachten erstellen. Die Überraschung war groß, als sich herausstellte, dass dieser Schrank ein oberschwäbischer Barockschrank war, gefertigt aus afrikanischen Edelhölzern, darunter viel Ebenholz. Auch dies war ein Glücksgriff! Der Prinz von Hohenzollern, der Schränke dieser Art sammelte und sehr interessiert war, dieses gut erhaltene Stück zu erwerben, machte mir verschiedene sehr lukrative Angebote. Aber ich blieb hart und erfreue mich noch heute an diesem geschichtsträchtigen Stück.

Wie kam nun dieser Schrank nach Indonesien? Schon in frühester Kolonialzeit hatten die Holländer deutsche Ärzte gesucht und für Indonesien unter Vertrag genommen. Ich kann mir nur vorstellen, dass ein deutscher Arzt seinerzeit diesen Schrank aus seiner schwäbischen Heimat mitgebracht hat. Oder war der ursprüngliche Eigentümer gar einer der sechs Franquemonts, einer der sechs unehelichen Söhne des Herzogs Carl Eugen von Württemberg, die im Februar 1787 mit dem Regiment Württemberg als Offiziere und Söldner der Holländer nach Java gingen und dort blieben? Zu diesem Zeitpunkt wäre der Schrank also schon gut 50 Jahre alt gewesen. Man kann es nicht mehr sagen, aber das Erstaunlichste ist, dass er – wenn nun auch in Bonn – wieder in seine Heimat zurückgekehrt ist und alle Reisen unbeschadet überstanden hat.

Auch ich habe damals einiges altes chinesisches Porzellan gekauft, aber leider viel zu wenig. Ich war geschäftlich so eingespannt, dass für die Antiquitätensuche wenig Zeit blieb. Heute ist der Markt schon leer gekauft, die guten Stücke sind weg und es werden vor allem mehr oder weniger gut gemachte Kopien angeboten. Auf der Insel Bali gibt es Handwerker, die auf dieses Fach spezialisiert sind. Immer, wenn ich an deren Werkstätten vorbeikomme und lese „Antiques made to order" muss ich schmunzeln. Hier werden Antiquitäten angefertigt. Sie sehen dann aus wie 100 Jahre oder 300 Jahre alt – ganz nach Wunsch und Bestellung des Kunden.

Carita, ein Paradies an der Sundastraße

In den Jahren 1969/1970 gab es einen Wechsel in der Wochenendgestaltung. Unser Boot wurde verkauft und wir orientierten uns mehr nach Westen: auf festen Boden an der Sundastraße. An der Bucht von Carita hatte sich ein Siemens-Monteur, der mit einer einheimischen Frau verheiratet war, eine Jagdhütte gebaut. An den Wochenenden jagte er dort Wildschweine. Die Pressereferentin der Deutschen Botschaft, Ursula Müller, war anlässlich eines Besuches dort von der wunderschönen Bucht, dem palmengesäumten kilometerlangen Sandstrand und der noch ursprünglichen Natur so begeistert, dass sie sich sofort entschloss, dort ein Wochenendhaus bauen zu lassen. Mit Hilfe ortsansässiger Handwerker baute sie direkt am Sandstrand ein einfaches Holzhaus auf Pfählen mit einem getrennten Badehäuschen. Nachdem wir dort einige Male zu Besuch waren, waren auch wir so begeistert, dass wir Ursula dort Gesellschaft leisten wollten. Das Meer, das mich schon immer angezogen hat, übte eine große Faszination auf mich aus. Es ist wie das Leben: jeden Tag neu und wieder anders, immer in Bewegung, Tag und Nacht. Wir konnten ganz in der Nähe ein Strandgrundstück mit 90 Kokospalmen erstehen, das an der südlichen Seite durch einen kleinen Bach, der ins Meer floss, begrenzt war. Dieser kleine Bach sollte noch für Unruhe sorgen, da auf der anderen Seite des Baches ein Deutscher, der anfänglich für eine deutsche Stiftung arbeitete, später das angrenzende Grundstück erwarb.

Wir planten dort ein Holzhaus zu errichten. Der Bau wurde umgehend organisiert und machte bald rasche Fortschritte. Ich hatte einen Schreiner mit dem Namen Biso aus Carita als Bauleiter angeheuert und dies war ein Glücksgriff. Er war nicht nur sehr fleißig und konnte alles Material besorgen, er konnte auch alle meine Ideen für eine europäische Raumaufteilung umsetzen. Das Haus stand ebenfalls auf Pfählen, aber das Badezimmer war aus Korallensteinen gemauert und direkt von den Schlafzimmern aus zugänglich. Die Korallensteine wurden aus dem Meer geholt und die Bretter für die Wände wurden aus Stämmen von Kokospalmen von Hand gesägt. Tagelang wurden Bretter gesägt, auf und ab, auf und ab. Ein Mann stand oben auf einem Gerüst und ein zweiter unten in einer Grube und die Säge wurde ohne Unterlass von oben nach unten, dann von unten nach oben gezogen. Eine unglaublich anstrengende Arbeit, die viel Schweiß kostete. Es war erstaunlich, wie genau und glatt die Bretter wurden. Bretter aus dem Stamm der Kokospalme können nur kurz nach der Fällung des Baumes hergestellt werden. Im Laufe der Jahre wird das Holz immer härter und bei einem mehrere Jahre alten Brett wird es dann unmöglich, einen Nagel einzuschlagen. Wie in den Dörfern auf Java üblich, wurde das Dach aus einer Mischung von *Alang Alang*, einem Riedgras, und geflochtenen Palmenblättern hergestellt. Dieses *Atap* genannte Dach federt, wenn eine Kokosnuss darauf fällt. Das Haus war von Kokospalmen umgeben, und eine Kokosnuss, die im reifen Zustand zwei Kilogramm wiegen kann, hätte ein Ziegeldach ganz einfach durchschlagen. Die Pfade werden bis heute immer in einen Bogen um die Kokosbäume herum angelegt, damit niemand von einer herab fallenden Nuss erschlagen wird.

In die Schlafzimmer wurden Einbauschränke integriert, die Fenster bekamen Fliegengitter, die Küche eine gemauerte Spüle: Es war ein modernes Strandhaus, bis auf Strom und Wasser. Das Wasser musste, wie im Hause von Ursula Müller, über eine etwa einen Kilometer lange Wasserleitung aus Bambusrohren von den Bergen, die gleich hinter dem Hause anstiegen, nach unten geleitet werden. Ich wollte von diesem anfälligen Bambusrohr für die Wasserversorgung unabhängig werden und hatte für den *Selamatan* einen Handwerker aus der Nachbarschaft, der als Brunnenbohrer Erfahrung hatte, eingeladen. Wir waren ja durch unsere Erfahrung mit unserem Haus in Jakarta gewarnt, so dass wir ohne einen *Selamatan* (Einweihungsfest) kein Haus mehr beziehen wollten. Eine Ziege wurde geschlachtet, der Ziegenkopf unter der Treppe hinter dem Hause vergraben und die übliche Zeremonie mit Gebeten, Verteilen von Weihwasser und dem gemeinsamen Essen abgehalten. Wir hatten einige Gäste zu diesem Fest eingeladen, darunter auch Ursula Müller, die als Gast noch einen Jesuitenpater aus Yogyakarta mitbrachte und natürlich Pak Sakip, der in der ganzen Umgebung als Heiliger und Mystiker bekannt war. Natürlich waren auch der Bürgermeister von Carita, der Bezirksvorsteher, der für unser Gebiet zuständige Polizist und andere indonesische Honoratioren dabei. Frau Müller, der Jesuitenpater und wir machten zur Feier des Tages eine Flasche *Anggur Puff* nach der anderen auf. *Anggur Puff* ist Sekt, wörtlich übersetzt ist das Wein und das „Puff" ist lautmalerisch für das Geräusch beim Öffnen der Flasche. Ob diese Bezeichnung nun von Indonesiern stammt oder von Europäern, die auf diese Weise den einheimischen Angestellten dem ihnen unbekannten Sekt einen Namen geben wollten, mag dahingestellt bleiben. *Anggur Puff* war angebracht, denn so eine Hauseinweihung musste natürlich gebührend gefeiert werden.

Als die indonesischen Honoratioren sich verabschiedet hatten und das Haus nach dem *Selamatan* nun nicht mehr anfällig für Geister war, kam der *Tukang Sumur*, der Brunnenspezialist, zu mir und sagte, er hätte nun eine günstige Stelle ausgesucht, ob er da nun den Tiefbrunnen bohren dürfe. Die Stelle war nur wenige Meter vom Strand und dem Meer entfernt. Der Pater und ich waren schon ziemlich angeheitert, und wir machten uns einen Spaß daraus, mit dem Ohr am Boden zu horchen und dem Handwerker zu sagen, er müsste noch einen Meter weiter hierhin und noch einen halben Meter dorthin, solange bis wir entschieden, dass nun die richtige Stelle gefunden war. Es war alles nur Blödsinn! Der *Tukang Sumur* fing mit seinen Helfern an, von Hand zu bohren, und ein dickes Wasserrohr versank langsam im sandigen Boden.

Als wir am nächsten Wochenende wieder nach Carita kamen, eilte der „Bohrmeister" ganz aufgeregt auf uns zu und sagte, es wäre ein Wunder geschehen. Von der Ferne sahen wir schon eine große Menschenmenge um den Brunnen stehen, und das Wasser floss in Strömen. Er war in nur zwölf Metern Tiefe auf einen artesischen Brunnen gestoßen, dem einzigen, den es viele Kilometer im Umkreis gab und das auch noch direkt am Meer. Das schönste und klarste Trinkwasser sprudelte von ganz alleine aus dem Rohr. Durch die zufällige Festlegung des Bohrplatzes durch den Pater und mich, hatte er eine Wasserader angebohrt, die unter dem Druck der höheren Grundwasserschichten der Berge hinter unserem Hause stand. Was für ein Glück! Der Pater war auch schon mit Ursula Müller gekommen, um zu sehen, ob Gottes Segen Erfolg gebracht hat. Die „hellseherischen Fähigkeiten" des Jesuitenpaters und meine sprachen sich natürlich rasant in allen umliegenden Dörfern herum und wir wurden tagtäglich daraufhin angesprochen, ob wir nicht in diesem und in jenem Dorf den Boden abhören könnten, um festzustellen, wo Wasser wäre. Nur mit Mühe gelang es uns, immer wieder neue Ausreden zu finden und uns der Geister, die wir gerufen hatten, zu erwehren. Erst als Frau Müller nach unserem Vorbild auch so einen Brunnen haben wollte, und der Pater und ich uns sehr anstrengten, aber dann nur Wasser, aber kein artesischer Brunnen gefunden wurde, ließ das Interesse nach. Nur wir hatten in weitem Umkreis eine perfekte Wasserversorgung. Mit artesischem Druck lief das Wasser in Küche, Bad und den Häusern für die Angestellten hinter dem Haus, ganz ohne Wasserpumpe. Mit dem Überlauf hätten wir ein Schwimmbecken speisen können, aber dieser Luxus direkt neben dem Meer war uns dann doch zu groß. Wir hatten nun auch noch zwei Hausangestellte in Carita, unseren Gärtner und Wächter Karta mit seiner Frau Arti. Arti hielt das Haus sauber und unterstützte unsere immer mitgenommene Köchin in der Küche.

Der Jesuitenpater war ein auffallend gut aussehender und attraktiver Mann, groß und schlank, ein Schwarm der Frauen. Er lehrte an der Universität in Yogyakarta und wie man sagte, liefen ihm dort die jungen Studentinnen in Scharen nach. Auffallend oft war er ja auch bei Ursula Müller in Carita. Er war ein wirklich interessanter Mann. Wir konnten uns stundenlang unterhalten und diskutieren, besonders über weltliche Themen. Er hatte zum Beispiel Nachforschungen über eine in Mittel- und Ost-Java verbreitete uralte Methode der Empfängnisverhütung erstellt und diese auch veröffentlicht. Dabei ging es um eine spezielle Massage des Unterleibes der Frau, bei der sich der Muttermund der Gebärmutter verschließen würde. Diese Methode wird anscheinend dort schon seit Urzeiten mit Erfolg zur Empfängnisverhütung angewandt.

Der Bruder des Paters, der in Deutschland in der Nähe des Bodensees wohnte, war Funkamateur wie ich. Bald hatte ich zwischen zwei hohen Kokospalmen eine Sendeantenne aufgehängt. Ich brachte ein kleines mobiles Kurzwellen-Funkgerät aus Jakarta mit, das aus einer Autobatterie gespeist wurde, und so konnte der Pater auch ab und zu mit seiner Familie in Süddeutschland sprechen. Elektrischen Strom gab es in Carita natürlich noch lange nicht. Beleuchtet wurde mit Petroleumlampen, die abends ein romantisches Licht verströmten. Der Kühlschrank in der Küche wurde mit Flaschengas betrieben, das zunächst aus Jakarta mitgebracht werden musste, aber später auch im benachbarten Labuhan im „Toko Ong" zu bekommen war.

Weit und breit gab es kein Telefon und so sprach sich schnell herum, dass in Carita ein Deutscher sitze, der mit der ganzen Welt telefonieren kann. Diese Information drang auch zu den lokalen Militärbehörden durch, die eines Morgens mit zehn Mann anrückten, um ein angebliches Spionagezentrum, das die Sundastraße kontrollieren würde, auszuheben. Trotz Vorlage meiner indonesischen Amateurfunk-Genehmigung konnten noch nicht alle Zweifel ausgeräumt werden, da sie bis dato noch nicht gehört hatten, was Amateurfunk ist und was damit gemacht wird. Bis an die Westküste von Java hatte sich das noch nicht herumgesprochen. Ich musste zunächst mit zur Wache, mein Funkgerät wurde beschlagnahmt. Eine Rückfrage im Hauptquartier in Jakarta klärte jedoch das Missverständnis bald auf, und ich durfte mit meinem Gerät wieder zurück nach Hause.

Im „Toko Ong", dem „Supermarkt" von Labuhan konnte man alles, was man für das tägliche Leben benötigte, bekommen: Töpfe, Pfannen, Zement, Nägel und Schrauben, Reis aus Säcken, Petroleum aus Fässern, Benzin in Flaschen, Bodrex (das indonesische Aspirin), Kunstdünger, Angelgeräte, Rattengift und Rattenfallen, Rohkaffee und Pfeffer von Pak Sakip, Tee aus Bandung, Kakao aus Ost-Java, Holz- und Fassadenfarben, Holzbalken und Bretter, Salz, Bier, Stoffe, indonesische Schokolade der Marke „Cenderawasih" (Paradiesvogel), Süßigkeiten für die Kinder, *Jamu* (pflanzliche Medizin) für die allgemeine Gesundheit, Nadel und Faden und so weiter. Alles war bunt durcheinander gemischt, aber Mister Ong, ein

kleiner geschäftstüchtiger Chinese, konnte fast jeden Wunsch mit schlaf-
wandlerischer Sicherheit sofort erfüllen. Im hinteren Teil des Ladens lebte
die Familie Ong mit Großmutter und Kindern, mit einem Ladengehilfen
und Hauspersonal, mit Hund und Katzen. Drei Generationen unter einem
Dach in einer kleinen Ecke des Hauses. Hier wurde gekocht, gegessen, ge-
liebt und geschlafen. Hatte man einen ganz ausgefallenen Wunsch, den
Herr Ong in seinem „Supermarkt" nicht sofort erfüllen konnte – was allerdings selten geschah –, sagte er: *Besok ada* (morgen ist es da) und am
nächsten Tag, spätestens am übernächsten, wurde das Gewünschte sogar in
unser Haus in Carita geliefert.

Ende der 1960er, Anfang der 1970er Jahre waren die Straßen in West-Java
noch in einem katastrophalen Zustand. Richtung Merak ging es zunächst
noch, da dort die täglichen Fähren nach Sumatra abfuhren. Wenn man dann
die schmale Küstenstraße nach Süden abbog, kam man vorbei am neuen
Leuchtturm von Anyer. Vom alten Leuchtturm, der beim Ausbruch des
Vulkans Krakatau zerstört wurde, war nur noch das Fundament zu sehen. Es
ging meist nur noch im Schritt-Tempo voran. Das kleine Sträßchen bestand
nur aus Schlaglöchern. Aber die Umgebung, die Ausblicke auf das Meer
und den Vulkan Krakatau mit seiner markanten Rauch- und Aschefahne
waren immer wieder atemberaubend schön. Erreichte man dann nach einer weiteren Stunde das Felsentor von Karang Bolong und die – wie wir
sagten – „Kleine Bucht", dann waren es nur noch wenige Minuten bis zu
unserem Bungalow. Es war ja meist schon dunkel, wenn wir ankamen, aber
die Strapazen der anstrengenden Fahrt waren schnell vergessen, wenn wir
den mit gemütlichem Petroleumlicht beleuchteten Bungalow sahen. Überall
hatten unsere Bediensteten schon kleine Petroleumlämpchen aufgestellt,
im Haus, auf der Terrasse und im Garten. Der süßliche Petroleumduft der
Flammen in den windgeschützten bauchigen Glaszylindern schwängerte
schon von weitem die salzige Meeresluft, und das warme Licht warf lange
schwarze Schatten auf die glitzernde Brandung. Fledermäuse tanzten unter
den Bäumen. Ab und zu flog ein Atlasspinner, ein Riesennachtfalter mit
einer Spannweite bis zu 25 Zentimetern, um die Lämpchen. Das Ende des
wunderschönen Flügelkleides des Atlasspinners biegt sich nach oben und
imitiert verblüffend genau den Kopf einer Schlange. Gleich nach unserer
Ankunft stürzten wir uns kurz in die Meeresfluten. Bis wir vom Meer abge-
kühlt und mit frischer Kleidung wieder auf die Terrasse kamen, war der Tisch
schon gedeckt. Unsere Köchin Saamin hatte in der Zwischenzeit schon ein
leckeres Abendessen zubereitet, das wir mit dem vertrauten Tropenkonzert
der unzähligen Zikaden und Kröten als Musikbegleitung genießen konnten. Eine tropische Nacht ist voller Geräusche. Die zauberhafte Schönheit

dieser tropischen und völlig unwirklichen Nächte in Carita belohnten mich immer wieder überreichlich für die Mühen der Arbeitswoche.

Oft waren Brücken aber eingebrochen oder Straßenabschnitte vom Meer oder von Flüssen weggeschwemmt, so dass man andere Wege nach Carita finden musste. Eine kleine Straße führte von Serang nach Süden über Pandeglang nach Labuhan. Aber hier war der Engpass die Brücke am Ortsausgang von Labuhan in Richtung Carita. Die Brücke war viele Jahre in einem schlimmen Zustand, aber man konnte sich meist behelfen, indem man Holzplanken hinter dem Auto wegnahm und vorne wieder auflegte. Es kam auch vor, dass die Brücke überhaupt nicht befahren werden konnte, dann ließ man den Wagen in Labuhan stehen und mietete einige Fahrradrikschas für Personen und Gepäck und legte die letzten Kilometer nach Carita im Konvoi zurück. Das war immer ein besonderes Erlebnis für die Kinder, denn unsere Tochter Regina brachte fast immer eine oder mehrere Freundinnen aus Jakarta mit. In dem offenen Gefährt blies uns die kühle Abendluft ins Gesicht und tausende Glühwürmchen schwirrten vor unseren Augen durch die Luft.

Ein dritter Weg führte auf Feldwegen über die Berge, vorbei an den heißen Quellen von *Air Panas* (heißes Wasser) direkt nach Carita. Aber diese Strecke, so schön sie landschaftlich war, sind wir nur einmal gefahren. Der Weg dauerte viel zu lange und war kaum asphaltiert. Wir wunderten uns immer wieder, welche Strapazen unsere Autos, zunächst der Opel Admiral und später mein Mercedes 280, aushalten konnten.

Hinter unserem Haus war in der Anfangszeit noch tiefster Dschungel. Affen kamen noch bis in unseren Garten, und den ganzen Tag hörte man den Ruf der vielen Vögel und der bunten Papageien. Als wir nachts auf der Küstenstraße entlang fuhren, ist uns zweimal passiert, dass im Scheinwerferlicht vor unserem Auto ein schwarzer Panther über die Straße huschte. Es wurde uns sogar ein junger Panther von Kindern angeboten, den sie in einer Falle gefangen hatten. Als ich mich dem Käfig näherte, fauchte mich das Pantherbaby so gefährlich an, dass ich die Finger von ihm ließ. Leider war von diesem Tierreichtum nur zehn Jahre später nichts mehr zu sehen. Die Jugend von Jakarta entdeckte die herrliche Bucht von Carita und machte sich einen Spaß daraus, auf alles zu schießen, was sich bewegte.

Entlang der Bucht konnte man stundenlang herrliche Strandwanderungen machen. Nach einer stressigen Woche in Jakarta war dies die beste Erholung. Traf man unterwegs auf einen Fischer aus dem Dorf oder auf eine Bäuerin, entwickelte sich immer wieder derselbe freundliche und „aufschlussreiche" Dialog:

Tuan darimana? – Wo kommt der Herr her?
Darisana! – Von da her! (Mit einem Fingerzeig nach hinten)
Tuan mau kemana? – Und wo will der Herr hin?
Mau kesana! – Dorthin! (Mit einem Fingerzeig nach vorne)

Damit war die Unterhaltung normalerweise beendet und jeder ging zufrieden seines Weges weiter. Wurde die Unterhaltung noch tiefer, dann kamen unweigerlich die Fragen nach dem Alter, dem Familienstand und der Anzahl der Kinder. Besonders Letzteres war ein Hauptthema bei den Indonesiern.

Bei dieser Fragerei nach dem Woher und Wohin dachte ich zunächst, dies sei eine Höflichkeitsformel, ein unbedeutendes Ritual, bei dem die Antwort keinen interessiert, bis ich von Pak Sakip eines Besseren belehrt wurde: Während der Kolonialzeit kam es immer wieder vor, dass Holländer überfallen oder in den Dschungel verschleppt und getötet wurden. Bei den Nachforschungen nach dem Verschollenen wurden in der größeren Umgebung alle Eingeborenen befragt. Konnte man keine Auskunft geben, wurden diese Personen festgenommen und auf der Polizeistation weiter intensiv verhört. Dies wollte natürlich jeder vermeiden, und daher wurden schon die Kinder von den Eltern informiert, wenn sie einen Weißen sahen, nach dem Woher und Wohin zu fragen oder wenigstens genau zu beobachten, wohin sich dieser begab, um eventuell später Auskunft geben zu können.

Die ganze Gegend rund um Carita ist voller Geschichten: Schon der Name sagt es, denn „cerita" ist in Bahasa Indonesia, und im lokalen sundanesischen Dialekt „carita", das Wort für „Erzählung". Seit der verheerenden Katastrophe durch den Ausbruch des Vulkans Krakatau im Jahre 1883, bei der an der Westküste Javas über dreißigtausend Menschen ums Leben kamen, hängt gerade über dieser Gegend ein Hauch von Mystik. Viele Menschen wollen dort nicht hinziehen, aus Angst vor den Geistern der Toten und auch aus Angst vor einer Flutwelle durch eine erneute große Eruption des sehr aktiven Vulkans. Mehrere Kilometer im Hinterland von Carita liegt an einem Berghang das Dorf Sihdanglaut, was so viel bedeutet wie „Ende des Meeres". Hier endete 1883 die 40 Meter hohe Flutwelle nach dem Ausbruch des Vulkans Krakatau. Durch seine riesige Eruption und die Aktivitäten bis heute ist der Krakatau weltweit wohl einer der bekanntesten Vulkane. Aber wir fühlten uns sicher, obwohl wir von unserem Bungalow aus immer die hoch in den Himmel ragende schwarze Asche- und Rauchwolke, in der immer wieder durch die statische Aufladung Blitze züngelten, und bei Nacht den unheimlichen roten Feuerschein über dem Vulkan sahen. Bei besonders heftigen Eruptionen, oft nur im Drei-Minuten-Abstand, klirrten an unserem Bungalow die Fensterscheiben und das Petroleumlicht in den Glaszylindern erzitterte. Wenn die Meeresströmung nach Südosten stand, wurden immer wieder die leichten Bimssteine, die aus seinem Schlund geschleudert wurden, vor unserem Bungalow an den Strand gespült. Wir hofften natürlich, dass eine Eruption wie damals, 1883, nicht wieder vorkommen würde. Damals kreiste die Staubwolke des Ausbruches drei Jahre lang rund um die Erde und verursachte spektakuläre Sonnenuntergänge und eine jahrelange Veränderung des Weltklimas. Selbst im weit entfernten Hamburg ging damals ein Ascheregen auf die Dächer nieder. Dort, im Geologischen Museum, kann man noch heute den rötlichen Aschestaub des Krakataus, der damals in Hamburg niederging, in einem Glas bewundern.

Eine gefühlte größere Gefahr ging bei uns aber von den Schlangen aus. Immer wieder hatten wir giftige Vipern rund ums Haus. Bevor wir uns auf einen Sessel auf der Terrasse setzen konnten, mussten die Sitzkissen ausgeschüttelt werden, da diese die Lieblingsplätze waren, auf denen sich die Vipern gerne zusammenrollten. Dieses Ritual musste in Fleisch und Blut übergehen, um sich nicht auf eine Schlange zu setzen. Genauso mussten zuerst die Schuhe ausgeschüttelt werden, bevor man sie anzog, da sich darin gerne Skorpione versteckten. Wenn wir durch den Garten gingen, hatten wir uns angewöhnt, immer kräftig aufzutreten, da durch die Erschütterung im Boden die Schlangen flüchten. Wenn wir Schlangen im Haus, oder zu viele rund ums Haus hatten, dann riefen wir „Opa" oder Pak Sakip. Opa war der Vater von unserer Angestellten Arti und er, wie auch Pak Sakip, wurde mit jeder Schlange fertig. Beide wussten, welche giftig war und welche nicht. Selbst die tödlich giftige Viper konnten sie mit der bloßen Hand fangen und festhalten. Opa sagte immer: „Nur am Schwanzende packen und dann schnell hochhalten. Dann kann nichts passieren!" Und tatsächlich hatten die Schlangen nicht die Kraft, um sich so weit hoch zu winden, dass sie ihn in die Hand beißen konnten. Als die Schlangenplage rund ums Haus überhand nahm, bestellten wir zwanzig Männer aus Carita, um unser Grundstück vom Unterholz säubern zu lassen. Für jede getötete giftige Schlange wurde eine Prämie ausgesetzt. Am Abend lagen neben einigen anderen Schlangen 25 tote Vipern auf unserer Terrasse. Uns taten natürlich die Tiere leid, aber zur Sicherheit unserer kleinen Tochter und deren Freunde, die übers Wochenende häufig mit uns mitkommen durften, war das nötig. Es hatte sich herumgesprochen, dass man bei uns für tote Schlangen Geld erhalten würde. Das sahen einige als Chance, zu einem Zusatzeinkommen zu gelangen. Und am nächsten Tag standen einige Bauern vor unserer Türe und boten uns einen Korb voll getöteter Schlangen aus ihren Reisfeldern an, die wir natürlich dankend ablehnten.

Im Bungalow neben unserem hatte sich der Botschaftsrat der Deutschen Botschaft mit seiner Familie eingemietet. Bei einem abendlichen Spaziergang durch den Garten wurde er von einer Viper gebissen. Die Aufregung war groß, denn der Biss einer Viper ist oft tödlich. Das Bein wurde abgebunden und wir eilten nach Labuhan. Dort gab es in der Krankenstation kein Serum und wir wurden zum nächsten größeren Kreiskrankenhaus nach Pandeglang geschickt. Nach 40 Minuten rasender Fahrt bekam er dort zum Glück das Gegengift. Das ging also nochmals gut aus! Nach dieser Erfahrung hatten wir immer ein Serum, das für alle Schlangenarten in West-Java wirksam war, in unserem Kühlschrank. Zum Glück haben wir es nie gebraucht.

Von den verschiedenen Schlangensorten in West-Java legten wir eine Sammlung an, damit man im Notfall wusste, von welcher Spezies man gebissen wurde. Die gefangenen Schlangen wurden in Einmachgläsern in Formaldehyd eingelegt und auf einem Regal in unserem Bungalow zur Schau gestellt. Im Laufe der Jahre kamen auch immer mehr Deutsche nach Carita, um für das Wochenende dort zu entspannen. Bei den Einheimischen hieß die Bucht von Carita im Volksmund dann auch bald „Celuk Jerman": Die deutsche Bucht. Viele der Neuankömmlinge waren nicht so vorsichtig mit Schlangen wie wir. Daher war unsere Sammlung der Schlangen dieser Region für manche eine hilfreiche Warnung.

Eines Tages hatten wir eine große, eineinhalb Meter lange grüne Baumschlange in unserem Bungalow. Wir riefen Pak Sakip, um diese zu fangen und zu entfernen. Er meinte, diese sei vollkommen ungefährlich und ungiftig. Sie wäre ein guter Hausgenosse. Er sagte, sie würde bei Nacht die schlafenden Hausbewohner bewachen, die bösen Geister vertreiben und nebenbei noch Mäuse fangen! Widerwillig ließen wir sie zunächst gewähren, aber mit der Zeit haben wir uns an sie gewöhnt. Während der Woche, wenn wir nicht da waren, lebte sie in der Küche. Immer wieder haben wir dort ihre Haut gefunden, wenn sie sich gehäutet hatte. Aber wenn wir am Wochenende das Haus bezogen, verzog sie sich unters Dach. Im Laufe der Jahre wurde sie sehr zutraulich und schlängelte sich, wenn wir auf der Terrasse saßen, an uns vorbei, um ein gemütliches Lager zu finden. Auch wir hatten uns nun an sie gewöhnt und betrachteten sie als unseren Hausgast – wenn wohl auch eher wir als Wochenendbesucher ihre Gäste waren.

In der Nachbarschaft, auf dem Grundstück von Ursula Müller, wohnte ein Indonesier namens Pak Notty. Er kam aus Tepok in der Nähe von Bogor. Er war einer der ganz wenigen Christen in dieser Gegend und immer etwas rätselhaft und undurchschaubar. Auch bei seinen indonesischen Mitbürgern kam er nicht gut an und wurde gemieden. Man munkelte, er arbeite für den indonesischen Geheimdienst. Er war ein großer Jäger und er organisierte für interessierte Ausländer Jagdausflüge im umliegenden Dschungel. Wildschweine gab es genug. Aber eines Tages brachte er eine andere Trophäe nach Hause: eine fast acht Meter lange Python mit einem leicht orange-farbenen gebänderten Leib. Zehn Mann mussten sie aus dem Dschungel tragen. Der Bauch der Python war in der Mitte verdickt und als man sie aufschnitt, kam ein kleiner toter Frischling zu Tage. Notty und seine Helfer machten ein riesiges Fest mit gebratenem und gekochtem Schlangenfleisch. Aber das war nicht nach meinem Geschmack. Ich wollte es nicht einmal versuchen. Später erfuhr ich auf Borneo, dass dort die Pythonschlange als ganz besondere Delikatesse gilt.

Immer wieder wurden wir von Angehörigen der Deutschen Botschaft ge-fragt, ob wir nicht für ein Wochenende, oder auch für einen Lokalurlaub, unseren Strandbungalow vermieten könnten. Das wollten wir nicht. Anderer-seits hatten wir aber schon geplant, ein größeres Haus zu bauen mit zwei Gäste-zimmern, da doch immer mehr Freunde aus Jakarta für ein Wochenende mitkommen wollten. Das traf sich gut, denn Platz auf unserem Grundstück hatten wir genug. Es kam also wieder die alte Mannschaft mit dem Schreiner Biso als Bauleiter, und diesmal wurde nun ein richtig großes Haus aus Ko-rallenstein gebaut. Korallensteine gab es entlang der Küste genug. Stück für Stück wurden die Steine in mühevoller Kleinarbeit von Hand mit einem Beil in die richtige Form gebracht. Ein Handwerker schaffte höchstens fünf bis zehn Steine pro Tag. Die Mauern wuchsen langsam, aber die Arbeit hatte sich gelohnt. Die Naturmauern aus Korallensteinen waren wunderschöne Kunstwerke. Eine Süßwasserdusche am Strand machte den Luxus perfekt. Wir hatten ja den artesischen Brunnen auf unserem Grundstück, an den wir auch das neue Haus anschließen konnten. Zwanzig oder dreißig Meter vom Haus entfernt, direkt am Meer, war eine wunderschöne Terrasse mit Grill unter Kokospalmen. Es bleiben unvergessene Stunden, in denen ich bei Vollmond unter den silbern glänzenden Kokospalmen saß und der Mond sich im Meer und auf den Palmen spiegelte. Nur das trockene Rascheln der Palmwedel im Winde und das leise Plätschern der Brandung waren zu hö-ren. Wenn die See ruhig war, tanzten hunderte von Lichtern auf dem Meer. Die Eingeborenen waren mit ihren hellen Petromax-Lampen weit draußen auf Fischfang.

Immer wenn ein heißer Tag zu Ende ging und die purpurne Sonne schnell im Meer versank, lagen die Palmenkronen in der feuerroten Glut der letz-ten Sonnenstrahlen, und die Blätter konnten sich nach der Hitze des Tages wieder strecken. Die Tiere im Urwald erwachten und begannen ein lautstar-kes Konzert. Zikaden, Grillen, Fröschen und Cicaks versuchten mit ihren Rufen nach Paarung sogar die Brandung des nahen Meeres zu übertönen. Die Cicaks, kleine helle Hauseidechsen, kletterten dann die Wände hoch, um sich auf Insektenjagd zu begeben. Sie jagten an den Wänden auf und ab und schnappten ihre Beute. Aber dann hingen sie auch wieder wie erstarrt an Decken und Wänden in der Nähe der flackernden und zuckenden Petroleumlampen, um mit blitzartigen Bewegungen und ihren langen Zungen alle Insekten um sich herum zu erbeuten.

Schon bald zog auch ein großer bunter Gecko, ein *Tokek*, in unser Strandhaus ein, der sich tagsüber immer irgendwo unter dem Dach verborgen hielt. Abends war er ein ständiger Gast auf unserer Terrasse. Wenn er in der Nähe der hellen und zischenden Petromax-Petroleumlampen nach den umherschwirrenden Insekten auf Jagd ging, stieß er immer wieder seinen durchdringenden harten Ruf aus: „Toké, toké ...", so dass wir wussten, dass er noch da war! Wir warteten jeden Abend auf seine Gesellschaft. Sobald der Ruf des Geckos ertönte, zählten wir mit, eins ... zwei ... drei ... bis sein Ruf immer schwächer wurde und ihm die Luft und Kraft ausging. Hielt er bis neun durch, sahen wir dies als besonderes gutes Vorzeichen an. Er hat uns auch nicht wieder verlassen. Vielleicht fühlten wir uns auch wegen unserem Glück bringenden Gecko in unserem Strandhaus immer wohl.

Zu Weihnachten und zu anderen großen Festen gab es jedes Mal eine besondere Spezialität: Palmherzen. Dafür musste eine der vielen Kokospalmen auf unserem Grundstück sterben. Wenn ich eine bestimmte Palme aussuchte und dem Gärtner Karta sagte, diese könne er fällen, musste ich jedes Mal bis zum nächsten Tag warten. Er erklärte, er müsse zunächst herausfinden, ob ein Geist darin wohne. Er schlug eine Axt in den Stamm und ließ sie stecken. Wenn die Axt am nächsten Morgen noch im Baum war, durfte er ihn fällen. Wäre die Axt auf den Boden gefallen, sagte er, so würde ein Geist den Baum als Behausung nutzen und wir hätten eine andere Palme aussuchen müssen. War dann eine Palme gefällt, wurde vorsichtig das fast einen Meter hohe Herz aus der Spitze der Palme herausgeschält. Von der Kokospalme ist alles verwendbar. Diese schlanken, biegsamen Bäume bieten nicht nur Schutz vor der stechenden Sonne, sie liefern auch Nahrung und Baumaterial. Aus dem Stamm werden Bretter und Balken hergestellt, die Palmwedel werden für Dächer und Regenschutz verwendet und die Kokosnuss beinhaltet nicht nur ein köstlich erfrischendes Getränk, sondern auch das Kokosfett oder das geraspelte Kokosfleisch für viele indonesische Speisen. Aus der faserigen Schale der Kokosnuss werden Matten geflochten und Wasserfilter hergestellt; aber das wichtigste und beste war für uns das Palmherz. Aus dem dickeren Ende wird Gemüse gemacht. Aber besonders das spitze Ende mit den feinen und zarten Blättern mit einem leicht nussigen Geschmack war für Salate ein kulinarischer Hochgenuss. Ein Palmherz von einer riesigen Palme ergab nicht selten mehr als zehn Portionen. Kein Wunder, dass diese Köstlichkeit in der Karibik oder auf den Seychellen

Millionärssalat genannt wird und in keinem Restaurant angeboten wird. Von einem einzigen Palmherz konnten wir tagelang Gemüse essen. Aber Palmherzen mit einer milden Vinaigrette als Salat und dazu fangfrische Shrimps, Langustenschwänze oder *Ikanteri*, das war der Höhepunkt: in solchen Momenten fühlten wir uns wie Gott in Frankreich. *Ikanteri* sind frisch gefangene kleine, etwa zwei Zentimeter große Fischchen, die mit „Haut und Haar" frittiert und dann gewürzt werden. Unser Gärtner Karta fing diese bei Abenddämmerung mit einem Netz im knietiefen Wasser. Schon kurz danach kam diese indonesische Köstlichkeit als *Makanan kecil*, als Snack, zum Sun-Downer auf den Tisch.

Obwohl für jedes Palmherz-Essen eine ganze Palme sterben musste, ging uns der Nachschub nie aus. Unter dem Vordach der Hütte unseres Gärtners Karta hingen immer eine ganze Reihe von auskeimenden Kokosnüssen. Wenn der Keim etwa 40 cm hoch ausgeschlagen war, wurde die Nuss ausgepflanzt und im Laufe der Jahre wurde daraus wieder eine neue große Kokospalme.

Damals waren Langusten in Carita noch spottbillig. Bei den Fischern haben wir abends bestellt und am frühen Morgen saßen sie schon mit der frischen und noch lebenden Ware vor unserem Haus und warteten, bis wir wach waren. Immer wieder gab es „Lobster satt!" Ein Hochgenuss! Nur die Tötung der Tiere war grausam. Salzwasser wurde in einem großen Topf zum Kochen gebracht. Dann musste der noch lebende Lobster mit dem Kopf voran ins Wasser geworfen werden. Vor Schreck machte das Tier dabei seinen letzten „Pups" und der Darm, der anscheinend für den Menschen Giftstoffe enthalten soll, war entleert.

Eine andere Spezialität waren Schildkröten-Eier, die uns ab und zu unser „Opa" brachte. Sie sahen aus und fühlten sich an wie Tischtennisbälle, aber die waren nicht so nach unserem Geschmack. Man konnte sie kochen so lange man wollte, aber das Eiweiß blieb immer weich und glasig. Nur als Omelett, mit indonesischen Gewürzen, schmeckten sie uns. Wir baten Opa, die Eier doch lieber im Sand zu lassen, damit der Nachwuchs erhalten bliebe.

In Carita hatten wir – wie auch zu Hause – einen kleinen Zoo, um den sich unser Gärtner Karta und seine Frau Arti kümmerten. Neben zwei Ziegen liefen im Garten noch Katzen, Flugenten und zwei große weiße Gänse herum. Es waren die beiden Gänse aus dem Kloster in Lembang, von wo wir unsere Butter bezogen. Hier in Carita erwiesen sie sich als eine große Hilfe. Sie waren nicht nur gute Wächter und meldeten jeden Besucher an, besonders hilfreich waren sie als Warnung gegen Schlangen. Wenn eine Schlange in der Nähe war, machten sie ein so lautes Geschrei, dass man auch mitten in der

Nacht aus dem Tiefschlaf aufwachen musste. Nicht nur einmal wurde dann eine Kobra erlegt. Da Kobras immer in Paaren leben, suchte unser Gärtner weiter, denn die zweite war nie weit.

Das erste Paar Flugenten – in Indonesien heißen Flugenten *Bebek Manila*, also Manilaenten – brachte ich auch aus dem Nonnenkloster in Lembang mit. Diese vermehrten sich schnell, und bald hatten wir eine mehr als 20-köpfige Entenschar. Es war herrlich anzuschauen, wie der ganze Schwarm mit weiten Schwingen immer wieder die ganze Bucht entlang flog, um dann im roten Licht des Sonnenuntergangs im Tiefflug über unsere Palmen zu segeln und laut schnatternd wieder auf unserem Grundstück zu landen. Diese Flugenten habe ich mehrmals im Kampf mit kleinen Schlangen gesehen. Sie blieben immer Sieger und mir wurde von den Einheimischen erzählt, dass sie gegenüber Schlangen und Schlangengift unverletzlich seien. Sie waren also eine weitere Hilfe gegen Schlangen. Als die Flugenten weiter überhand nahmen, landeten manche im Kochtopf von Freunden und von unseren Angestellten. Die Enten waren bei Kennern sehr beliebt, da sie durch die vielen Flugübungen kaum Fett ansetzten.

Aus Jakarta brachten wir ab und zu übers Wochenende unseren Rhesus-affen Fridolin mit. Er stammte aus dem Urwald bei Carita und wurde uns dort von Kindern als kleines halbverhungertes Affenbaby gebracht. Wir pflegten ihn in Jakarta, und im Laufe der Jahre wurde Fridolin – wie ich schon berichtet habe – ein großes und auch freches Mitglied der Familie. Ab und zu sollte Fridolin auch mal wieder heimatliche Urwaldluft schnuppern, und jedes Mal wenn er sah, dass in Jakarta das Auto für das Wochenende gepackt wurde, wurde er ganz aufgeregt und wollte mit uns nach Carita fahren. Wenn noch Platz im Auto war, durfte er das auch. In Carita war er glücklich. Wir ließen ihn sogar frei, so dass er auf unserem Grundstück und im nahen Urwald herumtoben konnte. Aber trotz dieser Freiheit hat er uns nie verlassen. Besonders angefreundet hat er sich mit der Hauskatze von Arti. Die Beiden waren ein Herz und eine Seele. Stundenlang lagen sie eng umschlungen auf einer Bank hinter dem Haus. Auch bei Nacht schliefen sie zusammen, und ab und zu durchwühlten sie sich gegenseitig ihre Felle nach Läusen.

Immer wieder entdeckte ich in der Regenzeit Pilze, die genau an der Grenze zwischen Sandstrand und dem noch sandigen Boden wuchsen. Dieser Strandabschnitt wurde bei Sturmflut ab und zu vom Meerwasser überspült, aber es war schon einfache Vegetation vorhanden war. Die Pilze hatten einen zwanzig Zentimeter hohen dünnen Stiel und einen braunen, bis zu fünfzehn Zentimeter Durchmesser, großen glatten Hut mit Lamellen an der Unterseite. Als Pilzsucher in Deutschland interessierte mich dieser mir unbekannte Pilz besonders. Am Anfang des Stieles war noch im Sandboden eine große Knolle, aus der eine einzige dünne Wurzel etwa fünfzig Zentimeter tief senkrecht in den Sandboden hinabreichte. So etwas hatte ich noch nie gesehen und ich war, natürlich auch wegen der Knolle – in Erinnerung an den giftigen Knollenblätterpilz –, sehr im Zweifel, ob dieser Pilz genießbar wäre. Aber ich sah, wie unser Gärtner Karta einige Pilze erntete und seiner Frau brachte, um daraus ein indonesisches Gericht zu bereiten. Als beide und auch ihre Kinder am nächsten Tag noch munter und gesund waren, ließ ich es mir nicht nehmen, diesen Pilz auch mal zu versuchen. Es war ein wunderbarer Speisepilz, der auf jede Art zubereitet hervorragend schmeckte und von da an, wenn er wieder auftauchte, zu unserem Speiseplan gehörte. Aber auch in Deutschland – selbst unter bekannten Pilzkennern – konnte ich nie aufklären, um welchen Pilz es sich gehandelt hat.

Direkt hinter der „Deutschen Bucht" in Carita begannen die Berge mit teilweise dichtem Urwald. Auf einer Anhöhe befand sich ein *Pasang Grahan*, eine einfache Rast- und Übernachtungsstätte für Forstbeamte, die über einen schmalen steinigen Weg erreicht werden konnte. Von dort oben hatte man eine wunderschöne Aussicht über die ganze Bucht mit ihren Palmenwäldern. Später wurden dort schöne Bungalows für zahlungskräftige Touristen gebaut. Als es noch ursprünglich war, bin ich oft über den Weg nach oben gewandert, da mir der dichte Urwald links und rechts des Weges so gut gefiel. Aufgefallen ist mir dort, neben anderen wilden Orchideen, eine Orchideen-Art mit vielen nach unten hängenden Ranken. Ab und zu waren diese Ranken von herrlich nach Zitrone duftenden weißen Blüten übersät. Jedes Mal, wenn ich diese Pracht von Orchideenblüten sah, wurde ich an einen großen weißen Brautstrauß erinnert. Leider währte die Blütezeit immer nur einen einzigen Tag. Alle Orchideen dieser Sorte blühten gleichzeitig nur an diesem einen Tag. Ein gemeinsamer Blütentag fand dreimal oder viermal im Jahr statt. Ab und zu löste ich diese wilden Orchideenpflanzen vom Baum und verpflanzte sie an Bäume in meinen Gärten in Carita und Jakarta. An beiden Stellen gediehen diese Orchideen prächtig und in Jakarta war es immer eine Attraktion, wenn ein weißer Blumenstrauß am Baume hing. Aber – wie gesagt – leider nur an einem einzigen Tag. Bei einer Fahrt zurück von Carita nach Jakarta stellte ich fest, dass die Orchideen in Carita und im 180 Kilometer entfernten Jakarta an demselben Tag blühten. Das wollte ich nun genau wissen! Mein Gärtner Karta musste in Carita genau die Tage notieren, an denen die weißen Orchideen zur Blüte kamen. Als ich sein Protokoll dann mit meiner Blüte in Jakarta verglich, konnte ich feststellen – und das über mehrere Jahre –, dass die Blütentage genau übereinstimmten. Hatte es mit dem Mond zu tun oder mit der Stellung der Sonne? Ich weiß es nicht. Aber ein Biologe gab mir als schlüssige Erklärung dieses Phänomens, dass der exakte Zeitpunkt der Blüte im genetischen Programm jeder Pflanze festgeschrieben sei.

Als wir schon mehrere Jahre Besitzer unseres Grundstückes und Hauses in Carita waren, kaufte ein Deutscher das Grundstück südlich von uns auf der anderen Seite des Baches. Der Bach war sozusagen die Begrenzung meines Grundstücks. Von Anfang an hatte ich mit dem Nachbarn wegen dieses Baches immer wieder Probleme. Auf dem Grundstück selbst änderte der Bach seinen Verlauf nicht, aber am Sandstrand lief der Bach mal gen Norden, mal gen Süden ins Meer, je nach Strömung, Wellengang und Gezeiten der See. Besonders in der Regenzeit, wenn der stürmische Westwind die schlanken Kokospalmen bog und eine gewaltige Brandung vor sich her schob, bot die sandige Küste keinen Widerstrand mehr. Der kleine Fluss änderte seinen Lauf von Tag zu Tag. Wenn der Bach nach Süden lief und dadurch den Sandstrand des Nachbarn verkleinerte und er auf dem Wege ins Meer zunächst den Bach durchwaten musste, hatte er dies gar nicht gerne. Mit einigen jungen Männern vom Dorf versuchte er den Bach zu bändigen und umzuleiten. Wenn der Bach dann wieder zu mir kam, machte ich das gleiche. Es war ein ewiges Hin und Her, und mit der Zeit wurden immer schwerere Geschütze aufgefahren. Zunächst wurde nur, oft mit Freunden, die aus Jakarta für ein Wochenende mitgekommen waren, in schweißtreibender Arbeit für den Bach ein neues Bett, geradewegs zum Meer, durch den Sand gegraben. Für uns war das Sport und Freude, für unseren Nachbarn Verbissenheit und Wut. Als der Bach nach einiger Zeit wieder auf meine Seite kam, setzte ich Dutzende von Sandsäcken ein, die vergraben wurden, um das Flussbett zu befestigen. Auf der anderen Seite folgten bald doppelt so viele Sandsäcke wie auf unserer Seite verwendet worden waren. Lange hielt diese Befestigung aber nie. Der Bach und das Meer waren nicht zu bändigen. Die Natur war stärker und der Bach machte, je nach Jahreszeit, was er wollte.

Als der Nachbar den Bach wieder einmal so umgeleitet hatte, dass er auf meine Seite kam, wollte ich eine endgültige Lösung schaffen. Ich fragte Pak Sakip, was ich machen könne und er empfahl, an der Mündung des Baches, wo er anfängt durch den Sand zu fließen, eine Betonmauer zu bauen. Schon in weiser Voraussicht, dass es mit dem Nachbarn Ärger geben könnte, bat ich Pak Sakip, die Arbeiten für mich machen zu lassen und diese zu beaufsichtigen. Das tat er gerne. Steine, Flusssand und Zement wurden bestellt und angefahren. Aber zunächst musste ein *Selamatan* gemacht werden. Pak Sakip sagte, die Mauer würde genau an dieser Stelle den Weg eines Geistes unterbrechen, der jeden Abend hier vorbei gehen würde. Von diesem Geist hatte ich in den vergangenen Jahren allerdings nichts bemerkt. Um den Geist gnädig zu stimmen und dass er ohne Murren einen Umweg in Kauf nahm, wurde eine Ziege geschlachtet und während der Zeremonie das Blut auf der Baustelle verteilt. Wie wir später von Pak Sakip hörten, war der Geist mit unserem Handeln einverstanden und er machte uns auch nie Probleme.

In der Zwischenzeit hatte mein deutscher Nachbar auf seinem Grundstück, das sehr schmal, aber mehrere hundert Meter lang war, ein Hotel gebaut, das Carita Krakatau Beach-Hotel. Der Name klingt gut, aber es war ein ganz einfaches Hotel mit spartanisch eingerichteten Bambushütten, durch die in der Regenzeit an vielen Stellen das Wasser durchlief. Aber die Preise, die er von seinen Gästen für Übernachtung und für die Bewirtung in dem dazugehörenden einfachen Restaurant verlangte, waren mindestens drei oder vier Sterne würdig. Wie oft hörten wir Klagen von Bekannten, die dort ein Wochenende verbrachten. Kein Wunder, dass er in der deutschen Community nur der „Raubritter" genannt wurde.

Als der Nachbar sah, dass wir nun mit einer Mauer wirklich Nägel mit Köpfen machen wollten, trommelte er die Boys seines Hotels zusammen und schickte sie, mit Bambusspeeren bewaffnet, am Strand entlang zu uns, um den Mauerbau zu verhindern. Mit lautem Geschrei stürmten sie an, aber als sie Pak Sakip sahen, stoppten sie und gingen beschämt zurück. Ich kann mir gut vorstellen, dass der Nachbar sie nochmals zu mir schicken wollte, aber mit Pak Sakip wollte sich keiner anlegen. Als die Mauer fertig gestellt war, hatten wir lange Zeit Ruhe mit dem Bach. Der Nachbar hat seinen Kampf gegen uns aufgegeben. Aber als ich bei einem meiner letzten Besuche auch in Carita war, war von der Mauer nichts mehr zu sehen. Die Eingeborenen erklärten: *makan laut* (das Meer hat die Mauer aufgefressen)! Nichts hilft gegen die Kraft des Meeres.

Viele Jahre später, als ich längst schon wieder in Deutschland lebte, besuchte ich ab und zu Ursula Müller in ihrem Haus in Carita, wo sie nach ihrer Pensionierung immer den deutschen Winter verbrachte. Erst bei einem dieser Besuche entdeckte ich etwa zwanzig Kilometer nördlich von Carita eine heiße Quelle direkt am Meer. Einheimische Fischer hatten die Quelle mit Korallensteinen eingefasst, so dass ein kleines Badebecken entstand, in dem man das heiße Wasser genießen konnte. Ein Dorf war weit und breit nicht zu sehen, ich war dort auch immer alleine. Jeden Morgen machte ich vor dem Frühstück einen kleinen Ausflug dorthin und ließ das heiße Wasser über meinen Körper rieseln. Auf dem Weg dorthin kam ich an einer Baustelle vorbei, an der ein ziemlich modernes Haus nach europäischem Stil zu entstehen schien. Ich staunte nicht schlecht, als nach Fertigstellung ein großes Schild mit der Aufschrift „Café de Paris" daran angebracht wurde.

Ein Café, ganz weit weg von jeglichem Tourismus, das musste ich erkunden. Die Besitzerin war eine Halbindonesierin, ihr Vater war Franzose und sie selbst war auch mit einem Franzosen verheiratet. Sie lebte viele Jahre in Frankreich, war aber nach ihrer Scheidung nach West-Java zurückgekehrt. Ich staunte nicht schlecht, als ich in der gekühlten Kuchentheke neben frischen Croissants und diversen Kuchen auch eine Schwarzwälder Kirschtorte entdeckte. Eine weitere Attraktion war, dass das Lokal eine Klimaanlage hatte und Kreditkarten akzeptiert wurden. Das gab es damals im Umkreis von mehr als hundert Kilometern nicht mehr!

Gleich am Nachmittag lud ich Ursula zu Kaffee und Kuchen ein. Sie dachte zunächst, ich mache einen Witz, aber als auch sie das Café de Paris sah, war die Überraschung groß. Immer wieder fanden wir eine Gelegenheit, dort eine Kleinigkeit zu essen und wir waren, zu jenen Zeiten war man ja auch noch etwas anspruchsloser, immer zufrieden. Wir verbrachten zusammen auch einen Silvester-Abend dort. Zu einem Festpreis gab es ein sogenanntes Gala-Buffet mit einem Glas Champagner. Auf dem Buffet gab es, der Umgebung entsprechend, frische Meeresfrüchte in großen Mengen. Ein Gericht, ein Salat mit Kartoffelscheiben, Tomaten, weißen Bohnen und frisch gebratenem Thunfisch ist bis heute immer wieder auf meinem Speiseplan. Das Glas Champagner reichte mir, aber Ursula, die sehr gerne dem Alkohol und besonders Whisky – den sie bei jeder passenden Gelegenheit als das gesündeste Getränk der Welt bezeichnete – zusprach, natürlich bei weitem nicht. Zum Glück hatte sie ihren Fahrer dabei, der uns wieder sicher nach Carita zurückbrachte, wo dann der Whisky in Gallonenflaschen (4,5 Liter) unserer harrte. Bei meinem letzten Besuch in Carita vor einigen Jahren konnte ich vom Café de Paris nichts mehr entdecken. Wie so vieles in Indonesien hat es sich vermutlich nicht mehr gelohnt und dann ließ man es verrotten.

Dies war sicher auch mein allerletzter Besuch in Carita, denn das einstige Paradies an der Sundastraße ist nun durch eine völlig falsche Planung von Seiten der Baubehörden und der Profitgier Einzelner schlimm verunstaltet worden. Der deutsche Nachbar hatte sein Grundstück verkauft, und wo einst direkt am Strand die Kokospalmen standen, wurde ein kilometerlanges mehrstöckiges Gebäude mit Eigentumswohnungen und einem Hotel hingestellt. Auf Grund des Klimas und der salzhaltigen Meeresluft war es nach wenigen Jahren bereits heruntergekommen und im Zustand der Verrottung. Neben dem ehemaligen Haus von Ursula, das nun nur noch eine Ruine ist, befindet sich ein einfacher Campingplatz, auf dem sich die Jugend von Jakarta am Wochenende austobt. Nur das Bade- und Toilettenhäuschen steht noch. Die Campingbesucher dürfen es – natürlich gegen eine Gebühr – benutzen. Von meinen Häusern sind nur noch die Fundamente zu sehen, der artesische

Brunnen ist versiegt, der Strand ist verschmutzt, und entlang der Straße sind leichte Mädchen in einfache Hütten mit dreckverschmierten Wänden eingezogen, um die männlichen Wochenendbesucher zu verwöhnen. Es war ein trauriger Anblick, und im Gegensatz zu früher bin ich gerne wieder abgereist. Die ganze Bucht, die früher paradiesisch schön und einsam war, war verschandelt.

Pak Sakip und die Baduis

Pak Sakip

Gleich von Anfang an hatten wir uns mit Pak Sakip in Carita angefreundet, einer Respektsperson und Autorität in der gesamten Region. Pak Sakip wurden übernatürliche Kräfte zugeschrieben und er galt als unverletzbar. Als ich ihn kennenlernte, war er schon – nach meiner Schätzung – um die 60 Jahre alt. Er meinte, er sei schon über 70. Indonesische Männer lieben es, sich als älter auszugeben, da dies einen Gewinn an Respekt und Erfahrung bedeutet. Für einen Indonesier in seinem Alter war er noch unglaublich rüstig. Er war ein richtiger Einsiedler. Wie er erzählte, war er in seinem langen Leben nur ein einziges Mal in Jakarta. Das hätte ihm gereicht! Eine unerklärbare okkulte Kraft schaute aus seinen Augen. Hinter unserem Haus in den Bergen hatte er eine kleine Kaffeeplantage, die er ganz alleine bewirtschaftete. Oft wanderte ich mit ihm durch die buschigen Kaffeesträucher, um die noch grünen, die schon roten und die reifen rot-violetten Beeren zu betrachten. An jedem Busch waren gleichzeitig alle Reifestadien zu sehen. Ab und zu rief er mich zu sich, um einige Kaffeesträucher zu bewundern, die gerade in Blüte standen. Die weißen Blütenbüschel sind wunderschön und der Duft, der ihnen entströmt, ist betörend. Nach nur einem Tag ist die Pracht wieder vorbei.

Pak Sakip rauchte gerne Zigarren, denn diesen Luxusartikel gab es damals in Carita und selbst im „Toko Ong" in Labuhan noch nicht. Ich brachte ihm jedes Mal, wenn wir ein Wochenende in unserem Haus am Meer verbrachten, ein Kistchen der lokalen Sumatra Zigarren mit, die in Jakarta nur Pfennige kosteten. Wenn er von seiner Hütte oben am Berg sah, dass wir eingetroffen waren, kam er herunter zu einem kleinen Schwatz und um sich das Mitbringsel abzuholen. Ich war froh, mich so gut mit ihm zu verstehen, denn die Freundschaft mit einem so geachteten Mann, war unbezahlbar. Dies sollte sich später noch bestätigen.

Pak Sakip hat in seiner Jugend viele Jahre erfolgreich hier an der Westküste von Java mit Messer und einer alten Flinte gegen die niederländischen Kolonialherren gekämpft, die er Eindringlinge und Schmarotzer nannte. Wie er mir sagte, war sein Motto: „Ich muss mindestens zehn *Orang Belanda* (Holländer) töten, bevor sie mich töten können." Er war als Freiheitskämpfer mit einer kleinen Gruppe so erfolgreich, dass die Niederländer Mitte bis Ende der 1940er Jahre immer wieder Jagd auf ihn machten. Eines Tages war die Übermacht zu groß, er wurde gefangengenommen und sollte sofort exekutiert werden. Dies gelang aber nicht, da die Gewehrkugeln – so wird die Geschichte in Carita und Umgebung erzählt – von ihm abprallten wie von einem Stein und ihn nicht verletzten. Die Niederländer waren von dem Phänomen so perplex, dass ihm die Flucht gelang. Noch mehrmals kam er im Kampf für ein freies Indonesien in nahen Kontakt mit seinen Feinden. Er soll immer erfolgreich gewesen sein, denn die feindlichen Kugeln konnten ihn nicht verletzen. Daher war er überall in der Gegend als *Orang kebal* (der Unverletzliche) bekannt, und wenn man seinen Namen nannte, wurde nur ehrfurchtsvoll von ihm gesprochen.

Pak Sakip war ein Naturmensch. Wenn wir für längere Zeit auf Europaurlaub gingen, schaute er immer wieder nach unserem Haus, ob auch alles in Ordnung war. Vor einem Europaurlaub fragte ich ihn, ob er eine Armbanduhr haben wolle. Ich würde ihm eine aus Deutschland mitbringen. Entrüstet lehnte er ab und sagte: „Ihr habt die Uhren, aber wir haben die Zeit! Allah hat für uns ein Leben ohne Zwang bestimmt!" Für ihn dauerte eben ein Tag von Sonnenaufgang bis Sonnenuntergang. Und dann gab es ja noch die Ebbe und die Flut, den Regen und die Trockenzeit, Neumond und Vollmond. So vergingen Tage, Wochen und Monate. Wofür benötigte er da noch eine Uhr? Er hob eine Ameise auf und erklärte, dass dieses kleine Tier verraten kann, wie spät es ist, wie heiß es ist und ob Wasser in der Nähe ist. Und die Vögel verraten, was an diesem Tag und am nächsten passieren wird, das ganze Jahr hindurch. Pak Sakip konnte die kleinsten Zeichen deuten.

Uhren und eine genaue Zeitbestimmung waren in den Anfangsjahren in Carita unbekannt. Wollte ich mit meinem Gärtner Karta oder einem Handwerker einen Termin vereinbaren, musste man zum Beispiel sagen: „Morgen, wenn die Sonne so steht". Mit dem ausgestreckten Arm zeigte man dann je nach Position der Sonne nach oben. Ziemlich flach nach Osten war dann Frühmorgens, senkrecht nach oben war Mittag und dazwischen waren 9 Uhr, 10 Uhr oder 11 Uhr je nach Armstellung. An der vorübergleitenden Sonne wurden die Stunden gemessen. Es war ganz einfach und klappte immer! An der Westküste von Java wurde auch noch eine andere Zeitrechnung für die Vergangenheit genutzt: Entweder war es vor oder nach dem verheerenden Ausbruch des Vulkans Krakatau von 1883. Das blieb eine unvergessene Katastrophe.

Wenn uns Pak Sakip besuchte, brachte er in seiner Hand immer einige wenige Kaffeebohnen von zu Hause mit. Anfangs waren wir sehr verwundert, denn er besaß doch eine ganze Plantage. Er erntete regelmäßig einige 100 Kilogramm Kaffee. Warum beehrte er uns nur mit einem guten Dutzend Bohnen? Zunächst dachten wir, dies wäre eine symbolische Handlung, bis wir von ihm aufgeklärt wurden. Es handelte sich um die teuersten und seltensten Kaffeebohnen der Welt und es war eine große Ehre, dass er uns diesen Schatz schenkte. Es war *Kopi Luak* (Luak-Kaffee), eine Bohne, aus der ein Edelkaffee gebraut wird.

Der *Luak*, oder auch *Luwak*, ist eine Schleichkatze, auch Palmenroller genannt, die in Indonesien und Äthiopien heimisch ist. Im Gegensatz zu seiner afrikanischen Variante ist der indonesische *Luak* ein reiner Vegetarier. Ich konnte es zunächst auch nicht glauben, aber es stimmt: Die Kaffeebohnen sind durch den Verdauungstrakt des *Luak* gewandert! Bei seinen nächtlichen Streifzügen schlägt sich der *Luak* in den Kaffeeplantagen nur mit den voll ausgereiften, rot-violetten Kaffeekirschen, die vom Strauch gefallen sind, den Magen voll. Verdaut wird aber nur die äußere weiche Hülle. Der Rest mit der Kaffeebohne landet dann im Kot auf dem Boden, meist an derselben Stelle. Im Magen- und Darmtrakt des *Luak* werden die Bohnen durch Milchsäure-Bakterien fermentiert und erhalten so ihren einzigartigen Geschmack. Erst als ich Pak Sakip am frühen Morgen durch seine kleine Plantage begleitete und mit ihm einzelne Bohnen suchte und auflas, konnte ich die Geschichte glauben, die er mir über den *Kopi Luak* erzählt hatte. Zu Hause wurden die *Luak*-Kaffeebohnen zunächst mehrmals gewaschen, und wenn dann unsere Köchin Saamin die Bohnen röstete, zog ein unbeschreiblich verlockender Duft durch das ganze Haus und den Garten. Nun konnten wir mit Genuss das seltenste und teuerste Getränk der Welt trinken, das erst viel später, Anfang der neunziger Jahre, in der westlichen Welt bekannt wurde. Früher sammelten die Einheimischen kleine Mengen des *Kopi Luak* für besondere Anlässe und tranken ihn selbst, aber heute sind sie eine willkommene Einnahmequelle. Jährlich kommen nur 200 bis 400 Kilogramm auf den Weltmarkt. Die Bestelllisten der Liebhaber dieses besonderen Geschmackserlebnisses sind lang, trotz des Preises von bis zu 1.000 Euros pro Kilogramm. Die nächst billigeren der teuersten Kaffeesorten der Welt, der Kaffee „Hacienda La Esmeralda" aus Boquere/Panama und der Kaffee der „Island of St. Helena Company", kosten schon weit weniger als die Hälfte.

Die *Luaks* sind niedliche und scheue Tiere, ähnlich einer großen Katze mit Hundekopf und einem dicken buschigen Schwanz. Wenn wir auf der Terrasse unseres Hauses am Meer eine Party mit Musik aus dem Kofferradio feierten, saß fast immer ein *Luak* am Rande des Gartens und schaute neugierig zu. Sie lieben Geselligkeit, Bewegung und Lärm. Wenn sie lange genug zugeschaut hatten, schlichen sie zurück in die Plantage von Pak Sakip, um dort für uns weiter fleißig *Luak*-Kaffeebohnen aufzuessen! Das war ungefährlicher als das Pflücken der Kaffeebohnen durch Menschen. Wie uns Pak Sakip erzählte, muss man bei dieser Arbeit wegen der Kaffeeschlange höllisch aufpassen. Die Kaffeeschlange liegt auf den Zweigen und unterscheidet sich in der Färbung nicht von dem grünen Laub. Wird man von der in Kaffeeplantagen relativ häufig vorkommenden Schlange gebissen, muss innerhalb kürzester Zeit ein Gegengift gespritzt werden, andernfalls ist man unrettbar verloren.

Pak Sakip war auch unser Lieferant für Pfeffer. Wir hatten wohl eine Pfefferstaude in unserem Garten in Jakarta, aber leider trug die nie viele Früchte auf den doldenartigen Stielen. Im Garten von Pak Sakip wuchsen einige wenige dieser Schlinggewächse, die sich einige Meter an Bäumen hochrankten und voller Früchte waren. Der schwarze Pfeffer wird in unreifem Zustand gepflückt und an der Sonne getrocknet. Für weißen Pfeffer wird die ausgereifte Frucht geerntet, einige Tage in Wasser aufgeweicht, bis sich die schwarze Haut löst und der weiße Kern zum Vorschein kommt. Auch dieser wird dann an der Sonne getrocknet. Um die Vorherrschaft im Pfefferexport haben die Europäer viele hundert Jahre gestritten und gekämpft, und bis heute ist Pfeffer ein überaus wichtiges Exportprodukt Indonesiens. Von Pak Sakip erhielten wir so viel, wie wir wollten. Er konnte nichts damit anfangen, denn in der indonesischen Küche, die eigentlich für ihre scharfen Gerichte bekannt ist, wird Pfeffer kaum oder nur äußerst sparsam verwendet. Damit die Speisen pikant scharf schmecken, verwendet man hierfür fast nur *Lombok* oder *Cabe*, die roten oder grünen Pfefferschoten.

An einem Wochenende in Carita hörten wir ein schreckliches Geschrei auf der Straße. Wir sahen fünf Männer, die einen Mann mit einem großen Messer zu überwältigen versuchten. Es gelang ihnen nicht. Der Besessene musste unmenschliche Kräfte haben. Er riss sich immer wieder los und flüchtete dann auf unser Grundstück, die Verfolger hinterher. Unser Gärtner rief mir noch zu: *„Awas! Awas! Amok!"* (Achtung, Achtung, Amok!), dann war er verschwunden. Wir flüchteten mit unseren Angestellten ins Haus und verschlossen die Türen und hölzernen Fensterläden. Nur ich beobachtete das Geschehen weiter durch einen Spalt. Inzwischen waren weitere Verfolger mit Bambusstangen und Spaten aufgetaucht. Nur meinen Gärtner Karta konnte ich nirgends mehr entdecken. Hatte er sich versteckt, gerade wenn man ihn am dringendsten brauchte? Blindlings stach der Amokläufer mit der Wut eines gequälten Tieres um sich. Zwei der Verfolger waren bereits verletzt und bluteten. Selbst der großen Übermacht war es nicht möglich, den Tobenden zu überwältigen. Immer wieder, mit irrem Blick und Schaum vor dem Mund, riss er sich los, rannte an unser Haus, hämmerte und stach auf unsere Türe ein. Wir hatten wirklich große Angst. Plötzlich sah ich unseren Gärtner Karta wieder: Er hatte Pak Sakip gerufen. Pak Sakip ging ganz ruhig auf den wild um sich schlagenden Amokläufer zu und redete auf ihn ein. Plötzlich ließ dieser völlig willenlos sein Messer fallen, legte sich auf den Boden und weinte. Nun kam auch die Polizei und führte ihn in Handschellen ab. Ein weiteres Beispiel für Pak Sakip's übernatürliche Kräfte.

Was war geschehen? Wie wir erfuhren, sollte der Amokläufer zwei Tage später heiraten. Alles war schon von langer Hand vorbereitet, und die Braut war anscheinend auch seine große Liebe. War es Torschlusspanik? *Amok* (übrigens ein malaiisches Wort, das Wut oder Raserei bedeutet) ist bei den Malaien besonders weit verbreitet. Es ist ein Versagen des Willens, eine unerklärliche Triebkraft zu töten, die durch einen kleinen Vorfall, der das Fass zum Überlaufen bringt, ausgelöst wird. In der Bahasa Indonesia wird diese Verdunklung des Geistes sehr treffend mit *mata gelap* (verdunkeltes Auge) bezeichnet, was unserem „rot sehen" entspricht. Ausgelöst wird *Amok* durch akute Belastungen körperlicher wie seelischer Art, wie zum Beispiel Angst, Erschrecken oder unbegründete Anschuldigung. Nach einem Tage im Polizeigewahrsam war der Amokläufer wieder auf freiem Fuß. Er kam zu uns, brav wie ein Lämmchen, als sei nichts gewesen. Er entschuldigte sich und sagte, dass er sich an den gestrigen Tag nicht erinnern könne. Die Hochzeit wurde um eine Woche verschoben und die Welt war wieder in Ordnung. Auch meine Frau und ich wurden zu seiner Hochzeit eingeladen, aber leider musste ich zu dieser Zeit in Jakarta sein. Bei einem Vorfall wie diesem wäre in der westlichen Welt ein Täter bestimmt für einige Jahre in die Psychiatrie abgeschoben worden. In Südost-Asien wird er von der Familie aufgefangen. In Indonesien wird *Amok* nicht als Ausdruck der Besessenheit verstanden, sondern als Ausdruck einer göttlichen Macht.

Die Baduis

Java wurde friedlich islamisiert. Als sich der Islam in seiner praktizierten synkretistischen Form (vermischt mit hinduistisch/buddhistischen und animistischen Elementen) ausbreitete, wurden die hinduistischen und buddhistischen Tempel verlassen. Die Menschen nutzten die Steine dieser Tempel als Baumaterial für ihre Häuser. Daher sind sehr viele Denkmäler des Hinduismus auf Java verschwunden. Die Bevölkerung, die dem alten Glauben weiter anhing, zog sich in unwegsame Bergregionen zurück. In einigen abgelegenen Bergregionen Javas haben sich bis heute kleine isolierte Gemeinschaften erhalten.

Eine Stunde mit dem Auto und einige Stunden Fußmarsch von Carita entfernt, war im Landesinneren bei den Kendeng Hügeln das Reich der Badui. Die Baduis sind die mysteriöseste Gruppe von fünf- bis achttausend Personen, dieser wenigen noch existierenden Gemeinschaften von Ureinwohnern. Nach ihrem Glauben sind die Baduis Nachkommen des Prinzen

Pajajaran. Sie haben ihre Traditionen bewahrt durch eine strikte Isolation und Ausgrenzung von Besuchern. Sie lehnen jeglichen Kontakt mit der Außenwelt ab. Alle Bemühungen der Regierung, sie an die sogenannte moderne Welt heranzuführen, schlugen fehl. Selbst Schulen werden abgelehnt. Die Religion der Badui, die sich Sunda Wiwitan nennen, ist eine Mischung aus Animismus, Hinduismus und Schamanismus. Ihre Priester gelten als mächtige Mystiker. Dies trifft besonders für die Badui Dalam zu, den Baduis des inneren Kreises, dem etwa vierzig Familien angehören. Diese werden auch weiße Baduis genannt, da diese im Gegensatz zu allen anderen Baduis, die ausschließlich schwarze Kleidung tragen, weiße Kleidung tragen müssen. Die Stoffe für ihre Kleidung müssen von Hand gewebt oder gesponnen sein. Ihre Dorfgemeinschaft haben sie in drei Stufen der Heiligkeit unterteilt, in den äußeren, den mittleren und den inneren Kreis. Sie dürfen nur innerhalb ihrer Dorfgemeinschaften heiraten. Wer dagegen verstößt, wird ausgeschlossen. Sie lehnen Elektrizität, Radio und Fernsehen ab, auch das Rad und somit jedes Fahrzeug. Wenn einer aus der Gemeinschaft nach Jakarta musste, legte er die gut 150 Kilometer hin und ebenso 150 Kilometer wieder nach Hause zu Fuß zurück. Sie haben ein Verbot zu töten, zu stehlen und zu lügen. Gold und Silber wird abgelehnt, und Geld darf nicht einmal angefasst werden. Für den Ackerbau dürfen keine Düngemittel oder moderne Arbeitsgeräte verwendet werden. Alkohol ist verboten, ebenso der Verzehr von Fischen und vierbeinigen Tieren. Selbst Mitglieder der Badui-Gemeinschaft der äußeren Kreise dürfen nur mit einer besonderen Genehmigung den nächst höheren Kreis der Heiligkeit betreten. Es ist bis heute eine total abgeschlossene Gemeinschaft einiger Dörfer in den Bergen, und es ist nur natürlich, dass es viele Geheimnisse und Gerüchte um sie gibt.

Pak Sakip hatte gute Kontakte zu den Baduis. Wie er mir erzählte, hat er während seines Guerilla-Kampfes gegen die Holländer dort in den Bergen immer wieder Unterschlupf gefunden. Er vermittelte, dass ich in seiner Begleitung den ersten Kreis der Dorfgemeinschaft besuchen durfte. Zunächst ging die Fahrt nach Rangkasbitung und von dort folgte ein anstrengender Fußmarsch auf schmalen Pfaden durch den Dschungel. Als wir die Mauern und Bambuszäune des ersten Kreises erreichten, wurden wir nach einem kurzen Gespräch Pak Sakips von mit Bambusspeeren bewaffneten Wärtern durchgelassen. Bis heute sprechen sie einen archaischen sundanesischen Dialekt. Es war ein Dorf wie viele andere auf Java, vielleicht etwas schmutziger. Alle Einwohner hatten lange Haare, die nie geschnitten werden dürfen. Eine Gemeinschaft mit vielen Verboten. Die Wege zwischen den Hütten waren nicht befestigt, so dass wir – es war Regenzeit – bis zu den Knöcheln im Matsch versanken. Ich wurde aus allen Augen feindselig angeschaut, ich spürte die Ablehnung und dass ich nicht willkommen war. Ich war froh, dass ich nach nur kurzer Rast mit Pak Sakip wieder den langen Heimweg antreten konnte. Tiefer hinein, in den vielleicht interessanteren zweiten Kreis, wäre ich als Fremder ohnehin nie gekommen.

Ujung Kulon, Krakatau und Gunung Bromo

Ujung Kulon

Von Carita aus ist das Naturschutzgebiet und Reservat Ujung Kulon nicht allzu weit, eine Halbinsel im äußersten südwestlichen Zipfel von Java. Zum Naturschutzgebiet gehören auch noch die vorgelagerten Inseln Panaitan, Peucang und Handeuleum. Ujung Kulon ist unter Zoologen weltweit bekannt, weil dort noch die letzten etwa 60 weißen Nashörner dieser Erde zu Hause sind. Diese waren durch Wilderer fast ausgerottet worden, da die fein gemahlenen Hörner dieser Tiere als Aphrodisiakum in China Unsummen von Geld einbrachten. Durch strenge Kontrollen der indonesischen Behörden konnte sich der Bestand in den letzten Jahren wieder etwas erholen. Im Urwald dieses Gebietes leben auch noch Leoparden, Panther, Wildschweine, Affen, Schlangen, Warane, Pfauen, Krokodile und eine Vielzahl von Vögeln, darunter auch die spektakulären Nashornvögel mit ihren riesigen Schnäbeln. Dort sind auch die Bantengs zu Hause, die wilden angriffslustigen Rinder und Stiere mit den weißen Beinen. Diese schwarzbraunen Kolosse sind sehr gefährlich. Wenn eine Herde vorbeirast, vibriert noch in mehreren hundert Metern der Boden von den donnernden Hufen. Sie haben eine unberechenbare Kraft und Wildheit und können selbst den stärksten Tiger mit ihren ausladenden Hörnern und dem gewaltigen Schädel erlegen. Auch die Wildhüter halten einen respektvollen Abstand zu diesen Tieren. Ujung Kulon ist das einzige Gebiet auf Java, wo noch Bantengs wild in größeren Herden leben.

Die weißen Nashörner sind allerdings sehr scheu. Ich weiß von dem bekannten deutschen Zoologen und Tierfotografen Heinz Sielmann, dass er dort drei Monate auf einem Hochsitz zubrachte, bis er endlich einen der über 1500 Kilogramm schweren Kolosse vor die Linse bekam. Ich selbst habe bei mehreren Besuchen dort immer nur die Fußspuren, aber nie ein weißes Nashorn selbst sehen können.

In der Gemeinde Sumur, die sieben kleine Dörfer umfasst, wohnen knapp 20.000 Einwohner, die meisten sind Fischer. Die Menschen hier kommen nur sehr wenig in Kontakt mit der Außenwelt, haben ein sehr niedriges Einkommen und ein niedriges Bildungsniveau. Die Lebensweise ist sehr rückständig. Tourismus gibt es kaum. Malaria, Dengue-Fieber, Cholera und Typhus sind weit verbreitet.

Meine erste Reise dorthin unternahm ich schon gegen Ende der 1960er Jahre. Das Naturschutzgebiet war damals schwierig zu erreichen. Straßen gab es noch keine, nur schmale Wege und durch sumpfiges Gelände immer wieder nur Knüppelpfade, über die man diese Region erreichen konnte. Ich hatte einen Einheimischen, der dort als Wildhüter tätig war, engagiert, mich zu führen und zu begleiten. Anfangs ging es noch ganz gut auf seinem Motorrad, aber auf den Knüppelpfaden – ich hinten auf dem Sozius mit meiner Reisetasche auf den Schenkeln – war das zu ungemütlich. Ich musste immer wieder absteigen und zu Fuß gehen, so dass wir erst gegen Abend in dem Dorf Tamanjaya, das einen kleinen Hafen hat, ankamen. Ich war wie gerädert. Hier waren auch die Wege und Knüppelpfade endgültig zu Ende. Ab hier gab es nur noch den Weg über das Meer.

Am nächsten Morgen setzten wir in einem Fischerboot über zur Insel Handeuleum. Im Gästehaus der Parkverwaltung bekam ich eine einfache Unterkunft. Von dort ging es in einem langen, mit zwei Ruderern besetzten Einbaum eine kurze Strecke über das offene Meer zum Festland der Halbinsel Ujung Kulon. Bei einem späteren Besuch gab es kurz nachdem ich das offene Meer überquert hatte, an dieser Stelle ein Seebeben mit einer zwei Meter hohen Flutwelle. Ob dies der kleine Einbaum überstanden hätte? Auf dem Festland konnte ich entlang kleiner Gewässer den Naturpark erkunden und die Tiere beobachten. Es ist ein wunderschönes, schwer zu beschreibendes Gefühl in einer friedlichen Stille, die nur durch die Laute der Tiere und das Flügelrauschen der Vögel unterbrochen wird, auf einem schmalen Boot mit zwei Ruderern durch den tropisch üppigen Dschungel zu gleiten. Es war relativ kühl und schattig, da sich über mir die Äste der Bäume von den beiden Ufern wieder trafen. Der Himmel war kaum zu sehen. Gegen Abend ging es dann auf demselben Wege zurück zur Insel Handeuleum, wo ich wieder im Hause des Parkwächters übernachten konnte. Das Essen hatte ich mitgebracht, denn ich wusste schon, dass es auf der Insel nichts zu kaufen gab.

Bei späteren Besuchen mit meiner Familie und mit Freunden konnte man dann von Labuhan aus mit einem Boot in einer gut sechsstündigen Fahrt direkt zur Insel Peucang oder Handeuleum fahren. Die Überfahrt war nicht ungefährlich, da die Winde schnell auffrischten und es eine ziemlich raue See mit unberechenbaren Wellen gab. Der aktive Vulkan Krakatau war ja auch nicht weit entfernt.

Heute muss man, wenn man nach Ujung Kulon will, bezahlen und benötigt eine Genehmigung. Dies ist auch berechtigt, denn der Unterhalt des Parkes mit vielen Wildhütern, besonders für den Schutz der weißen Nashörner, kostete eine Menge Geld. Auf der Insel Peucang gab es dann ab Mitte der 1970er Jahre kleine Holzhäuser zum Übernachten und auch ein einfaches Restaurant. Hier habe ich mehrmals mit meiner Familie ein Wochenende verbracht. Die Attraktion waren riesige, bis zu zwei Meter große Warane, die sich schnell an die Menschen gewöhnt hatten und bis vor die Türen der Häuser kamen, um einen Leckerbissen zu erbetteln. Wie ich hörte, soll dort nun ein vornehmes Hotel stehen mit Klimaanlage, Heißwasser und Kühlschrank im Zimmer und einem guten Restaurant. Dann dauert es oft nicht mehr lange, bis eine weitere unberührte Landschaft vom Tourismus zerstört ist.

Im Jahr 1975 bat mich der Deutsche Botschafter, ob er nicht bei einem unserer nächsten Besuche in Ujung Kulon mit seiner Familie mitkommen könne. Natürlich konnte er das! Wir organisierten ein größeres Boot und fuhren von Labuhan bei ruhiger See zur Insel Peucang. Es war ein herrliches und erholsames Wochenende an dem wir fischten, Trekkingtouren durch den Urwald unternahmen oder einfach faulenzten. Mit den Holzbungalows und dem Restaurant war das nun schon richtig luxuriös. Sonntagmorgen bestiegen wir wieder unser Motorboot für die mehrstündige Rückfahrt nach Labuhan, wo unsere Autos mit den Fahrern warteten. Es war gerade Thunfischsaison, und so hatten wir immer ein paar Angeln im Wasser. Das Meer wimmelte nur so von Thunfischen, aber auch von Haien. Wir konnten die am Haken hängenden Thunfische gar nicht schnell genug einziehen. Immer hatten die Haifische schon die hintere Hälfte des Thunfisches mit einem Biss abgetrennt. Wir sprachen gerade darüber, dass es ja furchtbar wäre, hier eine Panne zu haben, da tat es einen lauten Knall und der Motor stand still! Von einer Sekunde auf die andere umgab uns eine friedliche Ruhe, die wir aber in Anbetracht der vielen Haie um uns herum mehr als sehr beängstigend empfanden. Unsere Bootsleute stellten einen Kolbenfresser fest, der unmöglich an Bord repariert werden konnte. Es gab natürlich keinen Ersatzmotor und keinen Funk. Eine SAR-Operation (Search and Rescue) gab es nicht. Ich denke, an der Westküste von Java ist das bis heute noch so. Uns blieb nichts anderes übrig, als den Horizont nach anderen Booten abzusuchen. Die Lust zum Fischen hatten wir nun allerdings auch verloren. Wir trieben immer weiter von der Küste weg und der Botschafter wurde immer aufgeregter und ungeduldiger, da er schon am nächsten Tag hohen Besuch aus dem Bonner Auswärtigen Amt erwartete.

Endlich, es war schon gegen Abend, sahen wir in weiter Ferne ein Schiff. Wir winkten mit Hemden und Handtüchern, um auf uns aufmerksam zu machen. Uns fiel ein Stein vom Herzen, als wir das Schiff auf uns zukommen sahen, das uns vor einer Nacht in einem manövrierunfähigen Boot auf offener See umgeben von Haifischen bewahrte. Es war die Jacht von Ibnu Sutowo, dem einflussreichen Präsident Direktor der staatlichen Ölgesellschaft Pertamina. Er schimpfte zunächst unsere Bootsleute aus, weil sie nicht gut genug auf ihren Motor aufgepasst hätten, dann bat er uns an Bord und nahm das defekte Boot ins Schlepptau. Wir wurden köstlich bewirtet, besonders als Ibnu Sutowo erfuhr, dass der Deutsche Botschafter unter uns war. Als wir am Abend wieder festen Boden unter den Füßen hatten, schickten wir ein Dankgebet zum Himmel, denn dieses Abenteuer hätte böse ausgehen können.

Meine letzte Reise nach Ujung Kulon Mitte der 1990er Jahre sollte wieder wie vor dreißig Jahren von Tamanjaya aus losgehen. Ich wollte das Gefühl eines frühen Entdeckers nochmals erleben. In der Zwischenzeit gab es anstelle des Knüppelpfades eine asphaltierte Straße bis Tamanjaya. Ich fuhr wieder mit einem Fischerboot zur Insel Handeuleum und wohnte dort beim Wildhüter. Der lange Einbaum und zwei Ruderer standen schon bereit, und schon bald ging es zu dem unzugänglichen Festland. Vom offenen Meer aus kann man die wunderschöne Küste von Ujung Kulon, mit den einsamsten Buchten und Sandstränden und den unberührten Korallenriffen, betrachten. Ich genoss die Stille, die üppigen Regenwälder und die Tierwelt auf den einsamen Wasserwegen. Große Nashornvögel und bunte Pfaue flogen über uns hinweg. Ab und zu tauchte eine große grüne Wasserschildkröte vor unserem Boot auf. Es ist eine wilde ursprüngliche Landschaft. Plötzlich höre ich ein Motorengeräusch, das mit der Zeit zu einem Höllenlärm anschwoll. Eine Gruppe von einem halben Dutzend Schlauchboote mit starken Außenbordmotoren kam angebraust. Die Leute in den Booten wollten eigentlich die wilden Tiere sehen, aber mit dem Lärm ihrer aufheulenden Außenbordmotoren, haben sie alle Lebewesen vertrieben. So musste ich als Ersatzmotiv herhalten. Ich, mit breitrandigem Strohhut in einem Einbaum, vorne und hinten ein Eingeborener mit Paddel in der Hand, das musste auf Edeltouristen gewirkt haben wie ein Alexander von Humboldt auf Forschungsreise. Ich wurde auf Dutzende von Filmen gebannt und war bemüht, dem Blitzlichtgewitter im Urwald so schnell wie möglich wieder zu entfliehen.

Als wir übers Meer zurück zur Insel Handeuleum paddelten, sah ich vor der Küste das Expeditionsschiff „World Discoverer" vor Anker liegen. Der Ausflug in den Urwald von Ujung Kulon war sicher ein Höhepunkt dieser Expeditionsreise! „Tropischer ursprünglicher Urwald, die letzten weißen Nashörner, wilde Tiere", das sind eben alles Attribute, die Touristen anlocken und nun auch manches Kreuzfahrtschiff nach Ujung Kulon bringen. Im Jahre 1992 wurde der Ujung Kulon-Nationalpark zum UNESCO Weltkulturerbe erhoben.

Vor der Westküste von Java wimmelt es von Haien. Bei der Rückfahrt nach Tamanjaya im Fischerboot, sah ich ein kleines Boot der Marine, von dem man immer wieder Gewehrsalven hörte. Ich wollte wissen, was die

Soldaten machten und fuhr vorbei. Der Anblick war grausam. Das Meer war rot von Blut und das Wasser kochte von Haien, die sich in ihrem Blutrausch gegenseitig zerfleischten. Die Soldaten machten sich einen Spaß daraus, die Raubfische zuerst mit toten Fischen anzulocken, um dann mit ihren Maschinenpistolen auf sie zu schießen. Da bekommt man selbst blutrünstige Gedanken, allerdings nicht gegen die Haie sondern gegen ihre Peiniger.

Krakatau

Ein anderes Ziel, sozusagen direkt vor unserer Haustüre in Carita, war der immer noch aktive Vulkan Krakatau in der Sundastraße. Wir hatten ja den aktiven Vulkan mit seiner Rauch- und Aschefahne von unserem Bungalow in Carita aus immer im Blickfeld. Er lag nur knapp vierzig Kilometer entfernt. Der heutige Vulkan Krakatau ist nur ein kleiner Teil des ursprünglichen Vulkans, der bei der katastrophalen Eruption im Jahre 1883 zerrissen wurde. Auf dem Weg zu den Gewürzinseln war der Krakatau für die Seefahrer früherer Zeiten immer ein ganz wichtiger nautischer Anhaltspunkt in der Sundastraße zwischen Sumatra und Java. Im August 1883 explodierte der Krakatau mit dem lautesten Knall, der je auf unserer Erde registriert wurde. Die Explosion wurde noch in Australien und auf der Insel Mauritius akustisch wahrgenommen. Offizielle Zahlen sagen, dass über 36.000 Menschen durch die ca. 40 Meter hohe Flutwelle umgekommen sind. Die Flutwelle wurde selbst noch in Europa registriert. Der Vulkanberg stürzte in sich zusammen, so dass heute nur noch einige kleine Inseln von der Größe des ehemaligen Kraters zeugen. In der Mitte dieser Inseln wurde im Januar 1928 mit viel Getöse und Feuer eine neue Insel geboren, der Berg Anak Krakatau, das „Kind des Krakataus" erhob sich aus den Fluten des Meeres. Nach etlichem Auftauchen und wieder Abtauchen durchbrach er endgültig 1930 die Wasseroberfläche. Bis heute ist dieser sehr aktive neue Vulkan Krakatau auf inzwischen fast 500 Meter Höhe angewachsen. Seine ununterbrochenen unterschiedlich heftigen Eruptionen lassen den Berg von Jahr zu Jahr weiter wachsen.

An der Ostküste dieser kleinen neuen Vulkaninsel konnte man anlanden. Ich war mehrmals dort, auch über Nacht. Es war jedes Mal ein schönes Erlebnis, auch wenn mir hin und wieder eine besonders heftige Eruption eine Gänsehaut über den Rücken jagte. Der Vulkan war unberechenbar. Durch die Eruption 1883 wurde sämtliches Tier- und Pflanzenleben vollkommen ausgelöscht. Seit Jahrzehnten werden nun die Inseln des ehemaligen Krakataus immer wieder von Wissenschaftlern besucht, um zu dokumentieren, wie die Natur wieder langsam von den zerstörten Inseln Besitz ergreift. Auf den Inseln des ehemaligen Kraters ist heute schon wieder eine Vegetation, als hätte die

Eruption sie nie zerstört. Hier leben nun auch wieder Schlangen, Ratten, Insekten und Vögel. Etwas anders sieht es auf der 1930 neu entstandenen Vulkaninsel Anak Krakatau aus. Nur an der Ostküste wachsen an einer eng begrenzten Stelle, die meist von Ascheregen und Lava verschont wird, etwas Busch und einige Cemara-Bäume mit ihrer üppigen Nadelpracht, ähnlich einer Fichte. An diesem relativ sicheren Platz schlug ich immer mein Lager auf. Wenn ich einen Ausflug zum Krakatau organisiert hatte, holte mich das Fischerboot direkt vor unserem Bungalow in Carita ab, und nach einer ca. fünfstündigen Überfahrt waren wir an der Vulkaninsel. Wegen der starken Strömung in der Sundastraße und unberechenbarer Winde war so eine Bootsfahrt zur Vulkaninsel übers offene Meer nicht ungefährlich und musste gut vorbereitet sein. 1986 wurden zwei ausländische Touristen, die die Insel in einem Fischerboot besuchen wollten, im Sturm abgetrieben. Erst mehr als zwei Wochen später wurden sie fast verdurstet und dem Tod nahe vor der Küste Sumatras entdeckt. Ähnlich ging es einige Jahre später einem australischen Journalisten, der über den Krakatau berichten wollte. Seine Odyssee dauerte zum Glück nur ein paar Tage. Wir waren, wenn wir einen Ausflug zum Krakatau planten, nicht auf einen bestimmten Zeitpunkt fixiert. So unternahmen wir unsere Expeditionen nur in der Trockenzeit und warteten, bis die See ruhig und die Wetterlage stabil war.

Wenn ich mit Familie oder Freunden eine oder zwei Nächte auf der Insel bleiben wollte, verließ uns das Boot wieder, sobald wir an Land waren. Von da an waren wir ganz auf uns alleine gestellt. Wasser und Essen hatten wir natürlich genügend dabei und frischer Fisch wurde während der Überfahrt gefangen. Die indonesischen Fischer wollten sich nur möglichst kurz in der Nähe der Insel aufhalten und so schnell wie möglich wieder zurück. Der Vulkan war ihnen zu unheimlich und in der Nacht sollten dort nach ihren Erzählungen zudem böse Geister ihr Unwesen treiben. So war das einzige schwimmende Fortbewegungsmittel, das wir dabei hatten, mein Windsurfer. Direkt bei unserem Lagerplatz war ein wunderschöner, natürlich durch die Lava schwarzer Sandstrand. Hier konnte man schwimmen, aber von Abkühlung keine Spur. Überall entlang des Strandes und auch im Meer, waren heiße Quellen mit schwefelhaltigem Wasser, an denen man sich sogar verbrennen konnte. Eine richtige Abkühlung erfuhr ich erst dann, wenn ich mit meinem Windsurfer einige hundert Meter auf das offene Meer hinausfuhr. Schon kurz nachdem ich Indonesien verlassen hatte, wurde der Besuch der Insel von der Indonesischen Regierung verboten und war nur noch mit einer Sondergenehmigung für Wissenschaftler möglich.

Wir konnten den Vulkankegel in ruhigen Phasen bis zu seiner Caldera besteigen. Der Aufstieg war steil und durch das lose Lava-Gestein sehr anstrengend. Vom Kraterrand hatten wir einen umwerfenden Blick über die tiefblaue See und die umliegenden Inseln. Hier oben konnten wir genau den ehemaligen riesigen Kraterrand erkennen, von dem nun nur noch wenig über die Meeresoberfläche ragt. Im Gegensatz zu dem paradiesisch schönen Ausblick konnte uns der Blick in den höllischen Schlund Angst und Schrecken einjagen. Es brodelte und kochte und rumorte. Immer wieder wurde glühende Lava nach oben geschleudert. Der Aufenthalt am Kraterrand war gefährlich. Vor einigen Jahren sind dort zwei Wissenschaftler umgekommen, als sie von glühendem Lava-Gestein getroffen wurden.

Als unsere Tochter Regina Besuch von zwei Freundinnen aus Deutschland und Frankreich hatte, machten wir wieder einen gemeinsamen Ausflug zum Krakatau. Seit Wochen war der Vulkan schon relativ ruhig, so dass wir auch den Vulkankegel bestiegen. Da das Feuerwerk der flüssigen, rotglühenden Lava besonders bei Nacht beeindruckend war, legten wir uns am Kraterrand in den warmen Asche-Sand und betrachteten stundenlang das einmalige Schauspiel der Natur. Es war so faszinierend, dass wir nicht genug davon bekommen konnten. In unseren Fantasien sahen wir in den von der Glut rot flackernden Rauch- und Aschewolken, die aus dem tiefen Schlund aufstiegen, verstärkt durch das laute Grollen des Berges, immer wieder neue furchterregende und unheimliche Monumentalfiguren, Monster und Geister; lange schwarze Schatten, die mit ihren Krallen nach uns griffen. Plötzlich – es muss schon fast Mitternacht gewesen sein – tat es einen unglaublich lauten Knall, der Berg bebte und glühendes Lava-Gestein flog über unsere Köpfe hinweg und rollte den steilen Hang hinab. In Panik verließen wir den Kraterrand und rannten so schnell wir konnten den steilen Hang hinab zu unserer Schlafstelle. Kaum waren wir unten, folgten noch mehrere starke Eruptionen. Aber das aus dem Vulkanschlund geschleuderte glühende Lava-Gestein konnte uns nicht mehr erreichen. An Schlaf war den Rest der Nacht nicht mehr zu denken: Nicht nur die lautstarken Eruptionen verbunden mit Erdstößen, sondern vor allem unser erschreckendes Erlebnis machten den Schlaf unmöglich. Als wir uns beim ersten Morgengrauen ansahen, konnten wir wieder lachen, denn von dem Ascheregen in der Nacht, waren wir kohlrabenschwarz geworden. An diesem Tag waren wir sehr erleichtert, als gegen Mittag unser Fischer kam, um uns wieder abzuholen. Auch wenn man meint, der Vulkan schläft, geht immer eine drohende Gefahr von ihm aus. Wie schon erwähnt, konnten wir bei starken Eruptionen das Feuer von unserem Bungalow in Carita aus sehen und die Erschütterungen spüren. Um einer Katastrophe wie 1883 zu entgehen, parkte ich mein Auto in Carita immer so, dass ich sofort unser Strandgrundstück verlassen konnte. Ein Vulkanologe sagte mir, nach einem extremen Knall hätte ich noch knapp eine halbe Stunde Zeit, um höhere Regionen zu erreichen, bevor eine Flutwelle die Küste von Carita erreichen würde. Zum Glück mussten wir nie flüchten.

Einmal war ich mit einem Mitglied der deutschen Bundesregierung und einem Vorstandsmitglied meines Stammhauses mit einem Hubschrauber in West-Java unterwegs. Wenn es darum ging, verschiedene Projekte in kürzester Zeit zu besuchen, war dieses Transportmittel gerechtfertigt. Da wir mit unserem dienstlichen Programm schneller als geplant fertig waren, machte ich den Vorschlag, noch einen kurzen Ausflug zum Vulkan Krakatau zu machen. Bei einer früheren Gelegenheit war ich schon einmal mit dem Hubschrauber dort, und dieses Erlebnis hatte mich sehr fasziniert. So auch diesmal. Von Cilegon aus waren wir in gut zwanzig Minuten an der schwarzen Vulkaninsel. Wegen der langgezogenen Aschenwolke, die nach Osten der Küste zu trieb, mussten wir einen großen Bogen fliegen. Der Pilot war sehr vorsichtig und wagte sich im Tiefflug nur knapp an den Kraterrand heran. Aber schon ein kurzer Blick in das brodelnde, gefährlich glühende Innere trieb uns trotz der tropischen Hitze eine Gänsehaut über den Rücken. Auch dem Piloten war nicht wohl, er drängte zum Rückflug. Auf der Hälfte des Fluges über das Meer zurück zur Küste hörten wir durch den Motorenlärm des Hubschraubers einen lauten Knall. Der Krakatau hatte wieder einmal eine gewaltige Eruption, und wir sahen glühende Brocken durch die Luft fliegen. Uns allen fuhr ein Schrecken in die Knochen. Wir waren sehr erleichtert, dass wir uns gerade noch rechtzeitig entfernt hatten.

Wir flogen direkt zurück nach Jakarta und baten den Piloten, uns bei dem neuen Hilton-Hotel abzusetzen, das zu den schönsten und besten in ganz Asien zählte. Nach diesem Schreck hatten wir ein dringendes Verlangen nach einem kühlen Bier an der Bar. Damals war die Gegend rund um das Hilton-Hotel noch nicht gänzlich bebaut und wir dachten, der Pilot werde uns auf einem freien Platz neben dem Hotel absetzen. Weit gefehlt: Der Pilot, mit seinen zwei Zentimeter langen Fingernägeln, als Zeichen, dass er einer besseren Klasse angehört und nicht mit den Händen arbeiten muss, meinte es gut mit uns. Er kreiste über dem Hotel-Pool und vertrieb alle Badegäste, dann setzte er direkt neben dem Pool auf. Mit einem ziemlich schlechten Gewissen verließen wir den lärmenden Hubschrauber, der sofort wieder davon schwebte, und eilten mit unseren Samsonite-Köfferchen unter den vorwurfsvollen Blicken der Badegäste zu der nur 50 Meter entfernten Bar. Noch näher heran ging wirklich nicht mehr! An der Bar erwarteten wir die verdiente Rüge des General Managers Michael Schützendorf, aber nachdem wir ihm unsere aufregende Geschichte erzählt hatten, hatte er volles Verständnis für unser dringendes Verlangen nach einem beruhigenden

Drink und leistete uns beim zweiten Gesellschaft. Allerdings mussten wir ihm das Versprechen geben, diesen für die Hotelgäste reservierten Platz am Hotel-Pool, nicht noch einmal für einen Husarenstreich zu missbrauchen. Ich bin sicher, dass das in der Zwischenzeit mehrfach erweiterte und inzwischen verkaufte und umbenannte Hilton-Hotel in Jakarta heutzutage einen eigenen Hubschrauber-Landeplatz besitzt.

Gunung Bromo

In Indonesien gibt es etwa 300 aktive Vulkane. Diese Vulkanriesen ziehen sich wie eine Kette durch den gesamten Archipel. Daher wird Indonesien oft als der „Ring of Fire", der Feuerkreis bezeichnet. Alleine auf der über 1.000 Kilometer langen Insel Java gibt es über 30 aktive Vulkane und noch 120 schwächer aktive Krater. Kein Wunder, dass Java in älterer Literatur als „Welt der Vulkane" benannt wurde. Jedem Indonesier wird dadurch die tägliche Abhängigkeit von höheren Mächten vor Augen geführt. Einer dieser Vulkane ist der unablässig aktive Gunung Bromo in Ost-Java. Er ist mit seinen 2.400 Metern zwar nicht der höchste, aber trotzdem einer der spektakulärsten Vulkane. Im Jahre 2004 war seine letzte große Eruption. Während meiner 18 Jahre in Indonesien habe ich diesen Berg drei Mal bestiegen. Es war immer ein ganz besonderes Erlebnis. Von der Stadt Surabaya aus fährt man mit dem Auto zunächst durch wogende Meere von hellgrünen Zuckerrohrfeldern. Dann geht es bergan bis Tosari, dem letzten größeren Bergdorf am Nordhang des Berges. Hier konnte man in einem kleinen Gästehaus einer schon alten indonesischen Dame übernachten. Tosari ist immer ab dem Nachmittag in dichten Nebel gehüllt. Damals in den 1960er Jahren kamen noch sehr selten Gäste. Rund um das Gästehaus gediehen Rosen, Geranien und Fuchsien. Der Garten war wunderschön gepflegt, wie auch das ganze Haus. Die Zimmer und die Bettwäsche waren sauber. Was für ein Unterschied zu Gästehäusern im Tiefland. Hier oben brauchte man warme Decken, denn in dieser Höhe, nur wenig unterhalb des Kraterrandes, wurde es bei Nacht eisig kalt, besonders wenn das Holzfeuer im Kamin vom Abend zuvor erloschen war. An manchen Tagen war sogar der Morgentau auf den Gräsern gefroren. Damals kostete hier oben, weitab vom Tourismus, ein Doppelzimmer mit einem guten Frühstück nur 1 oder 2 DM. Das war schon damals unglaublich billig!

Schon am Abend mussten die Pferde beim *Kepala Kampung* (dem Dorfvorsteher) bestellt werden, denn schon um drei Uhr in der Nacht begann der Aufstieg zum riesigen Vulkantrichter und daran anschließend der Abstieg in die Tengger-Caldera hinein. Ich wollte den Sonnenaufgang vom Kraterrand des Vulkans Bromo erleben, der sich innerhalb der Tengger-Caldera erhebt.

Der riesige Vulkantrichter des Tengger-Massivs hat einen Durchmesser von etwa 15 Kilometern und ist gefüllt mit einem Meer aus Lavasand. Aus diesem Sandmeer, von den Einheimischen *Dasar* genannt, ragen drei neue Vulkane auf. Der aktive ist der fast immer Feuer speiende Gunung Bromo, die beiden anderen zerfurchten Kegel sind erloschen. An den Hängen des Bergmassivs leben immer noch Reste der ursprünglichen Hindu-Bevölkerung. Sie bauen an den steilen Hängen Obst und Gemüse an. Jedes Jahr wird hier das Kasodo-Fest mit einer feierlichen Prozession auf den Vulkan gefeiert. Die Götter des Vulkans sollen durch Opfergaben freundlich gestimmt werden. Früher wurden anlässlich dieses Festes bei Sonnenaufgang Kinder geopfert, heute sind es nur noch Hühner, Reis und Blumen, die in den glühenden Schlund geworfen werden.

Schon vor drei Uhr in der Nacht war das laute Klappern der Pferdehufe auf dem Kopfsteinpflaster zu hören. Auch wir waren bereit, warm angezogen, und eine rote Decke, die mir mein Bruder aus Algerien mitbrachte, legte ich mir noch zusätzlich über die Beine. Es waren prächtige Pferdchen mit feurigen Augen und muskulösem Körper. Es war eine Rasse von der Insel Sumba, sogenannte Sandelholzpferde, die früher auch nach Australien verkauft wurden. Zunächst ging es auf den Pferden durch Cemara-Wälder aufwärts. Die Bewegungen der eifrig marschierenden Pferdchen waren kaum zu zügeln. Aber als wir an den Kraterrand kamen und sie den schmalen steilen Pfad gehen mussten, der tief zu dem Sandmeer der Caldera hineinführt, setzten sie in der Dunkelheit bedächtig und sicher einen Fuß vor den anderen. In der Dunkelheit konnte man nur erahnen, wie steil der Weg an der mehrere hundert Meter hohen Kraterwand war. Bei schwachem Mondlicht konnte man von hier oben schon die schwarze Rauchfahne, die vom Feuer aus dem Inneren des Vulkans angestrahlt wurde, erkennen. Unten, auf dem Sandmeer in der Caldera, beschleicht vermutlich jeden Besucher ein ungutes und unheimliches Gefühl. Der Tritt der Hufe auf dem harten Sandboden klang hohl und dumpf, als wenn die Pferde über eine Trommel marschieren würden. Das Grollen des Berges und der intensive Schwefelgeruch verstärkten noch dieses beklemmende Gefühl. Unser Führer warnte, man dürfe wegen der Gefahr des Einbrechens im Sand nicht vom vorgegebenen Weg, der mit weiß angemalten Steinen markiert war, abkommen. Auf den inneren Kraterrand des Bromo mussten wir noch mühselig zu Fuß hinaufklettern. Ab und zu gab es eine helfende Hand des Pferdeführers. Heute ist der Gunung Bromo ein beliebtes Touristenziel und einfacher zu besteigen. In den Berg wurden inzwischen Stufen geschlagen. Als ich den Kraterrand erreicht hatte, wartete ich mit vor Kälte klappernden Zähnen sehnsüchtig auf den wärmenden Sonnenaufgang. Dicke Rauchwolken strömten mit Getöse unablässig aus dem tiefen Schlund. Das Bild um mich herum wurde im Licht der aufgehenden Sonne immer grandioser. Rundum, hinter dem äußeren Krater der Caldera, tauchten aus dem Nebel weitere Kegel aktiver Vulkane mit ihren weißen Rauchfahnen auf. Ganz nah der Gunung Semeru, der mit seinen 3676 Metern der höchste Berg Javas und der aktivste Vulkan dieser Gegend ist. Es war ein Bild, wie man es sich zur Zeit der Welterschaffung vorstellt, es schien keine irdische Landschaft zu sein: ein Bild, das man wohl nie vergessen kann.

Als ich beim Rückweg unten an der hohen und steilen Wand der großen Caldera stand und nach oben schaute, dachte ich, wie bin ich da bei Nacht nur heruntergekommen? Meinem treuen Pferdchen versprach ich ein extra großes Stück Zucker, wenn es mich auch wieder heil nach oben brachte. Oben am Rande der Caldera warf ich nochmals einen Blick zurück auf die Silhouette der qualmenden Vulkankegel – eine unwirkliche Landschaft wie zu Urzeiten. Als ich mich an der einmaligen Landschaft satt gesehen hatte, schaute ich nach unten und sah, dass die zuvor knallrote Decke auf meinen Beinen tiefschwarz geworden war. Vermutlich hatten die starken Schwefeldämpfe die Naturfarben schwarz gefärbt. Keine Wäsche konnte daran etwas ändern, aber erstaunlicherweise kam nach einigen Monaten die rote Farbe von alleine wieder zurück.

Bei einer späteren Besteigung habe ich – natürlich mit kundigen Führern – den ganzen See aus Lavasand von Tosari bis Ngadisari durchquert. Es war ein Tagesritt, nach dem noch Tage später mein Hinterteil schwer lädiert war. Heute ist das ganze Gebiet um den Gunung Bromo und den Gunung Semeru ein Nationalpark mit einigen sehr guten Hotels.

Die Insel Sumba

Mit Pater Wilfried, der schon seit vielen Jahren für die Redemptoristen auf der Insel Sumba tätig war, hatte ich immer wieder Kontakt über Amateurfunk. Seine Funkstation war die einzige Verbindung zur Außenwelt. Die Insel liegt gut 1.500 Kilometer von Jakarta entfernt, südöstlich von Bali und nur 650 Kilometer vor der Nordküste Australiens, in der Provinz „Nusa Tenggara Timur" (NTT). Im Süden von Sumba liegt der Indische Ozean. Damals lebten etwa 300.000 Menschen auf der Insel. Pater Wilfried erzählte mir immer wieder von der großen Wassernot auf Sumba. Die Inseln östlich von Bali, angefangen bei Lombok, haben ein ganz anderes, eher subtropisches Klima. Auf Sumba ist ein Großteil des Jahres eine ausgeprägte Trockenzeit mit heißen trockenen Winden aus Australien. Das tropische Grün von Bali wird auf Sumba zu einem vertrockneten Gelb. Dazu beigetragen hat auch, dass die Insel, die durch ihr Sandelholz bekannt wurde, schon während der Kolonialzeit durch die Holländer systematisch abgeholzt wurde. Bis heute ist das Abbrennen der vertrockneten Wiesen – angeblich zur Düngung – leider immer noch üblich. Übriggeblieben ist eine überwiegend öde, verbrannte Steppenlandschaft. Auch die Kultur und die Menschenrasse, dunkelhäutiger mit Kraushaaren, unterscheiden sich ganz eklatant von denen auf Java oder Bali. Die Menschen sind eher der melanesischen Rasse zuzuordnen, – kein Wunder, denn zwischen den Inseln Bali und Lombok verläuft der „Wallace-Graben", die Trennlinie zwischen asiatischer und australischer Fauna und Flora.

Mit Pater Wilfried war ich – wie gesagt – regelmäßig in Amateurfunk-Kontakt. Basteln mit Funkgeräten war sein Hobby auf der einsamen Insel, und die Kurzwelle war seine einzige Brücke zur Welt. Pater Wilfried erzählte mir, dass jeder Tropfen Wasser dort sehr wertvoll sei. Durch Mensch und Wasserbüffel müsse täglich jeder Liter Wasser in ausgehöhlten Bambusgefäßen viele Kilometer von der Quelle in die Dörfer geschleppt werden. Ein anderer Pater, ein bekannter Wünschelrutengänger, der auf der Suche nach Wasser auf anderen Inseln bereits sehr erfolgreich war, behauptete allerdings, dass es auf Sumba genügend Wasser gebe, aber leider nur in 50 Metern Tiefe in unterirdischen Flüssen. Das war eine Aufgabe, die mich interessierte, insbesondere da es in den Dörfern der Insel Sumba nirgendwo Elektrizität gab. Den Einheimischen wollte ich gerne helfen.

Ich machte eine erste Reise dorthin, um die Lage vor Ort zu eruieren. In Bali musste ich in ein kleines zweimotoriges Flugzeug, das nur für sechs Passagiere Platz hatte, umsteigen. Weiter ging es nach Waingapu, der

Hauptstadt im Osten Sumbas. Der kleine Flughafen auf einer Hochebene bei Waingapu diente im 2. Weltkrieg den Japanern als Ausgangspunkt für Angriffe auf die Stadt Darwin im Norden Australiens. Darwin wurde dreimal bombardiert und dabei starben 23 Menschen. Verglichen mit den über 650.000 zivilen Opfern durch den Bombenkrieg in deutschen Städten war dies nur eine winzig kleine Randerscheinung des 2. Weltkrieges. Aber für die Australier ist dieser Angriff auf ihre „Insel" bis heute noch mit einem Trauma verbunden, da sie immer nur in weit entfernten Ländern wie in Flandern/Belgien, in Gallipoli/Türkei, in Malaya und Indonesien unter dem Union Jack für das Königreich kämpften und weit weg von ihrer Heimat die „Freiheit Australiens" verteidigten.

Bei einer ersten Begehung der vorgesehenen Stelle für den Brunnen im Westen der Insel zeigte mir der Wünschelrutengänger die gewaltigen Ausschläge seiner Rute, und er bestätigte mir mit absoluter Sicherheit das Vorhandensein von kräftigen Wasseradern. Durch Quermessungen konnte er sogar die ungefähre Tiefe und den Verlauf der Wasseradern nennen. Von der Technik her war es für mich kein Problem, diese Aufgabe zu lösen. Nur blieb die Frage: Woher das Geld dafür nehmen? Da es auf der ganzen Insel keine Elektrizität gab, kam für die Stromversorgung der großen Tauchpumpen nur ein großes Photovoltaik-Solarsystem mit der für damalige Zeiten enormen Leistung von über 35 kW mit entsprechenden Stromwandlern infrage. Obwohl die Anschaffungskosten bei einer Solaranlage dieser Größenordnung ein Vielfaches über denen einer konventionellen Anlage mit Diesel-Generatoren lagen, waren in diesem Fall die höheren Kosten gerechtfertigt. Die Kosten für den Bau einer Straße zu einer Pumpstation für das Grundwasser, die laufenden Kosten für die Anlieferung von Dieselöl per Schiff zum Hafen und dann der Transport des Öls auf dem Landwege zur Station, sowie die Personalkosten für die Wartung und der Betrieb der Diesel-Generatoren wären noch viel höher gewesen. Mit Photovoltaik war die Anlage praktisch wartungsfrei, und die wesentlich höheren Anschaffungskosten amortisierten sich bereits nach kurzer Zeit.

Aber das größte Problem blieb die Beschaffung des Geldes zur Finanzierung der Anlage! Ich betrachtete das Projekt als ein Entwicklungshilfe-Projekt und versuchte von verschiedenen Seiten das Geld zusammenzubekommen. Die Lokalregierung von NTT war arm, aber nach vielen Gesprächen zeigte sich der Gouverneur der Provinz bereit, die lokalen Kosten für die Infrastruktur, für die Bohrung des Brunnens und die baulichen Maßnahmen in lokaler Währung zu übernehmen. Mehrere Gespräche in Bonn mit dem Bundesministerium für Forschung und Technologie (BMFT) und dem Bundesministerium für wirtschaftliche

Zusammenarbeit und Entwicklung (BMZ) auf Ebene der Staatssekretäre führten ebenfalls zum Erfolg. Beide Ministerien erklärten sich bereit, über die Kreditanstalt für Wiederaufbau (KfW) die Kosten für die erste Anlage dieser Art von immerhin weit über 1 Million DM zu übernehmen, aber nur dann, wenn AEG-TELEFUNKEN die technischen Anlagen zum Selbstkostenpreis im Rahmen der Entwicklungshilfe liefern würde. AEG-TELEFUNKEN war damals auf dem Sektor Photovoltaik führend auf dem Weltmarkt. Daher war es das geringste Problem, die leitenden Herren dieser Abteilung vom Werbeeffekt dieser Pilotanlage zu überzeugen und deren Zustimmung zu erhalten. Nun blieb nur noch zu klären, wer die Kosten für den Betrieb der Anlage und deren Wartung übernehmen würde. Nach langen Überlegungen erklärte sich hierzu Pater Wilfried bereit, der eine hervorragende technische Ausbildung hatte. Mit einem Zuschuss von AEG-TELEFUNKEN bildete er lokale Kräfte aus, die ihn bei seiner Arbeit unterstützen konnten. Pater Wilfried hat diese Aufgaben zu aller Zufriedenheit hervorragend gemeistert. Nun waren alle sechs Partner: die Lokalregierung von NTT, das BMFT und das BMZ, die KfW, die Redemptoristen und AEG-TELEFUNKEN unter einem Hut vereinigt, und die Arbeiten konnten beginnen.

Bei meinen nun folgenden Reisen nach Sumba übernachtete ich immer im Gästezimmer von Pater Wilfried oder im Kloster in Weetebula. Ein zumutbares Hotelzimmer gab es nirgends. Hier lernte ich auch die Arbeit der Missionare kennen, deren Schwerpunkt heute nicht mehr nur auf der Missionierung liegt, sondern auch auf der Schul- und Berufsausbildung von jungen Einheimischen, z. B. in der eigenen Schreinerei und Schneiderei oder in der modernen Landwirtschaft. Bis heute wird auf Sumba der Pflug nur wenig eingesetzt. Die Schollen auf den Feldern werden mit sogenannten Grabstöcken umgepflügt, was bedeutet, dass zehn bis zwanzig Menschen singend in einer Reihe stehen und im Rhythmus des Gesangs mit den Grabstöcken die Schollen umlegen. Natürlich gibt es überall auch Kirchen und die Patres erwarten dort an Sonntagen möglichst viele Schäfchen zu Gebet und inbrünstigem Gesang – beides in ihrer malayo-polinesischen Lokalsprache. Um eine Verbindung zwischen dem ursprünglichen Glauben der Einheimischen und dem Christentum herzustellen, erzählten sie – selbst in der Predigt – ihnen oft den eigenen Schöpfungsmythos als christliche Geschichte:

> „Als der liebe Gott den ersten Menschen erschuf, formte er ihn und
> backte ihn im Ofen. Er passte nicht genau auf und ließ ihn zu lange
> im Ofen: Das wurden die Neger. Beim nächsten Versuch nahm er den
> Menschen zu früh aus dem Ofen: Das wurden die Weißen. Beim drit-

ten Versuch passte der liebe Gott genau auf und nahm den Menschen perfekt gebräunt aus dem Ofen: Das wurden dann die Indonesier!"

Aufgrund der frühzeitigen Missionierung durch die Portugiesen und heute der Redemptoristen sind etwa 60 Prozent der Bevölkerung der Insel Sumba – zumindest nach außen hin – Christen. Sie sind wohl getauft, aber die traditionelle Merapu-Religion wird bei den Einheimischen noch weitgehend, oft auch unterschwellig unter dem Mantel des christlichen Ritus praktiziert. Das konsequente Abschwören von ihrer ursprünglichen Religion hätte auch den Ausstoß aus ihrer sozialen Gemeinschaft zur Folge.

Ein Problem in Entwicklungsländern stellen die vielen verschiedenen Richtungen der vielen verschiedenen christlichen Missionen dar. Es sind nicht nur die katholischen Missionen wie z. B. die Redemptoristen auf Sumba, oder die Jesuiten auf Java oder Flores, oder die evangelischen, wie die Rheinische- und Steyler Mission auf Sumatra, die sich gegenseitig Konkurrenz machen. Besonders die US-amerikanischen Missionare der Adventisten, der Baptisten, der Presbyterianer, der Episkopalen und der Mormonen, die alle ihren Schwerpunk auf die östlichen Inseln Indonesiens gelegt haben, missionieren äußerst aggressiv. Für die Eingeborenen muss es sehr verwirrend sein, wenn jede dieser Gruppen behauptet, nur sie alleine würden das wahre, allein seligmachende Christentum verkünden. Jeder dieser Missionare war fest davon überzeugt, dass seine Aktivitäten und nur seine Auslegung des Christentums zum Besten der Indonesier sei. Dabei wäre es viel wichtiger, die eigenständige Kultur und Religion jeder Insel zu erhalten.

Die Bauarbeiten für die Anlage gingen zügig voran. Bald war das riesige Solarpaneel von etwa 100 Quadratmetern Fläche die Attraktion der einheimischen Bevölkerung. In einem separaten Gebäude wurden Akkumulatoren untergebracht, um Stromschwankungen durch vorbeiziehende Wolken auszugleichen, sowie die Stromwandler und der Energieverteilungsschrank. Ein Wasserturm mit einem großen Reservoir wurde auf dem Gelände gebaut. Tagsüber wurde das Reservoir gefüllt. So war für das Dorf auch Wasser bei Nacht verfügbar. Bei der Einweihung der Anlage mit folkloristischen Tänzen wurden Pater Wilfried und ich wie Könige gefeiert und verehrt. Die Menschen waren überaus dankbar, denn ein viele Jahrhunderte alter Wunschtraum – endlich Wasser im eigenen Dorf zu haben – ging für sie in Erfüllung.

Auch das BMFT und die indonesische Regierung waren von dieser Pilotanlage mit der photovoltaischen Energieversorgung derart begeistert, dass AEG-TELEFUNKEN sofort einen Nachfolgeauftrag – diesmal allerdings zu kommerziellen Konditionen – für zwei weitere Anlagen zur Trinkwasserversorgung in noch größeren Dörfern auf Sumba erhielt. Als die drei Anlagen ihren Betrieb aufgenommen hatten, bat mich 1980 der Deutsche Botschafter, ihn bei einer offiziellen Reise dorthin zu begleiten. Nachdem er sich selbst davon überzeugen konnte, welch positiven Effekt diese Projekte für die einfache Bevölkerung hatte, hatte ich einen weiteren Fürsprecher in Bonn. Weitere Aufträge mit photovoltaischer Solarenergie folgten, z. B. für eine Reisfeldbewässerung in West-Java oder für Kühlhäuser auf Außeninseln.

Später sollten noch einige Reisen nach Sumba folgen, bei denen ich auch die Insel mit ihren Sehenswürdigkeiten kennenlernen sollte. Am beeindruckendsten sind die megalithischen Steingräber, die durch den Ahnenkult eine große Bedeutung haben. Oft fühlte ich mich beim Anblick der monumentalen Steingräber, am Strand im Westen der Insel (in der Nähe von Wanokaka, wo auch die jährlichen Pasola-Reiterspiele stattfinden), in Gedanken auf die Osterinsel versetzt. Die riesigen Steinmonumente auf dem weißen Strand, nur mit menschlicher Kraft erbaut, vor dem Hintergrund des blauen Meeres, sind überaus beeindruckend. Mich wundert, aber ich bin auch dankbar, dass diese einmaligen Kulturdenkmäler bis heute noch nicht vom Massentourismus entdeckt wurden.

Inmitten der malerischen Dörfer standen diese monumentalen Steingräber, die oft ein Spielplatz für die Kinder waren. Beeindruckend waren die dreigeteilten Häuser mit den hoch aufragenden Dächern. Im unteren Bereich lebten die Tiere, Rinder, Pferde, Schweine, Ziegen und Hühner, der mittlere Teil war für die Familie reserviert und im oberen Teil, dem hohen Dach, lebten die Geister der Ahnen, die nach ihrer Merapu-Religion immer noch Teil der Familie waren. Die dort lebenden Menschen hatten ein in sich geschlossenes Weltbild.

Auch die handgewebten Ikats, häufig auch Doppel-Ikats, bei denen die Kett- und Schussfäden bereits vor dem Webvorgang abschnittsweise entsprechend dem Muster eingefärbt werden, sind eine weltweit einmalige Spezialität dieser Insel. Durch die Handarbeit und den besonderen Webvorgang entstehen komplexe und bizarre Bilder auf den wertvollen Stoffen. Für nur einen einzigen Sarong, der als Wickelrock oder meist als Wandschmuck verwendet wird, arbeitet eine Frau ein ganzes Jahr! Aber natürlich gibt es heute auch maschinell hergestellte Kopien.

Vor einigen Jahren war ich anlässlich der Pasola-Reiterspiele, die nur hier eine uralte Tradition haben, wieder auf der Insel Sumba. Dabei habe ich mich in alter Verbundenheit nach diesen drei Solaranlagen erkundigt. Sie arbeiteten anscheinend immer noch problemlos und versorgten die Dörfer mit Wasser. Leider sah ich in den Dörfern immer mehr weiß glänzende Wellblechdächer neben den mit *Atap* und Palmwedeln gedeckten Dächern. Mir wurde gesagt, Wellblech wäre dauerhafter als die ursprünglichen aus Naturprodukten

hergestellten Dächer. Auch übergroße Satelliten-Parabolspiegel für den Fern-
sehempfang verschandelten nun überall die Dörfer. Dieser Fortschritt sah
hässlich, fremd und feindselig aus, aber die Menschen unter diesen Dächern
sind immer noch freundlich und hilfsbereit.

Typen wie bei Joseph Conrad –
eine aussterbende Spezies

Das Leben in Indonesien trieb auch unter den Europäern Blüten hervor, wie sie in keinem Roman schöner dargestellt werden können. Über Herrn Fust, der auch in diese Kategorie gehört, und andere habe ich ja bereits an anderer Stelle berichtet.

Liebenswert, verschroben, von dem, was wir damals als Realität empfanden, manchmal weit entfernt, aber niemals böswillig oder auch nur unfreundlich oder gar ungastlich waren zwei Damen, die fast zu einer Institution in Indonesien der „deutschen Gemeinschaft" geworden waren: Ulrike Freifrau von Mengden und Ursula Müller. Von beiden war hier schon mehr oder weniger die Rede. Mehr sicherlich von Ursula Müller, weil ich durch ihre langjährige Stellung als Presse- und Kulturreferentin der Deutschen Botschaft viel mit ihr zu tun hatte und später auch eng befreundet war.

Ulrike von Mengden, ist die Tochter eines preußischen Offiziers, wird allgemein nur Ulla genannt und ist in Indonesien als „Mutter der Orang Utans" bekannt. Sie lebt seit Beginn der 1950er Jahre in Indonesien. Es heißt, dass sie mit ihrem Mann gekommen sei, der schon in Vorkriegsjahren als Verwalter einer Plantage in Indonesien gelebt hatte und nach der Unabhängigkeit als Berater des ersten Deutschen Botschafters an die neu eröffnete Deutsche Botschaft nach Indonesien zurückkehrte. Aber da sie niemals darüber sprach, rankten sich auch andere Geschichten um ihren Mann, der schon bald nach seiner Rückkehr nach Indonesien verstorben war. Mal wurde behauptet, er sei ein völlig versoffener Kapitän gewesen, dann wieder sei er gar nicht ihr Mann gewesen, sondern ihr Cousin, denn sie selbst sei auch eine geborene von Mengden gewesen, dann wieder hieß es, er habe wegen ihr seine erste Frau, eine Holländerin verlassen, oder diese habe ihn nach dem Zusammenbruch des Dritten Reiches verlassen, weil er Deutscher war. Ein weiteres Gerücht, das sich um seinen frühen Tod rankte war, dass er seinem übergroßen Bedürfnis nach alkoholischen Getränken erlegen sei usw., usw. Also die typischen Gerüchte, die sich gerne breit machen, wenn keiner etwas Genaues weiß, aber jeder hofft, etwas mehr in Erfahrung gebracht zu haben, als die anderen.

Tatsache ist allerdings, dass Ulla von Mengden nach dem frühen Tod ihres Mannes ziemlich mittellos in diesem großen Land, das sich im Aufbruch befand, dastand. Ob sie damals schon in der Deutschen Botschaft als Ortskraft tätig gewesen ist, weiß ich nicht, aber wenn ja, hat offensichtlich das magere Gehalt einer Ortskraft nicht gereicht, ihren

Lebensunterhalt zu sichern, denn sie vermietete auch Zimmer an Besucher aus der alten Heimat.

In ihrer Freizeit kümmerte sie sich zunächst um ausgesetzte Tiere, später hauptsächlich um junge Orang Utans, die im Urwald von der Mutter getrennt wurden und in Indonesien oder im Ausland als Haustiere verkauft werden sollten. Regelmäßig beschlagnahmten die indonesische Polizei und der indonesische Zoll die Jungtiere, die alleine nicht überlebensfähig waren und lieferte sie zur Aufzucht und Pflege bei Ulla von Mengden ab. Liebevoll kümmerte sie sich um diese Tiere, allerdings nicht immer artgerecht, denn die Affenbabys wurden mit Windeln aufgezogen, sie mussten am Tisch von Tellern essen. Ein erwachsenes Orang Utan-Männchen, das schon zu alt für eine Auswilderung war, bekam nach den Essen ab und zu eine Verdauungszigarette, die dann auch genussvoll bis zum Ende geraucht wurde. Für die Kinder in Jakarta – auch unsere Tochter – war daher ein Sonntagsausflug zu den Orang Utans bei Ulla von Mengden immer eine große Attraktion. Wenn die Tiere groß genug waren, kamen sie im Zoo unter oder manche auch in einer Auswilderungsstation im Urwald von Kalimantan, um wieder an das Leben in der freien Natur gewöhnt zu werden. Interessant war, dass ein schwangeres Orang Utan-Weibchen, oft nach vielen Jahren im Dschungel, wieder von alleine in die Auswilderungsstation zurück kam, um dort ihr Junges zur Welt zu bringen. Dort fühlten sie sich in Sicherheit!

Ulla kenne ich seit meinen ersten Tagen in Indonesien. Seit 40 Jahren wohnt sie nun im Zoo in der Hauptstadt, mit seinem weltweit bekannten Zentrum für Primaten. In den 1960er Jahre erhielt sie vom damaligen Gouverneur von Jakarta, Ali Sadikin, ein Dauerwohnrecht im Zoo bis zu ihrem Lebensende. Ein kurzer Privatweg im Zoo, vorbei an 15 – 20 Meter hohem Riesenbambus, führt zu ihrem schlichten Heim. Hier lebt Ulla von Mengden in trauter Gemeinsamkeit mit ihren Hunden, Katzen, Vögeln und natürlich Orang Utans, den Waldmenschen, denen ihre ganz große Liebe gehört. Als Ziehmutter der Orang Utans hat sie bestimmt schon mehrere hundert Tiere gepflegt und großgezogen. Schon gleich am Eingang, an der Wand der Terrasse, hing früher ein damals schon vergilbtes Plakat mit einem Orang Utan und der Aufschrift: „Ich bin kein Affe, ich bin Dein Ur-Ur-Ur-Urgroßvater!"

Der tagtägliche Umgang mit den Tieren hat natürlich auch ihre Lebensweise beeinflusst. So kommt sie schon seit vielen Jahren mit Tieren besser zurecht als mit Menschen. Sie hat Europa abgestreift. Als ich anlässlich eines Besuches Mitte der 1990er Jahre bei ihr zum Frühstück eingeladen war, sah ich in der Küche einen großen Korb voll frisch gepflückter Orangen. Ich war gerade aus Deutschland angekommen und hatte große Lust auf ein frisches

Glas Orangensaft. Ich fragte, ob mir die Köchin ein Glas Orangensaft pressen könne. Ihre Antwort war: „Nein, die Orangen sind alle für meine Affen. Die benötigen die Vitamine dringender als du!" Meiner Ansicht nach hatten die Orang Utans schon genügend Vitamine, denn als ich am Nachmittag mit einem halbwüchsigen Männchen spielte, brach mir dieser friedliche Geselle bei einer liebevollen Umarmung fast ein paar Rippen. Ein Orang Utan hat schon als Halbwüchsiger riesige Körperkräfte!

Nach der Enttäuschung mit dem Orangensaft empfahl mir Ulla von Mengden zur Versöhnung besonders den selbst angemachten Frischkäse, den ich der vielen schwarzen Punkte wegen für Hüttenkäse mit Pfeffer hielt. Dieser schmeckte recht ungewöhnlich scharf. Als ich aber meine Brille aufsetzte, um das genauer zu inspirieren und sah, dass das Schwarze kein gemahlener Pfeffer war, sondern lauter tote Ameisen, wollte ich lieber auf einen weiteren Genuss verzichten. Ihr Kommentar dazu war: „Na, du bist aber empfindlich!"

Auf dem Frühstückstisch marschierte auch der schon seit Urzeiten zum Haushalt gehörende und gefährlich aussehende Nashornvogel „Clemens" umher und schnappte sich die besten Brocken von den Tellern. Die Promenademischung „Idefix" saß auf ihrem Schoß und bekam Streicheleinheiten und gleichzeitig ein Hundefrühstück: ein belegtes Butterbrot. Clemens und Idefix achteten genau darauf, dass keiner der beiden einen Brocken zuviel bekam. Unter dem Tisch strichen mir eine ganze Anzahl Katzen um die Beine und bettelten lautstark um einen Bissen. Eine Idylle – aber nur für ganz große Tierliebhaber! Vor einigen Jahren wurde Frau von Mengden aufgrund ihres aufopfernden Einsatzes für die Orang Utans in der Paulskirche in Frankfurt hoch geehrt.

Ulla wollte im Alter ihren Lebensmittelpunkt wieder zurück nach Deutschland verlegen und kaufte sich in einer gehobenen Altersresidenz im Rheinland ein. Container kamen mit Möbel, die neue Wohnung wurde bezogen. Aber schon nach vier Tagen flüchtete sie zurück nach Jakarta in ihr Haus im Zoo. Ihr Argument war: „In Deutschland hört man ja bei Nacht keine Brüllaffen!"

Ursula Müller, die 1961 das erste Mal in das Presse- und Kulturreferat der Deutschen Botschaft nach Indonesien kam, lernte dort Ulla kennen, da sie in derselben Abteilung arbeitete. Schnell näherten sich die beiden alleinstehenden Damen einander an, und Ursula konnte bald Ulla finanziell auf ein sichereres Fundament stellen, indem sie dafür sorgte, dass Ulla von einer Ortskraft zu einer entsandten Kraft „befördert" wurde, was für ein höheres Einkommen, besonders durch Auszahlung des Gehaltes in der Heimatwährung und nicht in der Landeswährung sorgte. Um diese beiden mit den Jahren durch immer engere Freundschaft verbundenen Damen (die sich übrigens gegenseitig „Ulla" nannten) rankten sich im Laufe der Zeit viele Geschichten – zusammen mit Kapitän Schwarz, mit dem besonders Ulla von Mengden eng befreundet war.

Ulla von Mengden hatte schon seit Beginn ihrer Zeit in Indonesien – lange bevor sie in den Zoo in Ragunan in Jakarta übersiedelte und zur „Affenmutter" wurde – viele Tiere um sich geschart. Zwei nette Geschichten habe ich von ihr persönlich erfahren. Die Besucher, an die sie in ihrer Anfangszeit Zimmer vermietete, waren oft sehr bekannte Gelehrte und Wissenschaftler aus Deutschland. So zählte auch der bis heute weithin bekannte Professor Lützeler (der damals an der Bonner Universität den Lehrstuhl für orientalische Kunstgeschichte innehatte) zu ihren Gästen. Er war von Geburt an verwachsen, hatte einen großen Humor und ihm wurde von seinen Studentinnen eine Schwäche für blonde Frauen nachgesagt.

Ullas sanitäre Einrichtungen, zu dieser Zeit natürlich noch sehr primitiv, befanden sich wie damals üblich noch außerhalb des Hauses im Garten. Dieses Örtchen heißt in Indonesisch *Kamar Kecil* (kleines Zimmer). Man saß zur Zeit dieses Ereignisses im Garten und trank den Nachmittagskaffee, als Professor Lützeler ein menschliches Bedürfnis verspürte und sich zu den in Sichtweite befindlichen sanitären Einrichtungen begab. Plötzlich störte ein entsetzter Schrei aus den eben erwähnten Einrichtungen die fröhliche und zahlreiche Kaffeegesellschaft, die Toilettentür flog auf und heraus stürzte schreckensbleich und mit herabgelassener Hose der Herr Professor! Was war ihm widerfahren? Als er sich frohgemut seinem menschlichen Bedürfnis widmete, gesellte sich unvermutet „Clemens" (der besagte Nashornvogel) durchs Fenster zu ihm! Clemens war gutmütig, aber durch den riesigen Schnabel wirkte er nicht ungefährlich. Und da er immer frei herumflog und voller Neugier alles untersuchte, was ihm unbekannt war, war schon mancher Gast von ihm ordentlich gezwickt worden. Ob er Professor Lützeler gezwickt hat oder ob sich dieser schon vorher gerettet hat, ist nicht bekannt geworden. Aber er hat Clemens den Überfall jedenfalls nicht dauerhaft verübelt, sondern hat noch öfters bei Ulla von Mengden in Jakarta gewohnt.

Auch Ursula Müller hatte einmal ein nettes Erlebnis in Ullas *Mandi* (Bad), als sie sich dort eine „Elefantendusche" gönnte. Sie genoss gerade die Abkühlung, als sie hinter sich auf dem Boden „Athene", Ullas zahme Eule, entdeckte, die sich offenbar auch durch das glaslose Fenster hineingeschmuggelt hatte und nun ebenfalls eine Dusche mit sehr menschlichen Bewegungen und Verrenkungen genoss. Ursula erzählte immer gerne, dass sie den Eindruck hatte, die Eule mache ihr jede Bewegung nach. Ursula war aber angstfreier als Professor Lützeler und kannte Ullas Tiere wohl auch besser, denn sie stürzte nicht verschreckt aus dem Bad sondern duschte mit Athene als Gesellschafterin in Ruhe zu Ende, bevor die beiden erfrischt das Bad gemeinsam verließen.

Ursulas Müllers Erlebnisse mit Ulla von Mengdens Tieren waren vielschichtig und alle amüsant, und ich kann sie nicht alle anführen, aber eine Geschichte, die sich ereignete, als beide Damen bereits im Ruhestand waren, möchte ich hier doch nicht auslassen. Wie bereits erwähnt, sprach Ursula gerne und sehr regelmäßig, d. h. täglich, dem von ihr als „saubersten Getränk der Welt" bezeichneten Whisky zu. Sie selbst erzählte auch immer gern, dass ihr bei ihrem Einstellungsgespräch in der Deutschen Botschaft in London 1958 (sie weilte damals als „Paying guest" in England), ein Cognac angeboten wurde und sie dem Personalchef gesagt habe, dass sie nur Whisky trinke. Das habe er dann auch in ihrem Personalbogen festgehalten!

Ursula verbrachte damals immer den Winter in ihrem Strandhaus an der Sundastraße in Carita, das sie über ihre Pensionierung hinaus behalten hatte. Wenn sie dann einen Besuch in Jakarta machte, wohnte sie bei Ulla, die nun schon seit sehr vielen Jahren ihr Domizil in den Zoo verlegt hatte. Mitten in der Nacht stand plötzlich Ursula – die bis weit in die Nacht hinein noch alleine gezecht hatte – an ihrem Bett und weckte sie sehr aufgeregt mit den Worten: „Ulla, in meinem Zimmer steht ein Tapir (Tapire sind ca. nilpferdgroße Säugetiere) – aber ich habe schon etwas getrunken, ich sehe immer zwei!" Es hatten sich tatsächlich zwei ausgebrochene Tapire in Ursulas Zimmer verirrt. Vor und nach diesem Ereignis hatte Ursula schon des öfteren behauptet, dass sie bei Nacht oft zwei Monde gleichzeitig am Himmel sähe. Optische Täuschung oder Alkohol? Bei den Tapiren hatte sie sich ausnahmsweise nicht geirrt!

Im Gegensatz zu Ursula Müller trank Ulrike von Mengden Alkohol nur in sehr begrenzten Mengen. Ursula Müller musste sich daher nach einer durchzechten Nacht, bei der sie üblicherweise kein Ende finden konnte, von ihrer Freundin immer wieder geduldig lange Vorträge über übermäßigen Alkoholgenuss und dessen schlimme Folgen anhören. Das gleiche galt für ihren unmäßigen Zigarettenkonsum. Ursula wurde dann aber trotz Alkohol und Zigaretten über 80 Jahre alt. Noch ihre Beerdigung hatte für alle Beteiligten amüsante Züge, denn die Urne schwankte derartig, als der Beerdigungsunternehmer sie im Grab versenken wollte, dass ihm dieses erst nach einigen Versuchen gelang. Die Trauergemeinde konnte sich ein Grinsen und ich mir den Kommentar nicht verkneifen: „Selbst Ursulas Asche schwankt noch!"

Ursula Müller wurde damals im Magazin „Der Spiegel" als Beispiel des sogenannten grenzenlosen Luxus', in dem die deutschen Diplomaten im Ausland angeblich schwelgten, dargestellt. Bei einem abendlichen festlichen

Dinner für eine Gruppe deutscher Journalisten war auch ich zugegen. Frau Müller hatte für ihre eigenen Bedürfnisse nur ihre drei oder vier Hausangestellten, aber für größere Gesellschaften wurden immer noch weitere Angestellte von befreundeten Familien – so wie an diesem Abend auch der Boy von uns – zusätzlich „ausgeliehen". Als nun zu später Stunde der Spiegel-Korrespondent Frau Müller fragte, wie viel Angestellte sie eigentlich hätte, bezog sie dies auf jenen Abend und sagte, dass sie das nicht genau wisse, sie müsse zuerst ihren Headboy fragen. Ihr Paladin, wie sie ihren treuen Headboy nannte, gab dann bereitwillig Auskunft, aber „Der Spiegel" machte daraus eine große Geschichte: den deutschen Diplomaten würde es im Ausland so gut gehen, sie wüssten nicht einmal, wie viele Angestellten sie hätten und so weiter.

Kapitän Schwarz war das dritte, schillernde Urgestein in Jakarta, der nie wieder losgekommen ist von diesem Land und auch in Deutschland nicht mehr richtig Fuß fassen konnte. Man kann aber auch nicht sagen, dass er zu den gescheiterten Existenzen zu rechnen ist. Er war sogar sehr erfolgreich und ist eine Institution in Jakarta geworden. Viele Firmenvertreter und Besucher haben bei ihm Rat gesucht und durch seine hilfreichen Tipps und seine Unterstützung hat er sich sehr verdient gemacht.

Ich war einige Jahre gemeinsam mit ihm im Vorstand der Deutsch-Indonesischen Industrie- und Handelskammer, und wir haben zusammen viele Besuche deutscher Politiker erlebt. Er war der Verbindungsmann der HAPAG und später von HAPAG-Lloyd in Jakarta. Für ausländische Besucher und Diplomaten war er immer ein beliebter Anlaufpunkt zum Austausch von Informationen. Seine Gala-Dinner waren in ganz Südost-Asien berühmt. Durch seinen Arbeitgeber bekam er auch immer genügend Nachschub an Spezialitäten aus Deutschland. Er bewohnte ein großes Areal mit mehreren Gebäuden am südlichen Rand von Jakarta. Berühmt war der Nachbau der legendären „Bounty" aus Stein und in Originalgröße, mitten in einem Teich. Hier nahmen die Gäste zunächst die Cocktails ein und hier lag auch das Gästebuch aus. Ab und zu wurde ein besonders beliebter Gast zum „Commodore der Bounty" befördert. Dies wurde im Gästebuch entsprechend dokumentiert. Jeder „Commodore" durfte bei seinen späteren Besuchen in Jakarta den Wunsch äußern, mit einigen Gästen zum Dinner bei ihm eingeladen zu werden und in seinem Schlafzimmer auf dem Wasserbett zu nächtigen.

Zum Dinner ging es dann in den sogenannten „Rittersaal". Alte Ritterrüstungen aus Deutschland, ausgestopfte Sumatra-Tiger und alte Waffen waren in dem mit vielen Spiegeln bestückten Raum zu bewundern. So ähnlich war auch sein ganzes Haus vollgestopft mit antikem Trödel. Das Kerzenlicht der Silberleuchter auf der Tafel und das der unzähligen Öllämpchen an den Wänden spiegelte sich in den silbernen Platztellern auf der mit Silber überladenen Tafel. Es sah immer sehr romantisch aus, wie in einem Roman von Joseph Conrad, oder wie zu Zeiten des „Weißen Rajas von Borneo". Der Rittersaal war riesig, an der langen Tafel konnten bis zu 40 Personen sitzen. Viele Diener in weißer Livrée, mit weißen Handschuhen, aber barfuss, schwirrten geräuschlos durch den Raum, um die vielen Gäste zuvorkommend von silbernen Tabletts zu bedienen. Unterbrochen wurde das festliche Mahl immer wieder durch langatmige Tischreden, wie Kapitän Schwarz sie besonders liebte. Beim Nachtisch passierte mit großer Zuverlässigkeit der von allen regelmäßigen Gästen amüsiert erwartete Stilbruch: Waren bisher alle Speisen in wertvollem Porzellan oder auf schweren, massiv silbernen Tabletts gereicht worden, wurde der Fruchtsalat als Dessert von den weißbehandschuhten Dienern vornehm aus der übergroßen Original-Restaurantdose von Libby's serviert.

Auch um Kapitän Schwarz rankten sich viele Geschichten. Er bezeichnete sich selbst als „Verbindungsmann", aber welche Funktion er dort erfüllte, war niemandem so recht ersichtlich. Selbst HAPAG-Mitarbeiter vor Ort schienen darüber nicht so genau Bescheid zu wissen. Man muss ihn sicherlich als eine Art „Graue Eminenz" betrachten.

Er war mit den beiden schon oben genannten Damen befreundet, aber eine besondere Freundschaft verband und verbindet ihn bis heute mit Ulla, die heute noch hoch betagt im Zoo lebt. Hin und wieder kommt Kapitän Schwarz nach Deutschland und besucht seine Familie. Es wurde gemunkelt, dass er nicht nur eine Familie: Ehefrau und mindestens eine Tochter in Deutschland hat, die offenbar nie nach Indonesien kamen, sondern auch eine Familie mit – wie es heißt – vielen Kindern in Indonesien. Diese indonesische Familie habe ich allerdings nie gesehen, aber da sich auch um seine Tätigkeit wie auch um seinen Titel „Kapitän" in Indonesien viele Gerüchte rankten, von einer Geheimdiensttätigkeit für Indonesien oder für Deutschland angefangen bis dahin, dass er seinen Kapitänstitel nur der Tatsache verdanke, dass er einmal ein Schiff der HAPAG nach Indonesien überführt habe, sind eben alles nur Gerüchte. Aber da er immer über ausreichend finanzielle Mittel verfügte, um große Gala-Dinners zu geben, was er bis heute noch hin und wieder tut und sich – dem Gerücht nach – zwei Familien leisten konnte, war jeglichen Spekulationen natürlich ein fruchtbarer Boden bereitet.

Kapitän Schwarz hat sich verständlicherweise schon längst zur Ruhe gesetzt. Ich war auch „Commodore der Bounty", und bei meinem letzten Besuch bei ihm vor etwa vier Jahren war es mir nur möglich, eine Einladung am Tage anzunehmen. Bisher hatte ich sein Anwesen nur bei Nacht mit der romantischen Beleuchtung durch unzählige Kerzen und Öllämpchen gesehen. Als ich nun die zerfallene Pracht zum ersten Mal bei Tageslicht betrachten konnte und mit dem ersten Stuhl, der mir angeboten wurde, unverzüglich zusammenbrach, fühlte ich mich irgendwie wie in Potemkinsche Dörfer versetzt. Als ich dann beim Cocktail in der Bounty ein Buch, das mich interessierte, aus dem Regal nahm, hatte ich nur die Buchhülle in der Hand. Der Inhalt war komplett von Termiten aufgefressen. Ich verzichtete dann auch gerne auf sein Angebot, als „Commodore" auf seinem Wasserbett zu nächtigen.

Er bezeichnete sich jetzt als den größten Antiquitätenhändler von Jakarta und zeigte mir eine ganze Flut von fensterlosen Räumen, die mit allen möglichen verstaubten Antiquitäten voll gestellt waren, denen er sicherlich nicht zu unrecht einen hohen Wert zumaß und die er jetzt gewinnbringend veräußern wollte.

Typen wie Ulla von Mengden, Ursula Müller, Kapitän Schwarz oder auch Herr Fust auf seiner einsamen Insel vor Jakarta gehören vermutlich zu einer aussterbenden Spezies. Sie sind Relikte aus einer Zeit, als Indonesien im Aufbruch aus der Kolonialzeit zu einem modernen Industrieland war. Sie lebten zum Teil noch ähnlich wie die alten Kolonialherren, unterstützt von ihren indonesischen Angestellten, die sich ihnen gegenüber auch noch wie gegenüber den alten Kolonialherren verhielten, weil sie es nicht anders gewohnt waren und auch die vermögenden indonesischen Dienstherren und der indonesische Adel – teilweise bis heute – ein solches Verhalten von ihnen erwarteten. Alles war beschwerlicher, die Wege waren länger, es gab keinerlei vergleichbaren Luxus wie in Europa und vieles konnte nur durch Improvisation bewerkstelligt werden. Es gab kein Brot, keine Butter oder sonstige Lebensmittel, die man aus Europa gewöhnt war. Es gab kein Klopapier, und auch keine Klobrillen – falls es überhaupt ein europäisches Klo gab. Man brauchte auch mit dem Flugzeug mehrere Tage, um Indonesien zu erreichen. Die indonesische Sprache konnten sowohl Ulla als auch Ursula und viele alte „Oldtimer" nur rudimentär. Sie sprachen mit ihren Angestellten ein Gemisch aus Indonesisch, Deutsch, Holländisch und Englisch, was sie immer beibehalten haben.

Heute ist Indonesien ein moderner Industriestaat, den man in wenigen Stunden mit bequemen Flugzeugen erreichen kann, es gibt alle Dinge dort vergleichbar mit Europa. Die Industrievertreter und auch Botschaftsangehörigen, die heute nach Indonesien kommen, verständigen sich auf Englisch, sie bleiben nur einige wenige Jahre dort und finden eine ähnliche Infrastruktur vor wie in ihrer Heimat. Das Leben im fernen Ausland ist leichter und weniger spektakulär geworden. Das ist eine ganz andere Voraussetzung, die das „Nachwachsen" einer solch liebenswerten und etwas verschrobenen Spezies eher unwahrscheinlich macht. Eine natürliche Entwicklung, die aber doch ein wenig Bedauern aufkommen lässt, mir aber auch zeigt, was für ein Glück ich hatte, Indonesien in dieser Aufbruchszeit erleben zu dürfen.

Diplomaten und weniger diplomatische Politiker

Ich habe während meiner 18 Jahre in Indonesien acht Deutsche Botschafter erlebt! Dies waren von 1963 bis 1981 Dr. Gerhard Weiz, Dr. Luitpold Werz, Kurt Luedde-Neurath, Hilmar Bassler, Richard Balken, Dr. Kurt Müller, Günther Schödel und Dr. Hans-Joachim Hallier.

Während der Zeit von Botschafter Dr. Müller war der Name Müller an der Deutschen Botschaft in Jakarta besonders zahlreich vertreten. Es gab fünf Müllers gleichzeitig! Da konnte man nur den Überblick durch Zusätze, die sich auf persönliche Eigenschaften oder derzeitige oder frühere Aufgabengebiete bezogen, behalten: Es gab den *Botschafter* Müller, den *Mamelukken*-Müller (wegen seiner früheren Studien in Ägypten), den *Propeller*-Müller (wegen der täglich getragenen Fliege), den *Kanzler*-Müller und natürlich *Fräulein* Müller, die Leiterin der Pressestelle, die an der Botschaft in Jakarta schon eine Institution war. Außerhalb der Botschaft gab es zur selben Zeit auch noch den *Lufthansa*-Müller, den *HI*-Müller, der Chef-Koch im Hotel Indonesia war, und andere.

Die Botschafter Luedde-Neurath und Bassler oder auch Freiherr von Marschall, der damalige Leiter der Politischen Abteilung und der spätere Bundestagspräsident Hans Klein haben schon zuvor eine Rolle gespielt. Natürlich rankten sich um jeden Diplomaten und Politiker, den ich in Jakarta erlebte, Geschichten und Anekdoten, lustige und weniger lustige. Das blieb in einer solch kleinen Gemeinschaft nicht aus.

Zum Beispiel gab es Mitte der 1960er Jahre an der Deutschen Botschaft einen ungewöhnlich unkultivierten Kulturattaché. In Niedersachsen hatte seine Frau, eine Gräfin, ein Schlösschen, das er zum allgemeinen Vergnügen recht despektierlich als Schloss Hypothekia bezeichnete. Sekretärinnen in der Botschaft flohen vor ihm, weil sie vor seinen Annäherungsversuchen und einem Kniff in das Hinterteil nie sicher waren. Kolleginnen brachte er in tiefe Verlegenheit, indem er sie nach einem Gespräch galant zur Türe begleitete und kurz bevor sie sein Büro verließen, sich mit einer höflichen Verbeugung noch lautstark seiner Blähungen entledigte. Er schaute dann die Damen empört an und sagte: „Aber liebe gnädige Frau ...!"

Zu dieser Zeit machte das Studentenorchester der Eberhard Karls Universität Tübingen eine Asien-Tournee. Auf dieser Reise gab das Orchester auch einige sehr gut besuchte Konzerte in Jakarta und anderen Städten. Auch wir hatten zwei musizierende Studenten, beide Schwaben aus meiner Heimatstadt Tübingen, als Schlafgäste aufgenommen. Nach wochenlanger Tournee in Asien mit dem täglichen Reis waren sie ausgehungert nach schwäbischer Kost. Jeden Tag mussten Spätzle in allen Variationen auf den Tisch kommen, und während des Aufenthaltes in Jakarta brachten sie alle anderen Schwaben des Orchesters der Reihe nach zum Spätzleessen mit. Unsere Köchin, die natürlich schon Spätzle von Hand schaben konnte, war tagelang damit beschäftigt, die hungrigen Studenten satt zu bekommen.

Als Tübinger hatte ich natürlich alle 20 Mitglieder des Orchesters bei uns zu Hause eingeladen. Den Entschluss, eine indonesische Reistafel zu servieren, hatten wir nach einem Gespräch mit dem Leiter des Goethe-Instituts und dem Leiter des Orchesters gefasst, um den Studenten etwas ganz Landestypisches zu bieten. Unsere Köchin und alle Angestellten schnippelten und kochten zwei Tage lang, um den Studenten und dem Dirigenten etwas ganz Besonderes aus Indonesien zu bieten. Als es dann soweit war, huschten unser Boy in seiner strahlend weißen Uniform und unsere weiblichen Angestellten in ihrer schönsten Festtagskleidung auf leisen Sohlen mit unzähligen Schüsseln der besten Spezialitäten geschäftig zwischen den Gästen umher, bis alle mehr als gesättigt waren. Für uns als Gastgeber, sowie für unsere Angestellten, war diese indonesische Reistafel ein voller Erfolg. Aber wenige Tage später erschien im „Tübinger Tagblatt" ein langer Bericht über den Besuch des Studentenorchesters in Jakarta und das Essen bei uns mit der Schlagzeile „Leider keine Spätzle!" War es Neid eines Nicht-Schwaben? Denn die Schwaben hatten ja alle Spätzle im Überfluss bekommen!

Zu dieser Gelegenheit hatte ich auch den besagten Kulturattaché der Deutschen Botschaft eingeladen. Die lange Tafel war im Freien auf der überdachten Terrasse aufgebaut. Zwischen den vielen Gängen stand er von der Tafel auf, stellte sich an den Rand der Terrasse und urinierte vor allen Gästen in den Garten und krönte das ganze ungeniert mit seinen bereits bekannten Blähgeräuschen. Endlich wussten nun die deutschen Studenten und besonders unsere indonesischen Angestellten, was deutsche Kultur war!

Viele in der deutschen Kolonie machten gleiche oder ähnliche Erfahrungen mit besagtem Kulturattaché. Hier kann Herr Strässer, der damalige Siemens-Repräsentant in Bandung, über den Ton, der in der Kulturabteilung der deutschen Botschaft in Jakarta herrschte, direkt erzählen:

„Nachdem ich den Vorsitz des Vorstandes der deutschen Schule in Bandung übernommen hatte, machte ich selbstverständlich einen Antrittsbesuch beim deutschen Botschafter Herrn von Mirbach und dem neu installierten Kulturreferenten Herrn Dr. J. Nach meiner Anmeldung in der Kulturabteilung trafen wir uns zu einem Gedankenaustausch, was man in Bandung für die Kultur im Sinne Deutschlands tun könne. Es gab ja dort bereits das ‚British Council‘ und die ‚Alliance Française‘. Zu meiner großen Überraschung ließ Dr. J. einen gewaltigen Furz los, der weithin hörbar war (so unfein wie das Wort Furz klingt, so unfein war die Begegnung!). Nachdem ich ziemlich konsterniert blickte, sagte er: ‚Damit Sie gleich wissen, Herr Strässer, welcher Ton hier in der Kulturabteilung herrscht!' ... Damit ich aber nicht weiteres Getöse erleben musste, bin ich dann doch relativ schnell wieder in Richtung Gebirge gefahren. Die Herrn Dr. J. angetraute Gräfin war ständig in großer Verlegenheit – was aber auch ohne gräflichen Status, wohl bei jeder Ehefrau so gewesen wäre – und stand wegen des Benehmens ihres Mannes dauernd unter Stress. Ich habe diese sehr kultivierte Dame oft bedauert.

Ja, so war das mit dem guten Ton in der Kulturabteilung der deutschen Botschaft in Jakarta! Die Betreuung durch Dr. J. mit kulturellen Veranstaltungen für uns in Bandung war aber gut."

Soweit die Erzählung von Herrn Strässer.

Susi Möller, die Ehefrau des HAPAG Repräsentanten, war zeitweise Sekretärin bei Herrn Dr. J. Sie kann ein Lied von seinem „Getöse" singen und erzählte mir die folgende Geschichte:

Seinerzeit war eine wirkliche Dame Leiterin des Goethe-Instituts. Berufsbedingt hatte sie daher immer wieder mit Herrn Dr. J. zu tun. Nach einer Besprechung in seinem Büro begleitete Dr. J. diese Dame zur Türe, öffnete diese und sagte mit einer vornehmen Verbeugung: „Bitteschön, gnädige Frau!" Im selben Moment entledigte er sich aber auch so lautstark seiner Blähungen, dass der ganze Botschaftsflur hallte. Die Dame flüchtete konsterniert mit hochrotem Kopf. Er ging zurück an seinen Schreibtisch, als wenn nichts gewesen sei und sagte zu Susi, seiner Sekretärin: ‚Das war meine Hochachtung vor dieser Dame!'"

Dr. J. war hochintelligent. Er war mehrere Jahre in Vietnam und sprach auch fließend Vietnamesisch. Er veröffentlichte viele Artikel über Südost-Asien, besonders über Vietnam unter einem Pseudonym. Es wurde erzählt, dass er während seiner Zeit in Vietnam viele Geliebte gehabt haben soll: Vietnamesinnen aus gutem Hause und auch Europäerinnen. Irgendwann wurde es seiner Frau zu viel. Was sollte sie machen? Sie lud alle seine Geliebten zusammen zu sich nach Hause zum Kaffee ein. Sie haben sich anscheinend köstlich amüsiert, aber der Hausherr soll, als er nach Dienstschluss zu Hause unvermutet auf diese fröhliche Damenrunde stieß, dies gar nicht so amüsant gefunden haben!

Anfang bis Mitte der 1960er Jahre war an der Botschaft ein Wirtschaftsattaché, Herr von Kotze, der von Wirtschaftsangelegenheiten wenig Ahnung hatte. Die Wirtschaftsabteilung war seinerzeit in den Gebäuden in der Jalan Dr. Sam Ratulangi untergebracht, in der später die erste Deutsche Schule in Jakarta ihren Sitz haben sollte. Ungefähr alle vier Wochen fand dort ein sogenanntes Wirtschaftstreffen der in Indonesien stationierten, noch wenigen Vertreter von Industrie und Handel statt. Dieses Treffen war immer ein amüsantes Ereignis, da wir die fehlende Kompetenz des Wirtschaftsreferenten für Späßchen ausnützten. Der Vertreter eines deutschen Handelshauses sagte zum Beispiel, dass sie beabsichtigen, Ölheizungen in das tropisch heiße Indonesien zu exportieren, und erbat die Meinung des Herrn Wirtschaftsattaché darüber. „Sehr interessant!" kam die Antwort, „Sehr interessant, besonders wenn man bedenkt, wie billig das Heizöl in Indonesien ist!" Wir konnten unser Vergnügen kaum unterdrücken. Ein anderes Mal war das Thema „Akkreditiv", da es mit diesen Frachtpapieren momentan Probleme gab. Bei der Diskussion fiel auch immer wieder das Wort „Letter of Credit", umgangssprachlich nur „LC" genannt, das englische Wort für Akkreditiv. Herr von Kotze wurde ganz verwirrt und unterbrach unwirsch die Diskussion: „Was reden Sie immer von Letter of Credit und LC. Wir sind doch heute zusammengekommen, um über Akkreditive zu reden!" Die allgemeine Heiterkeit konnte nun allerdings nicht mehr unterdrückt werden.

Über die Weinproben im Hause von Herrn von Marschall hatte ich bereits in Zusammenhang mit dem Projekt „Ganyang Malaysia" berichtet. Sein Kollege in der Deutschen Botschaft, der Botschaftsrat Herr Dr. Willi Ritter, der später Botschafter in Malaysia wurde, wollte Herrn von Marschall bei den Weinproben Konkurrenz machen. Herrn Dr. Ritter war eine sportliche Erscheinung. Bei den Olympischen Spielen 1936 war er als Turmspringer in der deutschen Mannschaft. Daher war er auch ein hervorragender Schwimmer und konnte einmal eine Dame der Deutschen Botschaft, die am Strand von Carita bei starker Brandung in große Not geriet, vor dem Ertrinken retten.

Aber bei ihm liefen die Weinproben nie so edel und kultiviert ab wie bei Herrn von Marschall. Schon zu Beginn der Weinprobe verkündete Herr Dr. Ritter mit seinem markanten ungarischen Akzent: „Unter den leichten Tischweinen ist mir der Cognac am liebsten" und nach diesem Ausspruch war es nicht verwunderlich, dass die meisten Weinproben in einem Saufgelage endeten. Manch einer der Gäste landete zu später Stunde in seinem Gartenteich. Blinis mit Kaviar und andere russische Delikatessen waren die Spezialität im Hause Ritter.

Bei einem Gast-Fußballspiel des Hamburger HSV gegen eine Auswahl Indonesiens kam Dr. Ritter als Repräsentant der Bundesrepublik Deutschland etwas verspätet und schon ziemlich angeheitert an. Seine heisere Stimme und den schweren Zungenschlag schob er auf eine angeblich schlimme Erkältung. Zwischendurch ging er immer wieder zu seinem Auto, vermutlich um noch einen belebenden Schluck eines offensichtlich alkoholischen

Getränks zu sich zu nehmen. Als er von einem dieser Ausflüge wieder zurückkam, sagte er: „Nun ist sie weg!" Eine deutsche Dame, die Ehefrau eines Kollegen, die neben ihm saß, fragte: „Was ist weg? Die Erkältung oder die Flasche?" Danach wurde er ziemlich einsilbig, denn er fand diese Bemerkung gar nicht amüsant.

Wenn wir gerade beim Fußball sind, möchte ich noch eine nette Geschichte erzählen, die Herr Spöhring, von dem ich bereits Eingangs in Zusammenhang mit seinem ersten Bad in einem *Mandi* berichtet habe, in dieser Zeit erlebt hat. Zusammen mit Herrn Offe, einem Kollegen von einem deutschen Handelshaus, gründete er 1964 den „First German Football Club Djakarta Concordia", der 1970 in „German Plus" umbenannt wurde. Ein Indonesier, der ein Spiel dieses Fußballclubs mit einem Lokalverein in Klaten, einem Vorort von Jakarta vermittelt hatte, hatte dort das deutsche Team fälschlicherweise als die deutsche Nationalmannschaft angemeldet. Die Gastgeber wurden in helle Aufregung versetzt. Sie erwarteten nun die echte deutsche Nationalmannschaft mit dem Bundestrainer. Zur eigenen Sicherheit verstärkten sie nun ihre Mannschaft mit diversen indonesischen Nationalspielern. Als der Bus mit der Mannschaft des deutschen Fußball-Clubs „First German Football Club Djakarta Concordia" in Klaten eintraf, wurden die Spieler und die ankommenden Vertreter der Deutschen Botschaft mit über die Straßen gespannten Spruchbändern „Welcome to the German National Team" freudig begrüßt. Die Zufahrtsstraßen säumten viele winkende Menschen mit Blumen und deutschen und indonesischen Fähnchen. Mehr als zehntausend Zuschauer und ein großes Aufgebot der Presse fieberten dem sensationellen Ereignis entgegen. Die indonesischen und deutschen Zuschauer kamen trotzdem auf ihre Kosten, da das deutsche Team, natürlich mit viel Pech, 7:1 verlor.

Bei Einladungen bei Dr. Ritter zu Hause und selbst offiziellen Essen verstand er es zu fortgeschrittener Zeit, seine Gäste auf nicht gerade diplomatische Art loszuwerden. Er schaute dann konzentriert auf seine antike Uhr an der Wand und verkündete laut, wieder mit dem markanten ungarischen Akzent: „Ührlein, Ührlein an der Wand, du vertreibst mir die liebsten Gäste!" Das war ein deutlicher Wink mit dem Zaunpfahl und die Gäste brachen dann auch immer schnell auf.

Seine sehr nette erste Frau hat er – auch vor Gästen – nie besonders gut behandelt. Aber als er nach deren Tod wieder heiratete, eine viel jüngere Dame, kehrten sich die Verhältnisse um. Alle seine Lieblingsgetränke wurden weggeschlossen. Sein Alkoholkonsum wurde von der neuen Ehefrau streng kontrolliert und nur noch in homöopathischer Dosierung zugeteilt. Sie ließ sich gerne bedienen und es spielte keine Rolle, ob ihr Mann gerade saß, auf dem Sofa schlief oder arbeitete, es hieß immer: „Liebling, Du stehst gerade, kannst Du mir bitte … dies oder jenes bringen?" Und Dr. Ritter folgte immer ganz brav. Diese Redewendung: „Liebling Du stehst gerade", ist bis heute – immer mit einem Schmunzeln – ein fester Bestandteil auch in meinem Familienleben – allerdings nicht nur einseitig – geblieben.

Da war auch ein Deutscher Botschafter, der wegen seiner großen Sparsamkeit bei Deutschen und Indonesiern bekannt und berüchtigt war. In Jakarta gab es zu offiziellen Essen bei ihm in der Botschaftsresidenz prinzipiell nur das einfachste Essen, fast immer nur *Nasi Goreng*. Das ist bei Indonesiern das gewöhnlichste Essen und kann bei uns in Deutschland mit einer Bratwurst und Brötchen verglichen werden. *Nasi Goreng* hatten die meisten indonesischen Tischgäste schon zum Frühstück und da kann man verstehen, dass bei den Gästen keine große Begeisterung aufkam. Von diesem Botschafter stammt auch der Satz: „Es ist schwierig, in Jakarta von der Aufwandsentschädigung zu leben!" Nach jedem offiziellen Essen kam die Klage aus der Residenz: „Es wurden beim letzten Essen schon wieder Silberlöffel geklaut!" Verwunderlich war aber, dass das Silberbesteck bei der nächsten Einladung immer wieder für alle Gäste vollzählig war.

Es gab sogar einen leitenden Mitarbeiter der Deutschen Botschaft in Jakarta, der nach seiner Zeit in Indonesien versuchte, die Abnutzung seines Tafelsilbers der Bundesregierung in Rechnung zu stellen, desgleichen seinen erhöhten Verbrauch an Seife! Ob er mit der Seife erfolgreich war, weiß ich nicht. Mit dem Silber war er es nicht!

Ein deutscher Entwicklungshilfeminister kam gleich zu Anfang seiner Tätigkeit – es muss gegen Ende der 1969er Jahre gewesen sein –, zu einem Arbeitsbesuch nach Jakarta. Zweimal wurde der Besuch vorbereitet, schon zweimal standen alle Gesprächstermine mit den gewünschten hohen indonesischen Regierungsvertretern fest, und zweimal wurde der Besuch kurzfristig seinerseits abgesagt. Dies führte natürlich zu Verstimmungen bei der indonesischen Seite und nicht nur dort. Letztendlich hatte er für seinen dritten Besuchstermin die Oster-Feiertage ausgesucht, so dass er auch uns von der Industrie, der Kaufmannschaft, sowie den deutschen Diplomaten ein verlängertes Oster-Wochenende vermasselte. Selbst am Ostersonntag wollte er Gespräche mit hochrangigen indonesischen Regierungsbeamten führen, was wir auch durch massiven Einsatz aller Beteiligten größtenteils möglich machen konnten. Die Indonesier sind eben großzügig und rücksichtsvoll und sehen daher auch über schlechte Umgangsformen hinweg. Am Ostermontag war nun ein größeres von der Deutsch-Indonesischen Industrie- und Handelskammer EKONID organisiertes Treffen mit ausgewählten indonesischen und deutschen Wirtschaftsvertretern vereinbart.

Alles war gut vorbereitet und unsere indonesischen Freunde wollten dem Entwicklungshilfeminister eine besondere Freude bereiten, indem sie eine bekannte Gesangstruppe aus dem Batakerland in Sumatra – die Tapanulis – engagierten. Das Zusammentreffen sollte in einer freundlichen und entspannten Atmosphäre stattfinden. Fast 90 % der Indonesier sind Muslime und für sie hat Ostern keine Bedeutung als besonderer Feiertag. Aber unser frömmelnder Entwicklungshilfeminister erwies sich da zu unserem Entsetzen kompromisslos: Kaum hatte das erste Lied begonnen, sprang er empört auf und verbat sich, an einem so hohen christlichen Feiertag fröhliche Lieder zu singen! Hatte er in einem muslimischen Land christliche Choräle erwartet? Bei einer so enggefassten Vorstellung vom erforderlichen christlichen Feiertags-Ritus hätte er an Ostern nicht in ein muslimisches Land reisen dürfen! Die gute Stimmung war natürlich dahin. Die Indonesier waren konsterniert und nun auch wirklich verärgert. Wir von der deutschen Industrie und der Botschaft waren ebenso verärgert, weil wir im Nachhinein seine Taktlosigkeiten wieder ausbügeln mussten.

Aber dieser Minister war nicht der einzige deutsche Minister, der durch gesellschaftliche Taktlosigkeit auffiel. Ein deutscher Außenminister besuchte Indonesien. Wie bei diesem üblich, reiste er nur mit sehr großem Gefolge. Auch die Spitzen der deutschen Industrie waren dabei. Er brachte selbst einen Funker des Auswärtigen Amtes einschließlich Funkstation mit, falls die Telefonverbindung von Indonesien nach Deutschland ausfallen sollte. Diese Funkstation wurde im obersten Stockwerk des Hotels Indonesia installiert, das schräg gegenüber vom Hotel Mandarin liegt. Zum Abschluss seines Besuches gab dieser Außenminister einen Empfang für etwa 150 streng ausgewählte indonesische und deutsche Gäste im luxuriösen Mandarin Hotel. Alleine elf indonesische Minister hatten ihr Kommen zugesagt und kamen auch pünktlich, genauso wie viele Botschafter anderer Länder. Wer allerdings nicht kam, war der deutsche Außenminister! Das Ende des Empfangs wurde immer weiter nach hinten hinausgeschoben. Die ersten Gäste gingen schon wieder, aber der Herr Außenminister ließ sich nicht blicken. Seine Mitarbeiter rannten aufgeregt hin und her und versuchten durch fadenscheinige Ausreden seine Verspätung zu entschuldigen. Innerhalb seiner Partei gab es Probleme und der Außenminister verbrachte den ganzen Abend damit, mit seinen Parteifreunden in Deutschland zu telefonieren. Der deutsche Außenminister ließ sich bei seiner eigenen Abschiedsveranstaltung, zu der er eingeladen hatte, wegen parteiinternen Querelen nicht blicken! Es war gegenüber den indonesischen Ministern und den anderen Gästen mehr als peinlich, die sehr verärgert über diesen Affront die Veranstaltung wieder verließen.

Dieser deutsche Außenminister war allerdings hinlänglich bekannt für sein herrisches und rücksichtsloses Auftreten. Es konnte passieren, dass er aus irgend einem Grunde schnell zurück nach Deutschland wollte, mit dem Regierungsflugzeug abflog und den ganzen Tross von Journalisten und hochrangigen Vertretern der deutschen Industrie, die zusammen mit ihm gereist waren, nicht informierte und zurückließ. Diese konnten dann sehen, wie sie wieder nach Hause kamen.

Anlässlich einer Dienstreise nach Deutschland hatte ich die Gelegenheit, einen befreundeten deutschen Diplomaten zu besuchen, der zu dieser Zeit in Colombo auf Sri Lanka stationiert war. Während meines Aufenthaltes machte auch dieser Außenminister einen Besuch dort, und mein Freund konnte arrangieren, dass auch ich an einer hochoffiziellen Einladung teilnehmen durfte, die Frau Bandaranaike – die während dieser Zeit Prime Minister von Sri Lanka war – zu Ehren des deutschen Außenministers gab. Ich war, obwohl ich am Ende der langen Tafel saß, Zeuge eines weiteren taktlosen Benehmens, das er sich bei diesem offiziellen Besuch dort geleistet hat:

Der Minister kam wohl zur angesetzten Zeit für das Essen an, sagte jedoch, er müsse sich erst noch im Schwimmbad abkühlen. Er ließ die Staatschefin von Sri Lanka zunächst eine halbe Stunde warten, bis er endlich zum Essen erschien. Dann ließ er sich noch während des Essens, sogar während der Tischrede von Frau Bandaranaike, von seinem Adjutanten die Unterschriftsmappe bringen, las darin und unterzeichnete diverse Schreiben. Kann man sich eine größere Taktlosigkeit gegenüber einem Staatschef eines anderen befreundeten Landes vorstellen?

Aber es gab nicht nur deutsche Diplomaten und Politiker, die aus der Rolle fielen, es gab ebenso bei der Industrie Leute, die durch ihr Auftreten in ihrem Gastland so unangenehm auffielen, dass sie schnellstens nach Deutschland zurückgerufen werden mussten.

Andere wiederum konnten das Klima Indonesiens und die Umstände in Jakarta nicht ertragen und suchten Trost im Alkohol. Bei einem großen Elektrokonzern gab es zwei Herren in leitender Position, die – mit ihren Damen – dem Alkohol so sehr zusprachen, dass immer neue Geschichten über ihre Eskapaden im Rausch die Runde in Jakarta machten. Ich erinnere mich an einen Vorfall anlässlich eines offiziellen Essens in der Residenz des Deutschen Botschafters, als einer der Herren bereits stark angeheitert eintraf, sich zwischen Hauptgang und Nachspeise nicht mehr auf dem Stuhl halten konnte und langsam aber unaufhaltsam unter die festlich gedeckte Tafel rutschte. Vermutlich ist dieser peinliche Vorfall bis zu seinem Stammhaus durchgedrungen, denn kurze Zeit später wurde er nach Deutschland zurückversetzt.

Artja, Emil Helfferich und EKONID

Wenn man mit dem Auto auf der alten Landstraße von Jakarta nach Bandung fährt, ist kurz hinter Bogor eine Abzweigung nach rechts, die hoch hinauf zum Vulkan Pangrango führt. Auf meinen vielen Dienstreisen nach Bandung bin ich hunderte Male auf der alten Straße hier vorbeigefahren. Damals gab es die Schnellstraße, den Bogor-Bypass, noch nicht. Aber in meinen vielen Jahren in Indonesien hatte ich nur wenige Male die Zeit und Gelegenheit, einen Abstecher hinauf zu machen.

Wenn man hier bergauf fährt, findet man oberhalb des Dorfes Pasis Muncang ein Monument mit der Aufschrift:

> DEM TAPFEREN
> DEUTSCH-OSTASIATISCHEN
> GESCHWADER
> 1914

und darunter

> ERRICHTET
> VON
> EMIL UND THEODOR HELFFERICH

Daneben ist ein deutscher Heldenfriedhof mit zehn Gräbern und Grabsteinen in Form eines Eisernen Kreuzes. Dies alles auf einem für Indonesier heiligen Ort, der „Artja Domas" heißt: Platz der 800 Statuen. Der Legende nach wurden hier die letzten 800 Soldaten des untergegangenen Pajajaran-Königreichs versteinert. Wie erzählt wird, sollen noch vor 150 Jahren Steinreste dieser Soldaten dort gelegen haben, aber die Antiquitäten wurden im Laufe der Jahrhunderte immer weniger. Sammler haben sich bedient, und die letzten Reste wurden zum Häuser- und Straßenbau verwendet.

Wie aber kommen dieses Monument und ein Heldenfriedhof für gefallene deutsche Seeleute an so einen magischen Ort in die Berge von Java? Und wer waren die Gebrüder Helfferich? Das Denkmal mit einem sitzenden meditierenden Buddha und einem elefantenköpfigen Ganesha aus der hinduistischen Mythologie erinnert eher an einen balinesischen Tempel. An drei Ecken dieses Platzes stehen jeweils riesige uralte Waringin-Bäume, indische Feigenbäume. Viele Zweige neigen sich abwärts und wurzelten wieder in der Erde, um als neue Stämme emporzuwachsen. Sie hatten sich wieder mit dem uralten Stamm verbunden. Auf diese Weise wird der Baum ständig erneuert und kann viele hundert Jahre alt werden. Als Symbol der Lebenskraft ist der Waringin-Baum vielen Indonesiern heilig. Ziegenköpfe und Hühner werden ab und zu als Tieropfer an seinen Wurzeln vergraben. Sollte man ihn fällen, Zweige abschlagen oder ihn sonst wie verletzen, droht nach indonesischer Mythologie der Tod. Eine Geschichte darüber habe ich ja bereits in dem Kapitel *Guna Guna* beschrieben. Anfang der 1960er Jahre waren es noch vier Bäume, an jeder Ecke des Friedhofs einer. Ein Baum konnte jedoch einem großen Sturm nicht standhalten.

Emil Helfferich war ein Kaufmann, der zunächst mit Pfeffer handelte und später das „Straits and Sunda Syndicate" leitete. Er war eine herausragende Persönlichkeit unter den Kaufleuten Anfang des 20. Jahrhunderts in Indonesien. Sein Bruder Theodor, den er in die holländische Kolonie nachkommen ließ, wirkte in seinem Schatten. Dieser Bruder leitete verschiedene Industrieunternehmungen und war „Vertrauensmann" der Deutschen Marine.

Emil Helfferich kam 1899 in Penang in Malaysia an und ging kurze Zeit später nach Süd-Sumatra, um dort seine erste eigene Firma zu gründen. Später wirkte er in Batavia, dem heutigen Jakarta, wo auch seine Glanzzeit war. Er gab eine deutschsprachige Zeitung für die hier tätigen Deutschen heraus, die „Deutsche Wacht", und bemühte sich um eine Festigung der deutsch-indonesischen Wirtschaftsbeziehungen. 1924 gründete er die erste deutsche Auslands-Handelskammer in Indonesien, den „Deutschen Bund". Diese erste Handelskammer musste aber 1940, während des 2. Weltkrieges, geschlossen werden.

Bereits vor dem 1. Weltkrieg legten hin und wieder Kriegschiffe des Deutschen Ostasien-Kreuzergeschwaders, wie z. B. 1913 der Kreuzer GNEISENAU oder später der Kreuzer SCHARNHORST, in indonesischen Häfen an. Jedesmal bereiteten Emil Helfferich und sein Bruder Theodor den Offizieren und der Mannschaft einen herzlichen Empfang und luden mehrere hundert Mann auf der Plantage von Emil zu einem Festessen ein. Diese Plantage lag ganz in der Nähe des heutigen Heldenfriedhofs. Auch der Kommandant des Deutschen Ostasien-Geschwaders, Vize-Admiral Graf Maximilian von Spee war Gast von Emil Helfferich in Batavia und auf seiner Plantage in den Bergen. Also war es kein Wunder, dass Emil Helfferich eine enge und teilweise persönliche Beziehung zu diesem Geschwader hatte. Auch sein Bruder hatte durch seine Tätigkeit als Vertrauensmann der Deutschen Marine Verbindungen zu leitenden Offizieren. Er musste das Geschwader mit geheimen Informationen versorgen, vermutlich über die Bewegungen von Schiffen anderer Länder. Vor dem 1. Weltkrieg hatte

Deutschland noch Kolonien in Ostasien und in der Südsee von Neuguinea (Bismarck-Archipel) bis Samoa. Daher war die Flotte in diesem Raum immer präsent. Nach Beginn des 1. Weltkriegs wurde die Lage allerdings ernst, und die Deutschen wurden immer wieder in Kampfhandlungen mit den Briten verwickelt. In der Seeschlacht von Coronel vor der Küste Chiles im November 1914 hat das Deutsche Ostasien-Geschwader die britische Flotte vernichtend geschlagen. Winston Churchill, damals „The First Lord" der Admiralität, hatte die Deutschen unterschätzt und schwor Rache. Schnellere und größere Kriegsschiffe mit Geschützen, die fast die doppelte Reichweite der Deutschen hatten, wurden losgeschickt, um das Deutsche Ostasien-Geschwader aufzuspüren. Bereits wenige Wochen später, in der entscheidenden Schlacht vor den Falklandinseln, kam die Vergeltung. Fünf deutsche Kriegsschiffe, unter anderen auch die SCHARNHORST mit Graf Spee als Kapitän und Kommandant des Geschwaders und die GNEISENAU, mit dessen Sohn als Leutnant an Bord, wurden bei diesem Seekrieg zerstört. Der zweite Sohn von Graf Spee ging mit der NÜRNBERG unter. Bei diesen schrecklichen Schlachten von Coronel und Falkland sind auf beiden Seiten tausende junger Matrosen und Offiziere in der kalten antarktischen See ertrunken. Vor Direction Island, einer Insel im Norden der Cocos Keeling Gruppe im Indischen Ozean, nur etwa 400 km südwestlich von der Südküste Javas entfernt, wurde schon zuvor am 9. November 1914 das deutsche Kriegsschiff EMDEN von dem australischen Kreuzer SYDNEY versenkt. Das Deutsche Ostasien-Geschwader existierte nicht mehr.

1926 besuchte das erste Schiff der Deutschen Marine nach dem 1. Weltkrieg wieder Indonesien. Es war der Schulkreuzer HAMBURG. Die Helfferich Brüder überlegten schon geraume Zeit, wie und wo man wohl am besten der gefallenen Soldaten des Deutschen Ostasien-Geschwaders gedenken könne. Zunächst war ein Gedenkstein auf den Cocos Keeling Inseln im Gespräch, weil dort noch bis heute das Wrack der EMDEN liegt. Aber da es auf dem abgelegenen und schwer zugänglichen Atoll zu wenig Aufmerksamkeit bekommen hätte, entschieden sie sich für Artja, weil dort immer wieder die Offiziere und Matrosen des Geschwaders zu Besuch waren. So war der Besuch der HAMBURG eine gute Gelegenheit, ein Denkmal zu Ehren der Gefallenen im Beisein des Kapitäns, der Offiziere und Teilen der Mannschaft zu enthüllen.

Die Gedenkstätte wurde später erweitert durch Gräber von deutschen Seeleuten, die während des 2. Weltkrieges mit U-Booten in indonesischen Gewässern kreuzten. Da Frachtschiffe viel zu gefährdet waren, wurden wertvolle Metalle, wie Titan und Molybdän, nur mit U-Booten von Japan nach

Deutschland transportiert. Besonders Molybdän wurde, da Deutschland keine eigenen Vorkommen hatte, dringend als Legierungselement bei der Herstellung von Panzerplatten sowie für Flugzeug- und Raketenteile benötigt. Aus Vorkommen in China, Chile und Peru wurde daher Molybdän in großen Mengen aus Sicherheitsgründen mit U-Booten „unter Wasser" über Japan nach Deutschland exportiert.

Während der japanischen Besetzung Indonesiens wurden Anfang 1943 von der deutschen Marine Stützpunkte in Jakarta und Surabaya eingerichtet. Hier oben – am Fuß des Vulkans Gunung Pangrango – war der Erholungsort für die deutschen Seeleute, und viele blieben auch noch nach Kriegsende in einem Lager dort. Die 1944 und 1945 verstorbenen Seeleute sind hier in Gräbern mit weiß gestrichenen Grabsteinen in Form von Eisernen Kreuzen beigesetzt. Jedes Jahr veranstaltet die Deutsche Botschaft am Volkstrauertag zusammen mit den vielen nun hier ansässigen Deutschen an diesem Platz unter den riesigen Waringin-Bäumen eine Gedenkfeier.

Wie bereits erwähnt, hatte Emil Helfferich bereits 1924 die erste deutsche Auslands-Handelskammer in Indonesien gegründet, den „Deutschen Bund". Erst 1970 wurde die Nachfolgeorganisation EKONID gegründet, die 1973 als bilaterale Deutsch-Indonesische Industrie- und Handelskammer durch die indonesische Regierung anerkannt wurde. Es war ein Zusammenschluss deutscher und indonesischer Unternehmen, von Wirtschaftsorganisatoren und Privatpersonen. Zu meiner Zeit setzte sich der Vorstand aus je drei von den Mitgliedern gewählten Repräsentanten indonesischer und deutscher Unternehmen zusammen.

Ich hatte die Ehre bis zu meiner Abreise aus Indonesien Ende 1981, einige Jahre Mitglied des Vorstandes der EKONID zu sein. In dieser Funktion traf ich natürlich immer wieder mit führenden deutschen Politikern, Wirtschaftsbossen und Bankern zusammen. Höhepunkte während meiner Vorstandstätigkeit waren die Deutsch–Indonesische Investitionskonferenz, die im Oktober 1979 stattfand und im Anschluss daran die INDOGERMA. Es war die erste deutsche Industrieausstellung in Südost-Asien, die Graf Lambsdorff eröffnete. Diese Ausstellung sollte neue Impulse für die deutsch-indonesischen Handelsbeziehungen geben und wurde ein voller Erfolg.

Während meiner 18 Jahre in leitender Position in Indonesien und während meiner Tätigkeit im Vorstand der Deutsch-Indonesischen Industrie- und Handelskammer im Besonderen, bin ich mit wichtigen Persönlichkeiten aus Politik, Wirtschaft und dem Bankenwesen, von denen auch viele bei uns zu Hause Gäste waren, zusammengetroffen. Zu erwähnen wären viele: von Hermann Josef Abs, dem damaligen Chef der Deutschen Bank, bis zu Karl Holzamer, dem ehemaligen Intendanten des ZDF. Von Hans Koschnick,

Mitglied des Deutschen Bundestages und Bürgermeister von Bremen, wurde ich anlässlich einer Deutschlandreise, die mich auch nach Bremen führte, zum Dank für seine Betreuung in Indonesien in den „Rats-Weinkeller" zu Bremen, mit seiner unbeschreiblich großen Auswahl an Weinen, zu einer Weinprobe eingeladen.

Viele Parlamentariergruppen aller Fraktionen des Deutschen Bundestages reisten nach Indonesien. Oft wurden ein paar kurze Gespräche mit indonesischer Prominenz und deutschen Wirtschaftsvertretern geführt und schon wurden die restlichen Tage einer offiziellen Dienstreise zu einem Badeurlaub auf Bali umfunktioniert.

Ausklang

Jedes Jahr brachte einen höheren Auftragseingang für AEG-TELEFUNKEN. 1980 brach alle Rekorde, aber gleichzeitig war der Zusammenbruch der Firma und somit auch das Ende meiner Zeit in Indonesien abzusehen. Ich kam dem Vergleich von AEG-TELEFUNKEN zuvor und bin im Jahre 1981 aus der Firma und gleichzeitig aus dem aktiven Berufsleben ausgeschieden.

Während meiner Zeit in Indonesien konnte ich Eindrücke sammeln, die ich mein ganzes Leben nicht vergessen kann. Dazu beigetragen hat dieses wunderschöne Land, aber besonders die Menschen, deren Mentalität ich lieben gelernt habe. Indonesien war gut zu mir und meiner Familie: Indonesien war meine zweite Heimat, mein *Tanah Air Kita* (wörtlich: unser Land und unsere Erde) geworden. Natürlich blieben wir von Tropenkrankheiten – wie viele andere, die sich länger in den Tropen aufhalten – nicht völlig verschont. Aber auch die haben meine Liebe zu diesem Land nicht beeinträchtigen können.

Ich verließ Indonesien mit Wehmut. Alle unsere Bediensteten von zu Hause betrachteten wir nach 18 gemeinsamen Jahren als Teil der Familie, die nicht nur für uns gearbeitet hatten, sondern mit denen wir auch Sorgen und Freuden geteilt hatten. Aber wir ließen sie ohne Angst um ihre Zukunft zurück, denn alle gingen gut versorgt wieder in ihre Dörfer zurück, in denen sie nun ein eigenes Grundstück mit Häuschen hatten.

Es gab viele Abschiedsessen, die indonesische und europäische Freunde für mich und meine Familie stattfinden ließen. Zum Glück erging es mir nicht so wie Herrn Strässer von Siemens, dem sein Konkurrent von Standard Elektrik Lorenz bei dessen Abschiedsbesuch in Bandung „nur schlechte Geschäfte" wünschte. Dies war hoffentlich scherzhaft gemeint! Aber Herr Strässer war sich dessen nicht so sicher und hat diese Äußerung bis heute nicht vergessen.

Der Höhepunkt war mein Abschiedsfest im Jakarta Hilton-Hotel mit 200 Personen. Auf dem langen Buffet stand als Dekoration in großen, aus Eisblöcken geschnitzten Buchstaben AEG-TELEFUNKEN. Während des vornehm gedämpften Klirrens der Eiswürfel in den Gin Tonics und den Whisky Sodas und zum sanften Klang eines kleinen *Gamelan*-Orchesters auf der Bühne, schmolzen im Laufe des Abends diese Buchstaben dahin, ebenso wie dieses alte deutsche Traditions-Unternehmen. Nur kurze Zeit danach wurde bei AEG-TELEFUNKEN ein Vergleich eingeleitet und das Unternehmen wurde zerschlagen. Das hat aber nicht an Indonesien gelegen. Im Laufe meiner Berufstätigkeit hatte sich Indonesien für mein Stammhaus zu einem der wichtigsten Länder Asiens entwickelt.

Meine Liebe zu Indonesien ist bis heute geblieben. Noch immer werden Worte in Bahasa Indonesia, wie *Toko* für Einkaufsladen, oder *Tukang* für Handwerker, oder *Gudang* für Abstellraum auch in Deutschland in meinem täglichen gedanklichen Wortschatz verwendet. Noch regelmäßig besuche ich dieses wunderschöne, interessante und unbeschreiblich große Land. Natürlich finde ich heute das Indonesien von damals nicht wieder. Vieles hat sich verändert, so wie überall in der Welt! Jakarta hat sich mit etwa 20 Millionen Einwohnern zur viertgrößten Stadt der Welt ausgedehnt. Wo 1963 noch Wasserbüffel grasten, reihen sich heute Hochhaus an Hochhaus, durchzogen von 10-spurigen Stadtautobahnen. An den Stränden von Bali und in Ubud, im Zentrum der Insel, wo es früher nur Reisfelder gab und die Monkey Forest Road nur ein schmutziger Feldweg war, stehen heute Hotel neben Hotel, Boutique neben Boutique. In Ubud gab es bei meinen ersten Besuchen keine Elektrizität, kein Telefon, kein einziges Hotel. Ich übernachtete noch Anfang der 1960er Jahre in einem der Gästezimmer im Palast des Cokorden, des Fürsten von Ubud. Dies war damals die einzige Übernachtungsmöglichkeit, aber auch eine wunderschöne! Heute gibt es hunderte Hotels auf Bali, darunter einige, die zu den allerbesten der Welt gehören und in denen schon so bekannte Persönlichkeiten wie Ex-Präsident Ronald Reagan, König Hussein von Jordanien, Königin Elisabeth oder auch Mick Jagger Urlaub gemacht haben. Jugendliche streifen heute durch die Straßen und preisen die neuesten Ausgaben internationaler Tageszeitungen an. Meinungsfreiheit – unter Sukarno und Suharto jahrzehntelang unterdrückt – gibt es wieder. Es ist faszinierend zu erleben, welch große und positive Fortschritte Indonesien in wirtschaftlicher und sozialer Hinsicht in nur wenigen Jahrzehnten geschafft hat.

Aber auch Europa hat sich in der Zwischenzeit verändert. In meiner Erinnerung bleibt Indonesien wie ein Stern, der bereits erloschen ist, aber immer noch auf unsere Erde leuchtet. Die Sanftmut Südost-Asiens hat sich zum Glück bis heute erhalten, und auf Bali wird auch noch heute das Leben in vollen Zügen umarmt. Ein wenig dieses Sanftmutes würde auch dem Westen gut tun. Heute wie damals gilt, dass der reichste Indonesier arm ist verglichen mit dem reichsten Inder. Aber der ärmste Indonesier ist reich verglichen mit dem ärmsten Inder! In Indonesien muss keiner hungern.

Indonesien fühlt sich zu Recht oft in der westlichen Presse nicht verstanden. Das Negative wird hervorgehoben und in der Weltpresse überdimensional aufgebauscht. Das Positive wird zu wenig dargestellt oder verzerrt. In den Leitartikeln findet das Niederschlag, was die Redaktion in Deutschland vorgibt und nicht das, was die Korrespondenten vor Ort berichten. Die Landeskenner müssen sich an die Vorgaben aus dem fernen Deutschland halten. Dies war damals schon so und hat sich bis heute nicht geändert. Es war beängstigend, wie zum Beispiel in neuester Zeit in unserer Demokratie die Berichterstattungen, auch von deutschen Politikern und Politikerinnen, über den Konflikt in Ost-Timor ungenau, einseitig gefärbt und oft falsch waren.

Damals, zu meiner Zeit, wurde von jedem Einzelnen noch ausserordentlich viel verlangt: das ungesunde Klima, anfangs ohne Klimaanlagen, kein freier Samstag, Heimaturlaub nur alle drei oder vier Jahre, Einschränkungen bei der Strom-, Wasser- und Lebensmittelversorgung und anderes, machten das Leben in Indonesien nicht einfach. Trotzdem möchte ich keinen einzigen Tag missen.

Anlässlich meiner vielen Besuche in Indonesien in neuerer Zeit konnte ich mich mit einigen entsandten jungen deutschen Vertretern der Industrie, der Finanzen und von Stiftungen unterhalten. Die Einstellung gegenüber dem Lande ist viel unpersönlicher und gleichgültiger geworden. Man möchte nur noch so kurz wie möglich im Ausland bleiben, um zu Hause ja nichts zu versäumen und die Freunde nicht zu verlieren. Besonders die jungen Ehefrauen, die ich kennenlernte, betrachten einen Aufenthalt im Ausland – obwohl es heute in Indonesien wie in Europa alles zu kaufen gibt – nicht als Chance und eine positive Erfahrung, sondern als Last und Einschränkung. Die Freiheit der Selbstverwirklichung hat das Interesse für das Gastland in den Hintergrund gedrängt. Den Männern gefällt meist ihre berufliche Aufgabe, aber viele Ehefrauen, die ich in neuerer Zeit traf, versuchen dem Land so schnell wie möglich wieder zu entfliehen.

Ich habe Deutsche getroffen, die selbst nach zwei oder drei Jahren in Indonesien noch keinen korrekten Satz in Bahasa Indonesia sprechen konnten. Sogar mit den Angestellten wurde Englisch parliert. Es gab wenig Interesse, sich mit indonesischen Familien anzufreunden oder wenigstens Kontakte zu knüpfen, obwohl dies doch so einfach ist. Das ist schade, denn dadurch entgehen ihnen die schönsten Momente. Schon zu meiner Zeit, und auch heute, klagten Neuankömmlinge immer wieder über einen Mangel an europäischer Kultur in Indonesien. Wenn man dann die Frage stellte, wann denn der letzte Besuch einer Oper oder eines Konzertes in Deutschland war, dann hört man allerdings nicht selten nur betretenes Schweigen. Für deutsche Unternehmen wird es zunehmend schwieriger, geeignete Mitarbeiter zu finden, die Reisewilligkeit und kulturelles Interesse für das Gastland mit fachlichem Wissen verbinden.

Wenn ich von einer Reise nach Indonesien zurückkomme, werde ich von Freunden häufig gefragt: „Wie hat sich Indonesien in den letzten zwei, drei oder vier Jahrzehnten verändert?" Wie überall in der islamischen Welt ist die Islamisierung des Landes verstärkt zu beobachten. Sah man früher kaum Frauen, die ihr Haar bedeckten – sieht man von Regionen wie Aceh auf Sumatra ab –, so fällt es heutzutage bei jedem Besuch stärker auf. In den Universitäten auf Java, wo zu meiner Zeit die Studentinnen noch kecke Miniröcke trugen und nach den Vorlesungen mit ihren Vespas davonbrausten, tragen heute gut die Hälfte der Damen den *Jilbab*, das islamische Kopftuch. Auch in den Schulen, in denen früher nur eine verschwindend kleine Minderheit das Kopftuch trug, ist dies vielerorts heute Pflicht.

Das gleiche gilt für den Moscheenbau: Man sieht viele neue Moscheen, die oft mit Hilfe reicher arabischer Länder finanziert wurden. Wenn man heute durch Java fährt, sieht man nicht nur viel mehr Moscheen als früher, auch die Weite der grünen Reisfelder wird nun durch *Mushollas* (islamische Gebetshäuschen) unterbrochen. Sie sollen Reisbauern den oft weiten Weg ins Dorf zur Erfüllung ihrer fünfmaligen Gebetspflicht ersparen.

Während man zum Beispiel im Iran das Gefühl hat, dass sich im täglichen Leben doch schon einiges relativiert hat, ist in Indonesien, besonders auf Java eine fortschreitende Islamisierung zu beobachten, die sich auch in der Politik – d. h. in der Gesetzgebung – niederschlägt. Dazu zählt auch ein ganz neues Gesetz, das Ende 2008 verabschiedet wurde und das das Verbot von Alkohol, Rauchen und das Tragen von Bikinis beinhaltet. Bali hat sich diesem Gesetz bisher noch nicht gebeugt, das sicherlich – wenn es durchgesetzt werden sollte – große Einbußen im Tourismus zur Folge haben wird.

Fundamentalistische Kräfte, wie die Vereinigung *Jemaah Islamiah*, versuchen immer wieder, in der Regierung mehr Einfluss zu gewinnen, nachdem der starke Druck, den Präsident Sukarno und nach ihm Präsident Suharto, auf fundamentale Kräfte ausgeübt hatte, gelockert wurde. Obwohl die extremistischen Muslime nur eine verschwindend kleine Minderheit sind, haben sie durch Anschläge die Reputation Indonesiens als Modell eines moderaten islamischen Staates international stark beschädigt. Indonesien hat eine Verfassung, die eine Trennung von Staat und Religion garantiert. Der derzeitige Präsident Susilo Bambang Yudhoyono hat sich erst kürzlich gegen die Polygamie ausgesprochen und Gesetze, die zum Teil auf der Schari'a basieren, nicht verabschiedet. Ich hoffe und wünsche, dass auch in Zukunft die moderaten Kräfte – wie bisher – das Sagen haben werden.

Auch durch den Tourismus hat sich auf Bali viel verändert. Die paradiesische Insel hat, besonders in den Städten, ihre Jungfräulichkeit verloren und leider regiert auch heute hier das Geld. Wenn noch in den 1960er Jahren die gertenschlanken Balinesinnen ihre Opfergaben auf dem Kopf balancierend in Terrakotta-Gefäßen oder Bastkörben zum Tempel trugen, so sieht man heute leider auch ab und zu bunte Plastikschüsseln, und der Wohlstand zeigt sich auch durch fülligere Körperformen. Für viele Balinesinnen und Balinesen sind Europa oder Amerika die Länder der Sehnsucht geworden. Selbst bei den einfachsten Menschen ist ein europäischer Partner nicht selten der Traum. Noch vor 20 Jahren waren diese Vorstellungen auf der durch seine uralten Traditionen so reichen Insel undenkbar.

Besonders Bali hat sich in den letzten Jahrzehnten durch den Zuzug vieler Muslime aus Java mehr verändert, als durch den Tourismus, der auf Bali auf wenige Gebiete konzentriert ist. Auf Bali gibt es bessere Verdienstmöglichkeiten als auf Java und dadurch haben sich viele muslimische Handwerker und Händler hier permanent niedergelassen. Bali hat eine ausgeprägte, sehr spezielle Hindu-Tradition frei von religiösem Fanatismus. Heute sieht man, anders als vor 40 Jahren, in allen größeren Städten Moscheen. Solange aber die einzigartige balinesische Kultur dabei erhalten bleibt, ist dagegen nichts einzuwenden. Sollte aber das javanisch-islamische Element das balinesisch-hinduistische dominieren, wird Bali seine Identität verloren haben und damit auch seine touristische Attraktivität.

Bei der indonesischen Jugend habe ich in den letzten Jahren eine erschütternde Unwissenheit über ihren ersten Präsidenten Sukarno und den fast 5jährigen Unabhängigkeitskampf ihrer Väter und Großväter festgestellt. Obwohl Indonesien durch den Krieg gegen die Kolonialmacht Holland bis ins Mark verwundet war, ist über diese Zeit bei der heutigen Jugend wenig bekannt. Stereoanlagen, Computer und Motorroller haben Vorrang! In den Schulen wird versucht, den Nachfolger Sukarnos, den zweiten Präsidenten Suharto, als Idol darzustellen. Der Freiheitskämpfer und erste Präsident Indonesiens, Sukarno, ist in meinen Augen derjenige, der diesen Titel verdient hat. Ich wünschte mir, dass das Geschichtsbewusstsein in der Schule, besonders über den Unabhängigkeitskampf und den ersten Präsidenten, mehr Gewicht erhalten würde.

Meine Jahre in Indonesien fielen immer noch in eine Zeit des Umbruchs nach der Unabhängigkeit. Die junge Republik bewegte sich noch unsicher auf dem Wege zur Industrialisierung. Der Ölboom mit seinen riesigen Einnahmen hatte noch nicht begonnen. Sukarno hatte zunächst die Befreiung von der holländischen Kolonialherrschaft und die Einheit der Nation vor die wirtschaftliche Entwicklung gestellt. 1963, als ich mit meiner Arbeit in Indonesien begann, gab es immerhin schon einige tausend indonesische Ingenieure, Volks- und Betriebswirte und Wissenschaftler. Es hätten aber einige Zehntausend sein müssen. Daher fühlte ich mich – als einer der wenigen Experten auf dem Gebiet der Telekommunikation – schon damals, aber auch zurückblickend als Pionier.

Die Indonesier gewannen in dieser Zeit des Umbruchs nach fast 350 Jahren der Unterdrückung ein neues Selbstbewusstsein. Endlich konnten sie den damals noch wenigen Ausländern im Lande gleichberechtigt, auf gleicher Augenhöhe, gegenüberstehen.

Auch eine funktionierende Infrastruktur gab es damals noch nicht. Die Verkehrsverbindungen zwischen den Inseln und auf den Inseln waren katastrophal. Während der holländischen Kolonialzeit hat die Schifffahrtsgesellschaft KPM (Koninklijke Paketvaart Maatschappij) den Passagier- und Frachtverkehr innerhalb des Inselreiches aufrechterhalten. Nach dem unrühmlichen Abzug der Holländer und ihrer Schiffe im Dezember 1949 waren diese Verbindungen unterbrochen. Wenn man bedenkt, dass Indonesien das einzige Land der Welt ist, dessen nationales Territorium dreimal größer ist als die reine Landfläche, versteht man, dass hier der Schiffsverkehr lebensnotwendig war und – trotz der heutigen Verbindungen durch den Flugverkehr – nach wie vor ist.

Diesen Bedarf hat die deutsche Meyer-Werft aus Papenburg zusammen mit ihrer Vertretung, der Hamburger Firma Komrowski Maritim, schon rechtzeitig erkannt. Bereits vor 50 Jahren lieferte neben anderen Werften auch die Meyer-Werft die ersten Schiffe nach Indonesien. Als aber 1979 ein von Japan geliefertes Fährschiff in indonesischen Gewässern unterging und über 1.000 Tote zu beklagen waren, wollte man sichere und große Passagierschiffe haben. Die Meyer-Werft gewann eine Ausschreibung gegen starke internationale Konkurrenz und lieferte von 1980 bis heute bereits 24 robuste und sichere Passagierschiffe für bis zu 3.000 Passagieren, die mit allen modernen Sicherheitsausrüstungen versehen sind, an die indonesische Reederei PT. PELNI. Kleinere Schiffe für die PT. PELNI wurden mit Know-how der Meyer-Werft und Zulieferungen aus Deutschland auf einer Werft in Indonesien gebaut. Diese langjährige Verbundenheit zwischen der Schifffahrtslinie PT. PELNI und der Meyer-Werft ist sicher neben der Güte der gelieferten Schiffe auch dem hier schon mehrfach erwähnten Wilfried Spöring zu verdanken, der als Geschäftsführer der Vertretung der Meyer-Werft (Komrowski Maritim) außerordentlich gute und vertrauensvolle Verbindungen zu den indonesischen Geschäftspartnern aufgebaut und auch gepflegt hat.

Heute gibt es einen regelmäßigen und pünktlichen Schiffsverkehr zwischen den Haupthäfen des indonesischen Archipels, und es werden etwa 20 Millionen Passagiere pro Jahr auf den Fahrgastschiffen der Meyer-Werft transportiert.

1963 konnte man die Anzahl der in Indonesien vertretenen deutschen Firmen fast an den Fingern beider Hände abzählen. Heute sind etwa 250 deutsche Unternehmen, viele mit eigenen Produktionsanlagen, in Indonesien tätig. Deutschland hat allerdings seine früher dominierende Rolle in den gegenseitigen Wirtschaftsbeziehungen an andere Staaten verloren. Indonesien hat nun auch eigene hervorragende Fachleute auf allen Gebieten. In Indonesien gefertigte Flugzeuge, Hubschrauber oder Computer werden exportiert. Während meiner 18 Jahre in diesem Land und danach kam die Zunahme an Bildung und Wissen einer Explosion gleich. Dies verdient große Bewunderung! 30% der indonesischen Bevölkerung ist jünger als 14 Jahre. Welche Chancen sich dadurch für ein überdurchschnittliches Wachstum bei entsprechender Bildung ergeben, kann man sich leicht errechnen.

Allerdings hat Indonesien durch den wirtschaftlichen Aufschwung seine Jungfräulichkeit und Ursprünglichkeit eingebüßt. Ein indonesischer Manager ist heute genauso unter Stress wie sein deutscher Kollege. Was heute zählt sind nur noch Aufträge, Umsatz und Gewinnmaximierung nach westlichem Vorbild. Geduld und Gelassenheit sind für den westlichen Geschäftspartner aber weiterhin gefragt. Das Menschliche, das früher so liebenswert an Indonesien war, blieb zum Teil auf der Strecke. Dafür gehört Indonesien heute zu den Global Players. Das Bruttoinlandsprodukt stieg in den letzten Jahren um 6 Prozent pro Jahr, Indonesien besitzt 3,5 Prozent der weltweit nachgewiesenen Öl- und Gasreserven, die Bodenschätze sind enorm. Zinn, Nickel, Kupfer, Gold und Silber werden gefördert. Bei Zinn ist Indonesien bei einem Marktanteil von etwa 40 Prozent weltweit der größte Produzent. Bei Kupfer und Gold liegt Indonesien unter den ersten 10 Nationen weltweit. Die größte Goldmine der Welt liegt in West-Papua. Für das für die Herstellung von Bio-Diesel wichtige Palmöl, steuert Indonesien etwa 40 Prozent der Weltproduktion bei. Die Wirtschaftsleistung pro Kopf der Bevölkerung ist doppelt so hoch wie die in Indien. Die Staatsverschuldung wird stetig abgebaut. Es gäbe noch viele positive Anzeichen zu nennen. Aber man kann schon hieran ersehen, dass Indonesien mit seinen vielen Möglichkeiten einer besseren Zukunft entgegensieht. Allerdings muss es der Regierung gelingen, die grassierende Korruption und Vetternwirtschaft, die unter Suharto begann, einzudämmen.

Das kulturelle, wie auch das gesellschaftliche und wirtschaftliche Leben des Landes, wird durch die Industrialisierung und das brutale Eindringen des Westens, der sogenannten Moderne, herausgefordert. Dies ist ein Problem, mit dem sich die gesamte „Dritte Welt" auseinanderzusetzen hat. Ich denke jedoch, dass Indonesien durch seine ganz eigene, viele Jahrhunderte alte Tradition und seine eigenen Werte, die auch die fast 350jährige Kolonialzeit überstanden haben, sehr gut gerüstet ist. Einflüsse von außen werden relativ widerstandslos aufgenommen, werden aber den eigenen indonesischen

Mustern angepasst. Es ist immer wieder frappierend zu sehen, wie leicht sich Indonesier der Moderne anpassen können, ohne ihre traditionellen Formen zu verlieren.

Die Ereignisse des 2. Weltkrieges haben die Welt verändert und auch meine Weltanschauung geprägt. Die scheinheilige Form des Sklaventums, das Kolonialsystem, ist zusammengebrochen. Aber welches Leid ist den unterdrückten Völkern bis zu ihrer Unabhängigkeit zugefügt worden! Die Worte Mahatma Gandhis sind nicht übertrieben:

> „Die satanische Kultur Europas, die alle Gesetze der öffentlichen Moral im Namen der Tapferkeit zertrümmert, dieses unchristliche Europa, das nicht nur die Weißen, sondern alle Völker ins Unglück stürzt." (Liniger S. 322)

Dies gilt aber nicht nur für Europa! Die USA müssen hier eingeschlossen werden, besonders unter Betrachtung der durch sie in aller Welt begonnenen Konflikte und der aktuellen Ereignisse dieses Jahrhunderts.

Heute empfinde ich es als Gnade, dieses wunderschöne Land mit seinen Menschen gesehen und erlebt haben zu dürfen.

TERIMA KASIH INDONESIA
Danke Indonesien

und

Auf Wiedersehen
SAMPAI BERJUMPA LAGI!

Die Rufe des großen Mauergeckos *Tokek*, die immer wieder während der 18 Jahre in Indonesien in meinen Ohren klangen, haben mir Glück gebracht. Meine indonesischen Freunde wünschten mir beim Abschied

SELAMAT JALAN
Eine gute Reise

und

SAMPAI BERJUMPA LAGI
Bis zum Wiedersehen.

Ich wünschte ihnen, wie in Indonesien üblich ist,

SELAMAT TINGGAL
Ein gutes Bleiben oder ein gesegnetes zu Hause.

Glossar

Adat	alte Sitten und Gebräuche
Ajam	Huhn
Amok	Wut
Anggur Puff	Sekt, Champagner
Arjuna	Held aus der Ramayana Sage
Awas!	Achtung!
Babu Cuci	Wäscherin
Babu	Dienstmädchen, Hausangestellte, Dienerin
Bahasa Indonesia	indonesische Sprache
Bapak oder kurz *Pak*	Vater
Barang Antik	Antiquitäten
barangkali	vielleicht
Bawang	Zwiebel
Becaks	Fahrradrikscha
Belanda hitam	schwarzer Holländer, Sklaven
belum	noch nicht
Beo	sprachbegabter Vogel der Starenfamilie
Bhineka Tunggal Ika	Einigkeit in der Vielfalt
Buginesen	Seefahrervolk aus Süd-Sulawesi
Bugis Pinisi	indonesischer Lastensegler
Bung	Anrede für Männer, Kamerad
Cabe	Pfefferschote, Chili
Cerita	Erzählung, Geschichte
Daging Babi	Schweinefleisch
Dalang	Puppenspieler
Daun Singkong	Blatt der Tapiokapflanze
Dewi Sri	Reisgöttin
Doktor Gigi	Zahnarzt
Dukun	indonesischer Heiler
Duri	Stachel
Durian	Stinkfrucht
Embak	ältere Schwestere
enak	geschmackvoll
Gamelan	Orchester mit indonesischen Musikinstrumenten
Gayung	Schöpfkelle in einem indonesischen Bad
Gedung	Gebäude
Gotong Royong	Solidarität, gegenseitige Hilfe

Grobak	Ochsenkarren
Gudang	Abstellraum, Speicher
Gula	Zucker
Guling	Schlafrolle
Guna	Nutzen, Zweck
Guna Guna	Zauber, schwarze Magie
Hanuman	Affengott aus der Ramayanageschichte
Hari	Tag
Hari Besar	Zahltag, freier Tag
Hidup	Leben, lebe hoch
Ibu oder kurz *Bu*	Mutter, Frau
Ikan Grapu	Seekarpfen
Insinyur	Ingenieur
Intan	Diamant
Jaga Malam	Nachtwächter
Jam Karet	Gummizeit, Unpünktlichkeit
Jilbab	islamisches Kopftuch
Jongos (veraltet)	Diener
Kain	Tuch, Stoff
Kaki Lima	mobile Garküche
Kali	Fluss, Kanal
Kamar Kecil	Toilette
Kampung	Ansiedlung, Dorf
Karet	Gummi
Kasar Malay	Küchen-Malaiisch, primitives Malaiisch
Kasih	Liebe, geben
Kebaya	langärmlige Bluse
Kecak	balinesischer Affentanz
Kecap	Ketchup, Würzsauce
Kafir	Ungläubiger
Kepala Kampung	Dorfvorsteher
Kepala pusing	Kopfschmerzen
Keraton	Palast javanischer Fürsten
Koki	Köchin
Kopi Tubruk	starker Brühkaffee
Kopra	getrocknetes Kokosnussfleisch
Korupsi	Korruption
Kota	Stadt
Kretek	indonesische Nelkenzigarette
Kris	Dolch

Kroncong	leichte Volksmusik aus den 1950er Jahren
Krupuk	Krabbenbrot
kuat	stark
Kuli	Hilfsarbeiter, Träger
Lombok	Pfefferschote, Chili; auch Name einer Insel
Losmen	Herberge
Luak	Schleichkatze, Palmenroller
Makanan Kampung	einfaches Bauernessen
Makanan kecil	Snak, kleiner Imbiss
Makassaresen	Seefahrervolk aus der Gegend von Makassar
Malam Minggu	Samstagabend
malu	sich schämen
Mandi	Bad
Mandi Lulur	Schönheitsbad
Mandur	Oberkellner, Aufpasser
Marhaenismus	für jeden Bauer Privateigentum
Mas	Gold, aber auch Freund
Mas oder *Saudara*	Bruder, Freund
Masuk Angin	Kopfschmerzen
mati	tot
Medan	Platz
Merdeka	Freiheit
Minggu	Sonntag
Minggu Malam	Sonntagabend
Muezzin	islamischer Gebetsrufer
mungkin	vielleicht
murah	billig
Musholla	kleines islamisches Gebetshäuschen
Nasi	Reis
Nasi Goreng	Gebratener Reis
Negri Belanda	Niederlande
Nyai	Mätresse
Obat	Medizin
Obat putih	Schnaps, Obstler
Omong kosong	leeres Geschwätz
Opelett	Sammeltaxi
Orang Belanda	Holländer
Orang Buleh	Weißer, Europäer
Orang Kebal	der Unverletzliche
Orang Putih	Weißer, Europäer

Orang Utan	übersetzt: Waldmensch
Pancasila	Die fünf Säulen des Grundgesetzes
Pangsit	indonesische Teigtaschen
Pantai	Strand
Papaya	melonenähnliche Baumfrucht
Pasar gelap	Schwarzmarkt
Pembantu	Diener, Helfer
Pendawas	die 5 Brüder aus dem Mahabharata Epos
Peranakas	schon alteingesessener Chinese
Permata	Juwel
Persenan	Trinkgeld
Pacul	Hacke
Pakul	Tragestange mit Körben, 62,5 kg
Pitji/Pici	Kappe
Prahu	Fischerboot
Prahu Pinisi	indonesischer Lastensegler
Puputan	balinesische Selbstmordprozession
Raden	Prinz
Ramadan	Fastenzeit im Islam
Rattan	Liane zur Möbelherstellung
Rumah Sakit	Krankenhaus
Sambal	scharfe Würzpaste aus Chilies
Sapu Lidi	Reisigbesen
Sarja Muda	Doktorandus, Bakkalaureus
Sarong	Wickelrock, indonesische Kleidung
Sate	Fleischspieß
Sate Ajam	Hühnerspieß
Saudara	Bruder
sehat	gesund
Selamat Datang	Herzlich Willkommen
Semar	lustiger Zwerg aus der Ramayana Sage
Sembah	Ehrenbezeugung, Verbeugung
Semut	Ameise
Slendang	Stola
Sopir	Chauffeur
Sumur	Brunnen
Surat Kuasa	schriftlicher Befehl
Tanah Air Kita	Heimat
Tempo Dulu	gute alte Zeit
Tenggiri	ein guter Seefisch

Terima Kasih	danke
Tidak ada	nicht vorhanden
Tidak ada uang	Kein Geld
Tokek	großer Gecko
Toko	Einkaufsladen
tolong	helfen
Tom Tom	Schlitztrommel, Dorftrommel
Tongkat	Marschallstab
Topi	Käppchen
Totok	chinesischer Neueinwanderer
Trassi	Gewürzpaste aus getrockneten Garnelen
Tuan Besar	verehrter Herr
Tukang Dagang	Händler
Tukang Kebon	Gärtner
Tukang	Handwerker
Udang	Garnele
Warung Kopi	Kaffeehaus, Verkaufsbude mit Kaffee
Wayang Kulit	Schattenspiel

Namensregister

Sachregister

Bibliographische Hinweise und Empfehlungen

Adams, Cindy, *Sukarno, An Autobiography as told to Cindy Adams,* Indianapolis [u. a.] 1965

Aloysius, Bruder, *Die Tragödie der „Van Imhoff",* Kalender Steyler Mission 1968

Baum, Vicki, *Liebe und Tod auf Bali,* Köln 1984

Bennett, Geoffrey, *The Pepper Trader,* Jakarta 2006

Berghaus, Erwin, *Propeller überm Paradies,* Amsterdam – Batavia, Dresden 1934

Bräker, Hans, *Kommunismus und Weltreligionen Asiens,* Bd. I,2 Tübingen 1971

Conrad, Joseph, *Almayers Wahn,* Berlin 1966

Conrad, Joseph, *Lord Jim,* Hamburg 2005

Conrad, Joseph, *Sieg, Eine Inselgeschichte,* Frankfurt 1987

Couperus, Louis, *Unter Javas Tropensonne,* Berlin [1926]

De Jong, Louis, *The Collaps of a Colonial Society,* Leiden 2002

Djelantik, Dr. A. A. M., *Memoirs of a Balinese Prince,* [Singapore] 1997,

Elly Beinhorn, *Alleinflug,* München 2007

Fischer, Louis, *Indonesien,* Berlin 1960

Haeckel, Ernst, *Tropenfahrten,* Leipzig 1969

Havelaar, Max, *Multatuli,* Dresden [u. a.] 1927

Helbig, Karl, *Paradies in Licht und Schatten,* Braunschweig 1949

Helbig, Karl, *Zu Mahamerus Füssen,* Leipzig 1954

Hilgers-Hesse, Irene und Karo, Otto, *Indonesisch-Deutsches Wörterbuch,* Wiesbaden, 1962

Japin, Arthur, *Der Schwarze mit dem weißen Herzen,* München 1999

Johann, A. E., *à la Indonesia,* Gütersloh 1962

K'tut Tantri, *Aufruhr im Paradies,* Berlin 1961

Kern, Erich, *Verbrechen am deutschen Volk, Dokumente alliierter Grausamkeiten, 1939 – 1949,* Göttingen 1964

Koch, Christopher, *The Year of Living Dangerously,* Sidney [u. a.] 2001

Lee Khoon Choy, *Indonesia Between Myth and Reality,* London 1976

Liniger, Hans, *Saja, Tuan,* Zürich 1943

Lulofs, Madelon, *Gummi,* Wien [u. a.] 1954

Lulofs, Madelon, *Kolonisten,* Berlin [1937]

Lulofs, Madelon, *Kuli,* München 1955

Magnis-Suseno, Franz von, *Neue Schwingen für Garuda,* München 1989

Maugham, Somerset W., *The Narrow Corner,* London 1976

May, Brian, *The Indonesian Tragedy,* Singapore 1978

Menne, Gertrud, *Aus den Augen, aber nicht aus dem Herzen,* Bad Honnef, 2007

Milton, Giles, *Muskatnuß und Musketen,* Hamburg 2002

Plessen, Viktor von, *Bei den Kopfjägern von Borneo,* Berlin [u. a.] 1944

Powell, Hickman, *The Last Paradise,* Oxford [u. a.] 1991

Pramoedya Ananta Toer, *Stilles Lied eines Stummen,* Bad Honnef 2000

Pucci, Idana, *Against all Odds,* Bali 2004

Rhodius, Hans [Hrsg.], *Walter Spies Schönheit und Reichtum des Lebens (Maler und Musiker auf Bali 1895-1942),* Den Haag [s. a.]

Rhodius; Hans und Darling, John, *Walter Spies and Balinese Art,* Amsterdam 1980

Roeder, O. G., *Indonesia,* Jakarta 1987

Ross, Thomas, *Auf dem Vulkan,* Hamburg 1973

Schuhmacher, Erwin, *Indonesien heute,* Frankfurt 1960

Seemann, Heinrich, *Spuren einer Freundschaft, Deutsch-Indonesische Beziehungen vom 16. bis 19. Jahrhundert,* Jakarta 2000

Seemann, Heinrich, *Von Goethe bis Emil Nolde, Indonesien in der deutschen Geisteswelt,* Jakarta 1996

Seidel, Willy, *Schattenpuppen,* Die Buchgemeinde, Berlin SW 68, (1927?)

Siebert, Rüdiger, *5mal Indonesien,* München-Zürich 1987

Siebert, Rüdiger, *Deutsche Spuren in Indonesien,* Bad Honnef 2002

Sternagel, Renate [Hrsg.], Therese von Bacheracht *„Heute werde ich Absonderliches erleben“: Briefe aus Java 1850-1852,* Königstein/Taunus. 2006

Umar Kayam, *Ein Hauch von Macht,* Bad Honnef 1999

Van Ammers-Küller, Jo, *Indien,* Dresden 1943

Vikers, Adrian, *Bali, A Paradise Created,* Singapore, 1998

Weiler, Gottlob, *Der Untergang der "Van Imhofff", Ein Augenzeugenbericht,* Missionshefte der Jungen Gemeinde, 16, Stuttgart 1954

Weiner, Tim, *CIA, Die ganze Geschichte,* Frankfurt/M 2008

Weiss, Carl, *Sukarnos tausend Inseln, Indonesien – Die gelenkte Demokratie,* Hamburg 1963

Westerling, Raymond, *Ich war kein Rebell,* Wien 1953